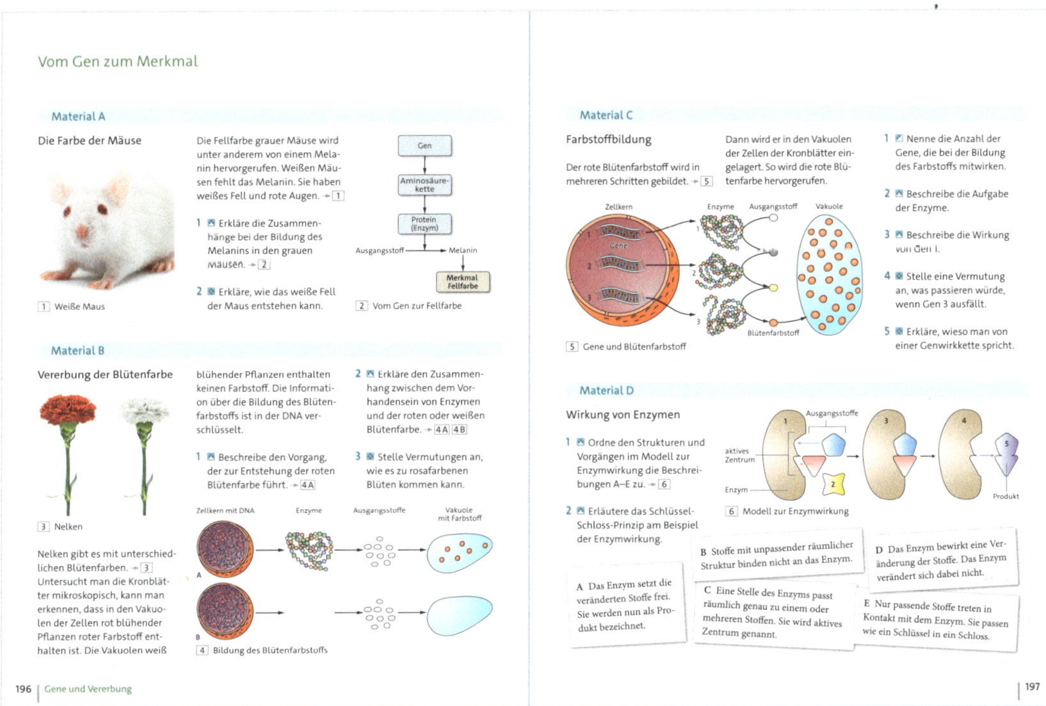
Vom Gen zum Merkmal

**Material A**

**Die Farbe der Mäuse**

1 Weiße Maus

Die Fellfarbe grauer Mäuse wird unter anderem von einem Melanin hervorgerufen. Weißen Mäusen fehlt das Melanin. Sie haben weißes Fell und rote Augen. → 1

1 Erkläre die Zusammenhänge bei der Bildung des Melanins in den grauen Mäusen. → 2

2 Erkläre, wie das weiße Fell der Maus entstehen kann.


2 Vom Gen zur Fellfarbe

**Material B**

**Vererbung der Blütenfarbe**

3 Nelken

Nelken gibt es mit unterschiedlichen Blütenfarben. → 3 Untersucht man die Kronblätter mikroskopisch, kann man erkennen, dass in den Vakuolen der Zellen rot blühender Pflanzen roter Farbstoff enthalten ist. Die Vakuolen weiß blühender Pflanzen enthalten keinen Farbstoff. Die Information über die Bildung des Blütenfarbstoffs ist in der DNA verschlüsselt.

1 Beschreibe den Vorgang, der zur Entstehung der roten Blütenfarbe führt. → 4A

2 Erkläre den Zusammenhang zwischen dem Vorhandensein von Enzymen und der roten oder weißen Blütenfarbe. → 4A 4B

3 Stelle Vermutungen an, wie es zu rosafarbenen Blüten kommen kann.


4 Bildung des Blütenfarbstoffs



**Material C**

**Farbstoffbildung**

Der rote Blütenfarbstoff wird in mehreren Schritten gebildet. → 5 Dann wird er in den Vakuolen der Zellen der Kronblätter eingelagert. So wird die rote Blütenfarbe hervorgerufen.


5 Gene und Blütenfarbstoff

1 Nenne die Anzahl der Gene, die bei der Bildung des Farbstoffs mitwirken.

2 Beschreibe die Aufgabe der Enzyme.

3 Beschreibe die Wirkung von Gen 1.

4 Stelle eine Vermutung an, was passieren würde, wenn Gen 3 ausfällt.

5 Erkläre, wieso man von einer Genwirkkette spricht.

**Material D**

**Wirkung von Enzymen**

1 Ordne den Strukturen und Vorgängen im Modell zur Enzymwirkung die Beschreibungen A–E zu. → 6

2 Erläutere das Schlüssel-Schloss-Prinzip am Beispiel der Enzymwirkung.


6 Modell zur Enzymwirkung

A Das Enzym setzt die veränderten Stoffe frei. Sie werden nun als Produkt bezeichnet.

B Stoffe mit unpassender räumlicher Struktur binden nicht an das Enzym.

C Eine Stelle des Enzyms passt räumlich genau zu einem oder mehreren Stoffen. Sie wird aktives Zentrum genannt.

D Das Enzym bewirkt eine Veränderung der Stoffe. Das Enzym verändert sich dabei nicht.

E Nur passende Stoffe treten in Kontakt mit dem Enzym. Sie passen wie ein Schlüssel in ein Schloss.



**Materialseiten**

... vor allem zum Anwenden und Üben

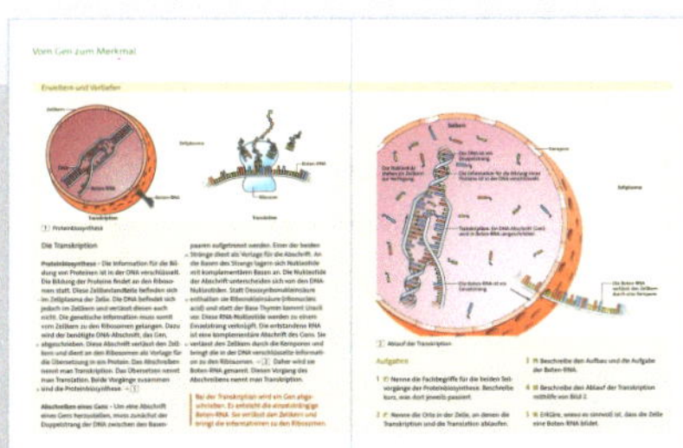

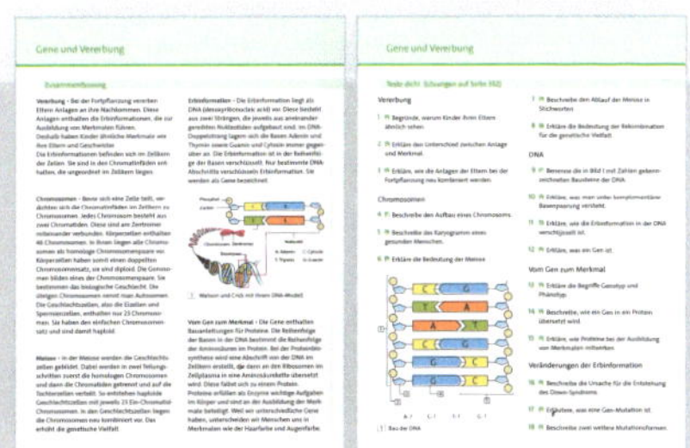

**Methodenseiten** zeigen Schritt für Schritt an einem Beispiel, wie man eine Arbeitsweise sinnvoll angeht.

**Erweitern und Vertiefen-Seiten** bieten interessante zusätzliche Texte mit Bildern und Aufgaben.

Die **Zusammenfassung** gibt einen Überblick über die Lerninhalte des Kapitels.

Die Aufgaben der **Teste-dich!-Seiten** helfen dir, dein Wissen selbst einzuschätzen. Die Lösungen der Aufgaben findest du im Anhang.

AUSGABE A

# NATUR UND TECHNIK

## Biologie 9/10

Cornelsen

NATUR UND TECHNIK
Biologie 9/10 Ausgabe A

**Autorinnen und Autoren:** Ulrike Austenfeld, Myriam Backes, Steven Bauer, Nico Hirschbolz, Sandra Kreschel, Carsten Kuck, Julia Maaß, Aïnoa Malcotti, Kristin Menke, Sabine Ohliger, Cornelia Pätzelt, Judith Röder, Sylvia Roth, Norbert Schröder, Reinhard Sinterhauf, Kathrin Sliwka, Sven Theis, Dr. Gottfried Wiedenmann

**Redaktion:** Sandra Penack

**Umschlaggestaltung:** SOFAROBOTNIK GbR, Augsburg & München

**Layout:** Typo Concept GmbH, Hannover

**Technische Umsetzung:** Straive

**www.cornelsen.de**

Dieses Werk enthält Vorschläge und Anleitungen für Untersuchungen und Experimente.
Vor jedem Experiment sind mögliche Gefahrenquellen zu besprechen.
Beim Experimentieren sind die Richtlinien zur Sicherheit im Unterricht einzuhalten.

1. Auflage, 1. Druck 2022

Alle Drucke dieser Auflage sind inhaltlich unverändert und können im Unterricht nebeneinander verwendet werden.



Druck: Mohn Media Mohndruck, Gütersloh

ISBN 978-3-06-015843-0 (Schulbuch)

# Inhaltsverzeichnis

## Informationssysteme des Körpers 8

Kompetenzen aus dem Medienkompetenzrahmen werden in den mit MK gekennzeichneten Unterkapiteln bearbeitet. Auf den Seiten selbst werden die betreffenden Inhalte ebenfalls mit einem MK gekennzeichnet.

## Sucht 90

## Gesundheit und Krankheit 116

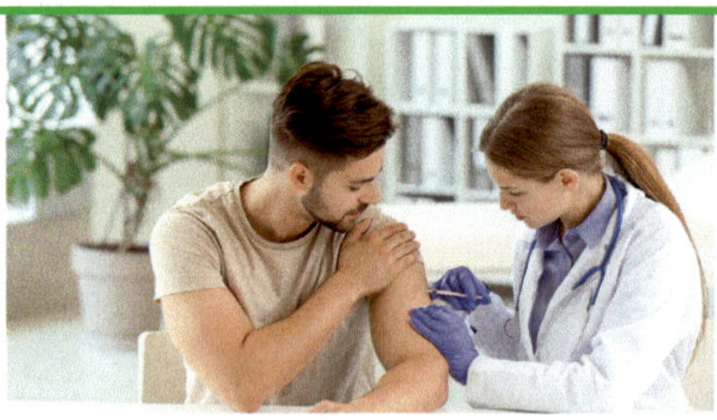

## Gene und Vererbung 178

## Stationen eines Lebens 242

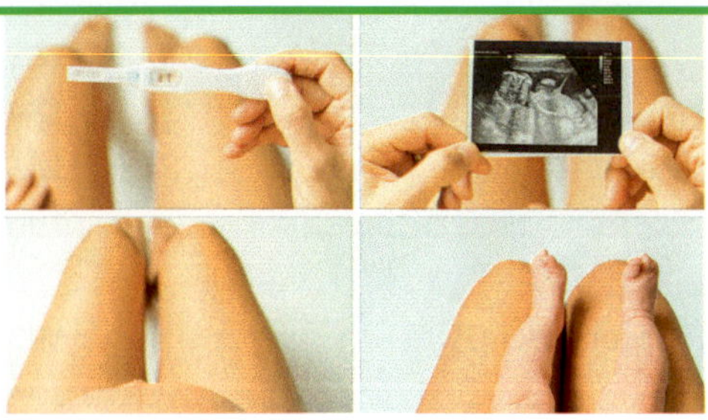



## Evolution 272

# Zum Nachschlagen 326

# Informationssysteme des Körpers

Ob Lasershow, laute Musik oder Gedränge – auf einem Livekonzert ist man ununterbrochen vielen Einflüssen ausgesetzt. Wie kann man sie wahrnehmen?

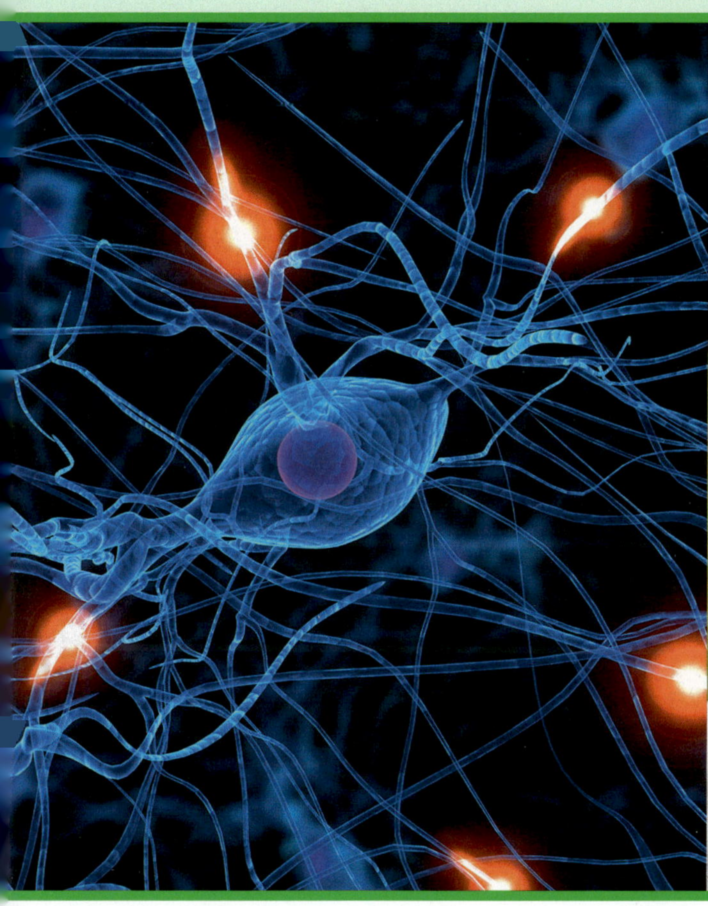

Was wir sehen, wird im Gehirn verarbeitet. Die Informationen werden über Nervenzellen von den Augen zum Gehirn geleitet. Welche Vorgänge laufen in den Nervenzellen ab?

Fast pausenlos tauschen wir untereinander Informationen aus, bewusst und auch unbewusst. Wie kommunizieren wir?

# Vom Reiz zur Reaktion

1 Vorfreude beim Anblick einer Pizza

**Schon der Anblick einer Pizza löst eine Vielzahl von unbewussten Reaktionen im Körper aus. Was sind das für Reaktionen und wie kommen sie zustande?**

**Reize** • Eine Pizza erkennen wir an ihrem Aussehen, Geschmack und Geruch. An einer heißen Pizza können wir uns verbrennen. Wenn wir mit anderen zusammen essen, hören wir deren Stimmen und Gelächter. Solche Einflüsse, die wir aus unserer Umwelt aufnehmen, bezeichnet man als Reize. Sie gehen von einer Reizquelle aus und stehen als Auslöser am Anfang der meisten Reaktionen. Zum Beispiel läuft uns das Wasser im Mund zusammen, wenn wir Hunger haben und eine Pizza sehen. Die verschiedenen Reize werden in chemische und physikalische Reize unterteilt. → 2

**Sinne, Sinnesorgane, Sinneszellen** • Zur Aufnahme von Reizen stehen uns unsere Sinne zur Verfügung. Hierzu zählen der Sehsinn, der Geruchssinn, der Geschmackssinn, der Tastsinn und der Gehörsinn. Die Aufnahme der Reize erfolgt durch unsere Sinnesorgane. Dazu gehören die Augen, die Nase, die Zunge, die Haut und die Ohren. Die Sinnesorgane enthalten Sinneszellen, die auf bestimmte Reize spezialisiert sind. Eine Sinneszelle ist somit nur für einen bestimmten Reiz empfindlich. Man spricht von einem adäquaten Reiz. Die Sinneszellen der Nase nennt man Riechzellen. Sie sind zum Beispiel für chemische Geruchsstoffe empfindlich, aber nicht für Licht. → 2 Radiowellen, Röntgenstrahlen und radioaktive Strahlung bemerken wir nicht. Dies sind keine Reize für uns, weil wir keine passenden Sinneszellen besitzen. Man kann sie nur mit Messgeräten erkennen.

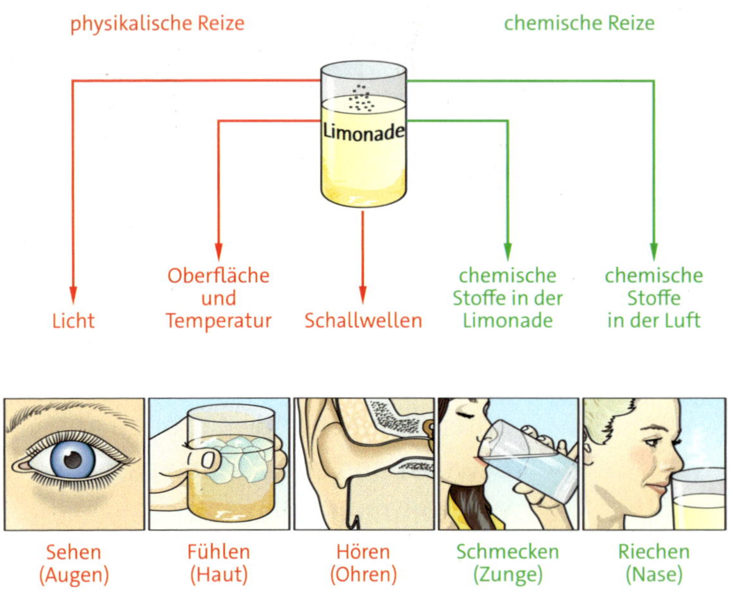


2 Reize, Sinne und Sinnesorgane

der **adäquate Reiz**
die **Sinneszelle**
die **Wahrnehmung**
das **Reiz-Reaktions-Schema**

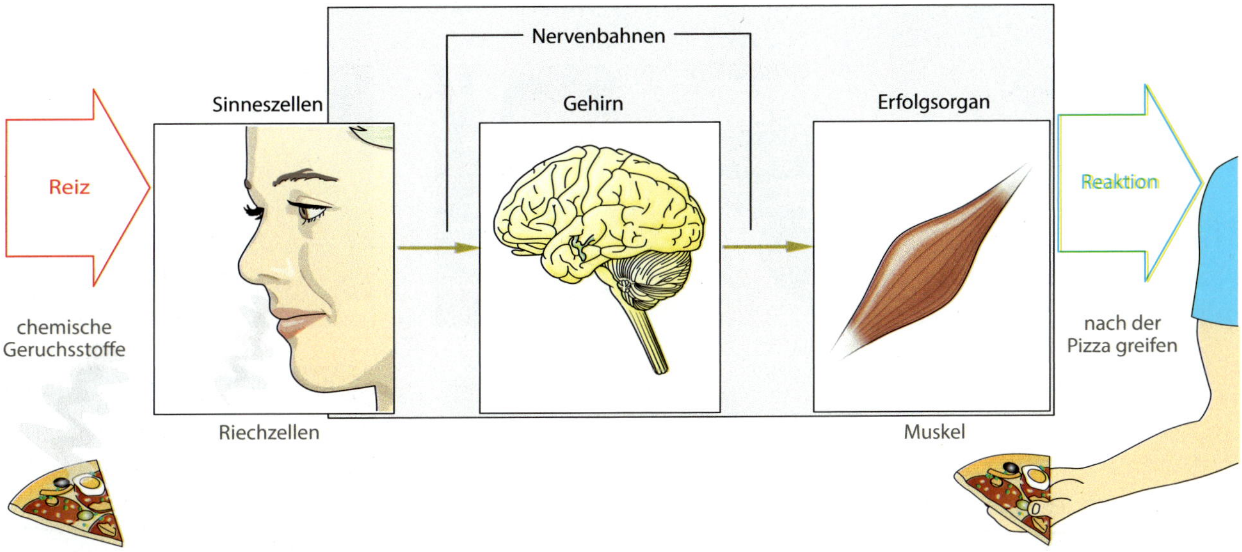


3 Reiz-Reaktions-Schema

**Verarbeitung im Gehirn** • Die Sinne ermöglichen es, dass wir auf Reize aus unserer Umwelt reagieren können. Der Weg von einem Reiz zu einer Reaktion verläuft immer nach einem ähnlichen Schema: Von einer Pizza gehen Reize aus, zum Beispiel chemische Geruchsstoffe. → 3 Die Geruchsstoffe werden von der Nase aufgenommen und in den Riechzellen in elektrische Signale umgewandelt. Nervenbahnen leiten die elektrischen Signale zum Gehirn weiter, wo sie verarbeitet werden. Dabei werden Vorlieben und Erfahrungen berücksichtigt. Dieses Zusammenspiel aus der Aufnahme und Verarbeitung von Reizen nennt man Wahrnehmung. Das Gehirn sendet elektrische Signale über Nervenbahnen an Erfolgsorgane, zum Beispiel an bestimmte Muskeln. Dies löst die Reaktion aus. Du greifst nach der Pizza. Der gesamte Vorgang folgt dem Reiz-Reaktions-Schema. → 3

**Adäquate Reize werden in den Sinneszellen in elektrische Signale umgewandelt, die dann im Gehirn verarbeitet werden. Das Gehirn sendet daraufhin elektrische Signale an das Erfolgsorgan. Dort erfolgt die Reaktion.**

## Aufgaben

**1** Übertrage die Tabelle in dein Heft und ergänze die fehlenden Inhalte.

| Sinn | Sinnesorgan | Reiz |
|---|---|---|
| Geruchssinn | Nase | chemische Geruchsstoffe |
| ... | ... | ... |

**2** Erkläre, was Wahrnehmung ist.

**3** Erläutere das Reiz-Reaktions-Schema mithilfe von Bild 3.

# Vom Reiz zur Reaktion

## Material A

### Reize des Alltags

1 Die Bilder 1–4 zeigen Personen, die jeweils bestimmten Reizen ausgesetzt sind.
Benenne die Reize und die Reizquellen, von denen sie ausgehen.

2 Ordne die Bilder in aufsteigender Reihenfolge danach, wie vielen verschiedenen Reizen die Personen jeweils ausgesetzt sind.

1

2

3

4

## Material B

### Ohne Sehsinn

**Materialliste:** Augenbinde

1 Findet euch jeweils zu zweit zusammen. Einer Person werden die Augen verbunden. Die andere Person führt sie langsam über den Schulhof und schreitet bei Gefahr sofort ein. Tauscht die Rollen.
Nenne alle Reize, die du mit verbundenen Augen aus der Umwelt wahrnehmen kannst.

2 Vergleiche deine Wahrnehmung mit verbundenen Augen und ohne Augenbinde.

3 Stelle Vermutungen an, welche Herausforderungen Blinde im Alltag erleben.

4 Erläutere, wie Blinde sich orientieren und welche Hilfsmittel es gibt. → 5 – 7

Blinde Menschen orientieren sich vor allem mit dem Gehörsinn und dem Tastsinn. Ihre Sinneszellen reagieren empfindlicher auf Reize. Die Informationen werden im Gehirn zusätzlich in dem Bereich verarbeitet, der für den Sehsinn zuständig wäre.

5

6 Blindenampel mit Tonsignal

7 Blindenschrift im Aufzug

## Material C

### Torschuss abwehren

1 ◩ Beschreibe die Situation in Bild 8.

2 ◩ Übertrage die Pfeildiagramme in dein Heft. → 9

3 ⊠ Trage die Aussagen aus Bild 8 in der richtigen Reihenfolge in das obere Pfeildiagramm ein. → 9 A

4 ⊠ Trage die Begriffe in der richtigen Reihenfolge in das untere Pfeildiagramm ein: Weiterleitung über Nervenbahnen (2×), Reaktion durch Erfolgsorgane, Aufnahme und Umwandlung im Sinnesorgan, Verarbeitung, Reiz. → 9 B

8

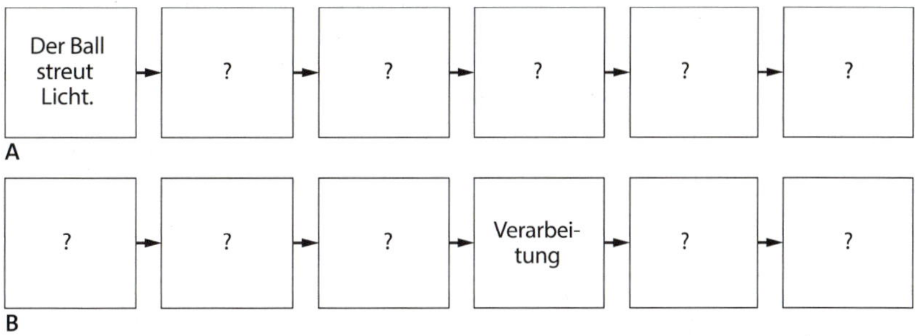

9 Reiz-Reaktions-Schemata

## Material D

### Mückenstich

Juckende Mückenstiche sind lästig. Wenn man eine Mücke rechtzeitig bemerkt, kann man sie verscheuchen, bevor sie sticht. Doch häufig nimmt man eine anfliegende Mücke gar nicht bewusst wahr.

1 ◩ Beschreibe die Situation in Bild 10.

2 ⊠ Nenne drei Reize und die jeweiligen Sinnesorgane, durch die man eine Mücke wahrnehmen kann.

3 ⊠ Erstelle für die Situation ein Reiz-Reaktions-Schema.

4 ⊠ Erläutere anhand deiner Erfahrungen, unter welchen Bedingungen man Mücken wahrnimmt oder nicht.

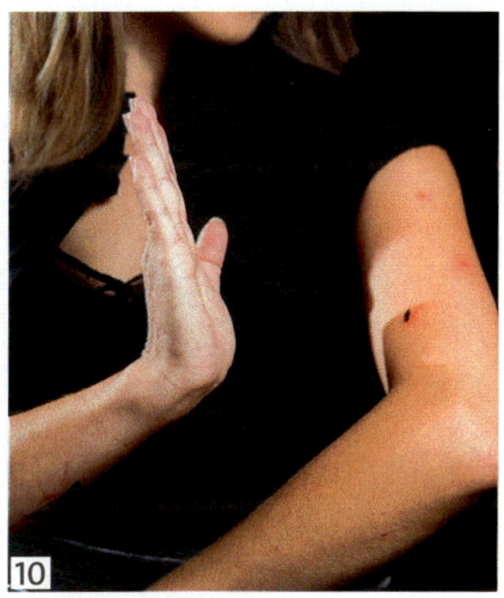
10

# Das Auge – ein Lichtempfänger

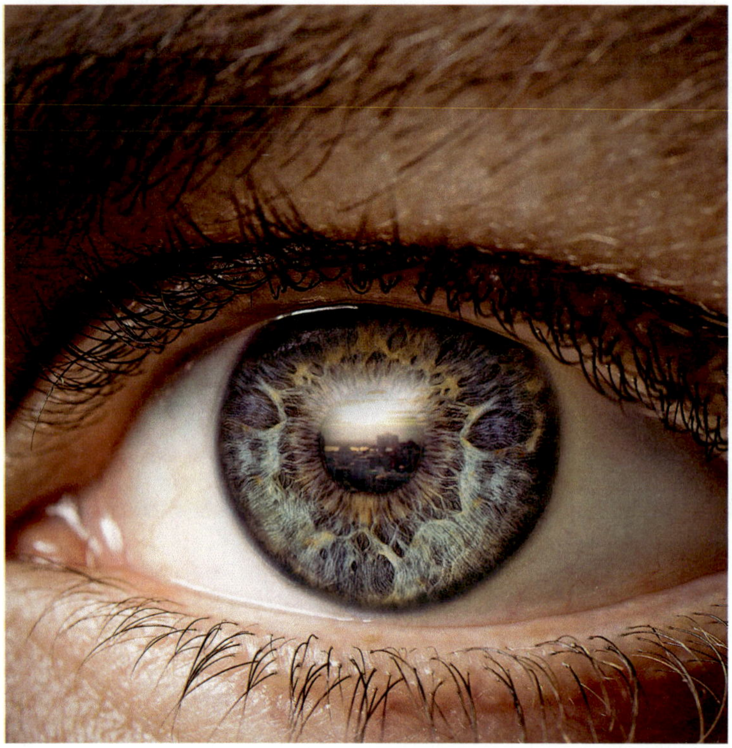

1 Durch unsere Augen sehen wir die Welt.

**Durch unsere Augen nehmen wir viele Eindrücke aus der Umwelt auf. Damit wir sehen können, muss Licht in unsere Augen gelangen. Wie ist das Auge aufgebaut und welche Bauteile ermöglichen das Sehen?**

**Gut geschützt** • Unsere Augen liegen in den Augenhöhlen des Schädels und sind so vor Stößen geschützt. Unsere Augenbrauen und Wimpern verhindern, dass Schweiß in die Augen tropft. Vor zu starker Helligkeit oder Fremdkörpern schützen uns die Augenlider. Indem wir blinzeln, verteilen wir Tränenflüssigkeit in unseren Augen. Dadurch werden sie gereinigt und feucht gehalten. Wenn Fremdkörper wie Schmutz in die Augen gelangen, wird sofort vermehrt Tränenflüssigkeit gebildet. So werden Fremdkörper aus den Augen gespült.

**Lederhaut, Hornhaut, Augenkammer** • Zur äußeren Schicht des Auges zählt die weiße, stabile Lederhaut. → 2 Sie verleiht dem Auge seine Festigkeit. Die Lederhaut ist mit Muskeln verbunden. Dadurch lässt sich das Auge bewegen. Im vorderen Bereich ist die Lederhaut durchsichtig. Diesen Bereich nennt man Hornhaut. Hinter der Hornhaut liegt die Augenkammer, die mit einer nährstoffreichen Flüssigkeit gefüllt ist.

**Iris und Pupille** • Hinter der Augenkammer liegt die Regenbogenhaut. Man nennt sie auch Iris. → 2 Sie ist der farbige Anteil des Auges. In der Mitte der Iris gibt es eine Öffnung. Das ist die Pupille. Durch die Pupille gelangt Licht ins Auge. Die Iris besteht aus Muskeln, die den Durchmesser der Pupille verändern. Wenn viel Licht vorhanden ist, wird der Durchmesser der Pupille kleiner. Wenn weniger Licht vorhanden ist, wird der Durchmesser der Pupille größer. So wird geregelt, wie viel Licht ins Auge gelangt. Diese Anpassung an die Lichtverhältnisse heißt Adaptation.

**Linse und Glaskörper** • Direkt hinter der Pupille liegt die Linse. → 2 Sie ist über die Linsenbänder am Ringmuskel befestigt und kann ihre Form ändern. Dadurch wird geregelt, wie das Licht weiter durch das Auge gelenkt wird.

die Pupille
die Adaptation
die Linse
die Netzhaut
die Lichtsinneszellen

Den größten Teil des Auges nimmt der Glaskörper ein. Er verleiht dem Auge Stabilität und bestimmt die Augenform.

**Netzhaut** • Hinter dem Glaskörper liegt die Netzhaut. → 2 In der Netzhaut befinden sich die Lichtsinneszellen. Man nennt sie Stäbchen und Zapfen. → 3 Die Stäbchen ermöglichen das Hell-Dunkel-Sehen, die Zapfen das Farbensehen. Die Lichtsinneszellen wandeln die Lichtreize in elektrische Signale um. Die elektrischen Signale werden dann über die Schaltzellen in der Netzhaut an die Nervenzellen weitergeleitet. Die Nervenzellen bilden den Sehnerv, der zum Gehirn führt. Im Gehirn werden die elektrischen Signale verarbeitet und ein Seheindruck wird erzeugt. Die Lichtsinneszellen sind unterschiedlich dicht in der Netzhaut verteilt: An der Stelle, wo der Sehnerv aus dem Auge austritt, befinden sich keine Lichtsinneszellen. Diesen Bereich nennt man blinden Fleck, weil hier keine Reize verarbeitet werden. → 2 Gegenüber der Pupille befindet sich ein Bereich, der nur Zapfen enthält und keine Stäbchen. Hier werden besonders viele Reize verarbeitet. Diesen Bereich bezeichnet man als gelben Fleck.

**Pigmentschicht und Aderhaut** • Hinter den Lichtsinneszellen befindet sich die Aderhaut. → 2 Sie enthält viele Blutgefäße und versorgt das Auge mit Nährstoffen. Hinter der Aderhaut liegt die Pigmentschicht. Sie ist schwarz gefärbt und bewirkt, dass das Licht besser in das Auge aufgenommen wird.

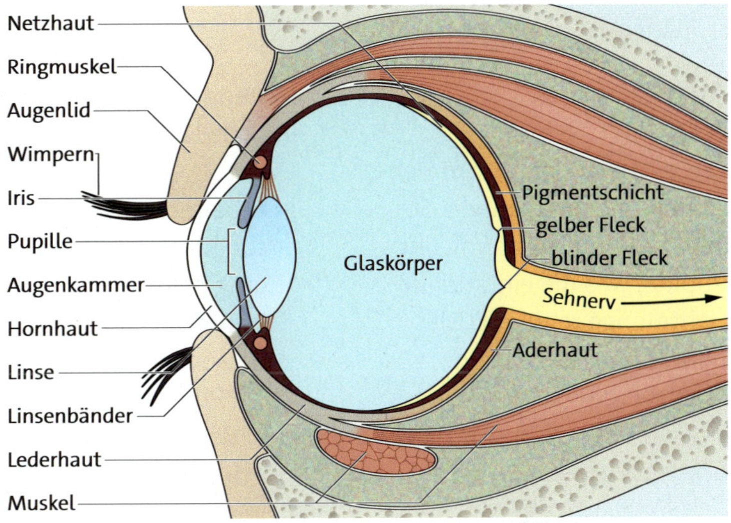

2 Bau des Auges

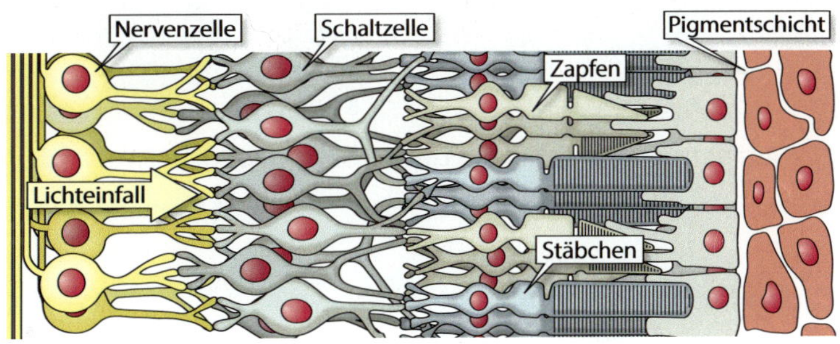

3 Bau der Netzhaut

Damit wir sehen können, muss Licht in unsere Augen gelangen. Die Lichtsinneszellen wandeln die Lichtreize in elektrische Signale um, die über den Sehnerv zum Gehirn geleitet und dort verarbeitet werden.

## Aufgabe

**1** ☒ Beschreibe den Weg des Lichts vom Display eines Smartphones bis zur Netzhaut in deinen Augen und weiter zum Gehirn.

# Das Auge – ein Lichtempfänger

## Material A

### Adaptation

Die Iris kann sich zusammenziehen und entspannen. So ändert sich die Öffnung der Pupille, was die einfallende Lichtmenge reguliert. Dies nennt man Adaptation.
Auch Drogen bewirken, dass sich die Iris zusammenzieht und die Pupille weit öffnet.

**Material:** Karton, handelsübliche LED-Taschenlampe

1 Arbeitet zu zweit. Eine Person hält sich 10 Sekunden lang beide Augen zu und öffnet sie dann. Die andere Person beobachtet sofort die Pupillen.
◩ Beschreibe deine Beobachtung.

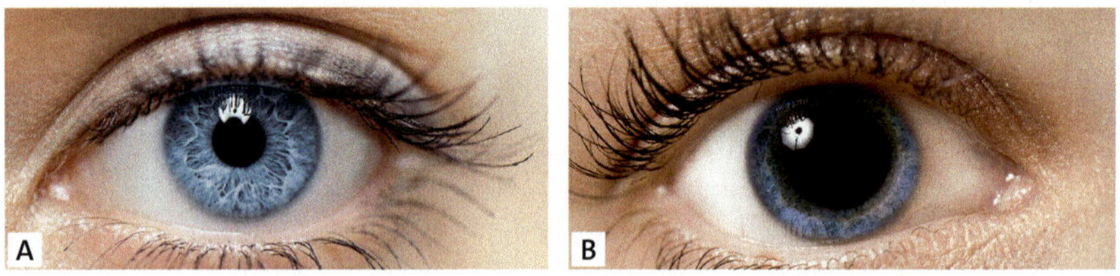


1 Adaptation: **A** bei starkem Licht, **B** bei schwachem Licht

2 Leuchte mit der Taschenlampe kurz in die Augen der anderen Person. Beobachte die Pupillen.
◩ Formuliere einen Je-desto-Satz, der die Beobachtungen beschreibt. (Je ..., desto ... .)

3 Halte einen Karton zwischen die Augen der Person und beleuchte ein Auge. Beobachte die Pupillen.
◩ Beschreibe deine Beobachtung.

4 ◩ Begründe, warum bei einer Verkehrskontrolle die Adaptation getestet wird.

## Material B

### Grenzen der Sehfähigkeit

Die Leistung des Auges hat Grenzen. Die Fähigkeit, feine Strukturen zu unterscheiden, heißt Auflösungsvermögen. Je kleiner der wahrnehmbare Abstand zwischen Punkten ist, desto besser ist das Auflösungsvermögen des Auges.

1 Halte dieses Buch mit ausgestreckten Armen vor dich und betrachte Bild 2. Bei welcher Fläche erkennst du noch die Punkte?

Die Augen der Greifvögel haben im Vergleich zum Menschen ein drei- bis viermal höheres Auflösungsvermögen. Sie sind in der Lage, aus einigen Kilometern Entfernung kleine Beutetiere wie Mäuse zu erkennen. Das liegt am Aufbau des Auges. Auf ihrer Netzhaut sind die Lichtsinneszellen gleichmäßiger verteilt. Außerdem besitzt die Netzhaut zwei Bereiche, in denen besonders viele Lichtsinneszellen eng beieinander stehen.

2

2 Lies den Text im grauen Kasten.
◩ Erkläre, wieso Greifvögel ein höheres Auflösungsvermögen haben als wir und warum das für sie wichtiger ist als für uns.

## Material C

### Akkommodation

Wir können nicht gleichzeitig einen Gegenstand, der sich nah vor uns befindet, und einen Gegenstand, der sich weiter weg von uns befindet, scharf sehen. Unsere Augen müssen sich auf die Entfernung eines Gegenstands einstellen, damit wir ihn scharf sehen. Das nennt man Akkommodation.

Wenn Lichtstrahlen durch die Pupille ins Auge gelangen, werden sie von der Linse gebrochen und zur Netzhaut gelenkt. Die biegsame Linse ist über die Linsenbänder mit dem Ringmuskel verbunden. Wenn wir einen nahen Gegenstand betrachten, müssen die Lichtstrahlen stärker gebrochen werden. Der Ringmuskel spannt sich an und die Linsenbänder entspannen sich. → 4A Dadurch lässt der Zug auf die Linse nach. Sie wölbt sich und bekommt so eine höhere Brechkraft. Wenn wir einen fernen Gegenstand betrachten, müssen die Lichtstrahlen nicht so stark gebrochen werden. Dann entspannt sich der Ringmuskel und die Linsenbänder sind gespannt. Dadurch nimmt der Zug auf die Linse zu. Sie flacht ab und hat eine geringere Brechkraft. → 4B

3 Akkommodation

1 Beschreibe die Bedeutung der Akkommodation.

2 Beschreibe die Vorgänge der Akkommodation an den Bauteilen des Auges: Ringmuskel, Linsenband, Linse. → 3 4

3 Erkläre, warum es die Augen anstrengt, wenn man lange auf einen nahen Gegenstand wie ein Buch oder ein Smartphone schaut.

4 Stelle eine Kamera erst auf ein nahes und dann auf ein fernes Objekt scharf. Vergleiche dies mit der Akkommodation.

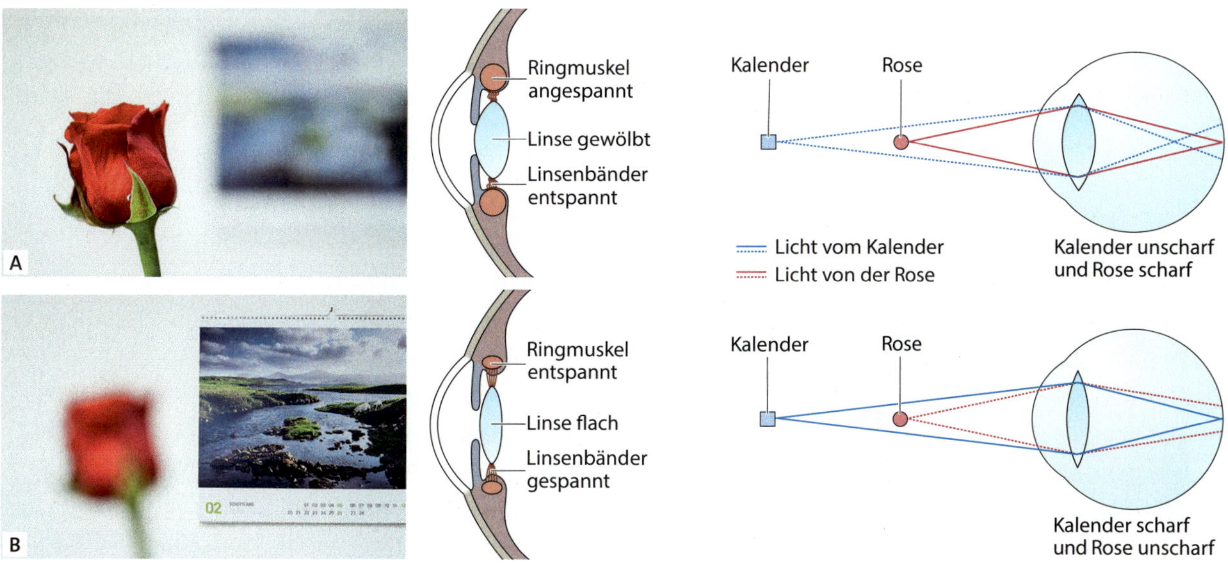


4 **A** Nah-Akkommodation, **B** Fern-Akkommodation

# Das Auge – ein Lichtempfänger

## Methode

### Ein Schweineauge präparieren

Da das Schwein ein Säugetier ist, sind viele Organe denen des Menschen in Struktur und Funktion sehr ähnlich.
Die Organe von Schweinen dienen deshalb in der Medizin häufig als Forschungshilfen. Auch das Auge des Schweins weist einen ähnlichen Aufbau wie das Auge des Menschen auf und die Funktionen der Bestandteile sind vergleichbar. Mithilfe einer Präparation des Schweineauges kannst du somit auch Erkenntnisse über das menschliche Auge gewinnen. So gehst du vor, wenn du ein Schweineauge präparieren willst:

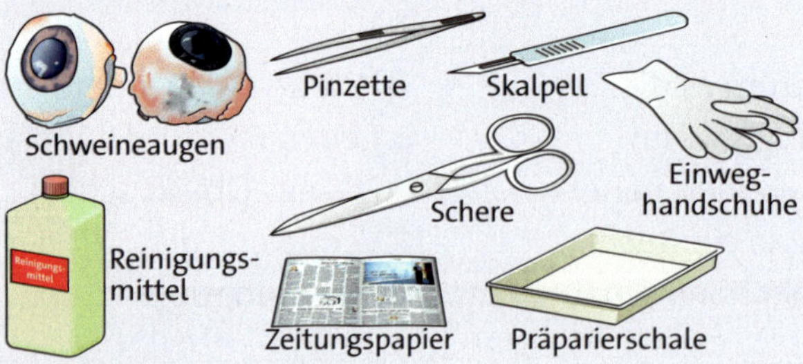


1 Materialien für die Präparation eines Schweineauges

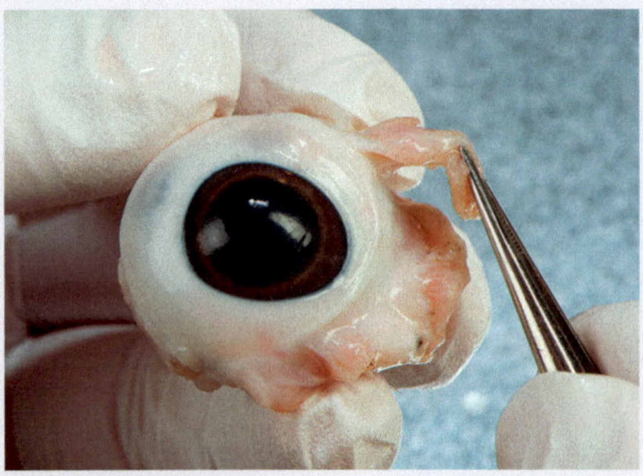

2 Schweineauge

Achtung • Einweghandschuhe tragen!

**1. Den äußeren Aufbau betrachten**
Man legt das Schweineauge in eine Präparierschale. Zunächst wird der äußere Bau betrachtet und mit einem Modell oder einer Abbildung des menschlichen Auges verglichen. Um sich einen Überblick zu verschaffen, sucht man die folgenden Bestandteile im Präparat: Hornhaut, Lederhaut, Iris, Pupille, Ansätze für die Augenmuskeln und den Sehnerv. Auch die Form und Festigkeit des Auges können untersucht werden.

**2. Einen Querschnitt herstellen**
Zunächst wird das Schweineauge mit Daumen und Zeigefinger festgehalten. → 2 Mit dem Skalpell ritzt man an der Oberseite des Auges ein kleines Loch in die Lederhaut, sodass die Schere angesetzt werden kann. Durch einen Ringschnitt können die Augenhälfte voneinander getrennt werden. → 3 Dabei ist darauf zu achten, dass man nicht ins Innere des Auges sticht, da sonst der Glaskörper beschädigt wird.

**3. Den inneren Aufbau betrachten**
Nach dem Schnitt kann man das Auge auseinanderklappen. Man vergleicht die beiden Augenhälften miteinander, ebenso wie sich Lederhaut und Glaskörper anfühlen. Mithilfe von Bild 4 können die Teile zugeordnet werden.

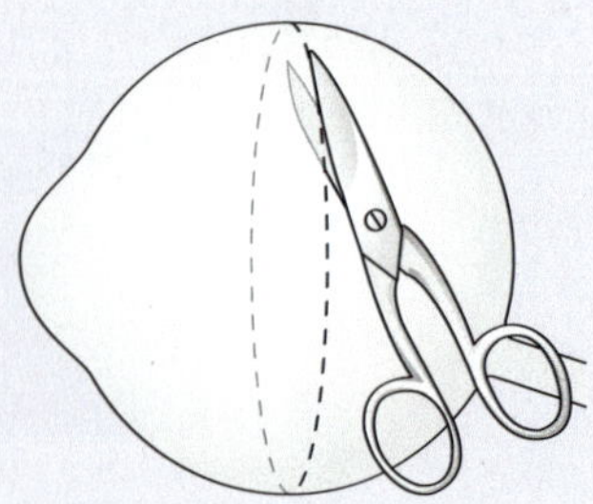

3 Ringschnitt

4 Bestandteile des Schweineauges

### 4. Funktionsweise der Linse untersuchen

Nun präpariert man die Linse heraus. Wenn man die Linse auf ein Stück Zeitungspapier legt und sie vorsichtig mit einer Pinzette über die Schrift zieht, kann man die Funktion der Linse nachvollziehen.

### 5. Aufräumen

Wenn die Präparation abgeschlossen wurde, werden die Reste der Schweineaugen verpackt und entsorgt. Die Arbeitsmaterialien und der Arbeitsplatz werden gründlich gereinigt.

## Aufgaben

1 Führe die Präparation eines Schweineauges durch.
◪ Notiere jeweils deine Beobachtungen.

2 ◪ Erkläre, warum sich das Schweineauge besonders gut für den Vergleich mit dem menschlichen Auge eignet.

# Das Auge – ein Lichtempfänger

## Erweitern und Vertiefen

### Strahlengänge

**Prisma und Linsen** • Wenn ein Lichtstrahl schräg auf die Oberfläche eines Prismas aus Glas trifft, wird die Richtung des Lichts geändert: Das Licht wird gebrochen. → 1 Wenn der Lichtstrahl aus dem Prisma wieder heraustritt, wird er erneut gebrochen.
Sammellinsen brechen parallel einfallende Lichtstrahlen so, dass sie hinter der Linse zusammenlaufen. Zerstreuungslinsen brechen parallel einfallende Lichtstrahlen so, dass sie hinter der Linse auseinanderlaufen.

**Strahlengänge im Auge** • Die Linse im Auge ist eine Sammellinse. Dies wird deutlich, wenn man sich den Lichtweg im Auge genauer anschaut. → 2 Zur Vereinfachung zeigt Bild 2 nur eine Brechung des Lichts an der Mittelebene der Sammellinse:

- Vom Punkt A des Gegenstands geht Licht in viele Richtungen aus. Ein Teil davon trifft auf die Linse. Dies gilt auch für den Punkt B und alle anderen Punkte des Gegenstands.
- Die Richtung der Mittelpunktstrahlen wird von der Linse nicht verändert.
- Die Parallelstrahlen werden so gebrochen, dass sie hinter der Linse durch den Brennpunkt verlaufen.
- Der Bildpunkt A′ entsteht dort, wo sich die Lichtstrahlen vom Punkt A hinter der Linse kreuzen (Bildpunkt B′ entsprechend).

Alle Bildpunkte zusammen ergeben ein verkleinertes, auf dem Kopf stehendes und seitenverkehrtes Bild des Gegenstands.
Man sieht den Gegenstand scharf, wenn sein Bild genau auf der Netzhaut liegt.

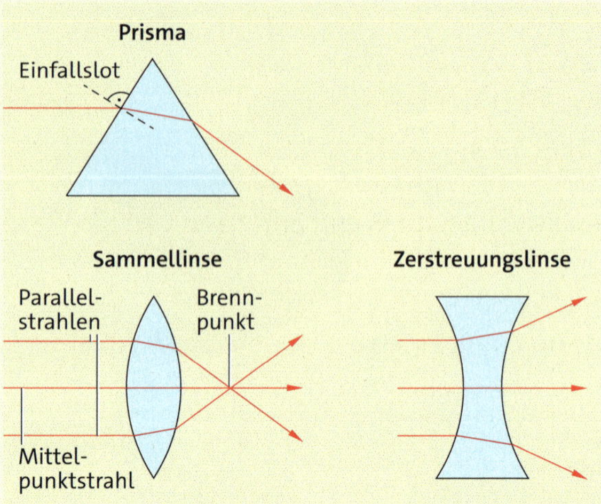


1 Prisma und Linsen

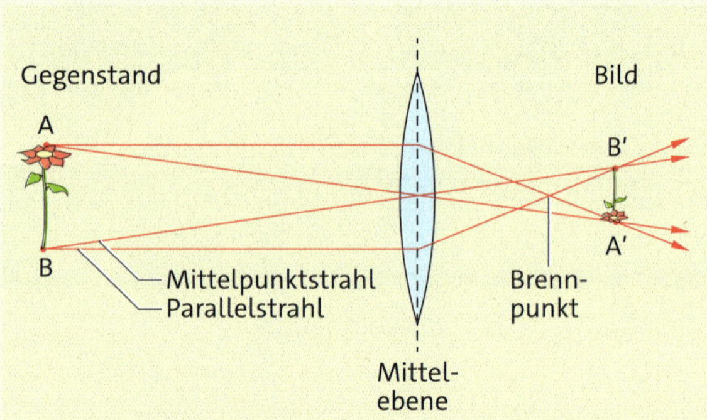


2 Strahlengänge an der Sammellinse

## Aufgaben

**1** ◪ Vergleiche die Brechung von Parallelstrahlen bei einer Sammellinse und bei einer Zerstreuungslinse. → 1

**2** ⊠ Erkläre, warum hinter der Sammellinse ein umgedrehtes und verkleinertes Bild entsteht. → 2

## Erweitern und Vertiefen

### Fehlsichtigkeit

Wird ein Bild auf der Netzhaut nicht scharf abgebildet, spricht man von Fehlsichtigkeit. Die Ursache liegt häufig in der Länge des Augapfels. → [3]

**Kurzsichtigkeit** • Wenn entfernte Gegenstände nur unscharf auf der Netzhaut abgebildet werden, liegt eine Kurzsichtigkeit vor. Gegenstände in der Nähe können jedoch scharf auf der Netzhaut abgebildet werden. Werden weit entfernte Gegenstände betrachtet, findet Fern-Akkommodation statt. Die Linse wird flacher gezogen. Jedoch ist die Brechkraft der Linse zu groß, sodass kein scharfes Bild auf der Netzhaut erzeugt wird. Das scharfe Bild des Gegenstands liegt sozusagen vor der Netzhaut. → [3] Um eine Kurzsichtigkeit auszugleichen, müssen die Lichtstrahlen, die von einem weit entfernten Gegenstand ausgehen, gestreut werden. Man braucht eine Brille mit Zerstreuungslinsen. Damit wirkt man der zu großen Brechkraft der Linse entgegen.

**Weitsichtigkeit** • Bei einer Weitsichtigkeit werden nahe Gegenstände nicht scharf auf der Netzhaut abgebildet. Damit man nahe Gegenstände scharf erkennen kann, müssen die Linsenbänder erschlaffen und die Linse muss eine stark gewölbte Gestalt annehmen. Trotz der stark gewölbten Linse wird das scharfe Bild des Gegenstands bei einer Weitsichtigkeit sozusagen hinter der Netzhaut abgebildet. Weit entfernte Gegenstände können scharf abgebildet werden. Um Weitsichtigkeit auszugleichen, müssen die Lichtstrahlen naher Gegenstände stärker gebrochen werden. Man braucht eine Brille mit Sammellinsen. Bei älteren Menschen lässt oft die Biegsamkeit der Linse nach, es entsteht Altersweitsichtigkeit.

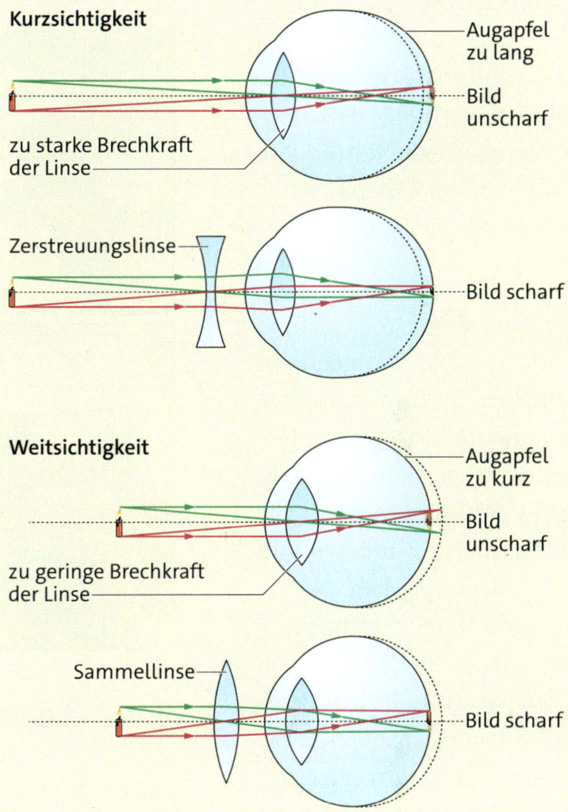


[3] Fehlsichtigkeiten

### Aufgaben

**1** Beschreibe, an welcher Stelle im Auge ein scharfes Bild bei einem kurzsichtigen und bei einem weitsichtigen Menschen entsteht.

**2** Erkläre, wie man Kurzsichtigkeit und Weitsichtigkeit korrigieren kann.

# Das Auge – ein Lichtempfänger

## Material D

### „Brillenstärke“

1 Die „Brillenstärke“ wird in Dioptrien angegeben. → 1

a Berechne die fehlenden Werte in der Tabelle. → 2

b Nenne die „stärkste“ Linse.

**„Brillenstärke“**
Stark gewölbte Sammellinsen „knicken“ das Licht stark. Ihre Brennweite ist klein. Der Kehrwert der Brennweite (in m) ist groß. Er beschreibt die „Brillenstärke“ und wird in Dioptrien angegeben.
Beispiel: Eine Sammellinse mit einer Brennweite von 0,2 m hat eine „Brillenstärke“ von 5 Dioptrien: $\frac{1}{0{,}2} = 5$. Sie führt das Licht stärker zusammen als eine Sammellinse mit 2 Dioptrien, weil diese eine größere Brennweite von 0,5 m hat: $\frac{1}{0{,}5} = 2$.
Bei Zerstreuungslinsen gibt man die „Brillenstärke“ durch negative Dioptrien an.

1

| Brennweite | Dioptrie |
|---|---|
| 2,0 m | ? |
| 0,5 m | ? |
| ? | 10 |
| 20 cm | ? |

2 Verschieden starke Linsen

## Material E

3

### Brillen und Kontaktlinsen

Miriam hat seit einiger Zeit Probleme, Tafelanschriebe oder Plakate zu lesen. → 3

**Materialliste:** Smartphone

4 Kontaktlinse

1 Notiert Gründe, warum Miriam keine Brille tragen möchte und warum sie eine Brille tragen sollte.

2 MK Filmt ein Rollenspiel mit zwei Personen, die Miriam und ihre Freundin spielen. Die Freundin hat im Rollenspiel bemerkt, dass Miriam nur schlecht sehen kann.

3 Auch Kontaktlinsen gleichen Sehfehler aus. → 4

a Informiert euch in einem Augenoptikgeschäft über die Vor- und Nachteile von Kontaktlinsen.

b Beschreibt, für welche Personen und in welchen Situationen das Tragen von Kontaktlinsen sinnvoll sein kann.

## Material F

### Eine Lochkamera

**Materialliste:** Chipsdose, 2 Bogen schwarzer Karton (jeweils 25 cm × 25 cm), Transparentpapier (15 cm × 15 cm), Küchenschere, Klebstoff, Klebeband, Lineal, Alufolie (2 cm × 5 cm), Pinnwandnadel, Kerze

5 Lochkamera im Einsatz

**1** Baue deine eigene Lochkamera. → 5 6

A Stich mit der Nadel ein kleines Loch mitten in den Boden der Chipsdose. Vergrößere das Loch von außen mit der Schere auf einen Durchmesser von rund 1 cm.

B Rolle den ersten schwarzen Kartonbogen zu einer Röhre. Schiebe sie in die Dose.

C Bestreiche den Rand der Chipsdosenöffnung mit Klebstoff. Klebe das Transparentpapier möglichst glatt über die Öffnung. Schneide die überstehenden Ecken ab.

D Rolle den zweiten schwarzen Kartonbogen zu einem Trichter. Die kleine Öffnung des Trichters muss gerade so groß sein, dass du mit einem Auge hindurchschauen kannst. In die große Öffnung muss die Chipsdose hineinpassen. Klebe mehrere Streifen Klebeband von außen auf den Trichter, sodass er sich nicht aufrollt.

E Stecke die Chipsdose mit der Transparentpapieröffnung in den Trichter.

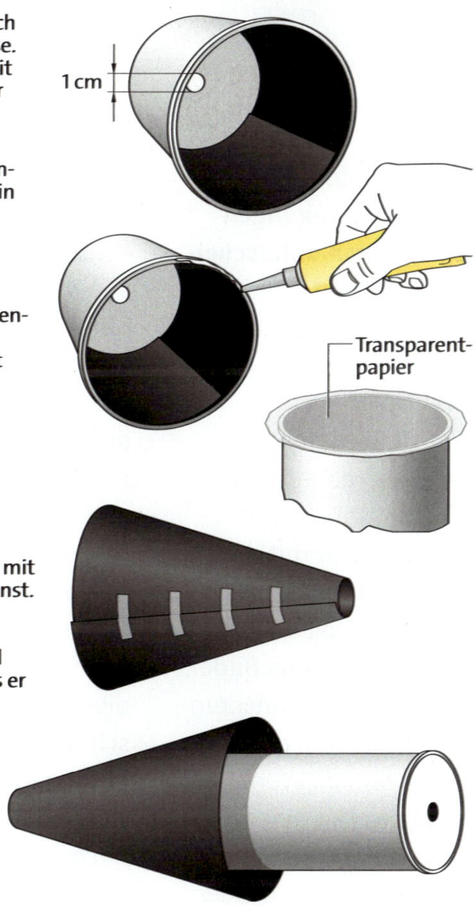


6 So wird die Lochkamera gebaut.

**2** Betrachte eine Kerzenflamme mit der Lochkamera.

a Gehe mit der Lochkamera nah an die Flamme heran. Beschreibe Form und Größe des Bilds auf dem Transparentpapier.

b Entferne die Lochkamera langsam von der Flamme. Beschreibe, wie sich das Bild ändert.

c Schiebe die Kerze nach links, rechts und nach oben. Beschreibe, wie sich das Bild verschiebt.

d Fasse die Beobachtungen in zwei Sätzen zusammen.

**3** Beobachte draußen im Sonnenschein Bäume, Autos und Menschen. → 5 Beschreibe deine Beobachtungen.

**4** Untersuche, wie sich das Bild verändert, wenn das Loch im Boden der Dose kleiner ist. Klebe dazu die Alufolie mit dem Klebeband über das Loch. Stich dann ein kleines Loch durch die Folie.

**5** Untersucht, wie sich die Bilder bei verschieden langen Chipsdosen unterscheiden. Dazu könnt ihr die Dosen mit der Schere einstechen und abschneiden.

# Sehen – mit Augen und Gehirn

1 Wie erkennen wir das Bild in einem Laptop?

**Wenn wir einen Film gucken, dann nehmen wir fließende Bewegungen und Farben wahr. Wodurch unterscheiden sich die Bilder auf dem Display von unserer Wahrnehmung der Wirklichkeit und wie nehmen wir bewegte Bilder und Farben wahr?**

**Räumliches Sehen** • Betrachtet man einen Gegenstand einmal nur mit dem linken und einmal nur mit dem Auge, während man das andere Auge schließt oder mit der Hand bedeckt, ergeben sich zwei verschiedene Bilder. Durch den Abstand zwischen unseren Augen sieht jedes Auge die Welt aus einem anderen Blickwinkel. Wenn man einen Gegenstand mit beiden Augen betrachtet, erzeugt das Gehirn aus den übermittelten Informationen der beiden Augen ein Bild. Dabei kann man nicht nur die Breite und Höhe des Gegenstands erkennen, sondern auch die vorderen Bereiche von den hinteren unterscheiden. Man nimmt ein dreidimensionales Bild des Gegenstands wahr. Das nennt man räumliches Sehen. Auf einem Display erkennen wir auch die Breite und Höhe eines Gegenstands, doch er wirkt flach.

**Bewegte Bilder** • Wir nehmen beim Film nicht die einzelnen Bilder wahr, sondern fließende Bewegungen. Um dies zu erreichen, muss die Bildfolge schneller sein als die Verarbeitungsgeschwindigkeit des Gehirns. Das lässt sich am Beispiel eines Daumenkinos nachvollziehen: Es besteht aus vielen einzelnen Bildern, die man mit dem Daumen durchblättert.

Bei jedem Bild werden die Lichtsinneszellen gereizt. Blättert man die Bilder schnell genug durch, überlagern sich die Informationen. Je schneller man sie durchblättert, desto fließender wirken die Bewegungen. Ab 16 Bildern pro Sekunde entsteht der Eindruck eines bewegten Bildes.

**Farben sehen** • Die bunten Bilder des Displays setzen sich aus vielen blauen, roten und grünen Leuchtpunkten zusammen. Durch die Mischung dieser drei Farben entstehen unterschiedliche Farbtöne. → 2 In der Netzhaut der Augen reagieren drei verschiedene Zapfentypen auf das Licht der Leuchtpunkte. Trifft gleichzeitig blaues, rotes und grünes Licht auf einen Bereich der Netzhaut, werden alle Zapfen gereizt. Dann nehmen wir Weiß wahr. Trifft nur rotes und grünes Licht auf einen Bereich der Netzhaut, werden die für blaues Licht empfindlichen Zapfen nicht gereizt. → 3 Dann nehmen wir Gelb wahr.

**Verarbeitung** • Die Informationen, die wir über Reize aufnehmen, werden in einem bestimmten Bereich des Gehirns verarbeitet. Hier wird ein Seheindruck erstellt. In einem anderen Bereich des Gehirns wird der Seheindruck mit den Erfahrungen zu bekannten Bildern abgeglichen. Wenn der Seheindruck mit den Erfahrungen übereinstimmt, erkennen wir einen Gegenstand.

**Die Lichtsinneszellen und das Gehirn ermöglichen es, dass wir räumliche, bewegte und farbige Bilder erkennen.**

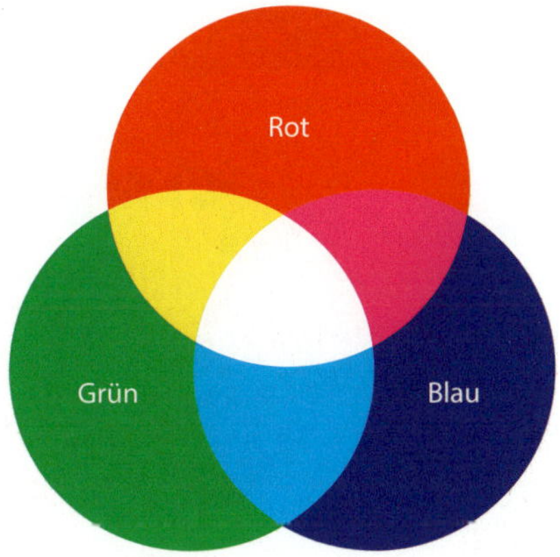


2 Farbtöne entstehen durch Farbmischung.

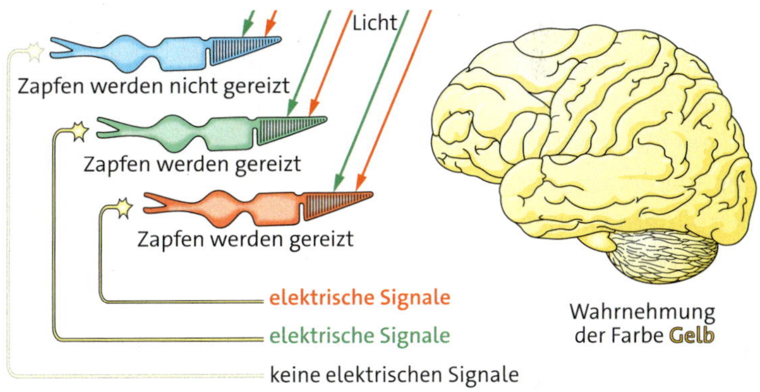


3 Reizung der Zapfen

## Aufgaben

1 Beschreibe, wie wir räumlich sehen.

2 Erkläre, wieso wir bei einem Film keine einzelnen Bilder wahrnehmen, sondern bewegte Bilder.

3 Beschreibe, wann wir die Farbe Gelb wahrnehmen. → 4

4 Beschreibe die Rolle unserer Erfahrungen bei der Wahrnehmung.

# Sehen – mit Augen und Gehirn

## Material A

### Rot-Grün-Sehschwäche

Wenn die Zapfen der Netzhaut nicht richtig arbeiten, kommt es zu einer Farbenfehlsichtigkeit. Menschen, die gar keine Farben wahrnehmen, sind farbenblind. Sie erkennen nur Grautöne. Bei einer Farbsehschwäche sehen Menschen bestimmte Farben nur eingeschränkt. Die Rot-Grün-Sehschwäche ist die häufigste Form. Sie ist bei 8 Prozent der Männer und unter 1 Prozent der Frauen ausgeprägt. Mit Testbildern kann man sie erkennen. → 1

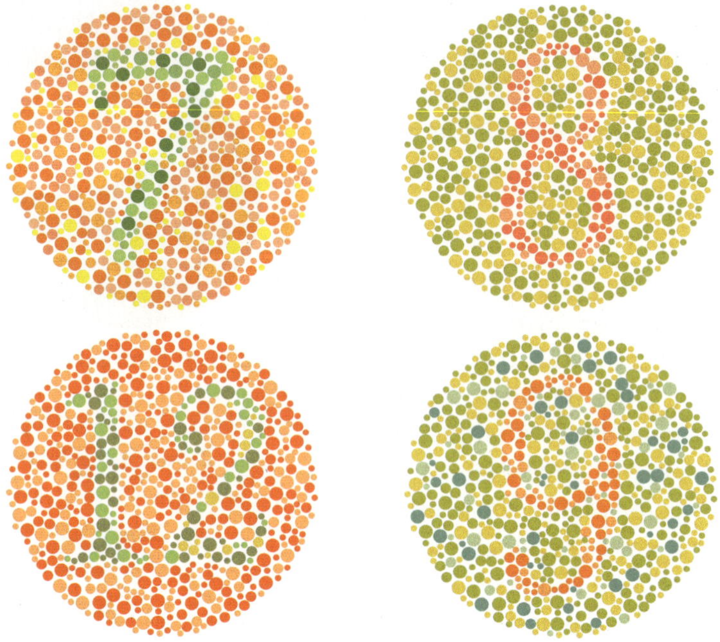

1 Testbilder

1 Beschreibe die vier Testbilder. → 1 Beachte die Gemeinsamkeiten und Unterschiede.

2 Erkläre, wieso man eine Rot-Grün-Sehschwäche mithilfe der Testbilder erkennen kann.

3 Stelle Vermutungen an über Probleme im Alltag von Menschen mit Rot-Grün-Sehschwäche.

## Material B

### Farben und Buchstaben

Sag einer Person schnell die Farben der Wörter auf – nicht den eigentlichen Text. → 2 Die Person notiert in der Zeit die Anzahl deiner Fehler. Wechselt die Rollen.

gelb rot violett schwarz orange grün gelb
blau gelb rot grün gelb schwarz orange lila
grün rot weiß pink orange schwarz weiß
gelb blau gelb grün schwarz violett pink
rosa blau gelb orange weiß schwarz

2

1 Haltet eure Ergebnisse im Heft fest und vergleicht sie.

2 Beschreibe die Erfahrungen bei der Durchführung.

3 Erkläre, wodurch diese Erfahrungen entstehen.

## Material C

### Schnelle Bildfolge

Ist eine Bildfolge schneller als die Verarbeitungsgeschwindigkeit des Gehirns, überlagern sich die Informationen zu den einzelnen Bildern.

**Materialliste:** ein Stück weiße Pappe, Stift, Locher, Gummiband, 20 cm lange Schnur

1 Zeichne ein kleines Bild auf die Pappe in der Ecke unten links und ein zweites kleines Bild auf die Rückseite in die Ecke oben rechts. → 3

2 Stanze mit dem Locher oben und unten ein Loch aus.

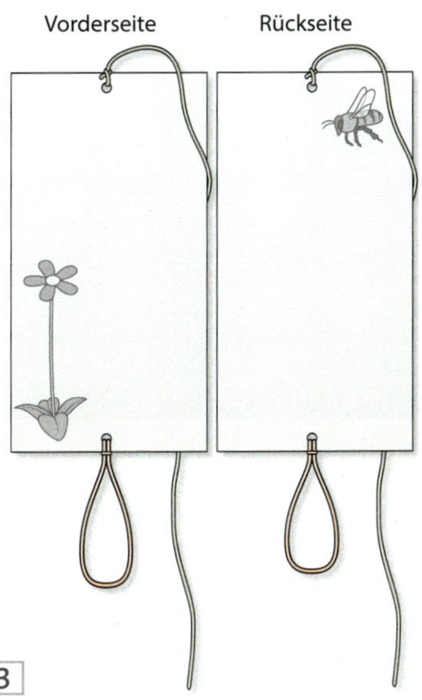


3

3 Befestige am oberen Loch die Schnur, am unteren Loch das Gummiband.

4 Verdrille das Gummiband mehrmals. Lass die Pappe los und beobachte das Bild.
Beschreibe deine Beobachtung.

5 Erkläre deine Wahrnehmung.

6 Erkläre, welche Bedeutung dieses Prinzip bei der Darstellung eines Films auf einem Fernseher oder Tablet hat.

## Material D

### Optische Täuschung

Bei einer bestimmten Anordnung von Würfeln entsteht der Eindruck, dass einige Würfel in der Luft schweben. → 4

4

Das Gehirn nimmt das Objekt räumlich wahr. Dieser Seheindruck wird mit der Erfahrung verglichen, dass Würfel nur nebeneinander oder aufeinander liegen können. Die Informationen stimmen nicht überein. So entsteht der Eindruck eines unmöglichen Objekts. Man nennt dies optische Täuschung. → 4

1 Erläutere am Beispiel der Würfel, wodurch es zu einer optischen Täuschung kommt. → 4

2 Betrachte Bild 5.

a Beschreibe deine Wahrnehmung.

b Stelle Vermutungen zu den Vorgängen im Gehirn an.

5

# Das Ohr – ein Schallempfänger

1 Geräusche helfen bei der Orientierung.

**Ständig sind wir Geräuschen ausgeliefert. Musik, Straßenlärm, aber auch leise Töne wie etwa ein Flüstern nehmen wir wahr. Besonders blinde Menschen sind auf ihren Gehörsinn angewiesen. Wie hören wir?**

**Ohr** • Neben den Augen zählt das Ohr zu den wichtigsten Sinnesorganen. Das Ohr wird in drei Bereiche gegliedert: Außenohr, Mittelohr und Innenohr. Das Hörorgan liegt im Innenohr. Hier liegt außerdem das Gleichgewichtsorgan.

**Schallwellen** • Drückt man an einer Ampel auf den gelben Knopf des Blindenleitsystems, gibt die Schallquelle während der Grünphase einen Ton ab. Sie sendet Schallwellen aus, die wir als Schall wahrnehmen. Schallwellen sind Verdichtungen und Verdünnungen der Luft, die sich in alle Richtungen verbreiten. Je stärker eine Schallquelle schwingt, desto lauter ist der Ton. Je schneller die Schwingung ist, desto höher ist der Ton. Unsere Ohren dienen als Schallempfänger.

**Vom Schall zum Hören** • Der sichtbare Teil des Ohrs ist die Ohrmuschel. → 2 Sie gehört zusammen mit dem Gehörgang zum Außenohr. Die Ohrmuschel fängt die Schallwellen auf und leitet sie über den Gehörgang zum Trommelfell. Das Trommelfell ist eine dünne Haut, die das Außenohr vom Mittelohr abgrenzt. Die Schallwellen versetzen es in Schwingungen. Im Mittelohr liegen die winzigen Gehörknöchelchen Hammer, Amboss und Steigbügel. Sie nehmen die Schwingungen des Trommelfells auf, verstärken sie und leiten sie zum Innenohr. Am Übergang vom Mittelohr zum Innenohr befindet sich das ovale Fenster. Über das ovale Fenster werden die Schwingungen an die Hörschnecke im Innenohr weitergegeben. Die Hörschnecke ist das eigentliche Hörorgan.

der Schall
die Hörsinneszellen

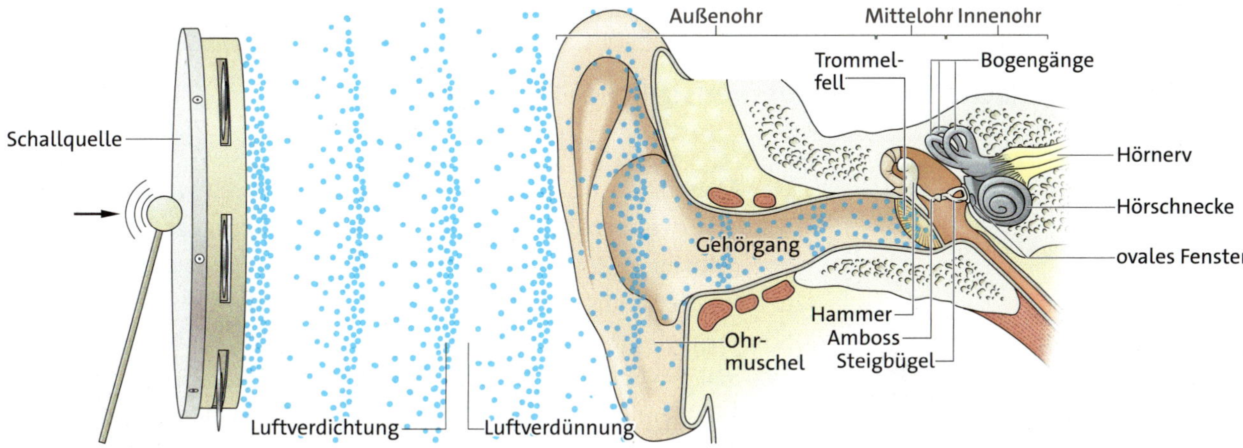


2 Aufbau des Ohrs

Die Schwingungen werden auf die Flüssigkeit in der Hörschnecke übertragen. In der Hörschnecke befinden sich die Hörsinneszellen mit ihren feinen Härchen. Durch die Druckwellen in der Flüssigkeit werden die Härchen gebogen und lösen hierdurch elektrische Signale aus, die über den Hörnerv an das Gehirn weitergeleitet werden. Das Gehirn wertet die Signale aus und nimmt wahr, was wir hören. Das Hören ist also ein Zusammenspiel von Ohren und Gehirn.

**Schutz** • Ohrenschmalz finden viele Menschen eklig. Es übernimmt jedoch eine wichtige Schutzfunktion. Das Ohrenschmalz befeuchtet die Haut im Gehörgang und bewirkt, dass Schmutz und abgestorbene Hautzellen gebunden und entfernt werden. Zudem verhindert es, dass Schädlinge in das Innenohr eindringen. Eine unsachgemäße Reinigung mit Wattestäbchen schadet dem Ohr. Das Mittelohr ist mit dem Rachen verbunden. Beim Schlucken wird die Verbindung kurz geöffnet. So erfolgt der Druckausgleich mit der Außenluft. Wird Ohrenschmalz mit Wattestäbchen in das Mittelohr gedrückt, ist der Druckausgleich nicht mehr möglich. Dies führt zu einer Gehörminderung.
Außer dem Ohrenschmalz besitzt das Ohr kaum natürliche Schutzvorrichtungen.

Das Ohr besteht aus dem Außenohr, dem Mittelohr und dem Innenohr. Es nimmt den Schall auf und ermöglicht zusammen mit dem Gehirn das Hören. Es besitzt nur wenige natürliche Schutzvorrichtungen.

3 Hörsinneszellen

## Aufgaben

1 ☒ Beschreibe den Weg des Schalls durch das Ohr. → 2

2 ☒ Erkläre die Vorgänge am ovalen Fenster.

# Das Ohr – ein Schallempfänger

## Material A

### Schall sichtbar machen

**Materialliste:** Plastikbecher, Luftballon, Gummiband, Reiskörner, Kochtopf, Kochlöffel

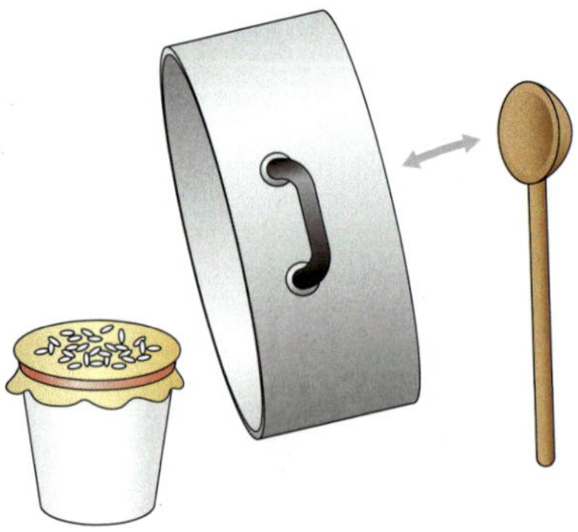

1 Versuchsaufbau

1 Stülpe einen abgeschnittenen Luftballon über den Plastikbecher, sodass eine straffe Oberfläche entsteht. Befestige ihn mit Gummiband. Lege dann die Reiskörner auf die Ballonhaut.

2 Halte den Kochtopf mit der Öffnung in Richtung Becher. Schlage mit dem Kochlöffel von außen an den Boden. Beobachte dabei die Reiskörner auf der Ballonhaut. ☒ Beschreibe deine Beobachtungen.

3 ☒ Übertrage das Modell auf die Vorgänge im Ohr beim Hören.

## Material B

### Der menschliche Hörbereich

Der Mensch kann Schall nur hören, wenn die Schallquelle in einer Sekunde zwischen 20 und 20 000 Schwingungen erzeugt. Die Anzahl der Schwingungen pro Sekunde nennt man Frequenz, sie wird in Hertz (Hz) angegeben. 1000 Hertz sind 1 Kilohertz (kHz). Eine Stimmgabel mit einer Frequenz von 322 Hz schwingt beispielsweise 322-mal pro Sekunde. Je höher die Frequenz ist, desto höher klingt der Ton. Wenn eine Schallquelle mit mehr als 20 kHz schwingt, spricht man von Ultraschall. Diese Frequenz kann das menschliche Ohr nicht mehr wahrnehmen. Allerdings gibt es einige Lebewesen, die diese Frequenzen hören können. Dazu gehören zum Beispiel Hunde (15 Hz bis 50 kHz), Delfine (150 Hz bis 280 kHz) und Fledermäuse (20 kHz bis 150 kHz). Das menschliche Ohr ist für verschiedene Frequenzen unterschiedlich empfindlich. Ältere Menschen und Menschen, die in ihrem Beruf häufig starkem Lärm ausgesetzt sind, nehmen hohe Töne oft nicht mehr wahr.

**Materialliste:** Tongenerator (über das Internet verfügbar oder als App), Kopfhörer

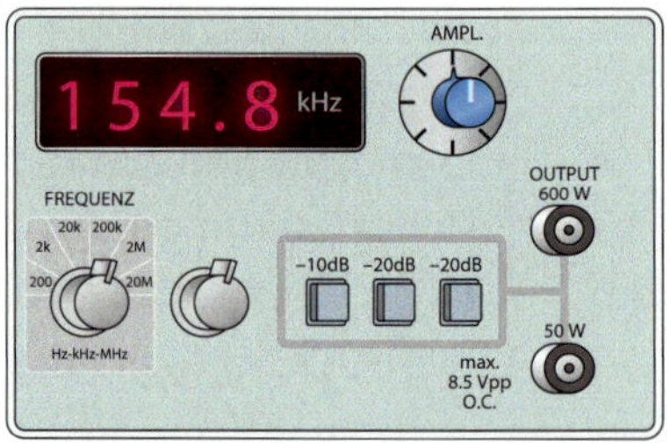


2 Tonfrequenzgenerator

1 Findet euren Hörbereich heraus. Beginnt mit niedrigen Frequenzen (20 Hz) und steigert bis etwa 20 kHz. ☒ Notiert euren persönlichen Hörbereich.

2 Gibt es Unterschiede im Hörbereich verschiedener Personen? ☒ Stellt Vermutungen an, warum das so sein könnte. Einen Hinweis auf eine mögliche Erklärung findet ihr in Bild 3.

3 ☒ Überlegt euch Maßnahmen zum Schutz eures Gehörs.

3

## Gehörlose Menschen

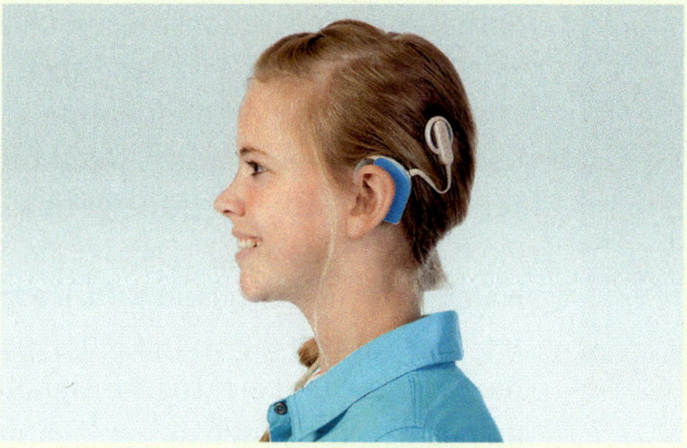

4 Julia trägt eine Hörprothese.

5 Unterhaltung in deutscher Gebärdensprache

**Ohne Gehörsinn** • Die Ohren sind unsere empfindlichsten Sinnesorgane. Mit ihnen können wir bis zu 400 000 Töne unterscheiden und sogar die Richtung, aus der sie kommen. Gehörlose Menschen können keine Geräusche aus ihrer Umwelt wahrnehmen und verhalten sich daher in manchen Situationen anders als Hörende. Das Martinshorn der nahenden Feuerwehr beispielsweise können sie nicht hören. In Deutschland leben etwa 80 000 gehörlose Menschen. Gehörlosigkeit kann angeboren oder durch eine Krankheit verursacht sein.

**Hilfsmittel** • Bei allen Neugeborenen wird heute kurz nach der Geburt ein Hörtest durchgeführt. Mithilfe von Hörgeräten können Hörverluste ausgeglichen werden. → 4 Sie bestehen aus einem Mikrofon, einem Verstärker und einem Lautsprecher und geben Sprache und Geräusche lauter an das Innenohr weiter. Alternativ gibt es eine Hörprothese, die die mit einem Mikrofon aufgenommenen Reize in elektrische Signale umwandelt. Diese gibt sie direkt an den Hörnerv weiter. Die Hörprothese wird durch eine Operation mit dem Innenohr verbunden.

**Kommunikation** • Gehörlose Kinder können nicht wie Hörende sprechen lernen, weil sie keine Sprache hören. Sie können aber lernen, die Worte des Gesprächspartners an dessen Lippenbewegungen abzulesen.
Gehörlose verständigen sich außerdem mit der Gebärdensprache. Dazu bilden sie Zeichen mit ihren Händen, die durch den Gesichtsausdruck und die Körperhaltung unterstützt werden. → 5

### Aufgaben

**1** Nenne drei für dich wichtige Dinge, für die du nur deine Ohren benötigst.

**2** Stelle Vermutungen an, welche Gefahren mit der ständigen Verwendung von Kopfhörern im Alltag verbunden sind.

# Der Gleichgewichtssinn

1 Kopfüber und in Drehung – was passiert im Körper?

**Ob man aufrecht steht, sich im Kreis dreht, liegt oder kopfüber hängt – man weiß, in welcher Position man sich befindet. Wie ist das möglich?**

**Gleichgewicht** • Im Innenohr, hinter dem ovalen Fenster, liegt unser Gleichgewichtsorgan. Dieses nimmt unsere Körperhaltung und Bewegungen auf. Auch Sehsinn und Muskeln tragen zum Gleichgewicht bei.

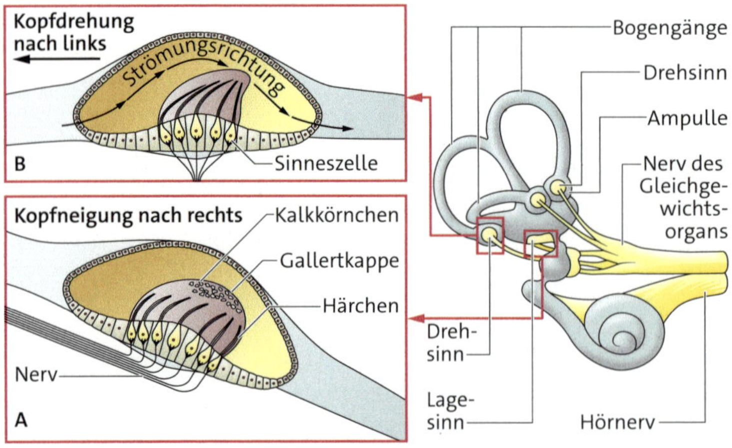


2 Gleichgewichtsorgan: **A** Lagesinn, **B** Drehsinn

**Lage im Raum** • Ob wir liegen oder aufrecht stehen, wird über den Lagesinn erfasst. Hinter der Hörschnecke liegen zwei Vorhofsäckchen. → 2 Sie enthalten Sinneszellen, die mit feinen Härchen in eine zähe Gallertkappe ragen. → 2A In die Gallertkappe sind Kalkkörnchen eingebettet. Neigt man seinen Kopf nach rechts, neigt sich auch die Gallertkappe nach rechts. Die Härchen biegen sich ebenfalls nach rechts, wodurch die Sinneszellen gereizt werden und elektrische Signale an das Gehirn senden.

**Bewegung** • Ob wir uns drehen, wird vom Drehsinn erfasst. Oberhalb der Hörschnecke befinden sich drei mit Flüssigkeit gefüllte Bogengänge. → 2 Am Ende jedes Bogengangs befindet sich eine Ampulle. Sie enthält Sinneszellen mit Härchen, die in eine Gallertkappe ragen. → 2B Dreht man seinen Kopf, bewegt sich die Flüssigkeit in den Bogengängen nicht so schnell mit. Es entsteht eine Strömung, wodurch die Gallertkappe und die Härchen der Sinneszellen gebogen werden. Die Sinneszellen werden gereizt und senden elektrische Signale an das Gehirn.

**Im Innenohr liegt unser Gleichgewichtsorgan mit dem Lagesinn und dem Drehsinn.**

## Aufgabe

1 ☒ Vergleiche Aufbau und Aufgabe vom Lagesinn und Drehsinn.

das Gleichgewichtsorgan
der Lagesinn
der Drehsinn

## Material A

### Position des Kopfes

| | |
|---|---|
| **A** Der Kopf wird angehoben. | **B** Das Gehirn verrechnet die Signale und erkennt die Position des Kopfes. |
| **C** Die Sinneszellen senden elektrische Signale an das Gehirn. | **D** Die Gallertkappe verschiebt sich. |
| **E** Die Sinneszellen werden gereizt. | **F** Die Härchen biegen sich. |

3 Vorgänge beim Aufstehen aus dem Bett

Ob wir liegen oder aufgerichtet sind, wird über den Lagesinn erfasst. Ein Beispiel verdeutlicht, wie der Lagesinn funktioniert. → 3

1 Bringe die Aussagen A–F aus Bild 3 in die richtige Reihenfolge. Erstelle ein Fließschema und notiere es in deinem Heft.

## Material B

### Schwindel

Dreht man sich für eine längere Zeit, bewegt sich die Flüssigkeit in den Bogengängen so schnell wie der Kopf. Der Druck auf die Gallertkappe lässt dann nach. Weil auch die Härchen nicht mehr gebogen werden, melden die Sinneszellen keine Bewegung mehr an das Gehirn. Stoppt man die Drehbewegung plötzlich, strömt die Flüssigkeit in den Bogengängen noch eine Weile lang weiter. Dadurch wird die Gallertkappe mit den Härchen in die entgegengesetzte Richtung gebogen. Die Sinneszellen geben eine falsche Information über die Richtung der Bewegung an das Gehirn. Dadurch entsteht ein Schwindelgefühl.

1 Arbeitet in Gruppen. Eine Person schließt die Augen und dreht sich 1 Minute lang rechtsherum im Kreis. Dann stoppt sie plötzlich und versucht, einige Schritte auf gerader Linie zu gehen. Eine andere Person stoppt die Zeit. Die übrigen Personen stellen sich um die sich drehende Person herum und passen auf.

2 Beschreibt jeweils eure Beobachtungen während und nach der Drehung.

3 Vorgänge im Körper
a Bild 4 zeigt einen Bogengang in vereinfachter Form. Ordne die Bilder 4 A–C begründet den Zeitpunkten zu Beginn, während und kurz nach der Drehung zu.
b Erkläre mithilfe des Texts, wie es zu dem Schwindel nach der Drehung kommt.

4 Stelle Vermutungen an, warum die Augen während der Drehbewegung geschlossen werden sollen.

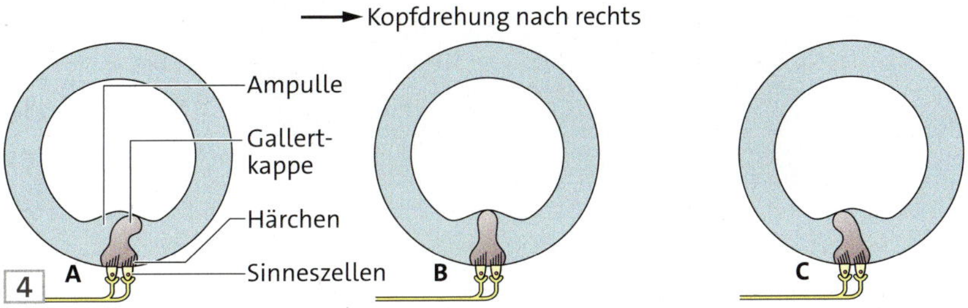

4

# Die Haut – unser größtes Sinnesorgan

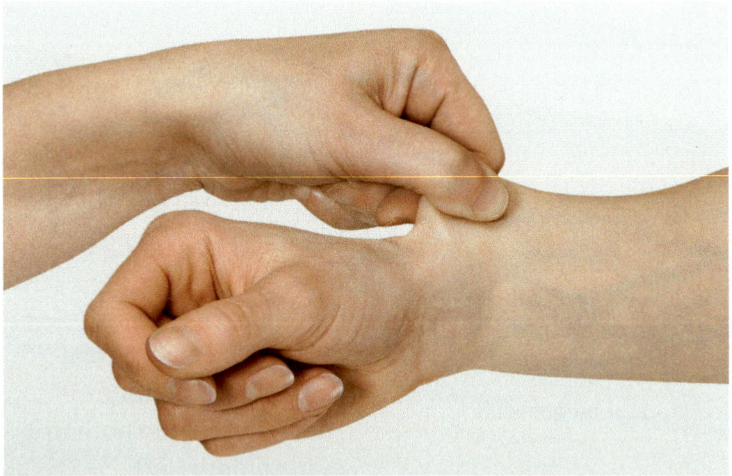

[1] Unsere Haut ist dehnbar.

**Reize wie Kälte, Hitze, Schmerz und Druck nehmen wir über die Sinne der Haut auf. Wie ist sie aufgebaut, um diese Aufgaben zu erfüllen?**

**Aufbau** • Die Haut umgibt unseren gesamten Körper und schirmt somit die inneren Organe von äußeren Einflüssen ab.

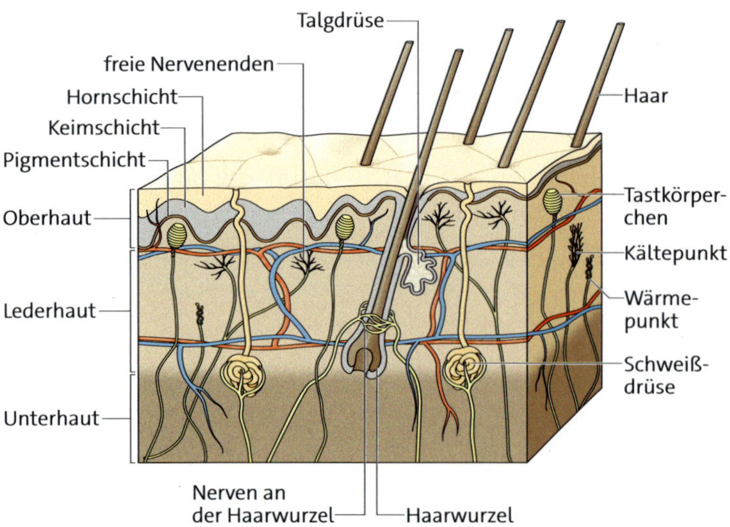


[2] Querschnitt durch die Haut

Die Haut eines Erwachsenen wiegt bis zu 10 Kilogramm und hat eine Gesamtfläche von etwa 2 Quadratmetern. Sie ist im Durchschnitt etwa 7–9 Millimeter dick und besteht aus drei Schichten: der dünnen Oberhaut, der Lederhaut und der dicken Unterhaut. → [2]

**Oberhaut** • An den Lippen ist die Oberhaut so dünn wie eine Seite dieses Buches. Man kann deshalb das Blut durchscheinen sehen. Daher sind unsere Lippen rot. An den Handflächen und an den Fußsohlen wird die Oberhaut über einen Millimeter dick. Auch die Nägel werden von ihr gebildet. Die Hornschicht begrenzt die Oberhaut nach außen. Mit der Zeit wird sie als Hautschuppen abgestoßen. Sie wird aber gleichzeitig in der Keimschicht nachgebildet. Die gesamte Oberhaut eines Menschen wird so alle vier Wochen erneuert.
Die unterste Schicht der Oberhaut ist die Pigmentschicht. Sie enthält Farbstoffe, die die Haut vor der UV-Strahlung der Sonne schützen. Die Farbstoffe geben der Haut ihre Farbe.

**Lederhaut** • Die Lederhaut ist dehnbar und reißfest. Sie enthält viele Blutgefäße und auch Schweißdrüsen, die beim Schwitzen Flüssigkeit abgeben. Zur Lederhaut gehören ebenso die Haarwurzeln, die bis in die Unterhaut reichen. Die Talgdrüsen sondern den Talg aus, der die Haut fettet. Zudem befinden sich in der Lederhaut freie Nervenenden und Sinneszellen.

die **Wärmepunkte**
die **Kältepunkte**
die **Tastkörperchen**

**Unterhaut** • In die dickste Hautschicht ist viel Fett eingelagert. Dies dient als Stoßdämpfer. Außerdem isoliert das Fett unseren Körper und verhindert, dass zu viel Wärme abgegeben wird.

**Sinnesorgan** • In der Haut befinden sich verschiedene Sinneszellen. Wärmepunkte sind auf Temperatursteigerungen spezialisiert, Kältepunkte auf sinkende Temperaturen. Tastkörperchen nehmen selbst kleine Druckveränderungen auf. Wird die Haut verletzt, leiten freie Nervenenden elektrische Signale weiter. Zudem umgeben Nerven die Haarwurzeln und nehmen Bewegungen der Haare als Reize auf. Die Sinneszellen der Haut sind nicht gleichmäßig über den Körper verteilt. Lippen, Fingerspitzen, Handflächen und Fußsohlen enthalten besonders viele Sinneszellen. Am Rücken gibt es dagegen weniger. Die Rückenhaut ist daher unempfindlicher. Wenn man den gesamten Körper betrachtet, besitzt die Haut ungefähr 20 mal so viele Tastkörperchen wie Wärmepunkte.

**Temperaturregulierung** • Über die Haut nehmen wir auch Überhitzung und Unterkühlung wahr. Wird unser Körper zu warm, weiten sich die Blutgefäße in der Haut. → 3A Das warme Blut aus dem Inneren des Körpers fließt vermehrt an die Oberfläche des Körpers. Hier wird Wärme nach außen abgegeben. Durch die verstärkte Durchblutung rötet sich die Haut. Reicht dies nicht aus, um unseren Körper abzukühlen, schwitzen wir. Die von den Schweißdrüsen abgegebene Flüssigkeit verdunstet und kühlt den Körper.
Wenn wir frieren, verengen sich die Blutgefäße in der Haut. → 3B Weil weniger Blut durch die Blutgefäße fließt, wird die Haut blass. Die „Gänsehaut“ entsteht durch das Zusammenziehen von Haarmuskeln. Bei großer Kälte erzeugt der Körper zusätzlich Wärme durch das Zittern der Muskeln.

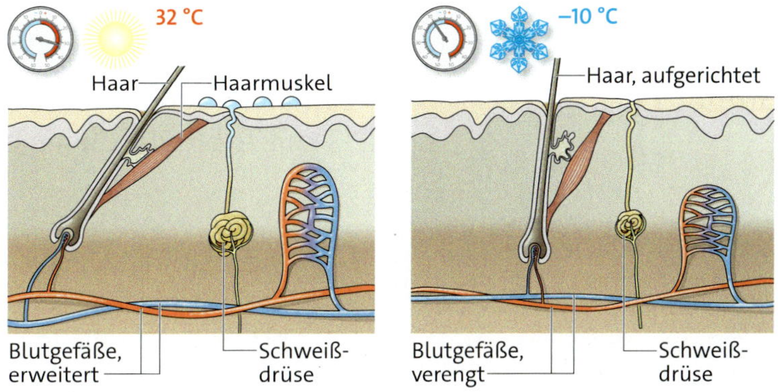


3 Schutz der Haut vor: **A** Überhitzung, **B** Unterkühlung

**Die Haut ist das größte Sinnesorgan. Sie hat Schutzfunktionen und nimmt über Sinneszellen Reize aus der Umwelt auf.**

## Aufgaben

1 Nenne Reize, die über die Haut aufgenommen werden.

2 Begründe, warum die Haut zu den Sinnesorganen zählt.

3 Beschreibe, wie die Haut den Körper vor Überhitzung schützt.

# Die Haut – unser größtes Sinnesorgan

## Material A

### Stoffabgabe

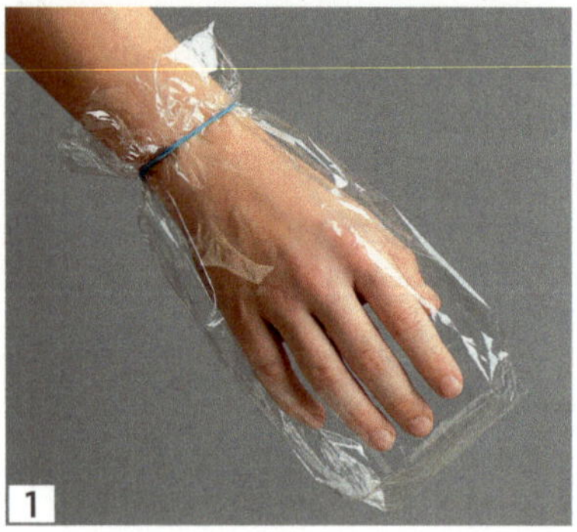
1

**Materialliste:** durchsichtige Kunststofftüte, Gummiband

1 Stecke deine Hand in eine Kunststofftüte. Verschließe die Tüte nicht zu fest mit einem Gummiband am Handgelenk. → 1
a Beobachte, was sich in der Tüte während der nächsten 10 Minuten verändert.
b Beschreibe deine Beobachtungen.
c Finde eine Erklärung.

2 Ziehe deine Hand wieder aus der Tüte heraus. Puste über den Handrücken.
a Beschreibe, was du spürst.
b Erkläre, welche Funktion diese Reaktion des Körpers hat.

## Material B

### Wärme und Kälte empfinden

Temperaturen werden über Kältepunkte und Wärmepunkte in der Haut erfasst. Diese gibt es am gesamten Körper. Ihre Anzahl ist aber nicht überall gleich.

**Materialliste:** 2 Gläser, heißes Wasser, Eiswasser, Stifte (rot und blau), 2 Stahlstricknadeln

1 So geht ihr vor: → 2
a Zeichnet ein kleines Rechteck (1 cm lang, 2 cm breit) auf den Handrücken einer Versuchsperson.
b Erwärmt eine Stahlstricknadel in heißem Wasser. Die andere Stricknadel stellt ihr in das Eiswasser.
c Berührt ohne Druck abwechselnd mit der warmen und mit der kalten Stricknadel einige Stellen der markierten Hautfläche.
d Die Versuchsperson gibt an, ob sie Kälte oder Wärme empfindet. Markiert die Kältepunkte (blau) und Wärmepunkte (rot).

2 Zählt die markierten Kälte- und Wärmepunkte. Vergleicht ihre Anzahl. Notiert das Ergebnis.

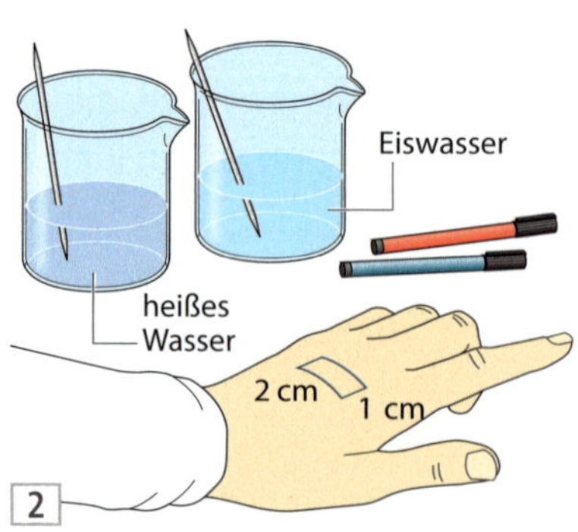

2

3 An den Lippen befinden sich besonders viele Wärmepunkte. → 3 Begründe, warum das wichtig ist.

4 Stelle Vermutungen an, warum es wichtig ist, dass es in der Haut insgesamt mehr Kältepunkte als Wärmepunkte gibt. → 3

| Körperstelle | Sinneszellen pro 10 $cm^2$ | |
|---|---|---|
| | Kältepunkte | Wärmepunkte |
| Lippe | 192 | 18 |
| Handrücken | 74 | 6 |
| Oberschenkel | 48 | 4 |

3 Verteilung der Sinneszellen

## Material C

### Eins oder zwei?

**Materialliste:** Büroklammern mit unterschiedlichen Abständen der Enden, Lineal, Augenbinde

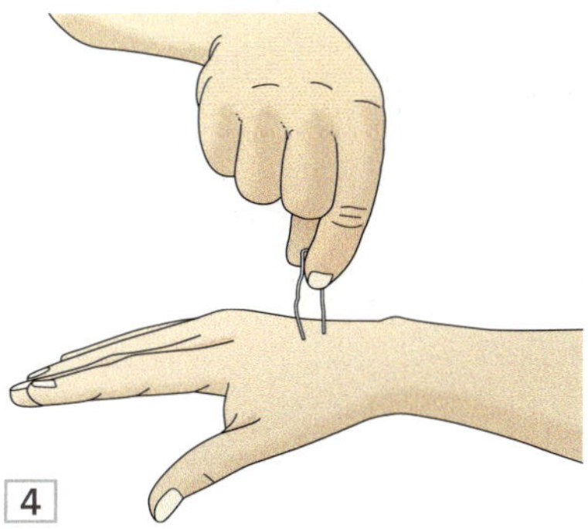

4

1 Verwendet für eure Versuche Büroklammern, deren Enden je einen Abstand von 5, 10, 20 und 30 mm zueinander haben. Bei einer weiteren Büroklammer wird nur ein Ende verwendet („0 mm“).

2 Verbindet einer Testperson die Augen. Berührt dann mit den Enden der Büroklammern vorsichtig die Haut auf dem Handrücken der Testperson. → 4

3 ◩ Notiert in einer Tabelle, bei welchen Abständen ein oder zwei Berührungspunkte wahrgenommen wurden. → 5 Nutzt zwischendurch die Büroklammer als Kontrolle.

4 ◩ Testet auch andere Körperstellen, zum Beispiel Lippen, Stirn, Fingerspitze oder Unterarm. Verändert dabei die Reihenfolge der Abstände und notiert die Ergebnisse in der Tabelle.

5 Wiederholt den Versuch mit anderen Testpersonen.

6 ◩ Beschreibt anhand der Ergebnisse in eurer Tabelle, an welchen Körperstellen die Haut besonders empfindlich ist.

7 ⊠ Begründet die Unterschiede im Tastempfinden an unterschiedlichen Körperstellen.

8 ⊠ Überlegt, ob es sinnvoller ist, bei verschiedenen Testpersonen die gleiche Körperstelle zu testen oder unterschiedliche. Begründet eure Entscheidung.

| **Körperstelle:** | |
|---|---|
| **Abstand (mm)** | **1 oder 2 Punkte** |
| 0 | |
| 5 | |
| 10 | |
| 20 | |
| 30 | |

5 Muster für eure Tabelle

## Material D

### Kleidung statt Fell

Bei Kälte stellen Säugetiere ihre Fellhaare auf. Dadurch entsteht eine Luftschicht über der Haut, durch die der Körper weniger auskühlt. Obwohl Menschen kein Fell haben, sondern sich mit Kleidung vor Kälte schützen, gibt es bei uns eine vergleichbare Reaktion: Die feinen Härchen an unseren Armen und Beinen können durch Muskeln aufgestellt werden. Dadurch zieht sich die Haut, die das Haar umgibt, etwas zusammen, und es entstehen kleine Erhebungen. Wir nennen das dann „eine Gänsehaut bekommen“. → 6

1 ◩ Beschreibe eine Situation, in der du eine „Gänsehaut“ bekommen hast.

2 ⊠ Erkläre, welche Funktion die Gänsehaut beim Menschen hat.

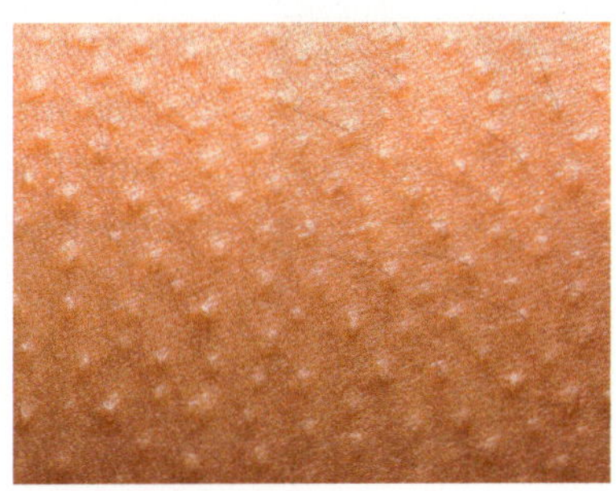

6 „Gänsehaut“

# Sinnesorgane brauchen Schutz

1 Sonnenbaden ohne Schutz

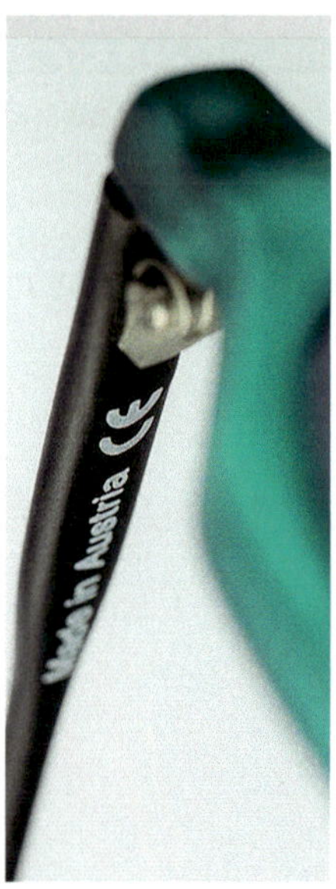


2 Brille mit CE-Siegel

**Wir bemerken die Leistungen der Sinnesorgane selten und nehmen sie als selbstverständlich hin. Oft setzen wir sie unbewusst Gefahren aus. Wie können wir sie schützen?**

**Gefahren für das Auge** • Mit dem Sehsinn nehmen wir bis zu 90 Prozent der Informationen aus unserer Umwelt auf. Und doch setzen wir das Auge ständig Gefahren aus: angespanntes Starren auf das Smartphone, Fernsehen bei wenig Licht, die kalte Luft der Klimaanlage, Chlorwasser im Schwimmbad, Zigarettenrauch oder umherfliegende Späne bei der Arbeit. Schnell ist es passiert: Die Augen sind trocken, sie jucken und brennen. Nicht alle Gefahren haben langfristige Schädigungen zur Folge. Setzt man sich ihnen aber ständig aus, können sie zu ernsten Erkrankungen führen.

**Schutz des Auges** • Nicht immer reichen die Augenlider, Wimpern und Tränenflüssigkeit zum Schutz der Augen aus. Mit einfachen Hilfsmitteln und Verhaltensregeln kann man jedoch viele Gefahren abwenden.
Zum Schutz vor der UV-Strahlung der Sonne sollte man eine Sonnenbrille mit CE-Siegel tragen. → 2 Diese filtert die gesamte gefährliche Strahlung und verhindert so Schäden an der Hornhaut und Netzhaut. Gleichzeitig schützt sie die Augen vor Wind.
Wenn es bei der Arbeit zu Funkenflug oder umherfliegenden Spänen kommen kann, werden Visiere eingesetzt.
Auch beim Umgang mit ätzenden Stoffen müssen Schutzbrillen oder Visiere genutzt werden.
Durch Pausen bei der Nutzung von Computern, Smartphones und Tablets können sich die Augen erholen.

das CE-Siegel
die UV-Strahlung

**Schutz der Haut** • Auch für die Haut ist die UV-Strahlung der Sonne schädlich. Unsere Oberhaut enthält Farbstoffe, die einen Teil der Strahlen daran hindern, in tiefere Hautschichten einzudringen. Ein langes Sonnenbad schädigt jedoch die Haut. Die Unterhaut entzündet sich und ein Sonnenbrand entsteht. Langfristig kann Hautkrebs entstehen. Sonnenschutzmittel verlängern den Schutz der Haut. Auch sonnendichte Kleidung bietet Schutz. Mechanische oder chemische Einflüsse sind ebenfalls große Gefahren für die Haut. Im Alltag und im Beruf verhindert Schutzkleidung Schäden durch spitze oder scharfkantige Gegenstände. → 3 Im Umgang mit ätzenden Stoffen wenden Schutzhandschuhe mögliche Gefahren für die Haut ab.

**Gefahren für das Ohr** • Das Ohr ist sehr empfindlich. Besonders beim wiederholten, lang anhaltenden Lärm wie beim Hören lauter Musik über Kopfhörer werden die feinen Härchen im Innenohr geschädigt. Dadurch kann man schwerhörig oder sogar taub werden. Solche Hörschäden sind nicht rückgängig zu machen, da die Härchen nicht nachwachsen.
Auch das Gleichgewichtsorgan, das sich ebenfalls im Innenohr befindet, kann geschädigt werden. Dies führt zum Beispiel zu Schwindelgefühl. Bei sehr lauten Geräuschen wie bei einer Explosion kann das Trommelfell reißen. Kleinere Verletzungen können heilen. Ein stark geschädigtes Trommelfell führt jedoch zu Taubheit.

3 In vielen Berufen sind passende Schutzmaßnahmen nötig.

**Schutz des Ohrs** • Um seinen Gehörsinn zu schützen, sollte man in der Nähe von Lärmquellen einen Gehörschutz tragen. Zudem sollte man die Lautstärke vermindern, wenn man zum Beispiel Musik hört.

Ein verantwortungsbewusster Umgang mit Gefahren und der aktive Schutz sind wichtig für die Sinnesorgane.

## Aufgaben

**1** ☑ Nenne je zwei Gefahren für die Augen, die Ohren und die Haut.

**2** ☒ Stelle Vermutungen an, in welchen Berufen mehrere Schutzmaßnahmen nötig sind und begründe sie.

# Sinnesorgane brauchen Schutz

## Material A

### Schutz der Augen

1

2

3

In bestimmten Situationen müssen die Augen besonders geschützt werden.

1 Beschreibe, vor was die abgebildeten Gegenstände das Auge schützen.

2 Begründe, warum man beim Kauf einer Sonnenbrille auf das CE-Siegel achten sollte.

3 Erkläre, warum man nicht in ganz helle Lichtquellen schauen sollte.

## Material B

### Gehörschutz

Die Lautstärke wird durch die Stärke der Schallwellen bestimmt. Die Einheit der Lautstärke ist Dezibel (dB). Hat eine Geräuschquelle dauerhaft mehr als 65 dB, empfindet man sie als unangenehm. Ab einer Lautstärke von 85 dB wird das Tragen eines Gehörschutzes empfohlen. Die dauerhafte Überschreitung dieses Werts ohne Hörschutz führt zu schwerwiegenden gesundheitlichen Beeinträchtigungen.

1 Begründe, warum es sinnvoll ist, beim Rasenmähen einen Gehörschutz zu tragen. → 4

2 Begründe, warum es sinnvoll für Bauarbeiter an Autobahnen ist, einen Gehörschutz zu tragen. → 5 6

3 Das Ohr wird täglich Geräuschen unterschiedlicher Lautstärke und Dauer ausgesetzt. → 8
Entwickle Verhaltensregeln für deinen Alltag zum Schutz des Gehörs.

4

5

6

7

| | Lautstärke |
|---|---|
| Verkehr an Autobahn | 85 dB |
| Flugzeug, Presslufthammer | 130 dB |
| Regen, Gespräch | 50 dB |
| Ticken einer Armbanduhr | 20 dB |
| Rasenmäher, Fernseher | 75 dB |
| Musik in einem Club, Motorsäge | 110 dB |

8 Lautstärke verschiedener Geräuschquellen

## Material C

### Hauttypen

Nach der Empfindlichkeit gegen UV-Strahlung unterscheidet man mehrere Hauttypen. → 9 Die Eigenschutzzeit hängt vom Hauttyp ab. Mit Sonnenschutzmitteln verlängert man den Schutz. Sie haben verschiedene Lichtschutzfaktoren.

Du kannst berechnen, wie lange deine Haut durch ein Sonnenschutzmittel geschützt ist: Multipliziere die Eigenschutzzeit deiner Haut und den Lichtschutzfaktor des Sonnenschutzmittels.

1 Betrachte die Hauttypen in Bild 9. Beschreibe ihr Erscheinungsbild.

2 Begründe, warum Hauttyp 1 sehr schnell und Hauttyp 4 nur selten einen Sonnenbrand bekommt.

3 Dein Hauttyp
a Bestimme deinen Hauttyp.
b Berechne, wie lange dich ein Sonnenschutzmittel mit dem Lichtschutzfaktor 20 maximal schützt.

| Hauttyp 1 | Hauttyp 2 | Hauttyp 3 | Hauttyp 4 | Hauttyp 5 | Hauttyp 6 |
|---|---|---|---|---|---|
| Eigenschutzzeit: bis 10 Minuten | Eigenschutzzeit: 10–20 Minuten | Eigenschutzzeit: 20–30 Minuten | Eigenschutzzeit: 30–60 Minuten | Eigenschutzzeit: 60–90 Minuten | Eigenschutzzeit: über 90 Minuten |

9 Hauttypen und ihre Eigenschutzzeit der Haut vor Sonnenstrahlung

## Material D

### Sonnenbrand

Beim Sonnenbrand wird die Haut ähnlich wie bei Kontakt mit Feuer geschädigt.

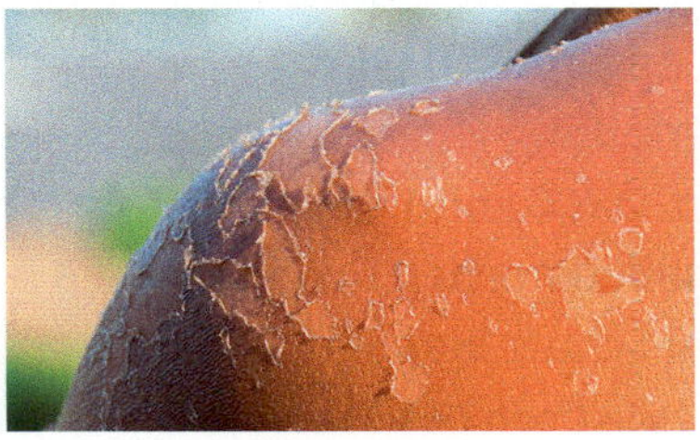

10 Hautschuppen

Letztlich entzündet sich die Unterhaut. Durch die Erweiterung der Blutgefäße wird die Haut warm und rot. Die geschädigten und abgestorbenen Hautzellen werden als Hautschuppen abgestoßen. → 10 Zu viel Sonnenstrahlung kann zu Brandblasen und langfristig sogar zu Hautkrebs führen. → 11

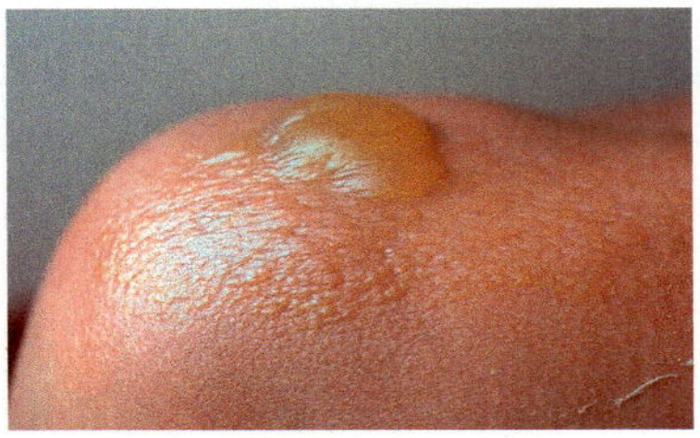

11 Brandblase

1 Erkläre, warum es schädlich ist, sich ungeschützt in der Sonne aufzuhalten.

2 Erkläre, warum Sonnenbrand starke Schmerzen verursachen kann.

# Unser Nervensystem

1 Angriffsschlag beim Volleyball

**Du musst den Volleyball wahrnehmen, um auf ihn reagieren zu können. Wie werden die aufgenommen Reize verarbeitet und die Reaktionen gesteuert?**

**Zentrales Nervensystem** • Gehirn und Rückenmark bilden zusammen das zentrale Nervensystem (ZNS). → 2 Hier sind besonders viele Nervenzellen gebündelt. Das zentrale Nervensystem steuert alle wichtigen Vorgänge im Körper. Hier werden alle Informationen verarbeitet, die als Reize aus der Umwelt auf uns einwirken. Zudem werden hier alle Bewegungen des Körpers gesteuert. Neben den unbewussten Vorgängen wie der Steuerung der Organtätigkeit ist das zentrale Nervensystem auch der Ort für das Lernen, die Gefühle und das Denken.

**Peripheres Nervensystem** • Alle Nervenbahnen, die außerhalb des zentralen Nervensystems verlaufen, bilden zusammen das periphere Nervensystem (PNS). → 2 Vom Rückenmark ausgehend verzweigen sich Nervenbahnen im gesamten Körper, also auch bis in die Fingerspitzen. Dazu zählen die Nervenbahnen, die elektrische Signale von den Sinneszellen der Sinnesorgane zum zentralen Nervensystem leiten, und auch die Nervenbahnen, die elektrische Signale vom zentralen Nervensystem zu Muskeln, Organen und Drüsen leiten.

**Das Gehirn** • Das beim Menschen im Durchschnitt 1,3 kg schwere Gehirn besteht aus über 100 Milliarden Nervenzellen. Jede Nervenzelle kann mit bis zu 10 000 weiteren verbunden sein. Dieses dichte Geflecht ermöglicht eine schnelle Weiterleitung von elektrischen Signalen. Das Gehirn ist vollständig vom Schädelknochen umgeben. → 3 Weiteren Schutz bieten die Hirnhäute, die sich zwischen dem Schädelknochen und dem Gehirn befinden.

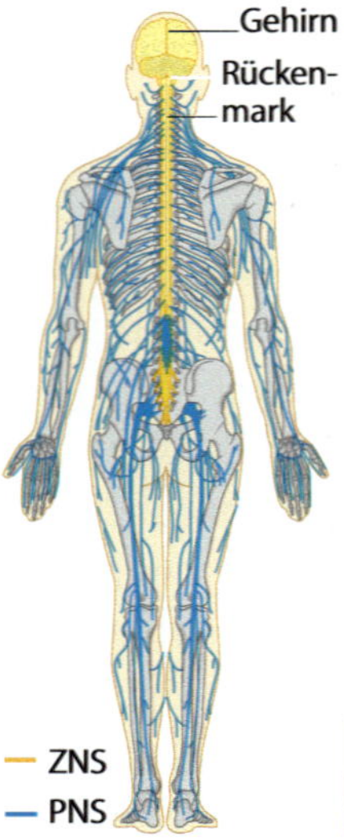


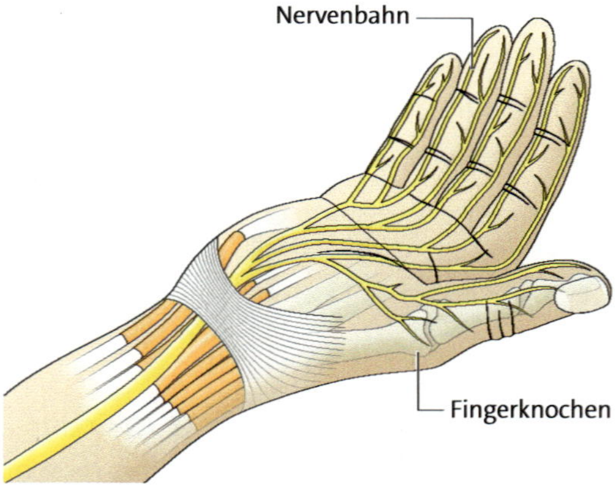


2 Das menschliche Nervensystem

das **zentrale Nervensystem**
das **periphere Nervensystem**
das **Großhirn**
die **Hypophyse**

Zusätzlich ist das Gehirn von einer Flüssigkeit umgeben. Dadurch ist es vor Erschütterungen geschützt. Es ist in verschiedene Teile gegliedert, die unterschiedliche Funktionen erfüllen.

**Großhirn und Kleinhirn** • Den größten Teil des Gehirns umfasst das Großhirn. → 3 Seine äußere Schicht ist von Furchen durchzogen, wodurch die Oberfläche stark vergrößert ist. Dadurch haben hier viele Nervenzellen Platz. Das Großhirn besteht aus zwei Hälften. Sie sind durch den Balken verbunden und haben verschiedene Funktionen: Der sprachliche Ausdruck und das logische Denken werden vor allem von der linken Großhirnhälfte gesteuert. Die rechte Großhirnhälfte ist unter anderem für das räumliche Vorstellungsvermögen zuständig. Im Bereich des Hinterkopfs befindet sich das Kleinhirn. Das ist der zweitgrößte Teil des Gehirns. Hier werden die Bewegungsabläufe gesteuert.

**Zwischenhirn, Mittelhirn, Nachhirn** • Unter dem Großhirn liegt das Zwischenhirn. → 3 Es steuert zusammen mit dem Großhirn Gefühle wie Angst und Wut und lebenswichtige Vorgänge wie den Erhalt der Körpertemperatur. Das Zwischenhirn ist mit der erbsengroßen Hirnanhangsdrüse verbunden. Man nennt sie auch Hypophyse. Beide zusammen regulieren den Transport von Botenstoffen durch den Körper. Unter dem Zwischenhirn befindet sich das Mittelhirn. Dieses leitet elektrische Signale von den Sinneszellen weiter zum Zwischenhirn und Großhirn. Neben dem Mittelhirn liegt das Nachhirn. Es steuert Vorgänge, die wir nicht bewusst beeinflussen wie die Atmung und den Herzschlag.

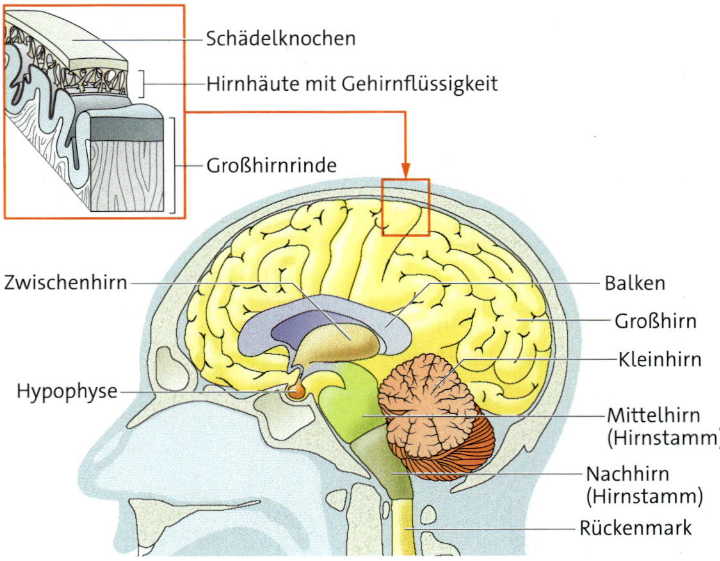


3 Bau des Gehirns

**Das Nervensystem dient der Weiterleitung von Signalen und steuert alle Vorgänge im Körper. Rückenmark und Gehirn bilden zusammen das zentrale Nervensystem (ZNS), alle übrigen Nervenbahnen zählen zum peripheren Nervensystem (PNS).**

## Aufgaben

1 Nenne drei Schutzeinrichtungen des Gehirns.

2 Vergleiche das zentrale und das periphere Nervensystem im Hinblick auf die Strukturen und Funktionen.

# Unser Nervensystem

## Material A

### Organe und Nervensysteme

1 ◩ Übertrage das Schema aus Bild 1 in dein Heft.

2 ◩ Ordne den Buchstaben A–D diese Strukturen zu: Auge, Gehirn, Muskeln, Haut, Rückenmark, Nervenbahnen (2×), Drüsen.

3 ⊠ Ordne den Buchstaben A–D diese Funktionen zu: Reaktionen ausführen, Reize aufnehmen und umwandeln, Signale verarbeiten und Vorgänge steuern, Signale weiterleiten.

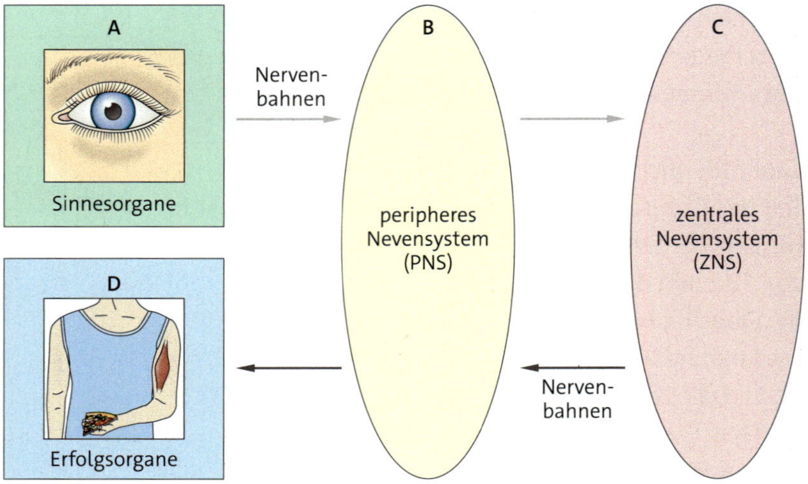


1 Zusammenwirken von peripherem und zentralem Nervensystem

4 ⊠ Beschreibe, wie die Organe und Nervensysteme miteinander verbunden sind und zusammenwirken.

5 ⊠ Stelle eine Vermutung an, welchen Vorteil zwei verschieden arbeitende Nervensysteme haben.

## Material B

### Richtig oder falsch?

In den Texten A–F stehen Aussagen über das zentrale und periphere Nervensystem.

1 ⊠ Beurteile, welche Aussagen richtig sind und welche falsch sind. Begründe deine Urteile.

2 ⊠ Formuliere die falschen Aussagen so um, dass sie fachlich richtig sind.

**A** Das Gehirn ist der wichtigste Teil des zentralen Nervensystems.

**B** Das periphere Nervensystem umfasst alle Nervenbahnen, die nicht im Rückenmark liegen.

**C** Das Gehirn steuert auch unbewusste Vorgänge.

**D** Die Nervenbahnen des peripheren Nervensystems gehen vom Rückenmark aus.

**E** Das Kleinhirn reguliert die Atmung und den Herzschlag.

**F** Alle von den Sinneszellen gesendeten Signale werden im zentralen Nervensystem verarbeitet.

## Material C

### Gehirnteile

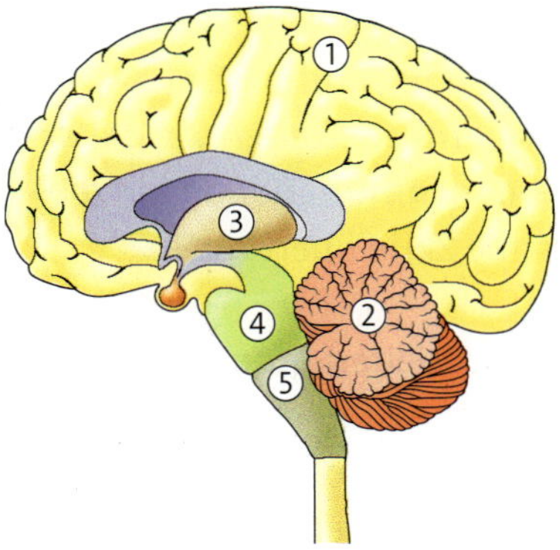


2 Gehirnteile

1 Benenne die mit den Zahlen 1–5 gekennzeichneten Gehirnteile in Bild 2.

2 Ordne den Gehirnteilen ihre jeweiligen Funktionen aus den Textboxen A–E zu.

3 Erkläre, warum Krankheiten oder Verletzungen, die das Gehirn betreffen, verschiedene Auswirkungen auf den Menschen haben können.

**A** Verschaltung von Sinneszellen und Großhirn

**B** Denken, Sprache, räumliches Vorstellungsvermögen

**C** Erlernen und Abstimmung von Bewegungsabläufen

**D** Steuerung der Atmung und des Herzschlags

**E** Steuerung lebenswichtiger Körperfunktionen, Gefühle

## Material D

### Strickleiternervensystem

Bild 3 zeigt den Aufbau des Nervensystems einer Honigbiene. Es durchzieht die Unterseite des Körpers und wird Bauchmark genannt. Gebildet wird es von paarigen Nervenknoten, die längs und quer miteinander durch Nervenstränge verbunden sind. Deshalb sieht es aus wie eine Strickleiter. Man bezeichnet es dem entsprechend als Strickleiternervensystem. Ein besonders großer Nervenknoten sitzt im Kopf. Er heißt Oberschlundganglion und erfüllt ähnliche Aufgaben wie das Gehirn beim Menschen.

1 Fertige eine schematische Zeichnung des Nervensystems der Honigbiene in Seitenansicht an.

2 Vergleiche des Nervensystem der Honigbienen mit dem Nervensystem der Menschen.

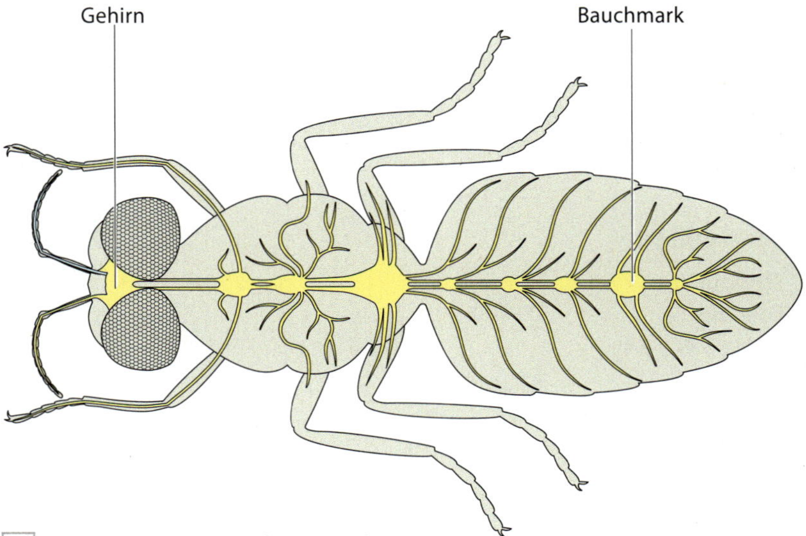


3 Das Nervensystem der Honigbiene

# Die Signalweiterleitung

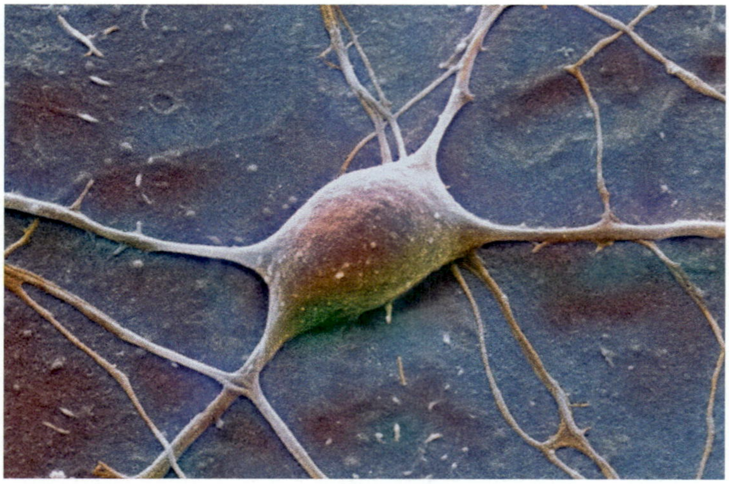

1 Nervenzelle im Mikroskop – stark vergrößert

**Mit unseren Sinnesorganen nehmen wir Reize aus der Umwelt auf. Die Informationen werden dann über die Nervenzellen an das Gehirn weitergeleitet. Wie erfolgt diese Weiterleitung durch den Körper?**

**Nervenzellen** • Alle Nervenzellen des Körpers sind ähnlich aufgebaut. → 2 Sie besitzen einen Zellkörper mit zahlreichen fein verästelten Fortsätzen, die man als Dendriten bezeichnet. Diese stehen mit den Sinneszellen oder mit anderen Nervenzellen in Kontakt. Vom Zellkörper geht ein langer, dünner Fortsatz ab, das Axon. Es grenzt mit den Endknöpfchen an benachbarte Nervenzellen oder an bestimmte Zielzellen, zum Beispiel Muskelzellen. An dieser Stelle werden Informationen auf die angrenzende Zelle übertragen.

**Erregung und Weiterleitung** • Werden die Sinneszellen durch Reize angeregt, geben sie elektrische Signale ab. Die Nervenzellen nehmen die Signale über die Dendriten auf. Man bezeichnet dies als Erregung von Nervenzellen. Über den Zellkörper einer Nervenzelle gelangen die Signale zum Axon. Über das Axon werden die Signale wie in einer Einbahnstraße immer in eine Richtung zum Endknöpfchen geleitet. Das Axon ist von Hüllzellen umwickelt. → 2 Sie dienen, wie bei einem Kabel, der elektrischen Isolierung. Zwischen den Hüllzellen bleiben Lücken frei, die

**Basiskonzept**

**Struktur und Funktion**

**→ Umschlag hinten**

Nervenzellen leiten Informationen weiter. Ihre Struktur ist an ihre Funktion angepasst.

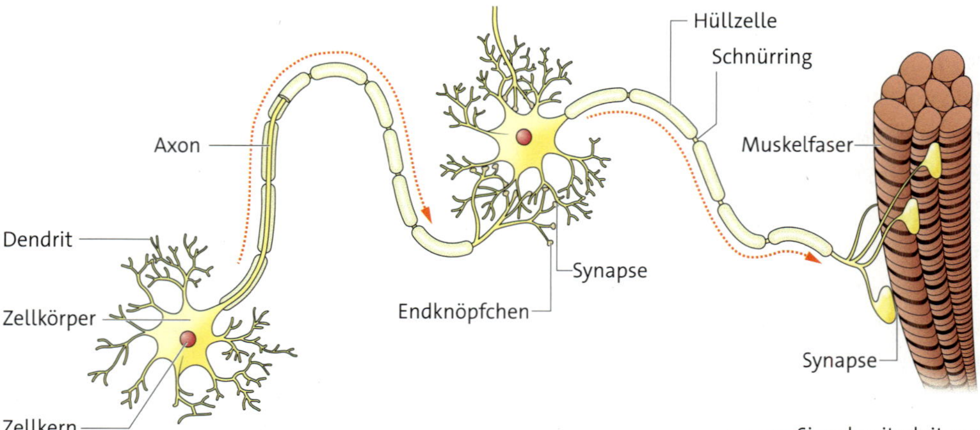


2 Bau von Nervenzellen

die **Nervenzelle**
die **Erregung**
die **Synapse**
der **Transmitter**

man als Schnürringe bezeichnet. Die elektrischen Signale springen von Schnürring zu Schnürring. Dadurch werden sie schneller weitergeleitet als ohne die isolierenden Hüllzellen.

**Übertragung** • Am Endknöpfchen einer Nervenzelle werden die elektrischen Signale auf die nachfolgende Nervenzelle übertragen. Diese Kontaktstelle zwischen den Zellen heißt Synapse. Dazwischen befindet sich ein Spalt, der synaptische Spalt. → 3
Die Übertragung der Signale über den synaptischen Spalt hinweg erfolgt über chemische Überträgerstoffe. Diese befinden sich in kleinen Bläschen im Endknöpfchen und werden Transmitter genannt. Kommen elektrische Signale am Endknöpfchen einer Nervenzelle an, verschmelzen die Bläschen mit der Zellmembran. → 3A Dadurch werden die Transmitter in den synaptischen Spalt abgegeben. Sie durchqueren den Spalt und lagern sich an Empfängerstellen der nächsten Nervenzelle an, die als Rezeptoren bezeichnet werden. Ein Transmitter passt wie ein Schlüssel in ein Schloss ganz genau an einen bestimmten Rezeptor. Diesen Mechanismus nennt man Schlüssel-Schloss-Prinzip. Die Bindung löst in dieser Nervenzelle elektrische Signale aus. So werden die Informationen übertragen. Dann lösen sich die Transmitter wieder von den Rezeptoren und werden von Enzymen in Bruchstücke zerlegt. Diese werden wieder in das Endknöpfchen aufgenommen und zum Aufbau neuer Transmitter genutzt. → 3B

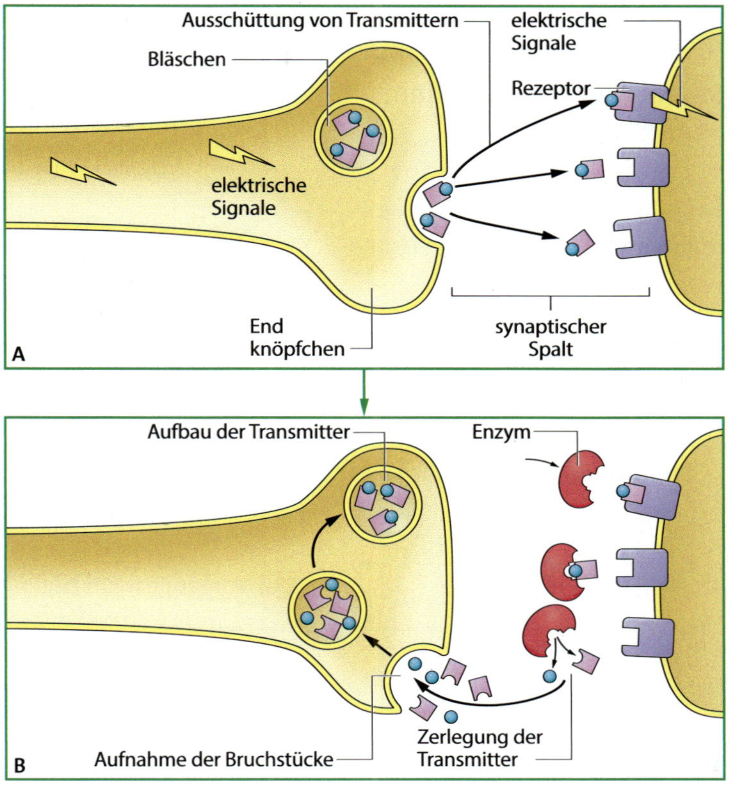


3 Signalübertragung an einer Synapse

Die Sinneszellen übersetzen Reize in elektrische Signale. Diese werden über Nervenzellen weitergeleitet. An der Synapse zwischen zwei Nervenzellen erfolgt die Übertragung der Signale mit Transmittern.

## Aufgaben

1 Beschreibe die Weiterleitung von elektrischen Signalen entlang einer Nervenzelle vom Dendriten bis zum Endknöpfchen. → 2

2 Erkläre die Bedeutung der Hüllzellen für die Signalweiterleitung.

# Die Signalweiterleitung

## Material A

### Signalweiterleitung beim Hören

Beim Hören werden Schallwellen in elektrische Signale umgewandelt.

1 Bringe die Aussagen aus Bild 1 in die richtige Reihenfolge. Erstelle ein Fließschema und notiere es in deinem Heft.

... → ... →

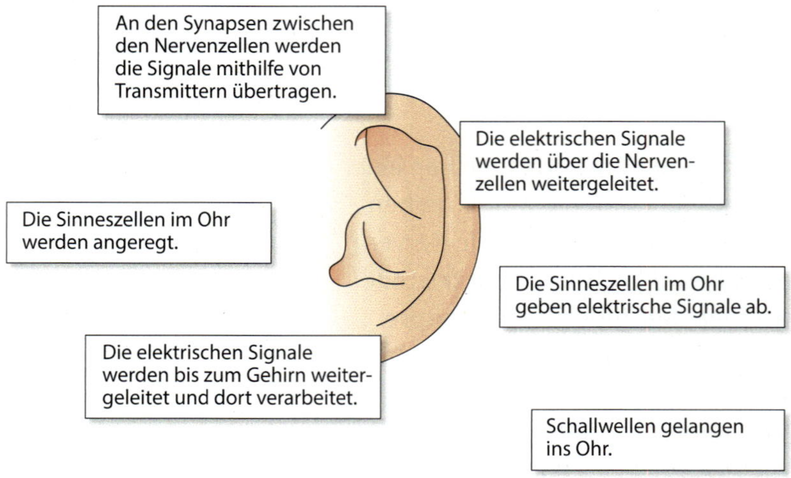


1 Vorgänge beim Hören

## Material B

### Bau der Nervenzelle

1 Benenne die mit Zahlen gekennzeichneten Bauteile der Nervenzelle. → 2

2 Beschreibe die jeweiligen Funktionen der Bauteile. Lege dazu eine Tabelle an.

3 Erkläre die Aussage: Die Signalweiterleitung erfolgt wie in einer Einbahnstraße.

4 Beschreibe, welchen Vorteil es hat, dass jede Nervenzelle zahlreiche, fein verästelte Dendriten besitzt.

5 Bei der Krankheit Multiple Sklerose werden die Hüllzellen der Nervenzellen angegriffen und langsam zerstört.

MK Recherchiere im Internet, welche Auswirkungen dies auf die Wahrnehmung und Bewegung einer erkrankten Person hat.

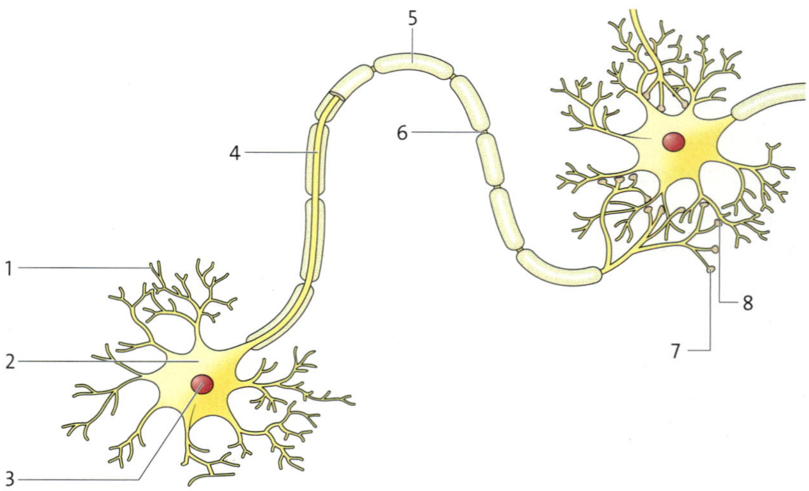


2 Nervenzellen

## Material C

### Synapse

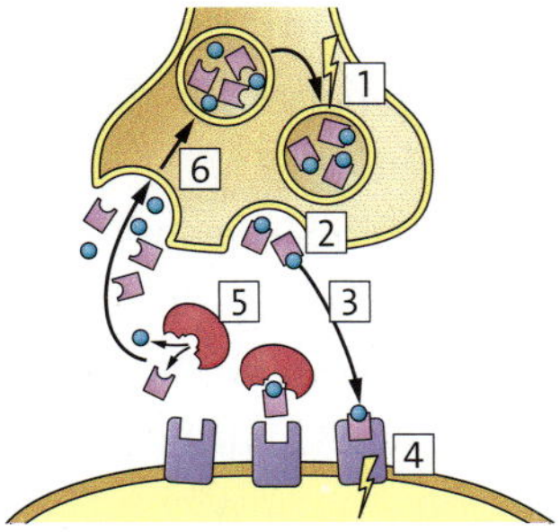

3

1 ◩ Ordne den Zahlen in Bild 3 die passenden Textbausteine zu. Notiere sie in der richtigen Reihenfolge im Heft.

**A** Elektrische Signale bewirken, dass die Bläschen mit den Transmittern mit der Zellmembran des Endknöpfchens verschmelzen.

**B** An der Zielzelle werden elektrische Signale ausgelöst.

**C** Die Bruchstücke der Transmitter werden wieder ins Endknöpfchen aufgenommen und zum Aufbau neuer Transmitter genutzt.

**D** Die Transmitter werden in den synaptischen Spalt freigesetzt.

**E** Die Transmitter lösen sich von den Rezeptoren und werden von Enzymen zerlegt.

**F** Die Transmitter gelangen über den synaptischen Spalt zu den Rezeptoren der Zielzelle und lagern sich an.

## Material D

### Nervengifte

**Botulinumtoxin (Botox)** Dieses Gift stammt von bestimmten Bakterien. Es verhindert, dass die Bläschen mit den Transmittern mit der Zellmembran des Endknöpfchens verschmelzen. Botox bewirkt, dass sich die Muskeln nicht mehr anspannen.

**Curare** Dieses Gemisch aus Pflanzengiften nutzen die Ureinwohner Südamerikas zum Jagen. Curare blockiert die Rezeptoren der Muskelzellen. Dies führt zur Lähmung und ohne medizinische Behandlung zum Tod durch Atemstillstand.

**Parathion** Es wurde als Insektenvernichtungsmittel verwendet. Weil es für den Menschen hochgiftig ist, wurde es verboten. Bei Hautkontakt kann es zur Verkrampfung der Muskeln führen. Parathion bewirkt, dass die Transmitter nicht mehr richtig abgebaut werden.

4 Verschiedene Nervengifte

1 ⊠ Vergleiche die Wirkorte und Wirkungsweisen der verschiedenen Nervengifte in einer Tabelle. → 4

2 ⊠ Erläutere die unterschiedlichen Auswirkungen von Botulinumtoxin und Parathion auf die Muskeln.

5

# Gedächtnis und Lernen

1 Manchmal fällt es schwer, sich an das Gelernte zu erinnern.

**Komplizierten Lernstoff vergisst man schnell wieder. Dagegen kann man sich die Namen neuer Freunde gut merken. Wie werden Informationen gespeichert? Wie funktioniert Lernen?**

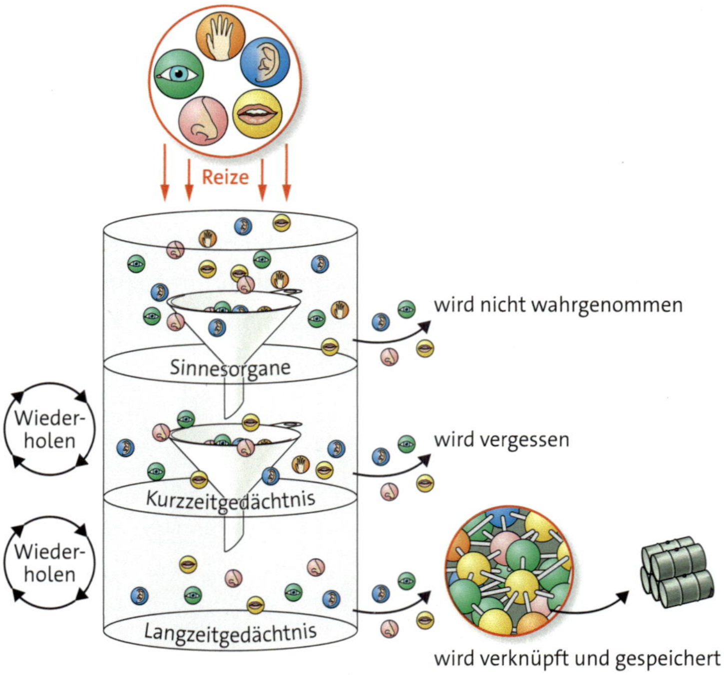


2 Gedächtnismodell

**Wichtig und unwichtig** • Die Fähigkeit unseres Gehirns, Informationen zu speichern und wieder abzurufen, bezeichnet man als Gedächtnis. Man stellt sich das Gedächtnis wie einen elektronischen Speicher vor, der aus drei Teilen besteht. → 2
Wenn Reize von den Sinnesorganen aufgenommen werden, verbleiben die Informationen dort für wenige Millisekunden. Unbewusst wird geprüft, was wichtig und was unwichtig ist. Die Informationen, denen wir Aufmerksamkeit widmen, werden an das Kurzzeitgedächtnis im Gehirn weitergeleitet. Hier wird nur eine begrenzte Menge an Information gespeichert. Diese sind für wenige Sekunden bis Minuten abrufbar, bevor sie entweder weitergeleitet oder vergessen werden.

**Langfristige Erinnerung** • Informationen, mit denen wir uns tiefgründiger beschäftigen, werden im Gehirn im Langzeitgedächtnis gespeichert. → 2 Wenn sie an vorhandenes Wissen, an Erinnerungen oder an Vorlieben anknüpfen, kann man sie über Wochen oder Jahre wieder abrufen.

**Lernen** • Fähigkeiten wie Essen und Trinken haben wir von Geburt an. Dagegen muss man Fähigkeiten wie Fahrradfahren, Jonglieren und Gitarrespielen lernen. Auch neues Wissen wie biologische Zusammenhänge und mathematische Formeln muss erlernt werden. Der Prozess, bei dem man Informationen aus seiner Umwelt aufnimmt, verarbeitet und im Gedächtnis

das Kurzzeitgedächtnis
das Langzeitgedächtnis
das Lernen

speichert, sodass man sie zu einem späteren Zeitpunkt wieder abrufen kann, wird als Lernen bezeichnet.

**Veränderungen im Gehirn** • Lernen findet im Gehirn statt. Das Gehirn kann sich in Abhängigkeit von der Nutzung umbilden, zum Beispiel indem neue Synapsen gebildet und die Flächen der Synapsen vergrößert werden. → 3
So werden die Verbindungen zwischen den Nervenzellen gestärkt, sodass sich die Signalweiterleitung verbessert. Die Veränderungen werden verstärkt, wenn man Lernstoff häufig wiederholt. Synapsen werden aber auch wieder abgebaut, wenn sie nicht genutzt werden. Dann verlernen wir Dinge.

**Lerntypen** • Menschen lernen auf unterschiedliche Weise, je nachdem, welche Sinne empfänglich für die Aufnahme von Informationen sind. Manche müssen die Information sehen, andere lernen besser, indem sie die Information durch Vorlesen hören. Am besten werden jedoch Informationen gespeichert, wenn an der Aufnahme mehrere Sinne beteiligt sind und das Erlernte angewendet wird.

**Einflüsse** • Ist man aufmerksam, so erleichtert dies das Lernen. Störungen wie Lärm, ablenkende Gespräche und Schlafmangel behindern dagegen den Lernprozess. Informationen, mit denen man eine emotionale Verbindung hat, werden besser erlernt. Ebenso sind Motivation und Interesse förderlich. Angst und Stress behindern das Lernen.

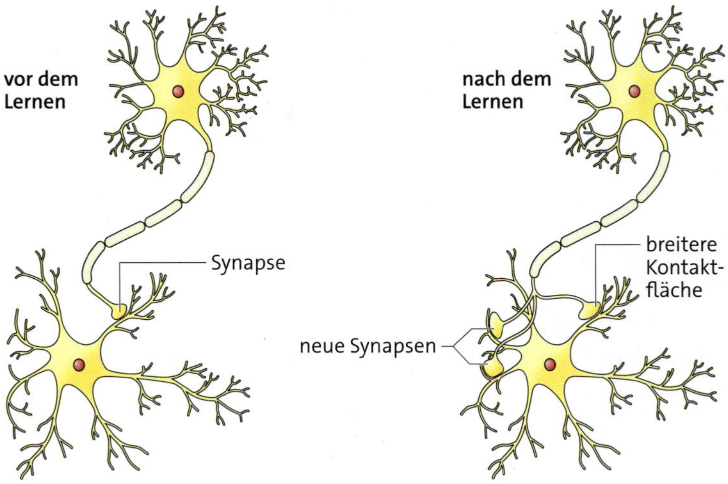


3 Veränderungen durch Lernen

**Digitaler Lebensstil** • Digitale Medien bieten uns jederzeit einen Zugang zu den Informationen, die wir gerade benötigen. Es fällt uns aber zunehmend schwer, die Informationen aufmerksam aufzunehmen und im Gedächtnis zu behalten. Nutzt man Smartphones und andere Geräte zu viel, lässt man sich schneller ablenken und kann sich schlechter konzentrieren. Es kann zudem zu Schlafstörungen führen, was nachteilig für Lernprozesse ist.

**Beim Lernen werden Informationen aus der Umwelt aufgenommen und abrufbar im Gedächtnis gespeichert.**

## Aufgaben

**1** Beschreibe die Merkmale der drei Gedächtnisspeicher. → 2

**2** Erkläre, wie sich Lernen auf das Gehirn auswirkt. → 3

# Gedächtnis und Lernen

## Material A

### Zahlenfolge üben

1 Setze dich aufrecht an den Tisch. Lege die Hand, mit der du schreibst, entspannt auf den Tisch. Ordne jedem Finger eine Zahl zu:
Daumen: 1
Zeigefinger: 2
Mittelfinger: 3
Ringfinger: 4
kleiner Finger: 5

2 Tippe die folgenden Zahlen 5-mal mit den Fingern auf den Tisch.

**334554321123322345543211232 11**

3 Beschreibe deine Beobachtungen, indem du die Veränderungen vom 1. bis zum 5. Versuch vergleichst.

4 Erläutere, warum sich deine Geschicklichkeit vom ersten bis zum letzten Versuch verändert hat.

5 Entwirf eine Zahlenfolge mit 30 Ziffern, die einfacher einzuüben ist. Erkläre, was das Üben einfacher macht.

6 Entwirf eine Zahlenfolge mit 30 Ziffern, die schwerer einzuüben ist. Erkläre, was das Üben schwerer macht.

## Material B

### Gedächtnistest

In einem Versuch hat man einer Schulklasse 20 Wörter langsam vorgelesen. Dann hatten die Schülerinnen und Schüler drei Minuten Zeit, um möglichst viele der gehörten Wörter zu notieren, ohne auf die Reihenfolge zu achten. Nach dem Versuch berichteten sie, dass sie versuchten, jedes Wort still zu wiederholen, um es sich zu merken. Nach den ersten Wörtern kamen sie aber durcheinander.

1 Beschreibe den Versuch.

2 Beschreibe das Versuchsergebnis. → 1

3 Erkläre, wieso die Wörter am Anfang der Wortliste gut erinnert wurden.

4 Erkläre, wieso die letzten Wörter gut erinnert wurden.

5 Erkläre, wieso Wörter wie Liebe und Angst häufiger erinnert wurden als andere.

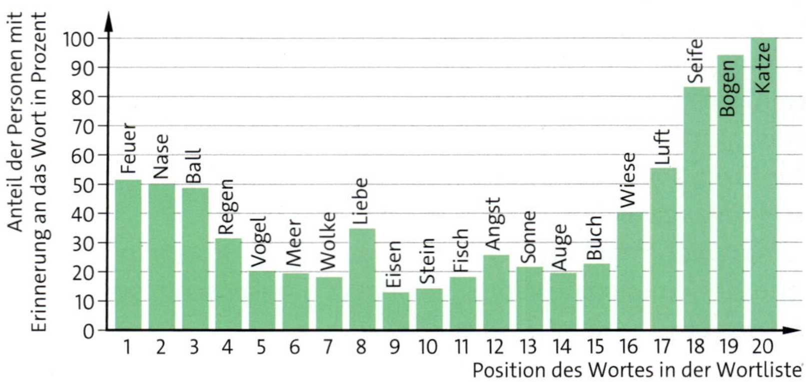


1 Ergebnis des Gedächtnistests

## Material C

### Gedächtnisverlust

Im Jahr 1953 wurden dem 27-jährigen Henry Molaison auf beiden Seiten des Großhirns zwei etwa fingergroße Bereiche entfernt. Man hoffte damit, seine epileptischen Anfälle zu lindern. Dieses Ziel wurde erreicht, doch der Eingriff hatte schwerwiegende Folgen auf sein Erinnerungsvermögen. Im Laufe der Jahre wurden an Molaison mehrere Tests durchgeführt. Er starb im Jahr 2008.

1 ☒ Beschreibe den Eingriff, der 1953 bei Molaison vorgenommen wurde.

2 ☒ Beschreibe die Folgen des Eingriffs. → 2

3 ☒ Erläutere, welcher Gedächtnisspeicher durch die Operation gestört wurde.

4 ☒ Stelle Vermutungen an, welche Anforderungen im Alltag Molaison bewältigen konnte und bei welchen er Schwierigkeiten hatte.

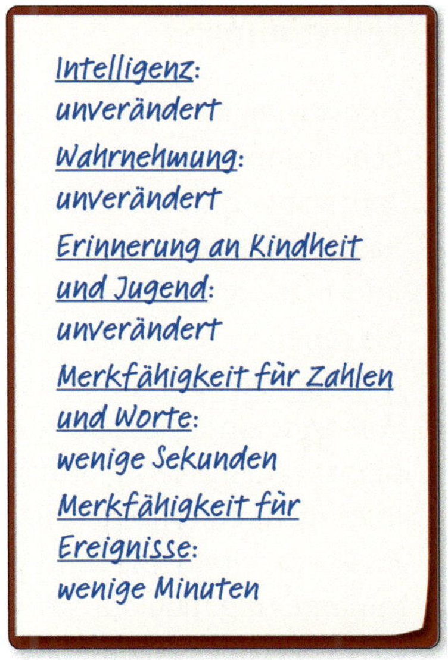


2 Molaisons Testergebnisse

## Material D

### Lernen formt das Gehirn

Werden neue Erfahrungen gemacht und durch Wiederholen gelernt, so verändern sich die Nervenzellen. Häufig genutzte Verbindungen zwischen Nervenzellen werden ausgebaut, wenig genutzte Verbindungen werden dagegen abgebaut.

1 ☒ Ordne den Bildern A–C jeweils eine oder zwei der Beschreibungen 1–3 zu.

2 ☒ Erkläre, wieso häufiges Wiederholen für das Lernen wichtig ist.

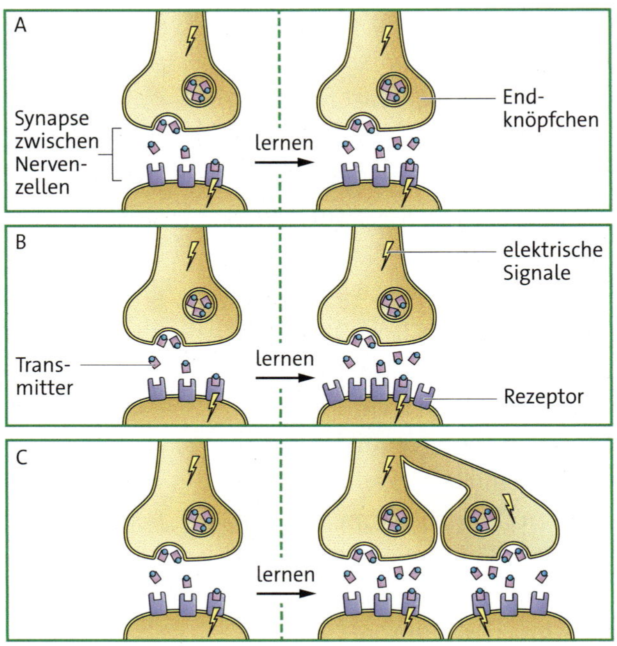


1 Es werden zusätzliche Synapsen gebildet.

2 Es werden zusätzliche Rezeptoren an den Synapsen gebildet.

3 Es werden zusätzliche Transmitter gebildet.

3 Veränderungen an den Synapsen durch Lernprozesse

## Erweitern und Vertiefen

### Lernstörungen

**Lernstörungen** • Fast in jeder Klasse gibt es Schülerinnen oder Schüler, denen das Lernen sehr schwerfällt. Das kann zum Beispiel an Schwierigkeiten in der Konzentration oder der Informationsverarbeitung im Gehirn liegen, die schon in der frühen Kindheit auftreten. Man spricht dann von einer Lernstörung. Davon sind mindestens 5 Prozent aller Menschen betroffen. Eine Lernstörung hat nichts mit der Intelligenz zu tun, diese liegt bei den Personen im Durchschnitt. Sie führt jedoch dazu, dass jemand Aufgaben nur schwer lösen kann und für die Bearbeitung mehr Zeit braucht. Das führt zu schlechteren Noten in der Schule und oft auch zu einem geringeren Selbstwertgefühl, Lernfrust und Versagensängsten.

**Lesen, Schreiben, Rechnen** • Personen, die bei durchschnittlicher Intelligenz deutliche Schwierigkeiten beim Lesen und Schreiben aufweisen, haben eine Lese-Rechtschreib-Schwäche. Diese wird auch als Legasthenie bezeichnet. Den betroffenen Personen fällt es schwer, die gesprochene Sprache in Schrift umzusetzen und umgekehrt. Deshalb lesen sie stockend. Zudem werden Texte beim Lesen inhaltlich nicht erfasst. Die Schwierigkeiten treten in allen Schulfächern auf, in denen mit Texten gearbeitet wird.
Eine weitere Form von Lernstörung ist die Rechenschwäche, die auch Dyskalkulie genannt wird. Die betroffenen Personen haben bei durchschnittlicher Intelligenz große Probleme im Umgang mit Zahlen, Mengen und mit den Grundrechenarten.

1 Verzweiflung beim Lernen

**Was kann man tun?** • Für eine Lernstörung muss man sich nicht schämen. Es ist wichtig, dass man zu den Schwierigkeiten steht, sie aktiv angeht und dabei Hilfe annimmt. Eine Lernstörung lässt sich nicht einfach durch übermäßiges Üben beheben. Stattdessen müssen die Schwierigkeiten erkannt und durch gezielte Förderung behandelt werden. Daher werden beim Verdacht auf eine Lernstörung Tests durchgeführt, um den Verdacht abzuklären, die Probleme zu ermitteln und geeignete Maßnahmen abzuleiten. So können die Leistungen erheblich gesteigert werden.

### Aufgaben

**1** ☒ Erläutere an einem Beispiel, was man unter einer Lernstörung versteht.

**2** ☒ Beschreibe, wie man bei dem Verdacht auf eine Lernstörung vorgehen kann.

## Material E

### Teufelskreis der Lernstörung

1 Ordne den Phasen A–E passende Beschreibungen zu. → 2

2 Stelle Vermutungen zu den Gefühlen der Person in den jeweiligen Phasen an.

3 Erkläre, warum man bei einer bestehenden Lernstörung von einem Teufelskreis sprechen kann.

4 Beschreibe zwei Möglichkeiten, wie sich der Teufelskreis fortsetzen könnte.

2 Teufelskreis der Lernstörung

## Material F

### Mein Leben mit Rechenschwäche

1 Stelle Vermutungen an, weshalb Lolas Leistungen aufgrund ihrer Rechenschwäche auch in anderen Fächern schlechter wurden.

2 Leite aus Lolas Beispielen ab, welche weiteren Probleme Menschen mit Rechenschwäche im Alltag haben können.

Username:
Lola

Erstellt am:
11.09.

... meine Rechenschwäche fiel schon in der Grundschule auf: Meine Eltern und Lehrer wurden damals stutzig, weil ich Zahlen spiegelverkehrt geschrieben habe und selbst einfache Aufgaben nicht im Kopf rechnen konnte. Meine Leistungen nahmen auch in anderen Fächern ab, aber ich habe die Schule trotzdem gepackt! Doch auch im Alltag habe ich so meine Schwierigkeiten: Es fällt mir zum Beispiel schwer, Fahrpläne zu verstehen, Kaufangebote zu checken oder meinen Kontostand einzuschätzen. Na ja, man findet ja seine Wege: Beim Einkaufen nutze ich zum Beispiel immer die EC-Karte.

3 Beitrag aus einem Forum für Lernstörungen

# Wie Tiere lernen

1 Gänseküken folgen ihrer Mutter.

**Im Frühling kann man beobachten, dass Gänseküken immer ihrer Mutter folgen. Dabei wissen sie nach dem Schlüpfen gar nicht, wer ihre Mutter ist. Sie müssen lernen sie zu erkennen. Doch wie lernen Tiere eigentlich?**

**Lernen als Anpassung** • Man kann bei vielen Tieren beobachten, dass sie ihr Verhalten aufgrund von Erfahrungen verändern. Durch Lernen passen sie ihr Verhalten an die Umweltbedingungen an und sichern ihr Überleben und ihre Fortpflanzung. Dabei weisen Tiere verschiedene Formen des Lernens auf.

**Prägung** • Gänseküken folgen nach dem Schlüpfen jedem Objekt, das sich in ihrer Nähe bewegt und Laute von sich gibt. Das ist unter natürlichen Bedingungen die Mutter. Nach wenigen Minuten haben sich die Küken die Reize eingeprägt, die von der Mutter ausgehen. Von diesem Zeitpunkt an folgen sie der Mutter bedingungslos. Werden in einem kurzen Zeitraum der Entwicklung bestimmte Reaktionen auf Reize unveränderbar festgelegt, spricht man von Prägung.

**Lernen durch Versuch und Irrtum** • Manche Schmetterlinge haben Stoffe im Körper, die sie für ihre Fressfeinde ungenießbar machen. Wenn ein Vogel so einen Schmetterling frisst, wird bei ihm ein Brechreiz ausgelöst. Durch diese Erfahrung lernt der Vogel, das Aussehen der Schmetterlinge mit dem schlechten Geschmack zu verknüpfen und sein Verhalten mit der negativen Erfahrung in Verbindung zu bringen. Er vermeidet dann ähnliche Insekten.

**Lernen durch Einsicht** • Wie ein Versuch zeigte, können Tiere auch durch Nachdenken lernen: Ein Schimpanse wurde in einem Raum mit einigen Holzkisten gehalten. An der Decke hing eine Banane. Erst versuchte er erfolglos, die Banane durch Springen zu erreichen. Dann stapelte er die Kisten, sodass er zur Banane klettern konnte. Der Schimpanse hat diese neuartige Lösung offenbar durch Nachdenken geplant und dann ausgeführt.

Tiere lernen unter anderem durch Prägung, durch Versuch und Irrtum und durch Einsicht.

## Aufgabe

**1** ☑ Beschreibe drei Lernformen bei Tieren und nenne je ein Beispiel.

die Prägung
das Lernen durch Versuch und Irrtum
das Lernen durch Einsicht

## Material A

### Formen des Lernens

1 Beschreibe die in den Bildern 2–4 dargestellten Verhaltensweisen.

2 Ordne den Bildern je eine der Lernformen begründet zu: Prägung, Lernen durch Versuch und Irrtum, Lernen durch Einsicht.

3 Entwickel zu einer der Lernformen einen weiteren Versuch, mit dem man die Lernform bei einem Tier nachweisen könnte.

2 Huhn und Futter

3 Küken und Ball

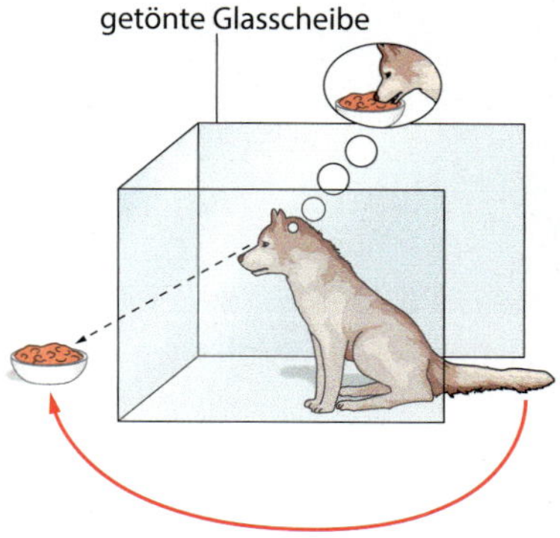


4 Hund und Futter

## Material B

### Eichhörnchen-Brücke

Viele Tiere lernen Probleme zu lösen, indem sie das Verhalten ihrer Artgenossen beobachten. Man spricht dabei von Lernen durch Nachahmung.

1 Beschreibe, was an der Straße aufgebaut wurde und was anschließend beobachtet wurde. → 6

Über eine viel befahrene Straße wurde ein 4 cm dickes und 20 m langes Seil zwischen zwei Bäume gespannt. An beiden Bäumen brachte man Futterkästen an. Über eine Webcam wurden in den ersten Monaten nur vereinzelt Eichhörnchen auf dem Seil gesichtet. Dann wurden es immer mehr. Seitdem wurde an dieser Straße kein Eichhörnchen mehr überfahren.

5

6

2 Erkläre die Bedeutung der Futterkästen an den beiden Enden des Seils zu Beginn der Aktion.

3 Erläutere anhand des Beispiels, was die Bezeichnung Lernen durch Nachahmung bedeutet.

4 Begründe, wieso sich der Erfolg der Eichhörnchen-Brücke erst nach einigen Monaten zeigte.

# Das vegetative Nervensystem

1 Bereit für den Wettkampf

**Bei einem Wettkampf ist der Körper auf Leistung eingestellt. Dies geschieht unbewusst. Wie werden die Körperfunktionen reguliert?**

**Unwillkürliches Nervensystem** • Viele Vorgänge wie der Herzschlag und die Atmung werden gesteuert, ohne dass wir darüber nachdenken müssen. Dies regelt das vegetative Nervensystem. Es wird auch unwillkürliches Nervensystem genannt, weil es die Vorgänge automatisch steuert und wir dies nicht mit dem Willen beeinflussen können. Das betrifft alle inneren Organe, aber auch Blutgefäße und Drüsen.
Das vegetative Nervensystem wird in zwei Systeme untergliedert: Der Teil, der die Aktivität des Körpers erhöht, wird Sympathikus genannt. Der Teil, der für die Entspannung des Körpers zuständig ist, wird Parasympathikus genannt. Die beiden Systeme wirken somit als Gegenspieler.

**Sympathikus** • Bei einem Wettkampf sorgt der Sympathikus dafür, dass der Körper leistungsfähig ist, indem er die Aktivität bestimmter Organe regelt. Die Leber gibt vermehrt Glukose ins Blut ab. Die Atmung geht schneller und der Herzschlag ist erhöht. So gelangt viel Sauerstoff und Glukose zu den Muskelzellen, wo mithilfe dieser Stoffe Energie gewonnen wird. Die Schweißdrüsen geben mehr Schweiß ab, sodass die im Körper entstehende Wärme abgeführt wird.
Die Aktivität des Magens und des Darms wird vermindert, um Energie zu sparen.

**Parasympathikus** • Nach einem Wettkampf sorgt der Parasympathikus für die Entspannung des Körpers. Er verlangsamt den Herzschlag und die Atmung und hemmt die Aktivität der Schweißdrüsen. Gleichzeitig aktiviert er das Verdauungssystem und die Ausscheidungsorgane und sorgt so für den Abbau von Energiereserven.

**Unser vegetatives Nervensystem steuert Vorgänge im Körper, die wir nicht mit dem Willen beeinflussen können. Es wird in Sympathikus und Parasympathikus unterteilt, die als Gegenspieler arbeiten.**

## Aufgabe

1 Erkläre, warum das vegetative Nervensystem auch unwillkürliches Nervensystem genannt wird.

das vegetative Nervensystem
der Sympathikus
der Parasympathikus

## Material A

### Sympathikus und Parasympathikus

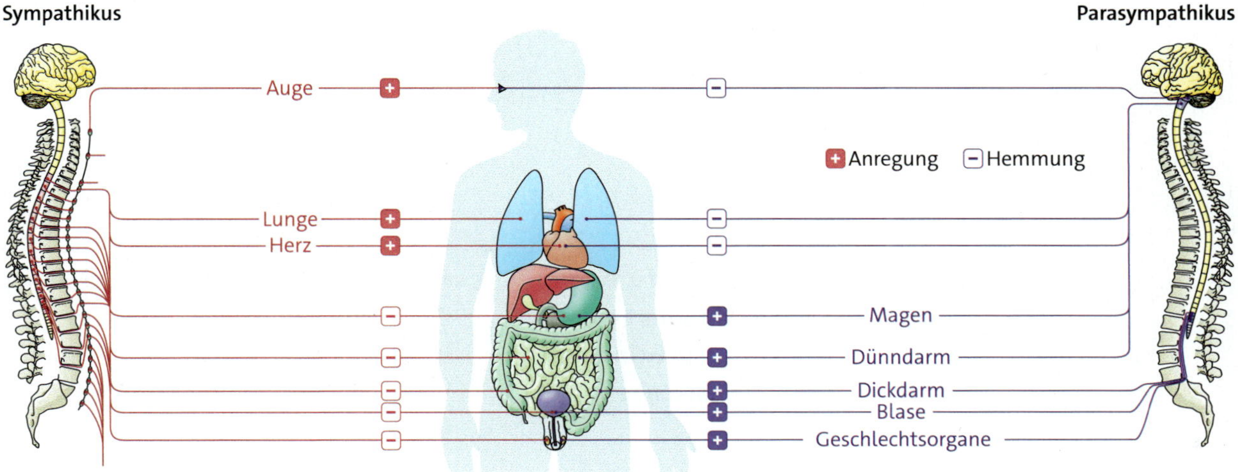


2 Funktionen des vegetativen Nervensystems

**1** Beschreibe den Verlauf der Nervenbahnen vom Sympathikus und vom Parasympathikus. → 2

**2** Ordne den beiden Teilen des vegetativen Nervensystems die Begriffe Wettkampf und Entspannung zu.

**3** Beschreibe die jeweilige Wirkung von Sympathikus und Parasympathikus auf die Organe. → 2

**4** Erkläre anhand der Wirkungen auf die Organe die Funktion von Sympathikus und Parasympathikus. Gehe dabei auch auf den Begriff Gegenspieler ein.

**5** Beurteile, welche der in Bild 3 beschriebenen Substanzen den Sympathikus anregt und welche den Parasympathikus anregt. Begründe deine Zuordnung.

**6** Erläutere, aus welchem Grund Konsumenten von Ecstasy manchmal während der Party oder am Morgen danach eine Sonnenbrille tragen. → 2

*Medikamente mit dem Wirkstoff Pilocarpin werden bei Mundtrockenheit eingesetzt. Sie erhöhen die Speichelbildung. Zugleich wird die Tätigkeit der Bauchspeicheldrüse und des Darms angeregt.*

*Die Partydroge Ecstasy wirkt aufputschend. Das Hunger- und Durstgefühl wird reduziert und der Puls wird erhöht.*

3 Wirkung von Substanzen auf das vegetative Nervensystem

# Reflexe schützen uns

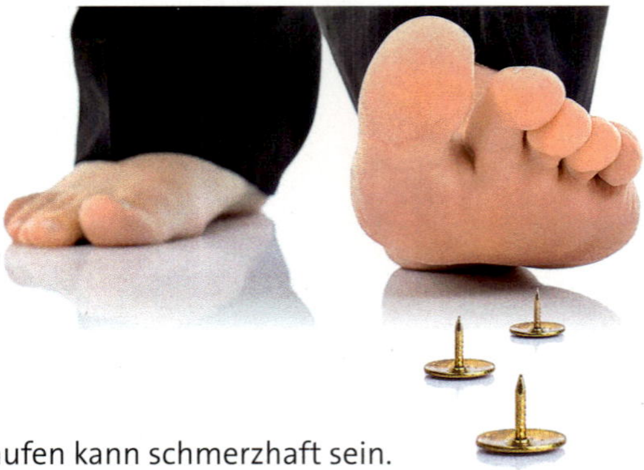

1 Barfußlaufen kann schmerzhaft sein.

**Autsch! Wenn du barfuß auf etwas Spitzes trittst, spürst du sofort einen stechenden Schmerz. Dein Bein zuckt „von allein“ ruckartig nach oben.**

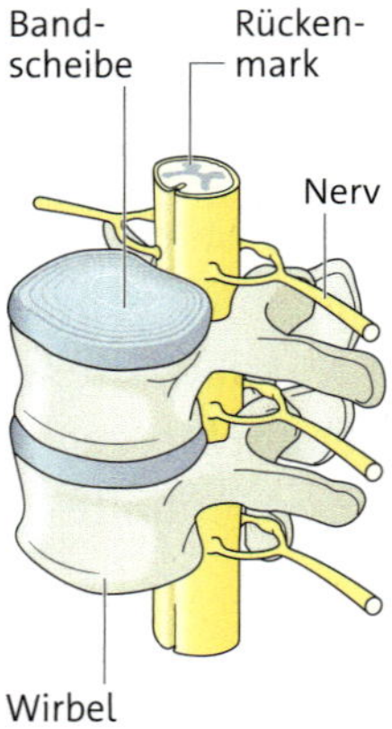


2 Rückenmark

**Reflex** • Auf manche Reize muss der Körper schnell reagieren, um Verletzungen zu vermeiden. Diese schnellen und unbewussten Schutzreaktionen nennt man Reflexe.

**Reflexbogen** • So bezeichnet man den Weg, den das elektrische Signal im Körper von der Empfindung bis zur Reaktion zurücklegt. Die meisten Reflexbögen laufen nicht über das Gehirn, sondern nur über das Rückenmark. Das ist ein fingerdicker Nervenstrang, der geschützt in der Wirbelsäule liegt. → 2 Über diese kurzen Leitungswege kann eine schnelle Reaktion erfolgen. → 3

**Reflexe schützen** • Unser Körper verfügt über einige Reflexe. Beispiele sind:

- Lidschlussreflex: Wenn sich ein Fremdkörper dem Auge nähert, wird schnell das Lid geschlossen. So wird das Auge vor Verletzungen geschützt.
- Kniesehnenreflex: Er verhindert einen Sturz, wenn man ins Straucheln kommt. Schon ein leichtes Einknicken im Kniegelenk dehnt den Streckmuskel im Oberschenkel und das Bein wird gestreckt.

**Reflexe sind rasch ablaufende, unbewusste Reaktionen des Körpers. Sie haben meist eine Schutzfunktion.**

## Aufgabe

1 ☒ Erkläre, was du unter den Begriffen Reflex und Reflexbogen verstehst.

① Ein spitzer Gegenstand reizt die Sinneskörperchen der Fußsohle (Reizaufnahme). Es entsteht ein elektrisches Signal.

② Das elektrische Signal wird über Empfindungsnerven (sensorische Nerven) ins Rückenmark weitergeleitet.

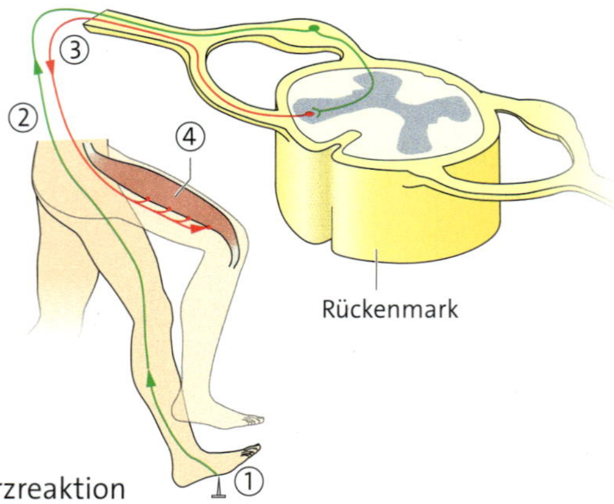


③ Vom Rückenmark werden die elektrischen Signale über Bewegungsnerven (motorische Nerven) zu den Beinmuskeln übertragen.

④ Die Beinmuskeln (ausführende Organe) spannen sich an, um die Fußsohle rasch außer Gefahr zu bringen.

3 Reflexbogen bei einer Schmerzreaktion

der Reflex
der Reflexbogen
der Lidschlussreflex
der Kniesehnenreflex

## Material A

### Reflexbewegungen

1 ☒ Übertrage die Tabelle in dein Heft und ergänze sie mithilfe der Bilder. → 4 – 9

| Name des Reflexes | auslösender Reiz | Reaktion | Funktion des Reflexes |
|---|---|---|---|
| Greifreflex | Berührung | Greifen | ? |
| Niesreflex | ? | ? | ? |

4 Beispieltabelle

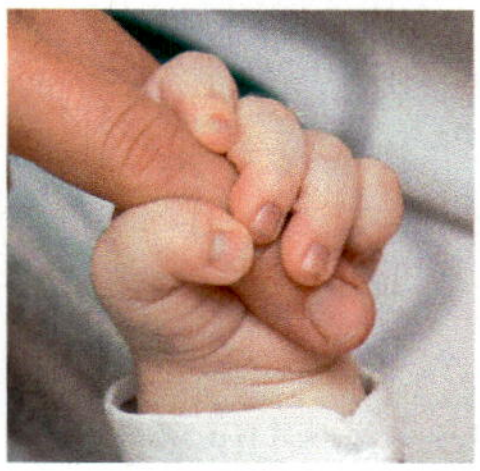

5 Greifreflex

6 Niesreflex

7 Hustenreflex

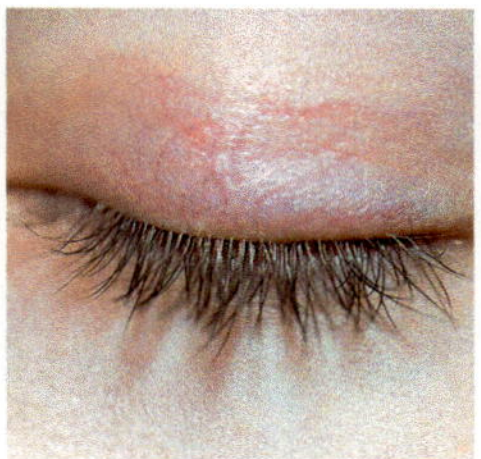

8 Lidschlussreflex

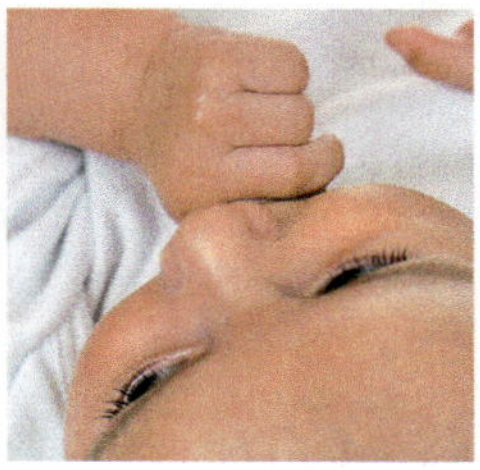

9 Saugreflex

## Material B

### Kniesehnenreflex

Dieser angeborene Reflex lässt sich testen. Durch einen Schlag auf die Kniesehne unterhalb der Kniescheibe wird diese gedehnt und der Unterschenkel hebt sich etwas.

1 ☒ Kniesehnenreflex → 10

a Erkläre, warum es sich um einen Reflex handelt.

b Beschreibe den Reflexbogen.

2 ☒ Der Kniesehnenreflex wird von Kinderärztinnen und Kinderärzten im Rahmen von Vorsorgeuntersuchungen getestet. Begründe diese Maßnahme.

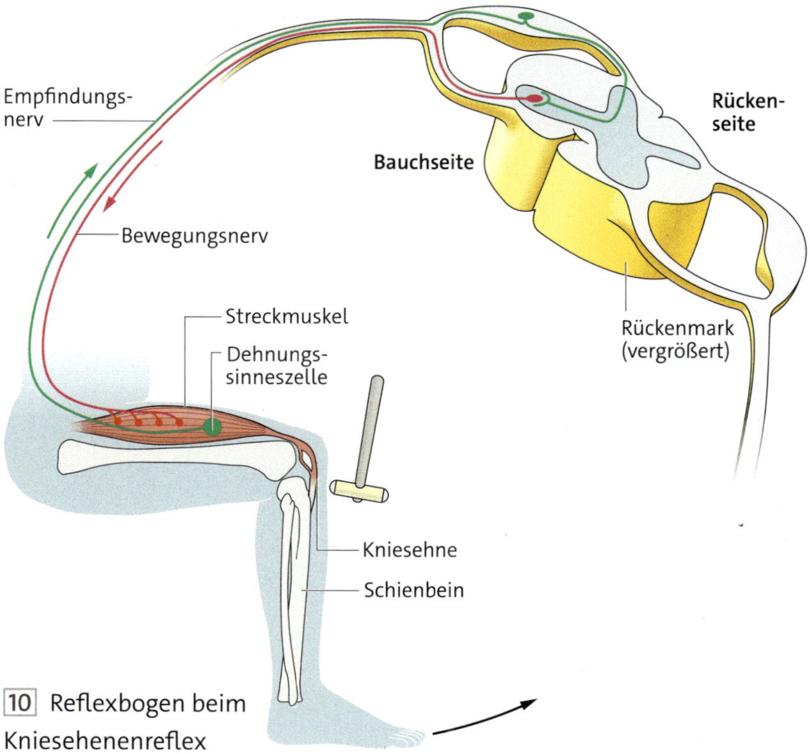


10 Reflexbogen beim Kniesehenenreflex

# Die Hormone

1 Wiedersehen macht Freude.

**Nicht alle Informationen werden über das Nervensystem transportiert. Wenn wir eine befreundete Person sehen, werden Glückshormone ausgeschüttet. Wir freuen uns. Doch was sind eigentlich Hormone?**

**Hormone** • In speziellen Drüsen des Körpers werden Botenstoffe, sogenannte Hormone, gebildet. Sie werden mit dem Blut zu bestimmten Organen transportiert und entfalten dort ihre spezifische Wirkung. Dazu gehören beispielsweise Adrenalin, das die körpereigene Energie mobilisiert, und Endorphin, das für unsere Glücksgefühle sorgt.

**Hirnanhangsdrüse** • Die wichtigste Hormondrüse ist die Hirnanhangsdrüse, die Hypophyse.
Sie reguliert und kontrolliert die Freisetzung von Hormonen durch die anderen Hormondrüsen im Körper. Die Hypophyse wird von einer Region im Zwischenhirn, dem Hypothalamus, reguliert. Der Hypothalamus ist das oberste Regelzentrum des Körpers.
Er steuert beispielsweise die Atmung, die Körpertemperatur und den Kreislauf.

**Schlüssel-Schloss-Prinzip** • Die Zellen des Erfolgsorgans haben auf der Außenseite spezielle Bindungsorte, die Rezeptoren. Wenn ein Hormon mit dem Blut zum Organ transportiert wird, bindet es an diese Rezeptoren. Das Hormon passt wie ein Schlüssel in ein Schloss ganz genau an diesen Rezeptor.
Diesen Mechanismus nennt man Schlüssel-Schloss-Prinzip. → 2 Durch die Bindung des Hormons wird ein Signal ins Zellinnere gegeben. In der Zelle werden daraufhin eine Reihe von Reaktionen ausgelöst.

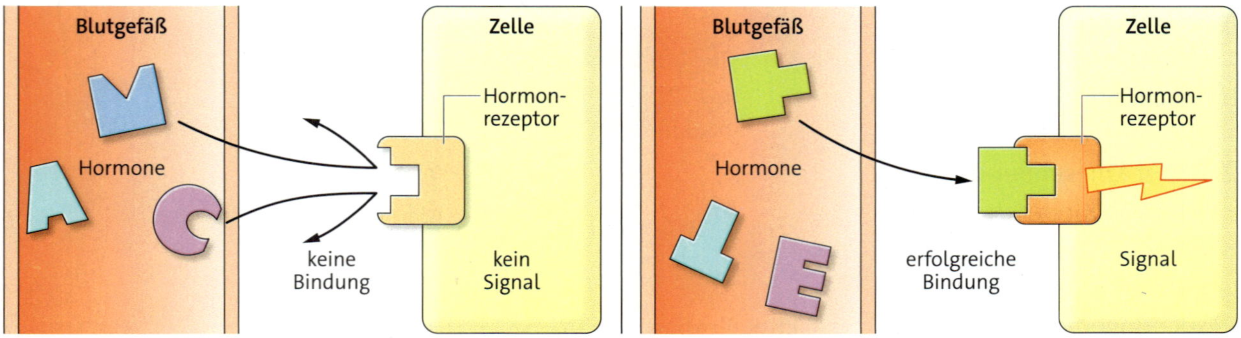


2 Schlüssel-Schloss-Prinzip

das Hormon
der Rezeptor
das Schlüssel-Schloss-Prinzip
die Schilddrüse

**Schilddrüse** • Eine schmetterlingsförmige Hormondrüse ist die Schilddrüse. Sie liegt am Hals unterhalb des Kehlkopfes vor der Luftröhre. Ihre Hauptaufgaben sind die Bildung der beiden Schilddrüsenhormone Thyroxin und Triiodthyronin. Dafür benötigt sie das Element Iod.

**Schilddrüsenerkrankungen** • Man unterscheidet zwischen einer Über- und einer Unterfunktion der Schilddrüse, die entweder zu einer Überproduktion oder zu einem Mangel der beiden Schilddrüsenhormone führen. Beide Funktionsstörungen äußern sich durch Stoffwechsel- und Befindlichkeitsstörungen. → 3 Morbus Basedow ist eine Erkrankung, bei der das körpereigene Immunsystem fälschlicherweise Abwehrstoffe gegen das Schilddrüsengewebe bildet, was zu einer überschießenden Produktion an Schilddrüsenhormonen führt. Bei der Hashimoto-Thyreoditis werden ebenfalls Abwehrstoffe gebildet, die zunächst eine Schildrüsenüberfunktion, letztlich aber eine Schilddrüsenunterfunktion hervorrufen.

**Behandlung** • Bei Schilddrüsenüberfunktion kann die Schilddrüsenfunktion mit Medikamenten, den Thyreostatika, gehemmt werden. Manchmal muss operativ ein Teil der Schilddrüse entfernt werden. Mit einer Radioiodtherapie kann überschüssiges Schilddrüsengewebe vermindert werden. Dabei reichert sich das radioaktive Iod in der Schilddrüse an und zerstört durch radioaktive Strahlung das Drüsengewebe.

**Schilddrüsenunterfunktion**

Alle Stoffwechselvorgänge im Körper laufen verlangsamt ab.
Anzeichen:
- Kälteempfindlichkeit
- vermehrte Müdigkeit und Schlafbedürfnis
- verminderte körperliche und geistige Leistungsfähigkeit
- Haut verdickt „teigig“ und schuppig
- Gewichtszunahme
- Appetitlosigkeit
- dünner werdendes Haar
- heisere und tiefe Stimme

**Schilddrüsenüberfunktion**

Anzeichen:
- innere Unruhe und Nervosität
- Hitzewallungen
- Herzklopfen
- Angstzustände
- Schlaflosigkeit
- starke Gewichtsabnahme trotz erhöhtem Appetit (= erhöhter Grundumsatz)
- Erschöpfungszustände
- Durchfall

3 Anzeichen einer Über- und Unterfunktion der Schilddrüse

Bei Schilddrüsenunterfunktion können die fehlenden Hormone als Tablette eingenommen werden. Die durch Iodmangel hervorgerufene Unterfunktion wird in Iodmangelgebieten wie Deutschland durch eine staatlich geregelte Iodzugabe im Speisesalz verhindert.

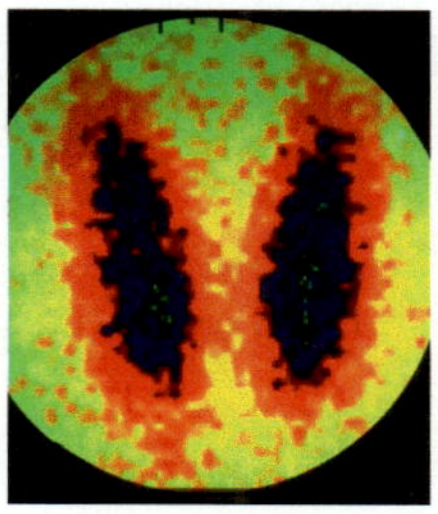

4 Schmetterlingsform der Schilddrüse

Hormone sind Substanzen, die in Drüsen gebildet und als Botenstoff mit dem Blut zu dem Zielorgan befördert werden. Die Schilddrüse produziert die beiden Hormone Thyroxin und Triiodthyronin.

## Aufgaben

1 Erkläre folgende Begriffe: Schlüssel-Schloss-Prinzip, Schilddrüsenüberfunktion und Schilddrüsenunterfunktion.

2 Nenne die wichtigsten Eigenschaften von Hormonen.

# Die Hormone

## Material A

### Hormone und ihre Aufgaben

Man unterscheidet zwischen Hormonen, die andere Hormondrüsen zur Hormonproduktion und -abgabe anregen, und solchen, die direkt in den Stoffwechsel eingreifen.

1 ◩ Nenne mithilfe von Bild 1 für jede der Gruppen zwei Beispiele.

2 ⊠ Beschreibe was passiert, wenn Thyroxin, Somatropin oder Insulin sich nicht mehr an ihren Zielrezeptor binden können.

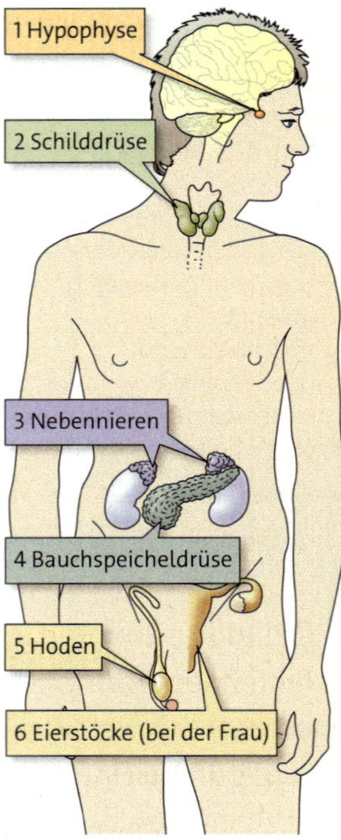


| Drüse | Hormon | Wirkung |
|---|---|---|
| 1 Hinterlappen | Somatropin | Knochenwachstum, Proteinsynthese |
| | Thyreotropin (TSH) | Anregung der Schilddrüse zur Thyroxinausschüttung |
| | Corticotropin (ACTH) | Anregung der Nebennierenrinde |
| | Follikel stimulierendes Hormon | Entwicklung von Ei- und Spermazellen: Östrogenbildung |
| | Lutensierendes Hormon | Anregung der Progesteronbildung; Eisprung |
| Vorder- | Adiuretin | Regelung des Wasserhaushalts |
| | Oxitocin | Auslösung der Wehen |
| 2 | Thyroxin | Steigerung des Grundumsatzes, Wachstum |
| 3 | Cortisol (in der Rinde) | An- und Umbau von Proteinen |
| | Adrenalin (im Mark) | Steigerung des Blutzuckerspiegels |
| 4 | Insulin | Senkung des Blutzuckerspiegels |
| | Glukagon | Steigerung des Blutzuckerspiegels |
| 5 | Testosteron | Ausbildung männlicher Geschlechtsorgane, Muskelzunahme |
| 6 | Östrogene | Ausbildung weiblicher Sexualorgane, Zyklusregelung |
| | Progesteron | Erhaltung der Schwangerschaft |

1 Hormone und ihre Aufgaben

## Material B

### Erfolgreicher Kampf gegen den Kropf (Struma)

Die Schilddrüse produziert iodhaltige Hormone, die für den Stoffwechsel wichtig sind. Zu einem Kropf kommt es, wenn die Zahl der Schilddrüsenzellen stark zunimmt und dadurch der Hals deutlich dicker wird.
Etwa jede sechste deutsche Person leidet an dieser Krankheit. Früher war die Zahl deutlich höher.

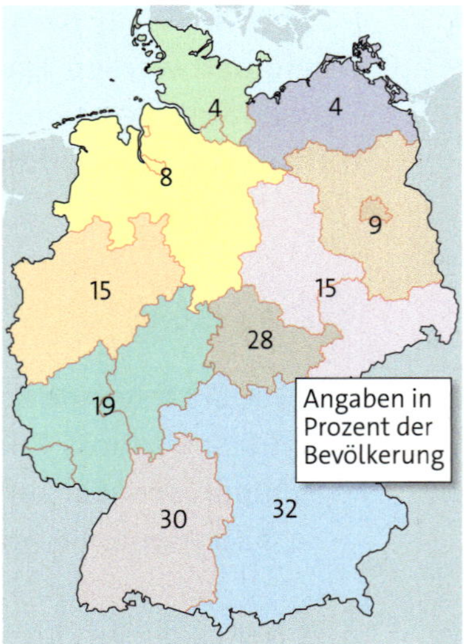


2 Häufigkeit der Kropfbildung

1 ◩ Werte die Karte aus. Was kannst du über die Häufigkeit der Kropfbildung in Deutschland aussagen?

2 ⊠ Suche die in Bild 2 genannten Gebiete im Atlas. Stelle Vermutungen über den Zusammenhang des Wohnortes und der Erkrankung an.

3 ⊠ Erkläre die Senkung der Zahl der Kropferkrankungen in Deutschland.

## Material C

### Regelkreis

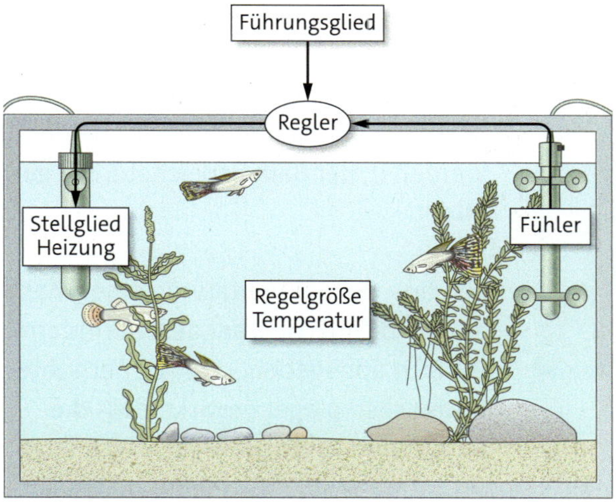


3 Regelkreis einer Heizung

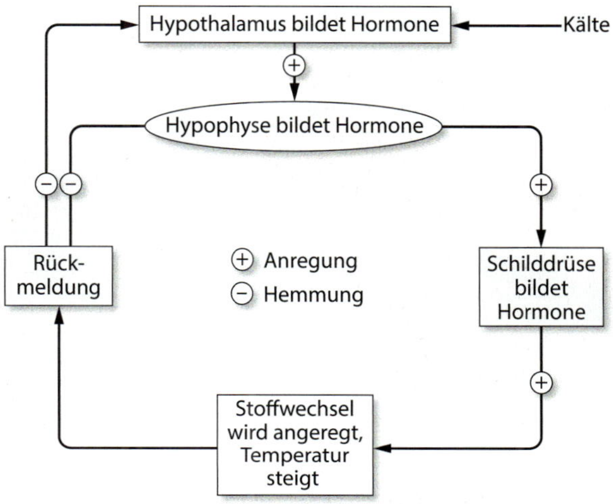


4 Regelkreis der Bildung von Thyroxin

**Technische Regelung**

Steuerungsprozesse werden in Regelkreisen dargestellt. Die Heizungsanlage eines Aquariums hält eine konstante Temperatur im Wasser. Sie regelt die Temperatur. Ein Messfühler, das Thermometer, kontrolliert permanent den Istwert. Dieser Wert wird an den Regler geleitet und mit der angeforderten Temperatur, dem Sollwert, abgeglichen. Liegt die Temperatur im Aquarium unter dem Sollwert, leitet der Regler diese Information an das Stellglied, die Heizung. Diese heizt, das Wasser wird wärmer.

**Hormonelle Regelung**

Hormone regeln wichtige Stoffwechselvorgänge. Je nach Stoffwechselsituation muss eine sehr genaue Menge der Hormone im Blut vorhanden sein, damit sie ihre gezielte Wirkung entfalten können. Geringste Abweichungen können dabei schon gesundheitliche Folgen haben. Daher wird das Ausmaß der Hormonausschüttung ins Blut mithilfe eines Regelkreises geregelt. Das Zentrum der hormonellen Regelung bildet die Hypophyse.

1 Erkläre das Prinzip eines Regelkreises am Beispiel der Heizung des Aquariums.

2 Erkläre mithilfe von Bild 4, wie der Thyroxinspiegel im Blut konstant gehalten wird.

3 Stelle in einer Tabelle die Begriffe der Regeltechnik den entsprechenden Begriffen bei der Regelung des Thyroxingehaltes gegenüber.

4 Recherchiere weitere Beispiele für Regelkreise aus Natur und Technik.

# Die Regelung des Blutzuckerspiegels

1 Melanie isst Spaghetti.

**Basiskonzept**

**System**
**→ Umschlag hinten**
Der Blutzuckerspiegel wird durch das Zusammenspiel von Hormonen geregelt. Wenn dieses System aus dem Gleichgewicht gerät, entwickelt sich eine Krankheit.

**Nach einer kohlenhydratreichen Mahlzeit gelangt durch die Verdauung viel Glukose ins Blut. Der Gehalt an Zucker im Blut steigt trotzdem nicht mit jeder Mahlzeit immer weiter an. Wie wird er annähernd konstant gehalten?**

**Blutzuckerspiegel** • Der Zuckergehalt des Bluts wird als Blutzuckerspiegel bezeichnet. Nach einer kohlenhydrathaltigen Mahlzeit steigt der Blutzuckerspiegel, weil durch die Verdauung Glukose ins Blut gelangt. Nach einer sportlichen Aktivität sinkt der Blutzuckerspiegel, weil zur Energiegewinnung Glukose abgebaut wird. Bei einem gesunden Menschen schwankt der Blutzuckerspiegel zwischen 0,7 und 1,1 Gramm Glukose pro Liter Blut. Er wird durch die beiden Hormone Insulin und Glukagon geregelt. → 3 Beide werden in der Bauchspeicheldrüse gebildet.

**Insulin** • Bei der Verdauung einer Mahlzeit wird Glukose über den Dünndarm ins Blut abgegeben. → 3 Der erhöhte Blutzuckerspiegel bewirkt, dass die Bauchspeicheldrüse vom Gehirn dazu veranlasst wird, Insulin auszuschütten. Das Insulin wird über das Blut zu den Zellen des Körpers transportiert. Dort bindet es nach dem Schlüssel-Schloss-Prinzip an die passenden Rezeptoren. → 2 In Reaktion wird die Zellmembran durchlässiger für Glukose, sodass die Glukose aus dem Blut in die Zellen aufgenommen wird. So senkt Insulin den Blutzuckerspiegel. In den Zellen wird Glukose zur Energiegewinnung abgebaut oder in Form von Glykogen gespeichert. → 3

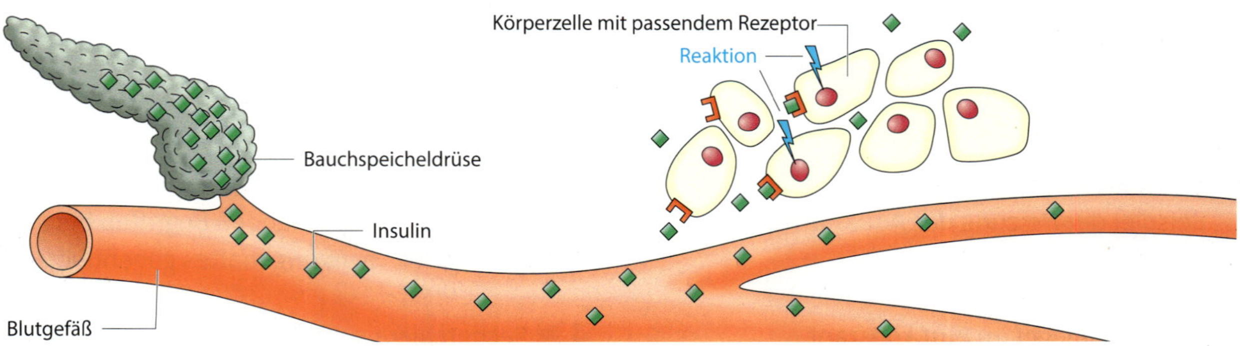


2 Schlüssel-Schloss-Prinzip bei Insulin

der **Blutzuckerspiegel**
das **Insulin**
das **Glukagon**
der **Diabetes**

**Glukagon** • Bei einem hohen Energieverbrauch, zum Beispiel beim Sport, sinkt der Blutzuckerspiegel unter den Normalwert. Dann regt das Gehirn die Bauchspeicheldrüse an, das Hormon Glukagon ins Blut abzugeben. → 3 Glukagon bewirkt, dass in den Leberzellen das gespeicherte Glykogen zu Glukose abgebaut wird. Die Glukose wird ins Blut abgegeben. Auf diese Weise bewirkt das Hormon Glukagon, dass der Blutzuckerspiegel steigt.

**Diabetes** • Bei manchen Menschen ist die Regelung des Blutzuckerspiegels durch das Insulin gestört. Ihr Blutzuckerspiegel ist dauerhaft erhöht, weil keine oder nur wenig Glukose in die Zellen aufgenommen wird. Dies führt zu Schädigungen der Blutgefäße und Nervenbahnen. Es kommt zu Durchblutungsstörungen und Empfindungsstörungen. Das Risiko für Schlaganfälle und Herzinfarkte steigt. Außerdem kann es zu Nierenschäden kommen. Diese Krankheit wird Diabetes genannt. Bei einem sehr hohen Blutzuckerspiegel wird Glukose mit dem Urin über die Nieren ausgeschieden. → 3 Dies kann man mit Teststreifen aus der Apotheke nachweisen. Bei einem Verdacht sollte man einen Arzt oder eine Ärztin befragen.

Der Blutzuckerspiegel wird durch Hormone reguliert. Insulin senkt den Blutzuckerspiegel, Glukagon hebt ihn an. Bei Diabetes ist der Blutzuckerspiegel dauerhaft erhöht.

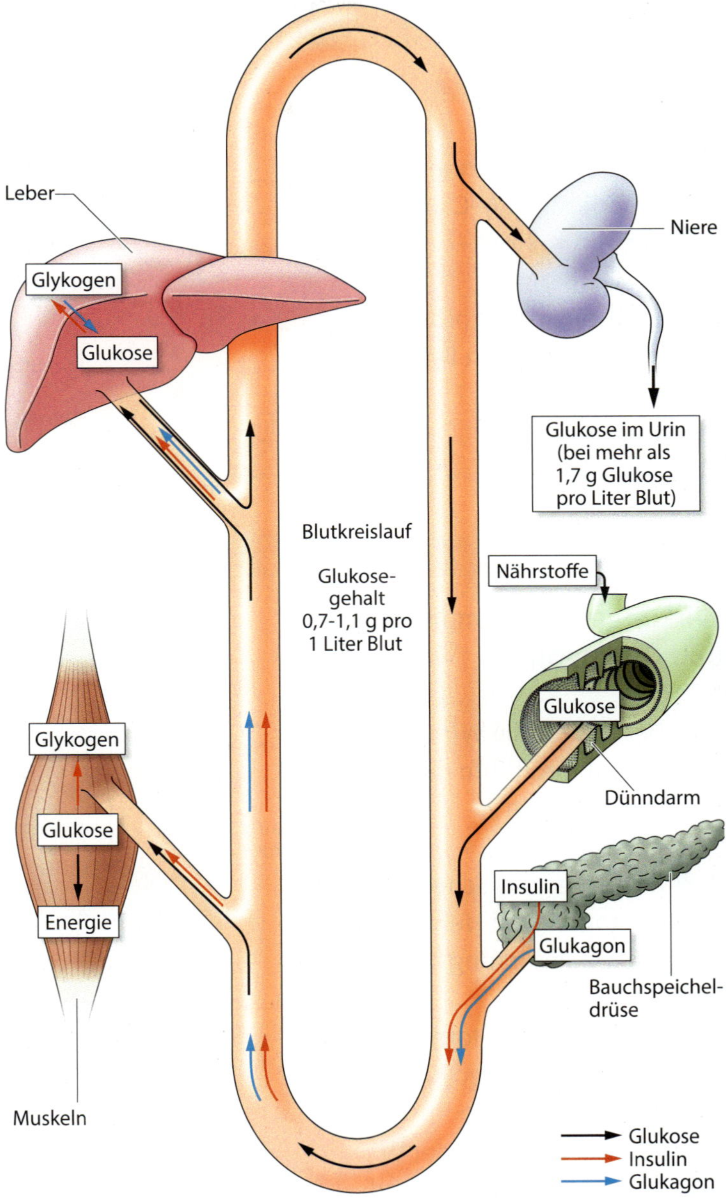


3 Regelung des Blutzuckerspiegels

## Aufgabe

1 Beschreibe mithilfe von Bild 3 den Weg der Glukose, nachdem du etwas gegessen hast.

# Die Regelung des Blutzuckerspiegels

## Material A

### Hormone und Zielzellen

1 ◩ Ordne den Hormonen der Hormondrüsen A–C die Zielzellen 1–3 zu. → 1

2 ⊠ Erläutere das Schlüssel-Schloss-Prinzip am Beispiel der Hormone.

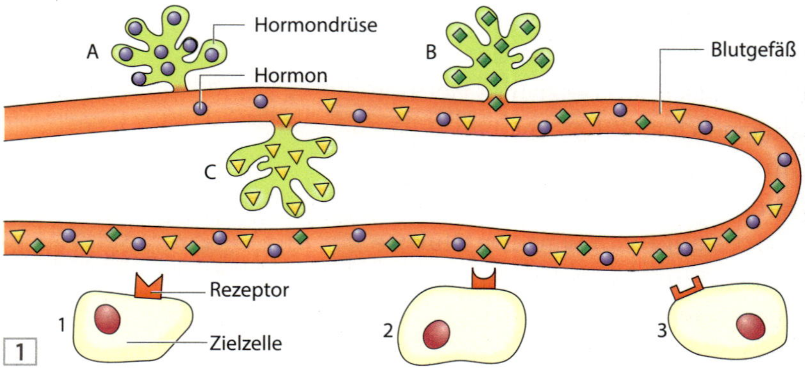


1

## Material B

### Wirkungsweise von Insulin und Glukagon

1 ◩ Beschreibe die Wirkung von Insulin mithilfe des Schemas in Bild 2.

2 ⊠ Übertrage das Schema für Glukagon in dein Heft und ergänze die Wirkung. → 3

3 ⊠ Vergleiche die Hormone Insulin und Glukagon hinsichtlich der Hormondrüse, der Zielzellen sowie der Wirkung auf die Zielzellen und den Blutzuckerspiegel. Lege dazu eine Tabelle an.

4 Ist der Blutzuckerspiegel zu niedrig, spricht man von Unterzuckerung.
⊠ Erläutere die möglichen Folgen für den Körper.

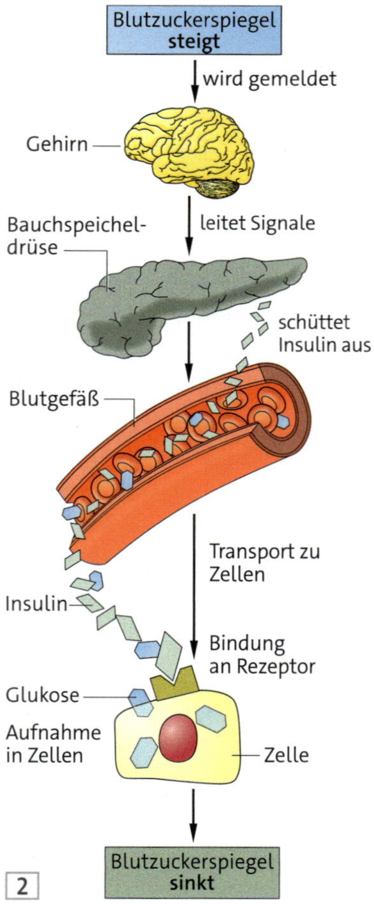


2

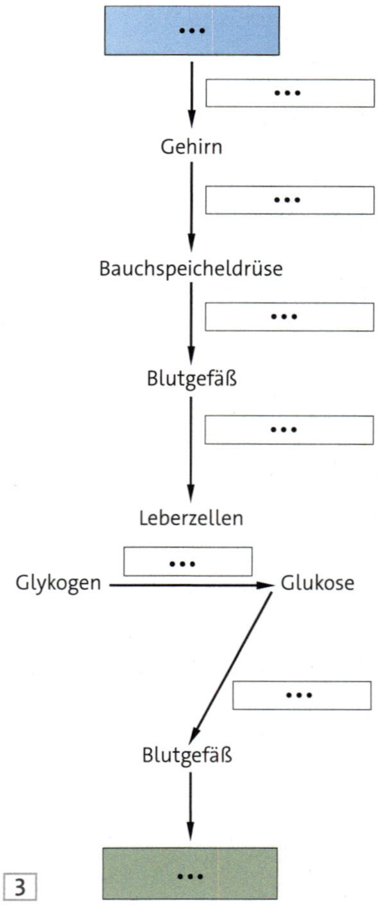


3

## Material C

### Ein Leben mit Diabetes

Bei der Krankheit Diabetes ist die Regelung des Blutzuckerspiegels durch Insulin gestört.

**1** Man unterscheidet zwei Typen von Diabetes. → 4
Beschreibe, inwiefern die Regelung des Blutzuckerspiegels jeweils gestört ist.

| Diabetes-Typen |
| --- |
| Bei Diabetes Typ 1 werden die Zellen der Bauchspeicheldrüse, die das Insulin bilden, zerstört. Menschen, die daran erkrankt sind, müssen ihr Leben lang regelmäßig ihren Blutzuckerspiegel überprüfen und sich Insulin spritzen, um ihren Insulinmangel auszugleichen. |
| Bei Diabetes Typ 2 nehmen die Zielzellen die Glukose aus dem Blut nicht mehr richtig auf, weil ihre Rezeptoren kaum oder gar nicht mehr empfindlich für Insulin sind. Davon sind vor allem Menschen mit Übergewicht betroffen. Ihr Zustand kann sich verbessern, wenn sie ihre Ernährung umstellen und Gewicht verlieren. Oft müssen sie zusätzlich Medikamente nehmen, die die Aufnahme von Glukose in die Zellen erhöhen. |

4

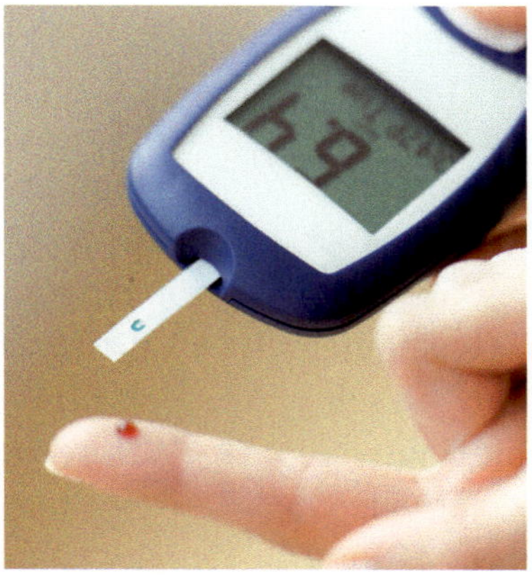

5 Messen des Blutzuckerspiegels

**2** Erkläre die in den Bildern 5 und 6 gezeigten Maßnahmen im Zusammenhang mit Diabetes Typ I.

**3** Lies den Text. → 7

a Erkläre die möglichen Ursachen für Leons Unterzuckerung.

b Beurteile die Maßnahmen, die von der Klassenlehrerin vorgeschlagen werden.

**4** Wird die Glukose nicht in die Zellen aufgenommen, wird sie vermehrt mit dem Urin ausgeschieden.
Leite mögliche Folgen ab.

**5** Immer mehr Menschen entwickeln Diabetes Typ 2, auch Jugendliche.
Finde eine Erklärung für den Sachverhalt.

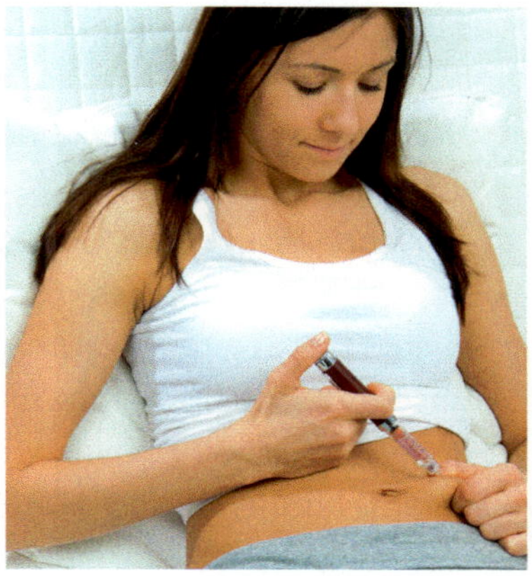

6 Spritzen von Insulin

**6** Leite Maßnahmen für dein Leben ab, mit denen du einer Erkrankung an Diabetes Typ 2 vorbeugen kannst.

**Notfall nach dem Sport**

Leon sitzt nach dem Sportunterricht mit seinen Freunden zusammen. Plötzlich wird er blass, schwitzt stark, redet wirr und klagt über Herzrasen. Besorgt holen seine Freunde die Klassenlehrerin. Sie erklärt: „Leon hat Diabetes Typ 1. Wahrscheinlich ist er unterzuckert, weil er vor dem Sport zu wenig gegessen oder zu viel Insulin gespritzt hat. Er muss sofort Traubenzucker, Cola oder Fruchtsaft bekommen. Wird er bewusstlos, muss der Notarzt kommen."

7

# Die Regelung des Blutzuckerspiegels

## Methode

### Ein One-Shot-Video erstellen

Hormone sind entscheidend für die Regelung des Blutzuckerspiegels. Die Wechselwirkung zwischen Insulin und Glukagon und somit die Aufrechterhaltung des körperlichen Gleichgewichts findet jedoch kaum spürbar im Inneren unseres Körpers statt. Erarbeitet euch diesen Prozess, indem ihr ihn in einem One-Shot-Video veranschaulicht und erklärt. One-Shot-Videos werden mit einer einzigen Kameraeinstellung produziert. Das heißt, man richtet die Kamera auf die Produktionsfläche aus und dreht den Film mit nur einer Aufnahme ab. Dafür kann man die Kamerafunktion eines Tablets oder Smartphones nutzen.
So geht man bei der Filmproduktion vor:

**1. Eine Filmcrew bilden** Findet euch zu viert in einer Gruppe zusammen. Teilt eure Gruppe in zwei Produktionsteams auf:
- **Regisseur/in und Illustrator/in:** Produktionsablauf trainieren, Szenenbilder erstellen, One-Shot-Video aufnehmen
- **Texter/in und Sprecher/in:** Texte erstellen und anpassen, Sprechtext einsprechen

**2. Inhalte erarbeiten** Informiert euch über die Regelung des Blutzuckerspiegels und haltet euer Wissen stichpunktartig fest. Diese Fragen können euch dabei helfen:
- *Welchen Einfluss haben die Hormone Insulin und Glukagon auf den Blutzuckerspiegel?*
- *Welche Anzeichen zeigen Menschen, die an Diabetes erkrankt sind, und welche Maßnahmen können dagegen ergriffen werden?*

**3. Ein Storyboard erstellen** Überlegt, wie ihr die Regelung des Blutzuckerspiegels in einem Film darstellen und erklären könnt. Entscheidet euch zunächst für einen Filmstil. Ihr könnt die biologischen Inhalte zum Beispiel wie in einem Spielfilm anhand einer erdachten Geschichte erklären, ein Video im Blogging-Stil oder einen Dokumentarfilm produzieren. Dann erstellt ihr ein Storyboard, in dem ihr Szene für Szene festlegt, was zu sehen und zu hören ist. → 1

**4. Gestaltungsmittel und Material auswählen** Legt genau fest, welche Gestaltungsmittel und Materialien ihr verwenden wollt. → 2

**Filmstil:** *Blogging-Stil* **Filmtitel:** *Blut und Zucker*

| Szene | Titel | Inhalt (ganze Filcrew) | Gestaltungsmittel und Material (Regisseur/in und Illustrator/in) | Sprechtext (Texter/in und Sprecher/in) |
|---|---|---|---|---|
| *Einführung* | ... | ... | ... | ... |
| ... | ... | | ... | ... |

1 Vorlage für das Storyboard

Ihr könnt auch verschiedene Gestaltungsmittel miteinander kombinieren, zum Beispiel:

- **Legetrick/Cut Out:** Verwendet Bild- und Textkarten, die ihr während der Produktion mit euren Händen in das Bild einfliegen lasst.
- **Whiteboard/Skitch:** Erstellt während der Produktion Zeichnungen auf einem Papier. Ihr könnt auch einige Zeichnungen vorfertigen und während der Produktion ergänzen.
- **Claymation/Brickfilm:** Verwendet Knete oder Legosteine für die Filmproduktion.
- **Realaufnahmen:** Ihr selbst seid im Film zu sehen und erklärt den Prozess oder leitet zu verschiedenen Szenen über.

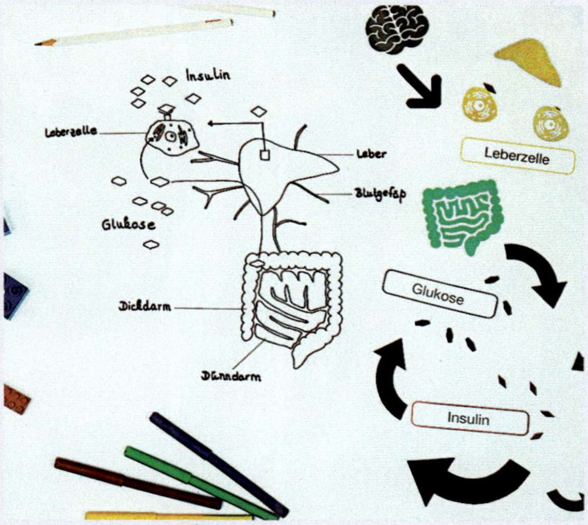


2 Gestaltungsmöglichkeiten

**5. Arbeitsteilige Produktion** Erstellt den Film in euren Produktionsteams:

- **Regisseur/in und Illustrator/in:** Erstellt die Materialien oder übt die Zeichnungen, die ihr während der Aufnahme erstellen wollt. Sucht einen Produktionsort und richtet ihn ein. Baut eine stabile Halterung für das Aufnahmegerät auf und bereitet die Produktionsfläche vor. Achtet auf die Lichtverhältnisse und den Aufnahmewinkel. Nehmt dann das Video auf: Die Regisseurin/der Regisseur gibt Anweisungen gemäß des Storyboards und die Illustratorin/der Illustrator legt, malt oder bewegt die Materialien unter oder vor der Kamera.
- **Texter/in und Sprecher/in:** Bereitet einen Sprechtext vor. Dieser kann ein Monolog, ein Dialog oder eine Diskussion sein. Der Text muss zum Filmstil und zu den Bildern passen. Nutzt kurze Hauptsätze ohne viele Nebensätze und vermeidet Floskeln und Füllwörter. Übt euren Sprechtext ein und nehmt ihn dann getrennt von der Videoaufnahme auf. Sprecht dabei klar und deutlich.

**6. Nachproduktion** Fügt mit einem Filmbearbeitungsprogramm das Video und den Sprechtext zusammen. Außerdem könnt ihr das Video noch mit Musik vertonen, einen Titel und einen Abspann einfügen.

## Aufgaben

**1** ⊠ Bildet Filmcrews und erstellt One-Shot-Videos zur Regelung des Blutzuckerspiegels.

**2** ⊠ Präsentiert eure Videos und bewertet sie hinsichtlich der fachlichen Richtigkeit, der Kreativität, der visuellen Darstellungen und der Passung des Sprechtexts.

# Stress

1 Gefahr im Straßenverkehr

englisch *fight*: Kampf

englisch *fight*: Flucht

**Im Straßenverkehr kann man in gefährliche Situationen geraten. Was passiert in solchen Momenten im Körper?**

**Stress** • In einer gefährlichen Situation spürt man, wie das Herz schneller schlägt und die Atmung rascher wird. Man fühlt sich hellwach und verspürt oft auch Angst. Diese körperlichen und seelischen Veränderungen, die durch bestimmte Reize ausgelöst werden, bezeichnet man als Stress. Reize, die Stress verursachen, werden Stressoren genannt. So reagiert der Körper auf Reize aus der Umwelt. Man kann sich auch selbst unter Stress setzen, wenn man zum Beispiel ein sehr gutes Ergebnis bei einer Prüfung schaffen will.

**Stressreaktion** • In einer Stresssituation wird der Körper vorübergehend in eine hohe Leistungsbereitschaft versetzt. Man bezeichnet diese kurzfristige Reaktion als Kurzzeitstress. Dabei wird die Aktivität der Organe durch Signale aus einem Bereich des Zwischenhirns, dem Hypothalamus, verändert. → 2 Das Herz schlägt schneller und bestimmte Hormondrüsen werden angeregt. Die Nebennieren, die wie Kappen auf den Nieren sitzen, geben die Hormone Adrenalin und Noradrenalin in das Blut ab. Diese wirken an vielen Stellen des Körpers. Sie beschleunigen den Herzschlag, fördern den Abbau von Glykogen in den Muskeln und der Leber und erweitern die Bronchien der Lunge. So werden die Zellen über das Blut besser mit Glukose und Sauerstoff versorgt und können mehr Energie produzieren. Dadurch laufen Vorgänge im Körper, die Energie verbrauchen, schneller ab. Außerdem werden die Blutgefäße im Gehirn, im Herz und in den Muskeln erweitert und die Blutgefäße der Verdauungsorgane werden verengt. Dadurch werden die Organe besser versorgt, die in einer Stresssituation leistungsfähiger sein müssen.

**Stress ist sinnvoll** • In gefährlichen Situationen, wie bei einem drohenden Unfall, erhöht die Stressreaktion die Leistungsfähigkeit des Körpers. Man ist aufmerksamer und reagiert schneller. So kann eine Stressreaktion das Überleben sichern. Man sagt, sie bereitet den Körper auf Kampf oder Flucht vor, um die Gefahr zu bewältigen.

der Stress
der Stressor
das Adrenalin
das Cortisol

Man bezeichnet diese Anpassung des Körpers daher auch als fight-or-flight-Reaktion (engl.: Kampf-oder-Flucht-Reaktion). Durch die leistungssteigernde Wirkung kann vorübergehender Stress auch bei Prüfungen und sportlichen Wettkämpfen förderlich sein.

**Dauerhafter Stress ist schädlich** • Im Alltag gibt es Situationen, die dauerhaft stressig sind – wenn man zum Beispiel ständig in der Schule überfordert ist oder wenn es in der Familie ständig Streitigkeiten gibt. Auch lange Krankheiten, Lärm oder Mobbing fördern Stress. Alle aufgezählten Situationen dauern längere Zeit an und führen im Körper dauerhaft zu Stress. Man spricht dann von Langzeitstress. Steht man dauerhaft unter Stress, werden die Nebennieren angeregt, zu große Mengen des Hormons Cortisol auszuschütten. Was dem Körper sonst hilft, mit Stresssituationen kurzfristig klarzukommen, wird nun zur Gefahr, denn ein dauerhaft hoher Cortisolgehalt hat negative Folgen für den Körper. Das Hormon schwächt zum Beispiel die körpereigene Abwehr, sodass man öfter krank wird.

**Schutz vor Langzeitstress** • Wenn man unter Langzeitstress leidet, sollte man sich Hilfe suchen. Freunde, Eltern oder auch Ärzte und Psychologen können bei Problemen helfen. Daneben kann man durch regelmäßigen Sport und andere Hobbys Stress abbauen. Auch Ruhephasen und ausreichend Schlaf sind wichtig.

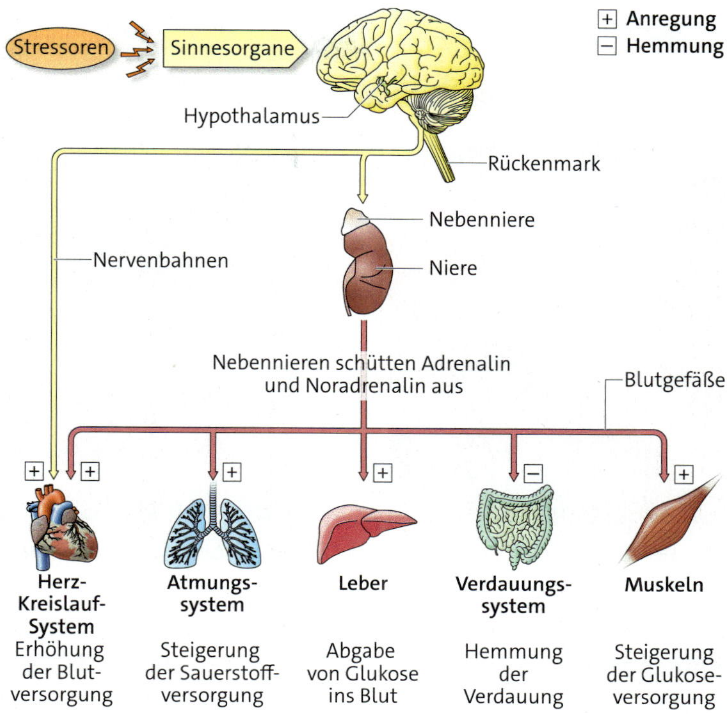


2 Wirkung der Hormone Adrenalin und Noradrenalin

**Körperliche und seelische Veränderungen, die durch bestimmte Reize ausgelöst werden, bezeichnet man als Stress.**

## Aufgaben

**1** Gefahr im Straßenverkehr → 1

a Beschreibe die Situation in Bild 1.

b Erläutere anhand der Situation, was der Begriff Stress bedeutet.

**2** Beschreibe die Wirkung von Adrenalin und Noradrenalin. → 2

**3** Erkläre die Aussage: Kurzzeitstress sichert das Überleben, Langzeitstress macht dagegen krank.

# Stress

## Material A

### Positiver und negativer Stress

1 Bereit für einen Wettlauf

2 Mobbing in der Schule

3 Geburtstagsparty

Man empfindet Stress nicht immer belastend. Für manche ist der Sportunterricht oft angenehm. Wenn man zum Beispiel vor einem 100-Meter-Lauf am Startblock steht und auf den Startschuss wartet, spürt man Veränderungen im Körper. Herzschlag und Atmung sind schneller und auch die Aufmerksamkeit ist gesteigert. Die Leistungsfähigkeit des Körpers wird dadurch erhöht. Man bezeichnet eine solche positive Belastung als Eustress.
Eine belastende Situation, wie enormer und lang anhaltender Leistungsdruck in der Schule, wirkt sich negativ auf den Körper aus. Eine solche Belastung, die unangenehm, bedrohlich oder überfordernd auf den Körper wirkt, bezeichnet man als Distress.

1 ☒ Erläutere anhand der Beispiele aus den Bildern 1–3 die Begriffe Eustress und Distress.

2 ☐ Ordne die aufgelisteten Situationen nach deinem eigenen Empfinden nach Eustress und Distress. → 4

3 ☒ Beschreibe die Stressreaktion im Körper, wenn man beim Spicken erwischt wird. Nimm Bild 2 auf der Basisseite zu Hilfe.

4 ☐ Nenne Situationen aus deinem Alltag, in denen du Eustress oder Distress empfindest.

5 ☒ Überlegt gemeinsam Maßnahmen, durch die ihr Stress vermeiden könnt.

1) Dauererkrankung
2) verliebt sein
3) ungewollter Schulwechsel
4) Überprüfung in einem schwierigen Fach
5) Tod einer geliebten Person
6) Besuch einer Party
7) Streit
8) Aufregung vor einem Bühnenauftritt
9) beim Spicken erwischt werden
10) Klassenfahrt

4

## Material B

### Kurzzeitstress

Bei einer Schülerin wurde die Herzfrequenz (Anzahl der Herzschläge pro Minute) gemessen, um das Stresslevel vor, während und nach einem Vortrag zu beurteilen. Die Ergebnisse wurden in einem Diagramm dargestellt. → 5

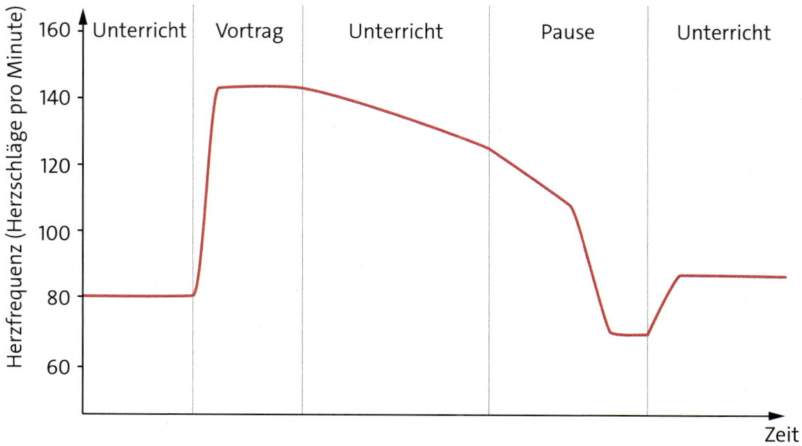


5 Veränderung der Herzfrequenz vor, während und nach einem Vortrag

1 Beschreibe, was bei der Schülerin untersucht wurde.

2 Beschreibe die Veränderung der Herzfrequenz im Verlauf der Zeit. → 5

3 Erkläre die Veränderung der Herzfrequenz beim Vortrag und nach der Pause.

4 Beschreibe die Herzfrequenz bei anhaltendem Stress ohne Entspannung.

## Material C

### Prüfungsstress

1 Beschreibe die erkennbaren Stressanzeichen der Schülerinnen und Schüler.

2 Beurteile, wie sich Stress bei einer Prüfung positiv und negativ auswirken kann.

3 Der Schüler links im Bild hat total vergessen, dass eine Prüfung ansteht. → 6
Erkläre, warum er vor Schreck blass wird. Bedenke, wie Adrenalin und Noradrenalin auf Blutgefäße wirken.

6 Stress in einer Prüfungssituation

## Material D

### Langzeitstress macht krank

Bei einer Stressreaktion spielt ein weiteres Hormon eine wichtige Rolle, das ebenfalls von den Nebennieren gebildet wird: Cortisol. Zunächst regt der Hypothalamus die Hypophyse an, ein Hormon auszuschütten. Dieses Hormon regt dann die Nebennieren zur Ausschüttung des Cortisols an. Halten stressige Situationen länger an, hält Cortisol die Leistungsfähigkeit des Körpers aufrecht. Es vermindert zum Beispiel das Schmerzempfinden, hemmt Entzündungen und setzt Energiereserven frei. So kann der Körper der Belastung länger standhalten.

Steht man jedoch dauerhaft unter Stress, schütten die Nebennieren zu viel Cortisol aus. Dann wirkt sich das Hormon negativ auf die Gesundheit aus. Es bewirkt zum Beispiel, dass die Blutgefäße dauerhaft verengt bleiben und der Blutdruck steigt. Das kann im schlimmsten Fall zu einem Herzinfarkt führen.

1 ☑ Nenne positive Auswirkungen von Cortisol in einer Stresssituation.

2 ☒ Beschreibe mithilfe des Einstiegstexts und Bild 1, wie die Bildung von Cortisol ausgelöst wird. Beginne bei den Stressoren.

3 ☒ Erläutere anhand von Beispielen, wodurch sich Langzeitstress von Kurzzeitstress unterscheidet.

4 ☒ Erkläre die Aussage: Das Hormon Cortisol kann für den Körper nützlich, aber auch schädlich sein.

5 ☒ Beschreibe Folgen von Langzeitstress. → 1

6 ☒ Entwickelt gemeinsam Maßnahmen, um Langzeitstress zu überwinden und vorzubeugen.

7 ☒ Beurteile, ob du Langzeitstress erlebst und was die Ursachen sind.

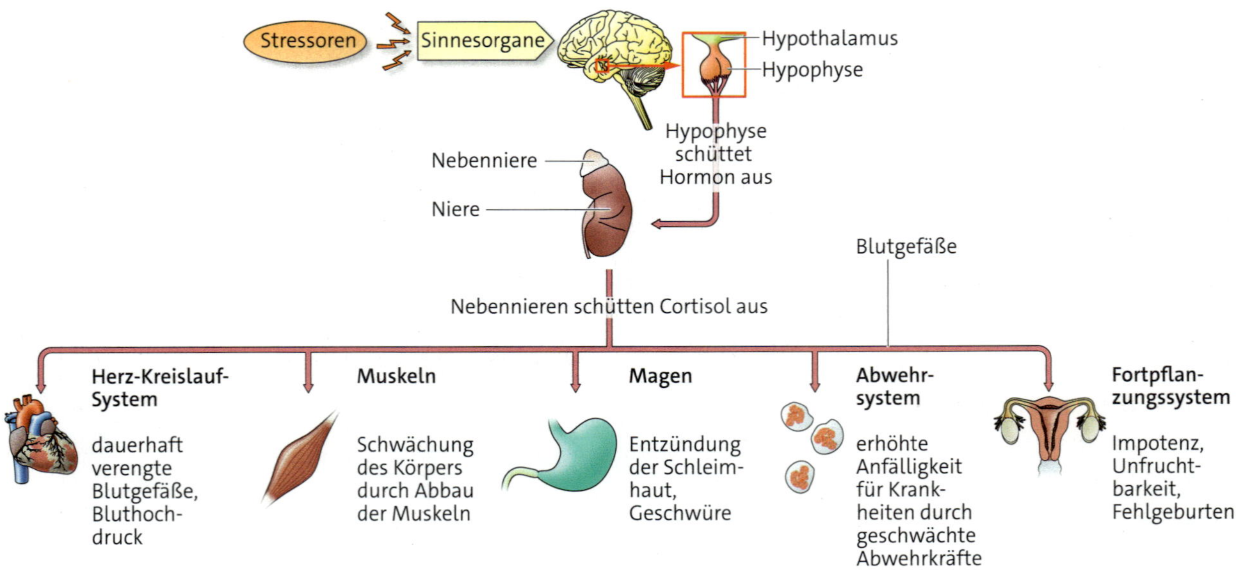


1 Wirkung des Hormons Cortisol

## Erweitern und Vertiefen

### Die Hormone im Überblick

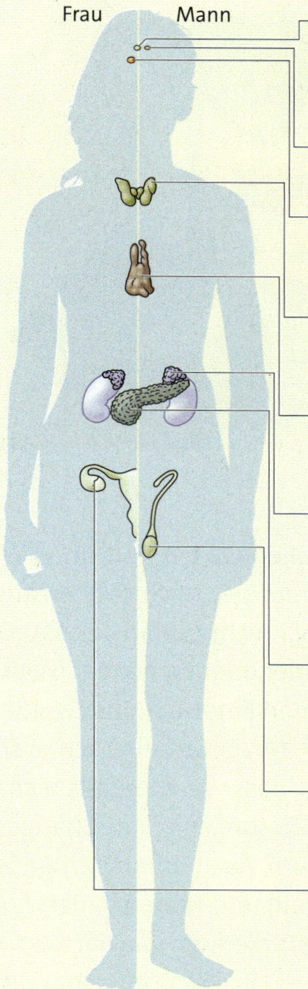


**Hypothalamus:** Der Hypothalamus ist ein Bereich im Zwischenhirn, der die Verbindung zwischen dem zentralen Nervensystem und dem Hormonsystem herstellt. Er produziert Hormone, die wiederum die Hypophyse entweder hemmen oder anregen, ihre Hormone auszuschütten. Zudem beeinflusst er über Hormone unter anderem die Körpertemperatur.

**Epiphyse:** Die Epiphyse befindet sich oberhalb des Zwischenhirns. Sie bildet das Hormon Melatonin, das den Schlaf-Wach-Rhythmus reguliert.

**Hypophyse:** Die unter dem Zwischenhirn gelegene Hypophyse gilt als Zentrale des Hormonsystems. Sie schüttet Hormone aus, durch die wiederum andere Hormondrüsen gesteuert werden. Zudem produziert sie Hormone, die das Körperwachstum regulieren.

**Schilddrüse:** Die Schilddrüse liegt unterhalb des Kehlkopfs – wie ein Schild – vor der Luftröhre. Sie produziert das Hormon Thyroxin, das unter anderem Stoffwechselvorgänge und die Gehirnentwicklung beeinflusst.

**Thymus:** Die Thymusdrüse befindet sich hinter dem Brustbein. Sie bildet das Hormon Thymosin. Dieses beeinflusst unter anderem das Abwehrsystem des Körpers.

**Nebennieren:** Die Nebennieren liegen wie Kappen an beiden Seiten der Nieren. Sie schütten Adrenalin und Noradrenalin aus. Diese Hormone steigern die Herz-Kreislauf-Aktivität und setzen Energiereserven frei, zum Beispiel in Stresssituationen. Die Nebennieren schütten außerdem Cortisol aus. Dieses Hormon hemmt das Schmerzempfinden sowie Entzündungen und setzt ebenfalls Energiereserven frei.

**Bauchspeicheldrüse:** Die Bauchspeicheldrüse liegt quer unter dem Magen. Sie produziert die Hormone Insulin und Glukagon. Insulin sorgt für Aufnahme von Glukose aus dem Blut in die Zellen und senkt somit den Blutzuckerspiegel. Glukagon ist der Gegenspieler des Insulin. Das Hormon regt die Freisetzung von Glukose aus den Zellen an und hebt somit den Blutzuckerspiegel.

**Hoden:** Diese männlichen Hormondrüsen befinden sich außerhalb des Bauchraums im Hodensack. Sie bilden das Hormon Testosteron, das die Entwicklung der männlichen Geschlechtsmerkmale und die Bildung von Spermienzellen anregt.

**Eierstöcke:** Diese weiblichen Hormondrüsen befinden sich im Bauchraum. Sie bilden die Hormone Östrogen und Progesteron. Diese fördern die Entwicklung der weiblichen Geschlechtsmerkmale. Außerdem regeln sie den Menstruationszyklus und den Ablauf einer Schwangerschaft.

2 Hormone im Überblick

### Aufgabe

**1** Erstelle in deinem Heft eine Tabelle. → 3
Ergänze in der Tabelle die in Bild 2 dargestellten Hormondrüsen, ihre Hormone und die Wirkungen der Hormone in Stichworten.

| Hormondrüse | Lage im Körper | Hormone | Wirkung |
|---|---|---|---|
| Hypothalamus | im Zwischenhirn | nicht benannt | Regelung der Hypophyse, ... |
| ... | ... | ... | ... |

3

# Wie kommunizieren wir?

1 Kommunikation ist vielfältig: **A** gemeinsam lachen, **B** Trost spenden bei Trauer

**Wir sprechen, grinsen oder weinen – so tauschen wir mit anderen Menschen Informationen aus. Wie funktioniert unsere Kommunikation?**

**Verständigung durch Worte** • Erzählt uns jemand einen Witz, nehmen wir das Gesagte als Schallwellen über die Ohren auf. Die Reize werden in den Sinneszellen zu elektrischen Signalen umgewandelt, die dann über Nervenbahnen an das Gehirn weitergeleitet und dort verarbeitet werden. Mithilfe unserer Erfahrungen können wir die Situation bewerten und den Witz verstehen. Das Gehirn schickt dann über Nervenbahnen elektrische Signale, zum Beispiel an die Muskeln im Gesicht. Wir reagieren schließlich mit einem Lachen. Diese Verständigung mit Worten über Schrift oder Sprache wird verbale Kommunikation genannt.

**Körpersprache** • Ob jemand einen Witz oder eine traurige Geschichte erzählt, erkennen wir nicht nur an den Worten. Ein grinsender oder lachender Mensch vermittelt den Eindruck, dass er gut gelaunt ist. → 1A Oft ist ein Lachen so ansteckend, dass wir ebenfalls lachen. Steht eine Person jedoch mit hängenden Schultern, nach unten gezogenen Mundwinkeln und Tränen in den Augen vor uns, erkennen wir, dass sie traurig ist. → 1B Diese Information bewirkt, dass wir mit einer Umarmung und tröstenden Worten reagieren.
Die Beispiele zeigen, dass wir nicht nur mit Worten kommunizieren, sondern auch durch unsere Körpersprache, also durch die Körperhaltung, den Gesichtsausdruck und die Bewegungen mit den Armen und Händen. Die Verständigung ohne Worte nennt man nonverbale Kommunikation.

**Basiskonzept**

**Struktur und Funktion**
→ Umschlag hinten
Wir nehmen über die Sinneszellen verschiedene Reize auf und kommunizieren, indem wir Signale austauschen.

die **verbale Kommunikation**
die **nonverbale Kommunikation**
der **Schlüsselreiz**

**Nicht immer bewusst** • Wir tauschen oft Informationen mit anderen aus, ohne dass wir es bewusst merken. So nehmen wir manchmal unbewusst wahr, dass die Körpersprache einer Person nicht zu dem passt, was sie durch Worte vermittelt. Das kann zu Missverständnissen führen oder wir können den Eindruck bekommen, dass die Person nicht die Wahrheit sagt. Wissenschaftliche Studien deuten darauf hin, dass unser Geruchssinn eine größere Rolle bei der Kommunikation spielt, als bisher vermutet. Demnach nehmen wir anhand chemischer Substanzen wie dem Körpergeruch unbewusst wahr, ob eine Person gestresst, ängstlich oder aggressiv ist. Es wird vermutet, dass dieser Vorgang auch bei der Partnerfindung eine Rolle spielt.

**Schlüsselreize** • Bestimmte Reize, die auf uns einwirken, lösen bei uns eine ganz bestimmte Reaktion aus. Man spricht dann von Schlüsselreizen. Zum Beispiel weisen Säuglinge und Kleinkinder Merkmale auf, die wir als besonders niedlich empfinden, wie der vergleichsweise große Kopf, das Gesicht mit den großen Augen und der kleinen Nase, die kurzen Gliedmaßen und die ungeschickten Bewegungen. → 2 Die Merkmale lösen bei uns als Schlüsselreize positive Gefühle aus und die Bereitschaft, sich um das Kind zu kümmern und es zu beschützen wächst. Schlüsselreize werden in der Werbung und bei der Herstellung von Spielzeug gezielt eingesetzt, um die Kaufbereitschaft zu wecken.

2 Schlüsselreize lösen Reaktionen aus: **A** kümmern, **B** kaufen

Menschen verständigen sich verbal durch Sprache und Schrift oder nonverbal über ihre Körpersprache. Unbewusste Kommunikation erfolgt über Gerüche und Schlüsselreize.

## Aufgaben

**1** Nenne Möglichkeiten, wie Menschen kommunizieren.

**2** Erkläre die Bedeutung des Sprichworts: „Ich kann dich gut riechen."

**3** Erläutere, wieso man diese Aussage unterschiedlich auffassen kann: „Du siehst heute aber toll aus!"

# Wie kommunizieren wir?

## Material A

### Reiz-Reaktions-Schema

1 ◪ Beschreibe die Situation in Bild 1.

2 ◪ Gib an, welche Wege der verbalen und nonverbalen Kommunikation erkennbar sind.

3 ◪ Erstelle zu der Situation ein Reiz-Reaktions-Schema. Berücksichtige dabei auch die Signalweiterleitung und die Verarbeitung im Gehirn.

1 Streit unter Freundinnen

## Material B

### Kindchenschema

Großer Kopf, große Augen, kleine Nase, eine hohe vorgewölbte Stirn, Pausbäckchen, kurze Arme und Beine – die bei Kleinkindern typischen Merkmale nennt man Kindchenschema. Um die Wirkung der Schlüsselreize zu untersuchen, hat man Personen drei Foto eines Kindes gezeigt. → 2 Foto 2 zeigt das Kind so, wie es tatsächlich aussieht. Bei Foto 1 wurden die Schlüsselreize abgeschwächt und bei Foto 3 wurden sie verstärkt. Die Personen sollten die Niedlichkeit beurteilen und ihre Motivation, sich um das Kind zu kümmern, einschätzen.

2 Schlüsselreize bei einem Kleinkind

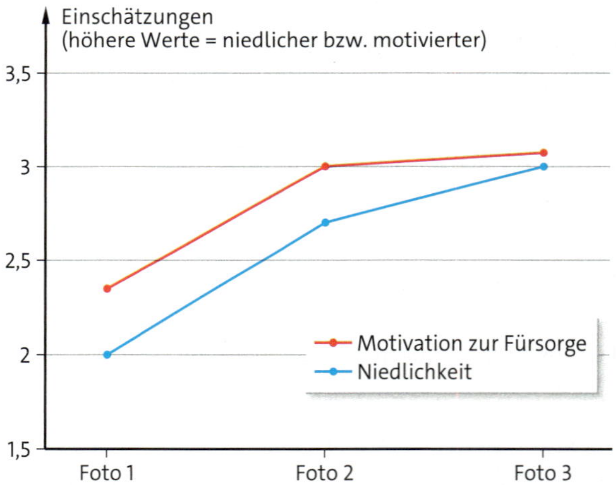


3 Versuchsergebnisse

1 ◪ Erkläre, was ein Schlüsselreiz ist.

2 ◪ Beschreibe den Versuch.

3 ◪ Werte das Versuchsergebnis aus. → 3

4 ◪ Beurteile die biologische Bedeutung des Kindchenschemas.

## Material C

### Tricks aus der Werbung

Damit Werbung erfolgreich ist, muss sie wirken. Gezielt wird das Wissen um die menschliche Kommunikation eingesetzt, um mit der Werbung bestimmte Gruppen oder Altersklassen anzusprechen. Dabei helfen zum Beispiel Schlüsselreize und Gerüche. Auch Farben werden ganz gezielt eingesetzt, denn sie werden mit verschiedenen Vorstellungen verknüpft. → 8

4

5

6

7

| Schwarz | Lila | Blau | Grün | Rot | Rosa | Orange | Gelb |
|---|---|---|---|---|---|---|---|
| • luxuriös<br>• stark<br>• modern<br>• edel<br>• elegant<br>• sachlich | • luxuriös<br>• weiblich<br>• geheimnisvoll<br>• kreativ<br>• beruhigend | • sachlich<br>• vertrauenswürdig<br>• zuverlässig<br>• seriös<br>• kühl | • natürlich<br>• beruhigend<br>• zufrieden<br>• jung<br>• frisch<br>• hoffnungsvoll | • energievoll<br>• warm<br>• leidenschaftlich<br>• dringend | • weiblich<br>• verspielt<br>• jugendlich<br>• romantisch | • warm<br>• energievoll<br>• spaßig<br>• freundlich<br>• günstig | • freundlich<br>• heiter<br>• lebendig<br>• optimistisch<br>• jugendlich |

8 Farben und die damit verbundenen Vorstellungen

**1** Beschreibe die Werbungen in den Bildern 4–7.

**2** Stelle Vermutungen an, wodurch die Werbungen jeweils zum Kauf anregen sollen.
Analysiere sie dazu im Hinblick auf die eingesetzten Schlüsselreize und Farben. Nutze hierfür auch die Angaben aus Bild 8.

**3** Denke an eine Werbung, die dir besonders im Gedächtnis geblieben ist. Beurteile, was dich dabei angesprochen hat.

**4** „Steuere das limbische System der Menschen und damit ihre Gefühle, dann kaufen sie dein Produkt."
Erkläre die Aussage. → 9

Unser Kaufverhalten wird mehr von unseren Gefühlen geleitet als von unserer Vernunft. Für unsere Gefühle ist ein bestimmter Bereich des Gehirns zuständig, den man limbisches System nennt. Wird der Bereich angeregt, werden Hormone ausgeschüttet, die beispielsweise den Herzschlag erhöhen. Wir sind dann aufgeregt, wenn wir das Produkt in den Händen halten.

9

# Kommunikation im Tierreich

1 Kommunizierende Tiere: **A** Amsel, **B** Wölfe, **C** Pfauen, **D** Glühwürmchen

**Sie stinken und schnüffeln vor sich hin, sie tanzen, trillern oder leuchten. Tiere kommunizieren erstaunlich vielfältig. Wie und zu welchen Zwecken tauschen sie Informationen aus?**

**Verständigung durch Laute** • Viele Tiere nutzen Laute zur Verständigung. So lockt der Gesang der Amselmännchen paarungsbereite Weibchen an und dient gleichzeitig der Verteidigung des Reviers. → 1A Männliche Buckelwale kommunizieren unter Wasser mittels Infraschall. In dieser für uns Menschen nicht hörbaren Frequenz singen sie Lieder mit einer regelrechten Melodie und rufen so ihre Artgenossen in der Paarungszeit. Heute weiß man, dass es die längsten und abwechslungsreichsten Gesänge im Tierreich sind.

**Verhalten und Körpersprache** • Tiere nutzen neben Lauten auch ihre Körpersprache und festgelegte Verhaltensmuster, um sich zu verständigen. Höckerschwäne schwimmen bei ihrem Balzritual aufeinander zu, stecken gemeinsam ihre Köpfe ins Wasser und heben sie gleichzeitig wieder empor. Gorilla-Männchen imponieren ihren Artgenossen, indem sie sich aufrichten und mit den Händen auf ihre Brust schlagen. Auch Wölfe und Hunde verständigen sich über die Körpersprache. Sie drohen zum Beispiel, indem sie ihre Zähne zeigen, und vermitteln Unterwürfigkeit, indem sie den Körper absenken. → 1B So werden durch das Zusammenspiel aus Körperhaltungen, Gesichtsausdrücken und Bewegungen Informationen ausgetauscht.

die Warnfarbe
die Mimikry
das Pheromon

**Optische Signale** • Viele Tiere haben äußerst auffällige Merkmale, die bei der Partnersuche helfen und so den Fortpflanzungserfolg verbessern. So stellt der männliche Pfau seine farbenprächtigen Schwanzfedern zur Schau. → 1C Dagegen locken Glühwürmchen ihre Partner durch Leuchten an. → 1D Oft sind auch Farben wichtige Signale. Wehrhafte und giftige Insekten sind meistens auffällig gefärbt. So erkennen mögliche Feinde zum Beispiel an der gelb-schwarzen Färbung der Wespe, dass sie gefährlich ist. → 2A Man spricht dabei von Warnfarben. Die Schwebfliege trägt zwar auch die Warnfarben Gelb und Schwarz, ist aber nicht gefährlich. → 2B Wegen ihrer Färbung wird sie jedoch ebenfalls von Feinden gemieden. Diese Form der Kommunikation, die auf Signalen der Täuschung beruht, nennt man Mimikry.

**Chemische Signale** • Hinterlässt ein Hund eine Urinspur, kommuniziert er, dass hier sein Revier ist. Auch andere Tiere, darunter viele Insekten, nutzen Duftspuren, um ihren Artgenossen Informationen zu übermitteln. Die Duftspuren enthalten Botenstoffe, die man als Pheromone bezeichnet. Sie werden von Artgenossen unbewusst wahrgenommen und lösen dann bestimmte Reaktionen aus. Wenn beispielsweise eine Biene zusticht, werden Pheromone freigesetzt, die andere Bienen anziehen und zum Angriff verleiten. Dagegen markieren Ameisen mit Pheromonen den Weg vom Bau zur Nahrungsquelle. → 3

2 Warnfarben: **A** Wespe, **B** Schwebfliege

3 Ameisenstraße

Tiere kommunizieren über Laute, Körpersprache, Verhaltensweisen, optische Signale und Pheromone. So locken sie Fortpflanzungspartner an, verständigen sich mit ihren Artgenossen und verteidigen sich gegen ihre Feinde.

## Aufgaben

1 Nenne drei Kommunikationsformen bei Tieren und gib jeweils ein Beispiel an.

2 Beschreibe die Bedeutung von Farbsignalen.

3 Erläutere an einem Beispiel, was Pheromone sind.

# Kommunikation im Tierreich

## Material A

### Farbsignale im Tierreich

Ob leuchtend bunte Federn oder schwarz-weiß gestreiftes Fell – Farbsignale erfüllen ganz bestimmte Zwecke.

1 Beschreibe die Farben und Muster der Tiere. → 1 – 4

2 Stelle zu jedem Tier Vermutungen zu den Vorteilen der Färbung an. Bedenke dabei die Partnersuche und den Schutz vor Feinden.

1 Pfeilgiftfrosch

2 Zebra

3 Chamäleon

4 Mandarinente

## Material B

### Ist mein Hengst krank?

In einer Zeitschrift berichtet eine Pferdebesitzerin über ein Verhalten ihres Hengstes, das ihr Sorgen bereitet:

Mein Hengst Snoopy hebt immer

wieder seinen Kopf und zieht seine Oberlippe hoch. Ich mache mir Sorgen, dass es ihm nicht gut geht. Was hat er? Kann mir jemand helfen?

5 Frage zum Pferd

**Flehmen** Streckt ein Pferd seinen Kopf nach vorne und klappt die Oberlippe nach oben, bezeichnet man das als Flehmen. Durch das Hochklappen der Oberlippe werden die Nüstern verschlossen. So werden die Geruchsstoffe am Gaumen entlang ins vomeronasale Organ geleitet. Mit dieser besonderen Entwicklung des Riechkolbens können viele Säugetiere Gerüche und Pheromone aufnehmen und sowohl riechen als auch schmecken. Pheromone sind geruchlose Moleküle, die durch die Luft übertragen werden. Sie rufen innerhalb der gleichen Tierart bestimmte Reaktionen hervor. Säugetier-Pheromone erfüllen drei wichtige Funktionen: die Mutter-Jungtier-Erkennung, die Feststellung der Paarungsbereitschaft und das Markieren eines Reviers. Hengste flehmen häufiger als Stuten und stellen so fest, ob eine Stute paarungsbereit ist.

6 Lexikoneintrag zum Stichwort Flehmen

1 Verfase einen Antwortbrief, in dem du das Verhalten des Hengstes erklärst. Nutze dazu die Informationen aus dem Lexikoneintrag. → 6

## Material C

### Schöner Schnabel

Bei der Partnerwahl achten weibliche Stockenten besonders auf die Schnäbel der Erpel. Je farbintensiver der Schnabel, desto gesünder ist der Erpel. Die Schnabelfarbe dient also als Signal für die Eignung als Fortpflanzungspartner.

Doch das ist noch nicht alles: Forschende gingen in einem Versuch der Frage nach, welchen Einfluss die Schnabelfarbe des Erpels auf die Eier des Weibchens hat. Dazu fütterten sie Erpel mit Futter, das mit Karotinoiden angereichert war und zu einer intensiven Schnabelfarbe führte. → 8 Als Kontrollgruppe dienten Erpel, die normales Futter bekamen. Dann paarten sich alle Erpel mit Weibchen.
Das Ergebnis: Bei einem Partner mit einer intensiven Schnabelfarbe investierten die Weibchen mehr Energie in die Entwicklung der Eier. Das führte zu größeren Eiern und, weil diese mehr Nährstoffe und Abwehrstoffe enthalten, zu gesünderen Küken.

**Karotinoide** Die gelbe bis rötliche Schnabelfarbe wird durch Karotinoide erzeugt. Das sind natürliche Farbstoffe, die über die Nahrung aufgenommen werden. Untersuchungen haben ergeben, dass Karotinoide außerdem zur Stärkung des körpereigenen Abwehrsystems und somit zur Gesundheit beitragen.

7 Wirkung von Karotinoiden

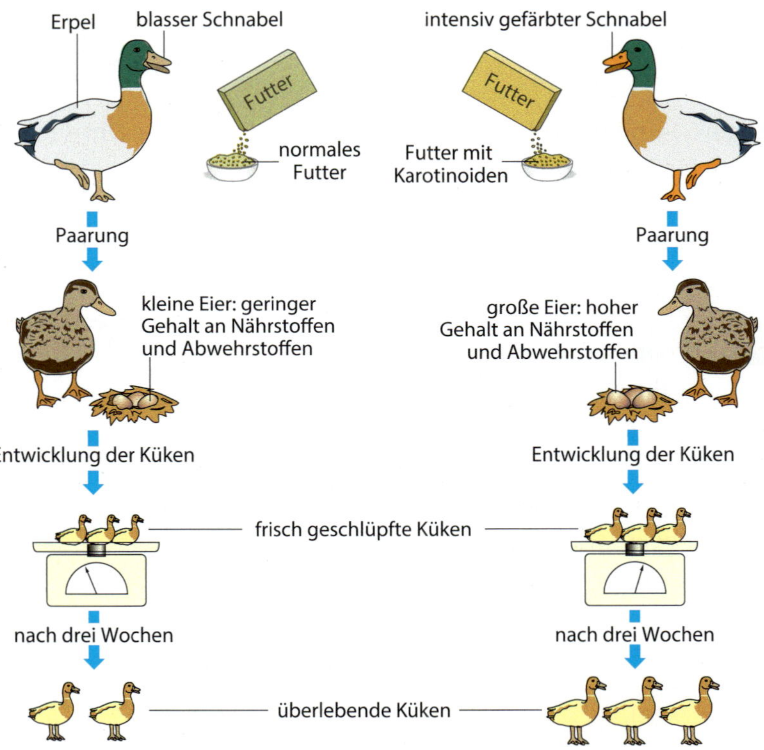


8 Versuchsdurchführung und Ergebnis

1 Beschreibe, welche Bedeutung die Schnabelfarbe des Erpels für die Partnerwahl des Weibchens hat.

2 Beurteile mithilfe der Informationen aus Bild 7, inwiefern die Schnabelfarbe ein Signal für die Eignung als Fortpflanzungspartner ist.

3 Beschreibe den Versuch mithilfe von Bild 8.

4 Begründe die folgende Aussage anhand des Versuchsergebnisses: Bei Stockenten sind die Überlebenschancen der Küken größer, wenn der Erpel einen intensiv gefärbten Schnabel aufweist. → 8

## Zusammenfassung

**Sinnesorgane** • Auf uns wirken ständig Reize wie Licht, Schall und Temperatur ein, die über unsere Sinnesorgane wie die Augen, Ohren und Haut aufgenommen werden. Die Sinneszellen wandeln die Reize in elektrische Signale um, die über Nervenbahnen zum Gehirn weitergeleitet und dort verarbeitet werden. Das Zusammenspiel aus der Aufnahme und Verarbeitung von Reizen nennt man Wahrnehmung.

**Auge** • Damit wir sehen können, muss Licht durch die Pupille und die Linse bis auf die Netzhaut gelangen. → 1 Die Lichtsinneszellen wandeln die Reize in elektrische Signale um, die über den Sehnerv zum Gehirn geleitet werden.

**Sehen** • Jedes Auge sieht die Welt aus einem anderen Blickwinkel. Das Gehirn erzeugt aus den Eindrücken ein Bild. Wir nehmen bewegte Bilder wahr, weil sich die Informationen im Gehirn überlagern. Farben erkennen wir, weil die drei Zapfentypen jeweils nur von rotem, grünem oder blauem Licht gereizt werden.

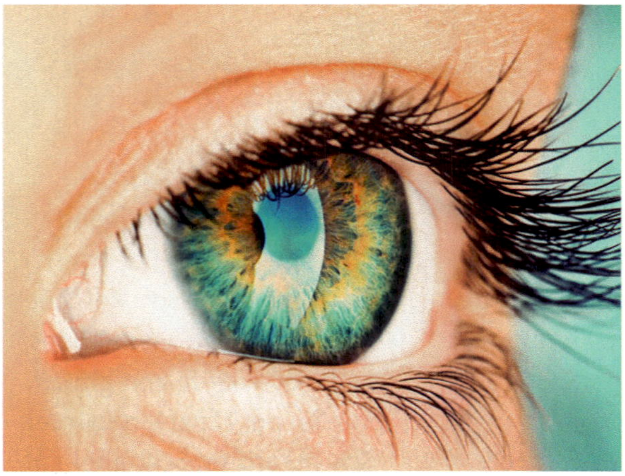

1 Auge: Iris und Pupille sind gut erkennbar.

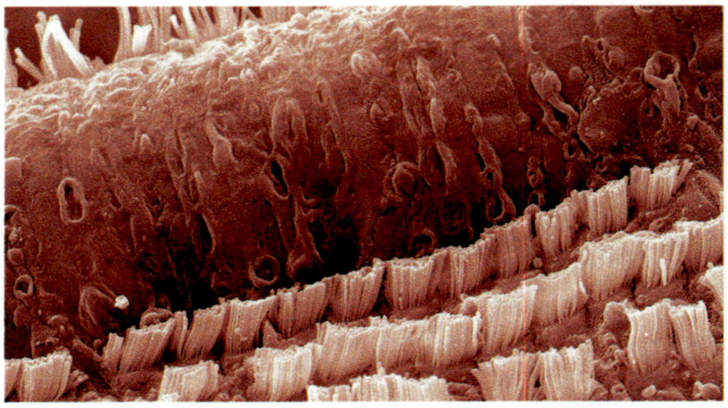

2 Die Hörsinneszellen liegen im Innenohr.

**Ohr** • Schallquellen senden Schallwellen aus, die wir über die Ohrmuscheln empfangen. Die Schallwellen versetzen das Trommelfell im Mittelohr in Schwingungen, die über die Gehörknöchelchen und das ovale Fenster auf die Hörschnecke im Innenohr übertragen werden. Dort wandeln die Hörsinneszellen die Schwingungen in elektrische Signale um. → 2 Diese werden dann über den Hörnerv an das Gehirn weitergeleitet. Das Innenohr enthält auch das Gleichgewichtsorgan.

**Haut** • Die Haut ist unser größtes Sinnesorgan. Die Sinneszellen wandeln Temperatur- und Druckveränderungen in elektrische Signale um, die an das Gehirn weitergeleitet werden. Einige Bereiche, wie die Lippen und Fingerspitzen, enthalten mehr Sinneszellen als andere.

**Sinnesorgane brauchen Schutz** • Ein verantwortungsvoller Umgang mit Gefahren und der aktive Schutz beispielsweise durch Schutzbrille, Sonnenschutzmittel, Schutzhandschuhe oder Gehörschutz sind wichtig für die Sinnesorgane. Sonst drohen bleibende Schäden.

**Vom Reiz zur Reaktion** • Aus unserer Umwelt wirken ständig verschiedene Reize auf unseren Körper ein. Die von den Sinnesorganen erfassten Reize werden in den Sinneszellen in elektrische Signale umgewandelt. Diese Signale werden über Nervenbahnen zum Gehirn geleitet. Dort werden die Informationen verarbeitet. Dann sendet das Gehirn über die Nervenzellen Signale an Zielzellen wie Muskelzellen. Dadurch wird eine Reaktion auf den Reiz ausgelöst.

3 Bei einer Klassenarbeit ist das Gedächtnis gefragt.

**Nervensystem und Signalweiterleitung** • Das Gehirn und das Rückenmark bilden zusammen das zentrale Nervensystem, alle übrigen Nervenbahnen zählen zum peripheren Nervensystem. Die kleinste Einheit des Nervensystems sind die Nervenzellen. Sie nehmen elektrische Signale über ihre Dendriten auf und leiten sie über ihre Axone bis in die Endknöpfchen. Dort werden die Signale mithilfe chemischer Transmitter auf die nächste Nervenzelle übertragen.

**Gedächtnis und Lernen** • Die Fähigkeit des Gehirns, Informationen zu speichern und wieder abzurufen, nennt man Gedächtnis. Im Kurzzeitgedächtnis wird nur eine begrenzte Menge an Information für wenige Sekunden bis Minuten gespeichert. Informationen, denen wir Aufmerksamkeit widmen und die an Vorwissen oder Vorlieben anknüpfen, werden über Wochen oder Jahre im Langzeitgedächtnis gespeichert. Beim Lernen werden Informationen aufgenommen, verarbeitet und im Gedächtnis gespeichert, sodass man sie später wieder abrufen kann. Dabei bildet sich das Gehirn um, zum Beispiel indem Synapsen vergrößert oder neu gebildet werden.

**Vegetatives Nervensystem** • Unser vegetatives Nervensystem steuert Vorgänge, die wir nicht willentlich beeinflussen, wie den Herzschlag. Es wird in Sympathikus und Parasympathikus unterteilt, die als Gegenspieler arbeiten. Auch Reflexe wie der Lidschlussreflex werden vom vegetativen Nervensystem gesteuert.

**Hormone** • Das Hormonsystem ist – neben dem Nervensystem – das zweite Informationssystem des Körpers. Hormone sind Botenstoffe, die in Hormondrüsen gebildet und über den Blutkreislauf verteilt werden. Durch die Bindung an bestimmten Zielzellen lösen sie eine Reaktion in den Zellen aus. Wenn wir unter Stress stehen, steigern die Hormone Adrenalin und Cortisol die Leistungsfähigkeit des Körpers. Auf Dauer ist Stress jedoch schädlich.

**Kommunikation** • Menschen und Tiere tauschen durch Sprache oder Laute sowie über die Körpersprache Informationen aus. Bei Menschen lösen Schlüsselreize bestimmte Reaktionen aus, bei Tieren besonders Farben und Pheromone.

## Teste dich! (Lösungen auf Seite 328)

### Sinne und Sinnesorgane

**1** ☑ Nenne fünf Sinne des Menschen.

**2** ☒ Beschreibe die Aufgaben der Sinneszellen.

**3** ☒ Erkläre die Aussage: Unsere Sinnesorgane sind spezialisiert.

**4** ☒ Erläutere an einem Beispiel, wie wir einen Reiz aus unserer Umwelt wahrnehmen.

### Sehen mit den Augen

**5** ☒ Ordne den Bauteilen des Auges die Fachwörter und Aufgaben zu. → 1

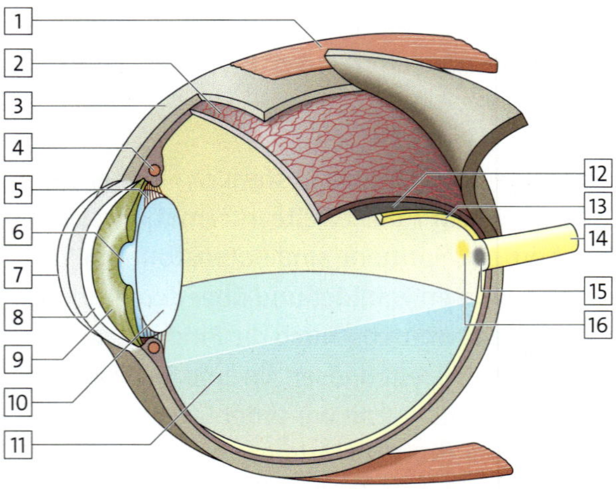


1 Bau des Auges

**6** ☒ Erkläre, warum wir im Dunkeln nichts sehen.

**7** ☒ Erkläre, warum eine Kopfverletzung das Sehen einschränken kann, auch wenn die Augen nicht verletzt sind.

### Hören mit den Ohren

**8** „Jedes Ohr besteht aus drei Ohren!"
☒ Erkläre, was mit dieser Aussage gemeint ist.

**9** ☒ Beschreibe die Vorgänge beim Hören von der Ohrmuschel bis zum ovalen Fenster.

**10** ☒ Beschreibe, wie Schallwellen im Innenohr in elektrische Signale umgewandelt werden.

**11** ☒ Nenne drei Gründe, warum Ohrenschmalz wichtig für unsere Ohren ist.

**12** ☒ In vielen Science-Fiction-Filmen hört man Raumschiffe durch den Weltraum fliegen. Nimm Stellung dazu.

### Fühlen mit der Haut

**13** ☒ Nenne drei Typen von Sinneszellen, die in der Haut vorkommen.

**14** ☒ Erläutere, warum wir eine Verletzung wie einen Schnitt in den Finger spüren.

### Sinnesorgane brauchen Schutz

**15** ☒ Übertrage die Tabelle in dein Heft. → 2
Gib für die Sinnesorgane Auge, Ohr und Haut Gefahren sowie Schutzvorrichtungen an.

| Sinnesorgan | Gefahren | Schutz |
|---|---|---|
| ... | ... | natürlich: ...<br>künstlich: ... |
| | | |

2

## Nervensystem und Signalweiterleitung

**16** ☒ Erläutere das Reiz-Reaktions-Schema an einem Beispiel.

**17** ☒ Benenne die mit Ziffern gekennzeichneten Bauteile einer Nervenzelle. → 3

**18** ☒ Beschreibe die Funktionen des peripheren und zentralen Nervensystems beim Prozess der Wahrnehmung.

**19** ☒ Beschreibe, wie Signale über die Nervenzellen weitergeleitet werden. Berücksichtige dabei auch die Übertragung zwischen zwei Nervenzellen.

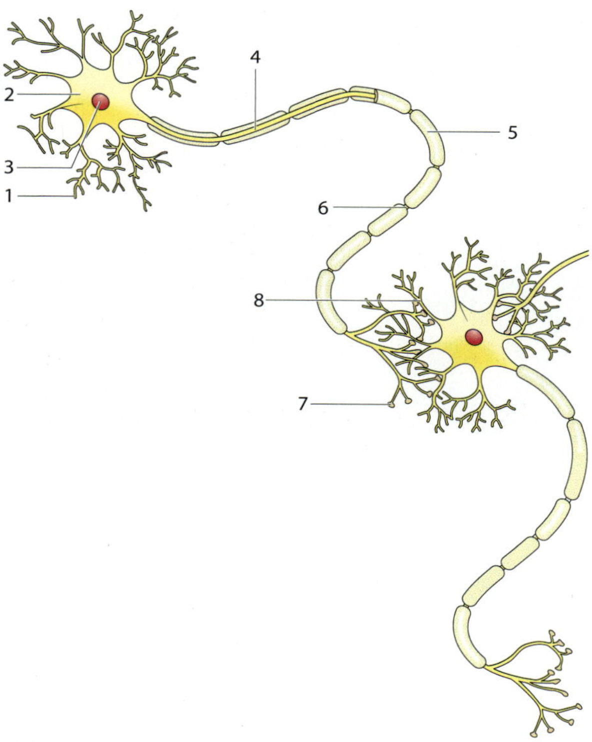


3 Zwei Nervenzellen

**20** ☒ Erläutere die Funktionen des vegetativen Nervensystems am Beispiel eines Wettkampfs.

## Lernen und Gedächtnis

**21** ☒ Nenne Voraussetzungen, unter denen Informationen im Langzeitgedächtnis abgespeichert werden.

**22** ☒ Beschreibe den Vorgang des Lernens.

## Hormonsystem

**23** ☒ Erkläre die Wirkungsweise von Hormonen mit dem Schlüssel-Schloss-Prinzip.

**24** ☒ Beschreibe die Wirkungsweise von Insulin und Glukagon und deren Einfluss auf den Blutzuckerspiegel.

**25** ☒ Begründe, wann Stress nützlich ist und wann er schädlich werden kann.

**26** ☒ Erkläre den Werbespruch anhand der biologischen Hintergründe: „Extreme Achterbahn – Adrenalin-Kick garantiert!"

## Kommunikation

**27** ☒ Erläutere anhand einer beispielhaften Situation, wie wir verbale und nonverbale Signale über unsere Sinne aufnehmen.

**28** ☒ Beschreibe die mögliche Wirkung von Schlüsselreizen in der Werbung.

**29** ☒ Erkläre, was Pheromone sind.

# Sucht

Zu vielen Anlässen scheinen die Genussmittel Alkohol und Zigaretten dazuzugehören. Aus Gewohnheit können jedoch schnell Abhängigkeit und Sucht werden.

Es gibt verschiedene Suchtmittel. Dazu zählen legale Genussmittel genauso wie Drogen, zum Beispiel Kokain, Ecstasy oder Crystal Meth.

Beratungsstellen unterstützen Süchtige und helfen ihnen, passende Angebote für den Weg aus der Sucht zu finden.

# Ursachen und Entstehung von Sucht

1 Verschiedene Menschen – verschiedene Süchte

**Sucht hat viele Gesichter. Nicht immer sieht man es den Betroffenen an, dass sie abhängig sind.**

**Sucht** • Alle positiven Erlebnisse werden im Belohnungszentrum unseres Gehirns gespeichert. Dazu gehören auch Stresssituationen, die wir gut gemeistert haben, beispielsweise der Auftritt mit der Theatergruppe oder ein Bungee-Jump. → 2 Unser Gehirn setzt daraufhin bestimmte Botenstoffe frei, die Glücksgefühle wie Zufriedenheit und Freude auslösen. Diese Glücksgefühle sind umso stärker, je größer die Menge an Botenstoffen ist. Unser Belohnungssystem kann durch unterschiedliche Reize aktiviert werden. Dazu zählen Sport, leckeres Essen, Musik oder Kleidung. Glücksgefühle sind angenehm und motivieren uns, diese auslösenden Reize wieder zu erleben. Daraus kann ein zwanghaftes Verlangen entstehen, das zunehmend die Kontrolle über die Betroffenen gewinnt. In diesem Fall hat sich eine Sucht entwickelt.

**Stoffgebundene Sucht** • Wir bezeichnen Süchte als stoffgebunden, wenn sie auf der Einnahme von bestimmten Stoffen beruhen. Diese Stoffe nennt man Suchtmittel.
Beispiele dafür sind Alkohol, Tabak und Cannabis-Produkte. → 3 4 Stoffe, die auf das Nervensystem wirken und wegen ihrer Wirkung abhängig machen können, nennt man Drogen.

**Stoffungebundene Sucht** • Wenn sich eine Gewohnheit zu einem zwanghaften Verhalten entwickelt, sprechen wir von einer stoffungebundenen Sucht. Beispiele für solche Süchte sind Magersucht, Spielsucht, Kaufsucht oder Computersucht. → 5

**Es gibt körperliche und psychische Abhängigkeiten** • Wenn das Suchtmittel nicht zur Verfügung steht oder ein Zwangsverhalten nicht ausgeübt

2 Bungee-Jump: Glücksgefühle

3 Alkohol und Tabak

4 Ein Joint

die Droge
die **stoffgebundene Sucht**
die **stoffungebundene Sucht**

werden kann, können Entzugserscheinungen auftreten:

- Körperliche Entzugserscheinungen sind Unruhe, Nervosität, Schweißausbrüche, Zittern, Muskel- und Kopfschmerzen sowie Kreislaufstörungen. Es können sogar lebensbedrohliche Zustände mit schweren Krampfanfällen und Geistesstörungen auftreten.
- Psychische Entzugserscheinungen zeigen sich zum Beispiel durch Konzentrations- und Gedächtnisstörungen, Sinnestäuschungen, Angstzustände oder aggressives Verhalten. Sie können auch bei einer stoffungebundenen Sucht auftreten.

**Suchtursachen** • Jugendliche werden besonders leicht süchtig. Ihr Gehirn verändert sich schneller als das von Erwachsenen. Aus Erfahrungen mit Drogen entsteht ein sogenanntes Suchtgedächtnis. Je früher und je mehr ein Mensch zum Beispiel Nikotin zu sich nimmt, desto abhängiger wird sein Belohnungssystem im Gehirn.
Die Entstehung einer Sucht hängt im Wesentlichen von drei Bereichen ab:

- Persönlichkeit: Wer keine Freunde hat und sich in der Familie nicht geborgen fühlt, ist deutlich gefährdeter. Probleme in der Schule und ein geringes Selbstvertrauen können dies noch verstärken.
- Gesellschaft: Hier ist entscheidend, ob das Suchtverhalten öffentlich akzeptiert, abgelehnt oder strafrechtlich verfolgt wird.
- Suchtmerkmale: Dazu zählen die Nebenwirkungen bis hin zu körperlichen Schäden, die ein Suchtmittel hervorruft. Entscheidend ist ebenso, wie schnell man süchtig wird. Auch die Kosten für das Suchtmittel spielen eine Rolle oder wie leicht es beschafft werden kann.

**Soziale Folgen** • Neben körperlichen Beeinträchtigungen haben viele Süchtige soziale Probleme. Die Beschaffung des Suchtmittels und insbesondere psychische Entzugserscheinungen führen häufig zu Konflikten mit Familie und Freunden. Sie leiden unter der Sucht. Wenn die Süchtigen ihre Arbeit verlieren, kommt finanzielle Not hinzu.

**Stoffgebundene Süchte und stoffungebundene Süchte führen zur Abhängigkeit mit körperlichen, psychischen und sozialen Folgen.**

5 Computersucht

## Aufgaben

**1** Nenne Beispiele für stoffgebundene und stoffungebundene Süchte.

**2** „Jugendliche sind besonders suchtgefährdet.“
Begründe diesen Satz.

# Ursachen und Entstehung von Sucht

## Material A

### Was macht dich glücklich?

Zuneigung, Erfolg oder Lob lösen im Glückszentrum unseres Gehirns Gefühle aus. Die Erschaffung künstlicher Glücksgefühle durch Suchtmittel wird dann überflüssig. Je besser unser Bedürfnis nach Glücksgefühlen gestillt wird, umso stärker können wir Süchten widerstehen. Damit deine „Glücksblume“ nicht verkümmert, muss sie regelmäßig „gegossen“ werden. → 1

1

**1** „Glücksblume gießen“

a Beschreibe, in welchen Bereichen oder Situationen du Erfolg hast, gelobt wirst oder Zuneigung erhältst. Nenne deine persönlichen „Gießkannen“.

b Erkläre, weshalb die Suchtgefahr steigt, wenn jemand nur wenige „Gießkannen“ besitzt.

## Material B

### Suchtgefährdung

**1** Sieh dir das Bild genau an. → 2

a Beschreibe die dargestellten Probleme.

b Beschreibe Suchtgefahren, die aus den Problemen entstehen können.

c Wie kann man die Entstehung einer Sucht verhindern? Wähle zwei Probleme aus und überlege dir mögliche Gegenmaßnahmen.

**2** Menschen sind weniger suchtgefährdet, wenn sie in der Familie und im Freundeskreis Zuneigung erfahren und sich in der Schule oder am Arbeitsplatz wohlfühlen. Begründe diese Untersuchungsergebnisse.

**3** Fasse die besondere Bedeutung der eigenen Persönlichkeit für eine Suchtentstehung in eigenen Worten zusammen.

2

## Material C

### Suchtentstehung

Es gibt keinen typischen Weg in eine Abhängigkeit, jedoch Risikofaktoren für die Entstehung einer Sucht. → 3

3

1 Fasse die Risikofaktoren für die Entstehung einer Sucht zusammen. → 3

2 Beurteile den Einfluss der Werbung auf die mögliche Entstehung einer Sucht.

## Material D

### Teufelskreis Sucht

Der Griff zu Suchtmitteln kann ein folgenschwerer Versuch sein, Alltagsproblemen zu entfliehen. Sehr schnell gelangen Betroffene in einen Teufelskreis, dem sie alleine nicht mehr entkommen können.

1 Abhängige befinden sich oft in einem sogenannten Teufelskreis. → 4
Erkläre diesen Begriff.

2 Um die Entzugserscheinungen abzustellen, ist der Süchtige gezwungen, sich das Suchtmittel um jeden Preis zu beschaffen. Beschreibe mögliche Folgen dieses unkontrollierten Verhaltens für den Betroffenen.

3 „Ich habe kein Problem damit, süchtig zu sein. Ich kann ja wieder aufhören, wenn ich will!"
Bewerte diese Einstellung.

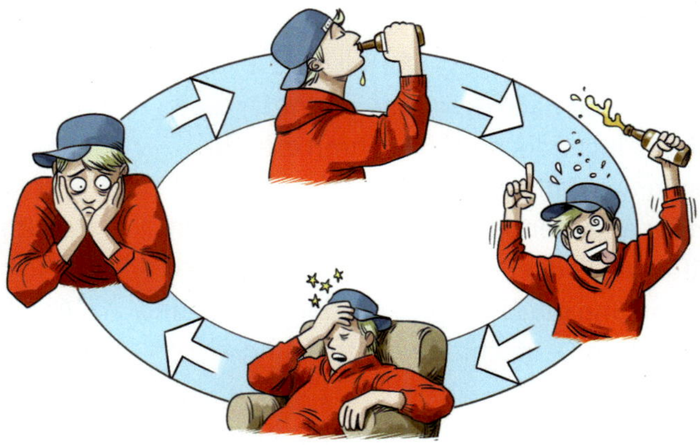

4

## Material E

### Süchtig nach Medikamenten?

1 Wähle ein Medikament aus. → 5
Beschreibe stichpunktartig, wie sich eine Medikamentensucht entwickeln kann.

| Beschwerden | Medikamente |
|---|---|
| Kopfschmerzen, Menstruationsbeschwerden | Schmerzmittel |
| Erschöpfung, Überlastung | Aufputschmittel |
| andauernde Niedergeschlagenheit | Stimmungsaufheller |
| Ängste, andauernder Stress | Beruhigungsmittel |
| Schlafstörungen | Schlafmittel |

5 Wogegen Medikamente eingenommen werden

# Ursachen und Entstehung von Sucht

## Erweitern und Vertiefen

1 Kokain als **A** Kokablätter und als **B** Pulver

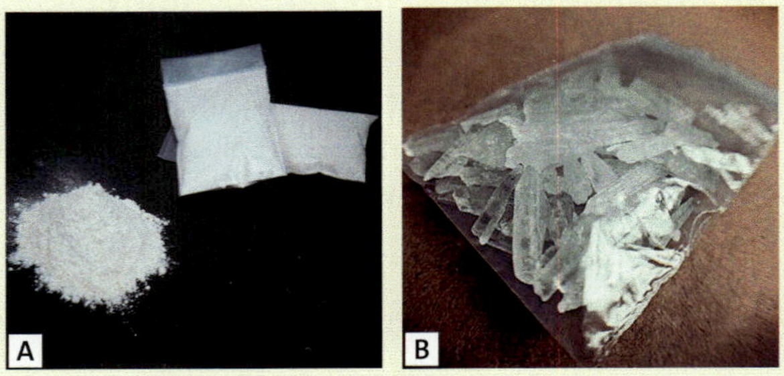


2 Amphetamine: **A** Speed, **B** Crystal Meth

### Legale und illegale Drogen

Alkohol, Tabak und Medikamente wie Schlaf- oder Schmerzmittel kann man in Geschäften kaufen. Man zählt sie zu den Alltagsdrogen. Da sie für Erwachsene ab 18 Jahren straffrei sind, werden sie als legal bezeichnet. Bier, Wein und Sekt sind nach dem Jugendschutzgesetz auch für Jugendliche ab 16 Jahren erlaubt. Drogen wie Cannabis, Ecstasy oder Heroin sind für alle Menschen verboten. Sie werden als illegale Drogen bezeichnet, weil die Herstellung und die Einfuhr sowie der Handel und der Besitz in Deutschland strafbar sind.

**Medikamente** • Viele Medikamente bekommt man nur, wenn man ein Rezept einlöst. Aber auch die Medikamente, die man rezeptfrei in Apotheken bekommt, sollten sehr bewusst eingenommen werden. Wenn man sie ohne medizinischen Grund nimmt, nennt man das Medikamentenmissbrauch. Dieser Missbrauch kann zu körperlicher und psychischer Abhängigkeit führen. Eine maßlose Einnahme von Medikamenten kann zu vielen unvorhersehbaren Nebenwirkungen führen. Im schlimmsten Fall endet sie tödlich.

**Kokain** • Kokain wird aus den Blättern der Kokapflanze hergestellt. → 1 Der Konsum und der Besitz sind illegal. Kokain birgt ein sehr hohes Risiko, in eine psychische Abhängigkeit zu geraten. Es steigert kurzfristig das Wohlbefinden, das Redebedürfnis und den Bewegungsdrang. Gleichzeitig werden Müdigkeit und Erschöpfung unterdrückt. In Folge mehrfachen Konsums kommt es häufig zu Veränderungen der Persönlichkeit, Depressionen und zur Schwächung des Immunsystems.

**Amphetamine** • Drogen, die im Labor hergestellt werden, nennt man synthetische Drogen. Sie sind alle illegal. Dazu zählen zum Beispiel Speed und Crystal Meth. → 2 Sie wirken ähnlich wie Kokain. Es kommt zur Ausschüttung von Glückshormonen. Durst und Müdigkeit werden nicht mehr wahrgenommen. Die Nachwirkungen des Konsums stehen im Widerspruch dazu. Man fühlt sich deprimiert und erschöpft. Crystal Meth macht sehr schnell abhängig und verursacht enorme gesundheitliche Schäden. Dazu gehören Hirnschäden, Zahnausfall und Hautentzündungen. Diese Folgen sind oft nicht wieder umkehrbar. Bei dauerhaftem Konsum oder einer Überdosierung führt die Droge oft zum Tod.

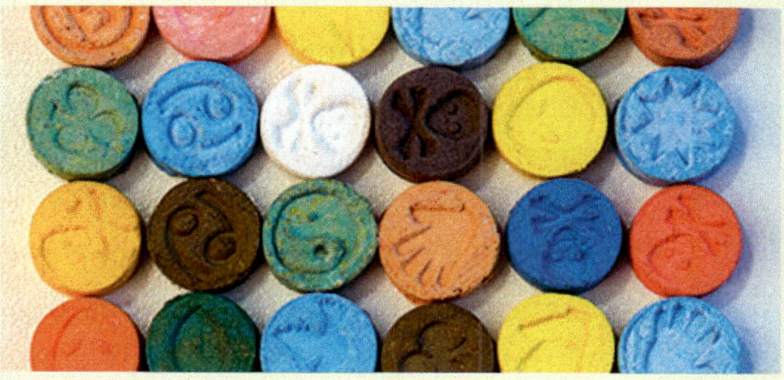

3 Ecstasy

4 Drogen des Schlafmohns: **A** Kapsel des Schlafmohns, **B** Rohopium (braun) und Heroin (weiß)

**Ecstasy** • Auch der Hauptwirkstoff von Ecstasy ist oft ein Amphetamin. Ecstasy-Tabletten enthalten aber auch andere Stoffe. → 3 Welche das genau sind, weiß man meist nicht, daher ist der Konsum immer riskant. Ecstasy verändert die Wahrnehmung. Man spürt oft starke Glücksgefühle und emotionale Verbundenheit zu anderen. Je nach eingenommener Menge und in Abhängigkeit vom Umfeld kann die Stimmung auch stark negativ umschlagen. Angstzustände und depressive Verstimmungen sind nicht selten und können über Tage anhalten.

**Opium und Heroin** • Aus dem Milchsaft unreifer Kapseln des Schlafmohns wird Opium hergestellt. → 4 Man stellt daraus Medikamente gegen starke Schmerzen her. Eine weitere Droge des Schlafmohns ist Heroin. Heroin wird in die Venen injiziert. Es löst sehr starke Glücksgefühle aus und verdrängt negative Gefühle. Heroin ist eine Droge, die besonders schnell abhängig macht. Süchtige Personen können oft nur noch an die Beschaffung der Droge denken. Es kommt zu starken Veränderungen der Persönlichkeit. Viele Süchtige werden dauerhaft depressiv und leiden ebenfalls unter zahlreichen körperlichen Folgeschäden. Auch Selbstmordgedanken sind häufig. Ein Heroinentzug ist extrem schwierig.

**Zu den legalen Drogen zählen Tabak, Nikotin und Medikamente. Cannabis, Ecstasy, Amphetamine, Morphin und Heroin sind dagegen illegale Drogen. Alle Drogen können süchtig machen.**

## Aufgaben

1 Übertrage die Mindmap in dein Heft und ergänze sie. → 5

2 „Natürliche Drogen wie Marihuana sind harmloser als synthetische Drogen“. Nimm Stellung zu der Aussage.

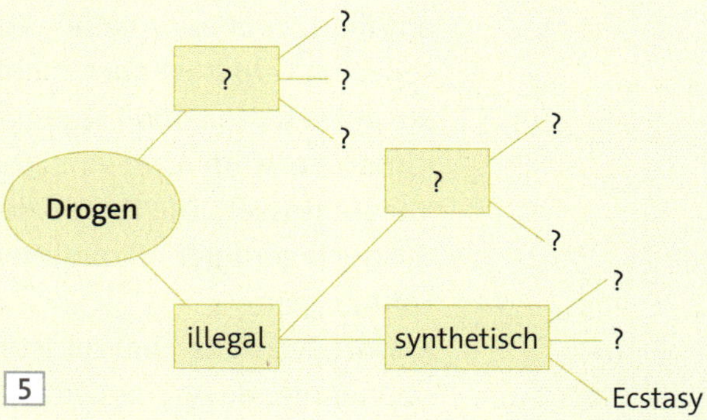


5

# Alkohol ist ein Suchtmittel

1 Am Morgen nach der Party

lateinisch *pro*: im Verhältnis zu

lateinisch *mille*: tausend

**Geburtstage, Partys, Hochzeiten, sportliche Siege – wo gefeiert wird, gehört Alkohol oft dazu. Mögliche Gefahren und Folgen werden dabei unterschätzt.**

**Alkohol als Suchtmittel** • Im Alter zwischen 10 und 14 Jahren trinken viele Jugendliche zum ersten Mal Alkohol. Oft beginnen sie zu trinken, weil sie dazugehören möchten, um ihre eigenen Grenzen auszutesten oder um Hemmungen abzubauen.
Besonders gefährdet sind diejenigen, die schon sehr früh Alkohol trinken. Kinder und Jugendliche reagieren viel empfindlicher auf Alkohol als Erwachsene. Ihr Körper ist noch nicht voll ausgereift. Die Entwicklung des Gehirns ist erst im Alter von 20 Jahren abgeschlossen. Die Folgen der Einnahme auch geringer Alkoholmengen können sein:

- Konzentrations- und Lernstörungen
- zunehmende Aggressivität
- Ängste und Niedergeschlagenheit

**Wirkungsweise** • Der Alkohol wird schnell über die Schleimhäute im Mund, im Magen und im Darm ins Blut aufgenommen und im Körper verteilt. Alkohol ist ein Zellgift. Bei jedem Rausch sterben Tausende der besonders empfindlichen Nervenzellen im Gehirn ab. Es kommt zu Störungen der Sprache, des Gleichgewichtssinns, der Wahrnehmung und der Aufmerksamkeit. Im Straßenverkehr kann dies zu schweren Unfällen führen.

**Langzeitschäden** • Wer regelmäßig Alkohol trinkt, muss mit bleibenden Folgen rechnen. Geschädigte Nervenzellen führen zu Gedächtnisstörungen, zu einem Taubheitsgefühl in Händen und Beinen sowie zum Zittern der Hände. Alkoholkranke leiden unter schweren Leberschäden sowie Entzündungen des Magens, des Darms und der Bauchspeicheldrüse. Verengte Blutgefäße führen zu Bluthochdruck, Herzerkrankungen und sexueller Impotenz.
Alkoholkonsum während der Schwangerschaft verursacht schwere Schäden am Kind.

Wenn man Alkohol trinkt, kann es zu Organschäden sowie zu körperlicher und psychischer Abhängigkeit kommen.

## Aufgabe

1 ☒ Kinder und Jugendliche reagieren empfindlicher auf Alkohol als Erwachsene. Begründe die Aussage.

## Material A

### Langzeitschäden

Als eines der großen Gesundheitsprobleme unserer Zeit gilt die Alkoholabhängigkeit (Alkoholismus). Die Krankheit erfordert eine intensive Behandlung in einer Fachklinik. Neben Persönlichkeitsstörungen kommt es zu schweren körperlichen Schäden.

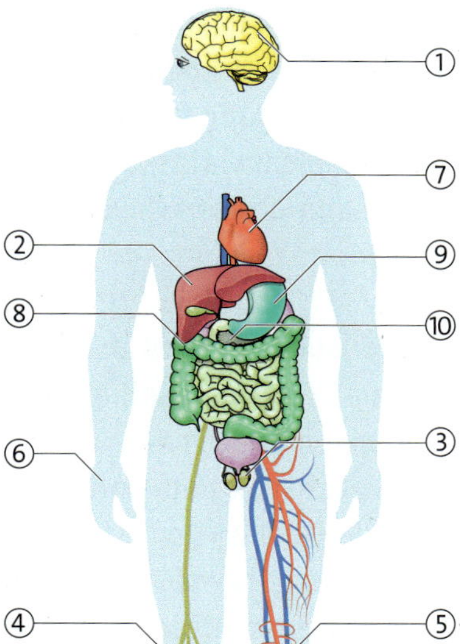


2

1 Ordne die folgenden Organe den Nummern im Bild zu: Nerven, Blutgefäße, Gehirn, Hoden, Dickdarm, Magen, Leber, Bauchspeicheldrüse, Hand, Herz. → 2

2 Beschreibe die Auswirkungen des Alkohols auf die einzelnen Organe. → 2

## Material B

### Promillegrenze

Den Alkoholanteil im Blut gibt man in „Promille Alkohol" an. Ein „Promille Alkohol" bedeutet: Ein Tausendstel des Blutes besteht aus reinem Alkohol.

- Ab 0,3 Promille lassen Aufmerksamkeit und Konzentration nach.
- Ab 1 Promille sind Reaktionsfähigkeit, Gleichgewicht und Sprache erheblich gestört.
- Ab 2 Promille treten starke Bewusstseinsstörungen, Erbrechen und Verwirrtheit auf.

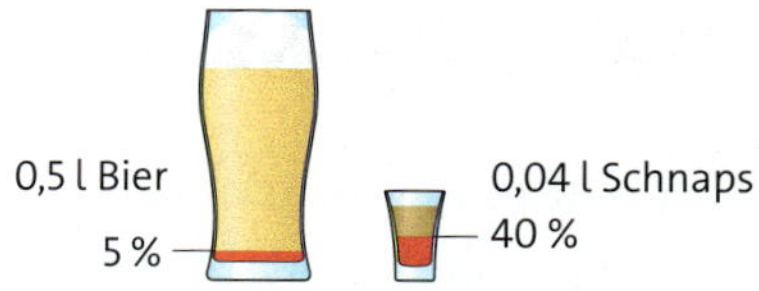


| | Bier | Wodka |
|---|---|---|
| **Volumen der Flüssigkeit** | 0,5 l | 0,04 l |
| **Alkoholanteil am Volumen** | 5 % | 40 % |
| **reiner Alkohol in Gramm** | 20 g | 13 g |

3 Alkoholgehalt

$$\text{Gehalt an Blutalkohol in ‰} = \frac{\text{getrunkene Menge reinen Alkohols in g}}{\text{Körpergewicht in kg} \cdot \text{0,7 (Männer) oder 0,6 (Frauen)}}$$

4 Berechnung des Promillewerts

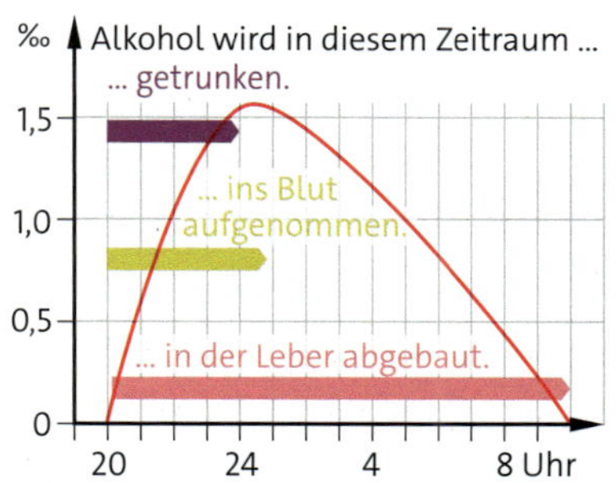


5 Alkoholanteil im Blut

1 Susanne (58 kg) besitzt seit einem Jahr ihren Führerschein. Sie trinkt in einer halben Stunde zwei Glas Bier (0,5 l) und einen doppelten Wodka (0,04 l).

a Berechne den Promillewert von Susanne. → 3 4

b Für Führerscheinneulinge und Personen unter 21 gilt die 0,0-Promillegrenze. Informiere dich, mit welchen Strafen Susanne als Fahranfängerin bei ihrem Promillewert rechnen muss.

c Bei gleich viel Alkohol liegt der Promillewert für Männer niedriger als für Frauen. Berechne den Promillewert für einen gleich schweren Mann.

2 Beschreibe, wie schnell Alkohol ins Blut aufgenommen und in der Leber abgebaut wird. → 5

3 „Nach acht Stunden Schlaf darf ich wieder Auto fahren."? Bewerte die Aussage. → 5

# Alkohol ist ein Suchtmittel

## Methode

### Im Internet recherchieren

Sucht man Informationen zu einem Thema wie Alkoholsucht, bietet sich eine Recherche im Internet an. Gibt man jedoch den Suchbegriff Alkohol in eine Suchmaschine ein, werden unzählige Quellen vorgeschlagen. Wichtige und unwichtige Informationen zu unterscheiden, ist nicht so einfach. Damit man nicht unnötig viel Zeit braucht, muss man bei einer Recherche gezielt vorgehen.

**1. Vorbereitung** Zunächst muss man sinnvolle Suchbegriffe auswählen. Dazu erstellt man eine Liste mit Begriffen, die für das Thema wichtig sind. Sucht man zum Beispiel Informationen zum Thema Alkoholsucht, lauten sinnvolle Suchbegriffe „Wirkung von Alkohol" und „gesundheitliche Schäden von Alkohol" sowie „Entzugserscheinungen von Alkohol".

**2. Suche** Die Recherche beginnt bei einer Suchmaschine. Einen ersten Überblick über ein Thema kann man sich mithilfe einer Online-Enzyklopädie verschaffen.

1 Das Internet ist eine riesige Informationsquelle.

Über eine Suchmaschine erhält man zum Suchbegriff „Alkohol" fast 30 Millionen Treffer. Man kann die Anzahl der Treffer reduzieren, indem man weitere Suchbegriffe angibt. Dann werden Quellen angezeigt, die alle eingegebenen Suchbegriffe enthalten. Wählt man eine andere Suchmaschine, ändern sich die Einträge. Ändert man die Reihenfolge der Suchbegriffe, erhält man ebenfalls unterschiedliche Ergebnisse. Viele Suchmaschinen bieten auch die Funktion „Erweiterte Suche" an. Hiermit kann man noch gezielter suchen. Am Anfang der Liste stehen häufig Beiträge von Firmen und Werbung, die nicht verlässlich sind. Deshalb sollte man sich mindestens die ersten 10 bis 30 Treffer ansehen.

**3. Auswertung** Nach der Suche geht es an die Auswertung der Quellen. Es gibt einige Kriterien, die du dabei berücksichtigen solltest. → 2 Wähle zum Beispiel möglichst aktuelle Informationen. Wenn du sehr alte Quellen benutzt, kann es sein, dass die Informationen heute nicht mehr gültig sind. Gerade bei wissenschaftlichen Themen gibt es häufig neue Entwicklungen. Auch Zahlenangaben ändern sich sehr schnell.

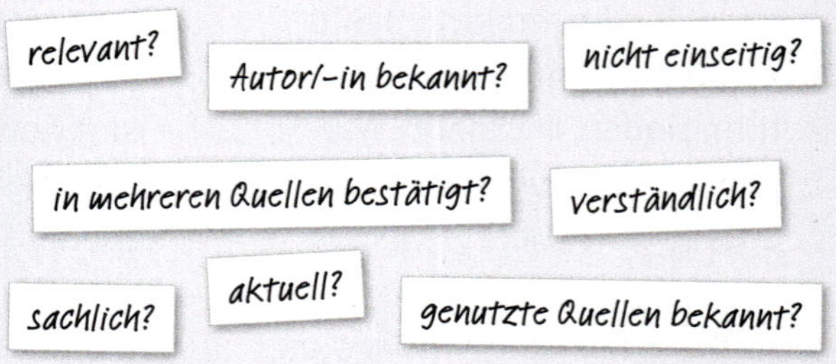


2 Kriterien für die Auswertung von Informationen

Bedenke außerdem, dass viele Personen im Internet Informationen veröffentlichen können. Sie müssen dazu oft keine Qualifikation nachweisen. Daher ist es wichtig einzuschätzen, ob eine Quelle verlässlich ist. Sei kritisch, denn jede Veröffentlichung hat einen Zweck. Behörden und Forschungseinrichtungen wollen meist sachlich und neutral informieren. Die Absichten von Firmen oder politischen Parteien können dagegen Unterhaltung, Werbung oder sogar Beeinflussung sein. In sozialen Medien werden oft Fakten und Meinungen vermischt.
Zu vielen biologischen Themen bieten „Planet Wissen“ und die Bundeszentrale für gesundheitliche Aufklärung (BZgA) gute Informationen und Links zu weiterführenden Quellen.
Zu Süchten informiert der Keine Macht den Drogen e.V. ausführlich und wertungsfrei.
Unzuverlässige Informationen erkennt man zum Beispiel daran, dass Angaben über ihre Quellen fehlen. Vertrauenswürdige Quellen haben ein Impressum mit Kontaktdaten, nennen den Autor oder die Autorin und auch das Datum der Veröffentlichung einer Information.
Um sich bei der Recherche abzusichern, sollte man Informationen aus verschiedenen Quellen vergleichen.

**4. Quellenangabe** Wenn du deine Informationen präsentierst, solltest du immer die Quellen nennen, die du verwendet hast. Internetadressen gibt man immer vollständig an. Man vermerkt außerdem das Datum, an dem man die Seite besucht hat, weil Webseiten oft geändert oder gelöscht werden.

**5. Treffer speichern** Speichere geeignete Internetadressen unter deinen Lesezeichen oder Favoriten ab. So kannst du die sie schnell wieder aufrufen und als Quellen angeben.

**6. Vorsicht, Diebstahl!** Hat sich jemand etwas ausgedacht und du möchtest es übernehmen, gelten strenge Regeln. Man darf fremde Texte, Fotos oder Videos nur eingeschränkt nutzen. Für sie gilt das Urheberrecht. Es ist nicht erlaubt, Inhalte einfach wörtlich zu übernehmen. Man bezeichnet dies als Plagiat. Damit verstößt man gegen das Gesetz. Auch für Schulprojekte ist dies nicht erlaubt. Man findet im Internet aber auch Mediendateien, die man frei verwenden darf. Auf der sicheren Seite bist du immer, wenn du die recherchierten Informationen neu aufbereitest und die Aussagen in eigene Worte fasst.

**Bei einer Internetrecherche ist die Qualität der Treffer abhängig von der Wahl der Suchmaschine und der Suchbegriffe. Man sollte nur verlässliche und aktuelle Quellen nutzen.**

## Aufgaben

1 ☒ Führe eine Internetrecherche zur Alkoholsucht durch. Stelle deine Ergebnisse in einem Poster dar.

2 ☒ Begründe, warum man bei der Recherche zu einem Thema immer Informationen aus verschiedenen Quellen vergleichen sollte.

# Nikotin ist ein Suchtmittel

1 Rauchende Jugendliche

**In Deutschland rauchen immer weniger Jugendliche zwischen 12 und 17 Jahren. Wer aber zu rauchen beginnt, gerät schnell in eine Abhängigkeit.**

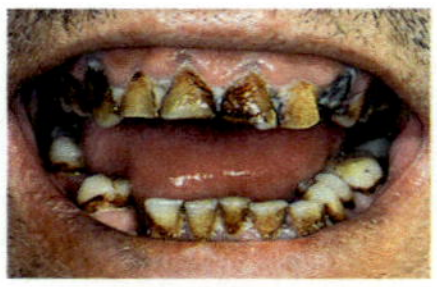

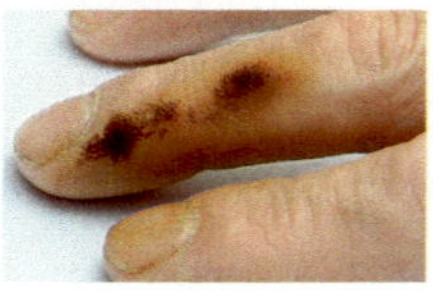

2 3 Zähne und Haut, verfärbt

**Nikotin als Suchtmittel** • Tabakrauch enthält neben vielen anderen schädlichen Stoffen Nikotin. Es ist nicht nur ein Nervengift, sondern es macht auch süchtig. Vielen Zigaretten werden sogar Stoffe zugesetzt, die schneller abhängig machen. Wer stark raucht, zeigt bereits 20 bis 30 Minuten nach der letzten Zigarette Entzugserscheinungen wie Nervosität, aggressives Verhalten oder Konzentrationsstörungen. Wenn man nicht selbst raucht, sondern ungewollt den Rauch anderer Personen einatmet, nennt man das Passivrauchen. Es ist genauso schädlich, wie selbst zu rauchen.

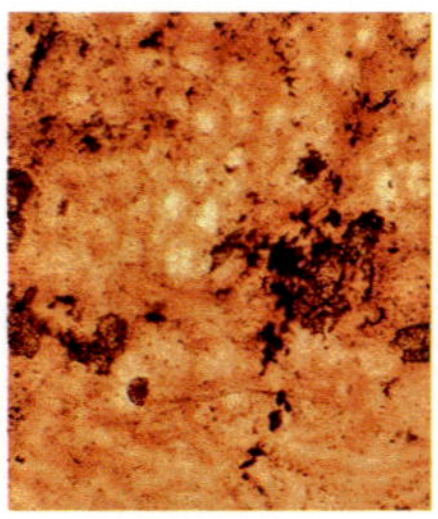

4 Teerablagerungen in der Lunge (25-fach vergrößert)

**Wirkungsweise** • Nikotin gelangt beim Einatmen in die Lunge. Über die Schleimhäute der Atemwege wird das Nikotin ins Blut weitergeleitet. Auf diese Weise erreicht das Nikotin in wenigen Sekunden das Gehirn. Dort werden Hormone freigesetzt. Diese wirken anregend und lösen Wohlbefinden aus. Diese schnelle Wirkung ist eine wichtige Ursache für die hohe Suchtwirkung durch Nikotin.

**Langzeitschäden des Rauchens** • Von den über 4000 Schadstoffen im Rauch sind mindestens 50 krebserregend. Nikotin verengt die Blutgefäße, sodass der Körper nicht mehr ausreichend mit Sauerstoff versorgt wird. Es kann zu Schlaganfällen, Herzinfarkten und Durchblutungsstörungen kommen. Tabakrauch färbt Zähne und Haut. → 2 3 Der Teer im Tabakrauch verklebt die Flimmerhärchen der Bronchien. In der Folge können Krankheitserreger leichter eindringen und Erkrankungen wie Asthma und chronische Bronchitis verursachen.
Wenn der Teer nicht in den Bronchien hängen bleibt, gelangt er in der Lunge und wird abgelagert. Er kann dort tödliche Krebserkrankungen auslösen. → 4
Beim Verbrennen des Tabaks entsteht das giftige Gas Kohlenstoffmonoxid. Es bindet sich an die roten Blutzellen, sodass sie weniger Sauerstoff transportieren können.

**Nikotin ist ein Suchtmittel, das sehr schnell zur körperlichen und psychischen Abhängigkeit führen kann.**

## Aufgabe

1 Beschreibe die Wirkungen der Schadstoffe des Tabakrauchs auf den Körper.

das **Nikotin**
der **Teer**
das **Kohlenstoffmonoxid**

## Material A

### Warum Jugendliche rauchen

Jugendliche beginnen aus verschiedenen Gründen zu rauchen. Oft bemerken sie nicht, wie schnell sie die Kontrolle verlieren und das Rauchen zur Gewohnheit wird.

1 Sie dir das Balkendiagramm an. → 5
a Gib an, aus welchen Gründen sich Jugendliche zum Rauchen verleiten lassen.
b Vergleiche die Begründungen von Jungen und Mädchen.

2 Stelle in einer Diskussionsrunde deinen persönlichen Standpunkt zum Rauchen dar.

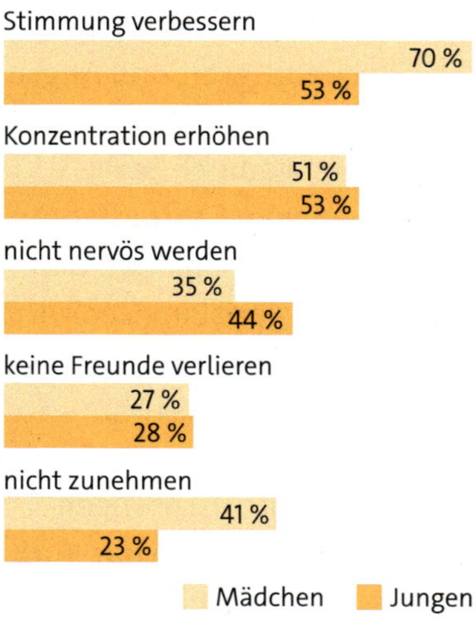


5 Gründe für das Rauchen

## Material B

### „Rauchstraße“

1 Sieh dir das Bild an. → 6
a Beschreibe die Wirkungsweise des Nikotins.
b Beschreibe die Folgen der Teerablagerungen in der Lunge und den Bronchien.
c Vermute, was mit dem Begriff „Rauchstraße“ gemeint sein könnte.

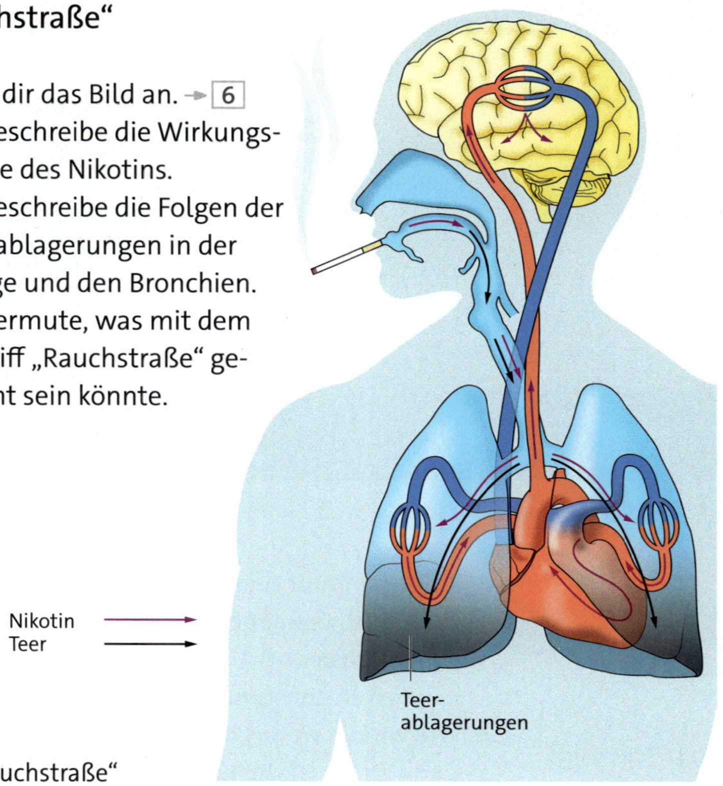


6 „Rauchstraße“

## Material C

### Teer im Zigarettenrauch

1 Das Bild zeigt einen benutzten und einen neuen Zigarettenfilter. → 7
a Vergleiche die Filter und beschreibe die Unterschiede.
b Erkläre diese Beobachtung.

7 Filter, neu und benutzt

2 „Ich rauche nur Filterzigaretten, da können die Schadstoffe doch überhaupt nicht in meinen Körper geraten!“ Bewerte diese Aussage.

3 Begründe, warum die Schadstoffe im Tabakrauch auch für die Mitmenschen eine Gefahr darstellen.

# Cannabis-Produkte sind Suchtmittel

1 Manche Menschen rauchen einen Joint zur Entspannung.

**Kiffen ist unter Jugendlichen weit verbreitet. Cannabis-Produkte sind neben Tabak und Alkohol die am häufigsten konsumierten Drogen. Wie wirken sie auf den Körper? Und warum ist der Konsum für junge Menschen besonders gefährlich?**

**Wirkung auf Nervenzellen** • Drogen wie Tabak, Alkohol und Cannabis-Produkte enthalten Wirkstoffe, die bestimmte Wirkungen auf Nervenzellen haben und dadurch süchtig machen können.
Der Wirkstoff der Cannabispflanze wird THC (Tetrahydrocannbinol) genannt. Eine Art, den Wirkstoff aufzunehmen, ist das Rauchen einen Joints. Das nennt man kiffen. Joints enthalten entweder die getrockneten Blüten der Cannabispflanze, die man Marihuana nennt, oder das Harz der Pflanze. Dieses nennt man Haschisch.
THC wird mit dem Rauch durch die Lunge aufgenommen und über das Blut im Körper verteilt. → 2 Es entfaltet seine Wirkung, indem es an bestimmte Rezeptoren bindet, die sich vor allem an den Nervenzellen des Gehirns befinden. Es passt zu diesen Rezeptoren wie ein Schlüssel zu einem Schloss.
Kommt ein elektrisches Signal an der Synapse einer Nervenzelle an, werden Transmitter ausgeschüttet. So wird das Signal an die nachfolgende Nervenzelle weitergeleitet. Hat jedoch THC an die Rezeptoren gebunden, werden an den Synapsen der Nervenzellen keine Transmitter mehr ausgeschüttet. → 3 Das führt dazu, dass die Weiterleitung von Signalen im Gehirn verändert wird.

**„High“ sein** • Durch seine Wirkung auf Nervenzellen kann THC geistige und körperliche Funktionen verstärken oder abschwächen. Es verändert die Gefühle, was sich durch unkontrollierte Lachanfälle, aber auch durch Müdigkeit, Gleichgültigkeit und Angst äußern kann. Muskelbewegungen werden gehemmt, wodurch Bewegungsabläufe wie beim Fahrradfahren und Schreiben eingeschränkt werden. Weil das Sättigungssignal im Gehirn nicht mehr weitergeleitet wird, verspürt man nach dem Konsum von Cannabis häufig Heißhunger. THC kann auch zu Gedächtnisstörungen führen. Das betrifft vor allem das Kurzzeitgedächtnis, weshalb man schnell vergisst, was soeben erst passiert ist.

das THC
das Marihuana
das Haschisch
die Rezeptoren
die Transmitter

**Für Jugendliche gefährlich!** • In der Pubertät ist die Anzahl der Rezeptoren im Gehirn besonders hoch. Deshalb reagieren Jugendliche sehr empfindlich auf THC. Weil die Gehirnentwicklung noch nicht abgeschlossen ist, kann der Konsum von Cannabis-Produkten dauerhafte Schäden verursachen. Er kann dazu führen, dass man sich schlecht konzentrieren kann und energie- und teilnahmslos wird. Es können auch Wahnvorstellungen auftreten, sodass man zwischen der Wirklichkeit und Einbildung nicht mehr unterscheiden kann. Solche Schäden können ein Leben lang bleiben.

**THC-Sucht** • Der Konsum von THC kann süchtig machen. Durch seine starke Wirkung auf das Belohnungszentrum des Gehirns kann man ein großes Verlangen nach der Droge entwickeln. Das ist besonders für Jugendliche gefährlich. Weil sich das Gehirn in der Pubertät schnell an die Wirkung von Drogen gewöhnt, ist die Suchtgefahr umso größer, je früher man mit dem Konsum beginnt. Eine Sucht kann das Leben stark beeinträchtigen. Sie kann dazu führen, dass man seinen Alltag in der Schule oder im Beruf nicht mehr bewältigen kann.

Cannabis-Produkte enthalten den Wirkstoff THC. Dieser verändert die Ausschüttung von Transmittern an den Nervenzellen. Dadurch werden geistige und körperliche Funktionen verändert. Der THC-Konsum kann süchtig machen.

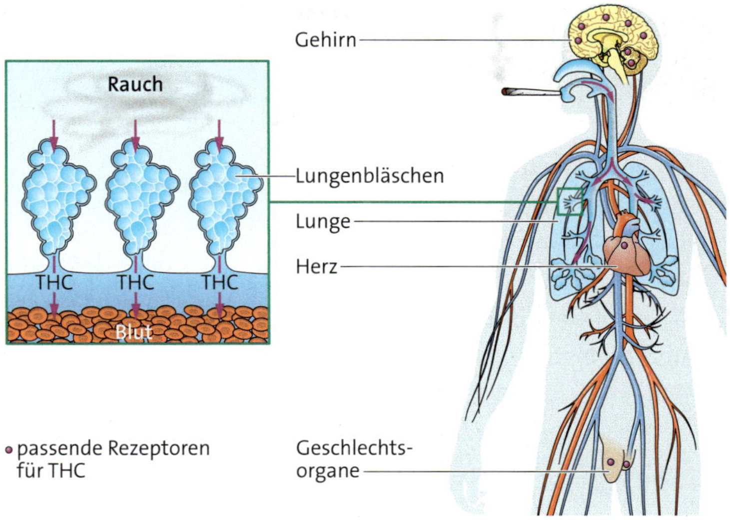


2 THC wird im Körper verteilt.

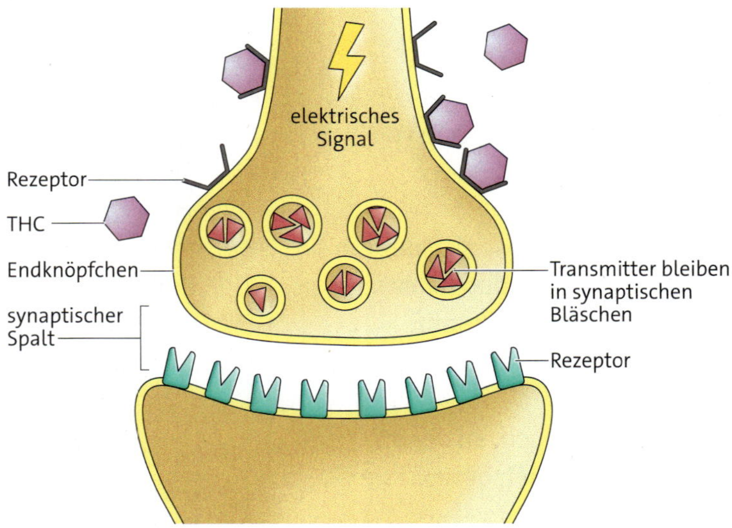


3 Wirkung von THC an den Nervenzellen

## Aufgaben

**1** ☒ Beschreibe mithilfe von Bild 3 die Wirkung von THC im Gehirn.

**2** Viele Jugendliche kiffen.
☒ Bewerte dieses Verhalten.

# Cannabis-Produkte sind Suchtmittel

## Material A

### Richtig oder falsch?

1 Gib an, welche der Aussagen A–D zutreffend sind und welche nicht.

2 Formuliere die falschen Aussagen so um, dass sie fachlich richtig werden.

**A** TCH bindet an bestimmte Rezeptoren der Nervenzellen.

**B** Marihuana ist harmlos, denn es kann nicht süchtig machen.

**C** TCH führt dazu, dass an den Synapsen mehr Transmitter ausgeschüttet werden.

**D** Für Jugendliche ist die Wirkung von Drogen wie Cannabis-Produkten besonders gefährlich.

## Material B

### Kiffen kann das Leben verändern

1 Lies den Forumsbeitrag von Jana. → 2

2 Beschreibe, wie sich der Alltag von Jana durch den Konsum von Marihuana verändert hat.

3 Nenne Folgen, an denen Jana noch leidet, obwohl sie nicht mehr kifft.

4 Ermittle die Anzeichen einer Sucht in dem Beitrag von Jana.

5 Stelle Vermutungen an, warum Jana mit dem Kiffen aufhören wollte.

1

„Es fing an, als ich 16 war. Klar, vorher habe ich mit meinen Leuten auch mal einen Joint geraucht. Das fand ich immer lustig. Irgendwann wurde es zur Gewohnheit. Ich schaffte meinen Schulabschluss noch einigermaßen gut, kiffte aber bald jeden Tag.

Ein Joint reichte mir dann auch nicht mehr, ich brauchte mehr. Mir machte einfach nichts mehr Spaß ohne Gras. Für mich war das kein Problem, ich fand mein Leben damals ganz cool. Ich verbrachte die Tage im Bett. Wenn ich high war, hatte ich die tollsten Ideen und Pläne. Aber ich fühlte mich nur noch schlapp und machte nichts mehr außer Chillen, Kiffen, Essen und Zocken.

Vor zwei Jahren merkte ich dann doch, dass es so nicht weitergehen kann. Vom Gras loszukommen war hart! Ich fühlte mich in der Zeit unruhig, hatte sogar Panik und Todesangst. Jetzt bin ich weg von dem Zeug. Ich merke es aber immer noch: Mein Kopf ist wie ein Sieb, ich bin total vergesslich. Und Panik bekomme ich auch heute noch manchmal."

2 Forumsbeitrag von Jana (20 Jahre)

## Material C

### Folgen für das Gehirn

Forscher untersuchten bei vier Personengruppen die Größe der Hirnregion, die für Lernen und Gedächtnis verantwortlich ist.

1 ◪ Beschreibe das Diagramm. → 3

2 ⊠ Erläutere die Bedeutung der Ergebnisse für Personen, die Marihuana konsumieren.

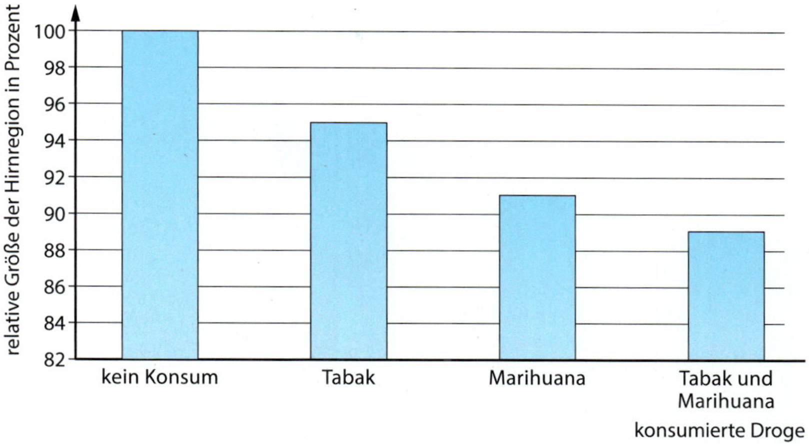


3 Veränderte Größe der Hirnregion durch den Konsum von Drogen

## Material D

### Abbau von THC

Beim Rauchen von Marihuana wird THC durch die Lungen aufgenommen und über das Blut im Körper verteilt. Weil der Wirkstoff im Gehirn und in den Fettzellen gespeichert wird, kann die Wirkung über Stunden oder sogar Tage spürbar sein. THC wird in der Leber abgebaut und über die Nieren ausgeschieden.

1 ⊠ Beschreibe den Weg des THC durch den Körper von der Aufnahme über die Wirkung bis zur Ausscheidung.

2 ⊠ Erkläre, warum bei Verkehrskontrollen häufig auch Urintests durchführt werden.

3 Bild 4 zeigt die Veränderung der THC-Konzentration im Körper nach dem Kiffen.

a ◪ Beschreibe das Diagramm. → 4

b ⊠ Erkläre die Veränderung der THC-Konzentration im Blut, im Gehirn und in den Fettzellen.

4 ⊠ Erläutere, warum man die Wirkung von THC nach mehreren Joints nicht mehr richtig einschätzen kann.

5 Wer einen Joint geraucht hat, muss sein Auto einige Tage stehen lassen.
⊠ Begründe die Aussage.

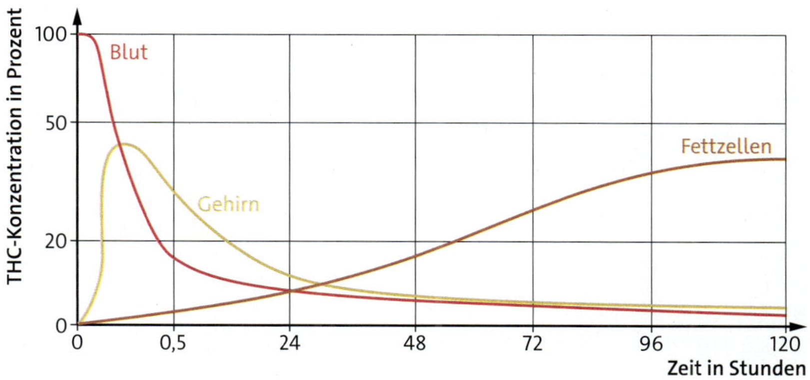


4 THC-Konzentration im Körper nach dem Kiffen

# Stoffungebundene Süchte

1 Wie sehe ich aus?

**Unter Sucht verstehen viele die Abhängigkeit von Drogen. Verhaltensweisen können jedoch genauso süchtig machen – obwohl kein Stoff konsumiert wird.**

**Ess-Störungen** • Unser Körper teilt uns mit, wann und wie viel wir trinken und essen sollen – durch Durst, Hunger und Sättigungsgefühl. Diese Signale können jedoch durch psychische Belastungen unterdrückt werden. Wenn sich das Essverhalten dadurch dauerhaft ändert, geraten Betroffene schnell in eine Abhängigkeit. Man unterscheidet verschiedene Ess-Störungen:

- Magersüchtige glauben, dass sie zu dick sind. → 1 Obwohl sie Normalgewicht oder schon Untergewicht haben, versuchen sie mit allen Mitteln, schlanker zu werden. Der Körper magert ab und wird zusehends schwächer. Es besteht Lebensgefahr. → 2 Man kann auch untergewichtig sein, ohne Magersucht zu haben. Man kann aber auch magersüchtig sein, ohne Untergewicht zu haben.
- Die Ess-Brech-Sucht bezeichnet man auch als Bulimie. Die Betroffenen nehmen zunächst unmäßig viel Nahrung auf. Aus Angst vor Gewichtszunahme erbrechen sich die Süchtigen. → 3 Dann kommt der Heißhunger zurück. Außenstehende merken oft nichts von dieser Krankheit. Ess-Brech-Süchtige versuchen alles, um ihr Problem zu verbergen.
- Auch bei der Esssucht kommt es zu regelmäßigen Heißhungeranfällen. → 4 Die Betroffenen haben ihr Sättigungsgefühl verloren. Die übermäßige Nahrungsaufnahme führt zur Vermehrung des Fettgewebes und zu Übergewicht. Herz-Kreislauf-Erkrankungen und Gelenkerkrankungen sind häufig die Folge.

Nur eine fachärztliche Behandlung der häufig psychischen Ursachen von Ess-Störungen kann den Betroffenen zu einem gesunden und suchtfreien Leben verhelfen.

2 Magersucht

3 Ess-Brech-Sucht

4 Esssucht

die Magersucht
die Bulimie
die Ess-Sucht
die Computersucht
die Spielsucht

5 Wie oft schaust du aufs Handy?

6 Karikatur oder Wirklichkeit?

**Computer, Smartphone, Internet** • Die meisten können mit Computer, Smartphone und Internet selbstbestimmt und verantwortlich umgehen. → 5 Einige Menschen verhalten sich jedoch auffällig. Sie verbringen die meiste Freizeit mit dem Computer, der Spielkonsole oder dem Smartphone. Diese schädliche Mediennutzung führt dazu, dass Betroffene Famile, Schule, Freundschaften und sogar Essen und Körperhygiene vernachlässigen. → 6 Wenn die Geräte nicht genutzt werden können, zeigt es sich, ob bereits eine Abhängigkeit vorliegt. Entzugserscheinungen wie Unruhe, Nervosität, Gereiztheit und aggressives Verhalten können auf eine Sucht hindeuten. Beim Smartphone kannst du leicht einie Maßnahmen ergreifen, um einer Sucht vorzubeugen. Trage zum Beispiel eine Armbanduhr und lasse dein Smartphone in der Tasche, wenn du dich mit deiner Clique triffst.

**Spielsucht** • Besonders Spielautomaten bergen ein großes Suchtrisiko. → 7 Glücksspielsüchtige können nicht mehr aufhören, an den Automaten zu spielen. Wenn sie das eigene Vermögen verspielt haben, versuchen die Süchtigen, sich Geld von Familienmitgliedern und Freunden zu leihen oder es sich auf kriminellem Weg zu beschaffen. Nur mit ärztlicher Hilfe können Spielsüchtige der Abhängigkeit entkommen.

**Ess-Störungen, Medienabhängigkeit und Spielsucht sind Beispiele für stoffungebundene Süchte.**

7 Spielautomaten

## Aufgaben

**1** Beschreibe Ess-Störungen, die süchtig machen können.

**2** Übertreibt der Zeichner von Bild 6 oder bildet er die Wirklichkeit ab? Nimm dazu Stellung.

# Stoffungebundene Süchte

## Material A

### Körperwahrnehmung

Menschen mit einer gestörten Körperwahrnehmung beschäftigen sich ständig mit ihrem Aussehen. Sie fühlen sich beispielsweise zu dick oder zu wenig muskulös, obwohl es keinen Grund dafür gibt. Ess-Störungen oder auch Muskelsucht können die Folgen der gestörten Wahrnehmung sein.

1 Schönheitsideal Model

2 Muskelaufbau mit Pillen?

**1** Neun von zehn Magersüchtigen sind Mädchen.

a Überlege dir mögliche Gründe.

b Beurteile mögliche Auswirkungen der Medien auf die Körperwahrnehmung betroffener Mädchen. → 1

**2** An Muskelsucht leidende Menschen nehmen häufig Stoffe zum Muskelaufbau zu sich.

Beschreibe den Teufels kreis, in den sie dadurch geraten können. → 2

## Material B

### Mediennutzung

**1** Das Diagramm zeigt die Ergebisse einer deutschlandweiten Umfrage aus dem Jahr 2021. → 3

a Fasst die dargestellten Informationen mit euren eigenen Worten kurz zusammen.

b Ordnet die dargestellten Medien möglichen Endgeräten zu, auf denen man sie nutzen kann.

c Beurteilt mithilfe des Diagramms, ob der Begriff „Smartphone-Sucht“ berechtigt ist.

**2** Was ergibt die Umfrage in eurer Klasse?

a Führt die Umfrage aus der Aufgabe 1 in eurer Klasse durch.

b Notiert die Ergebnisse an der Tafel und ermittelt den Prozentsatz für jede Angabe.

c Vergleicht mit der deutschlandweiten Umfrage. → 3

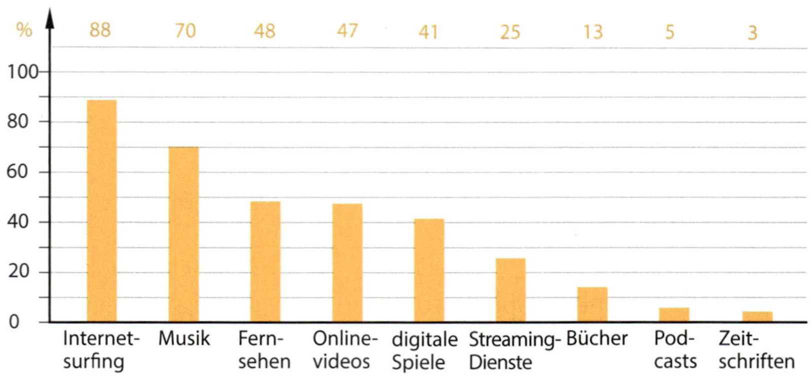


3 Anteil der Jugendlichen im Alter zwischen 12 und 19 Jahren, die täglich die genannten Medien nutzen

## Material C

### Computersucht

Nach einer Umfrage unter Jugendlichen nutzen 14- und 15-Jährige täglich etwa 3,5 Stunden einen Computer.

**1** Den Jugendlichen wurde eine Reihe von Fragen gestellt. → 4

a Beantwortet die Fragen für euch selbst und notiert eure Antworten.

b Vergleicht eure Antworten in der Klasse. Was fällt euch auf? Gibt es deutliche Unterschiede zwischen den Geschlechtern?

**2** Jonas verbringt fast jede freie Minute vor dem Laptop und spielt online mit anderen Gamern. Als sein Freund Tim ihn ins Kino abholen möchte, lehnt er mal wieder ab. Jonas sagt, dass er keine Zeit hat und sein Spiel jetzt nicht unterbrechen kann. Tim erwidert: „Wenn du so weitermachst, wirst du noch total spielsüchtig!"

a Bewertet das Verhalten von Jonas anhand der Aussagen zur Sucht. Notiert, ob sie zutreffen oder nicht → 5

b Formuliert Handlungsalternativen für die beiden.

| Fragen zur Computersucht |
|---|
| Wie viele Stunden sitzt du an einem normalen Nachmittag am Computer? |
| Spielst du auch, um Ärger mit den Eltern zu vergessen? |
| Spielst du auch, um nicht über Probleme in der Schule nachzudenken? |
| Hattest du schon einmal das Gefühl, du hast zu viel gespielt? |
| Hattest du schon einmal Streit mit Freunden, weil du zu viel gespielt hast? |
| Hattest du schon einmal Streit mit den Eltern wegen der Computerspiele? |
| Denkst du auch noch nach dem Spielen, zum Beispiel während des Unterrichts, über ein besonders spannendes Spiel nach? |
| Fühlst du dich nach dem Spielen am Computer besser? |

4 Fragebogen zur Computersucht

**3** Jugendliche, die übermäßig am Computer spielen,
- neigen dazu, Probleme mit sich selbst auszumachen, anstatt mit anderen darüber zu sprechen.
- berichten häufiger von Konzentrationsproblemen im Unterricht.

Nimm zu möglichen Zusammenhängen Stellung.

| Die Person gilt bei mindestens dreimal „zutreffend" als süchtig. Die Person ... |
|---|
| ... verspürt den starken Wunsch oder ein zwanghaftes Verhalten, das Suchtmittel zu konsumieren. |
| ... kann Beginn, Ende und Menge des Suchtmittelkonsums schlecht oder gar nicht kontrollieren. |
| ... leidet unter körperlichen Entzugserscheinungen, sobald das Suchtmittel fehlt oder es nur in geringen Mengen vorhanden ist. |
| ... muss die Menge des Suchtmittels steigern, um die ursprüngliche Wirkung zu erzielen. |
| ... vernachlässigt zunehmend andere Interessen und verwendet immer mehr Zeit für das Suchtmittel. |
| ... konsumiert das Suchtmittel weiter, obwohl sie über die schädlichen Folgen Bescheid weiß. |

5 Wann muss man von einer Sucht sprechen?

**4** Heute arbeiten bereits Vorschulkinder am Computer. Befürworter meinen, dass die Kinder so lernen, verantwortlich mit Medien umzugehen. Dagegen wird nach der Ansicht von Kritikern so die Abhängigkeit schon angebahnt. Diskutiert in der Klasse darüber.

# Suchtvorbeugung und Suchtberatung

1 Gemeinsam ist man stark.

**Bundeszentrale für gesundheitliche Aufklärung**
Telefon: 0221/89920
www.bzga.de

**Deutsche Hauptstelle für Suchtfragen e. V.**
Telefon: 02381/90500
www.dhs.de

**Sucht & Drogen Hotline**
Telefon: 01805313031

**Keine Macht den Drogen e.V.**
Telefon: 089/85639961
www.kmdd.de

2 Beratungsangebote

**Eine Sucht ist ein Problem, das man überwinden kann. Wie kann das gelingen?**

**Selbstbewusstsein** • Konflikte, Enttäuschungen und Frust gehören zum Leben. Wer Vertrauen in sich selbst und andere hat und sich selbstbewusst auf seine Stärken besinnt, kann Misserfolge besser bewältigen und sich Kritik und Konflikten stellen. Selbstbewusste Menschen werden deutlich weniger häufig süchtig als andere. Nur ein gesundes Selbstbewusstsein macht es möglich, eigene Wünsche, Bedürfnisse und Überzeugungen auch gegen den Druck oder die Meinung von anderen durchzusetzen.

**Freizeitgestaltung** • Wer im Alltag wenig Glücksgefühle erlebt, ist anfälliger für Süchte. Ein stabiles soziales Umfeld ist deshalb wichtig. → 1 Auch eine sinnvolle Freizeitgestaltung kann einer Sucht vorbeugen. Sport zum Beispiel tut vielen Menschen gut. In Vereinen lernt man, Fähigkeiten und Grenzen auszutesten, Einsatzbereitschaft zu zeigen sowie mit Erfolg und Misserfolg umzugehen. Man kann außerdem lernen, sich in eine Gruppe einzufinden und als Team für ein gemeinsames Ziel zu kämpfen. Dies alles sind wichtige Schritte auf dem Weg zu einer starken und selbstbewussten Persönlichkeit.

**Beratung** • Wer Hilfe und Beratung bei Suchtproblemen sucht, findet vielfältige Angebote:

- An jeder Schule gibt es besonders ausgebildete Lehrkräfte, die bei Suchtproblemen helfen. Auch die Schulsozialarbeit ist eine wichtige Anlaufstelle für Betroffene.
- Suchtberatungsstellen bieten in den meisten größeren Städten vielfältige Hilfen an. → 2
- Spezielles Aufklärungs- und Informationsmaterial für Jugendliche ist bei der Bundeszentrale für gesundheitliche Aufklärung kostenlos erhältlich.

**Ein gesundes Umfeld, Selbstbewusstsein und eine sinnvolle Freizeitgestaltung können einer Sucht vorbeugen. Speziell ausgebildete Lehrkräfte und Suchtberatungsstellen helfen bei Suchtproblemen.**

## Aufgabe

1 ☒ Unter anderem kann sportliche Betätigung einer Suchtentstehung vorbeugen. Erkläre die Aussage.

## Material A

| Eigenschaft | Punkte |
|---|---|
| hilfsbereit | ? |
| zuverlässig | ? |
| zurückhaltend | ? |
| sportlich | ? |
| streitlustig | ? |
| vertrauensvoll | ? |
| aggressiv | ? |
| unsicher | ? |
| handwerklich begabt | ? |
| ängstlich | ? |
| mutig | ? |

3 Selbsteinschätzung

- Lerne dich besser kennen. Finde deine Stärken und Schwächen heraus.
- Nimm dich an, wie du bist. Jeder Mensch ist einmalig und wertvoll.
- „Ich bin o. k. – du bist o. k.!“ Diese Einstellung kann viele Vorurteile ausräumen.
- Kritik ist die persönliche Meinung eines Menschen. Lerne mit ihr umzugehen. Ein anderer Mensch denkt schon wieder ganz anders über dich.
- Trau dich, „Nein“ zu sagen. Wer selbstbewusst ist, entscheidet, was gut für ihn ist und was nicht.

4 Tipps zur Stärkung des Selbstbewusstseins

### Selbstbewusstsein stärken

Es ist ein wichtiger Schritt auf dem Wege zu mehr Selbstbewusstsein, sich selbst besser kennenzulernen. Nur derjenige kann Selbstbewusstsein entwickeln, der um seine Stärken und Schwächen weiß.

1 Mithilfe des Fragebogens kannst du dich selbst besser einschätzen. → 3

a Übertrage den Fragebogen in dein Heft.

b Schätze dich anhand der genannten Eigenschaften ein: Trifft die Eigenschaft voll zu (2 Punkte), teilweise (1 Punkt) oder gar nicht (0)?

c Ergänze weitere Eigenschaften, die mehr oder weniger gut zu dir passen.

d Schätze deinen Banknachbarn ein. Auch hier kannst du weitere Eigenschaften ergänzen.

e Hat dein Banknachbar dich anders eingeschätzt als du dich selbst? Vergleiche.

2 Gestalte ein Plakat, auf dem du dich mit deinen Stärken und Schwächen vorstellst.

3 „Süchtig nach Alkohol oder Drogen werden oft diejenigen Kinder und Jugendlichen, denen es an Zuversicht und Selbstvertrauen fehlt.“
Nimm Stellung zu der Aussage und begründe deine Meinung.

4 Bewerte die Tipps zur Stärkung des Selbstbewusstseins. → 4

5 Beschreibe, wie die Freizeitaktivitäten der Entstehung einer Sucht vorbeugen können. → 5 – 8

5

6

7

8

# Sucht

## Zusammenfassung

**Ursachen und Entstehung von Sucht** • Als Sucht bezeichnet man das zwanghafte Verlangen, sich mit Suchtmitteln ein angenehmes Lebensgefühl zu verschaffen. Alkohol, Nikotin und Drogen können eine stoffgebundene Sucht auslösen. Andere Süchte bezeichnet man als stoffungebunden, zum Beispiel die schädliche Mediennutzung.

**Abhängigkeit** • Betroffene fühlen sich rasch ohne das Suchtmittel nicht mehr wohl. Neben der psychischen erzeugen viele Suchtmittel auch eine körperliche Abhängigkeit: Der Körper gewöhnt sich an das Suchtmittel und reagiert mit Zittern, Muskelschmerzen oder Angstzuständen, wenn dessen Wirkung nachlässt. Um die Entzugserscheinungen abzustellen, müssen sich Süchtige das Suchtmittel beschaffen – oft um jeden Preis. Ein Teufelskreis entsteht.

**Folgen** • Jede Sucht verändert die Betroffenen:
- Körperliche Folgen betreffen vor allem innere Organe wie Gehirn, Nervensystem oder Leber.
- Psychische Folgen: Häufig verändert sich die Persönlichkeit der Süchtigen erheblich. Je nach Suchtmittel können Betroffene jegliches Interesse verlieren. Sie können aggressiv werden und sich nur noch schlecht konzentrieren.
- Soziale Folgen: Die Beziehungen zu Menschen in Familie, Schule und Beruf werden zerstört.

**Suchtmittel Alkohol** • Wer regelmäßig größere Mengen Alkohol trinkt, muss mit schweren körperlichen Schäden rechnen. → 1 Alkoholismus ist eine Krankheit, die intensiv behandelt werden muss.

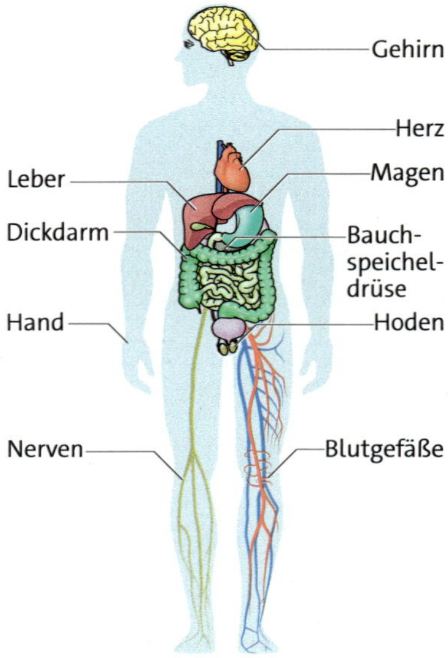


1 Organe, die vom Alkoholismus geschädigt werden

**Suchtmittel Nikotin** • Neben Nikotin, Teer und Kohlenstoffmonoxid enthält Tabakrauch etwa 4000 teils giftige Stoffe. Die Folgen können z. B. Krebserkrankungen, Herz-Kreislauf-Erkrankungen und Erkrankungen der Atmungsorgane sein. Wer raucht, hat eine verkürzte Lebenserwartung.

**Drogen** • Drogen sind Stoffe, die auf das Nervensystem wirken und wegen ihrer Wirkung abhängig machen können. Es gibt legale Drogen wie Alkohol und Tabak sowie illegale Drogen wie Kokain und Speed.

**Stoffungebundene Süchte** • Auch bestimmte Verhaltensweisen können süchtig machen, obwohl kein Stoff gespritzt, getrunken, geschluckt oder geraucht wird. Dazu zählen Ess-Störungen wie Magersucht oder Ess-Brech-Sucht, Computersucht oder Glücksspielsucht.

**Suchtvorbeugung und Suchtberatung** • Eine starke, selbstbewusste Persönlichkeit ist der beste Schutz vor der Entstehung einer Sucht. Wer Hilfe oder Beratung benötigt, kann sich z. B. an speziell ausgebildete Lehrkräfte, die Schulsozialarbeit oder Suchtberatungsstellen wenden.

## Teste dich! (Lösungen auf Seite 330)

### Ursachen und Entstehung von Sucht

**1** Nenne jeweils drei Beispiele für eine stoffgebundene und eine stoffungebundene Sucht.

**2** „Wenn ich Ärger oder Stress habe, dann schmeiß ich mir schon mal was ein. Ich bin dann sofort gut drauf und habe Power ohne Ende. Deswegen bin ich noch lange nicht drogenabhängig. Schließlich kann ich sofort damit aufhören, wenn ich will!“
Bewerte diese Aussage eines Mitschülers.

### Suchtmittel

**3** Wer Alkohol trinkt, muss mit bleibenden körperlichen Langzeitschäden rechnen. Nenne diese Schäden.

**4** Es ist gefährlich, unter Alkoholeinfluss am Straßenverkehr teilzunehmen.
Begründe die Aussage.

**5** „Es ist berechtigt, den Warnhinweis auf Zigarettenpackungen zu drucken.“ → 2
Begründe die Aussage.

**Rauchen kann tödlich sein.**

2 Warnhinweis

**6** Eine Schachtel mit 20 Zigaretten kostet ungefähr 7 €.
Berechne, wie viel Geld ein Raucher im Jahr allein für Zigaretten ausgibt, wenn er eine Schachtel pro Tag raucht.

**7** Die Bilder zeigen Gewebe einer gesunden Lunge und einer Raucherlunge. → 3 4

a Ordne die beiden Bilder zu.

b Begründe deine Zuordnung.

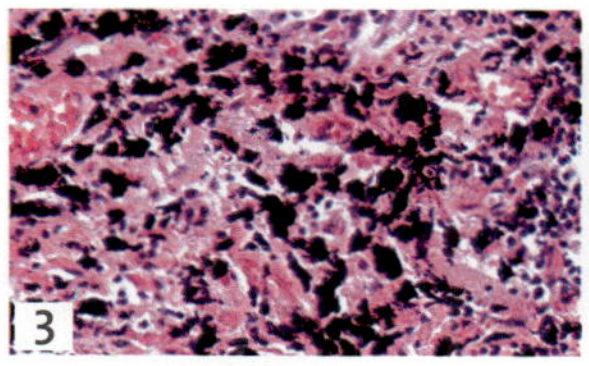

3

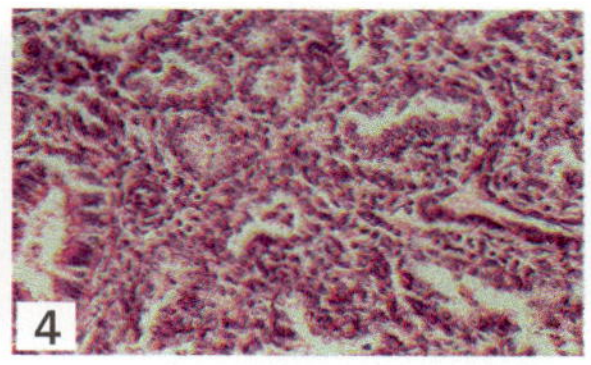

4

**8** Begründe die besondere Gefährlichkeit der Drogen Crystal Meth und Heroin.

### Stoffungebundene Sucht

**9** Ordne die beiden Bilder jeweils einer Ess-Störung zu. Beschreibe die beiden stoffungebundenen Süchte. → 5 6

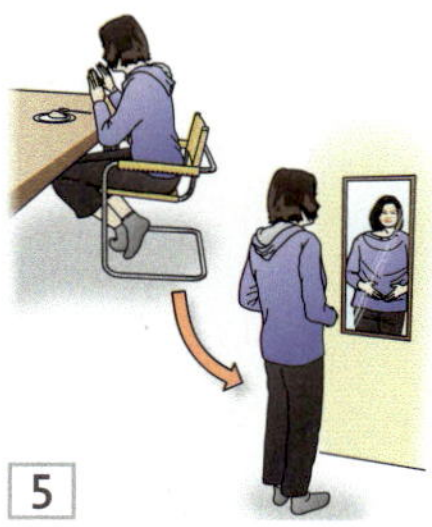

5

6

### Suchtvorbeugung und Suchtberatung

**10** „Kinder stark machen durch Sport“ – so lautet eine Aktion zur Suchtvorbeugung der Bundeszentrale für gesundheitliche Aufklärung.

a Beschreibe, wie die Mitgliedschaft in einem Sportverein das Selbstbewusstsein und damit die Persönlichkeit einer Person stärken kann.

b Erläutere, wie damit einer Sucht vorgebeugt werden kann.

# Gesundheit und Krankheit

Man kann sich gegen verschiedene Krankheiten impfen lassen. Warum ist man so vor Krankheiten geschützt?

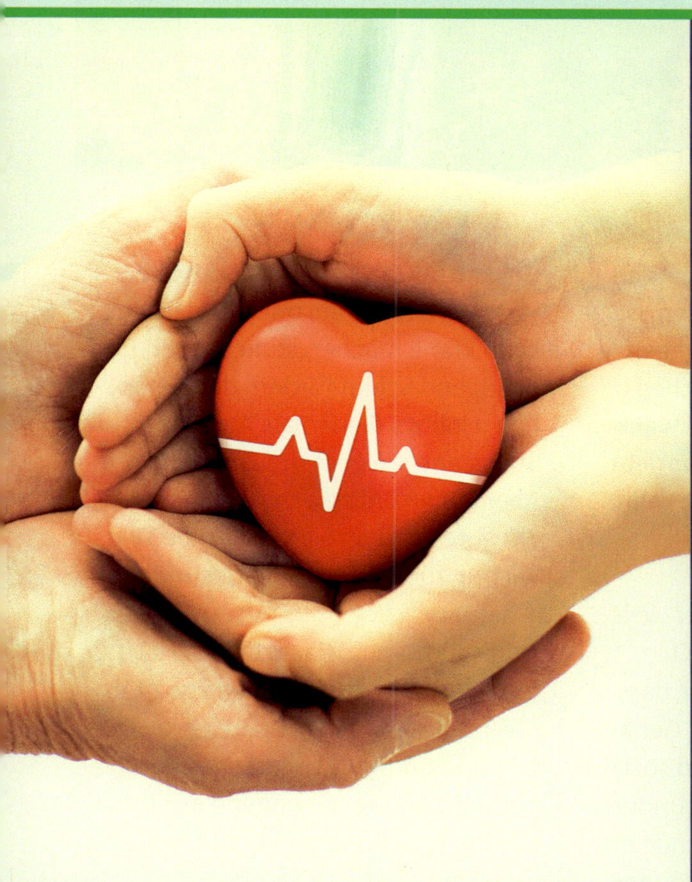

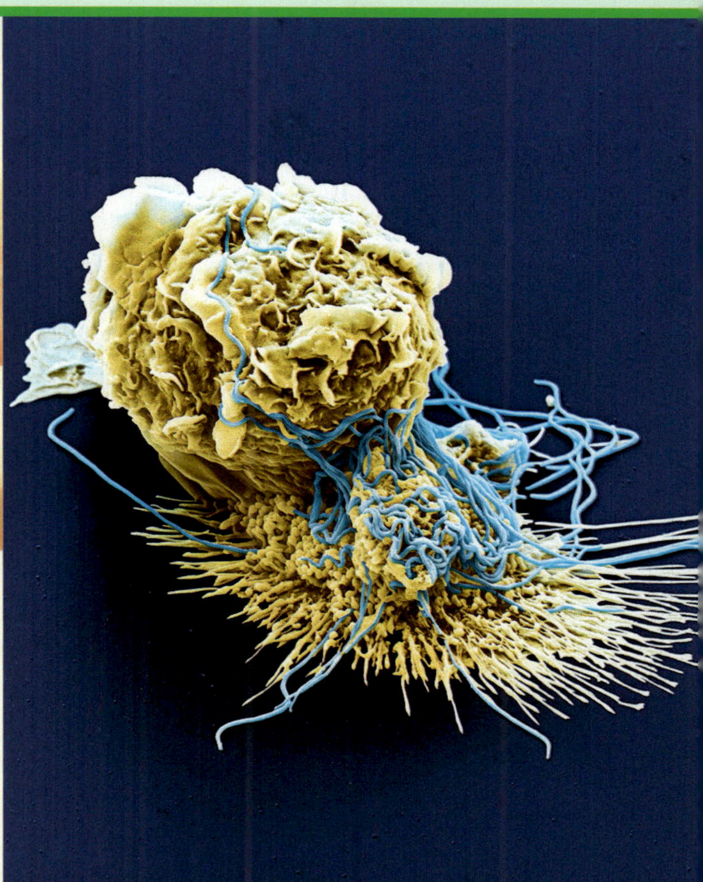

Damit es uns gut geht, müssen alle Organe funktionieren. Was kann man tun, wenn sie versagen?

Ein Kampf zwischen Zellen: Das Immunsystem bekämpft eingedrungene Erreger. Wie arbeitet unser Immunsystem?

# Was ist Gesundheit?

1 Wem geht es gut und wem nicht?

**Wenn man gesund ist, fühlt man sich, als könnte man Bäume ausreißen. Ist man krank, fühlt man sich hingegen schlapp und antriebslos. Menschen können sich krank fühlen, auch wenn man es ihnen körperlich nicht ansieht. Was bedeutet Gesundheit? Wie kann man sich gesund halten?**

**Was ist Gesundheit?** • Nach der Weltgesundheitsorganisation (WHO) bedeutet Gesundheit nicht nur, dass man nicht körperlich krank ist. Genauso wichtig ist das seelische und soziale Wohlbefinden. Auf unsere Gesundheit wirken sich viele Lebensumstände aus, die wir zum Teil beeinflussen können.

**Gesund für den Körper** • Zu einer gesunden Lebensführung gehört eine ausgewogene Ernährung mit wenig Zucker und Fett. Vitamine, Mineralstoffe und Ballaststoffe fördern die Gesundheit. Auch regelmäßiger Sport hält gesund. Dabei werden Muskeln, Wirbelsäule und Gelenke gestärkt.

**Gesund für die Seele** • Dauerhafter Stress in der Schule oder zu Hause kann krank machen. Ruhephasen und genügend Schlaf fördern die Gesundheit. Hobbys dienen als Ausgleich für Stress und steigern die Zufriedenheit. Aber auch Kontakte mit Freunden und ein gutes Verhältnis zur Familie sind wichtig für die seelische Gesundheit.

**Gesundheit umfasst laut WHO das körperliche, seelische und soziale Wohlbefinden. Für seine Gesundheit kann man sorgen, zum Beispiel durch eine ausgewogene Ernährung, Sport und genügend Schlaf.**

## Aufgaben

1 Nenne die drei Bereiche, die laut WHO zur Gesundheit zählen.

2 Menschen können krank sein, obwohl sie körperlich gesund sind. Erkläre diesen Sachverhalt.

## Material A

### Einfluss auf die Gesundheit

Unsere Lebensumstände können sich positiv oder negativ auf unsere Gesundheit auswirken.

**1** Nenne die Lebensumstände in den Bildern 2–7.

**2** Beurteile die jeweilige Auswirkung der Lebensumstände auf die körperliche und seelische Gesundheit.

**3** Sport ist gesund, kann aber auch ungesund sein.
Begründe die Aussage.

2

3

4

5

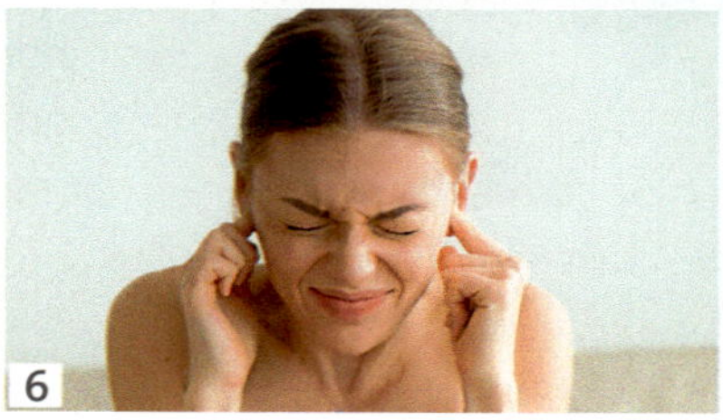
6

7

## Material B

### Gesunder Alltag?

Es ist 6.30 Uhr. Der Wecker klingelt und Ninas Alltag beginnt. Ihrem großen Bruder stehen acht Stunden auf der Baustelle bevor. Beim Frühstück klagt er über die harte Arbeit bei Kälte, Wind und Regen. Ninas Mutter schimpft über ihren Chef und die Überstunden im Großraumbüro. Zeit für Pausen bleibt ihr heute bei den unzähligen Aufgaben sicherlich nicht. Für die lange Autofahrt packt sie sich noch ihre Zigaretten ein. „Was soll ich denn sagen? Ich habe Schiss vor der Klassenarbeit und dumme Sprüche über mein Aussehen darf ich mir bestimmt auch wieder anhören", beschwert sich Nina. Der Appetit auf das Frühstück ist ihr vergangen, sie holt sich auf dem Schulweg lieber Kakao und Kekse.

8

**1** Lies den Bericht. → 8
a Nenne Faktoren, die schädlich für die Gesundheit der Personen sein können.
b Beschreibe, was sie für ihre Gesundheit tun könnten.

**2** Wie geht es dir?
a Beschreibe deinen Alltag von morgens bis abends.
b Nenne Faktoren, die schädlich für deine Gesundheit sein können.
c Beschreibe, was du für deine Gesundheit tun kannst.

# Infektionskrankheiten – ein Überblick

1 Krankheitserreger im Körper machen sich bemerkbar.

**Wir alle haben es schon erlebt: Man wacht morgens mit leichten Halsschmerzen und einer verstopften Nase auf. Zwei Tage später kommen Husten und Kopfschmerzen hinzu und die Körpertemperatur steigt an. Wie ist es zu der Krankheit gekommen und wie verläuft sie?**

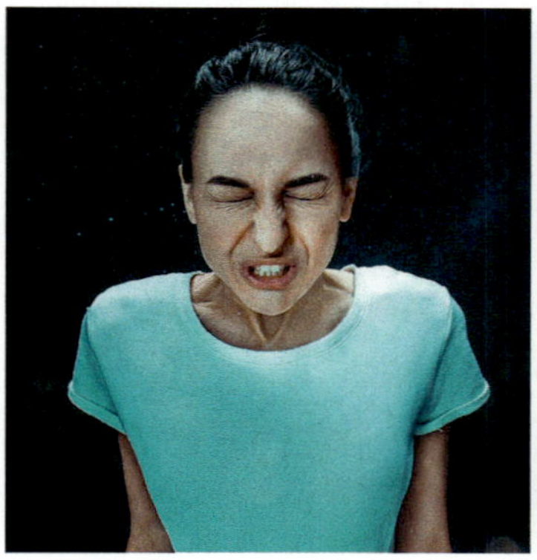

2 Niesende Frau

3 Menschen auf Rolltreppe

**Erreger sind überall** • Krankheiten, die durch Erreger hervorgerufen werden, nennt man Infektionskrankheiten. Die Erreger sind meistens Bakterien oder Viren. Aber auch Pilze oder andere einzellige Lebewesen können Krankheiten verursachen. Sie befinden sich in der Luft, im Boden und Wasser, in Lebensmitteln, auf der Kleidung und auf nahezu allen Gegenständen, die wir anfassen. Trotzdem werden wir nicht immer krank, weil unser Körper viele Erreger erfolgreich abwehrt.

**Ansteckung** • Gelangen Erreger in den Körper, spricht man von Ansteckung oder Infektion. Dies kann zum Beispiel über die Nase, den Mund, die Haut oder das Blut geschehen.

**Infektionswege** • Wenn eine infizierte Person hustet oder niest, gelangen die Erreger mit feinsten Flüssigkeitströpfchen in die Luft und können von anderen Menschen über die Atemluft aufgenommen werden. → 2 Man nennt dies Tröpfcheninfektion. Unsere Haut schützt uns vor dem Eindringen von Erregern. Ist sie jedoch durch Wunden beschädigt, wird das Eindringen erleichtert. Berührt man dann Flächen oder Lebensmittel, die mit Erregern verunreinigt sind, spricht man von einer Schmierinfektion. → 3 Auch über Körperflüssigkeiten kann es zu einer Infektion kommen, etwa beim Stillen, Küssen und beim Sex. Erreger können auch von Tieren auf Menschen übertragen werden, beispielsweise durch Bisse oder Insektenstiche.

die Infektionskrankheit
die Infektion
die Inkubationszeit
das Symptom
das Fieber

**Krankheitsverlauf und Symptome** • Auf die Infektion folgt die Inkubationszeit, in der sich die Erreger im Körper vermehren. → 4 Die Phase dauert wenige Stunden bis zu mehreren Jahren. Erst wenn die Erkrankung ausbricht, zeigen sich die bestimmten Anzeichen der Krankheit. Diese bezeichnet man als Symptome. Zu den Symptomen eines grippalen Infekts zählen Husten, Schnupfen, Kopfschmerzen und eine erhöhte Körpertemperatur. Steigt die Körpertemperatur über 38 °C, spricht man von Fieber. Dies hilft dem Körper, die Erreger schneller zu bekämpfen. Normalerweise kann der Körper die weitere Vermehrung der Erreger verhindern und sie abtöten. Dann erholt er sich. Man spricht von Gesundung. Den Verlauf einer Krankheit kann man durch Medikamente beeinflussen.

**Vorbeugung** • Um eine Infektion durch Erreger zu vermeiden, sollte man sich regelmäßig die Hände waschen und im Umgang mit erkrankten Personen vorsichtig sein. Lebensmittel müssen richtig gelagert werden, damit sich auf oder in ihnen keine Erreger vermehren. Bei ihrer Verarbeitung muss man auf Sauberkeit achten. Die Abwehr des Körpers kann man durch eine gesunde Ernährung und genügend Bewegung an der frischen Luft stärken.

Infektionskrankheiten werden durch Erreger ausgelöst. Sie verlaufen in vier Phasen: Infektion, Inkubationszeit, Erkrankung und Gesundung. Dabei treten Symptome auf.

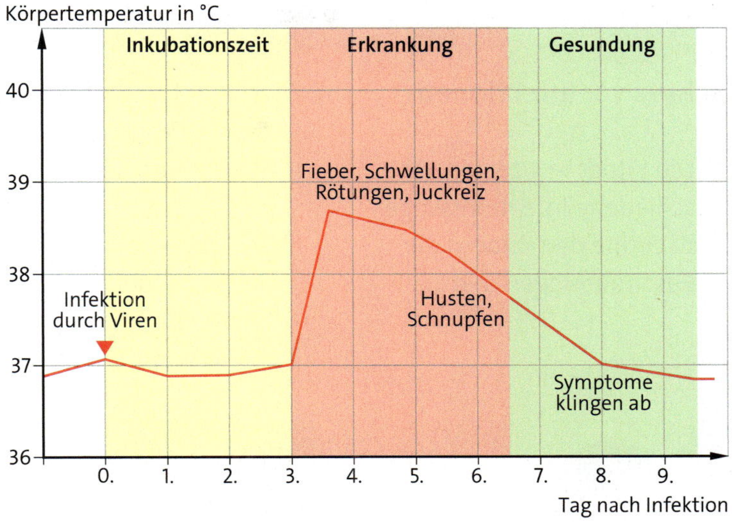


4 Krankheitsverlauf eines grippalen Infekts

## Aufgaben

**1** Nenne Wege, auf denen Krankheitserreger in den Körper gelangen können.

**2** Erkläre, was man unter einer Tröpfcheninfektion und einer Schmierinfektion versteht.

**3** Bild 4 zeigt die vier Phasen eines grippalen Infekts.
Welche Informationen bezüglich der zugehörigen Symptome und Zeitspanne für jede Phase kannst du entnehmen?
Ergänze die Tabelle.

| Phase | Symptome | Zeitspanne in Tagen |
|---|---|---|
| Infektion | keine | 0 Tage (kurzer Zeitpunkt) |
| ... | ... | ... |

# Infektionskrankheiten – ein Überblick

## Material A

### Schutz vor Infektionen

1 Die Bilder 1–4 zeigen verschiedene Infektionswege. ☑ Ordne den Bildern die Beschreibungen a–d zu.

2 ☒ Beschreibe, welche Schutzmaßnahmen in den Bildern A–H dargestellt sind.

3 ☒ Ordne den Infektionswegen in den Bildern 1–4 die jeweils passenden Schutzmaßnahmen A–H zu. Lege dazu eine Tabelle in deinem Heft an und vervollständige sie. Beachte, dass mehrere Zuordnungen möglich sind.

| Infektionsweg | Schutz |
|---|---|
| Tröpfcheninfektion | Man sollte ... |
| | |

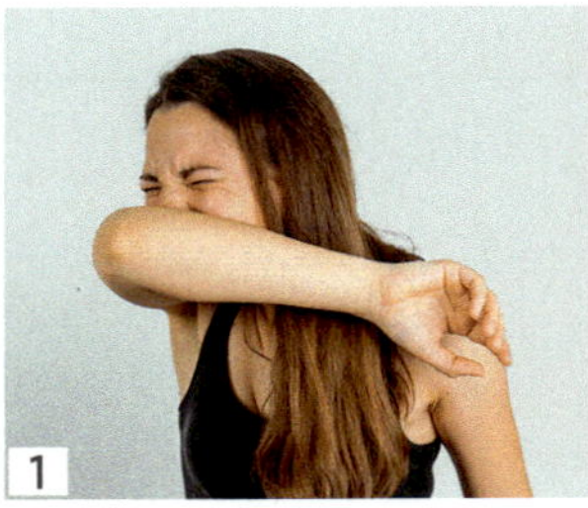
1

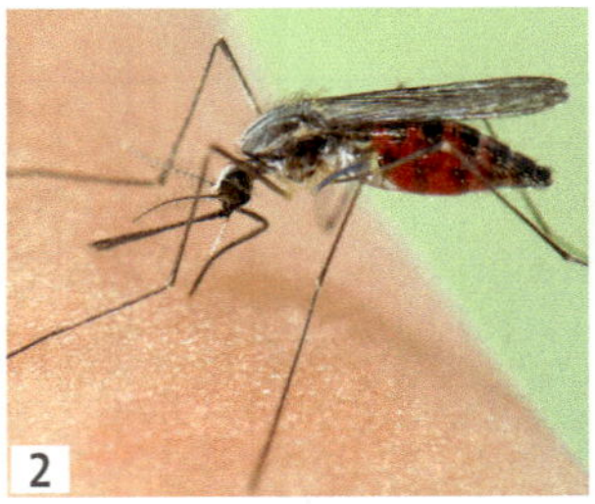
2

3

4

a Die Übertragung erfolgt über den Kontakt mit beispielsweise verunreinigten Gegenständen oder Lebensmitteln (Schmierinfektion).

b Blutsaugende Insekten und Zecken übertragen die Erreger durch ihren Stich.

c Die Infektion erfolgt über die Aufnahme von Körperflüssigkeiten.

d Die Übertragung erfolgt durch Flüssigkeitströpfchen, die über die Luft verbreitet werden (Tröpfcheninfektion).

A

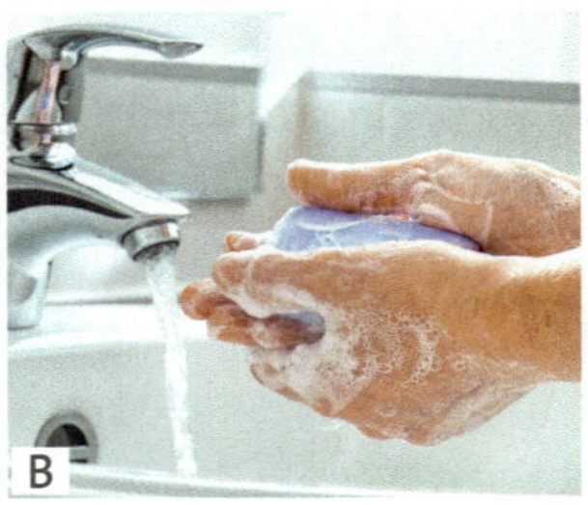
B

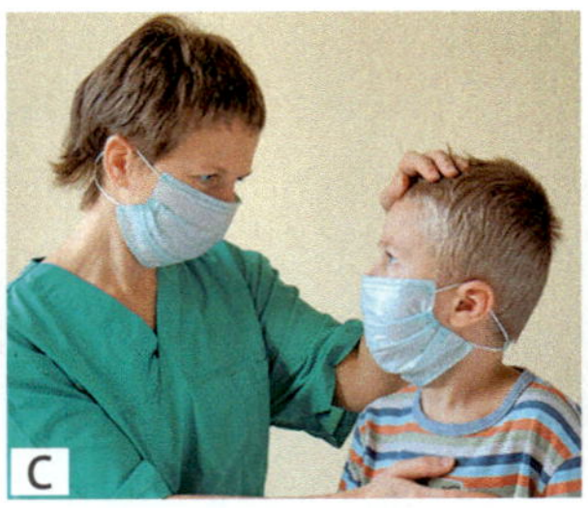
C

D

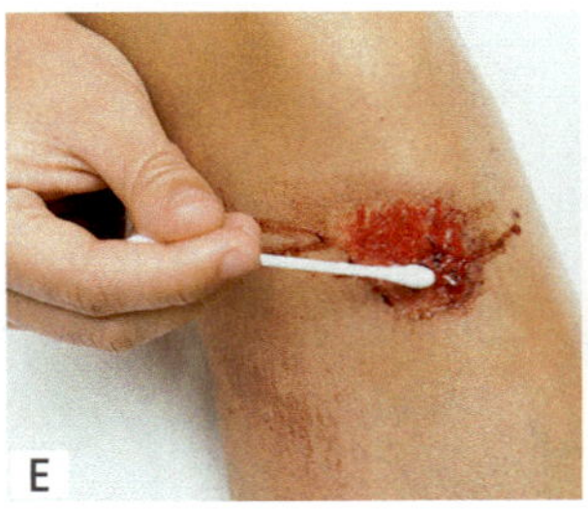
E

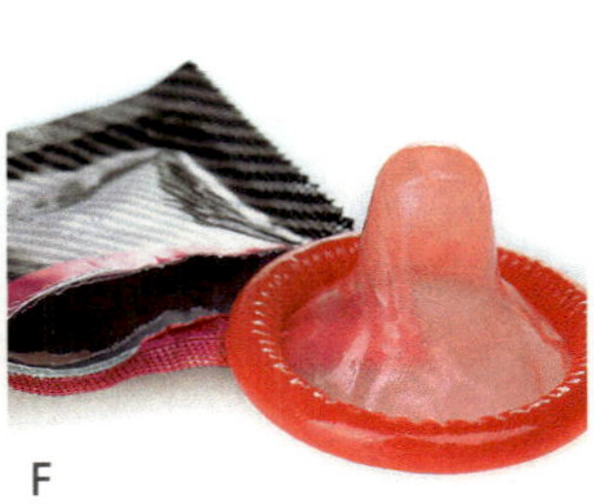
F

G

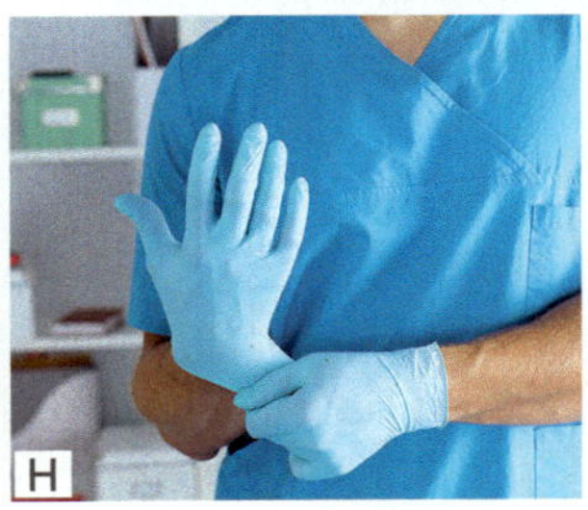
H

## Material B

### Infektionskrankheiten

1 ☒ Bildet Gruppen und erstellt jeweils eine Concept-Map zu einer der beschriebenen Infektionskrankheiten. Informiert darin über die Art des Erregers, den Infektionsweg, die Inkubationszeit, die Symptome, die Behandlung und die Vorbeugung. Die Seiten 312 und 313 können euch helfen.

**Tripper** wird durch Bakterien beim Geschlechtsverkehr übertragen. Etwa 2–3 Tage nach der Infektion verursachen die Bakterien bei Männern schmerzhafte Entzündungen der Harnröhre, Brennen beim Wasserlassen und bei Frauen eitrige Ausflüsse aus der Scheide. Bleibt die Krankheit unbehandelt, kann sie durch Verkleben der Eileiter bei Frauen zu Unfruchtbarkeit führen. Tripper wird mit Medikamenten behandelt. Durch den Gebrauch von Kondomen beim Sex kann man sich vor einer Ansteckung schützen.

5

**Scharlach** tritt meistens im Kindesalter auf. Die Krankheit wird durch Bakterien übertragen, die durch Flüssigkeitströpfchen in die Luft gelangen und von anderen aufgenommen werden. Sie bricht 2–4 Tage nach der Infektion aus. Symptome sind ein roter Rachen, eine „Himbeerzunge", Fieber, Kopfschmerzen und Schmerzen beim Schlucken. Scharlach kann mit Medikamenten behandelt werden. Um sich nicht anzustecken, sollte man den Kontakt mit infizierten Personen vermeiden und sich regelmäßig die Hände waschen.

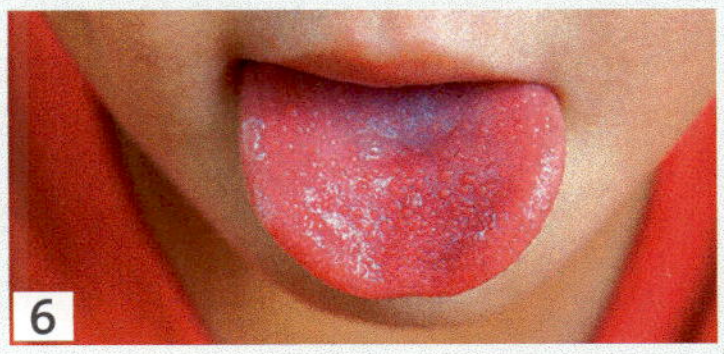
6

**Borreliose** ist eine bakterielle Erkrankung, die durch den Stich einer Zecke übertragen wird. Nach etwa 5–30 Tagen zeigen sich die ersten Symptome. An der Einstichstelle bildet sich oft ein typischer Hautausschlag: ein roter Fleck mit einem hellroten Ring. Außerdem treten Fieber, Kopf- und Gliederschmerzen und selten auch Lähmungen auf. Wird die Krankheit rechtzeitig erkannt, kann sie mit Medikamenten behandelt werden. Um sich vor Zeckenstichen zu schützen, sollte man lange Kleidung tragen, wenn man durch hohes Gras oder Gebüsche läuft. Anschließend sollte man seinen Körper auf Zecken prüfen.

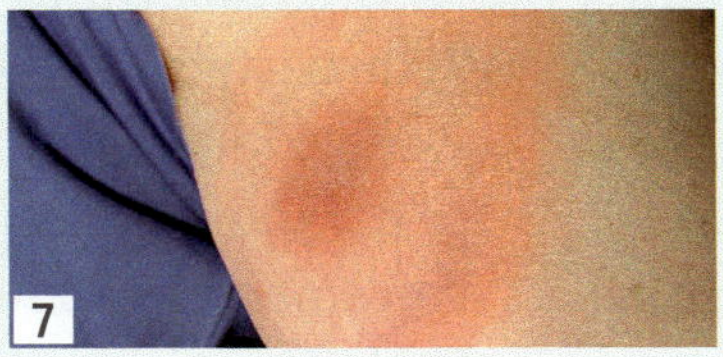
7

**Tollwut** wird von Viren verursacht, die sich im Speichel von Tieren, meistens Hunden oder Füchsen, befinden können. Die Viren werden durch einen Biss auf den Menschen übertragen. Infizierte Tiere erkennt man daran, dass sie ihre Scheu vor Menschen verlieren und vermehrt Speichel aus ihrem Maul tropft. Die Krankheit bricht beim Menschen 1–3 Monate nach der Infektion aus. Sie macht sich durch Kopfschmerzen, Krämpfe der Atemmuskulatur, starken Durst und schäumenden Speichelfluss bemerkbar. Unbehandelt führt Tollwut beim Menschen zum Tod. Durch eine Impfung kann man sich schützen.

8

# Bakterien sind überall

1 Bakterien begegnen uns überall.

**Bakterien sind so winzig klein, dass wir gar nicht bemerken, dass wir ihnen ständig und überall ausgesetzt sind. Welche Bedeutung haben Bakterien für uns und unsere Umwelt?**

**Bakterien sind überall** • Bei jedem Atemzug, bei allen Gegenständen, die wir anfassen, sowie beim Essen und Trinken kommen wir mit Bakterien in Kontakt. → 1 Die meisten Arten von Bakterien sind für Menschen, Tiere und Pflanzen harmlos und erfüllen sogar sehr wichtige Aufgaben.
Im Darm unterstützen Bakterien die Verdauung. Auf der Haut und den Schleimhäuten, beispielsweise im Mund, sorgen sie dafür, dass schädliche Krankheitserreger nicht in den Körper gelangen. Bestimmte Bakterien werden auch wirtschaftlich genutzt. Mit ihnen wird aus Milch zum Beispiel Joghurt oder Quark hergestellt.

**Basiskonzept**

**Struktur und Funktion**

→ Umschlag hinten

Bakterien bestehen aus nur einer Zelle. Die Zelle setzt sich aus mehreren Strukturen zusammen, die verschiedene Funktionen haben.

Auch in der Natur sind Bakterien sehr nützlich. Sie wirken zum Beispiel bei der Zersetzung von toten Tieren und abgestorbenen Pflanzenteilen mit. Einige Arten von Bakterien verursachen allerdings auch Krankheiten wie Hirnhautentzündung, Tuberkulose oder Tetanus. → 3 Diese Krankheiten entstehen dadurch, dass Bakterien in den Körper eindringen und dort Giftstoffe abgeben. Man nennt sie Bakterientoxine. Andere Bakterien setzen diese Toxine erst frei, wenn sie durch Abwehrreaktionen des Körpers zerstört werden.

**Bau eines Bakteriums** • Bakterien sind winzige Lebewesen, die aus nur einer Zelle bestehen. Weil die meisten nur wenige Tausendstel Millimeter groß sind, zählen Bakterien zu den Mikroorganismen. Die äußere Schicht eines Bakteriums ist die Zellwand. → 2

das **Bakterium**
das **Bakterientoxin**
der **Mikroorganismus**
die **Zellteilung**
die **Bakterienkolonie**

Diese ist bei vielen Bakterien zusätzlich von einer Schleimhülle umgeben. An der Innenseite der Zellwand liegt die Zellmembran an. Im Gegensatz zu pflanzlichen oder tierischen Zellen besitzen Bakterien keinen Zellkern. Ihre Erbinformation liegt frei im Zellplasma. Manche Bakterien besitzen eine oder mehrere Geißeln. Damit können sie sich fortbewegen. Nach der äußeren Form unterscheidet man mehrere Gruppen von Bakterien: Manche Bakterien sind wie ein Komma geformt. → 2 Sie heißen Vibrionen. Kokken sind kugelförmig, dagegen sind Bazillen stäbchenförmig. Es gibt auch schraubenförmige Bakterien. Sie heißen Spirillen oder Spirochäten. → 3

**Vermehrung** • Bakterien vermehren sich durch Zellteilung. Unter günstigen Bedingungen wie Feuchtigkeit, Wärme und ausreichend verfügbarer Nahrung vermehren sie sich explosionsartig. Ihre Anzahl verdoppelt sich dann alle 20 bis 30 Minuten. Dadurch entstehen innerhalb weniger Stunden flächige Bakterienkolonien, die man mit bloßem Auge erkennen kann. In den Kolonien liegen unzählige Bakterien dicht nebeneinander.

Bakterien sind kleine einzellige Lebewesen. Viele Arten erfüllen wichtige Aufgaben im menschlichen Körper und in der Natur. Doch es werden auch viele Krankheiten durch Bakterien verursacht. Bakterien können sich durch Zellteilung schnell vermehren.

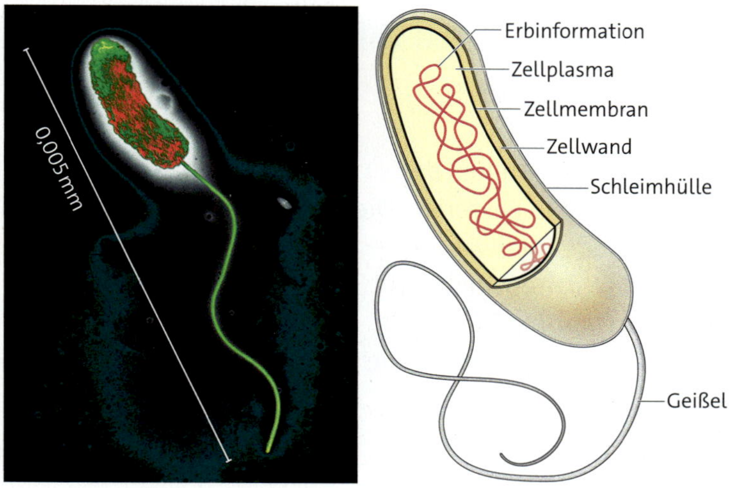


2 Bau eines Bakteriums (Vibrion)

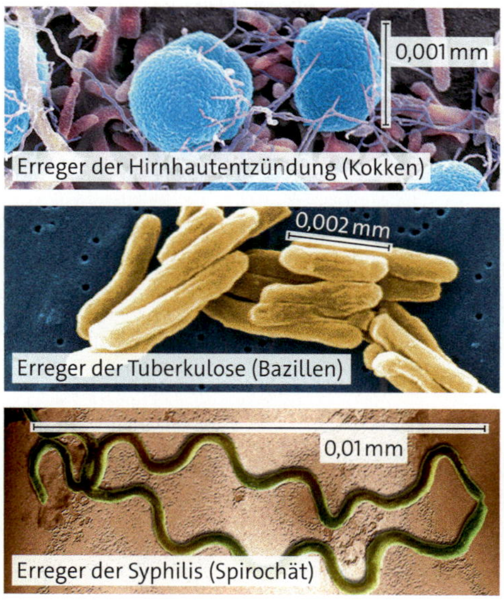


3 Verschiedene Bakterienformen

## Aufgaben

1 Beschreibe den Bau eines Bakteriums.

2 „Es gibt nützliche und schädliche Bakterien." Erläutere mit Beispielen.

# Bakterien sind überall

## Material A

### Lebensraum Mensch

An vielen Körperstellen des Menschen leben Bakterien. Die meisten findet man an warmen und feuchten Stellen, an denen es Nahrung für sie gibt. Säuren hemmen hingegen die Vermehrung der Bakterien.

1 ◩ Nenne jeweils zwei Körperstellen mit vielen Bakterien und mit vergleichsweise wenigen Bakterien. → 1

2 ☒ Begründe das unterschiedliche Vorkommen der Bakterien.

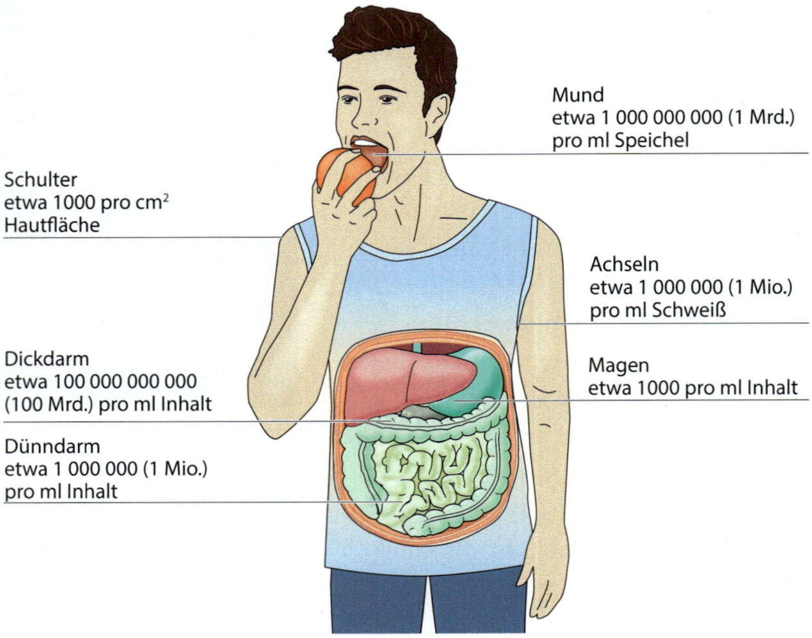


1 Anzahl der Bakterien an verschiedenen Körperstellen

## Material B

### Vermehrung von Bakterien

| Zeit in Minuten | 0 | 20 | 40 | 60 | 80 | 100 | 120 |
|---|---|---|---|---|---|---|---|
| Anzahl der Bakterien | 1 | 2 | ... | ... | ... | ... | ... |

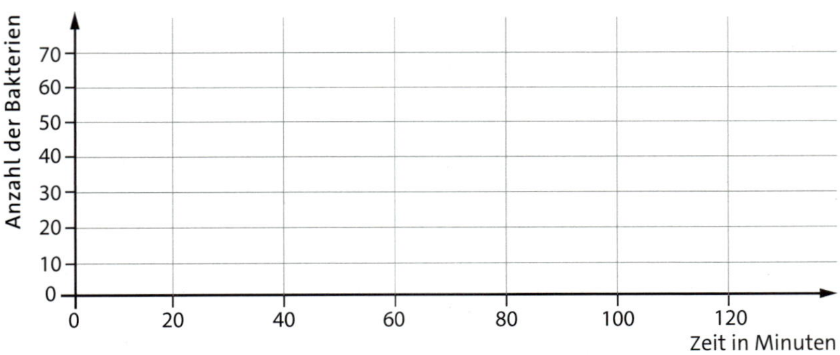


2 Vermehrung von Bakterien (bei ausreichend Platz und Nahrung)

1 ◩ Übernimm die Tabelle und das Koordinatensystem in dein Heft. → 2

2 ☒ Berechne, wie viele Bakterienzellen sich nach 120 Minuten entwickelt haben. Ergänze die Tabelle.

3 ☒ Erstelle aus den Werten der Tabelle ein Liniendiagramm.

4 ☒ Erkläre, weshalb die Vermehrung der Bakterien begrenzt ist.

## Material C

### Infektionswege der Salmonellose

3 Infektionswege der Salmonellose

**Salmonellose** ist eine Infektionskrankheit, die durch bestimmte Bakterien, die Salmonellen, verursacht wird. Die Bakterien werden vor allem durch den Verzehr tierischer Produkte wie Ei, Milch, Fleisch und Fisch auf den Menschen übertragen. → 3 Die Tiere infizieren sich durch verseuchtes Futter oder Abwasser. Hat man sich mit den Bakterien infiziert, setzen sie sich im Magen und Darm fest und scheiden Giftstoffe aus. Diese greifen die Schleimhäute an. Daher treten neben Symptomen wie Kopfschmerzen und Übelkeit auch Erbrechen und Durchfall auf. Durch das Berühren von infiziertem Kot oder Urin werden die Bakterien in seltenen Fällen auch von Mensch zu Mensch übertragen.

Man kann sich vor einer Infektion mit Salmonellen schützen, indem man die Lebensmittel kühl lagert und zügig verbraucht. Manche Lebensmittel, wie Ei und Fleisch, muss man vor dem Verzehr erhitzen.

1 Beschreibe, wie man sich mit Salmonellen anstecken kann. → 3

2 Erläutere, durch welche Maßnahmen man sich vor einer Salmonellen-Infektion schützen kann.

3 Für eine Gartenparty im Sommer hast du einige Lebensmittel zur Auswahl. → 4
Wähle davon drei Lebensmittel aus, die du roh oder ungekühlt ablehnen würdest. Begründe deine Wahl.

4 Verschiedene Lebensmittel

# Antibiotika bekämpfen Bakterien

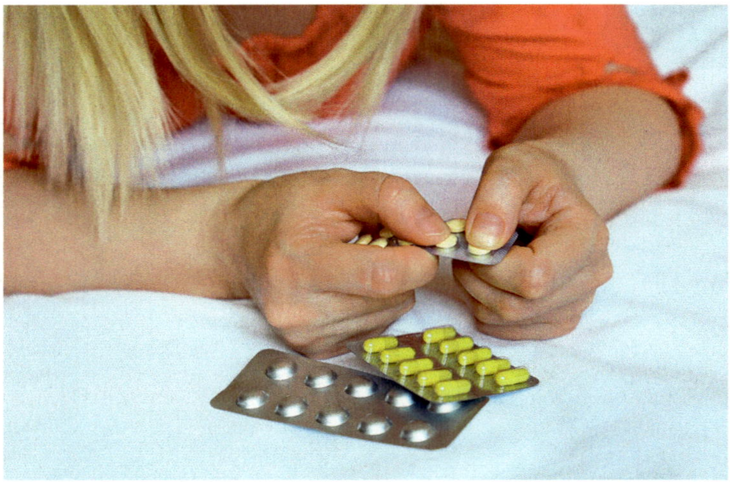

1 Bei einer bakteriellen Infektion können Medikamente helfen.

altgriechisch
*anti:* gegen

altgriechisch
*bios:* das Leben

**Immer wieder kommt es vor, dass Menschen lange gegen eine Krankheit kämpfen, die von Bakterien verursacht wird. Dabei gibt es viele Medikamente, die Bakterien bekämpfen können. Wie wirken diese Medikamente und warum sind sie nicht immer erfolgreich?**

**Antibiotika** • Lange Zeit starben viele Menschen an einfachen Infektionen durch Bakterien. Heute gibt es mehr als 8000 Medikamente, die Bakterien bekämpfen können. Man fasst sie unter dem Begriff Antibiotika zusammen.

**Zufallsfund** • Das erste Antibiotikum wurde durch einen Zufall entdeckt. Der schottische Wissenschaftler Alexander Fleming forschte an Bakterien. Um die Bakterien zu vermehren, gab er sie auf spezielle Nährböden. 1928 entdeckte er, dass einer seiner Nährböden durch Schimmelpilze verunreinigt war. → 2
Ihm fiel auf, dass in der näheren Umgebung der Schimmelpilze keine Bakterien zu finden waren. Daraufhin untersuchte er den Schimmelpilz näher und fand heraus, dass dieser einen Stoff abgibt, der auf Bakterien tödlich wirkt. Diesen Stoff nannte er Penicillin. Als Anerkennung für seine Entdeckung erhielt Fleming später den Nobelpreis für Medizin.

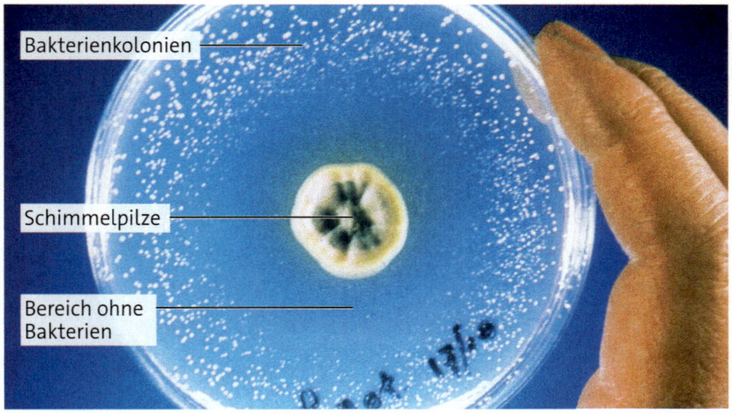


2 Nährboden mit Bakterien und Schimmelpilzen

**Wirkung** • Heute werden Antibiotika sehr oft zur Behandlung bakterieller Infektionen eingesetzt. Sie schädigen die Bakterien, aber nicht die Zellen des Menschen. Antibiotika wirken sich auf die Bakterien unterschiedlich aus. → 3
Einige zerstören die Zellwand oder Zellmembran, andere stören wichtige Stoffwechselvorgänge, hemmen die Vermehrung oder beschädigen die Erbinformation. Manche Antibiotika wirken nur gegen eine bestimmte Art von Bakterien. Es gibt aber auch Mittel, die verschiedene Arten von Bakterien angreifen. Sie werden als Breitband-Antibiotika bezeichnet.

das Antibiotikum
die Resistenz
multiresistent

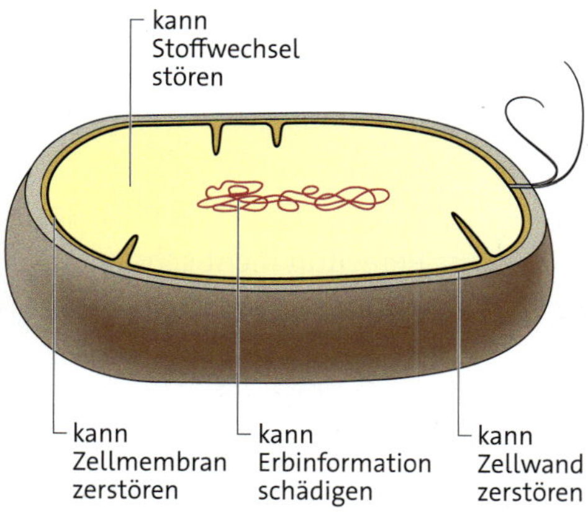


3 Wirkung von Antibiotika

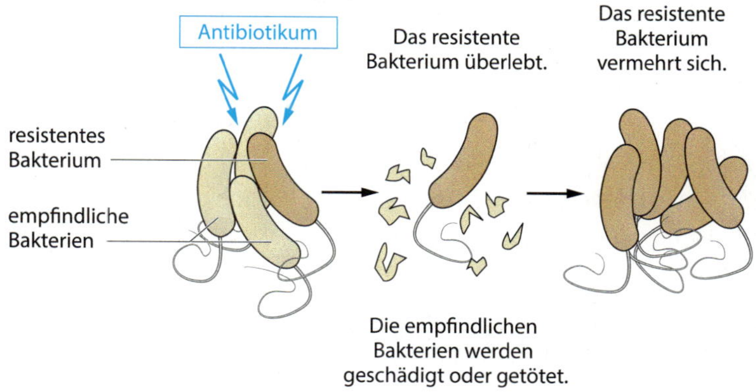


4 Entstehung einer Antibiotika-Resistenz

**Nebenwirkungen** • Antibiotika wirken nicht nur gegen die bakteriellen Krankheitserreger, sondern auch gegen die nützlichen Bakterien im Körper. Das betrifft zum Beispiel die Bakterien in unserem Magen und in unserem Darm, die unsere Verdauung unterstützen. Daher können bei einer Behandlung mit Antibiotika Nebenwirkungen wie Durchfall auftreten.

**Antibiotika werden wirkungslos** • Eine zu häufige oder falsche Einnahme von Antibiotika kann dazu führen, dass immer mehr Bakterien entstehen, die dagegen unempfindlich sind. Grund hierfür ist, dass sich die Erbinformation bei jeder Zellteilung zufällig verändern kann. Dadurch kann durch Zufall ein Bakterium entstehen, gegen das ein Antibiotikum wirkungslos ist. → 4
Diese Widerstandsfähigkeit nennt man Resistenz. Bei einer Behandlung mit Antibiotika überlebt dieses resistente Bakterium. Wenn es sich teilt, entstehen weitere Bakterien, die gegen das Antibiotikum resistent sind.
Bakterien, die gegen eine Vielzahl von Antibiotika unempfindlich sind, bezeichnet man als multiresistent.
Um die Entstehung von Resistenzen zu verhindern, muss man Antibiotika immer genau nach ärztlicher Vorschrift einnehmen.

**Antibiotika sind Medikamente zur Behandlung bakterieller Infektionskrankheiten. Unter bestimmten Bedingungen können Antibiotika unwirksam werden, weil resistente Bakterien entstehen.**

## Aufgaben

1 Beschreibe, was man unter dem Begriff Antibiotika versteht.

2 Beschreibe, auf welche Weise Antibiotika Bakterien schädigen können. → 3

3 Erkläre, was man unter einer Antibiotika-Resistenz versteht.

# Antibiotika bekämpfen Bakterien

## Material A

### Wirkung und Nebenwirkung

Aylin fühlt sich schlecht. Ihre Ärztin ermittelt eine Lungenentzündung, die durch Bakterien verursacht wurde. Aylin soll 10 Tage lang Penicillin nehmen. Dabei handelt es sich um ein Breitband-Antibiotikum. In den nächsten Tagen verändert sich Aylins Gesundheitszustand.

1 Nenne die besondere Eigenschaft eines Breitband-Antibiotikums.

2 Beschreibe Aylins Krankheitsverlauf anhand ihrer Symptome. → 1

3 Erkläre den Krankheitsverlauf anhand der Wirkung des Penicillins. Bedenke auch die möglichen Nebenwirkungen von Antibiotika.

4 Am 6. Tag geht es Aylin schon viel besser.
Erkläre, weshalb sie das Penicillin nicht schon jetzt absetzen darf.

| | | |
|---|---|---|
| **1.3.** *Penicillin* ☹ | **2.3.** *Penicillin* ☹ | **3.3.** *Penicillin* ☹ |
| *trockener Husten<br>Schmerzen beim Atmen<br>Schüttelfrost<br>Fieber: 39,5 °C* | *Husten mit Schleim<br>Schmerzen beim Atmen<br>Schüttelfrost<br>Fieber: 39,5 °C* | *Husten mit Schleim<br>Schmerzen beim Atmen<br>leichter Schüttelfrost<br>Fieber: 39 °C* |
| **4.3.** *Penicillin* ☹ | **5.3.** *Penicillin* ☹ | **6.3.** *Penicillin* ☹ |
| *Husten wird besser<br>weniger Schmerzen beim Atmen<br>kein Schüttelfrost<br>Fieber: 39 °C* | *leichter Husten<br>kaum Schmerzen beim Atmen<br>Fieber: 38,5 °C* | *leichter Husten<br>kaum Schmerzen beim Atmen<br>kein Fieber* |
| **7.3.** *Penicillin* ☺ | **8.3.** *Penicillin* ☺ | **9.3.** *Penicillin* ☺ |
| *kaum Husten<br>keine Schmerzen beim Atmen* | *keine Beschwerden* | *keine Beschwerden* |
| **10.3.** *Penicillin* ☹ | **11.3.** *X* ☹ | **12.3.** *X* ☺ |
| *Durchfall* | *Durchfall* | *Juhu, endlich wieder fit!* |

1 Aylins Krankheitsverlauf

## Material B

### Antibiotika-Test

Um zu testen, welche Antibiotika am wirksamsten gegen einen bakteriellen Erreger sind, verteilt man die Bakterien auf einem Nährboden. → 2 Dann legt man Plättchen mit verschiedenen Antibiotika auf den Nährboden. Die Antibiotika verteilen sich nun im Umkreis der Plättchen. Der Nährboden wird einige Tage im Wärmeschrank aufbewahrt. In dieser Zeit vermehren sich die Bakterien.

Gegen welche Antibiotika die Bakterien empfindlich sind, erkennt man daran, wo sie sich nicht vermehrt haben.

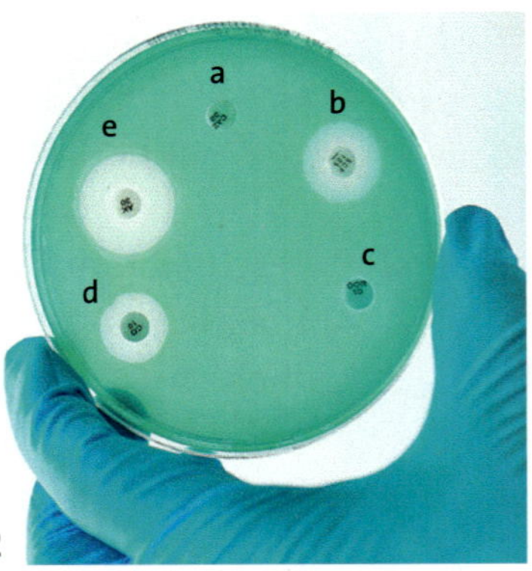


2

1 Beschreibe, zu welchem Zweck man Antibiotika-Tests durchführt.

2 Beschreibe das Vorgehen bei einem Antibiotika-Test.

3 Bild 2 zeigt das Ergebnis eines Antibiotika-Tests.

a Vergleiche die Ergebnisse der Plättchen a und b. Erkläre den Unterschied.

b Erkläre anhand der Ergebnisse, welches Antibiotikum am wirksamsten ist.

## Material C

### Gefährliche Erreger

Simon hat sich im Urlaub leicht am Bein verletzt. Als er zwei Wochen später wieder zu Hause ankam, war die Wunde immer noch nicht verheilt. Obwohl sein Arzt ihm zwei verschiedene Antibiotika verschrieben hat, blieb die Wunde entzündet. Scheinbar hat Simon sich im Urlaub mit multiresistenten Bakterien infiziert.

1 ◪ Beschreibe das Problem von Simon.

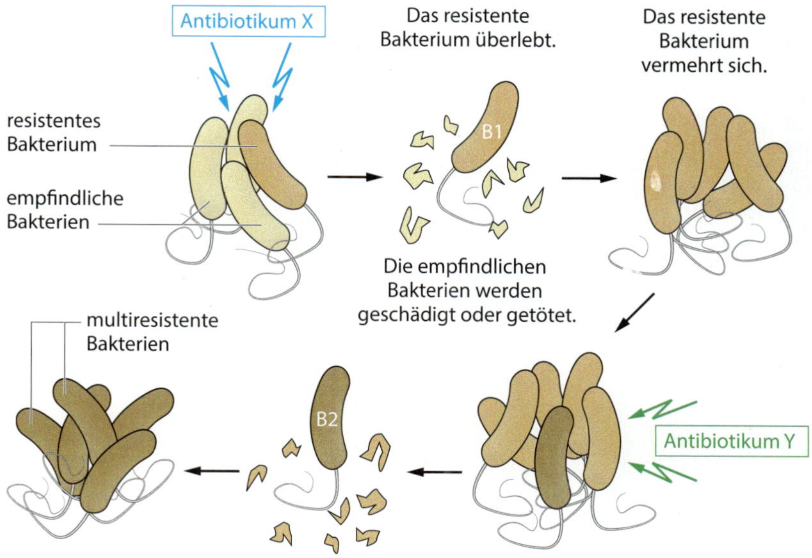


3 Entstehung multiresistenter Erreger

2 Bild 3 zeigt die Entstehung multiresistenter Erreger.

a ⊠ Erkläre, weshalb das Bakterium „B1" die Behandlung mit Antibiotikum „X" überlebt.

b ⊠ Beschreibe, welche besondere Eigenschaft das Bakterium „B2" aufweist.

c ⊠ Erläutere anhand des Bildes, wie multiresistente Bakterien entstehen.

3 Manche Antibiotika werden als Reserve zurückgehalten und nur im Notfall eingesetzt. ⊠ Erläutere am Beispiel von Simon, weshalb das sinnvoll ist.

## Material D

### Problem im Krankenhaus

Immer wieder berichten die Medien von Problemen mit multiresistenten Bakterien in Krankenhäusern.

1 ⊠ Stelle Vermutungen an, wieso multiresistente Erreger in Krankenhäusern besonders gefährlich sind.

2 ⊠ Erkläre die Bedeutungen der folgenden Maßnahmen in Krankenhäusern:

a Patienten, die mit multiresistenten Erregern infiziert sind, werden in abgetrennten Zimmern isoliert.

b Angestellte und Besucher müssen sich vor jedem Kontakt mit Patienten die Hände desinfizieren. → 4

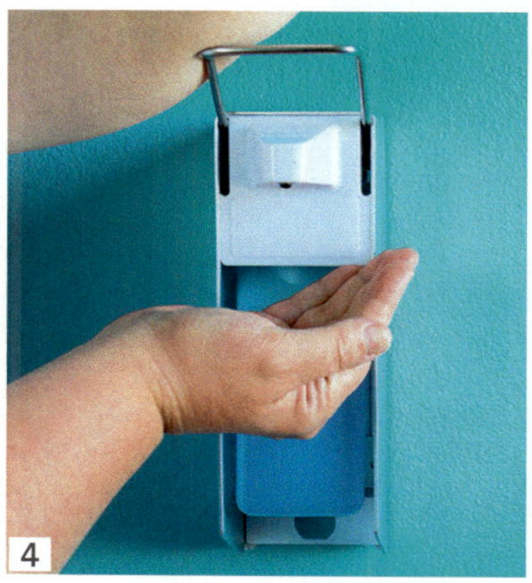

4

# Viren als Krankheitserreger

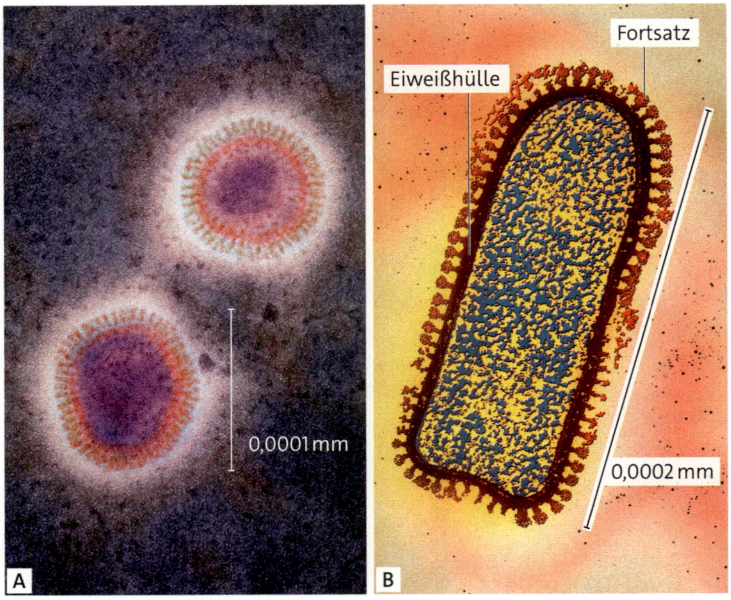


1 Viren im Elektronenmikroskop: **A** Grippevirus, **B** Tollwutvirus

**Neben den Bakterien gelten Viren als häufigste Verursacher für verschiedene Krankheiten beim Menschen. Allerdings sind viele Medikamente gegen Viren wirkungslos. Worin unterscheiden sich Viren von Bakterien?**

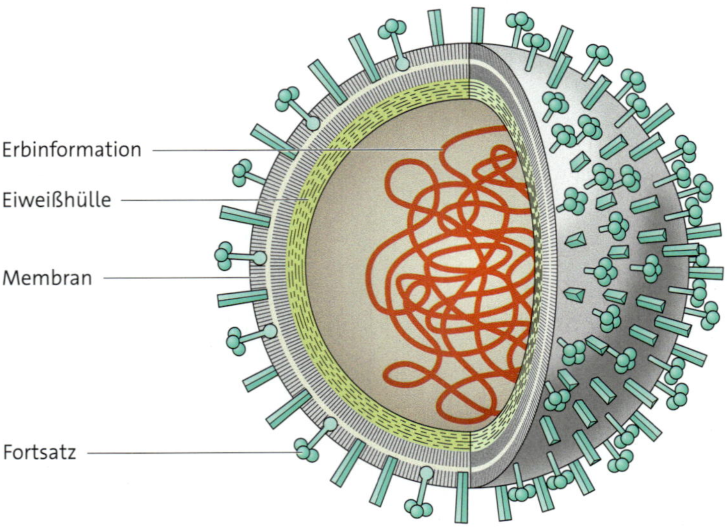


2 Gemeinsamer Bauplan von Viren

**Bau von Viren** • Viren sind wesentlich kleiner als Bakterien. Auf eine Linie, die einen Millimeter lang ist, passen etwa 10 000 Viren. Man kann sie nur durch ein Elektronenmikroskop sehen. → 1 Dieses hat eine fast 1000-fach stärkere Vergrößerung als ein Lichtmikroskop. Alle Viren haben einen ähnlichen Bauplan. → 2 Sie bestehen aus der Erbinformation, die von einer Eiweißhülle umgeben ist. Viele Viren besitzen zusätzlich eine Membran und außen zahlreiche Fortsätze.

**Vermehrung** • Für ihre Vermehrung sind Viren auf die Zellen anderer Lebewesen angewiesen, zum Beispiel auf die Zellen von Menschen oder Tieren. Zellen, die von Viren befallen werden können, nennt man Wirtszellen.
Zu Beginn der Vermehrung heftet sich ein Virus an eine Wirtszelle und gibt seine Erbinformation in die Zelle ab. → 3 Die Erbinformation enthält den Bauplan des Virus und sorgt dafür, dass der Stoffwechsel der Wirtszelle umgestellt wird. Die Wirtszelle stellt dann in kurzer Zeit zahlreiche Virusbausteine her, die sich zu neuen Viren zusammensetzen. Dann platzt sie und stirbt ab. Dadurch werden die Viren freigesetzt und können weitere Wirtszellen befallen.

**Viren sind keine Lebewesen** • Weil Viren nicht alle Kennzeichen des Lebens aufweisen, zählt man sie nicht zu den Lebewesen. Sie können sich nicht aktiv fortbewegen und reagieren nicht auf Reize aus ihrer Umwelt.

das **Virus**
die **Wirtszelle**
**wirtsspezifisch**

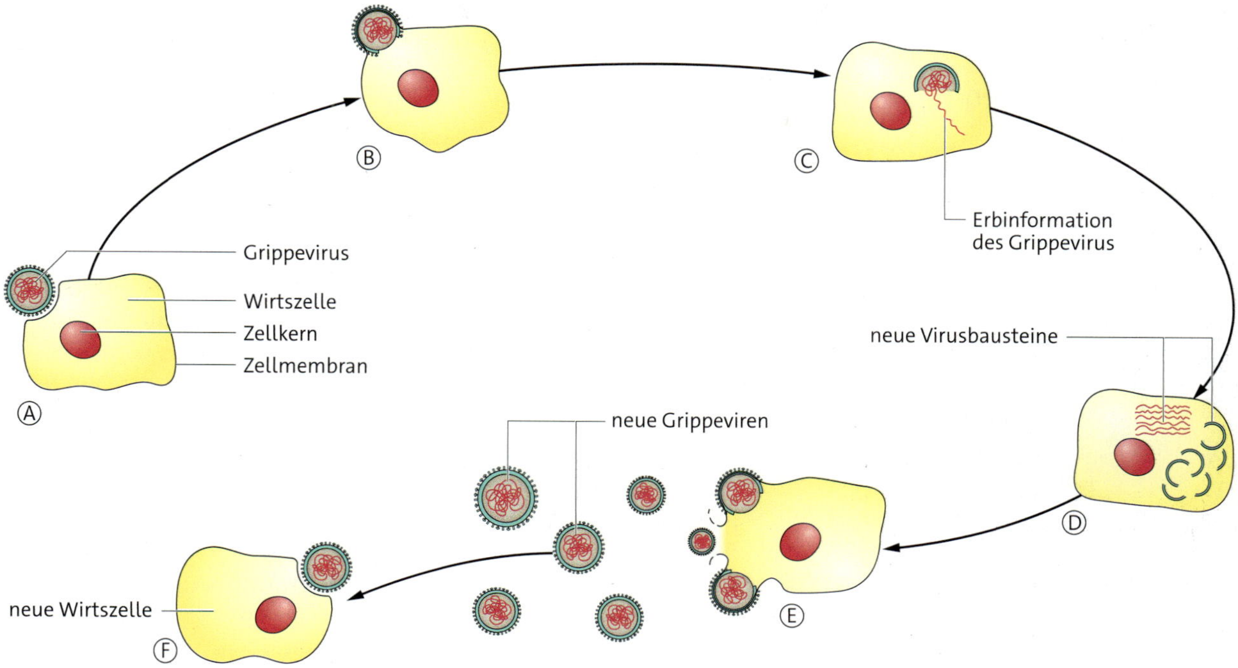


3 Vermehrung eines Virus

Außerdem besitzen sie keinen eigenen Stoffwechsel und wachsen nicht. Sie können sich nicht selbstständig vermehren, sondern sind dazu auf lebende Wirtszellen angewiesen.

**Unterschiedliche Erkrankungen** • Es gibt eine riesige Vielfalt an Viren, die sich in ihrer Form und Erbinformation unterscheiden. Jedes Virus befällt immer nur eine bestimmte Art von Wirtszellen. Man sagt, Viren sind wirtsspezifisch. Weil sie unterschiedliche Wirtszellen angreifen, verursachen Viren beim Menschen viele verschiedene Krankheiten. Erkrankt man an einer Grippe, greifen die Viren vor allem die Zellen der Schleimhäute an, zum Beispiel in der Nase. Tollwutviren greifen hingegen die Nervenzellen des Menschen an.

**Viren sind kleine Krankheitserreger, die aus Erbinformation und einer Eiweißhülle bestehen. Sie sind zur Vermehrung auf bestimmte Wirtszellen angewiesen, die dabei zerstört werden. Viren zählen nicht zu den Lebewesen, weil sie nicht alle Kennzeichen des Lebens zeigen.**

## Aufgaben

1 Begründe anhand der Kennzeichen des Lebens, weshalb Viren keine Lebewesen sind.

2 Beschreibe die Vermehrung von Viren. → 3

3 Erläutere, was wirtsspezifisch heißt.

# Viren als Krankheitserreger

## Material A

### Viren und Bakterien

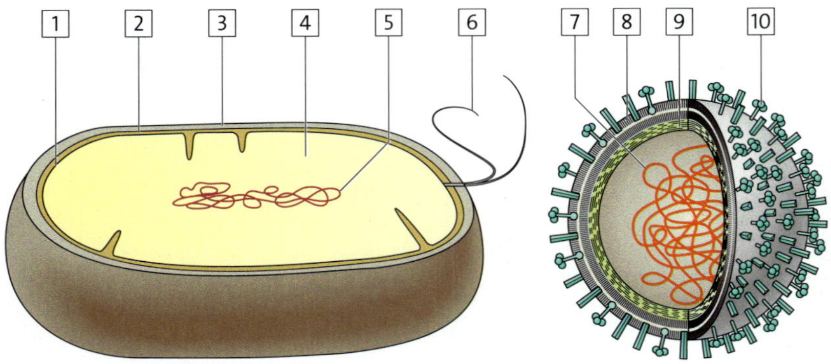


Größe von Bakterien: 1000 bis 10 000 nm
**A**

Größe von Viren: 20 bis 400 nm
**B**

1 Bau eines Bakteriums (**A**) und Virus (**B**)

Viren sind deutlich kleiner als Bakterien. Sie sind nur etwa 20 bis 400 Nanometer groß. 1 Nanometer (nm) entspricht 0,000001 Millimeter (mm). Man muss also 1 Millimeter durch 1 Million teilen.

**1** Ordne den Zahlen 1–10 die passenden Fachwörter zu. → 1

**2** Vergleiche den Bau des Bakteriums und des Virus.

## Material B

### Vermehrung von Viren

**1** Die Texte A–E beschreiben die Vermehrung eines Virus. Ordne die Beschreibungen den Bildern 1–5 zu. → 2

**2** Bringe die Texte A–E in eine sinnvolle Reihenfolge und notiere sie in dein Heft.

**3** Ein Virus braucht zur Vermehrung eine Wirtszelle. Erkläre diesen Sachverhalt.

**4** Erkläre, wieso Viren beim Menschen sehr viele verschiedene Krankheiten auslösen können. Bedenke die Bedeutung von Wirtszellen.

A Die Wirtszelle produziert neue Virusbausteine.

B Das Virus befällt eine gesunde Wirtszelle.

C Die Wirtszelle platzt und die neuen Viren werden freigesetzt.

D Das Virus wurde von der Wirtszelle aufgenommen.

E Die Erbinformation des Virus wird freigesetzt und programmiert den Stoffwechsel der Wirtszelle um.

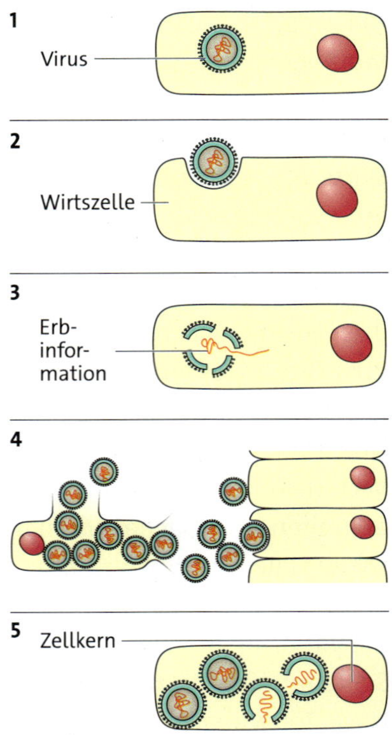


2 Vermehrungszyklus

## Material C

### Vermehrung im Vergleich

1 ☒ Vergleiche anhand der Diagramme, wie sich die Anzahl der Bakterien und der Viren bei ihrer Vermehrung verändert. → 3

2 ☒ Erkläre die Unterschiede in den Diagrammen anhand der Vermehrungsweisen von Bakterien und Viren.

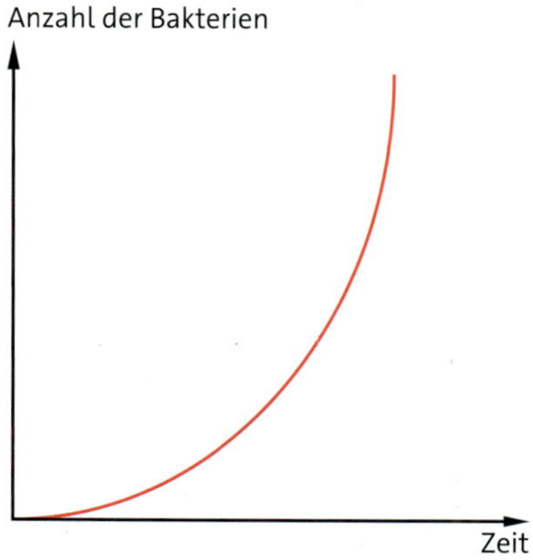


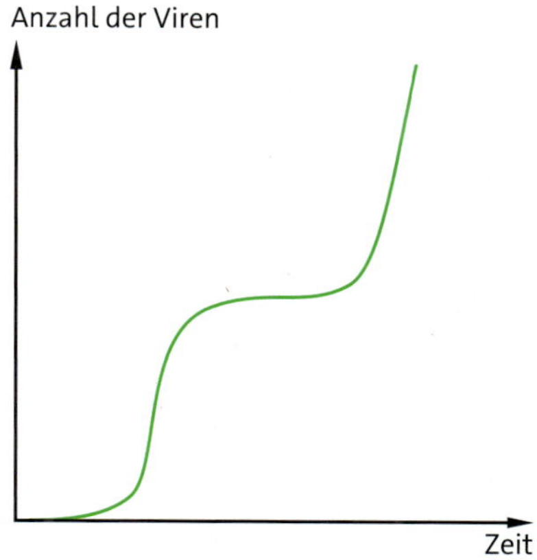


3 Vermehrung von Bakterien und Viren

## Material D

### Herpesviren warten ab

Manche Menschen bekommen schmerzhafte und juckende Lippenbläschen, wenn sie gestresst sind. → 4 Diese werden durch Herpesviren ausgelöst, die Zellen im Mundbereich befallen. → 5 Auch wenn die Lippenbläschen wieder abgeheilt sind, verbleiben die Viren im Körper. In den Ruhephasen wird die Erbinformation der Viren in den Nervenzellen gespeichert. Verschiedene Einflüsse können die Vermehrung der Viren dann wieder auslösen.

1 Bild 5 zeigt die Vermehrung von Herpesviren im Körper. ☒ Formuliere Überschriften für die Phasen A–D.

2 ☒ Beschreibe, wie es nach einer Ruhephase der Viren zum erneuten Ausbruch der Erkrankung kommen kann.

3 ☒ Viele Menschen sind mit dem Herpesvirus infiziert, ohne es zu merken. Erkläre diese Tatsache.

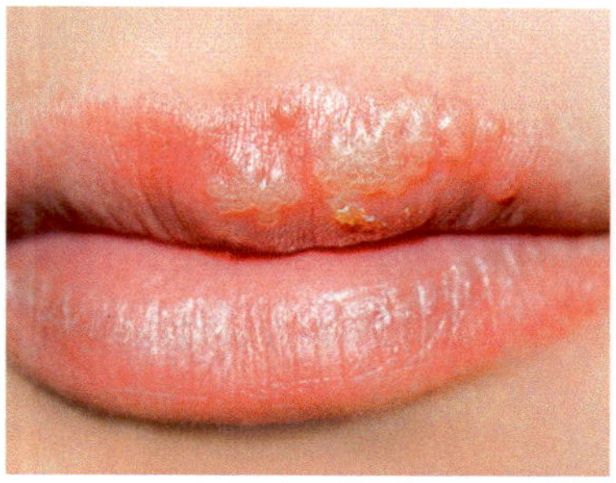

4 Lippenbläschen

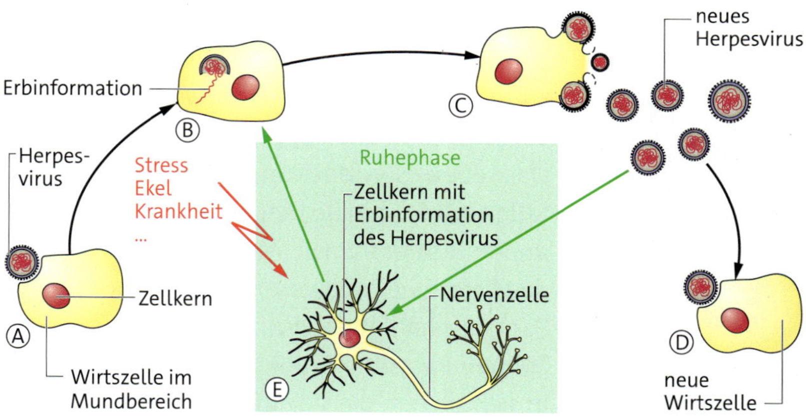


5 Vermehrung von Herpesviren

# Parasiten schädigen Menschen

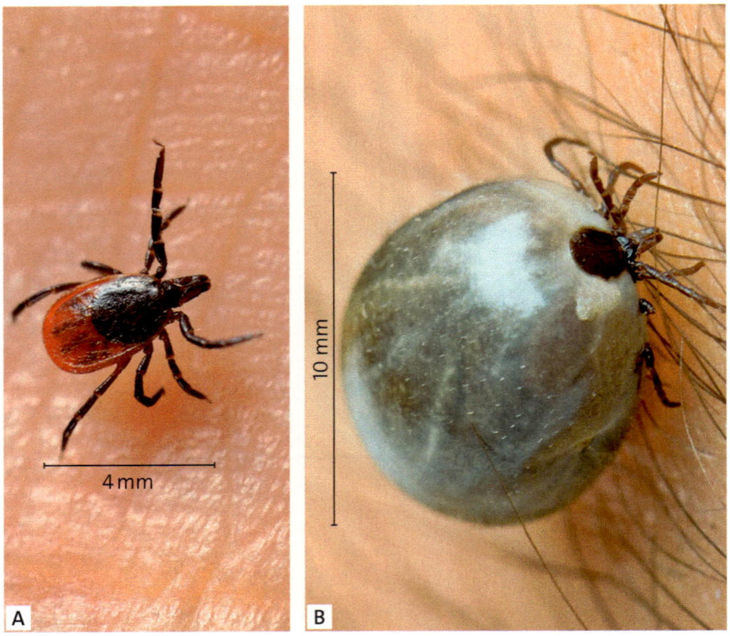


1 Zeckenweibchen: **A** leer, **B** mit Blut vollgesaugt

**Vor allem in den Sommermonaten soll man seine Haut nach Zecken absuchen, nachdem man sich im Wald oder im hohen Gras aufgehalten hat. Wie leben Zecken und welche Gefahr geht von diesen unscheinbaren Tieren aus?**

**Leben auf Kosten anderer** • Manche Tiere leben auf oder in anderen Lebewesen und ernähren sich von diesen. Solche Tiere nennt man Parasiten. Dazu zählen zum Beispiel Bandwürmer, Zecken, Flöhe und Läuse. → 1 – 3 Das Lebewesen, das vom Parasiten befallen wird, ist in der Regel deutlich größer als der Parasit. Man bezeichnet das befallene Lebewesen als Wirt. Der Parasit schädigt den Wirt. Außerdem können Parasiten Krankheitserreger in sich tragen, die sie auf ihren Wirt übertragen.

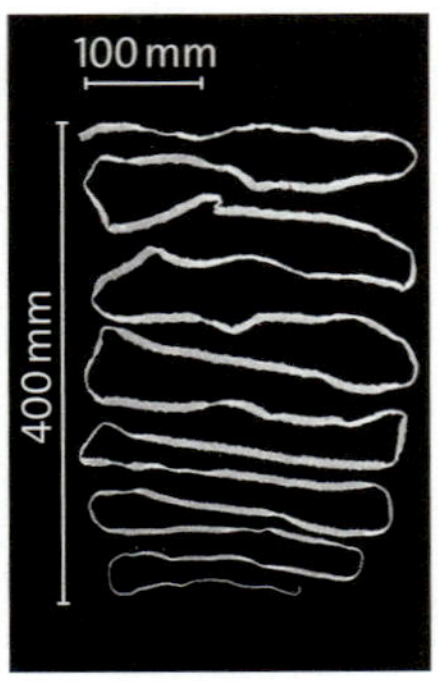


2 Bandwurm

**Zecken können krank machen** • Zecken ernähren sich vom Blut anderer Lebewesen. Sie sitzen oft an Grashalmen und können sich an den Haaren oder der Haut von vorbeilaufenden Tieren und Menschen festhalten. Dann bohren sie mit ihrem Stechsaugrüssel in die Haut und saugen Blut. Nachdem sich eine Zecke mit Blut vollgesaugt hat, ist sie deutlich größer als vorher. → 1 Weil die Zecken auf ihrem Wirt leben, werden sie auch als Außenparasiten bezeichnet. Beim Blutsaugen können Zecken Erreger übertragen, die beim Menschen schwere Krankheiten auslösen können. Das sind zum Beispiel Bakterien, die zu Borreliose führen. Diese Krankheit ist an einem Hautausschlag erkennbar und kann mit Medikamenten behandelt werden. Ohne Behandlung vermehren sich die Bakterien im Menschen und können das Gehirn und Herz dauerhaft schädigen.

**Malaria – eine Tropenkrankheit** • Anders als in Deutschland können Mücken in den Tropen bedrohliche Krankheiten übertragen. Ein Beispiel ist die Krankheit Malaria, an der jährlich weltweit bis zu eine Million Menschen sterben.

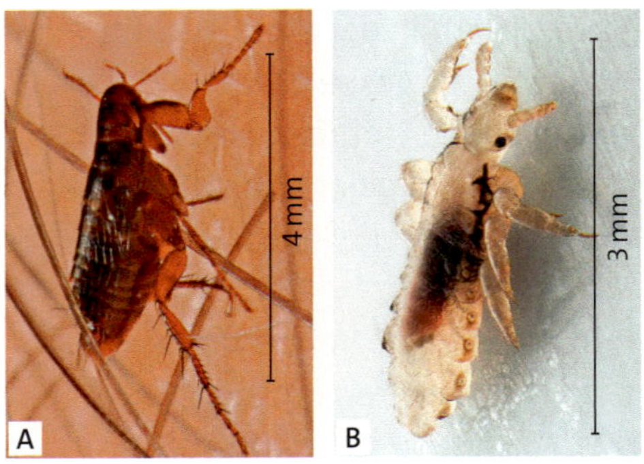


3 Parasiten: **A** Floh, **B** Laus

der Parasit
der Wirt
der Wirtswechsel
der Generationswechsel

Malaria wird von Einzellern verursacht, die man Plasmodien nennt. Sie werden von der weiblichen Anopheles-Mücke auf den Menschen übertragen. → 4 Man spricht von einem Wirtswechsel. Durch den Stich der Mücke gelangen Plasmodien in das menschliche Blut. Sie vermehren sich in der Leber und in den roten Blutzellen. Die roten Blutzellen heißen auch Erythrozyten. Die befallenen Blutzellen platzen und entlassen die Plasmodien wieder ins Blut, wo sie weitere Erythrozyten befallen. Auf die Plasmodien und ihre Giftstoffe reagiert der Körper mit Fieberschüben. Die Schädigung der Erythrozyten führt dazu, dass die Organe nicht mehr ausreichend mit Sauerstoff versorgt werden. Weil Plasmodien in ihrem Wirt leben, nennt man sie Innenparasiten.

**Vermehrung** • Die Plasmodien vermehren sich durch Teilung. Das nennt man ungeschlechtliche Vermehrung. Manche Plasmodien entwickeln sich zu weiblichen und männlichen Formen. Diese nimmt eine Mücke auf, wenn sie bei einem infizierten Menschen Blut saugt. In der Mücke vermehren sich die weiblichen und männlichen Plasmodien dann durch Befruchtung. Es erfolgt also eine geschlechtliche Vermehrung. Weil sich die Plasmodien im Menschen ungeschlechtlich und in der Mücke geschlechtlich vermehren, spricht man von einem Generationswechsel.

**Vorbeugung** • Um sich vor Malaria zu schützen, sollte man besonders in den Tropen Mückenstiche vermeiden.

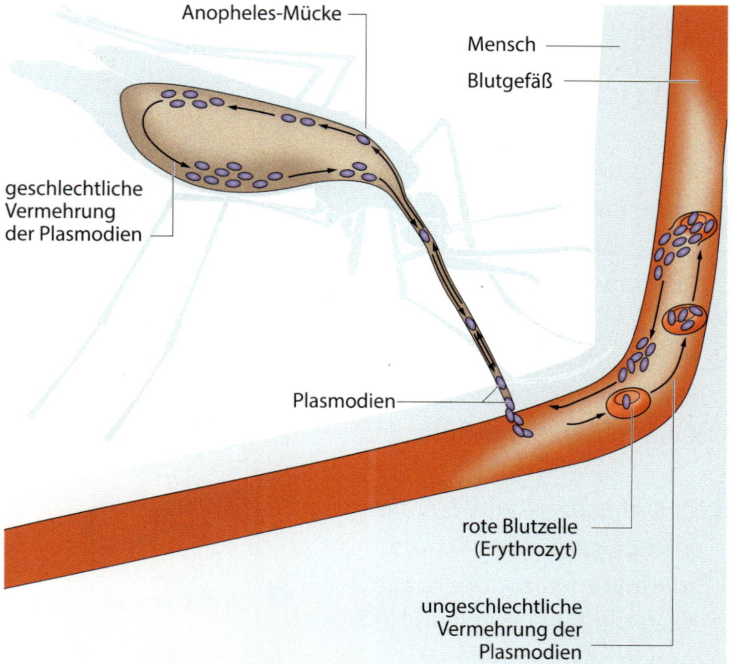


4 Übertragung von Plasmodien durch eine Anopheles-Mücke

Dazu gibt es Mittel zum Einsprühen oder Einreiben, die Mücken abweisen. Außerdem schützen lange Kleidung und ein Moskitonetz über dem Bett. Man kann zur Vorbeugung auch Tabletten einnehmen.

**Parasiten leben auf oder in anderen Lebewesen und ernähren sich von ihnen. Sie schädigen ihren Wirt.**

## Aufgaben

**1** Erkläre, was ein Außenparasit und ein Innenparasit ist. Nenne Beispiele.

**2** Notiere zu Borreliose und Malaria Informationen zu: Parasit, Wirt, Überträger und Symptomen.

# Parasiten schädigen Menschen

## Material A

### Schutz vor Parasiten

1 Ordne die Bilder 1–4 den folgenden Parasiten zu: Zecke, Anopheles-Mücke, Kopflaus und Floh.

2 Beschreibe, welche Schutzmaßnahmen in den Bildern A–H dargestellt sind.

3 Ordne den Parasiten die jeweils passenden Schutzmaßnahmen zu. Übertrage dazu die Tabelle in dein Heft und vervollständige sie. Beachte, dass mehrere Zuordnungen möglich sein können.

| Schutz vor ... | Maßnahmen |
|---|---|
| Zecken | Man sollte ... |
| | |

4 Stelle für jeden Parasiten Vermutungen an, an welchen Orten eine Gefahr des Befalls besteht. → 5 6

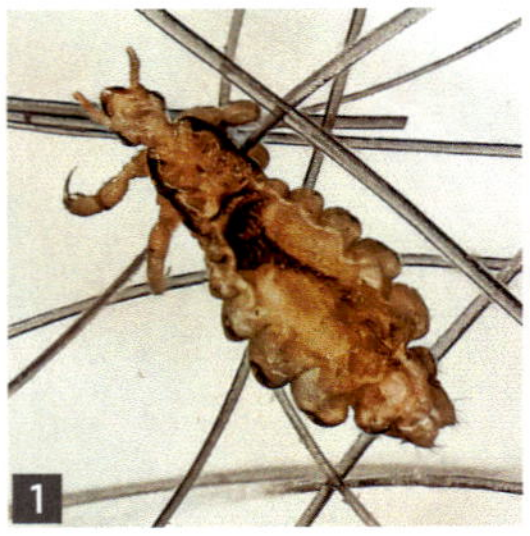
1

A

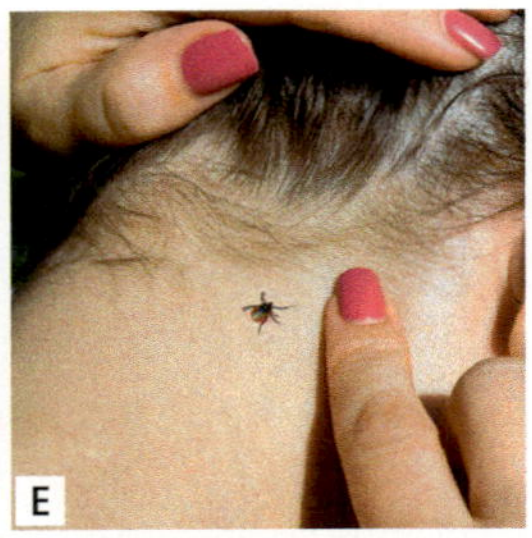
E

2

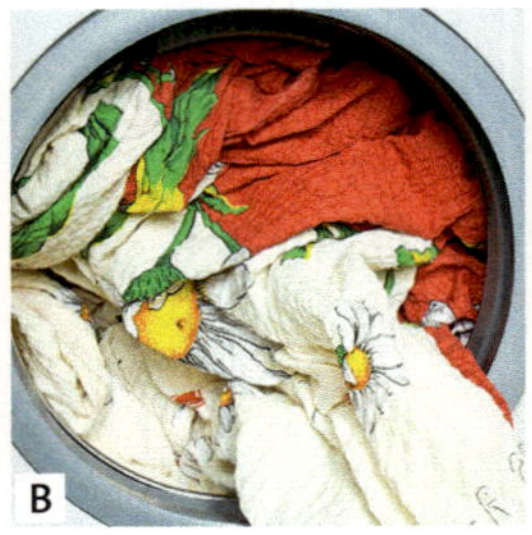
B

F

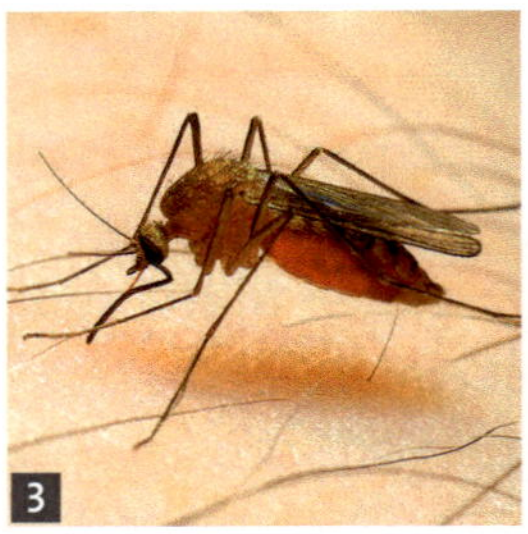
3

C

G

4

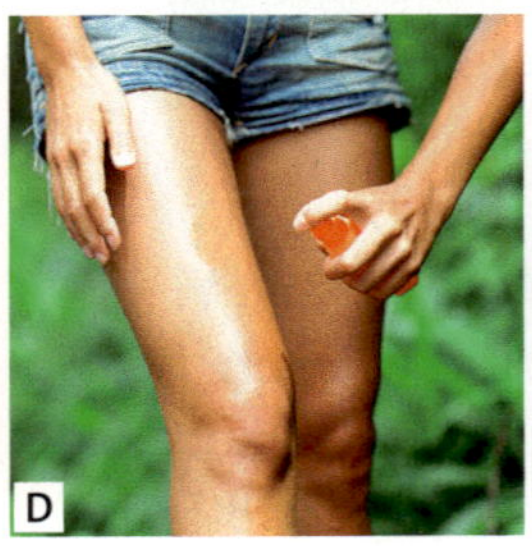
D

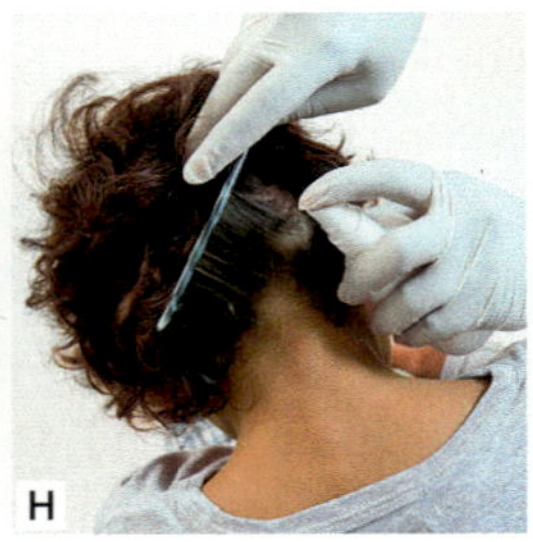
H

5

**Kopfläuse** klammern sich mit ihren Beinen an den Kopfhaaren des Menschen fest. Mit ihren Mundwerkzeugen ritzen sie die Kopfhaut an und lecken dann das Blut auf. Sie lösen juckende Quaddeln und Pusteln auf der Haut aus. Kopfläuse und auch Flöhe können sich schneller an Orten ausbreiten, wo viele Menschen zusammen sind.

6

**Flöhe** haben, ähnlich wie Zecken, einen Stechsaugrüssel, mit dem sie in die Haut ihrer Wirte stechen und deren Blut saugen. Beim Menschen leben sie meistens zwischen den Haaren auf dem Kopf. Flöhe können von Haustieren auf den Menschen überspringen. Man kann seinen Haustieren vorbeugend ein Flohhalsband anlegen.

## Material B

### Vorsicht: Fuchsbandwurm!

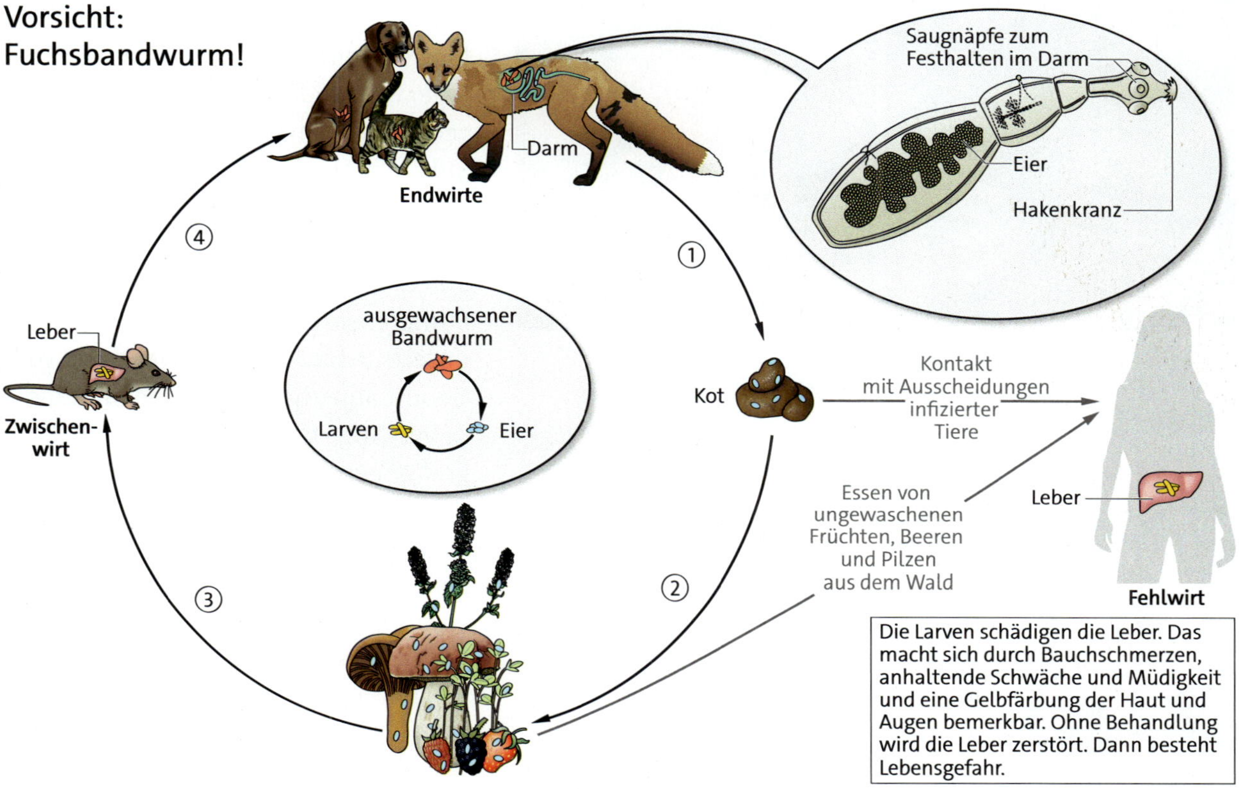


7 Lebenszyklus des Fuchsbandwurms

Im Darm von Füchsen, Hunden und Katzen kann der Fuchsbandwurm leben. Für diese Tiere ist der Parasit unschädlich, doch sie scheiden seine Eier mit dem Kot aus. Nimmt ein Nagetier, zum Beispiel eine Maus, die Eier mit der Nahrung auf, bilden sich daraus Larven. Die Larven schädigen die Leber, was langfristig zum Tod der Maus führt. Füchse infizieren sich mit dem Parasiten, wenn sie befallene Mäuse fressen. Während seiner Entwicklung wechselt der Fuchsbandwurm den Wirt. Die Maus ist der Zwischenwirt, weil sich in ihr die Larven entwickeln. Den Fuchs bezeichnet man als Endwirt, weil der Fuchsbandwurm in ihm wächst und sich fortpflanzt.

1 Ordne den Lebewesen in Bild 7 die drei Stadien des Fuchsbandwurms zu.

2 Beschreibe die Entwicklung des Fuchsbandwurms von 1–4. → 7

3 Erkläre, wozu der Fuchsbandwurm einen Wirtswechsel vollzieht.

4 Begründe, warum Haustiere wie Hunde regelmäßig entwurmt werden sollten.

5 Beschreibe, wie sich auch Menschen mit dem Fuchsbandwurm infizieren. → 7

6 Begründe, warum man den Menschen als Fehlwirt bezeichnet.

# Stark in der Abwehr – das Immunsystem

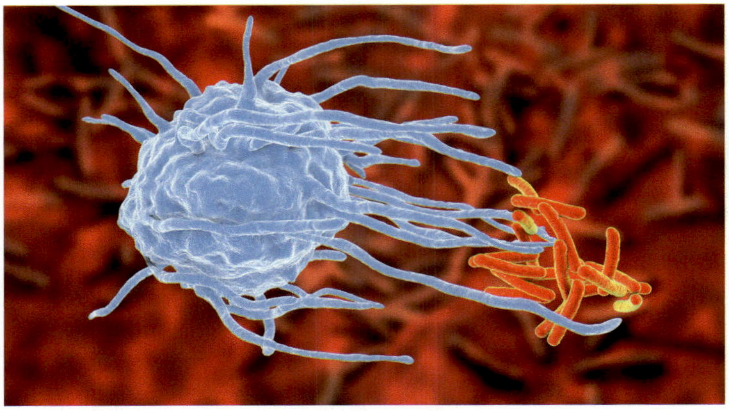

1 Eine Fresszelle (blau) bekämpft Bakterien.

**Obwohl es unzählige Krankheitserreger gibt, sind wir trotzdem meistens gesund. Wie setzt sich der Körper zur Wehr?**

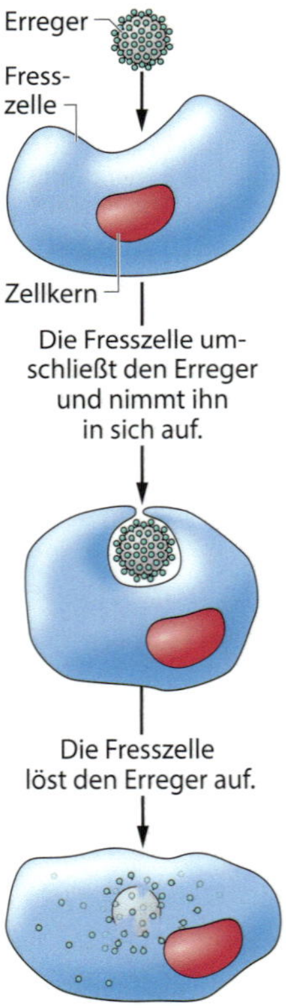


2 Unspezifische Abwehr

**Die erste Abwehr** • Um in den Körper zu gelangen, müssen Erreger einige Barrieren überwinden: Die Schleimhäute an Körperöffnungen wie Mund und Nase produzieren eine feuchte Schutzschicht, die Abwehrstoffe enthält. Mit der Nahrung aufgenommene Erreger werden größtenteils von der Magensäure im Magen abgetötet. Zudem ist die Haut mit einem Säureschutzmantel überzogen, der die Ansiedlung und Vermehrung von Erregern verhindert. Trotzdem gelingt es Erregern wie Bakterien und Viren, die Barrieren zu durchbrechen.

**Unspezifische Abwehr** • Wenn Erreger in den Körper eindringen, wird eine Abwehrreaktion ausgelöst. Hierfür sind verschiedene Zelltypen des Immunsystems zuständig. Die Hauptfunktion in der Abwehr übernehmen die Leukozyten. Zu ihnen gehören die Fresszellen. Sie erkennen die Erreger, nehmen sie in ihr Zellinneres auf und lösen sie auf. → 2 So werden die Erreger unschädlich gemacht. Die Fresszellen nehmen alle Arten von Erregern auf. Daher bezeichnet man diese Vorgänge auch als unspezifische Abwehr.

**Von Geburt an** • Unsere körpereigenen Barrieren gegen Krankheitserreger und unsere unspezifische Abwehr sind von Geburt an ausgebildet. Man fasst diese Vorgänge deswegen unter dem Begriff angeborene Abwehr zusammen.

**Spezifische Abwehr** • Wirksamer gelingt die Abwehr, wenn viele Zellen zusammnarbeiten, die jeweils bestimmte Erreger bekämpfen. Gelangen Erreger, zum Beispiel Viren, ins Blut, werden sie von Riesenfresszellen zerlegt. → 3 Die Riesenfresszellen präsentieren dann Bruchstücke der Viren auf ihrer Außenseite. Diese Bruchstücke nennt man Antigene. So informieren sie die T-Helferzellen über die Art des Erregers. Daraufhin regen die T-Helferzellen die Plasmazellen an, bestimmte Abwehrstoffe gegen die Viren zu bilden. → 3A Diese Abwehrstoffe bezeichnet man als Antikörper. Die Antikörper sind so geformt, dass sie genau auf die Antigene der Viren passen. Die Antikörper verbinden sich mit den Antigenen, wodurch die Viren verklumpen. Man nennt das so entstandene Gebilde einen Antigen-Antikörper-Komplex. Er wird durch Riesenfresszellen vernichtet.

das Immunsystem
die unspezifische Abwehr
die spezifische Abwehr
der Antikörper
die Immunität

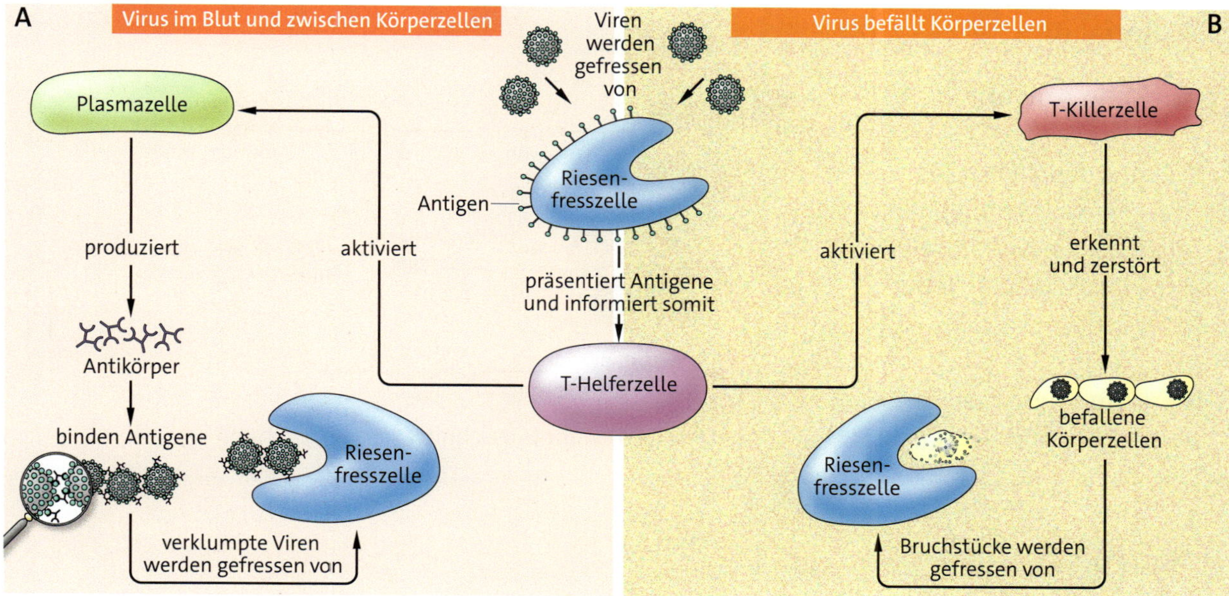


3 Ablauf der spezifischen Abwehr am Beispiel von Viren

Befallen Viren hingegen Körperzellen, aktivieren die T-Helferzellen bestimmte Zellen, die T-Killerzellen heißen. → 3B Diese erkennen befallene Körperzellen und töten sie ab. Die Körperzellen und die Virusbausteine werden dann von den Riesenfresszellen beseitigt. Da die T-Killerzellen und die Antikörper gezielt nur eine bestimmte Art von Erregern abwehren, bezeichnet man diese Vorgänge als spezifische Abwehr.

**Erreger bleiben im Gedächtnis** • Einige T-Killerzellen und Plasmazellen wandeln sich in Gedächtniszellen um. Diese speichern Informationen über die Eigenschaften des bekannten Erregers. Kommt es zu einer erneuten Infektion mit dem gleichen Erreger, werden sofort sehr viele passende Antikörper und T-Killerzellen gebildet. Die Krankheit bricht in der Regel nicht wieder aus. Diese Unempfindlichkeit gegenüber bestimmten Erregern wird als Immunität bezeichnet. Weil die spezifische Abwehr durch einen früheren Kontakt mit einem Erreger verstärkt wird, spricht man auch von einer erworbenen Abwehr.

**Bei der unspezifischen Abwehr bekämpfen Fresszellen jede Art von Erreger. An der spezifischen Abwehr sind verschiedene Zellen beteiligt, die Erreger gezielt bekämpfen.**

## Aufgaben

1 Beschreibe die Funktion der Fresszellen bei der unspezifischen Abwehr.

2 Erstelle eine Tabelle zu den an der spezifischen Abwehr beteiligten Zellen und ihren Funktionen.

# Stark in der Abwehr – das Immunsystem

## Material A

### Spezifische Abwehr

1 Ordne den Ziffern des Pfeilschemas die folgenden Zellen zu: Riesenfresszelle (2×), Plasmazelle, T-Helferzelle, Gedächtniszelle. → 1

2 Erkläre, wieso man von spezifischer Abwehr spricht.

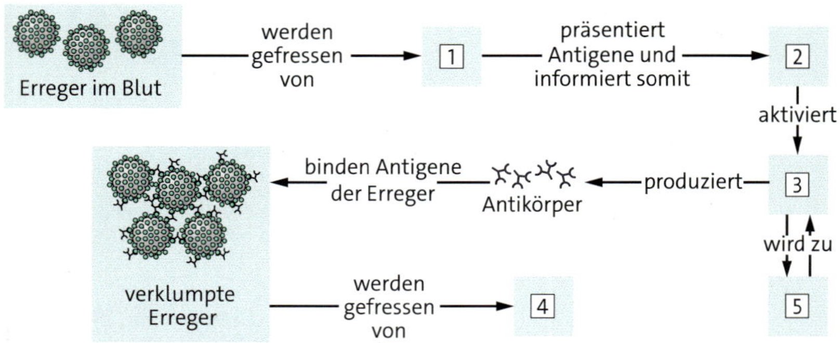


1 Spezifische Abwehr (Ausschnitt)

## Material B

### Entzündungsreaktion

Wenn man sich zum Beispiel einen Holzsplitter einfängt, kann es richtig schmerzen. Die Stelle kann sich entzünden. Was passiert bei einer Entzündung genau?

1 Lies den Text im grauen Kasten.

a Gib die fünf Symptome einer Entzündung an.

b Beschreibe, woraus Eiter besteht.

2 Beschreibe den Ablauf einer Entzündungsreaktion. → 2

3 Begründe, ob die Entzündungsreaktion Teil der spezifischen oder Teil der unspezifischen Abwehr ist.

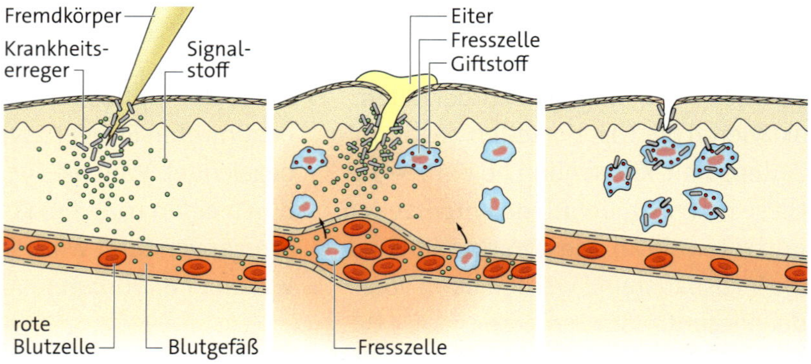


2 Entzündungsreaktion

**Entzündungsreaktion** Sie entsteht, wenn bei einer Verletzung viele Krankheitserreger in den Körper eindringen. Das Gewebe rötet sich und wird wärmer. Es schwillt an und schmerzt. Das führt zu Einschränkungen, man kann die betroffene Stelle zum Beispiel nicht mehr richtig bewegen. Diese Symptome entstehen dadurch, dass die Körperzellen Signalstoffe freisetzen. Diese lösen Abwehrreaktionen aus: Die Blutgefäße werden durchlässiger, sodass Fresszellen leichter ins geschädigte Gewebe gelangen. Die Fresszellen zerstören die eingedrungenen Erreger und sterben dann durch aufgenommene Giftstoffe ab. Körperzellen, Erreger und abgestorbene Fresszellen bilden eine gelbliche Flüssigkeit, den Eiter. Er wird nach außen abgegeben.

## Material C

### Antikörper und Antigene

**Materialliste:** farbige Pappe, Schere, Klebestreifen, Knete, Schwämme, Luftballons, usw.

1 Entwickle ein Modell von Viren mit Antigenen und den dazu passenden Antikörpern. Wähle Materialien aus, die sich für dein Modell eignen.

2 Stelle mit deinem Modell dar, wie Antikörper zur Verklumpung von Viren führen.

3 Erläutere anhand des Modells das Schlüssel-Schloss-Prinzip. → 4

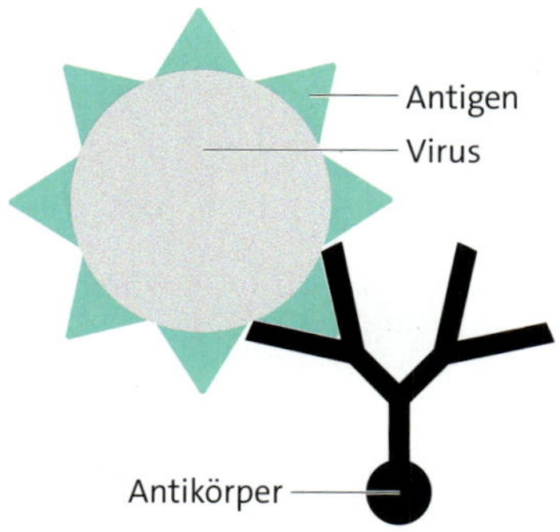


3 Beispiel für ein Modell

4 Vergleiche dein Modell mit der Wirklichkeit. Worin stimmt es mit der Wirklichkeit überein und worin unterscheidet es sich davon?

5 Erläutere, warum das Modell von der Wirklichkeit abweichen muss.

**Schlüssel-Schloss-Prinzip** Die Anlagerung eines Antikörpers an ein Antigen ist vergleichbar mit einem Schlüssel, der zu einem bestimmten Schloss passt. Diese Passgenauigkeit ist bei allen Antikörpern vorhanden und eine Voraussetzung dafür, dass sie ihre Funktion erfüllen. Dieses biologische Prinzip wird Schlüssel-Schloss-Prinzip genannt. Es lässt sich auch auf andere Vorgänge im Körper übertragen.

4

## Material D

### Immunität

Heute weiß man, dass die Infektionskrankheit Masern von Viren ausgelöst wird. Früher war es dagegen ein Rätsel, wieso Menschen an Masern erkrankten und warum manche Menschen davon verschont blieben.

*Bei meiner Reise auf die Färöer-Inseln 1846 machte ich eine erstaunliche Beobachtung. In dem Jahr erkrankten über drei Viertel der Bevölkerung an Masern. Verschont blieben nur diejenigen, die 65 Jahre zuvor schon einmal an Masern erkrankt waren und wieder gesund wurden. Damals brachte ein Tischler, der aus einem anderen Land angereist war, diesen geheimnisvollen „Stoff" mit, der die Masern auslöst. Ich stellte mir die Frage: Wieso erkrankten manche Menschen, andere aber nicht?*

5 Bericht eines Arztes von den Färöer-Inseln 1846

1 Beschreibe die Beobachtungen, die zum Ausbruch der Masern auf den Inseln gemacht wurden. → 5

2 Erkläre nach heutigem Wissensstand, wodurch die Masern auf den Inseln erstmals ausgelöst wurden.

3 Erkläre nach heutigem Wissensstand, weshalb nicht alle Menschen ein weiteres Mal an Masern erkrankten.

# Stark in der Abwehr – das Immunsystem

## Erweitern und Vertiefen

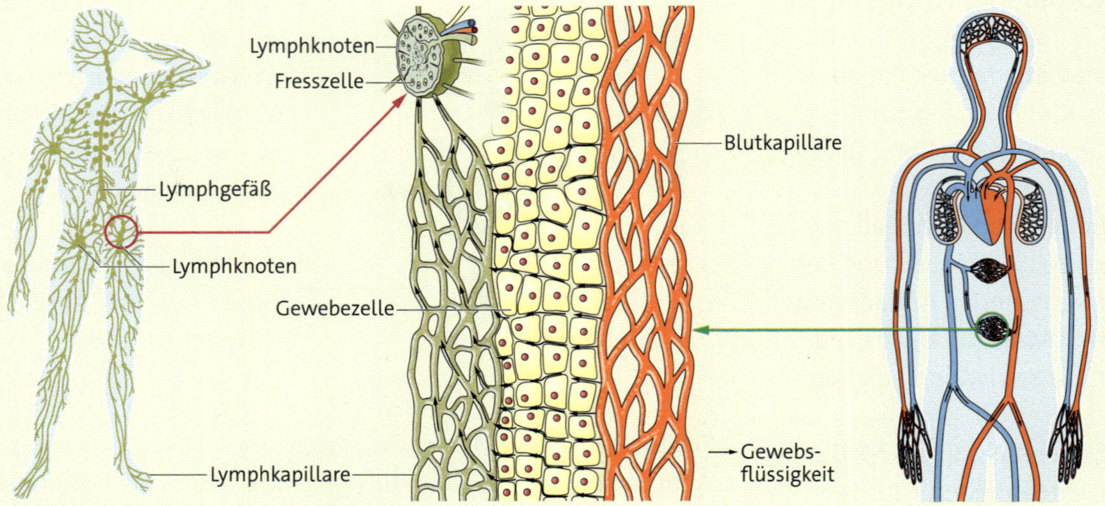


1 Lymphsystem und Blutgefäßsystem arbeiten zusammen.

### Das Lymphsystem

**Lymphsystem** • Wie auch das Blutgefäßsystem durchzieht das Lymphsystem den gesamten Körper. → 1 An den kleinsten Blutgefäßen, den sogenannten Blutkapillaren, gelangt Blutplasma in umliegendes Gewebe und durchtränkt es wie einen Schwamm. Das Blutplasma versorgt die Zellen mit Nährstoffen und transportiert Abfallstoffe weg. Dann tritt die Gewebsflüssigkeit in die kleinsten Lymphgefäße ein, die Lymphkapillaren. Die Flüssigkeit in den Lymphkapillaren bezeichnet man als Lymphe.

**Teil der Abwehr** • Das Lymphsystem ist ein wichtiger Teil der körpereigenen Abwehr. In der Lymphe befinden sich besonders viele Fresszellen, so wie auch im Blut und Gewebe. Diese bauen Giftstoffe, abgestorbene Zellen und Krankheitserreger ab.

**Lymphknoten** • Entlang der größeren Lymphgefäße befinden sich Lymphknoten. → 1 Bei einer Infektion sammeln sich vermehrt Zellen des Immunsystems in den Lymphknoten, die der Infektion am nächsten liegen. Dadurch schwellen die Lymphknoten an und können schmerzen. Ärzte können die Schwellung der Lymphknoten durch Abtasten feststellen und so auf eine Infektion schließen.

Das Lymphsystem ist ein Teil der Abwehr. Die Lymphe enthält viele Fresszellen.

### Aufgaben

1 ◩ Nenne die Aufgaben des Lymphsystems.

2 ⊠ Beschreibe den Zusammenhang zwischen Blutgefäß- und Lymphsystem.

3 ⊠ Erkläre die Funktion der Lymphknoten.

## Erweitern und Vertiefen

### Autoimmunerkrankungen

**Autoimmunerkrankungen** • Es gibt Krankheiten, bei denen das Immunsystem körpereigene Zellen als Fremdkörper deutet und angreift. Man nennt sie Autoimmunerkrankungen.

**Multiple Sklerose** • Bei dieser Krankheit greift das Immunsystem die Hüllzellen der Nervenzellen an. → 2 Dadurch werden elektrische Signale nur noch langsam weitergeleitet. Das kann zu Muskelschwäche, Lähmungen, Sprach- und Sehstörungen führen. Die Krankheit ist noch unheilbar. Medikamente verzögern den Krankheitsverlauf oder lindern die Symptome.

**Morbus Crohn** • Bei dieser Erkrankung ist die Schleimhaut des Verdauungstrakts dauerhaft entzündet. Dabei greift das Immunsystem vor allem Zellen der Speiseröhre, des Dünndarms und Dickdarms an. → 3 Die Erkrankten leiden häufig unter Durchfällen, Bauchkrämpfen und Gewichtsverlust. Eine Heilung ist derzeit nicht möglich. Medikamente können den Krankheitsverlauf verzögern oder die Symptome lindern.

**Diabetes Typ 1** • Bei Diabetes Typ 1 greift das Immunsystem die Zellen der Bauchspeicheldrüse an, die das Hormon Insulin produzieren. Der Insulinmangel führt dazu, dass die Zellen keinen Zucker aus dem Blut aufnehmen. Dadurch ist der Blutzuckerspiegel dauerhaft hoch, was zu Schwindel, Müdigkeit und starkem Durst führt. Langfristig werden Gewebe und Organe geschädigt. Diese Form von Diabetes kann nicht geheilt werden. Erkrankte müssen sich das Insulin durch Spritzen zuführen.

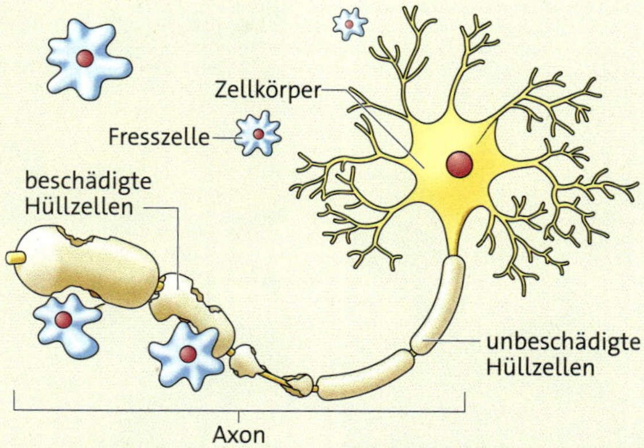


2 Beschädigte Nervenzelle (Multiple Sklerose)

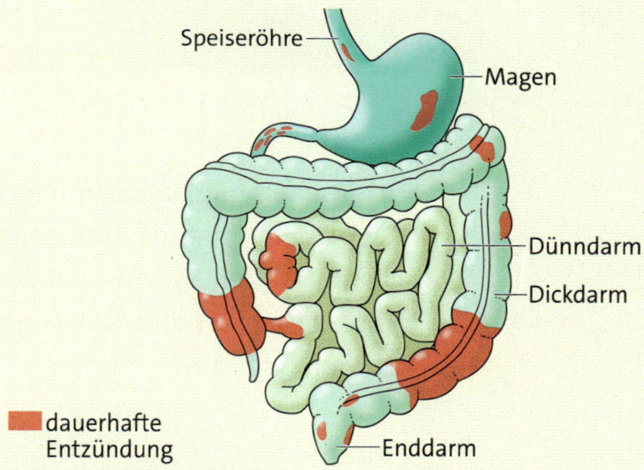


3 Entzündeter Verdauungstrakt (Morbus Crohn)

**Bei Autoimmunerkrankungen greift das Immunsystem körpereigene Zellen an.**

### Aufgaben

**1** Erkläre, was man unter einer Autoimmunerkrankung versteht.

**2** Stelle die Eigenschaften der drei Krankheiten in einer Tabelle dar: betroffene Zellen, Symptome, Heilung, Behandlung.

# Überreaktion des Immunsystems

1 Blühende Pflanzen – nicht immer eine Freude

**Menschen mit Heuschnupfen können sich über blühende Pflanzen nicht so richtig freuen. Sie müssen dann niesen, ihre Nase läuft und ihre Augen jucken. Woran liegt das?**

**Allergie** • Bei manchen Menschen ist der Körper empfindlich gegen die Pollenkörner, die Pflanzen abgeben. Diese Menschen haben Heuschnupfen.

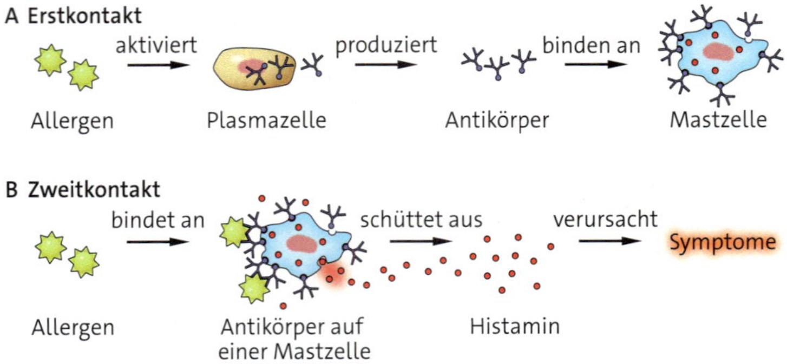


2 Ablauf einer allergischen Reaktion

Jeder Mensch atmet die mikroskopisch kleinen Pollenkörner mit der Luft ein. Der Kontakt ist somit ganz natürlich. Bei Menschen mit Heuschnupfen wird im Körper jedoch eine Abwehrreaktion ausgelöst, weil das Immunsystem die Pollenkörner als schädlich einstuft. Diese Überreaktion des Immunsystems auf einen harmlosen Stoff wird Allergie oder allergische Reaktion genannt.

**Stoffe lösen Allergien aus** • Ein Stoff, der für den Körper eigentlich harmlos ist, aber bei manchen Menschen eine allergische Reaktion auslöst, nennt man Allergen. Allergene befinden sich in Pollenkörnern, Tierhaaren, verschiedenen Nahrungsmitteln, Insektengiften oder auch im Kot bestimmter Milben, der eine Hausstaub-Allergie auslösen kann. Auch Duftstoffe in Kosmetikprodukten oder Metalle, aus denen Schmuck hergestellt wird, können Allergene sein.

**Allergische Reaktion** • Beim ersten Kontakt mit einem Allergen wird das Immunsystem aktiviert. → 2A Die Plasmazellen stellen Antikörper her, die zum Allergen passen. In der Haut und in den Geweben der Schleimhäute und des Darms befinden sich Mastzellen. Das ist ein bestimmter Typ von weißen Blutkörperchen. Weiße Blutkörperchen heißen auch Leukozyten. Die Antikörper binden an die Mastzellen. Bei einem Zweitkontakt verbindet sich das Allergen mit den Antikörpern auf den Mastzellen. → 2B Die Mastzellen schütten dann das Hormon Histamin aus. Dieses löst die Symptome der Allergie aus.

die Allergie
die allergische Reaktion
das Allergen
die Mastzelle
das Histamin

Hat man Heuschnupfen, schwellen die Schleimhäute an, die Nase läuft, die Augen brennen und tränen und die Luftröhre verengt sich, sodass man husten muss. Bei einer Allergie gegen bestimmte Nahrungsmittel kommt es zu Verdauungsproblemen.

**Diagnose** • Ob der Körper empfindlich gegen verschiedene Stoffe ist und wie stark er darauf reagiert, wird durch einen Allergietest untersucht. → 4 Dafür tropft ein Arzt Flüssigkeiten mit verschiedenen Allergenen auf die Haut. Dann sticht er mit einer Nadel durch die Tropfen in die Haut. An einer Rötung und Schwellung erkennt man, welcher Stoff eine allergische Reaktion auslöst.

**Mit einer Allergie leben** • Hat man eine Allergie, sollte man den Kontakt mit dem Allergen möglichst vermeiden. Menschen mit Heuschnupfen sollten sich zu bestimmten Zeiten weniger im Freien aufhalten. In einem Pollenflugkalender erfährt man, wann Pflanzen ihre Pollenkörner abgeben. → 3 Bei einer Allergie gegen Nahrungsmittel kann man anhand der Verpackungen die Inhaltsstoffe überprüfen. Man kann die Symptome einer allergischen Reaktion auch durch Nasensprays, Tabletten oder Tropfen lindern. Diese bewirken, dass die Mastzellen kein Histamin mehr ausschütten. Dauerhaft kann eine Behandlung helfen, bei der man den Körper über einen längeren Zeitraum mit dem Allergen in Kontakt bringt. Dabei wird die Menge gesteigert, um den Körper daran zu gewöhnen.

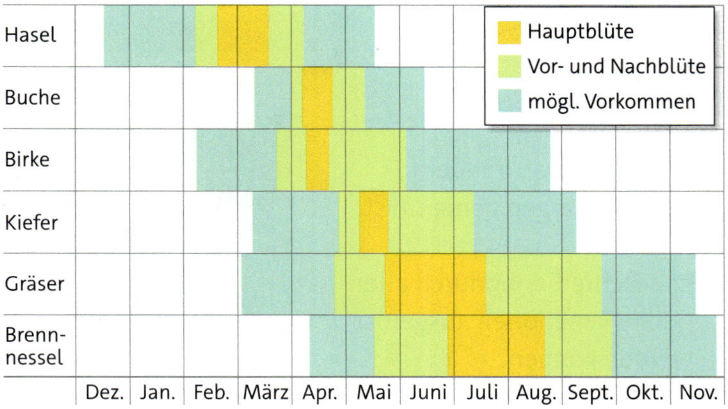


3 Pollenflugkalender

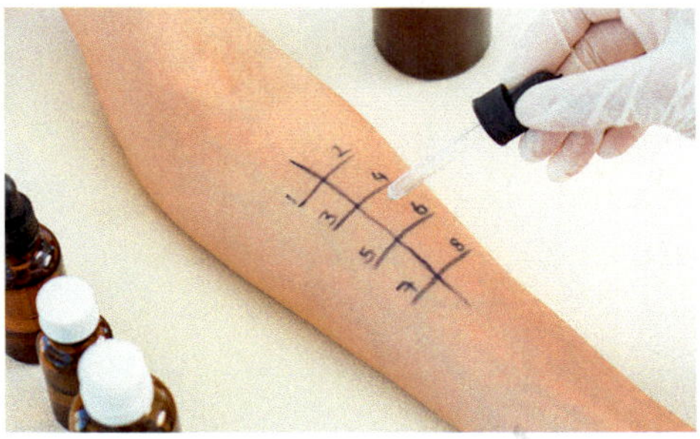

4 Allergietest

Eine Allergie ist eine übermäßige Abwehrreaktion des Immunsystems auf einen harmlosen Stoff. Diesen Stoff nennt man Allergen.

## Aufgaben

1 Erkläre, was eine Allergie ist.

2 Max ist allergisch gegen die Pollenkörner der Haselnuss und der Birke. Beschreibe, was er tun kann, um seine Beschwerden zu lindern.

3 Erläutere, wie sich eine Allergie auf das Leben auswirken kann.

# Überreaktion des Immunsystems

## Material A

### Abhilfe bei Allergien

1 ☑ Erkläre, was mit dem Begriff Allergen gemeint ist.

2 ☑ Beschreibe, wodurch allergische Reaktionen ausgelöst werden können. → 1 – 6

3 Hat man eine Allergie, sollte man den Kontakt mit dem Allergen vermeiden.
☒ Ermittle für jedes Allergen Maßnahmen, mit denen sich allergische Personen schützen können. Lege dazu eine Tabelle an.

1 Wespe

2 Erdnüsse

3 Ringe mit Nickel

4 Parfüm

5 Hund

6 Hausstaubmilbe

## Material B

### Allergische Reaktion

Bild 7 zeigt den Ablauf einer allergischen Reaktion.

1 ☑ Benenne die mit den Zahlen 1–5 markierten Strukturen.

2 ☒ Formuliere passende Überschriften für die Vorgänge A–E.
Beispiel: A Kontakt mit einem Allergen

3 ☒ Beschreibe den Ablauf einer allergischen Reaktion mithilfe deiner Überschriften.

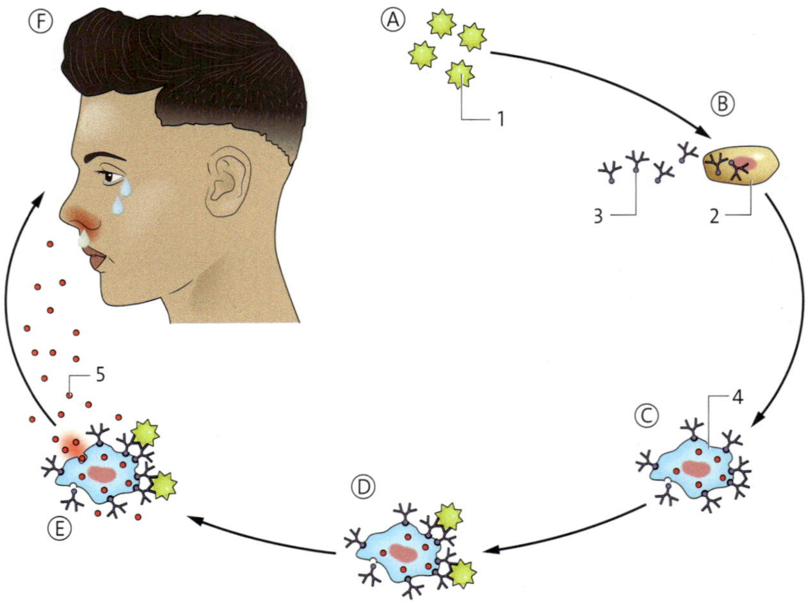


7 Ablauf einer allergischen Reaktion

## Material C

### Allergietest

Beim Pricktest (engl. prick: Stich) werden Flüssigkeiten mit Allergenen auf die Haut getropft und dann mit einer Nadel in die Haut gestochen. Bilden sich an den eingestochenen Hautstellen nach etwa 30 Minuten Rötungen oder Schwellungen, hat man eine Allergie gegen den Stoff. Je empfindlicher man dagegen ist, desto stärker zeigen sich die Symptome auf der Haut. Zwei Kontroll-Flüssigkeiten weisen nach, ob die Hautveränderungen tatsächlich durch das Allergen ausgelöst wurden.

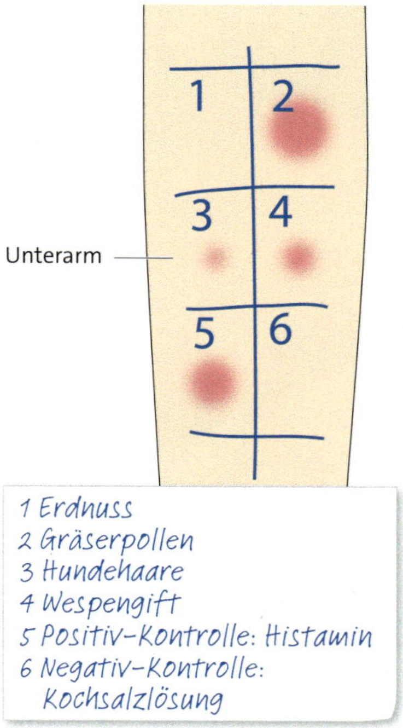


8 Ergebnis eines Pricktests

**1** Bild 8 zeigt das Ergebnis eines Pricktests.

a Beschreibe, was auf dem Unterarm zu sehen ist.

b Werte das Ergebnis des Pricktests aus.

**2** Erkläre, weshalb die Flüssigkeiten mit den Allergenen unter die Haut gestochen werden müssen.

**3** Bei der Positiv-Kontrolle sollten immer Schwellungen auftreten. Dagegen sollte die Negativ-Kontrolle keine Hautveränderung auslösen.
Erkläre den Sachverhalt.

## Material D

### Allergien behandeln

Gegen bestimmte Allergien kann eine Behandlung helfen, die man Hyposensibilisierung nennt. Dabei wird dem Körper über Monate oder Jahre immer wieder ein Allergen in kleinen Mengen verabreicht und die Mengen werden langsam erhöht. Dadurch werden Zellen des Immunsystems angeregt, Antikörper zu bilden, die das Allergen binden. Dadurch schütten die Mastzellen weniger Histamin aus.

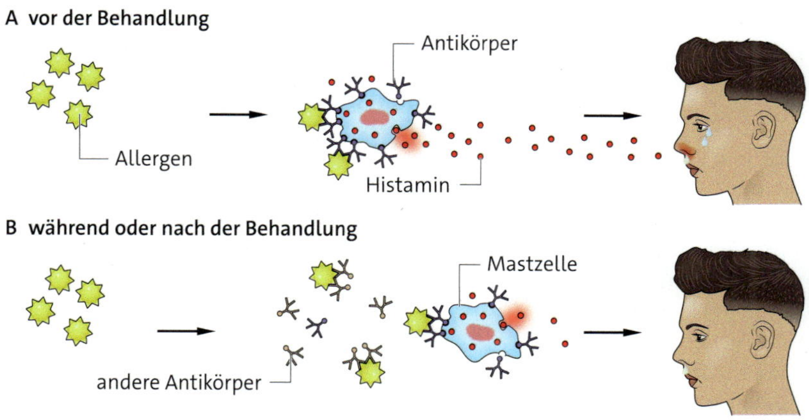


9 Ablauf einer allergischen Reaktion

**1** Erkläre den Zweck einer Hyposensibilisierung.

**2** Beschreibe den Vorgang im Körper. → 9

# Impfen – Hilfe für das Immunsystem

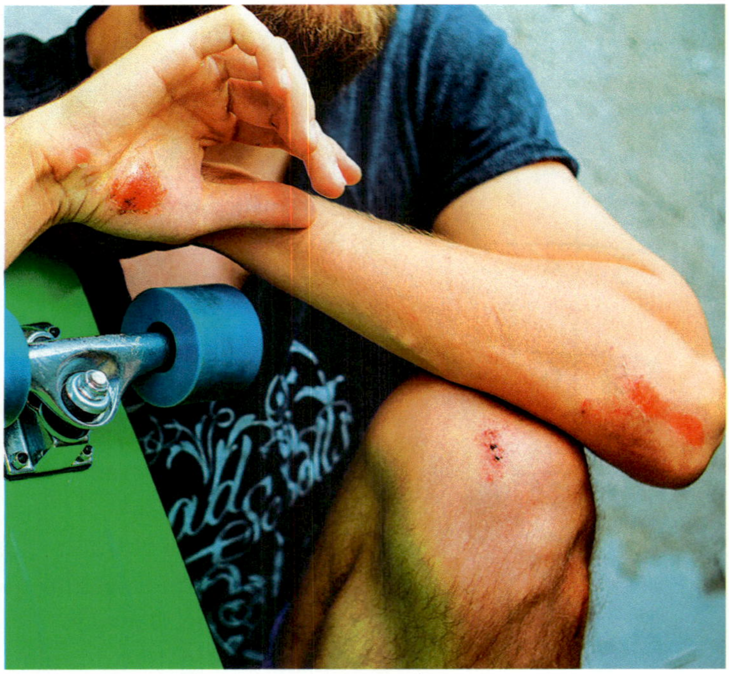

1 Beim Skaten verletzt – und jetzt?

**Hat man sich verletzt, können schnell Erreger in die Wunde eindringen. Ärzte fragen dann sofort nach dem Impfschutz. Wie wirkt eine Impfung?**

**Tetanus** • Wenn man stürzt, gelangt meistens Dreck in die Wunde. → 1 Auch Krankheitserreger können über die Wunde in den Körper eindringen. Im Erdboden und im Straßenstaub leben Bakterien, die Tetanus auslösen können. Das ist eine Infektionskrankheit, die auch Wundstarrkrampf genannt wird. Die Bakterien produzieren Giftstoffe, die schwere Muskelkrämpfe auslösen. Ohne Behandlung verläuft die Krankheit tödlich.
Gegen Tetanus kann man sich durch eine Impfung schützen. Bei Impfungen unterscheidet man zwei Formen.

**Aktive Immunisierung** • Bei dieser Art der Impfung werden dem gesunden Körper abgeschwächte Erreger oder Teile davon verabreicht. → 2A Die Impfstoffe verursachen zwar keine Krankheit, lösen aber eine Abwehrreaktion im Körper aus. Dadurch werden passende Antikörper und dann auch Gedächtniszellen gebildet. Gelangen dann „echte" Erreger in den Körper, gegen die man zuvor geimpft wurde, wird die körpereigene Abwehr schneller ausgelöst. Die Gedächtniszellen vermehren sich schnell und es werden sofort passende Antikörper gebildet. So wird der Vermehrung der Erreger entgegengewirkt und die Krankheit bricht gar nicht oder nur schwach aus.
Diese Form der Impfung nennt man aktive Immunisierung, weil der Körper Antikörper bildet und somit die Erreger aktiv bekämpft. Man spricht auch von Schutzimpfung.

**Passive Immunisierung** • Hat man sich bereits mit Erregern infiziert, werden direkt die passenden Antikörper verabreicht. Dies macht man auch, wenn unklar ist, ob schon ein Impfschutz besteht. Die Antikörper bekämpfen die Erreger dann unmittelbar und tragen somit zur Heilung bei.
Diese Form der Impfung nennt man passive Immunisierung, weil der Körper die Antikörper nicht selbst bildet. Man spricht auch von Heilimpfung. Die Antikörper werden gewonnen, indem man größeren Säugetieren wie Pferden abgeschwächte Erreger ins Blut spritzt. → 2B

**Basiskonzept**

**System**
**→ Umschlag hinten**
Mit einer Impfung greift man in das Immunsystem ein, um die Abwehr zu stärken. Es hängt von der Form der Impfung ab, was im Immunsystem ausgelöst wird.

die **aktive Immunisierung**
die **Schutzimpfung**
die **passive Immunisierung**
die **Heilimpfung**
der **Impfausweis**

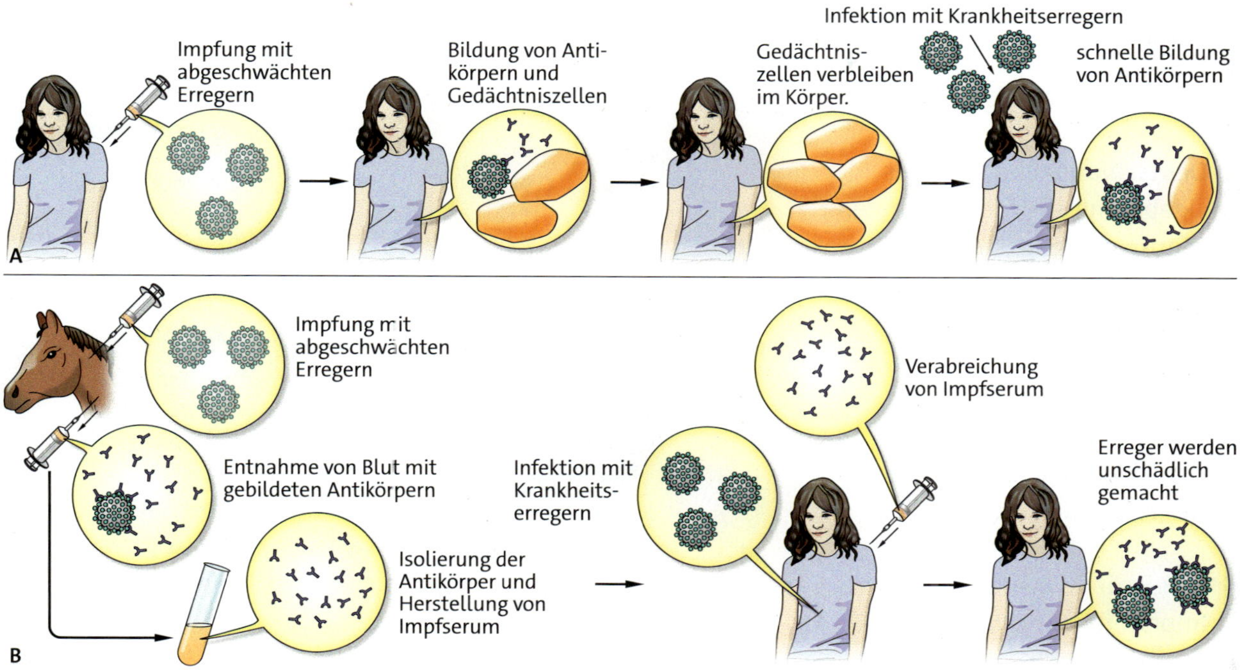


2 Impfung: **A** aktive Immunisierung, **B** passive Immunisierung

Im Körper der Säugetiere werden dann Antikörper gebildet, die man aus dem Blut entnimmt und zu einem Impfserum verarbeitet. Im Gegensatz zur aktiven Immunisierung besteht nach einer passiven Immunisierung kein Langzeitschutz, weil der Körper keine Gedächtniszellen bildet.

**Impfungen auffrischen** • Zum Schutz werden schon Säuglinge gegen verschiedene Infektionskrankheiten geimpft. Die Impfungen werden in einen Impfausweis eingetragen. Manche Impfungen müssen nach einiger Zeit wiederholt werden, weil die Menge der Antikörper und Gedächtniszellen im Körper wieder sinkt. Den Impfschutz gegen Tetanus soll man zum Beispiel alle zehn Jahre auffrischen.

Bei der aktiven Immunisierung werden dem Körper abgeschwächte Erreger verabreicht. Diese regen die körpereigene Abwehr an. Bei der passiven Immunisierung werden Antikörper verabreicht, die den Krankheitserreger direkt bekämpfen.

## Aufgaben

1 Nenne Situationen, in denen man sich mit Tetanus infizieren kann.

2 Vergleiche die aktive und passive Immunisierung im Hinblick auf den verabreichten Stoff, die Vorgänge im Körper, die Wirkung und den Langzeitschutz. Lege für den Vergleich eine Tabelle an.

# Impfen – Hilfe für das Immunsystem

## Material A

### Der Impfausweis

In Deutschland wird für jedes Neugeborene ein internationaler Impfausweis ausgestellt. → 1

1 Gib an, welche Angaben ein Impfausweis enthält.

2 Gib an, gegen welche Krankheiten geimpft wurde. Nutze den Spickzettel.

3 Begründe, warum mit zwei Impfstoffen gegen Tetanus geimpft wurde.

1 Auszug aus einem Impfausweis

*Tetanus: Wundstarrkrampf*

*Poliomyelitis: Kinderlähmung*

*Petussis: Keuchhusten*

*Influenza: Virusgrippe*

*Tetagam: Impfstoff mit Antikörpern gegen die Giftstoffe des Tetanus-Erregers*

*Tetanol: Impfstoff mit abgeschwächten Giftstoffen des Tetanus-Erregers*

## Material B

### Historische Versuche

Zwei Forscher verhalfen dem Impfen zum Durchbruch.

1 Beschreibe die Versuche von Louis Pasteur und Emil von Behring.

2 Begründe anhand der Versuche, wer eine Schutzimpfung und wer eine Heilimpfung entdeckte.

3 Erkläre, warum der Junge länger gegen Tollwut geschützt blieb als die Kinder gegen Diphterie.

*1891 heilte **Emil von Behring** erstmals Kinder, die an Diphterie litten, einer Erkrankung der Atemwege. Zuvor hatte er herausgefunden, dass sich im Blutserum von erkrankten Tieren ein „Gegengift" gegen die Gifte der Erreger bildete. Er entnahm den Tieren Blut und stellte ein Impfserum mit dem „Gegengift" her. Dieses verabreichte er anderen erkrankten Tieren. Er stellte fest, dass das „Gegengift" auch hier zur Heilung führt. Heute weiß man, dass es sich bei dem „Gegengift" um Antikörper handelt.*

2

*1885 behandelte **Louis Pasteur** einen Jungen, der vom Hund gebissen wurde, um ihn vor Tollwut zu schützen. Pasteur hatte zuvor einen Impfstoff aus Tollwut-Erregern entwickelt. Er verabreichte dem Jungen zwei Wochen lang täglich eine Spritze, erst mit stark abgeschwächten Erregern und dann mit immer weniger abgeschwächten Erregern. Um zu prüfen, ob die Impfungen den Jungen wirklich immun machten, spritzte er die weniger abgeschwächten Erreger auch einem Hund. Der Junge blieb gesund, der Hund starb.*

3

## Material C

### Impfen – ja oder nein?

Soll man sich – und vor allem den Nachwuchs – gegen alles impfen lassen? Darüber wird viel gestritten. Hier sind einige Argumente der Befürworter und Gegner des Impfens aufgeführt.

**1** Fasse jedes Argument in einen kurzen Aussagesatz zusammen.

**2** Ordne die Argumente den Befürwortern und den Gegnern des Impfens zu. Nutze dazu deine Aussagesätze aus Aufgabe 1.

**3** Erstelle ein Werbeplakat eines Impfstoff-Herstellers und ein Protestplakat eines Gegners über das Impfen.

**4** Impfen – ja oder nein? Nimm persönlich aus deiner Sicht Stellung zu der Frage.

Manche Infektionskrankheiten sind besonders in der Schwangerschaft gefährlich, weil sie das ungeborene Kind schwer schädigen können. Sich impfen lassen heißt, für sein ungeborenes Kind Verantwortung zu übernehmen. A

Ein Impfstoff soll die körpereigene Abwehr anregen. Das kann Nebenwirkungen haben: An der Einstichstelle der Nadel kann es zur Rötung und Schwellung kommen. Auch Fieber kann auftreten. B

Infektionskrankheiten können sich in kurzer Zeit über sehr viele Menschen ausbreiten. Das betrifft auch gefährliche Krankheiten, die Menschenleben kosten können. Das lässt sich nur eindämmen, wenn ein Großteil der Bevölkerung geimpft ist. C

Erreger können sich in Menschen, die gegen sie geimpft sind, nicht ungehindert vermehren. Sind viele Menschen geimpft, können Erreger sogar aussterben. D

Viele Kinderkrankheiten sind zwar unangenehm, aber für gesunde Kinder ungefährlich. Das Immunsystem wird also durch Impfungen unterstützt, obwohl das gar nicht nötig wäre. E

Impfungen schützen den Menschen vor den Gefahren einer Krankheit. F

Ein Impfstoff ist viel günstiger als eine langwierige Behandlung eines erkrankten Menschen. G

Wenn ungeimpfte Menschen reisen, können sie Erreger in Regionen einschleppen, in denen es diese zuvor nicht gab und die Menschen nicht immun sind. H

Ist das Immunsystem einer geimpften Person geschwächt, kann die Impfung genau die Krankheit auslösen, gegen die sie eigentlich schützen soll. Man spricht dann von einer Impfkrankheit. Das betrifft vor allem alte Menschen und Menschen, die zum Zeitpunkt der Impfung krank waren. Meistens verläuft eine Impfkrankheit vergleichsweise schwach. I

In ganz seltenen Fällen führen Impfungen bei Menschen zu schweren Nebenwirkungen, die zum Teil dauerhafte Schäden verursachen können. J

Manche Menschen lehnen Impfungen aus religiösen Gründen ab. Sie glauben, wenn sie krank werden, ist das für ihren Lebensweg so vorgesehen. K

# Infektionskrankheiten nehmen überhand

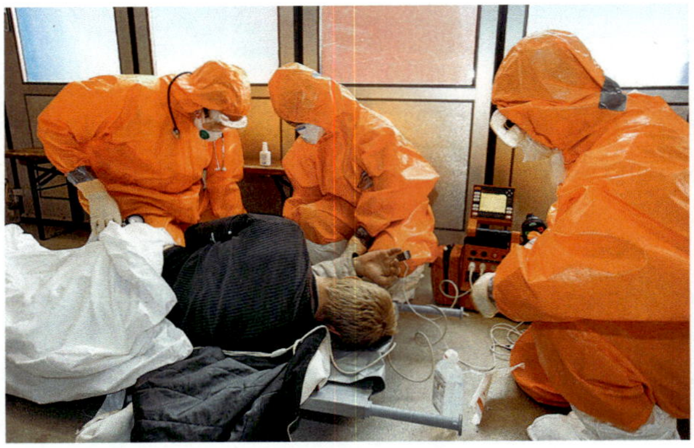

1 Behandelnde Ärzte in Schutzkleidung

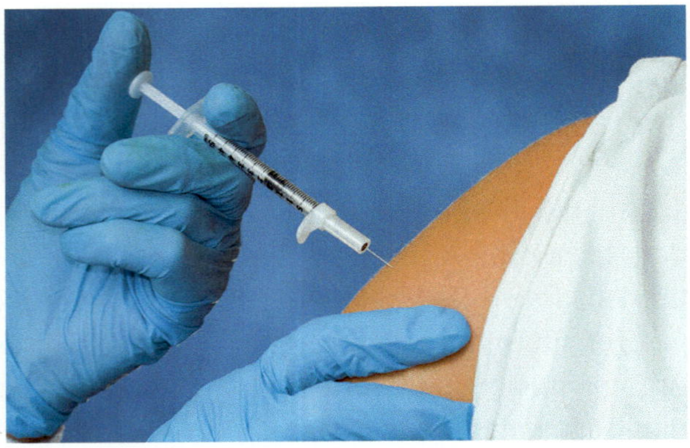

2 Impfen zum Schutz vor Ansteckung

**Immer wieder breiten sich bei uns und in anderen Regionen der Welt Infektionskrankheiten wie die Grippe schlagartig aus. Innerhalb weniger Wochen stecken sich dann Hunderte von Menschen an. Wie können sich Infektionskrankheiten in kurzer Zeit so stark auszubreiten?**

**Epidemie** • Nimmt die Anzahl von Erkrankungsfällen einer Infektionskrankheit in kurzer Zeit schlagartig zu, spricht man von einer Epidemie. Dabei ist das gehäufte Auftreten örtlich begrenzt und betrifft ein Land oder eine Stadt. Breitet sich eine Epidemie über örtliche Grenzen hinaus aus, spricht man von einer Pandemie. Eine aktuelle (2022) Pandemie ist der weltweite Ausbruch der von China ausgehenden Atemwegserkrankung Covid-19. Diese Krankheit wird vom Coronavirus SARS-CoV-2 verursacht. → 3

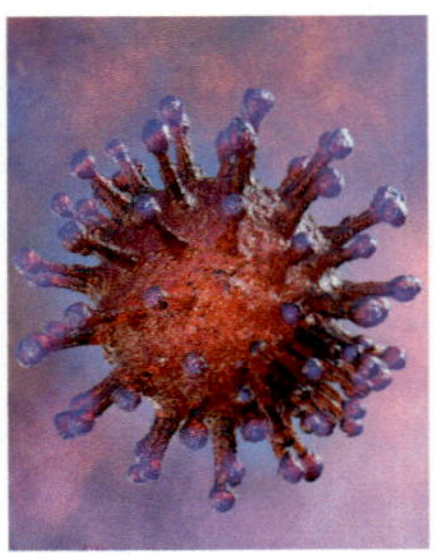

3 3D-Modell des Virus SARS-CoV-2

**Schnelle Ausbreitung** • Epidemien und Pandemien entstehen, wenn ein neuer Erreger oder eine neue Variante eines Erregers auftritt, weil die Immunsysteme der Menschen darauf nicht vorbereitet sind.
Die Erreger werden häufig durch eine Tröpfchen- oder Schmierinfektion übertragen. Die schnelle Übertragung der Erreger wird außerdem dadurch begünstigt, dass sich immer weniger Menschen impfen lassen. Man spricht von Impfmüdigkeit. Eine Verbreitung von Krankheitserregern und somit von Infektionskrankheiten über Grenzen hinaus ist auf die steigende Mobilität der Menschen zurückzuführen. Dabei breiten sich Erreger am schnellsten über Reisen mit der Bahn und dem Flugzeug aus.

Von einer Epidemie spricht man, wenn die Anzahl von Erkrankungsfällen einer Infektionskrankheit in kurzer Zeit in einer Region schlagartig zunimmt.
Pandemien sind örtlich nicht begrenzt.

## Aufgabe

1 ☑ Nenne Faktoren, die den Ausbruch einer Pandemie begünstigen.

die Epidemie
die Pandemie
die Impfmüdigkeit

## Material A

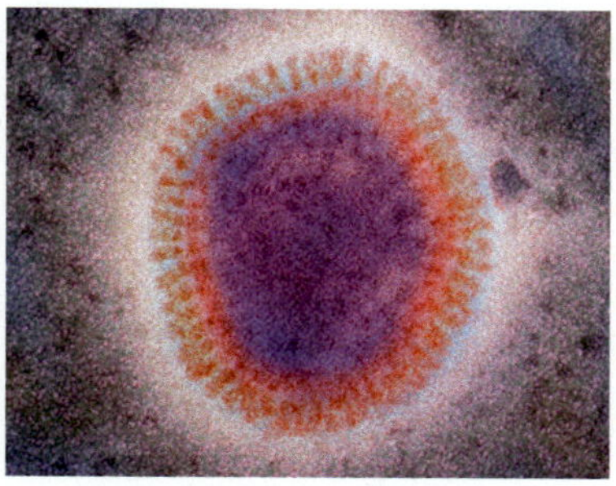

4 Grippevirus (elektronenmikroskopische Aufnahme)

### Viren verändern sich

Viren tragen Antigene auf ihrer Oberfläche, an denen die Zellen des Immunsystems sie erkennen. Diese Antigene verändern sich häufig. So können zum Beispiel Grippeviren jedes Jahr anders sein.

1 ☒ Nenne die Symptome einer Virusgrippe. → 6

2 ☒ Beschreibe, wie sich das Grippevirus im Laufe der Jahre verändert hat. → 5

3 Eine überstandene Grippe führt zur Immunität.
☒ Begründe, warum diese nicht vor einer Grippe im nächsten Jahr schützt.

4 ☒ Begründe, warum die häufige Veränderung der Viren die Ausbreitung von Epidemien fördert.

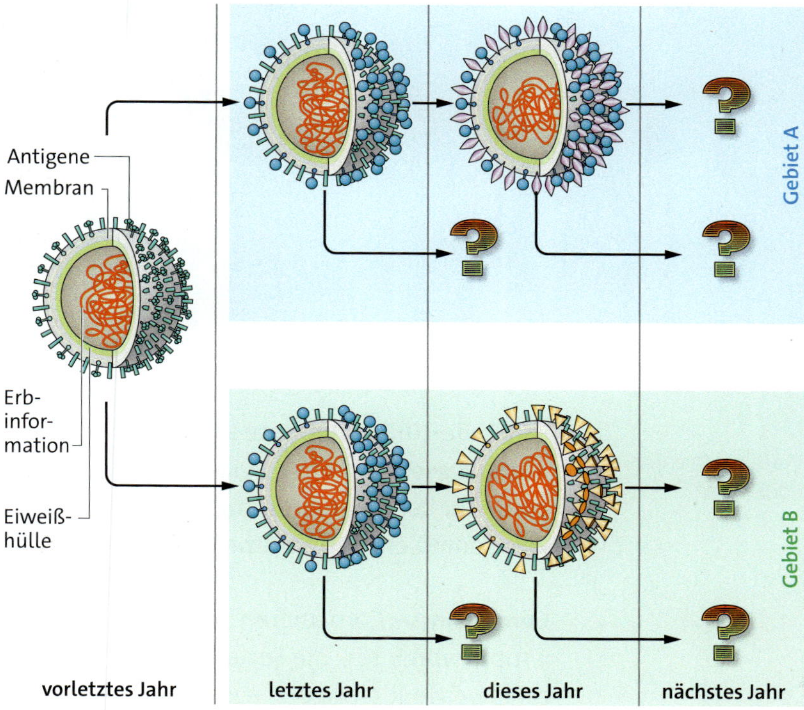


5 Veränderung der Grippeviren

**Virusgrippe**

Die Virusgrippe ist eine schwere Infektionskrankheit. Sie betrifft die Schleimhäute der Atmungsorgane und wird beim Menschen und bei Tieren durch Grippeviren ausgelöst. Die Übertragung der Viren erfolgt meistens durch eine Tröpfcheninfektion, also über Flüssigkeitströpfchen, die beim Atmen, Husten, Niesen oder Sprechen in die Luft abgegeben werden.
Eine Erkrankung führt zu hohem Fieber, Schüttelfrost, Kopf- und Gliederschmerzen. Eine nachfolgende bakterielle Infektion kann eine Lungenentzündung oder eine Hirnhautentzündung auslösen. Vor allem ältere und geschwächte Menschen können daran sterben.
Eine einmalige Impfung oder eine überstandene Grippe beugen einer erneuten Infektion nicht ausreichend vor. Die Vielfalt der Viren ist sehr groß. Zudem ändern sich die Antigene auf der Oberfläche der Grippeviren immer wieder.

6

# SARS-CoV-2

1 Gemeinsam können wir uns schützen.

lateinisch *corona*: der Kranz

**Seit Ende 2019 verbreitete sich die Atemwegserkrankung Covid-19 in kürzester Zeit über die ganze Welt. Wie konnte es dazu kommen?**

**Coronavirus** • Coronaviren sind eine Gruppe von Viren, die Fortsätze auf ihrer Eiweißhülle tragen. → 2 Das sieht so aus, als wäre das Virus von einem Kranz umgeben. Kranz heißt auf lateinisch Corona. Daher stammt der Name dieser Virusgruppe.

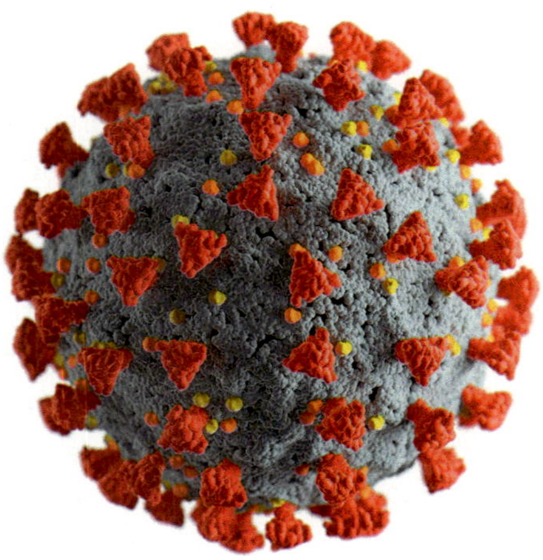

2 Die Eiweißhülle von SARS-CoV-2 hat Fortsätze (rot).

Es gibt über 40 verschiedene Coronaviren. Sie verursachen bei Wirbeltieren unterschiedliche Krankheiten. Das Virus, das bei Menschen Covid-19 verursacht, heißt SARS-CoV-2.

**SARS-CoV-2** • Das Coronavirus SARS-CoV-2 verbreitet sich sehr schnell über die Atemluft von Mensch zu Mensch. Infizierte Personen geben beim Niesen, Husten, Sprechen und Atmen kleine Tröpfchen, die Viren enthalten, in die Luft ab. Wenn andere Personen diese einatmen, können sie sich leicht anstecken. Eine Infektion ist vermutlich auch möglich, wenn man Oberflächen, auf denen sich Viren befinden, berührt und sich anschließend selbst im Bereich von Nase, Mund oder Augen anfasst. Die Wahrscheinlichkeit, sich mit SARS-CoV-2 anzustecken, ist also sehr hoch. Deshalb kam es zu einer Pandemie.

**Covid-19** • Nicht alle, die sich infiziert haben, fühlen sich krank. Manche zeigen keine Symptome, können das Virus aber weiter verbreiten. Bei anderen bricht die Krankheit aus. Sie betrifft hauptsächlich die Atemwege. Dort kommt es zu Entzündungen. Eine Infektion kann aber auch viele weitere Beschwerden und Folgeschäden auslösen. Im schlimmsten Fall führt Covid-19 zum Tod. Besonders betroffen sind Menschen, die durch bereits vorhandene Erkrankungen oder ihr hohes Alter vorbelastet sind. Die Krankheit kann auch für junge Menschen ohne vorherige Erkrankungen schwer verlaufen. Bis März 2022 sind weltweit über 6 Millionen Menschen an Covid-19 gestorben.

die Coronaviren
SARS-CoV-2
Covid-19

**Maßnahmen** • Es gibt nur wenige Medikamente, die gegen Viren helfen. Oft kann man nur die Symptome behandeln. Eine ungehinderte Ausbreitung des Virus kann deshalb dazu führen, dass noch mehr Menschen sterben. Außerdem müssten extrem viele Menschen in Krankenhäusern betreut werden. Die Plätze in den Krankenhäusern sind aber begrenzt. Man kann nicht alle aufnehmen, die sich anstecken. Außerdem gibt es zu wenig medizinisches Fachpersonal. Daher ist es besonders wichtig, die Ausbreitung der Coronaviren zu verlangsamen. Zu diesem Zweck wurden in den Jahren 2020–2022 verschiedene Schutzmaßnahmen festgelegt: → 3

- Alle unnötigen Treffen mit anderen Personen sollten vermieden werden.
- Wer konnte, sollte zuhause arbeiten.
- Treffen von größeren Personengruppen und große Veranstaltungen wurden zeitweise untersagt.
- Geschäfte, die keine Lebensmittel verkaufen, und Freizeitangebote wurden zeitweise geschlossen.
- Zu anderen Menschen, mit denen man nicht zusammen wohnt, sollte ein Abstand von mindestens 1,5 Metern eingehalten werden.
- In öffentlichen Verkehrsmitteln, Geschäften und Behörden wurde das Tragen einer Maske Pflicht. → 1
- Zusätzlich wurde mit großem Einsatz an der Entwicklung von Impfstoffen geforscht. Seit Ende des Jahres 2020 stehen die ersten Impfstoffe zur Verfügung. Die Impfungen schützen vor schweren Verläufen der Krankheit.

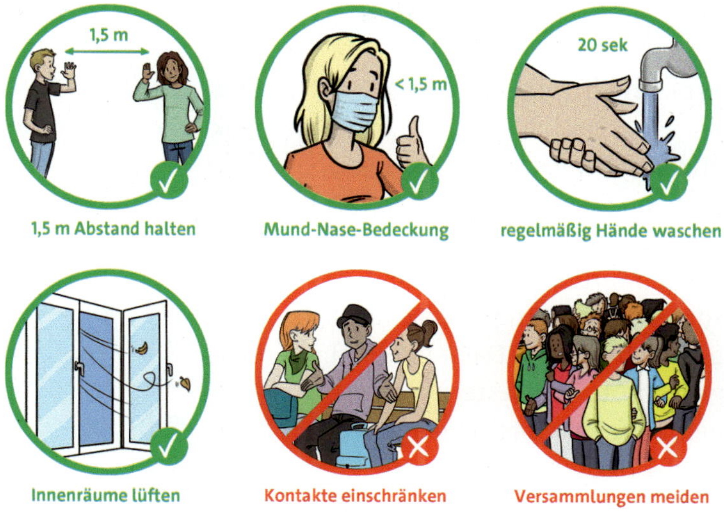


3 So können wir die Ausbreitung des Virus verlangsamen.

Das Coronavirus SARS-CoV-2 löst die Krankheit Covid-19 aus.
Weil sie sehr ansteckend ist, kam es zu einer Pandemie. Sie kostete bisher über 6 Millionen Menschenleben. Um weitere Infektionen und Todesfälle zu verhindern, müssen wir Schutzmaßnahmen befolgen.

## Aufgaben

**1** Nenne drei Maßnahmen, durch die die Ausbreitung von SARS-CoV-2 verlangsamt werden kann.

**2** Erkläre, wieso die Ausbreitung von Covid-19 verlangsamt werden musste.

**3** MK Recherchiere am Beispiel von SARS-CoV-2 im Internet, welche Aufgaben das Gesundheitsamt hat und fasse sie in Stichpunkten zusammen.

# SARS-CoV-2

## Material A

### Typische Impfreaktionen

Impfungen gehören zu den wirksamsten medizinischen Maßnahmen. Sie können aber Nebenwirkungen verursachen. Das sind körperliche Reaktionen, die nicht beabsichtigt sind. Das ist normal, weil das Abwehrsystem des Körpers auf den Impfstoff reagiert. Häufig treten Rötungen und Schmerzen an der Einstichstelle auf. Auch ähnliche Beschwerden, wie bei einer Grippe, sind nicht ungewöhnlich. → 1

1 Bild 1 zeigt typische Impfreaktionen des Körpers.
Nenne die drei häufigsten Nebenwirkungen.

2 Recherchiere nach Nebenwirkungen der verschiedenen Corona-Impfstoffe und erstelle eine Tabelle dazu.

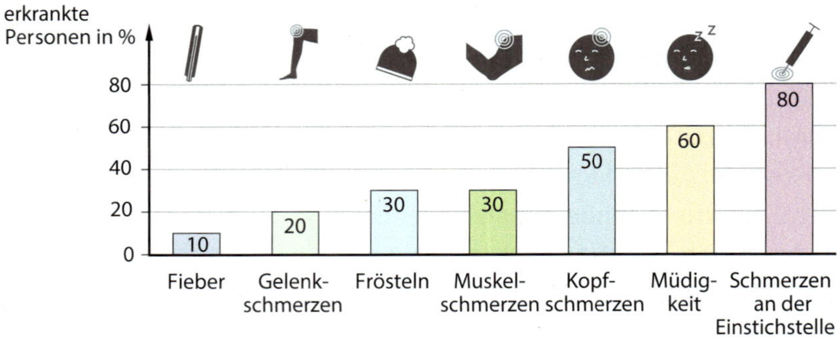


1 Impfreaktionen sind normal.

## Material B

### Wozu Masken?

Es gibt verschiedene Masken, um sich selbst und andere zu schützen. Alltagsmasken sind Stoffmasken, die zur normalen Kleidung zählen. → 2 Wie wirksam Alltagsmasken sind, lässt sich schwer sagen. Das liegt daran, dass nicht festgelegt ist, aus welchem Material sie sein müssen. Wirksamer sind medizinische Masken. Man nennt sie auch OP-Masken. → 3 Sie dienen vor allem dem Schutz von anderen Personen, indem sie ausgeatmete Wassertröpfchen auffangen. Es gibt aber kleine Schwebeteilchen wie Staub und Ruß, die das Virus transportieren können. Etwa die Hälfte dieser Teilchen kann OP-Masken durchdringen. Am besten schützen deshalb die sogenannten FFP2-Masken. → 3 Sie lassen so gut wie keine Schwebeteilchen hindurch.

2 Alltagsmasken

3 OP-Masken und FFP2-Masken

1 Nenne die Atemschutzmaske, die am besten vor einer Ansteckung schützt.

2 MK Erstelle eine Tabelle zu den Eigenschaften der drei Maskenarten. Nutze dazu auch das Internet.

3 Recherchiere die Eigenschaften einer weiteren Atemschutzmaske und füge sie deiner Tabelle hinzu.

## Material C

### Informationsquellen bewerten

Über die Medien bekommt man unzählige verschiedene Meinungen zu Themen wie dem Coronavirus mit. Die meisten Wissenschaftlerinnen und Wissenschaftler sind sich darüber einig, dass es sich um eine gefährliche Pandemie handelt. Doch es gibt auch andere Meinungen. Die Vielfalt der Informationen ist groß und es ist dabei gar nicht so einfach, richtige und falsche Informationen voneinander zu unterscheiden. Deshalb ist es wichtig, alle Informationen kritisch zu betrachten und zu vergleichen, die Informationsquellen richtig einzuordnen und sich selbst eine Meinung auf der Grundlage von Fakten zu bilden.

*„Weder Tests noch Impfungen stellen einen Ersatz für die Einhaltung von Maßnahmen wie der körperlichen Distanzwahrung und dem Tragen von Schutzmasken in öffentlichen Räumen oder Gesundheitseinrichtungen dar."*

WHO – offizielle Homepage

A

*„Covid-19 ist nicht schlimmer als eine Grippe. Daran sterben fast nur alte Menschen. Das ist kein Grund, uns junge Leute einzusperren."*

Schülerin – soziale Medien

B

*„Die COVID-19 Impfung schützt nicht nur die geimpfte Person, sondern senkt auch das Riskio, dass die geimpfte Person andere Personen ansteckt."*

Robert-Koch-Institut – offizielle Homepage

C

*„Das Immunsystem ist der beste Schutz gegen Krankheiten. Ich möchte nicht, dass meinen Kindern Chemikalien gespritzt werden."*

besorgte Mutter – soziale Medien

D

4 Verschiedene Meinungen zu SARS-CoV-2 (aus dem Internet, Zugriffsdatum 16.08.2021)

1 Nenne die Quellen, aus denen die verschiedenen Aussagen stammen. → 4

2 Beurteile, welchen Quellen du eher vertrauen würdest und welchen eher nicht.

3 Nenne die wichtigste Aussage der einzelnen Stellungnahmen A–D.

4 Recherchiere im Internet nach Fakten, um jede der Aussagen zu überprüfen.

5 Bewerte die Aussagen A–D. Welchen Aussagen stimmst du zu und welchen widersprichst du? Begründe.

6 Nenne Argumente gegen die Aussagen, die du nicht für richtig hältst.

7 Stelle Vermutungen an, weshalb wissenschaftliche Themen umstritten sein können.

# HIV – Angriff auf das Immunsystem

1 Rote Schleife – Symbol für den Kampf gegen HIV und Aids

lateinisch
*human*:
menschlich

**Aids zählt weltweit zu den bekanntesten und bedrohlichsten Infektionskrankheiten. Warum ist Aids so gefährlich?**

**HIV und Aids** • Aids wird durch eine Infektion mit dem humanen Immunschwäche-Virus, kurz HI-Virus oder HIV, ausgelöst. Die englische Abkürzung Aids kann man mit „Beschwerden durch eine erworbene Immunschwäche" übersetzen. Aids ist also eine Infektionskrankheit, bei der das Immunsystem geschädigt ist. Menschen, die sich mit dem HI-Virus infiziert haben, sind HIV-positiv. Sie können jahrelang symptomfrei leben. Erst wenn die Krankheit ausgebrochen ist, spricht man von Aids. Obwohl viel geforscht wird, ist Aids bislang (2022) nicht heilbar. Medikamente können den Ausbruch der Krankheit verzögern.

**Ansteckung** • HI-Viren kommen vor allem in Körperflüssigkeiten wie Blut, Sperma und Scheidenflüssigkeit von infizierten Menschen vor. Kommen die Körperflüssigkeiten mit Schleimhäuten oder Verletzungen gesunder Menschen in Kontakt, können HI-Viren übertragen werden. Außerhalb des Körpers bleiben HI-Viren nur kurze Zeit schädlich.

**Schwächung des Immunsystems** • HI-Viren befallen vor allem die T-Helferzellen und zerstören sie. → 2 Mit der Dauer der Infektion nimmt die Anzahl der T-Helferzellen im Körper ab. Dadurch werden bei einer Infektion mit anderen Erregern immer weniger Abwehrzellen aktiviert. So kommt es zu lebensbedrohlichen Infektionen und Krebs. Auch harmlosere Krankheiten können dann tödlich verlaufen.

Aids ist eine bis heute unheilbare Krankheit, bei der das Immunsystem durch HI-Viren geschwächt wird.

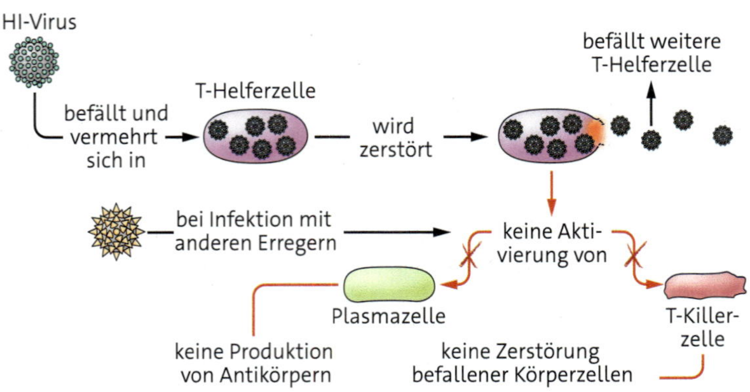


2 Auswirkung des HI-Virus im Körper

## Aufgaben

1 Erläutere die Begriffe HIV und Aids.

2 Beschreibe die Auswirkung einer Infektion mit HI-Viren auf das Immunsystem. → 2

## Material A

### Infektionswege

Man kann sich mit HIV nur anstecken, wenn das Virus in ausreichender Menge in das Blut oder die Schleimhäute gelangt. Am häufigsten wird HIV beim Geschlechtsverkehr ohne Kondom übertragen. Speichel, Tränen oder Urin enthalten nur sehr wenige HI-Viren. Deshalb ist eine Ansteckung über diese Körperflüssigkeiten sehr unwahrscheinlich.

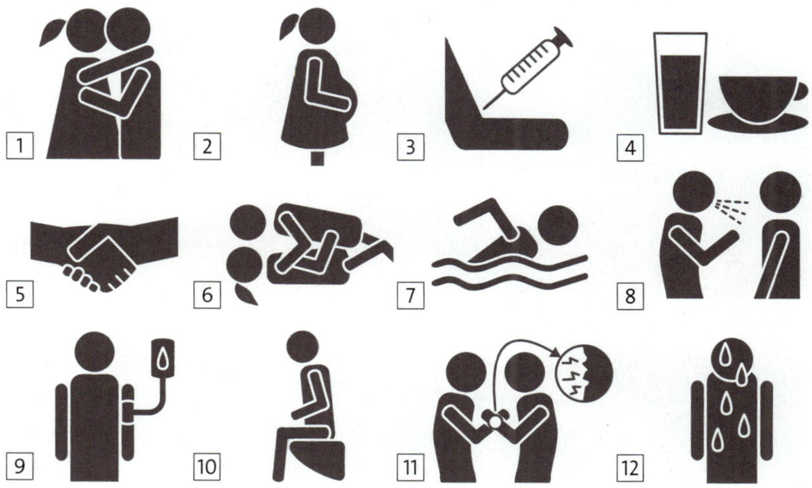

3 Einige Übertragungswege von HIV

1 ☒ Gib Situationen aus Bild 3 an, in denen das Risiko einer Infektion mit HI-Viren sehr gering ist. Begründe jeweils deine Auswahl.

2 ☒ Nenne Situationen aus Bild 3, in denen das Risiko einer Infektion mit HI-Viren sehr hoch ist. Begründe jeweils deine Auswahl.

3 ☒ Erläutere anhand der riskanten Situationen, durch welche Maßnahmen man sich vor einer Ansteckung mit HIV schützen kann.

## Material B

### Vorurteile

1 ☒ Nenne Alltagssituationen, in denen HIV-Infizierte Vorurteilen und Zurückhaltung anderer Menschen begegnen.

2 ☒ Erkläre, woher Vorurteile kommen könnten.

3 ☒ Ermittle Möglichkeiten, wie man die Gesellschaft über HIV und Aids aufklären könnte.

„Ich dachte, dass sich die meisten Menschen ein bisschen mit HIV und Aids auskennen. Trotzdem bekam ich nach meinem Outing täglich zu spüren, dass mich die Menschen anders sahen als vorher. Auch meine Freunde entfernten sich von mir. Sie begrüßten mich nicht mehr per Handschlag oder Umarmung und fragten mich auch nicht mehr, ob ich mit ins Schwimmbad kommen will. Irgendwann erfuhr ich, dass sie Angst hatten, sich anzustecken. Meine Familie brach eher in Panik aus. Alle dachten, ich würde bald sterben. Ich zog mich immer mehr zurück und irgendwann glaubte ich selbst, dass ich für andere eine Gefahr bin. Als meine Mutter merkte, wie sehr mich das alles belastet, ließ sie sich in verschiedenen Einrichtungen über HIV und Aids informieren und las viel darüber. Sie trommelte den Rest der Familie und meine Freunde zusammen, klärte sie auf und versuchte ihnen die Angst zu nehmen. Seitdem ist es besser geworden. Meinen Freunden konnte ich verzeihen, weil ich denke, dass die meisten Menschen, ich auch wahrscheinlich, erst mal so reagieren."

Maxi, 23 Jahre, vor 5 Jahren mit HIV infiziert

# Hepatitis

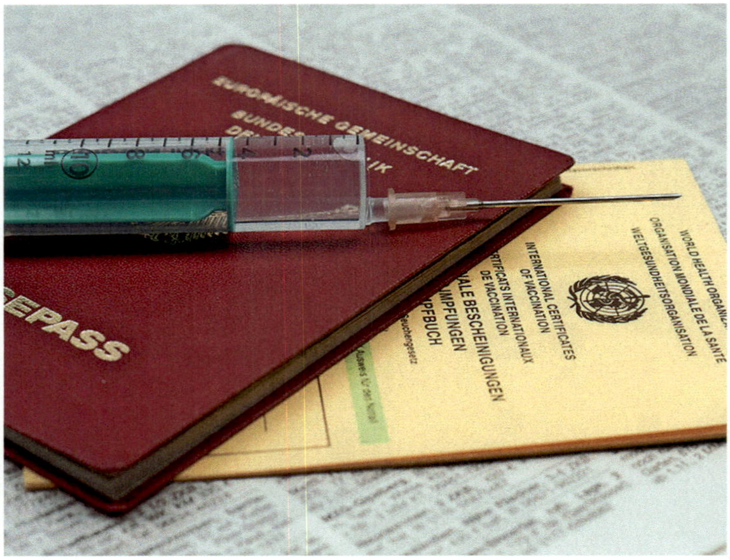


1 Infektionsgefahr im Urlaub?

altgriechisch *hepar*: die Leber

**Wer in andere Länder reist, sollte sich vorher informieren, ob dort Infektionskrankheiten verbreitet sind. Für viele Länder werden Impfungen empfohlen, zum Beispiel gegen Hepatitis A. Was ist eine Hepatitis-Erkrankung?**

**Leberentzündung** • Bei einer Hepatitis handelt es sich um eine Entzündung der Leber, dem größten Stoffwechselorgan. Dabei werden die Leberzellen geschädigt oder zerstört, wodurch die Funktionen der Leber eingeschränkt werden oder ausfallen. Oft verspüren die Betroffenen anhaltende Schwäche, Müdigkeit oder Appetitlosigkeit. Auch grippeähnliche Symptome wie Fieber oder Kopfschmerzen sind nicht selten. Wegen der eingeschränkten Stoffwechselaktivität der Leber können sich im Körper Abbauprodukte ansammeln, die eine Gelbfärbung der Haut oder des Augenweißes bewirken. → 2

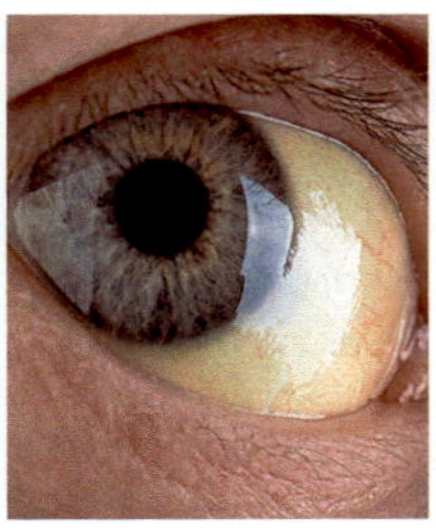

2 Gelbfärbung

**Ursachen** • Die häufigste Ursache für eine Hepatitis ist eine Infektion mit Viren. Auch ein starker Alkoholkonsum, leberschädigende Medikamente, eine fettreiche Ernährung oder eine Infektion mit Bakterien können eine Hepatitis auslösen.

**Hepatitis-Viren** • Es gibt verschiedene Typen von Hepatitis-Viren, die man durch Buchstaben unterscheidet. Das Hepatitis-A-Virus wird meistens durch verunreinigte Lebensmittel und Trinkwasser übertragen. Das Infektionsrisiko ist besonders in Ländern mit geringen hygienischen Standards hoch.
Das Hepatitis-B-Virus wird über Körperflüssigkeiten wie Sperma und Blut übertragen. Eine Ansteckung erfolgt häufig beim Geschlechtsverkehr ohne Kondom. Hepatitis A und B heilen meistens ohne Medikamente. Für viele Länder wird jedoch eine Impfung empfohlen. Das Hepatitis-C-Virus wird vor allem über das Blut übertragen. Es gibt keinen Impfstoff gegen das Virus, aber dank neuer Medikamente ist auch Hepatitis C fast immer heilbar.

Hepatitis ist eine Leberentzündung, die häufig von Viren ausgelöst wird.

## Aufgaben

1 Nenne Ursachen von Hepatitis.

2 Vergleiche Hepatitis A, B und C hinsichtlich der Kriterien: Erreger, Ansteckung, Behandlung, Impfung.

## Material A

### Vorbeugung

Einer Infektion mit Hepatitis-Viren kann man mit einfachen Maßnahmen vorbeugen.

**1** Nenne Maßnahmen, mit denen man sich vor einer Hepatitis schützen kann.
→ 3

**2** Hepatitis A, B oder C?
a Ordne zu, welchen Arten von Hepatitis die in Bild 3 gezeigten Maßnahmen jeweils vorbeugen können.
b Begründe die Zuordnung bei zwei Maßnahmen.

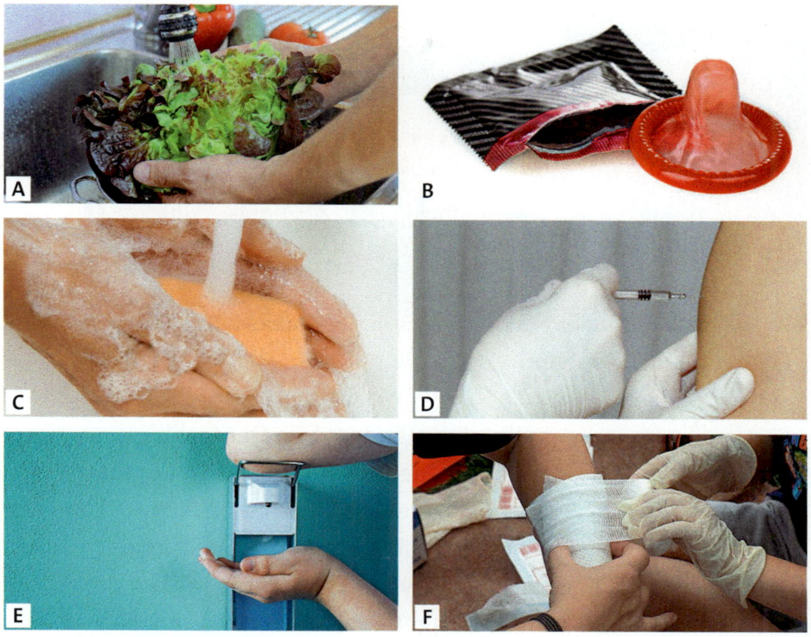


3 Maßnahmen zum Schutz vor Hepatitis

## Material B

### Infektionsrisiko

Vor allem auf Reisen kann man sich mit dem Hepatitis-A-Virus infizieren. Die Karte in Bild 4 zeigt, wie Hepatitis A weltweit verbreitet ist.

**1** Beschreibe die weltweite Verbreitung von Hepatitis A.
→ 4

**2** Warum ist Hepatitis A in einigen Regionen so stark verbreitet?
Stelle Vermutungen an.

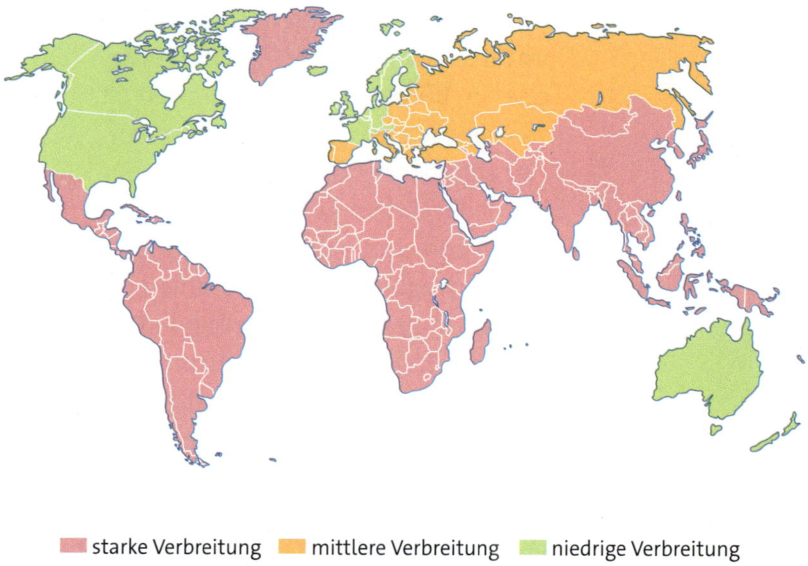


4 Weltweite Verbreitung von Hepatitis A

# Zivilisationskrankheiten – ein Überblick

1 Lebensstil mit Folgen?

**In Industrieländern wie Deutschland sind die Lebensstandards hoch: Es gibt reichlich zu essen, technische Fortschritte machen den Alltag bequemer und hohe Hygienestandards senken die Infektionsgefahr. Trotzdem haben viele Menschen gesundheitliche Probleme. Woran liegt das?**

**Lebensstil** • Der moderne Lebensstil bringt nicht nur Vorteile. Die meisten Menschen verbringen täglich viel Zeit im Sitzen, zum Beispiel in der Schule oder im Büro. Auch in ihrer Freizeit sitzen viele Menschen bequem vor dem Fernseher oder Computer. Viele Wege werden mit dem Auto oder mit öffentlichen Verkehrsmitteln zurückgelegt. Zum Bewegungsmangel kommen häufig eine ungesunde Ernährung mit viel Fett und Zucker und der Konsum von Alkohol und Zigaretten. Außerdem leiden viele Menschen unter Stress, zum Beispiel durch Leistungsdruck in der Schule. In den Industrieländern ist auch die Belastung durch Lärm und Umweltgifte besonders hoch.

**Zivilisationskrankheiten** • Mangelnde Bewegung, ungesunde Ernährung und Stress schaden der Gesundheit enorm. Vor allem in den Industrieländern sind Erkrankungen wie Herzinfarkt, Karies, Diabetes und bestimmte Krebsarten wie Lungenkrebs häufig. Auch von Übergewicht, Allergien sowie Rücken- und Gelenkbeschwerden sind viele Menschen betroffen. Zudem treten hier auch psychische Erkrankungen wie Essstörungen und Depressionen öfter auf. Weil man die Entstehung solcher Erkrankungen mit dem Lebensstil in den Industrieländern erklärt, spricht man von Zivilisationskrankheiten. Davon sind auch viele junge Menschen betroffen.

**Vorbeugung** • Vielen ist nicht klar, dass sie durch ihren Lebensstil ihre Gesundheit gefährden. Wenn man sich viel bewegt, gesund ernährt, nicht raucht und negativen Stress vermeidet, vermindert man sein Erkrankungsrisiko.

**Unter Zivilisationskrankheiten fasst man Krankheiten zusammen, die vor allem in den Industrieländern auftreten. Ihre Ursachen sind vor allem mangelnde Bewegung, ungesunde Ernährung und Stress.**

## Aufgaben

1 Nenne fünf Krankheiten, die vor allem in Industrieländern auftreten.

2 Beschreibe mögliche Ursachen vieler Zivilisationskrankheiten.

## Material A

### Bewegungsmangel

Viele Menschen verbringen den Großteil des Tages im Sitzen. Bewegungsmangel trägt maßgeblich zu vielen Zivilisationskrankheiten bei.

1 Bild 2 zeigt den Tagesablauf einer berufstätigen Person.
a Beschreibe den Tagesablauf.
b Überlege, ob das Verhalten der Person förderlich für ihre Gesundheit ist.

2 Wie viele Stunden sitzt du?
a Beschreibe, wie dein Alltag üblicherweise aussieht. Gib für alle Tätigkeiten die Anzahl der Stunden an.

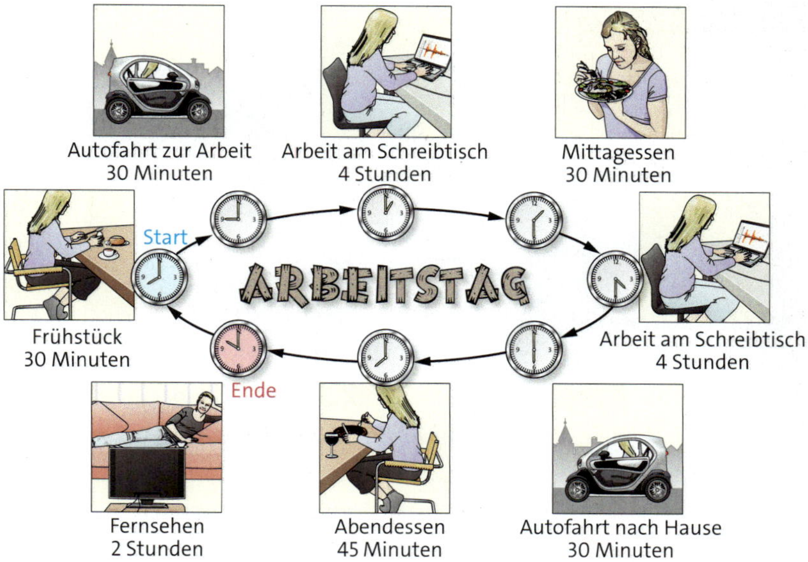


2 Typischer Arbeitsalltag

b Beurteile dein Verhalten im Alltag. Bewegst du dich ausreichend?

c Überlege, wie du im Alltag für mehr Bewegung sorgen kannst.

## Material B

### Stress macht krank

Im Alltag begegnet man vielen Situationen, die stressig sein können – zum Beispiel, wenn es Streit mit den Eltern gibt oder man in der Schule überfordert ist. Auf Dauer kann Stress für die Gesundheit sehr schädlich sein. Das Immunsystem wird geschwächt, sodass man öfter krank wird. Stress kann auch zu Herz-Kreislauf-Erkrankungen wie einem Herzinfarkt führen.

Auch psychische Erkrankungen sind häufig. Wer sich dauerhaft gestresst fühlt, ist anfälliger für Depressionen oder Burn-Out. Daher ist es wichtig, Stress frühzeitig zu erkennen und Gegenmaßnahmen zu ergreifen.

1 Beschreibe Situationen, in denen du Stress empfindest.

2 Überlege dir, wie du im Alltag Stress vermeiden kannst.

3 Die Schule kann stressig sein.

3 Viele Menschen wollen nicht zugeben, dass sie Stress haben. Stelle Vermutungen zu den Ursachen an.

# Nierenversagen

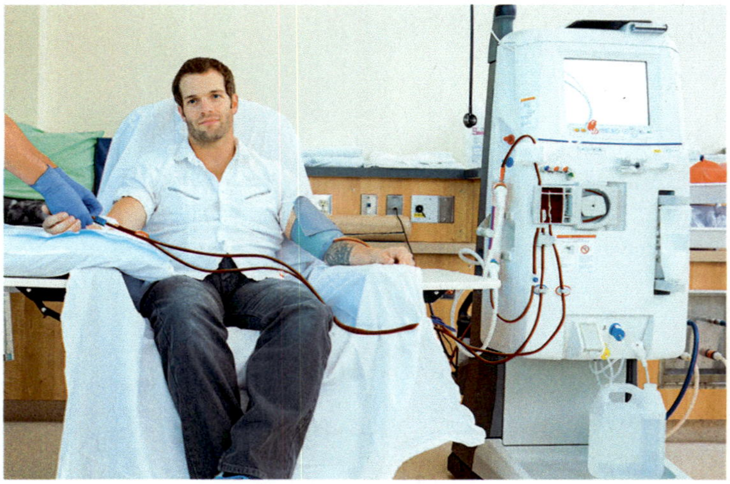

1 Bei einer Dialyse wird das Blut in einem Gerät gereinigt.

**Etwa 100 000 Menschen in Deutschland müssen ihr Blut regelmäßig mit einer Dialyse reinigen lassen, weil ihre Nieren nicht richtig arbeiten. Welche Aufgaben erfüllen die Nieren und was ist, wenn diese Organe versagen?**

**Bau und Aufgaben der Nieren** • Die Nieren liegen unter den Rippen auf beiden Seiten der Wirbelsäule. → 2 Sie sind etwa so groß wie eine Faust. Im Längsschnitt durch eine Niere erkennt man drei Zonen: Nierenbecken, Nierenmark und Nierenrinde. → 2 In der Nierenrinde und dem Nierenmark wird der Harn gebildet. Darin befinden sich die Abfallstoffe, die ständig in den Zellen gebildet und an das Blut abgegeben werden. Die Aufgabe der Nieren ist die Reinigung des Blutes von diesen Abfallstoffen. Der Harn wird im Nierenbecken gesammelt und durch den Harnleiter in die Harnblase geleitet. Von dort aus scheiden wir den Harn aus. Durch die Arbeit der Nieren verändert sich die Zusammensetzung des Blutes. Dadurch werden der Wassergehalt, der Salzgehalt und das Säure-Basen-Gleichgewicht im Körper reguliert. Zudem produzieren die Nieren Hormone.

**Filtereinheiten** • Jede Niere besitzt etwa eine Million Filtereinheiten. Jede Filtereinheit besteht aus einem Nierenkörperchen und einem Nierenkanälchen. → 3 Eine Filtereinheit bezeichnet man als Nephron.

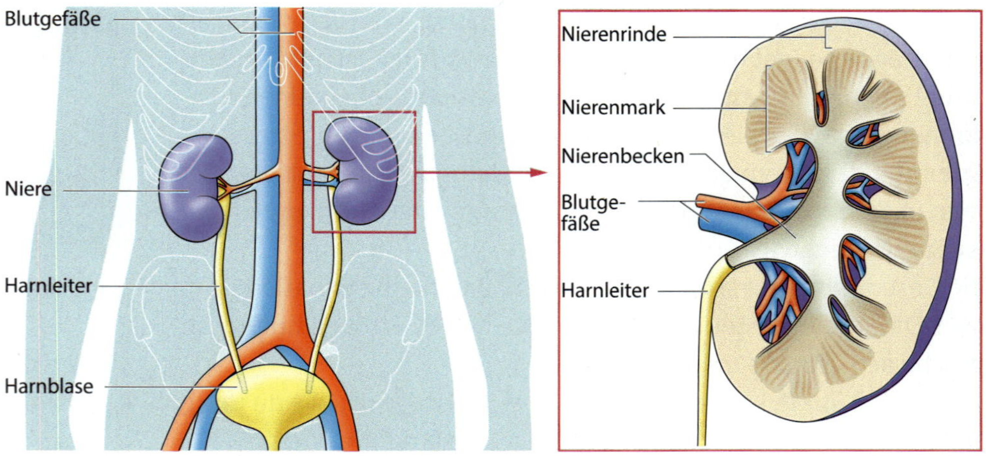


2 Lage der Nieren und Längsschnitt durch eine Niere

die **Niere**
das **Nephron**
die **Filtration**
die **Rückresorption**
die **Dialyse**

**Filtration** • In den Nierenkörperchen wird das Blut gefiltert. Die gesamte Blutmenge des Körpers fließt täglich bis zu 300-mal durch die Nieren. Dabei werden Wasser und kleinere gelöste Stoffe wie Harnstoff, Glukose, Vitamine und Mineralstoffe aus dem Blut gefiltert. Größere Bestandteile wie Blutzellen und Proteine (Eiweiße) bleiben dagegen im Blut. Diesen Vorgang nennt man Filtration. Hierbei entsteht der Primärharn. Pro Tag entstehen in den Nieren ungefähr 180 Liter Primärharn.

**Rückresorption** • Der Primärharn wird durch die Nierenkanälchen geleitet. Hier werden noch verwertbare Bestandteile wie ein Großteil des Wassers, Mineralstoffe und Vitamine wieder ins Blut aufgenommen. Man bezeichnet das als Rückresorption. So werden die 180 Liter Primärharn auf ein bis zwei Liter Endharn konzentriert. Den Endharn scheiden wir über die Blase aus.

**Nierenversagen** • Wenn die Nieren nicht mehr funktionieren, sammeln sich Abfallstoffe im Körper an und führen zu einer Vergiftung. Ohne Behandlung führt dies zum Tod. Häufige Ursachen für ein Nierenversagen sind Erkrankungen wie Diabetes und Infektionen mit Viren, aber auch Vergiftungen oder schwere Unfälle. Betroffene Menschen sind auf die Dialyse angewiesen. Dabei wird der Blutkreislauf an ein Gerät angeschlossen, in dem das Blut gefiltert wird. → 1 Diese Behandlung dauert einige Stunden und wird meistens mehrmals pro Woche wiederholt.

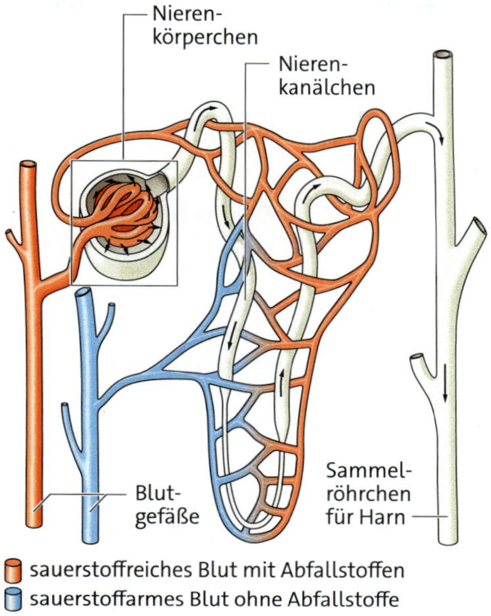


3 Bau eines Nephrons

Die Nieren reinigen das Blut in zwei Schritten: Bei der Filtration werden bestimmte Bestandteile herausgefiltert. Bei der Rückresorption werden noch verwertbare Bestandteile ins Blut zurückgeführt.

## Aufgaben

1 Nenne mögliche Ursachen für ein Nierenversagen.

2 Nenne die Aufgabe der Nieren.

3 Beschreibe die Unterschiede zwischen der Filtration und der Rückresorption in den Nephronen.

4 Begründe, wieso es wichtig ist, dass nach der Filtration die Rückresorption stattfindet.

# Nierenversagen

## Material A

### Aufbau der Nieren

1 Beschreibe die Lage der Nieren im Körper.

2 Ordne den Buchstaben A–E die passenden Fachbegriffe zu. → 1

3 Erkläre, was mit dem Begriff Nephron gemeint ist.

4 Beschreibe die Lage der Nephronen in der Niere. → 1

5 Ordne den Buchstaben F–I die Fachbegriffe zu. → 1

6 Nenne die jeweiligen Orte, an denen der Primärharn und der Endharn gebildet werden.

7 Beschreibe den Weg der Abfallstoffe aus dem Blut bis in die Harnblase.

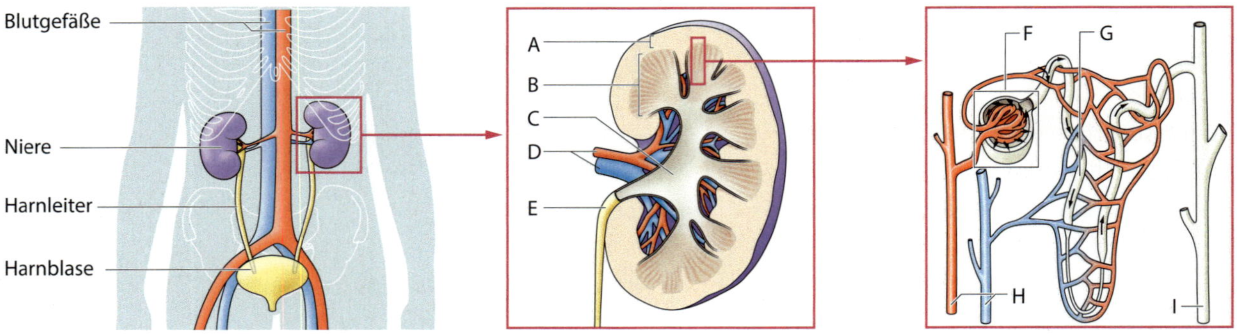


1 Niere und Nephron

## Material B

### Filtration – Rückresorption

1 Nenne Stoffe, die im Nierenkörperchen aus dem Blut gefiltert werden.

2 Beschreibe den Vorgang der Rückresorption in den Nierenkanälchen.

3 Beschreibe und erkläre den Unterschied in der Zusammensetzung des Primärharns und des Endharns.

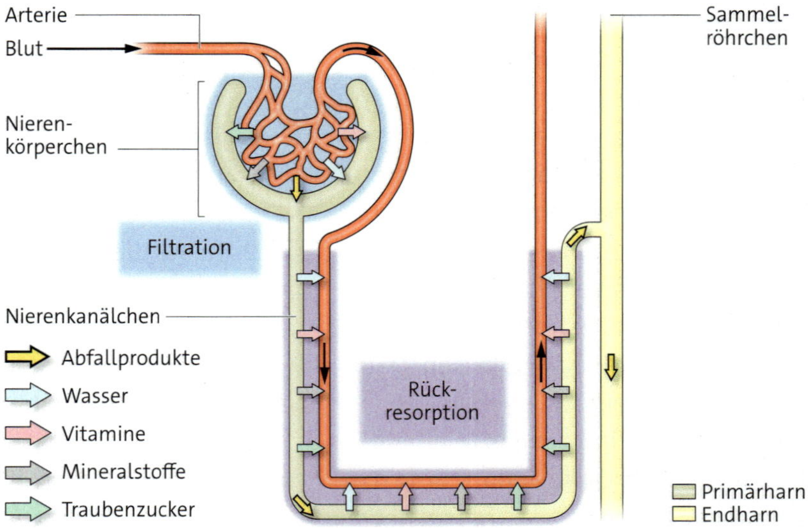


2 Filtration und Rückresorption in einem Nephron

## Material C

### Kater-Kopfschmerzen

Trinkt man beim Feiern zu viel Alkohol, leidet man am nächsten Morgen oft an Kopfschmerzen. Der Alkohol hemmt das Hormon ADH im Gehirn, das sonst die Rückresorption des Wassers in den Nieren anregt. Das bewirkt, dass man mehr Harn und damit mehr Wasser ausscheidet. So kommt es zu Wassermangel im Körper und somit auch im Gehirn. Zudem werden mit dem Harn Mineralstoffe abgegeben, was zu Mangelerscheinungen führt.

1 ☒ Nenne zwei Ursachen für Kopfschmerzen nach dem Alkoholkonsum.

2 ☒ Beschreibe die Wirkung des Hormons ADH auf die Harnmenge.

3 ☒ Erkläre die Wirkung des Alkohols.

3 Böses Erwachen nach dem Rausch

4 ☒ Erläutere, wie man den Kopfschmerzen vorbeugen oder sie nach dem Alkoholrausch bekämpfen kann.

## Material D

### Wie funktioniert die Dialyse?

**Dialyse** Bei der Dialyse wird das Blut außerhalb des Körpers gereinigt. Dafür wird aus einem Arm Blut entnommen und durch einen Schlauch in das Dialysegerät gepumpt. Dem Blut wird ein Mittel zugesetzt, das die Gerinnung verhindert und das Blut dünnflüssig hält. Im Dialysegerät fließt das Blut durch feine Röhrchen, die von der Dialyseflüssigkeit umströmt werden. Die Wände der Röhrchen sind nur für bestimmte Stoffe durchlässig. Über sie werden Abfallstoffe, vor allem Harnstoff, aber auch Vitamine und Mineralstoffe aus dem Blut an die Dialyseflüssigkeit abgegeben. Das gereinigte Blut wird in den Körper zurückgeführt.

1 ☒ Beschreibe den Ablauf der Dialyse. → 4

2 ☒ Vergleiche die Dialyse mit den Vorgängen der Niere.

3 ☒ Erkläre, weshalb die Dialyse im Gegensatz zur Niere zum Vitamin- und Mineralstoffmangel führt.

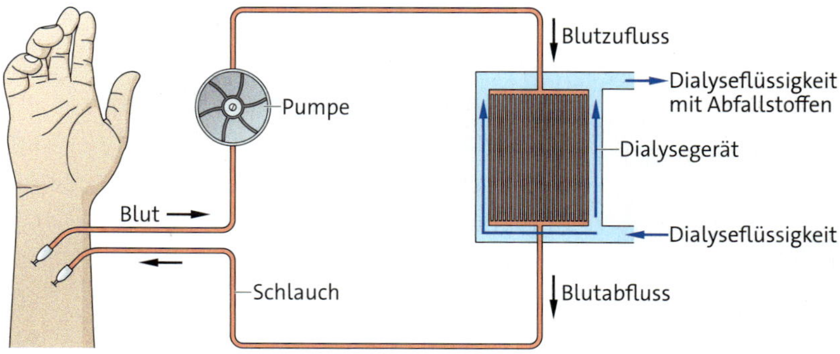


4 Vorgänge bei der Dialyse

# Die Organspende

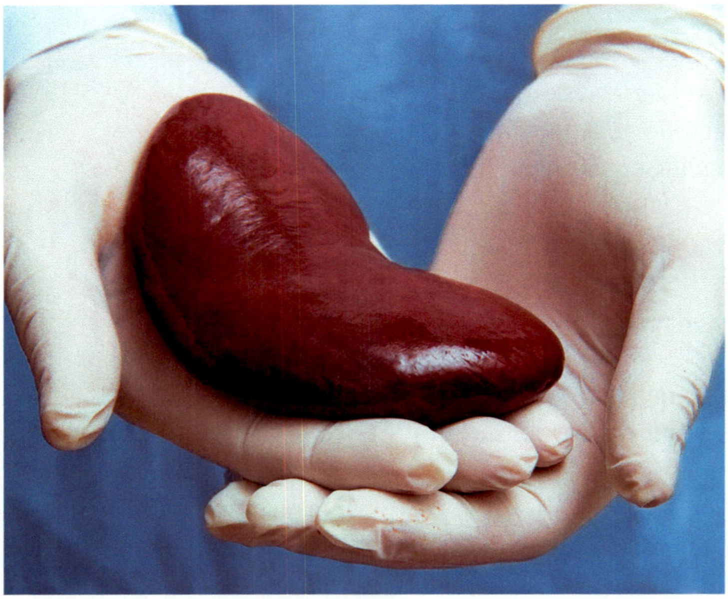

1 Beim Nierenversagen wird eine neue Niere gebraucht.

**Wenn ein Organ wie die Niere versagt, kann ein gespendetes Organ die letzte Rettung für die betroffene Person sein. Wie bekommt man ein gespendetes Organ und welche Risiken sind damit verbunden?**

**Transplantation** • Beim endgültigen Nierenversagen kann die Dialyse die Funktion der Niere zwar ersetzen, doch eine Heilung ist nur mit einer neuen Niere möglich. Jedes Jahr werden in Deutschland etwa 2000 Nieren von einer spendenden Person auf einen anderen Menschen übertragen. Der Bedarf an gespendeten Organen ist jedoch deutlich höher als die Verfügbarkeit. Deshalb warten viele Menschen vergeblich auf eine Niere. Wird ein Organ von einem Menschen auf einen anderen übertragen, nennt man das Transplantation.

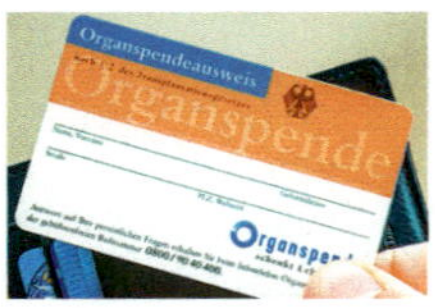


2 Immer dabei: Organspendeausweis

Am häufigsten wird die Niere transplantiert, gefolgt von der Leber, dem Herz und der Lunge.

**Organspende** • Manche Organe oder Organteile können von lebenden Personen gespendet werden. Das trifft zum Beispiel auf die Niere zu. Sie ist im Körper doppelt vorhanden und eine funktionsfähige Niere reicht aus, um die Reinigung des Blutes zu gewährleisten. Die meisten Organe können jedoch erst kurz nach dem Tod der spendenden Person entnommen werden. Dafür müssen zunächst zwei Ärzte unabhängig voneinander den Hirntod der Person feststellen. → 3 Eine Person ist hirntot, wenn die Funktion des gesamten Gehirns ausgefallen ist. Dann müssen der Blutkreislauf und die Atmung durch medizinische Maßnahmen aufrechterhalten werden. Nur so kann die Versorgung der Organe mit Sauerstoff gewährleistet werden. Werden die Organe nicht durchgängig mit Sauerstoff versorgt, sterben sie ab. Die Ärzte, die den Hirntod festgestellt haben, dürfen nicht an der Transplantation beteiligt sein. Es wird geprüft, ob etwas gegen eine Spende spricht. → 3 Das können zum Beispiel medizinische Gründe sein, etwa wenn die Immunsysteme von Spender und Empfänger nicht zueinander passen. Auch fehlende Bereitschaft wäre ein Grund. Hat die Person einer Organspende zu Lebzeiten schriftlich zugestimmt, wird das Organ entnommen. Andernfalls müssen die Angehörigen entscheiden.

die **Transplantation**
der **Hirntod**
die **Organspende**

**Bereit zur Organspende?** • In einem Organspendeausweis kann man seine Bereitschaft zur Spende von Organen und Gewebe nach seinem Tod erteilen. → 2 Dabei hat man auch die Möglichkeit, bestimmte Organe von einer Spende auszuschließen. Man kann den Organspendeausweis auch nutzen, um eine Spende grundsätzlich abzulehnen oder die Entscheidung einer Person seines Vertrauens zu überlassen.

**Risiken einer Transplantation** • Einer Person ein gespendetes Organ einzusetzen, ist nicht ungefährlich. Das größte Risiko besteht darin, dass das Immunsystem des Empfängers das Organ als Fremdkörper erkennt und eine Abwehrreaktion auslöst. Dies kann zur Abstoßung des Organs führen. Damit das nicht passiert, müssen die Zellen vom Spender und Empfänger möglichst ähnlich sein. Dies ist der Fall bei Personen, die sich genetisch sehr ähnlich sind. Auch wenn das Organ nach der Transplantation vom Körper gut angenommen wurde, muss der Empfänger lebenslang Medikamente einnehmen, die das Immunsystem schwächen. Daher ist er anfälliger für Infektionskrankheiten.

> Wird ein Organ von einem Menschen auf einen anderen übertragen, spricht man von einer Transplantation. Bevor Organe entnommen werden, muss der Hirntod des Spenders feststehen. Der Ablauf einer Organspende ist genau festgelegt und wird streng kontrolliert.

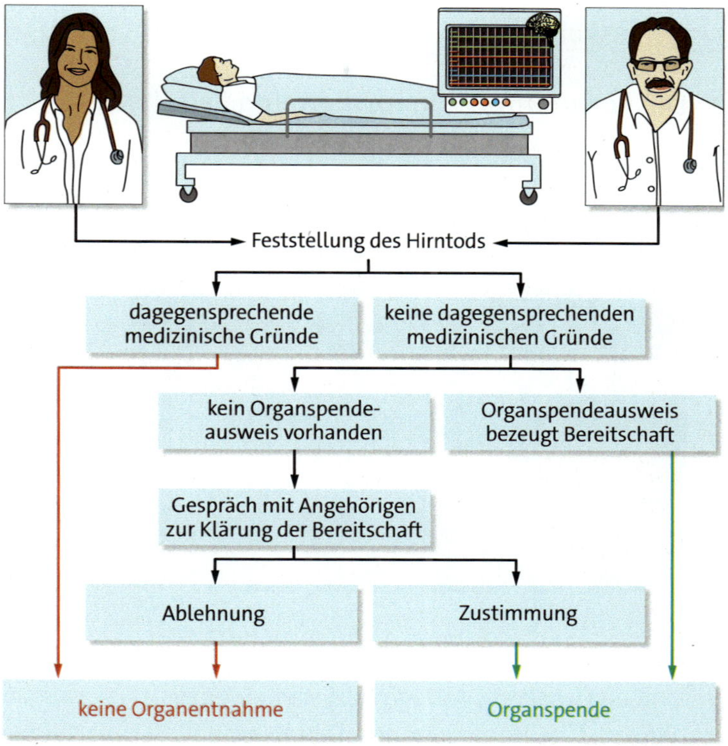


3 Möglichkeiten nach Feststellung des Hirntods

## Aufgaben

**1** Erläutere anhand eines Beispiels den Begriff Transplantation.

**2** Beschreibe den Ablauf einer Organspende.

**3** Erkläre, warum ein Mensch nach einer Transplantation lebenslang Medikamente nehmen muss, die sein Immunsystem schwächen.

**4** Erkläre, weshalb es sinnvoll ist, dass der Ablauf einer Organspende genau festgelegt ist und streng kontrolliert wird.

## Erweitern und Vertiefen

### Die Kommunikation im digitalen Zeitalter

1

**Mehr online als offline?** • Digitale Medien sind aus unserem Alltag nicht mehr wegzudenken. Über Smartphones, Tablets und Laptops sind wir sofort und überall erreichbar. Wenn wir schnell eine Information benötigen, schlagen wir selten in Büchern nach. Wir nutzen eine Suchmaschine. Das spart Zeit.

**Sich selbst mitteilen** • Das Internet wird aber nicht nur als Informationsquelle genutzt. Die Internetnutzer produzieren auch selbst Inhalte. In Internetforen zum Beispiel kann man Meinungen, Gedanken und Erfahrungen austauschen. Gerade bei umstrittenen Themen wie zum Beispiel der Organspende ist die Auswahl an Foren groß. Das gibt uns die Chance, von anderen zu lernen und uns Anregungen zu holen. Es ist aber nicht immer leicht zu erkennen, was der Wahrheit entspricht und was nicht.

**Weltweite Vernetzung** • Über das Internet vernetzen wir uns mit Menschen aus der ganzen Welt. So können wir unsere Erfahrungen austauschen und über Themen diskutieren, die uns wichtig sind. Das kann unsere Gesellschaft näher zusammenbringen. Auch die meisten Protestbewegungen organisieren sich online. Doch es gibt auch immer wieder User, die im Internet Hasskommentare verbreiten. Viele verstecken sich hinter ihrer vermeintlichen Anonymität. Dieses Verhalten ist unverschämt und unter gewissen Umständen strafbar.

**Cyber-Mobbing** • Viele Menschen machen nicht nur positive Erfahrungen mit sozialen Netzwerken oder in Internetforen. Sie werden beschimpft, bedroht, durch Gerüchte bloßgestellt und ausgegrenzt. Geschieht dies über einen längeren Zeitraum, spricht man von Cyber-Mobbing. Die Betroffenen sind dem Mobbing rund um die Uhr ausgeliefert. Das erzeugt enormes Leid. Erkrankungen und Selbstmordgedanken sind oft die Folge. Ist man betroffen, sollte man sich Hilfe suchen.

### Aufgaben

**1** Beschreibe die Chancen und Risiken der digitalen Kommunikation. Beziehe dich dabei auch auf eigene Erfahrungen.

**2** Diskutiert in der Klasse, welche Regeln für die Kommunikation im Internet gelten. Fasst eure Ergebnisse auf einem Plakat zusammen.

## Material A

### Organspende – Pro oder Kontra?

Das deutsche Transplantationsgesetz erlaubt Jugendlichen ab 16 Jahren, ihre Bereitschaft zur Organspende zu erklären. Ab dann ist ihre Entscheidung rechtlich wirksam. Ab 14 Jahren darf man einer Organspende widersprechen. Es ist also sinnvoll, über seine persönliche Bereitschaft nachzudenken.

1 Begründe deine eigene Einstellung zur Organspende und notiere deine Position auf einem Kärtchen.

2 Stellt eure persönlichen Positionen mit der jeweiligen Begründung vor.

3 Ordnet eure Positionen sowie die Positionen A–J nach Pro und Kontra. → 2

4 Zu vielen Themen kann man sich in Internetforen austauschen.
MK Recherchiert ergänzende Argumente in passenden Foren.

5 In einigen Ländern gilt man automatisch als möglicher Organspender, wenn man nicht ausdrücklich dagegen widerspricht.
Nimm Stellung zu dieser Regelung.

A
„Ich hoffe, dass mir jemand ein Organ spendet, wenn ich eines brauche. Daher wäre ich auch bereit, meine Organe zu spenden."

B
„Ich glaube, dass es einen Übergangsbereich zwischen Leben und Tod gibt und dass man nicht genau bestimmen kann, wann jemand wirklich tot ist."

C
„Was habe ich denn von meinen Organen, wenn ich tot bin? Es ist egoistisch, wenn jemand seine Organe nach dem Tod behält, statt jemandem das Leben zu retten."

D
„Wenn dann gerade ein reicher Typ ein Organ braucht, wird es mir entnommen, auch wenn ich noch gar nicht richtig tot bin. Damit kann man schließlich gute Geschäfte machen."

E
„Meine Schwester hat von einem fremden Spender eine Niere bekommen. Wäre der nicht schon zu seinen Lebzeiten bereit dazu gewesen, wäre meine Schwester nun tot."

F
„Wenn ich mich jetzt zu einer Organspende nach meinem Tod bereit erkläre, lebe ich bestimmt nicht mehr lange. Da bin ich abergläubisch."

G
„Wenn jemand ein Organ von mir bekommt, lebt ein Teil von mir noch weiter. Diese Vorstellung gefällt mir."

H
„Jeder gläubige Mensch sollte bereit sein, seinem Nächsten ein Organ zu spenden. Das gebietet die Nächstenliebe."

I
„Ich finde die Vorstellung gruselig, dass man meine Organe rausnimmt. Ich will doch nicht als leere Hülle enden."

J
„Ich glaube an ein Leben nach dem Tod, deswegen möchte ich meine Organe nicht spenden."

2 Positionen für oder gegen Organspende

# Die Organspende

## Methode

### Eine Informationskampagne gestalten

Wenn man Menschen über das Thema Organspende informieren möchte, damit sie sich eine begründete Meinung bilden und vielleicht ihre eigene Bereitschaft beschließen, kann man eine Informationskampagne gestalten. Diese setzt sich aus verschiedenen Aktionen zusammen, die über einen begrenzten Zeitraum durchgeführt werden und viele Menschen erreichen sollen. Damit dies klappt, muss man in einer Gruppe zusammenarbeiten und gut planen.

1 Gemeinsam aktiv werden

**1. Gruppenregeln abstimmen** Bevor ihr mit der Zusammenarbeit beginnt, solltet ihr euch auf Gruppenregeln einigen, zum Beispiel: zuhören, andere Meinungen akzeptieren und niemanden persönlich beleidigen. Erstellt einen Regelkatalog, dem alle verbindlich zustimmen.

**2. Planung** Damit eine Informationskampagne erfolgreich verläuft, muss sie zuvor gut geplant werden. Formuliert zunächst gemeinsam in der Klasse das Problem und das Ziel. → 2 Legt eure Zielgruppe fest. Wollt ihr eure Aktion in der Schule oder auf der Straße durchführen? Wollt ihr auch soziale Netzwerke im Internet nutzen? Erstellt einen Zeitplan. Legt fest, wann ihr die Informationskampagne durchführen wollt und wie viel Zeit ihr für die Vorbereitung der verschiedenen Aktionen einsetzen könnt. Sammelt dann Ideen zu möglichen Aktionen. Ihr könnt sie in einer Mind-Map ordnen. Legt euch auf einige Aktionen fest, die umsetzbar sind, und vereinbart dafür Kriterien. Dazu zählt, dass Texte fachlich korrekt, knapp und verständlich sind und alle Quellen notiert werden.

Problem: Es werden viel weniger Organe gespendet als benötigt werden. Viele Menschen sind über das Thema nicht gut informiert und daher nicht bereit zu einer Organspende.

Ziel: Wir wollen Menschen über den Bedarf an Organen und das Vorgehen bei einer Organspende informieren, um sie zu einer Entscheidung anzuregen.

Zielgruppe: alle Personen im Schulgebäude

Zeitplan:

| Datum | Ziel |
|---|---|
| 6.5. | Klassentreffen: Planung |
| 7. – 15.5. | Aktionen in Kleingruppen vorbereiten |
| 16.5. | Klassentreffen: Ergebnisse der Kleingruppen vorstellen, letzte Vorbereitungen klären |
| 20. – 24.5. | Informationskampagne durchführen |

Aktionen:

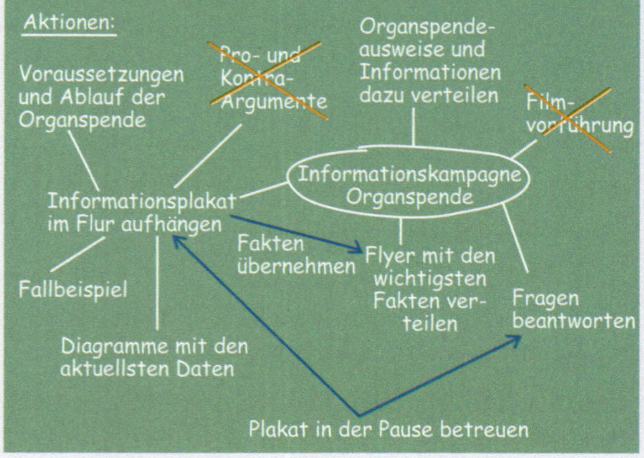


2 Beispiel für eine Projektplanung

**3. Kleingruppen bilden** Bildet verschiedene Kleingruppen, die jeweils zuständig für die Vorbereitung einer Aktion sind. Dabei sollte sich die Gruppengröße nach dem Arbeitsaufwand richten. Es ist zum Beispiel weniger aufwändig, Organspendeausweise zu besorgen und die dazugehörigen Informationen zu beschaffen, als ein ansprechendes Plakat mit vielfältigen Informationen und Diagrammen zu gestalten.

**4. Aktionen vorbereiten** Besprecht in euren Kleingruppen die weiteren Arbeitsschritte zu eurer Aktion. Legt genau fest, wer sich worum kümmert und wann ihr Zwischenstände besprechen wollt. Haltet die Absprachen in einer Checkliste fest, in der ihr die erledigten Arbeitsschritte abhaken könnt. → 3 Macht euch dann an die Arbeit.

**5. Letzte Vorbesprechung** Plant am Ende der Vorbereitungsphase ein Klassentreffen ein, um euch gegenseitig die Arbeitsergebnisse der Kleingruppen zu präsentieren. Prüft auch noch einmal, ob alle Vorbereitungen erledigt sind.

**6. Informationskampagne durchführen** Setzt die Aktionen entsprechend eurer Planung in die Tat um. Macht auf das Problem aufmerksam, gebt die Informationen gut verständlich weiter und geht offen auf Fragen und Diskussionen ein. Denkt dabei an euer festgelegtes Ziel und versucht, viele Menschen zu erreichen. Das setzt voraus, dass ihr euch alle einsetzt und euch gegenseitig unterstützt. Je mehr Begeisterung ihr zeigt, desto besser.

CHECKLISTE – Gruppe:

| Was? | Wer? | Bis wann? | Erledigt? |
|---|---|---|---|
| Aufgaben verteilen | alle | 7.5. | ✓ |
| Entwurf abstimmen: Wie gestalten wir das Plakat? | alle | 7.5. | ✓ |
| Vorschläge zum Fallbeispiel raussuchen | … | 9.5. | |
| aktuelle Daten finden zu: … | … | 9.5. | |
| … | … | 9.5. | |
| Zwischenstände besprechen, Fallbeispiel auswählen | alle | 9.5. | |
| Text zum Fallbeispiel verfassen | … | 14.5. | |
| Diagramme erstellen | … | 14.5. | |
| … | … | 14.5. | |
| Ergebnisse besprechen | alle | 14.5. | |
| Plakat gestalten | … | 15.5. | |
| Klassentreffen: Fertiges Plakat präsentieren | alle | 16.5. | |

3 Beispiel für eine Checkliste

**7. Auswertung** Setzt euch zum Abschluss eurer Informationskampagne mit der ganzen Klasse zusammen, um euch über eure Erfahrungen auszutauschen und die Zusammenarbeit und Ergebnisse zu beurteilen. Beschreibt, was eurer Meinung nach gut gelaufen ist und was ihr beim nächsten Mal anders machen würdet.

## Aufgaben

**1** ⊠ Plant eine Informationskampagne zum Thema Organspende, bereitet die Aktionen in Kleingruppen vor und führt sie dann alle gemeinsam durch. Ihr könnt die Aktionen umfangreicher oder weniger aufwändig gestalten. Berücksichtigt dabei den Zeitplan.

**2** ⊠ Beurteile, was du aus der Zusammenarbeit gelernt hast.

# Krankheiten und ihre Heilung

## Zusammenfassung

**Gesundheit** • Laut WHO umfasst Gesundheit das körperliche, seelische und soziale Wohlergehen. Für seine Gesundheit kann man sorgen, zum Beispiel durch eine gesunde Ernährung und Sport.

**Infektionskrankheiten** • Sie werden von Erregern verursacht. Ein grippaler Infekt verläuft in vier Phasen: Das Eindringen der Erreger in den Körper wird als Ansteckung oder Infektion bezeichnet. In der Inkubationszeit vermehren sich die Erreger, ohne Symptome auszulösen. Mit dem Ausbruch der Krankheit treten Symptome wie Husten und Schnupfen auf, bis es schließlich zur Gesundung kommt.

**Bakterien, Viren und Parasiten** • Bakterien sind einzellige Lebewesen. Sie erfüllen wichtige Aufgaben, zum Beispiel bei der Verdauung. Bakterien können aber auch Erreger für Krankheiten sein. Viren sind kleiner als Bakterien. Sie zählen nicht zu den Lebewesen, weil sie keinen eigenen Stoffwechsel haben und für ihre Vermehrung auf Wirtszellen angewiesen sind. Parasiten sind Lebewesen, die sich von anderen Lebewesen ernähren. Dabei schaden sie ihren Wirten und können Erreger übertragen.

**Immunsystem** • Das Immunsystem schützt uns vor Erregern und sorgt dafür, dass wir nach einer Infektion gesund werden. Bei der unspezifischen Abwehr bekämpfen Fresszellen jegliche Art von Erregern. Bei der spezifischen Abwehr werden Erreger durch verschiedene Zellen gezielt bekämpft. Durch die Bildung von Gedächtniszellen entsteht eine Immunität gegen eine Krankheit.

**Allergie** • Löst ein eigentlich harmloser Stoff eine übermäßige Reaktion des Immunsystems aus, hat man eine Allergie. Den Stoff, der die allergische Reaktion auslöst, nennt man Allergen.

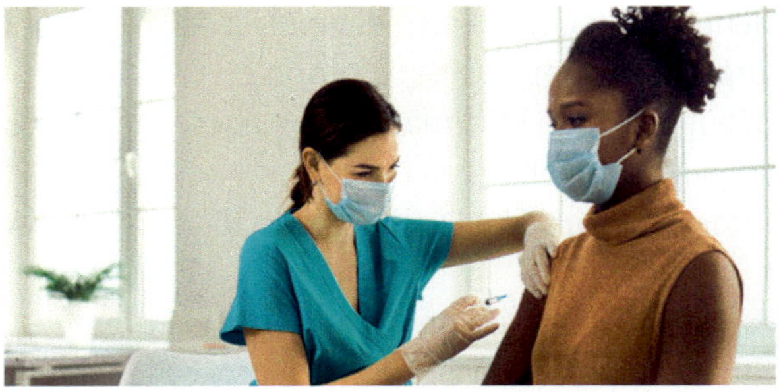

1 Impfungen können Leben retten.

**Immunisierung** • Durch eine Impfung kann man sich vor Krankheiten schützen. Bei der aktiven Immunisierung werden abgeschwächte Erreger verabreicht, die dann zur Bildung von Gedächtniszellen führen. Die passive Immunisierung wird bei bereits erkrankten Menschen eingesetzt. Es werden Antikörper verabreicht, die die Krankheitserreger bekämpfen.

**Aids und Hepatitis** • Die Krankheit Aids wird durch eine Infektion mit HI-Viren verursacht. Diese befallen die T-Helferzellen. Hepatitis ist eine Entzündung der Leber, die durch eine Infektion mit Viren ausgelöst wird.

**Transplantation** • Wird ein Organ von einem Menschen auf einen anderen übertragen, spricht man von einer Transplantation. Ein Spender muss dem Empfänger genetisch sehr ähnlich sein, damit die Übertragung funktioniert.

## Teste dich! (Lösungen auf Seite 331)

### Infektionskrankheiten

1 Erkläre, was man unter einer Infektionskrankheit versteht.

2 Gib die vier Phasen einer Infektionskrankheit an. Beschreibe jeweils kurz, was dabei im Körper passiert.

3 Erkläre, was die erhöhte Körpertemperatur bei einem grippalen Infekt bewirkt.

### Bakterien, Viren und Parasiten

4 Beschreibe die Vermehrung von Bakterien mithilfe von Bild 2.

5 Beschreibe, wie Antibiotika auf Bakterien wirken können.

6 Erkläre, warum Viren auf eine Wirtszelle angewiesen sind.

7 Nenne fünf Infektionswege aus deinem Alltag, über die du dich mit Covid-19 anstecken kannst.

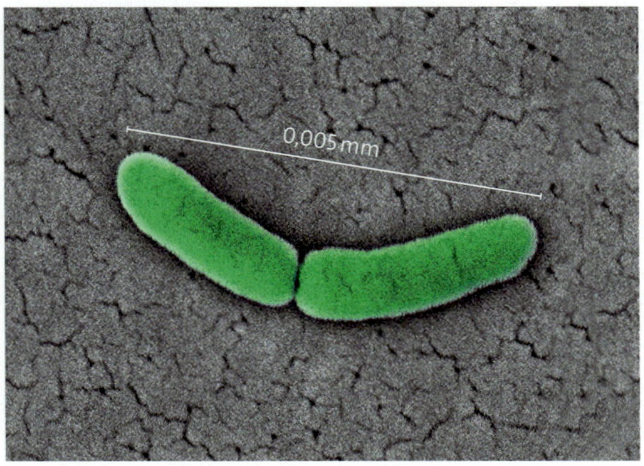


2 Bakterium während der Teilung

8 Erläutere an Beispielen den Unterschied zwischen Außenparasit und Innenparasit.

### Abwehr von Krankheitserregern

9 Beschreibe, wodurch der Körper gegen das Eindringen von Erregern geschützt ist

10 Beschreibe die unspezifische Abwehr.

11 Nenne die Funktionen der folgenden Zellen bei der spezifischen Abwehr: T-Helferzelle, Riesenfresszelle, Plasmazelle, T-Killerzelle, Gedächtniszelle.

12 Auf manchen Lebensmitteln steht der Hinweis: Kann Spuren von Nüssen enthalten. Erkläre, für wen der Hinweis wichtig ist.

13 Aids wird von HI-Viren ausgelöst.
a Begründe, warum Kondome vor einer HIV-Infektion schützen.
b Erkläre, ab wann man von Aids spricht.

### Organspende und Transplantation

14 Erläutere, welche Bedingungen erfüllt sein müssen, damit einem Menschen Organe entnommen werden können.

15 Manche Organe können lebenden Menschen entnommen werden.
a Nenne ein solches Organ.
b Begründe, weshalb das möglich ist.

16 Begründe, warum der Erhalt des Blutkreislaufs und der Atmung bei einer hirntoten Person wichtig für eine Organspende ist.

# Gene und Vererbung

Kinder sehen den Eltern oft sehr ähnlich, sind aber dennoch verschieden. Wie ist das zu erklären?

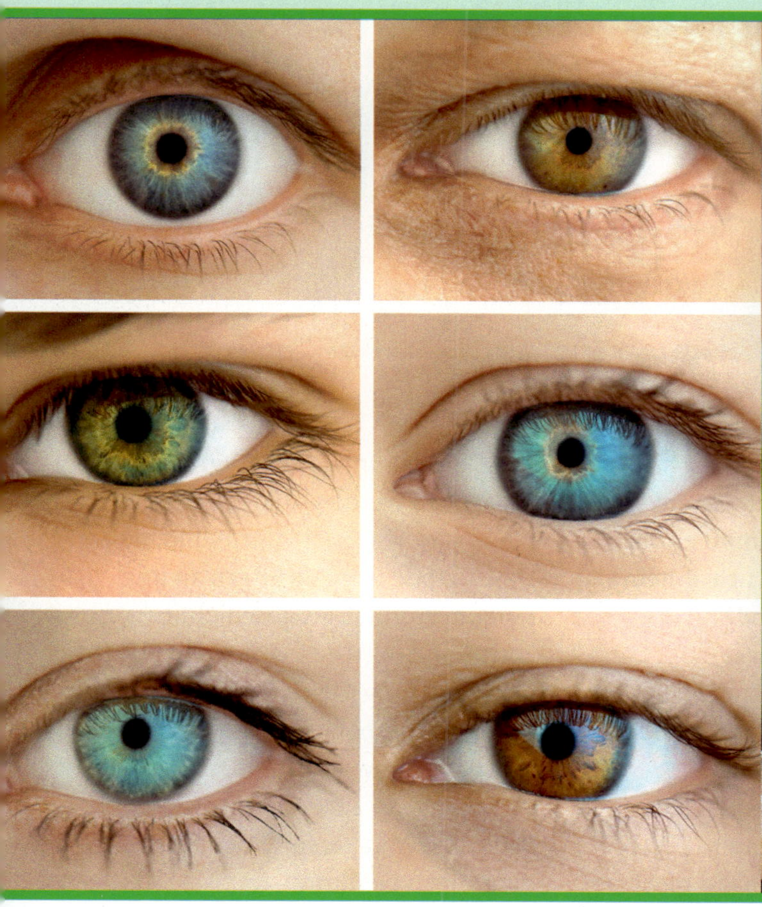

Die Augenfarbe ist ein Merkmal, das bei jedem Menschen unterschiedlich ist. Wie lassen sich unterschiedliche Augenfarben erklären?

In der Gentechnik greift der Mensch gezielt in die Erbinformationen ein. Welche gentechnischen Verfahren gibt es und was sind transgene Organismen?

# Zellkern und Vererbung

1 Vater, Tochter, Sohn und Mutter – ähnlich und doch verschieden

**Kinder sehen ihren Eltern oft sehr ähnlich. Auch zwischen Geschwistern gibt es Ähnlichkeiten. Wie kommt es dazu, dass Familienmitglieder sich ähneln und doch verschieden sind?**

**Vererbung** • In der Fachsprache hat der Begriff Vererbung eine andere Bedeutung als in der Alltagssprache. Wenn du Geld geerbt hast, dann hast du es von einer Person bekommen. Diese Person besitzt das Geld dann nicht mehr. In der Biologie ist mit Vererbung etwas anderes gemeint. Hast du ein Merkmal wie deine Augenfarbe von deiner Mutter geerbt, hat deine Mutter ihre Augenfarbe noch. Sie hat dir nur die Anlagen vererbt, die zur Ausbildung deiner Augenfarbe führen. Die Anlagen sind die Erbinformationen, die zur Ausprägung der Merkmale führen.

**Vererbt oder umweltbedingt?** • Beim Menschen werden Anlagen für Merkmale wie die Gesichtsform und die Nasengröße von den Eltern an ihre Kinder vererbt. Dies geschieht bei der Fortpflanzung. Die Merkmale bleiben ein Leben lang gleich. Andere Merkmale wie die Körpergröße können sich durch die Umwelt verändern. Sie werden durch ein Zusammenspiel von vererbten Anlagen und den Umweltbedingungen bestimmt. Der Mensch besitzt auch Merkmale, die er im Laufe seines Lebens erworben hat. Zum Beispiel kann man durch einen Unfall eine Narbe bekommen. Eine Narbe ist also nicht vererbt, sondern umweltbedingt. Auch Fähigkeiten wie Fahrrad- oder Skifahren sind umweltbedingt. Solche erworbenen Merkmale werden nicht an die Nachkommen vererbt.

die Anlage
das Merkmal
die Rekombination
der Chromatinfaden
das Chromosom

**Anlagen werden neu kombiniert** • Bei der geschlechtlichen Fortpflanzung verschmilzt eine Spermienzelle mit einer Eizelle. Die Geschlechtszellen enthalten jeweils die Anlagen von der Mutter oder vom Vater. Aus der befruchteten Eizelle, der Zygote, entsteht nach vielen Zellteilungen ein Kind. So bekommt das Kind Erbinformation vom Vater und von der Mutter. Die Anlagen der Eltern werden dabei neu kombiniert. Dies nennt man Rekombination. Welche Anlagen vom Vater und von der Mutter in der Zygote kombiniert werden, ist bei jeder Befruchtung anders. Deshalb sind sich Eltern, Kinder und Geschwister zwar ähnlich, aber sie sind doch verschieden.

**Erbinformationen im Zellkern** • Jede Körperzelle enthält dieselben Erbinformationen im Zellkern. → 2 Im Lichtmikroskop ist der Zellkern gut zu erkennen. → 3 Er ist die Steuerzentrale der Zelle. Der Zellkern enthält lange Chromatinfäden, die aus Proteinen (Eiweißen) und den Erbinformationen bestehen. Bevor sich eine Zelle teilt, verdichten sich die Chromatinfäden zu Chromosomen. → 4 Man bezeichnet die Chromosomen als Träger der Anlagen und somit der Erbinformationen.

Alle Lebewesen vererben Anlagen an ihre Nachkommen. Die Anlagen befinden sich im Zellkern. Sie tragen die Erbinformationen, die zur Ausprägung der Merkmale führen. Bei der Befruchtung werden die Anlagen von Vater und Mutter neu kombiniert.

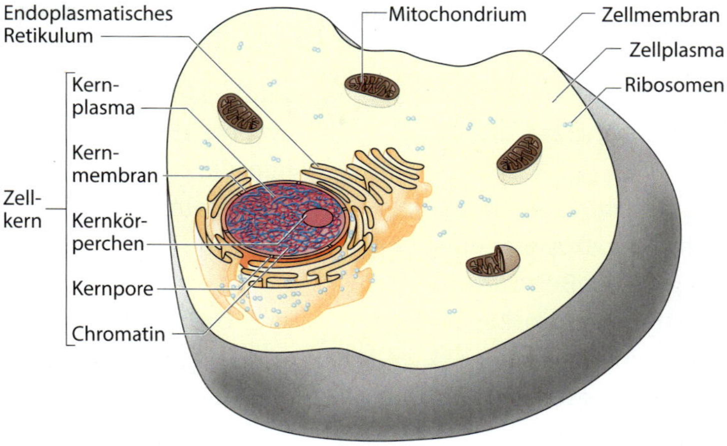


2 Schema einer Tierzelle

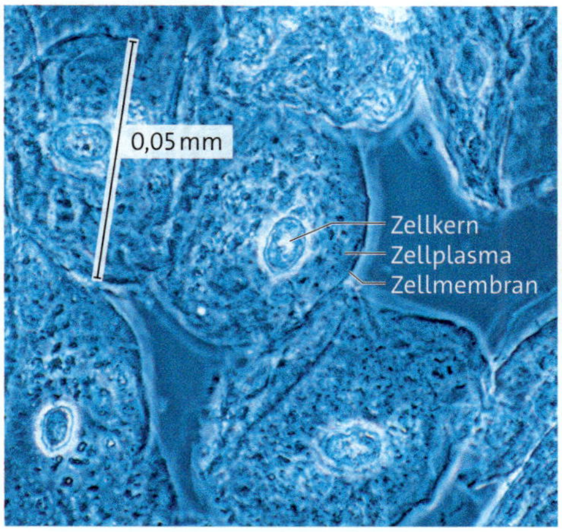


3 Mundschleimhautzellen

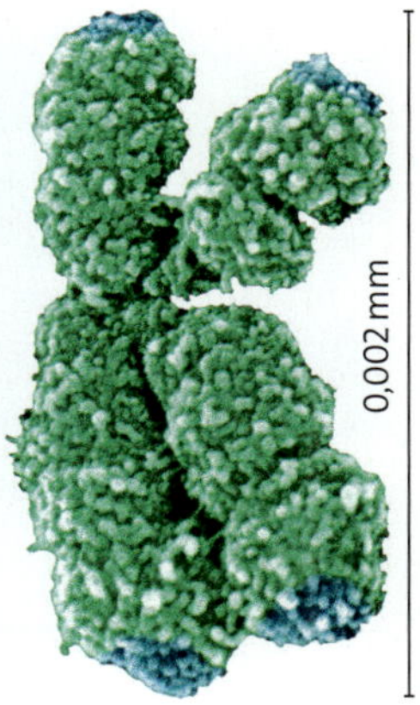


4 EM-Aufnahme eines Chromosoms

## Aufgaben

1 Nenne vererbte Merkmale und umweltbedingte Merkmale.

2 Erkläre den Unterschied zwischen dem Alltagsbegriff und dem Fachbegriff Vererbung.

3 Erläutere das Sprichwort: „Der Apfel fällt nicht weit vom Stamm.“

# Zellkern und Vererbung

## Material A

### Der Zellkern – die Steuerzentrale der Zelle

Den Zellkern kann man im Lichtmikroskop erkennen. → 1
Bei genauer Betrachtung im Elektronenmikroskop erkennt man seinen Aufbau. → 2
Sein wichtigster Bestandteil sind die Chromatinfäden. → 3
Sie enthalten Erbinformationen, die zur Ausprägung der Merkmale eines Lebewesens führen.

1 Ordne den Zahlen 1–7 die richtigen Fachbegriffe zu. → 1 2

2 Nenne den Bestandteil des Zellkerns, der die Erbinformationen enthält.

3 Erkläre den Zusammenhang zwischen Chromatinfäden und Chromosomen.

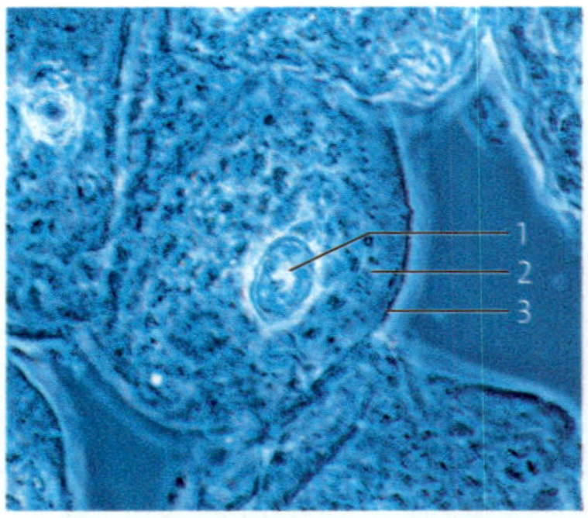


1 Mundschleimhautzellen (Lichtmikroskop)

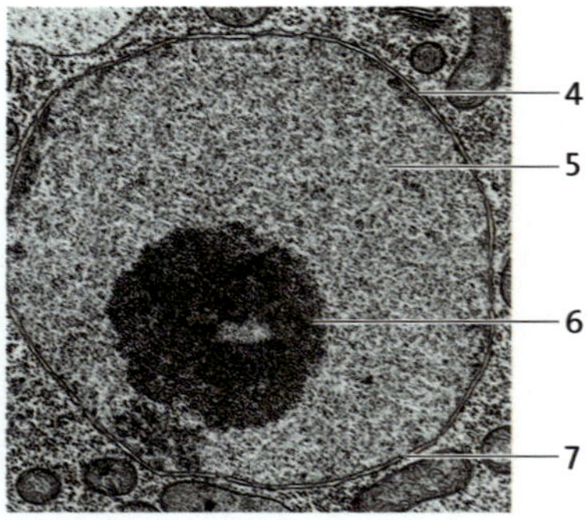


2 Zellkern (Elektronenmikroskop)

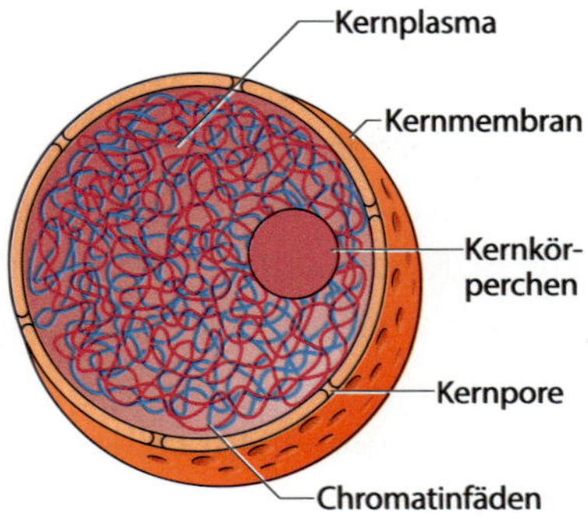


3 Zellkern (Schemazeichnung)

## Material B

### Weitergabe der Erbinformationen

Kinder tragen in ihren Zellen die Erbinformationen beider Eltern. Wie kommt es dazu?

1 Beschreibe den Vorgang in Bild 4. Benutze die Begriffe: Spermienzelle, Eizelle, Befruchtung, Erbinformationen beider Eltern, Zygote, Zellteilungen, Mensch.

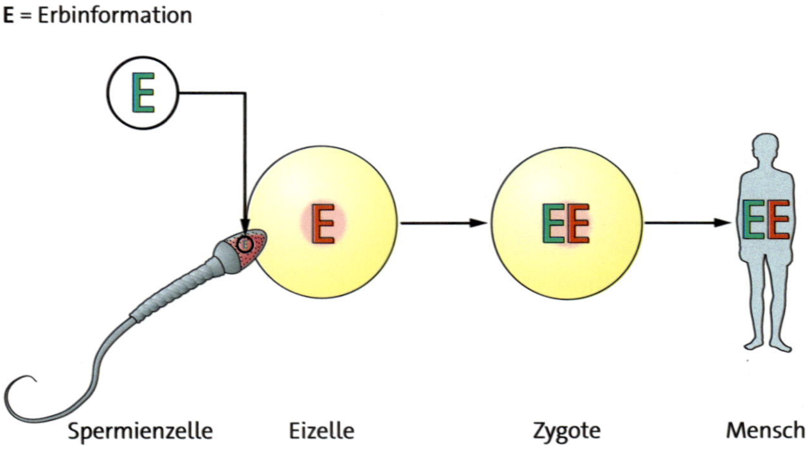


4 Vererbung der Erbinformation

## Material C

### Bedeutung des Zellkerns

Der Biologe Joachim Hämmerling führte 1931 Versuche mit Schirmalgen durch, um die Bedeutung des Zellkerns zu erforschen.

1 Erkläre, weshalb die Schirmalge ein interessantes Versuchsobjekt ist. → 5

2 Beschreibe die Versuchsdurchführung. → 6

3 Beschreibe das Ergebnis des Versuchs. → 6

4 Erkläre, was der historische Versuch von Hämmerling über die Bedeutung des Zellkerns aussagt.

Die Schirmalge ist eine Grünalge. Sie kann bis zu 10 cm groß werden. Die Pflanze eignet sich gut für Versuche, weil sie aus einer einzigen Zelle besteht. Man erkennt drei unterschiedliche Abschnitte: den Fuß, den Stiel und den Schirm. Der Zellkern befindet sich im Fuß der Zelle. Es gibt mehrere Arten von Schirmalgen, die sich durch die Form ihres Schirms voneinander unterscheiden. Die Schirmalge ist ein interessantes Versuchsobjekt. Man kann Teile der Pflanze abtrennen und der fehlende Teil wächst wieder vollständig nach.

5 Versuchsobjekt Schirmalge

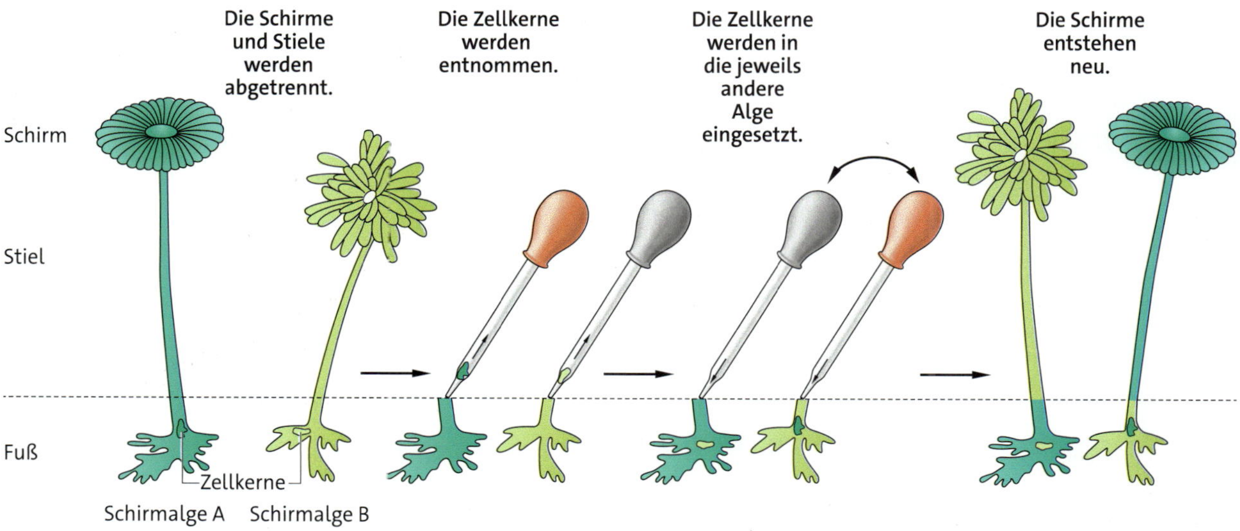


6 Versuch von Hämmerling

# Die Chromosomen

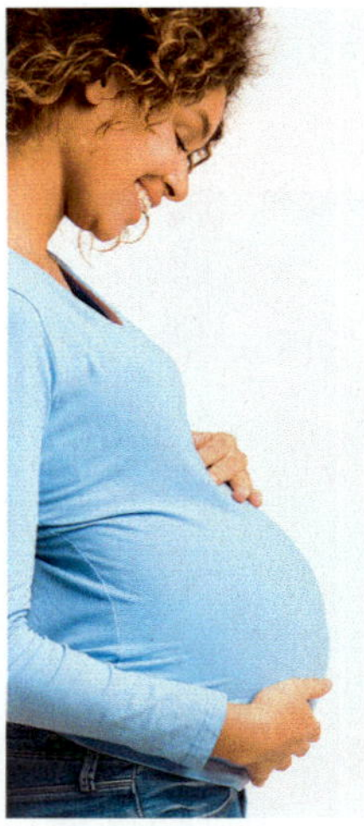

1 Frau mit Babybauch

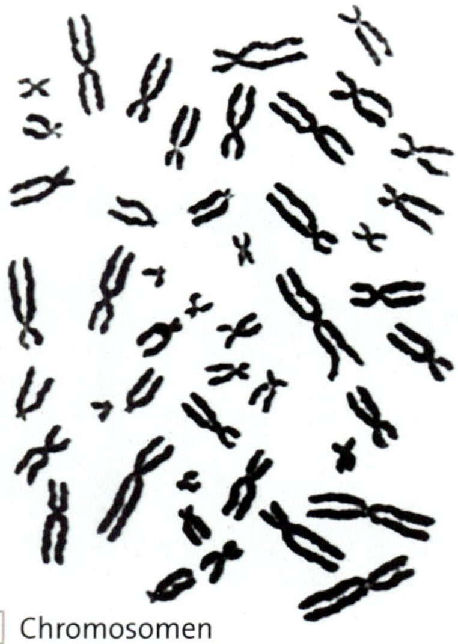

2 Chromosomen

**Wird es ein Junge oder ein Mädchen? Viele Eltern sind gespannt. Ein Blick in den Zellkern beantwortet die Frage.**

**Körperzellen** • In den Körperzellen befinden sich 46 Chromosomen. → 2 Sie liegen als 23 Chromosomenpaare vor. Die Körperzellen enthalten somit einen doppelten Chromosomensatz. Man sagt, sie sind diploid. Die beiden Chromosomen eines Paars sind gleich gebaut. Sie sind homolog. → 3A Alle Chromosomen der Körperzellen bestehen aus zwei Chromatiden, die am Zentromer miteinander verbunden sind. → 3B Man spricht von Zwei-Chromatiden-Chromosomen. Nachdem sich eine Körperzelle geteilt hat, liegen die Chromosomen als Ein-Chromatid-Chromosomen vor. → 3B

**Geschlechtszellen** • Ei- und Spermienzellen enthalten 23 Chromosomen. In ihnen ist jeweils nur eines der beiden homologen Chromosomen vorhanden. Sie enthalten somit einen einfachen Chromosomensatz. Man bezeichnet sie daher als haploid. Die Chromosomen der Geschlechtszellen sind Ein-Chromatid-Chromosomen.

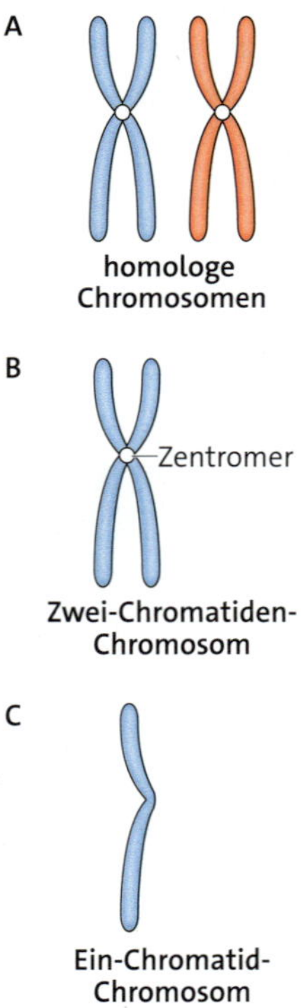


3 Übersicht Chromosomen

**Mädchen oder Junge?** • Das biologische Geschlecht eines Menschen wird vom 23. Chromosomenpaar bestimmt. Das sind die Geschlechtschromosomen. Man nennt sie auch Gonosomen. Mädchen haben zwei X-Chromosomen und Jungen haben ein X- und ein Y-Chromosom. Die Verteilung der Gonosomen bestimmt das biologische Geschlecht. Es wird bei der Befruchtung festgelegt. Befruchtet eine Spermienzelle mit einem Y-Chromosom eine Eizelle, entsteht ein Junge. Befruchtet eine Spermienzellen mit einem X-Chromosom eine Eizelle, entsteht ein Mädchen. Die anderen 22 Chromosomenpaare wirken sich nicht auf das Geschlecht eines Menschen aus. Sie werden als Autosomen bezeichnet.

Die Chromosomen liegen in jeder Körperzelle als Paar vor.
Die Gonosomen bestimmen das biologische Geschlecht eines Menschen.

## Aufgaben

**1** Nenne Unterschiede zwischen Körperzellen und Geschlechtszellen.

**2** Erkläre den Begriff homologe Chromosomen.

das Chromatid
das Chromosom
das Chromosomenpaar
diploid
haploid

## Material A

### Die Chromosomen von Mann und Frau

In Bild 4 werden die Chromosomensätze der Körperzellen von Mann und Frau verglichen.

1 Nenne Gemeinsamkeiten und Unterschiede.

2 Erkläre, ob die Anlagen des Vaters oder der Mutter für das Geschlecht ihres Kindes entscheidend sind.

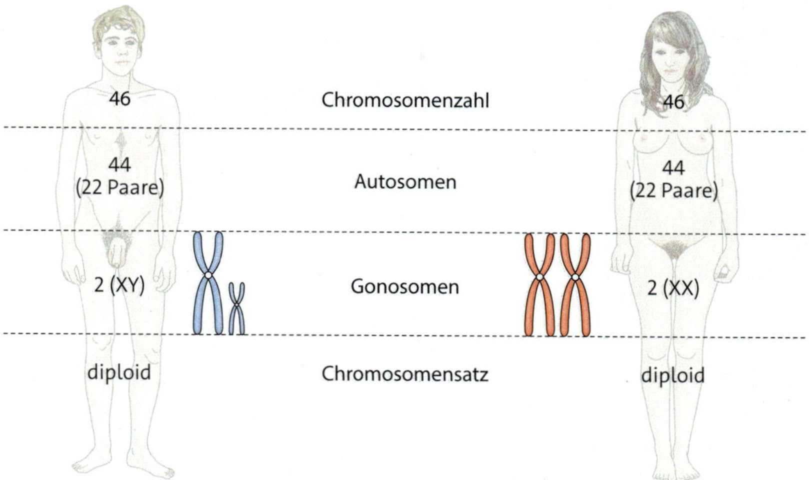


4 Chromosomen in den Körperzellen von Mann und Frau

## Material B

### Das Karyogramm

Bevor sich eine Körperzelle teilt, verdichten sich die Chromatinfäden im Zellkern zu Chromosomen. Man kann die Chromosomen anfärben und die homologen Chromosomen nach ihrer Größe und der Lage ihres Zentromers zu Chromosomenpaaren ordnen. Das Ergebnis ist ein Karyogramm. → 5

1 Vergleiche die Anzahl der Chromosomenpaare in den beiden Karyogrammen.

2 Begründe jeweils, ob es sich um das Karyogramm eines Mannes oder einer Frau handelt.

3 Beschreibe, nach welchen Kriterien man die Chromosomen ordnet.

4 Erkläre anhand der Karyogramme, was ein doppelter Chromosomensatz ist.

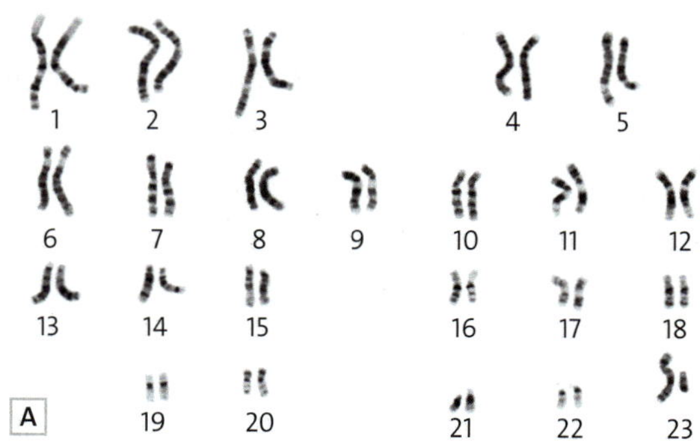


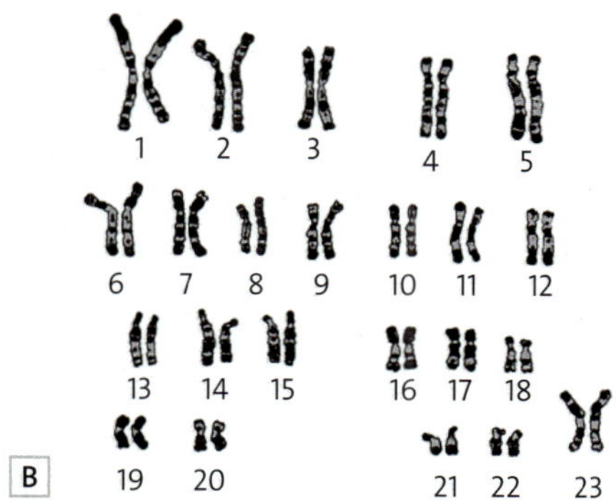


5 Karyogramme mit Ein-Chromatid-Chromosomen

# Bildung der Geschlechtszellen – Meiose

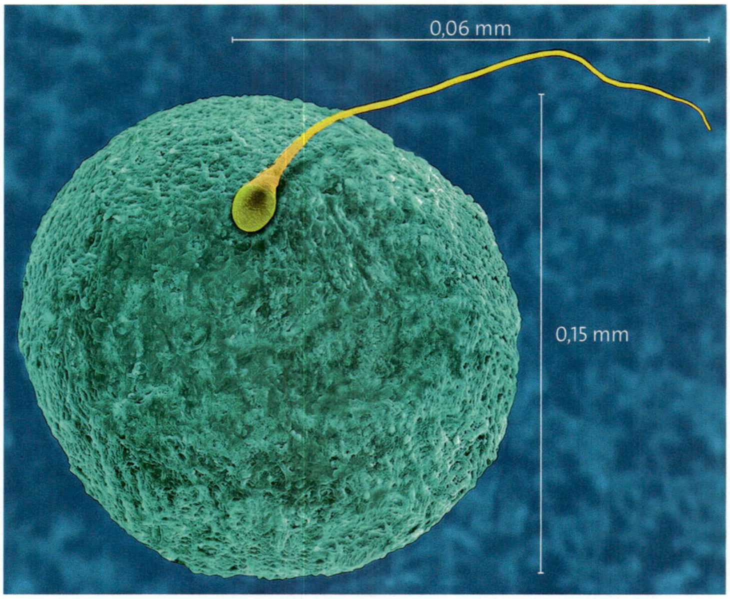


1 Eizelle mit Spermienzelle

**Menschliche Körperzellen enthalten 46 Chromosomen im Zellkern. Eizelle und Spermienzelle enthalten dagegen nur 23 Chromosomen. Wie wird der Chromosomensatz halbiert?**

**Haploid oder diploid** • Die Spermienzellen des Mannes und die Eizellen der Frau enthalten einen einfachen Chromosomensatz von jeweils 23 Chromosomen. Sie sind haploid. Bei der geschlechtlichen Fortpflanzung verschmelzen Eizelle und Spermienzelle. → 1 Die befruchtete Eizelle, die Zygote, enthält dann wieder den doppelten Chromosomensatz mit 46 Chromosomen. Sie ist also diploid. Aus der Zygote entstehen durch wiederholte Zellteilungen neue Körperzellen. Auf diese Weise entsteht ein vielzelliger Organismus, dessen Körperzellen alle diploid sind.

**Bildung der Geschlechtszellen** • Die Eizellen werden im Eierstock der Frau gebildet und die Spermienzellen im Hoden des Mannes. Bei der Bildung wird der Chromosomensatz halbiert. Diesen Vorgang nennt man Meiose. Dabei gibt es zwei Teilungsschritte.

**Erste Reifeteilung** • Am Anfang der Meiose, in der Prophase I, verdichten sich die Chromatinfäden im Zellkern zu Chromosomen. → 2A In der Metaphase I ordnen sich die Chromosomenpaare in der Zellmitte an. → 2B In der Anaphase I werden die homologen Chromosomen getrennt und von den Spindelfasern zu den Zellpolen gezogen. → 2C In der Telophase I bilden sich neue Kernmembranen und Zellmembranen. → 2D So entstehen zwei Tochterzellen, die jeweils 23 Zwei-Chromatiden-Chromosomen im Zellkern enthalten. Weil der Chromosomensatz auf die Hälfte reduziert wird, nennt man die erste Reifeteilung auch Reduktionsteilung.

**Zweite Reifeteilung** • Der zweite Teilungsschritt beginnt mit der Verdichtung der Chromatinfäden in der Prophase II. → 2E In der Metaphase II ordnen sich die Chromosomen in der Zellmitte an. → 2F In der Anaphase II ziehen die Spindelfasern die Chromatiden zu den Zellpolen. → 2G In der Telophase II entstehen die neuen Zellkerne und die Zellen teilen sich. → 2H Das Ergebnis der beiden Reifeteilungen der Meiose sind vier Zellen mit jeweils 23 Ein-Chromatid-Chromosomen.

die Geschlechtszellen
haploid
die Meiose
die Rekombination

**Rekombination** • Homologe Chromosomen enthalten nicht die identischen Erbinformationen, weil eines von der Mutter stammt und das andere vom Vater. In der Meiose werden die homologen Chromosomen zu den entgegengesetzten Zellpolen gezogen. Dabei ist es reiner Zufall, welches Chromosom zu welchem Zellpol gelangt und mit welchen anderen Chromosomen es dorthin gelangt. So entstehen bei der Meiose Geschlechtszellen, in denen die Chromosomen neu kombiniert werden. Das erhöht die genetische Vielfalt.

**Es entsteht nur eine Eizelle** • Beim Mann entstehen in der Meiose aus einer Zelle vier Spermienzellen. Bei der Frau bilden sich eine große Eizelle und drei kleinere Polkörperchen. Nur die Eizelle kann befruchtet werden.

In der Meiose wird der doppelte Chromosomensatz auf den einfachen Chromosomensatz reduziert. So entstehen die haploiden Geschlechtszellen. Dabei werden die Chromosomen neu kombiniert.

## Aufgaben

**1** ☒ Beschreibe die Phasen der Meiose in einer Tabelle. → 2

**2** ☒ Erkläre die Bedeutung der Meiose.

**3** ☒ Erkläre, wie die Chromosomen im Verlauf der Meiose neu kombiniert werden.

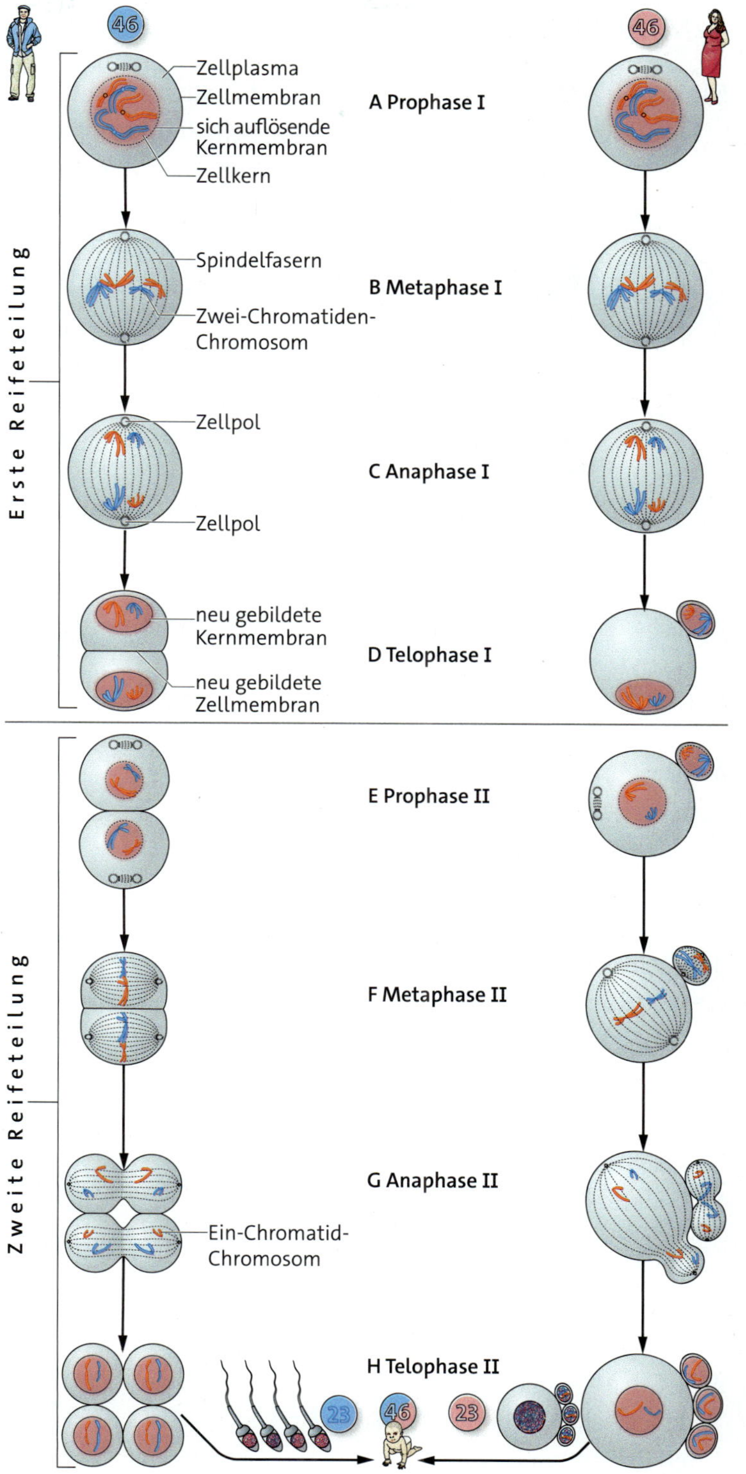


2 Meiose-Phasen (vereinfachte Abbildung mit vier Chromosomen)

# Bildung der Geschlechtszellen – Meiose

## Material A

### Meiose im Modell

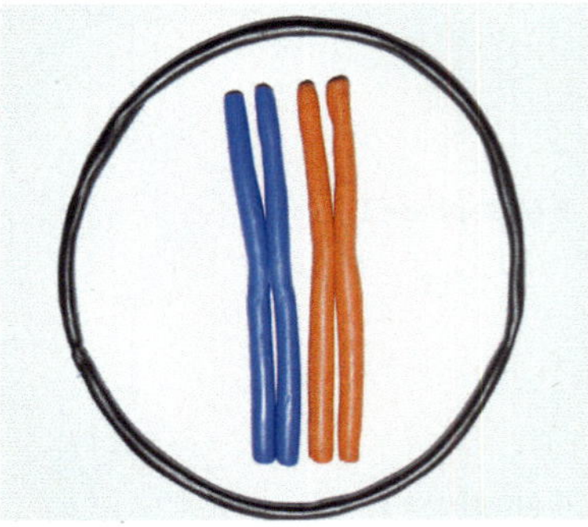

1 Beispiel für ein Modell

**Materialliste:** Knete in zwei Farben, Pfeifenputzer in zwei Farben, Druckknöpfe, Klingeldraht oder Bindfäden in zwei Farben, Buntstifte, wahlweise andere geeignete Materialien

1 Wähle Materialien aus und baue ein Modell von einem Chromosomenpaar im Zellkern. → 1 Die Chromosomen müssen homolog sein.

2 ☒ Stelle mit dem Modell erst die Ausgangssituation und dann das Ergebnis der Meiose dar. Beschreibe, was das Modell jeweils zeigt.

3 ☒ Beurteile die Vorteile und Nachteile deines Modells. Berücksichtige, was du mit deinem Modell gut darstellen kannst und was nicht.

## Material B

### Rekombination

Angenommen, im Zellkern gäbe es nur zwei Chromosomenpaare. Dann gäbe es zwei Möglichkeiten, wie die homologen Chromosomen auf die Tochterzellen verteilt werden können. → 2

1 ☒ Übertrage das Schema in dein Heft. → 2

2 ☒ Ergänze die fehlenden Chromosomen. Achte dabei auf die jeweilige Anzahl der Chromatiden.

3 ☒ Gib an, wie viele unterschiedliche Geschlechtszellen entstehen können.

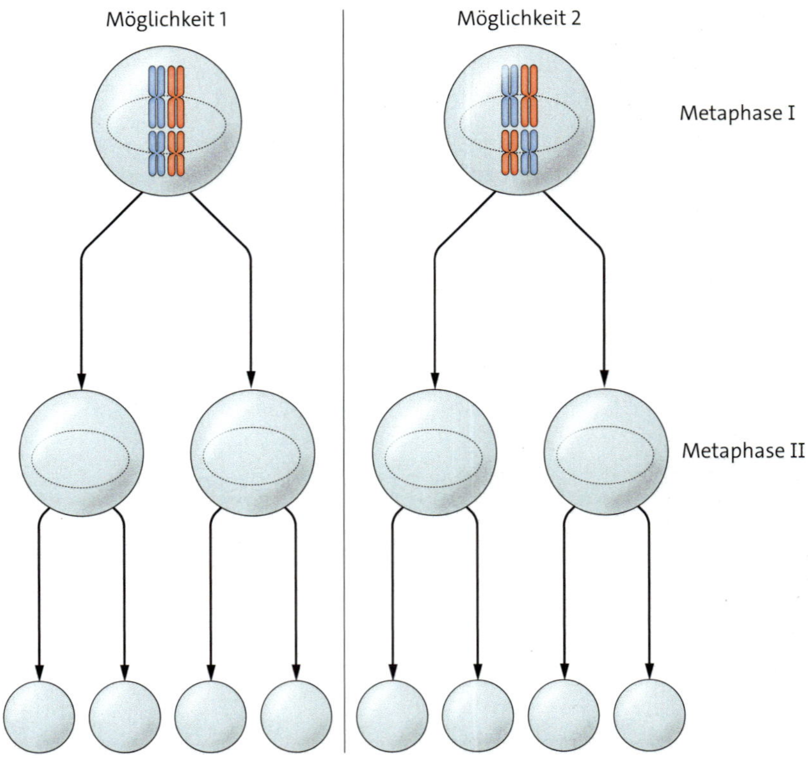


2 Kombinationsmöglichkeiten bei der Meiose (vereinfachte Abbildung mit vier Chromosomen)

## Material C

### Diploid oder haploid?

Sowohl bei der Bildung der Geschlechtszellen als auch bei der Befruchtung verändert sich die Anzahl der Chromosomen in den Zellen.

1 ☒ Erkläre die Begriffe diploid und haploid.

2 ☒ Nenne die Anzahl der Generationen in Bild 3.

3 ☒ Schreibe die Buchstaben A–I in dein Heft. Notiere zu den Buchstaben, ob die Körperzellen der Personen (A, B, E, F und I) oder die jeweils dargestellten Zellen (C, D, G und H) diploid oder haploid sind.

4 ☒ Beschreibe, wie sich die Chromosomenzahl über die Generationen hinweg verändert. Verwende die Fachbegriffe: Körperzellen, Geschlechtszellen, Befruchtung, Zellteilungen, Meiose, diploid, haploid.

5 ☒ Erkläre, wie es sich auf die Chromosomenzahl der Geschlechtszellen und der Körperzellen auswirken würde, wenn es keine Meiose gäbe.

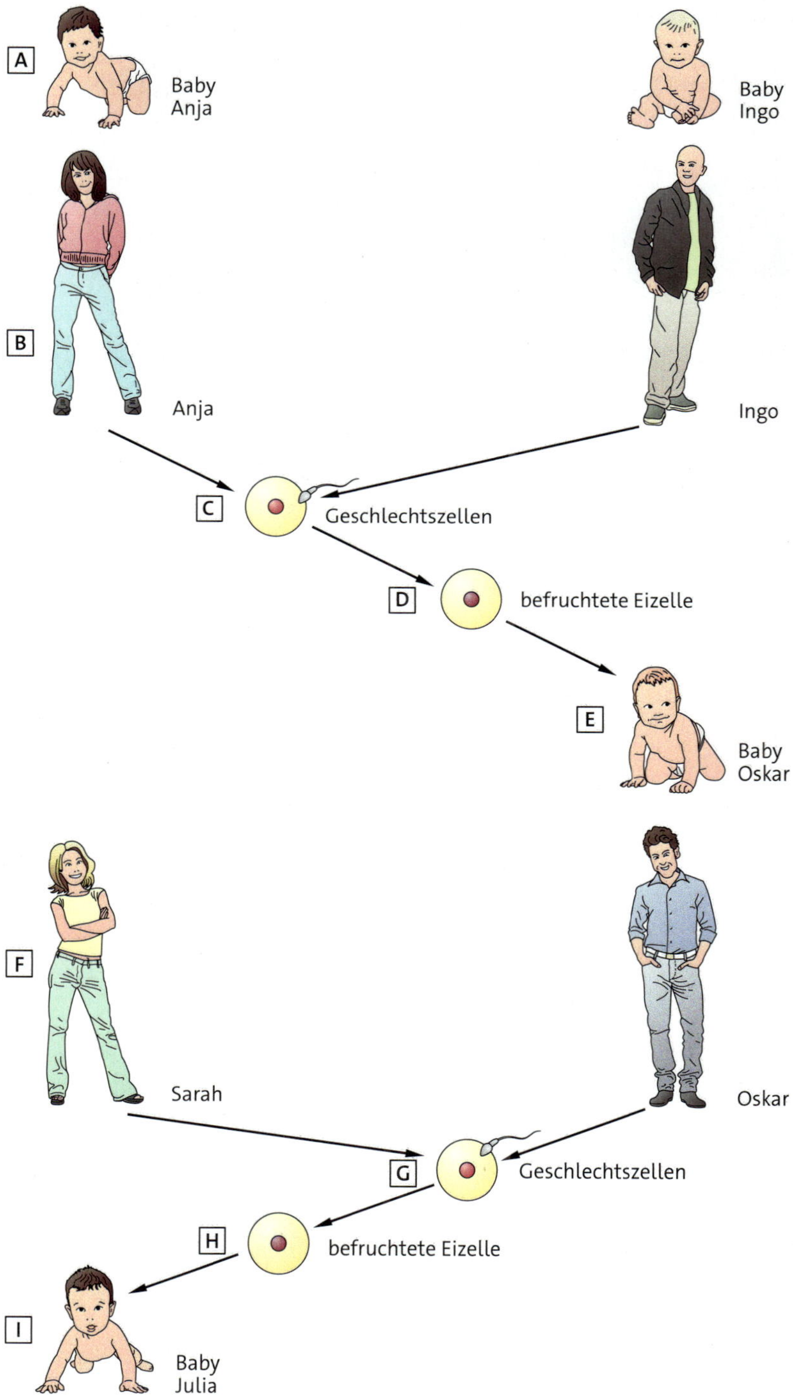


3 Veränderung der Chromosomenanzahl durch die Meiose

# DNA – die Trägerin der Erbinformation

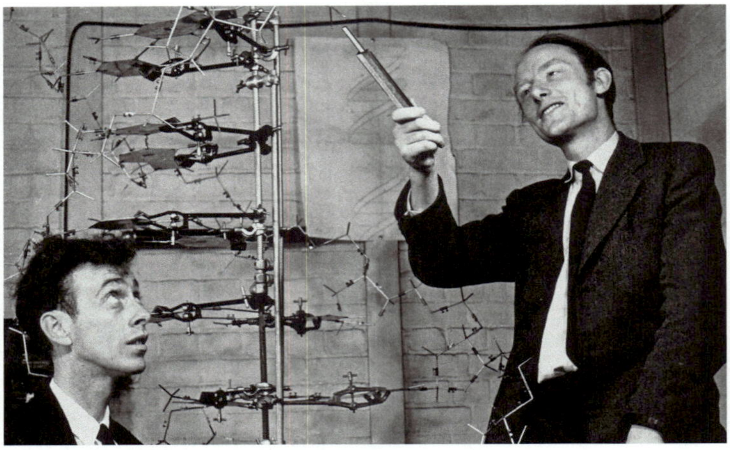

1 Watson und Crick vor ihrem DNA-Modell

**1953 stellten Watson und Crick erstmals ein Modell zum Aufbau der DNA vor und wurden damit berühmt. Wie ist die DNA aufgebaut?**

**Aufbau der DNA** • Ein Chromosom besteht aus DNA (desoxyribonucleic acid) und Proteinen. Die DNA ist aus aneinandergereihten Bausteinen aufgebaut, den Nukleotiden. Jedes Nukleotid besteht aus einem Phosphat, dem Zucker Desoxyribose und einer der vier Basen Adenin (A), Thymin (T), Guanin (G) oder Cytosin (C). Über das Phosphat und den Zucker sind die Nukleotide zu einem DNA-Strang verbunden. Die DNA besteht aus zwei Strängen. Die beiden DNA-Stränge sind um die eigene Achse zu einer Doppelhelix gewunden. → 2

**Basenpaarung** • In der Doppelhelix lagern sich die Basen der beiden DNA-Stränge immer in bestimmten Paaren gegenüber an: Adenin und Thymin sowie Guanin und Cytosin. Man spricht von komplementärer Basenpaarung.

**Gene** • Die Reihenfolge der Basen im DNA-Strang ist unregelmäßig. In dieser Reihenfolge ist die Erbinformation verschlüsselt. Nur bestimmte DNA-Abschnitte verschlüsseln Informationen. Sie werden als Gene bezeichnet.

Die DNA ist aus Nukleotiden aufgebaut. Diese bestehen aus Zucker, Phosphat und einer der vier Basen. In der Reihenfolge der Basen ist die Erbinformation verschlüsselt.

## Aufgabe

1 Beschreibe den Aufbau der DNA.

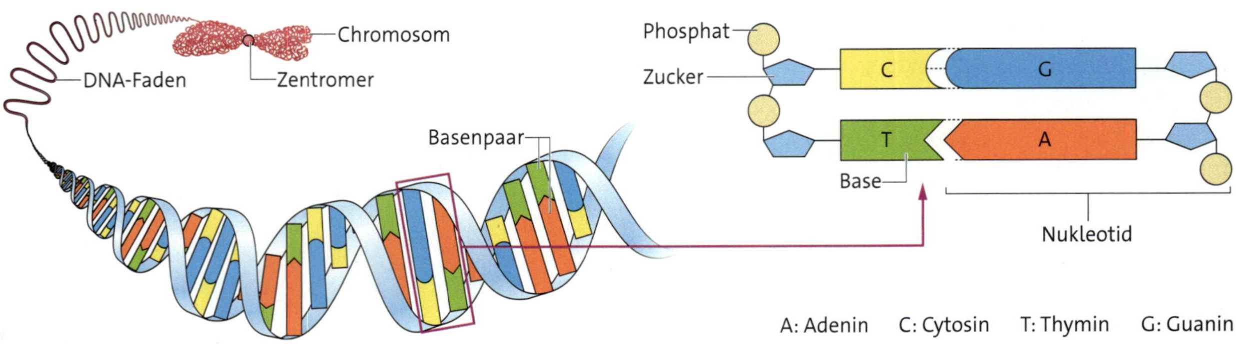


2 Feinbau eines Chromosoms

die DNA
das Nukleotid
die Base
komplementär
das Gen

## Material A

Schutzbrille tragen!

### DNA sichtbar machen

**Materialliste:** 4 TL 0,9 %iges Salzwasser, 2 TL farblose flüssige Seife, Reagenzglas, Holzstab, 2 TL eiskalter Brennspiritus

1 Nimm etwas Salzwasser in den Mund. Bewege es im Mund kräftig hin und her und reibe mit der Zunge am Gaumen. Spucke die Lösung nach etwa 30 Sekunden in das Reagenzglas.

2 Füge die flüssige Seife hinzu und vermische beides sorgfältig. Vermeide dabei die Schaumbildung.

3 Gib nun vorsichtig eiskalten Brennspiritus darüber, ohne die Flüssigkeiten zu vermischen. Nach einigen Minuten sieht man die weißliche DNA. → 3 Man kann sie mit dem Holzstab aufnehmen.
Schreibe zu dem Versuch ein Versuchsprotokoll.

3 Isolierte DNA

## Material B

### DNA im Modell

In Bild 4 sind die Bausteine der Nukleotide schematisch dargestellt. Die roten Punkte markieren Verbindungsstellen zwischen den Bausteinen.

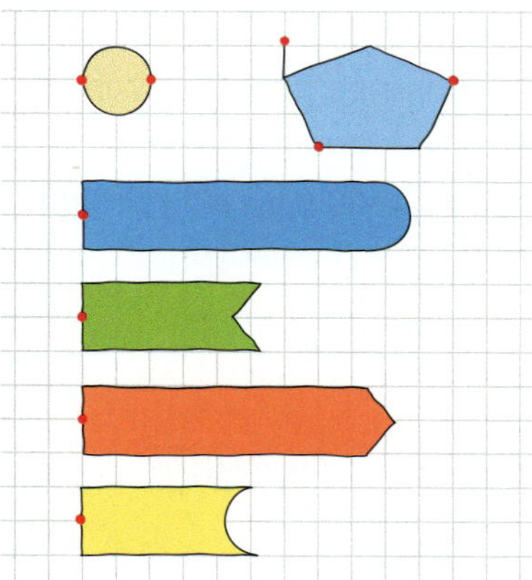

4 Bausteine der Nukleotide

1 Erstelle eine Legende für das DNA-Modell. Übertrage dazu die Bausteine der DNA in dein Heft und beschrifte sie. → 4

2 Zeichne ein einzelnes Nukleotid in dein Heft. Verbinde dabei die Bausteine an den roten Punkten.

3 Ergänze deine Zeichnung durch ein Nukleotid, das sich gegenüber anlagert. Bedenke dabei die komplementäre Basenpaarung.

4 Ergänze das DNA-Modell um vier weitere Nukleotide. Erkläre, was du beachten musst.

5 Man kann sich den Aufbau der DNA wie eine Strickleiter vorstellen. Ordne die Bausteine der Nukleotide den Seilen und Sprossen einer Strickleiter zu.

6 Vereinfache das Modell, indem du nur die Buchstaben für die verschiedenen Basen untereinander schreibst (C, G, A, T). Lass die komplementären Basen von deiner Partnerin oder deinem Partner ergänzen.

7 Vergleiche das DNA-Modell mit der Wirklichkeit. Erkläre, was es nicht darstellen kann.

# DNA – die Trägerin der Erbinformation

## Erweitern und Vertiefen

### Die Replikation – Verdopplung der DNA

**Zellzyklus** • Zellen vermehren sich, indem sie sich teilen. Dabei wird auch die DNA aufgeteilt. An jede Zellteilung schließt sich eine Phase an, in der die Tochterzellen wachsen. → 1 In dieser Phase wird außerdem die DNA in den Tochterzellen verdoppelt. Nur so kann sie bei der nächsten Zellteilung wieder aufgeteilt werden. Diesen Ablauf aus Zellteilung, Zellwachstum und Verdopplung der DNA nennt man Zellzyklus.
Nach der Zellteilung liegen die Chromosomen als Ein-Chromatid-Chromosomen vor. Dann findet die Verdopplung statt und aus einem DNA-Doppelstrang werden zwei DNA-Doppelstränge. → 2 Dieser Vorgang wird identische Replikation genannt. Nach der Replikation liegen die Chromosomen im Zellkern als Zwei-Chromatiden-Chromosomen vor.

**Ablauf der Replikation** • Zunächst wird der DNA-Doppelstrang entwunden. Dann werden die komplementären Basenpaare voneinander getrennt, sodass sich die beiden DNA-Stränge auftrennen. → 2 An die nun freiliegenden Basen lagern sich die passenden Nukleotide an. Sie befinden sich in ausreichender Menge im Zellkern. So bildet jeweils ein alter DNA-Strang die exakte Vorlage für einen neuen DNA-Strang. Zum Schluss werden die neu angelagerten Nukleotide untereinander zu einem durchgehenden DNA-Strang verknüpft. Auf diese Weise entstehen aus einem DNA-Doppelstrang zwei DNA-Doppelstränge. Durch die komplementäre Basenpaarung sind die DNA-Doppelstränge identisch.

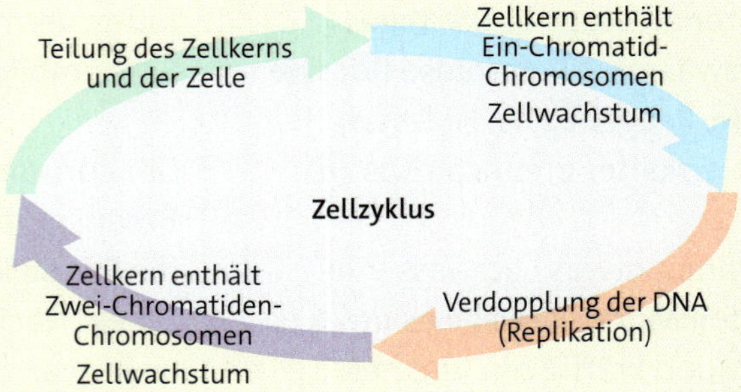


1 Zellzyklus

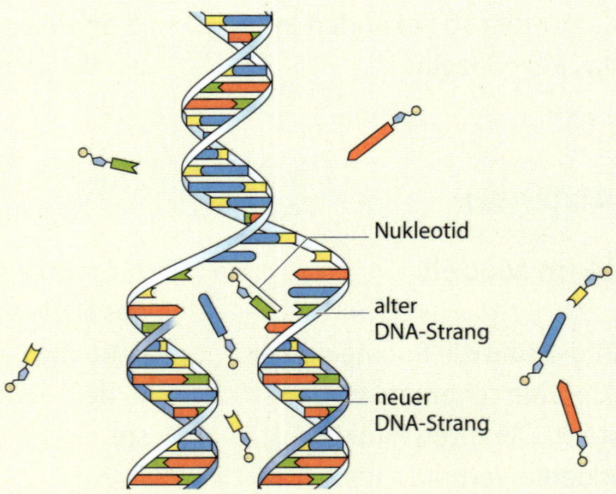


2 Replikation der DNA

**Reparatur** • Die Replikation verläuft weitgehend fehlerfrei. Lediglich ungefähr eines von 1000 komplementären Nukleotiden wird zunächst falsch eingebaut. Viele Fehler werden aber von Reparaturmechanismen korrigiert.

## Aufgaben

**1** ☒ Ordne die Replikation in den Zellzyklus ein.

**2** ☒ Beschreibe den Ablauf der Replikation.

## Material C

### Verdopplung der DNA

Vor jeder Zellteilung findet eine Replikation statt.

**1** ◩ Erkläre, was mit dem Begriff Replikation gemeint ist.

**2** ⊠ Erkläre, wieso die DNA in zwei Kopien vorliegen muss.

**3** ◩ Ordne den Ziffern 1–7 die folgenden Begriffe zu: Nukleotid, Base, DNA-Doppelstrang, alter DNA-Strang, Phosphat, neuer DNA-Strang, Zucker.

**4** DNA-Strang wird verdoppelt. → 3

a ◩ Notiere in deinem Heft die Reihenfolge der Basen im oberen DNA-Strang. Beginne mit: TCG...

b ⊠ Ergänze jeweils die komplementären Basen, die bei der Replikation angelagert werden.

**5** Durch die Replikation entstehen aus einem DNA-Doppelstrang zwei DNA-Doppelstränge.

a ⊠ Vergleiche die Doppelstränge im Hinblick auf die Reihenfolge der Basen.

b ⊠ Begründe die Gemeinsamkeiten.

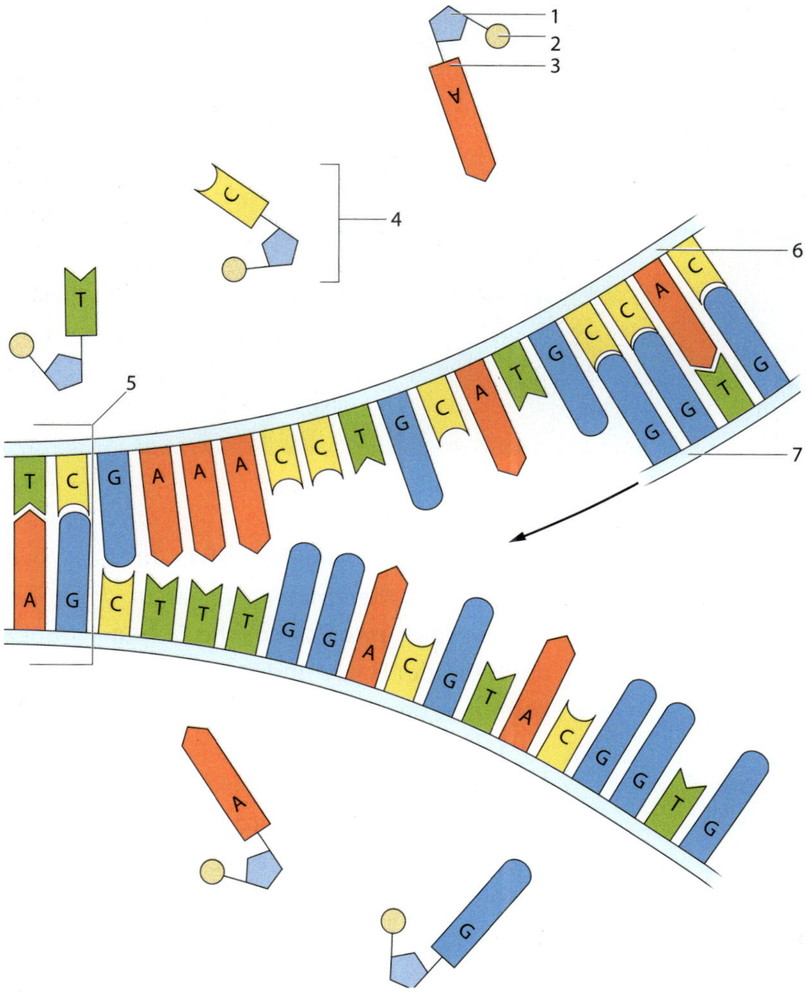


3 Verdopplung eines DNA-Strangs

**6** ⊠ Erkläre die Bedeutung der freien Nukleotide für die Replikation.

**7** In einer menschlichen Körperzelle befinden sich 46 Chromosomen.
⊠ Nenne die Anzahl der DNA-Doppelstränge vor und nach der Replikation.

**8** Das Medikament Cisplatin wird gegen Krebs eingesetzt. Es stellt stabile Querverbindungen innerhalb von und zwischen benachbarten Doppelsträngen her.
⊠ Stelle Vermutungen über die Wirkung von Cisplatin an. Tipp: Krebszellen teilen sich unkontrolliert oft.

# Vom Gen zum Merkmal

1 Menschen sehen unterschiedlich aus.



**Menschen unterscheiden sich in ihren körperlichen Merkmalen. Sie haben zum Beispiel unterschiedliche Farben der Haut, der Haare und der Augen. Wie kommt es dazu?**

**Merkmale** • Die Farbe der Haut, der Haare und der Augen wird durch Farbstoffe hervorgerufen, die Melanine heißen. Diese Farbstoffe werden aus Ausgangsstoffen im Stoffwechsel des Körpers hergestellt. Dies geschieht mithilfe von speziellen Proteinen, den Enzymen. Proteine sind auch an der Ausbildung anderer Merkmale beteiligt. Die Gesamtheit der Merkmale eines Menschen bezeichnet man als seinen Phänotyp.

**DNA ist Trägerin der Erbinformation** • Ein bestimmter Abschnitt auf der DNA, ein Gen, enthält die Information für die Bildung eines Proteins. In der DNA ist somit nicht die Information über die Melanine enthalten, sondern über die Enzyme, die Melanine herstellen. → 2 Für die Augenfarbe gibt es mindestens drei verschiedene Gene. Die Gesamtheit der Gene eines Menschen nennt man Genotyp.

**Aufbau der Proteine** • Alle Enzyme sind Proteine. Die Grundbausteine aller Proteine sind Aminosäuren. Beim Menschen sind 20 verschiedene Aminosäuren am Aufbau der Proteine beteiligt. Die Aminosäuren werden an bestimmten Zellbestandteilen zu einer Aminosäurekette verknüpft. Diese Bestandteile nennt man Ribosomen. Die Aminosäurekette wird gefaltet und bildet das Protein. Je nach Anzahl und Reihenfolge der verknüpften Aminosäuren entstehen unterschiedliche Proteine. Diese erfüllen im Stoffwechsel des Körpers jeweils ganz bestimmte Funktionen.

der **Phänotyp**
der **Genotyp**
das **Ribosom**
die **Aminosäurekette**
der **genetische Code**

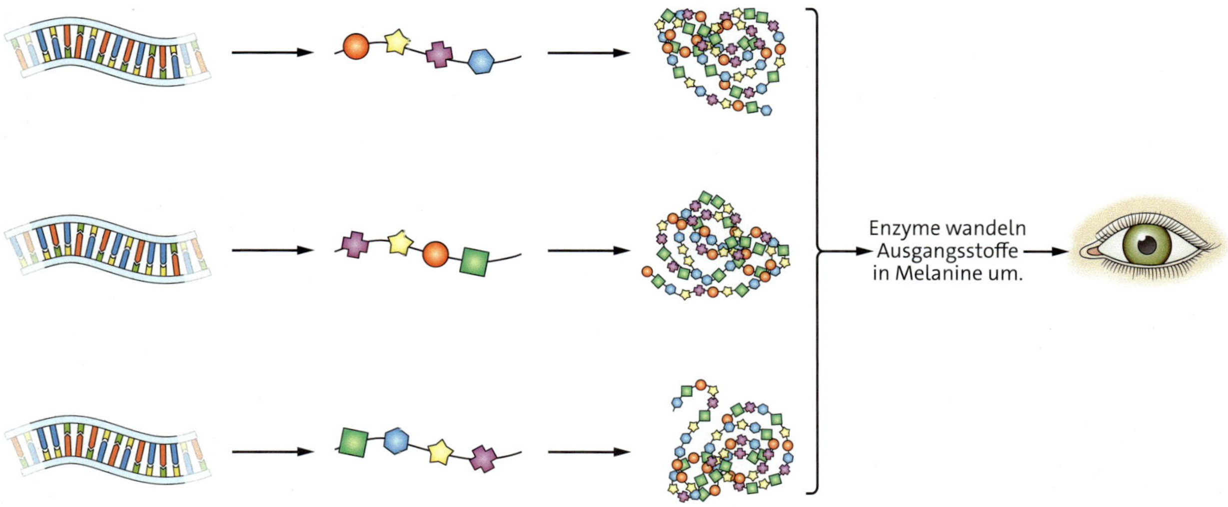


2 Vom Gen zum Merkmal

**Der genetische Code** • Die Information über die Reihenfolge der Aminosäuren in einem Protein ist in der Reihenfolge der Basen im Gen verschlüsselt. Die Reihenfolge der Basen bezeichnet man als den genetischen Code. Jeweils drei Basen, ein Triplett, codieren für eine Aminosäure.
Um die genetische Information in ein Protein zu übersetzen, wird zunächst eine Abschrift von der DNA erstellt. Diese Abschrift verlässt den Zellkern und wird an einem Ribosom im Zellplasma in eine Aminosäurekette übersetzt. Aus dieser entsteht ein Protein.

**Vielfalt** • Jeder Mensch hat eine andere DNA. Menschen haben also unterschiedliche Gene, die zur Bildung unterschiedlicher Proteine führen. Deshalb unterscheiden sie sich in Merkmalen wie der Farbe ihrer Haare und Augen.

**Die Reihenfolge der Basen in der DNA bestimmt die Reihenfolge der Aminosäuren im Protein. Proteine sind an der Ausbildung von Merkmalen beteiligt.**

## Aufgaben

1 Erkläre die Begriffe Phänotyp und Genotyp.

2 Erkläre den Begriff Gen.

3 Beschreibe, wie die genetische Information der DNA in ein Merkmal umgesetzt wird. → 2

4 Erkläre, was man unter dem genetischen Code versteht.

5 Erkläre, wieso Menschen sich in ihren Merkmalen unterscheiden.

# Vom Gen zum Merkmal

## Material A

### Die Farbe der Mäuse

1 Weiße Maus

Die Fellfarbe grauer Mäuse wird unter anderem von einem Melanin hervorgerufen. Weißen Mäusen fehlt das Melanin. Sie haben weißes Fell und rote Augen. → 1

1 ☒ Erkläre die Zusammenhänge bei der Bildung des Melanins in den grauen Mäusen. → 2

2 ☒ Erkläre, wie das weiße Fell der Maus entstehen kann.

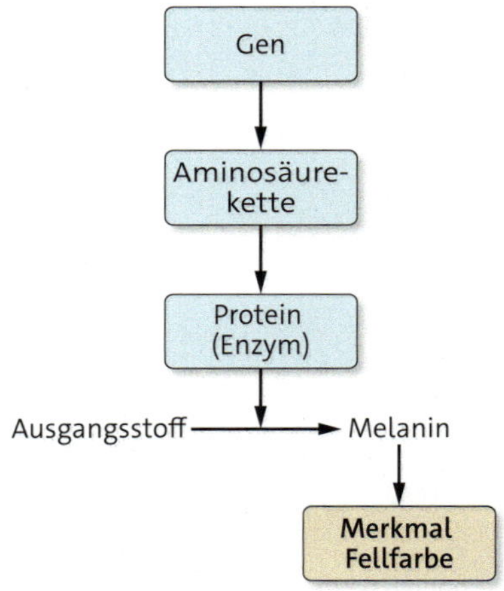


2 Vom Gen zur Fellfarbe

## Material B

### Vererbung der Blütenfarbe

3 Nelken

Nelken gibt es mit unterschiedlichen Blütenfarben. → 3 Untersucht man die Kronblätter mikroskopisch, kann man erkennen, dass in den Vakuolen der Zellen rot blühender Pflanzen roter Farbstoff enthalten ist. Die Vakuolen weiß blühender Pflanzen enthalten keinen Farbstoff. Die Information über die Bildung des Blütenfarbstoffs ist in der DNA verschlüsselt.

1 ☒ Beschreibe den Vorgang, der zur Entstehung der roten Blütenfarbe führt. → 4A

2 ☒ Erkläre den Zusammenhang zwischen dem Vorhandensein von Enzymen und der roten oder weißen Blütenfarbe. → 4A 4B

3 ☒ Stelle Vermutungen an, wie es zu rosafarbenen Blüten kommen kann.

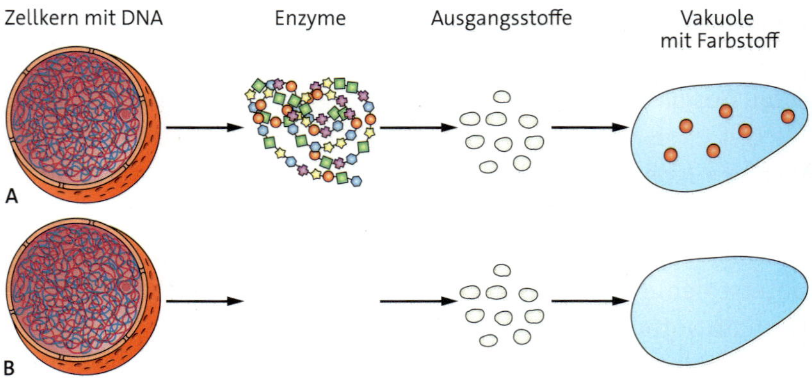


4 Bildung des Blütenfarbstoffs

## Material C

### Farbstoffbildung

Der rote Blütenfarbstoff wird in mehreren Schritten gebildet. → 5 Dann wird er in den Vakuolen der Zellen der Kronblätter eingelagert. So wird die rote Blütenfarbe hervorgerufen.

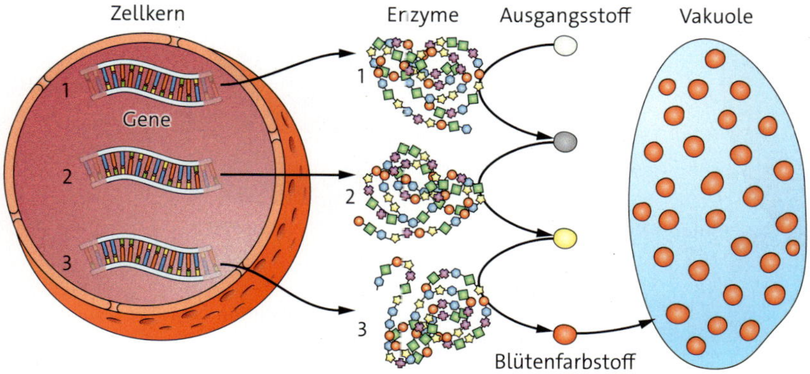


5 Gene und Blütenfarbstoff

1 Nenne die Anzahl der Gene, die bei der Bildung des Farbstoffs mitwirken.

2 Beschreibe die Aufgabe der Enzyme.

3 Beschreibe die Wirkung von Gen 1.

4 Stelle eine Vermutung an, was passieren würde, wenn Gen 3 ausfällt.

5 Erkläre, wieso man von einer Genwirkkette spricht.

## Material D

### Wirkung von Enzymen

1 Ordne den Strukturen und Vorgängen im Modell zur Enzymwirkung die Beschreibungen A–E zu. → 6

2 Erläutere das Schlüssel-Schloss-Prinzip am Beispiel der Enzymwirkung.

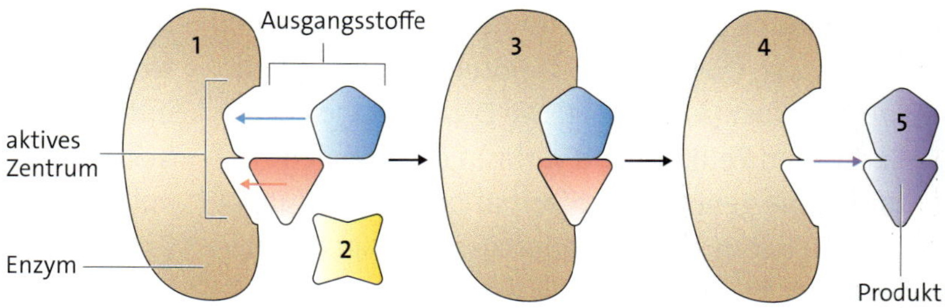


6 Modell zur Enzymwirkung

A Das Enzym setzt die veränderten Stoffe frei. Sie werden nun als Produkt bezeichnet.

B Stoffe mit unpassender räumlicher Struktur binden nicht an das Enzym.

C Eine Stelle des Enzyms passt räumlich genau zu einem oder mehreren Stoffen. Sie wird aktives Zentrum genannt.

D Das Enzym bewirkt eine Veränderung der Stoffe. Das Enzym verändert sich dabei nicht.

E Nur passende Stoffe treten in Kontakt mit dem Enzym. Sie passen wie ein Schlüssel in ein Schloss.

## Erweitern und Vertiefen

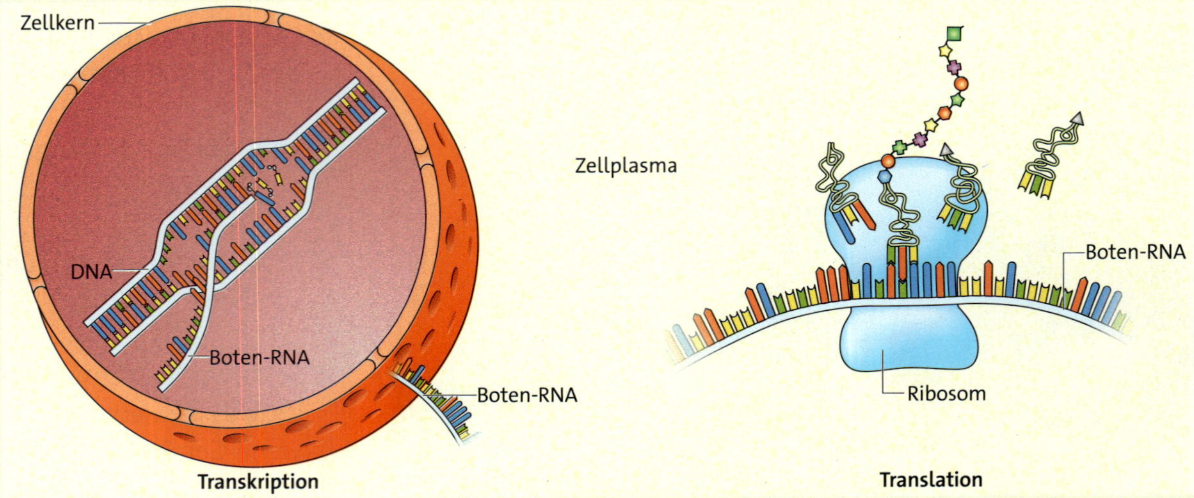


1 Proteinbiosynthese

### Die Transkription

**Proteinbiosynthese** • Die Information für die Bildung von Proteinen ist in der DNA verschlüsselt. Die Bildung der Proteine findet an den Ribosomen statt. Diese Zellbestandteile befinden sich im Zellplasma der Zelle. Die DNA befindet sich jedoch im Zellkern und verlässt diesen auch nicht. Die genetische Information muss somit vom Zellkern zu den Ribosomen gelangen. Dazu wird der benötigte DNA-Abschnitt, das Gen, abgeschrieben. Diese Abschrift verlässt den Zellkern und dient an den Ribosomen als Vorlage für die Übersetzung in ein Protein. Das Abschreiben nennt man Transkription. Das Übersetzen nennt man Translation. Beide Vorgänge zusammen sind die Proteinbiosynthese. → 1

**Abschreiben eines Gens** • Um eine Abschrift eines Gens herzustellen, muss zunächst der Doppelstrang der DNA zwischen den Basenpaaren aufgetrennt werden. Einer der beiden Stränge dient als Vorlage für die Abschrift. An die Basen des Strangs lagern sich Nukleotide mit komplementären Basen an. Die Nukleotide der Abschrift unterscheiden sich von den DNA-Nukleotiden. Statt Desoxyribonukleinsäure enthalten sie Ribonukleinsäure (ribonucleic acid) und statt der Base Thymin kommt Uracil vor. Diese RNA-Nukleotide werden zu einem Einzelstrang verknüpft. Die entstandene RNA ist eine komplementäre Abschrift des Gens. Sie verlässt den Zellkern durch die Kernporen und bringt die in der DNA verschlüsselte Information zu den Ribosomen. → 2 Daher wird sie Boten-RNA genannt. Diesen Vorgang des Abschreibens nennt man Transkription.

**Bei der Transkription wird ein Gen abgeschrieben. Es entsteht die einzelsträngige Boten-RNA. Sie verlässt den Zellkern und bringt die Informationen zu den Ribosomen.**

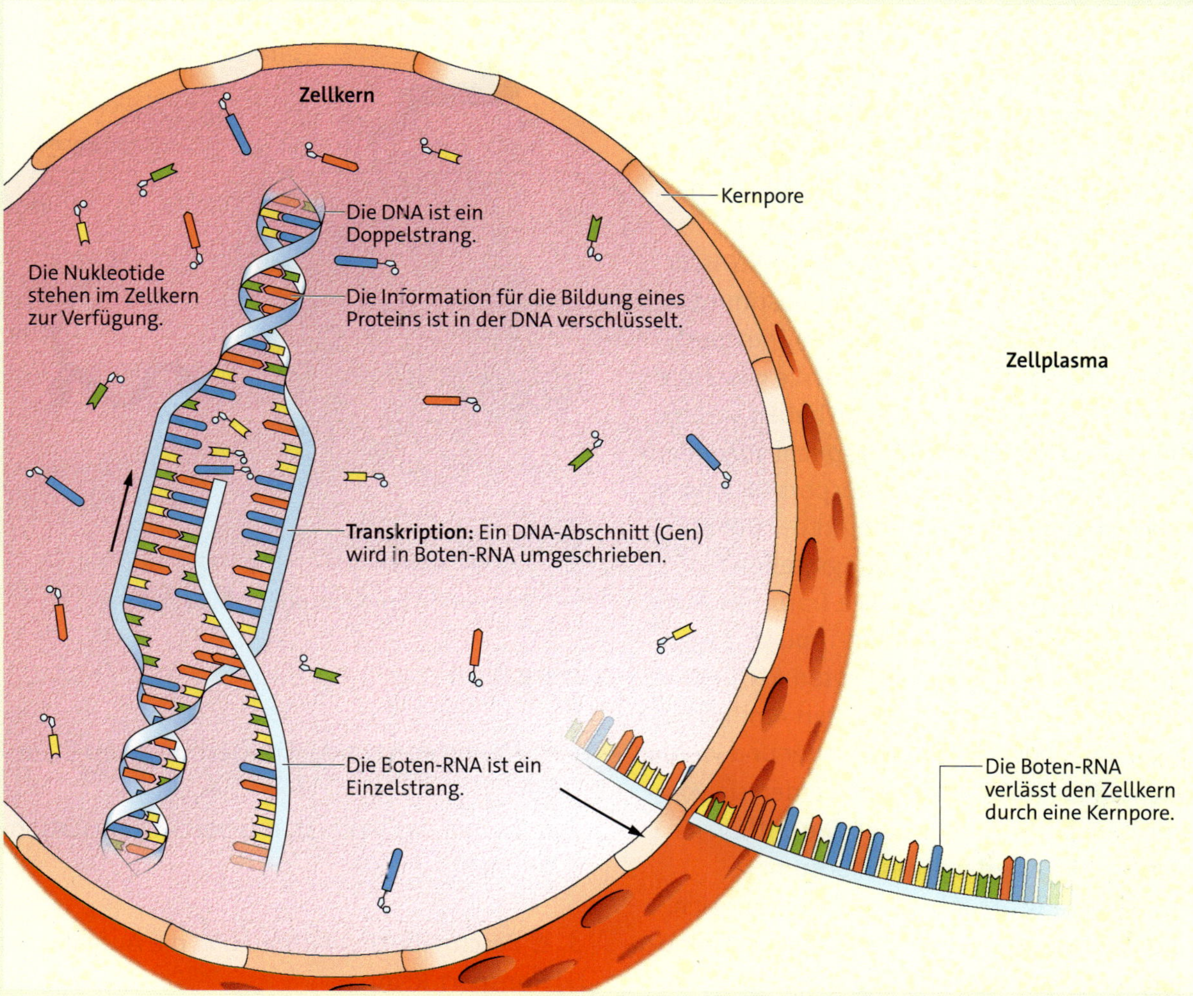


2 Ablauf der Transkription

## Aufgaben

1 ◪ Nenne die Fachbegriffe für die beiden Teilvorgänge der Proteinbiosynthese. Beschreibe kurz, was dort jeweils passiert.

2 ◪ Nenne die Orte in der Zelle, an denen die Transkription und die Translation ablaufen.

3 ⊠ Beschreibe den Aufbau und die Aufgabe der Boten-RNA.

4 ⊠ Beschreibe den Ablauf der Transkription mithilfe von Bild 2.

5 ⊠ Erkläre, wieso es sinnvoll ist, dass die Zelle eine Boten-RNA bildet.

Erweitern und Vertiefen

## Die Translation

**Übersetzen in ein Protein** • Ist die Boten-RNA an einem Ribosom angelangt, beginnt die Proteinbildung. → 1 Dafür werden Aminosäuren benötigt. Diese befinden sich im Zellplasma und müssen zum Ribosom transportiert werden. Das übernehmen Transport-RNAs. Es gibt für jede Aminosäure eine bestimmte Transport-RNA. Die verschiedenen Transport-RNAs binden auf der einen Seite die passende Aminosäure. Am anderen Ende haben sie eine Abfolge von drei Basen. Man spricht von einem Triplett. Jedes Triplett der Transport-RNA passt komplementär zu einem Triplett der Boten-RNA. Das Ribosom hat Bindungsstellen für drei Transport-RNAs. → 2 Die Transport-RNAs binden am Ribosom mit ihren Tripletts an die komplementären Basen der Boten-RNA. Die von den Transport-RNAs mitgeführten Aminosäuren liegen am Ribosom nebeneinander und werden miteinander verknüpft. Dann werden sie von ihrer Transport-RNA getrennt. Die entladene Transport-RNA verlässt das Ribosom. Dieser Vorgang am Ribosom wiederholt sich, bis die vollständige Boten-RNA in eine Aminosäurekette übersetzt wurde. Den Vorgang der Übersetzung einer Boten-RNA in eine Aminosäurekette bezeichnet man als Translation. Die Aminosäurekette faltet sich anschließend zu einem Protein.

Bei der Translation wird die Boten-RNA an einem Ribosom in eine bestimmte Abfolge von Aminosäuren übersetzt. Die Aminosäurekette faltet sich anschließend zu einem Protein.

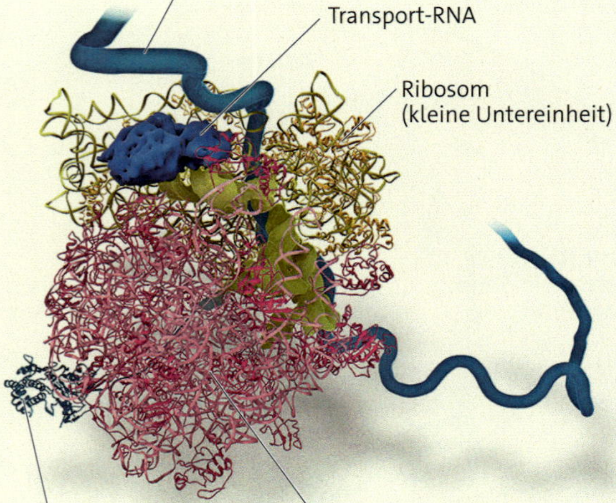


1 Translation am Ribosom im Modell

### Aufgaben

**1** Nenne den Ort der Translation in der Zelle.

**2** Nenne das Produkt, das bei der Translation entsteht.

**3** Beschreibe den Aufbau und die Aufgabe der Transport-RNA.

**4** Erkläre, was passieren muss, nachdem die Transport-RNA das Ribosom verlassen hat.

**5** Beschreibe den Ablauf der Translation. → 2

**6** Erkläre, wieso die Aminosäuren an den Ribosomen in einer bestimmten Reihenfolge verknüpft werden.

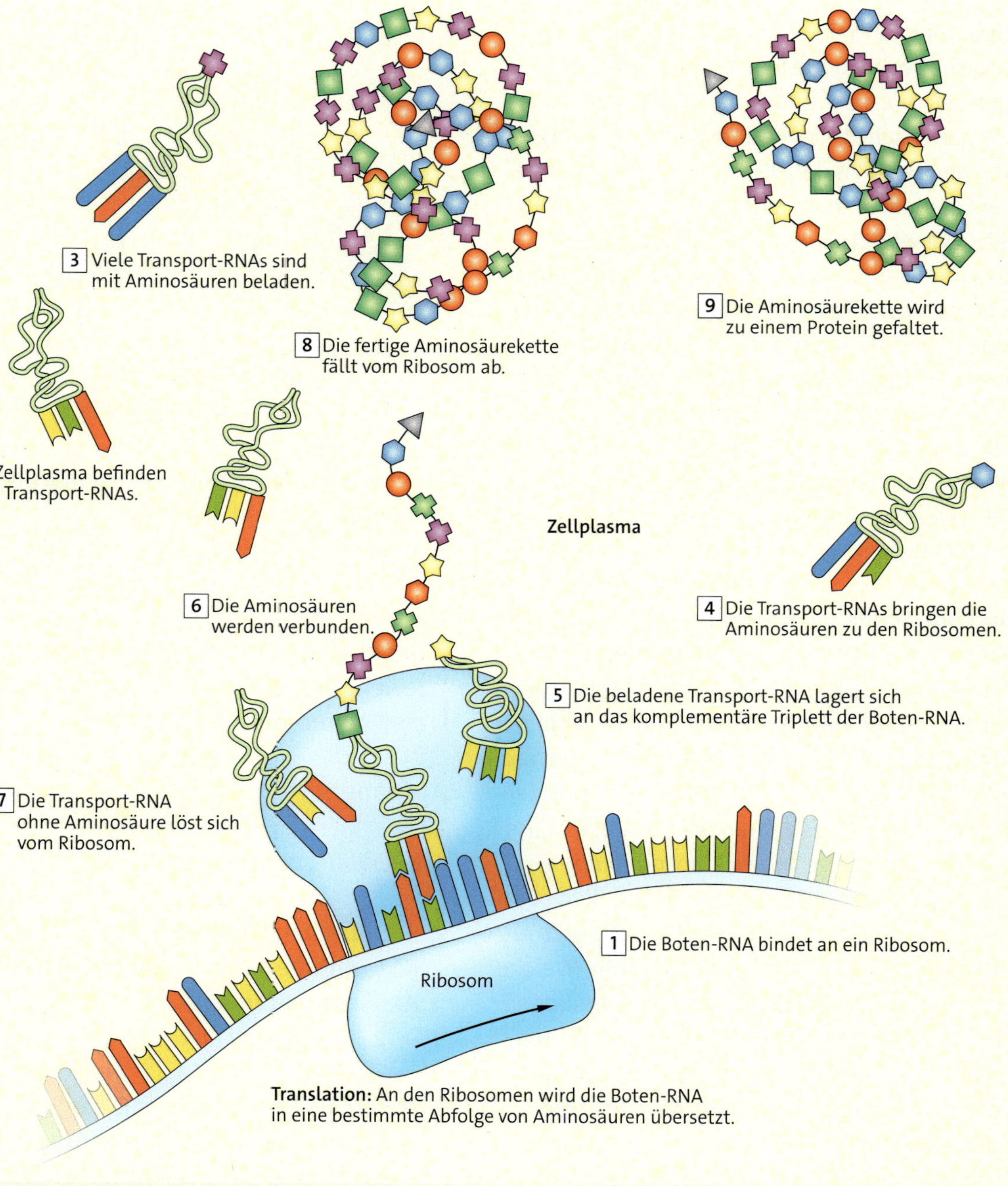


2 Ablauf der Translation

Erweitern und Vertiefen

## Der genetische Code

**Codierung** • Ein Code ist eine verschlüsselte Information. Um die Information ablesen zu können, muss der Code entschlüsselt werden. Die genetische Information ist in der Abfolge der vier Basen in der DNA codiert. Die Abfolge der Basen wird in eine Abfolge von Aminosäuren übersetzt. Es gibt nur vier Basen, die 20 Aminosäuren codieren. Die Aminosäuren werden aber nicht von einzelnen Basen codiert. Jede Aminosäure wird durch eine Kombination von drei Basen codiert. Da es vier Basen gibt, ergibt dies $4^3$, also 64 Codes für die Aminosäuren. Es gibt also mehr mögliche Basenkombinationen als Aminosäuren. Da jeweils drei Basen für eine Aminosäure codieren, spricht man vom Triplett-Code.

**Die Code-Sonne** • In der Transkription wird die genetische Information der DNA in eine Boten-RNA umgeschrieben. → 1 In der Translation wird die Basenabfolge der Boten-RNA in eine Abfolge von Aminosäuren übersetzt. Dabei ordnen die Transport-RNAs den Tripletts der Boten-RNA die zugehörigen Aminosäuren zu. Es kann nur die Transport-RNA am Ribosom binden, deren Triplett zum Triplett der Boten-RNA passt. Jedem Triplett der Boten-RNA wird dadurch eine bestimmte Aminosäure zugeordnet. Welche Aminosäure das ist, kann man der Code-Sonne entnehmen. → 2 Sie enthält alle möglichen Basenkombinationen, die in den Tripletts der Boten-RNA auftreten können. Man liest die Code-Sonne von innen nach außen. Außen steht die zugeordnete Aminosäure. Zum Beispiel codiert GGG genauso wie GGA die Aminosäure Glycin. Außerdem gibt es Tripletts, die den Anfang und das Ende der Boten-RNA markieren. Das sind die Start- und Stopp-Tripletts.

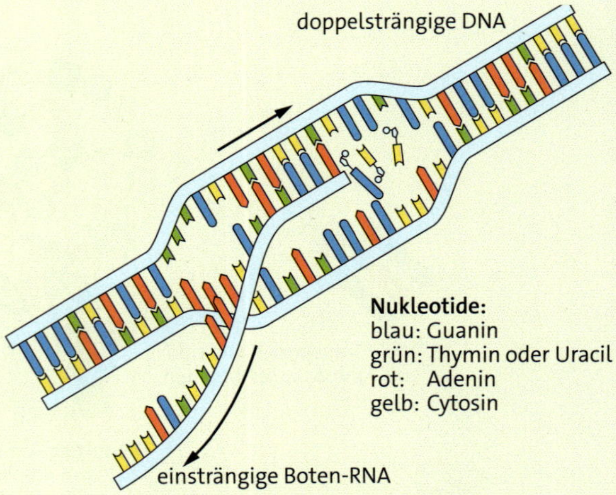


1 DNA-Abschnitt und Boten-RNA

**Der genetische Code ist ein Triplett-Code. Jeweils drei Basen der Boten-RNA codieren eine Aminosäure.**

### Aufgaben

1 ☒ Erkläre, was der genetische Code ist.

2 ☒ Ordne den folgenden Tripletts der Boten-RNA mithilfe der Code-Sonne die passenden Aminosäuren zu: GAA, AGA, UCC, CAA, GAC. → 2

3 ☒ Beschreibe mithilfe der Code-Sonne, wie es sich auf die Aminosäurekette auswirkt, wenn die Boten-RNA CAA statt CAG codiert. → 2

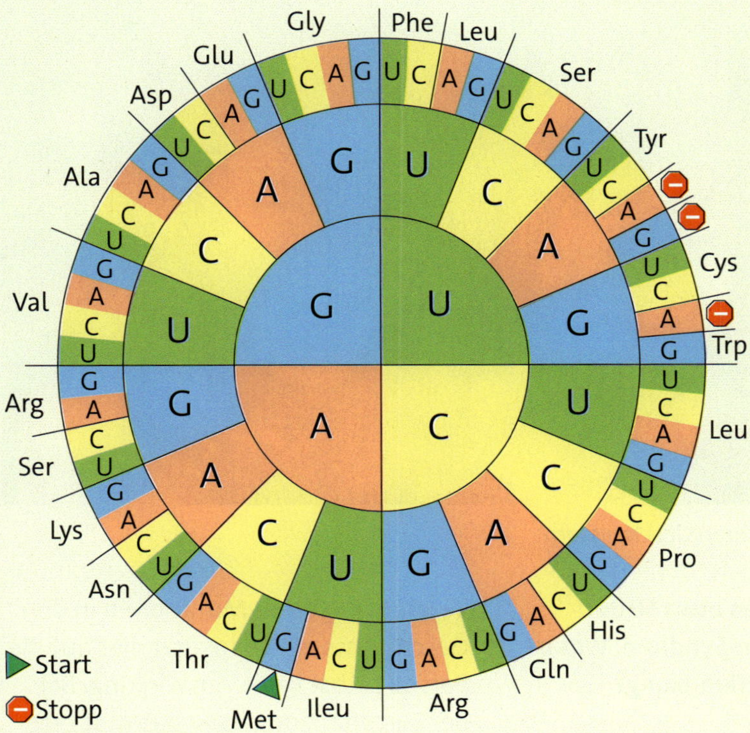


2 Code-Sonne

**Aminosäuren**

| | | |
|---|---|---|
| Gly | = | Glycin |
| Val | = | Valin |
| Ileu | = | Isoleucin |
| Phe | = | Phenylalanin |
| Cys | = | Cystein |
| Ser | = | Serin |
| Asn | = | Asparagin |
| Tyr | = | Tyrosin |
| Asp | = | Asparaginsäure |
| Glu | = | Glutaminsäure |
| Lys | = | Lysin |
| His | = | Histidin |
| Ala | = | Alanin |
| Leu | = | Leucin |
| Pro | = | Prolin |
| Met | = | Methionin |
| Thr | = | Threonin |
| Gln | = | Glutamin |
| Trp | = | Tryptophan |
| Arg | = | Arginin |

**4** Schreibe die Basenabfolge der DNA aus Bild 1 ab. Beginne mit:
G G G T C A G ... (*oberer DNA-Strang*)
C C C A G T C ... (*unterer DNA-Strang*)

**5** Schreibe den oberen DNA-Strang aus Bild 1 in Boten-RNA um. Setze hierfür den angefangenen Boten-RNA-Strang in Buchstabenform fort. Beachte, dass in der Boten-RNA statt Thymin (T) die Base Uracil (U) vorkommt.

**6** Übersetze die Boten-RNA aus Aufgabe 5 mithilfe der Code-Sonne in eine Aminosäurekette. Beginne diese Translation beim ersten Triplett CCC.

**7** Übersetze die folgende Boten-RNA mithilfe der Code-Sonne in eine Aminosäurekette. Beginne beim Start-Triplett: GGAUGUCCUUUGUAUAAUCA.

**8** Erkläre, wieso der genetische Code ein Triplett-Code sein muss.

**9** Übersetze die folgende Boten-RNA in eine Aminosäurekette und erkläre die Besonderheit dabei: CGACGGCGCCGUAGAAGGAGA.

**10** Nenne alle Tripletts, die die Aminosäure Serin codieren. Erkläre die Bedeutung dieser Mehrfachnennung.

# Veränderungen der Erbinformation

1 Mädchen mit Down-Syndrom zwischen ihren Geschwistern

**In Deutschland leben etwa 50 000 Menschen mit Down-Syndrom. Was ist die Ursache dieser Erkrankung?**

**Mutationen** • Genetisch bedingte Erkrankungen wie das Down-Syndrom werden durch Mutationen ausgelöst. Mutationen sind Veränderungen der Erbinformationen. Sie sind, zusammen mit der Rekombination, verantwortlich für die genotypische und phänotypische Vielfalt der Lebewesen. Betrifft die Veränderung ein einziges Gen, spricht man von Gen-Mutation. Mutationen können aber auch andere Ebenen der Erbinformation betreffen. Wenn ein Stück eines Chromosoms verloren geht oder hinzukommt, liegt eine Chromosomen-Mutation vor. Wenn sich im Zellkern zu wenige oder zu viele Chromosomen befinden, nennt man das eine Genom-Mutation.

**Vererbbar** • Treten Mutationen in den Geschlechtszellen auf, hat dies auf die Person selbst keine Auswirkung. Bei der Fortpflanzung kann das mutierte Gen aber in die Zygote gelangen. Dann tragen alle Körperzellen, die daraus hervorgehen, dieses Gen. Ein Beispiel dafür ist Albinismus. → 3

**Nicht vererbbar** • Mutationen in den Körperzellen werden nicht vererbt. Sie können wirkungslos bleiben oder dazu führen, dass die betroffene Körperzelle ihre Aufgabe nicht mehr erfüllen kann. Die Körperzelle kann sich aber auch ungehemmt teilen und damit zur Krebszelle werden. Einige Mutationen haben auch positive Folgen, die meisten haben keine. Die Körperzellen haben ein wirkungsvolles Reparatursystem. Dieses erkennt und beseitigt die meisten Mutationen.

**Basiskonzept**

**Entwicklung**
→ Umschlag hinten
Die Erbinformation kann sich verändern.

die Gen-Mutation
die Chromosomen-Mutation
die Genom-Mutation
das Down-Syndrom
das Syndrom

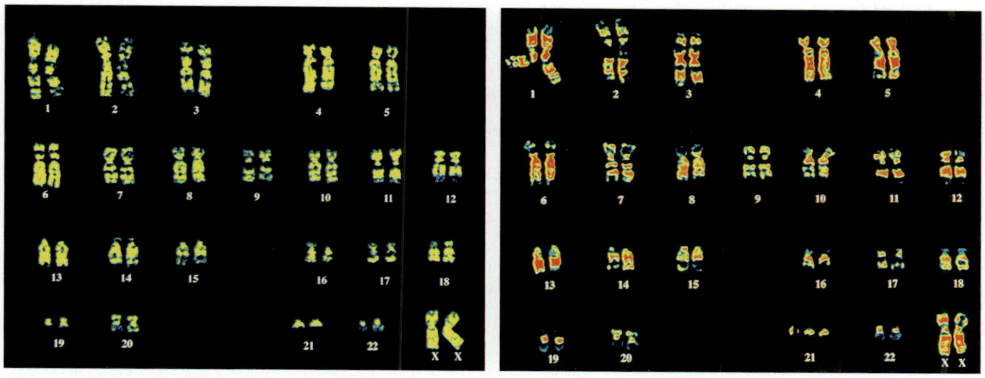


2 Weiblicher Chromosomensatz, gesund (links) und mit Down-Syndrom (rechts)

3 Albinismus

**Down-Syndrom** • Das Down-Syndrom wurde nach einem englischen Kinderarzt benannt. Von einem Syndrom ist die Rede, wenn bei einer Erkrankung verschiedene Symptome gleichzeitig auftreten.

Bei Menschen mit dem Down-Syndrom ist das Chromosom 21 nicht doppelt, sondern dreifach vorhanden. → 3 Deshalb spricht man auch von Trisomie 21. Als Folge des überzähligen Chromosoms steigt die Wahrscheinlichkeit einer Fehlgeburt.

Menschen mit dem Down-Syndrom erkennt man oft an charakteristischen Merkmalen. → 1 Sie haben ein eher rundes Gesicht und schmale, bisweilen leicht schräg sitzende Augen mit einer Lidfalte. Ihre Hände sind breiter und die Finger kürzer. Ihre Muskelspannung ist herabgesetzt. Häufig treten Herzfehler auf. Durch ein geschwächtes Immunsystem sind betroffene Menschen anfälliger für Infektionskrankheiten.

Kinder mit dem Down-Syndrom sind in ihrer geistigen und körperlichen Entwicklung beeinträchtigt. Sie lernen zum Beispiel später sprechen.

Viele Menschen mit dem Down-Syndrom sind besonders hilfsbereit und haben eine positive Lebenseinstellung. Viele sind auch musikalisch begabt. Wenn Kinder mit dem Down-Syndrom früh gefördert werden, können sie ihre Möglichkeiten besonders gut ausschöpfen. Ihre Entwicklung verläuft sehr individuell. Manche Menschen mit dem Down-Syndrom brauchen viel Hilfe, andere können ein weitgehend eigenständiges Leben führen. Sie gehen in die Schule, machen eine Ausbildung und arbeiten. → 4

**Mutationen sind Veränderungen der Erbinformation. Sie können Gene, Chromosomen oder das Genom betreffen. Mutationen können in Körper- und Geschlechtszellen vorkommen. Mutationen in den Geschlechtszellen können vererbt werden.**

4 Auszubildender mit Down-Syndrom

## Aufgabe

1 Begründe, warum genetisch bedingte Erkrankungen wie das Down-Syndrom nicht heilbar sind.

# Veränderungen der Erbinformation

## Material A

### Katzenschrei-Syndrom

1 Lies den Text 1.
Beschreibe anschließend die Ursache und die Symptome des Katzenschrei-Syndroms.

2 Wir tragen unter anderem auch eine Verantwortung gegenüber Menschen mit genetisch bedingten Erkrankungen.
Beziehe Stellung zu dieser Aussage.

2 Auch Inesh ist betroffen.

Vom Katzenschrei-Syndrom betroffene Kinder schreien nach der Geburt in sehr hohen Tönen. Meist bleiben sie in ihrer geistigen Entwicklung ein Leben lang zurück. Hinzu kommt ein geringes Wachstum, bei dem Körpergröße und Körpergewicht weit unter dem Durchschnitt bleiben. Die genetisch bedingte Erkrankung wird durch eine Mutation verursacht, durch die ein kleines Stück des Chromosoms 5 fehlt. Weil diese Veränderung jede Zelle des Körpers betrifft, ist die Krankheit unheilbar. Die Symptome kann man aber durch medizinische Behandlung und Förderung abmildern.

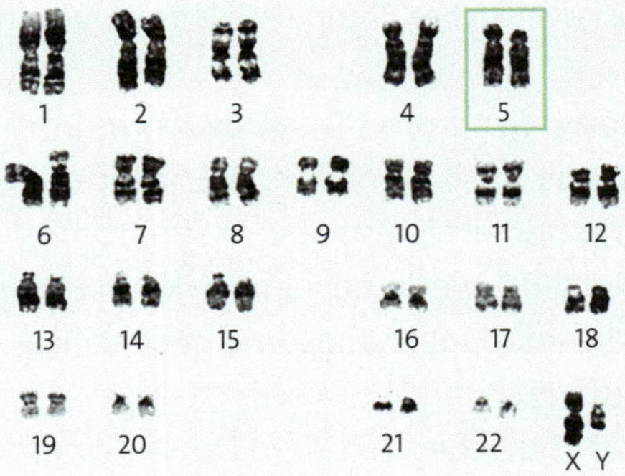


1

## Material B

### Rot-Grün-Sehschwäche

Aufgrund eines defekten Gens können die betroffenen Personen die Farben Rot und Grün nur sehr schwer oder überhaupt nicht unterscheiden.

1 Beschreibe, wie Personen mit einer Rot-Grün-Sehschwäche ihre Umwelt wahrnehmen. → 3

2 Betrachte die Testbilder. Nenne die Zahlen, die du zu erkennen glaubst. → 4 – 6

3 Farbwahrnehmung bei einer Rot-Grün-Sehschwäche (rechts)

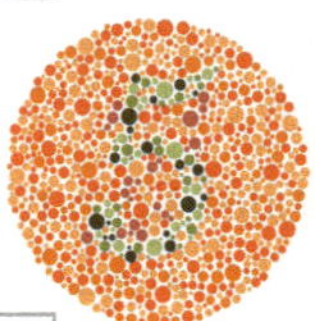

4

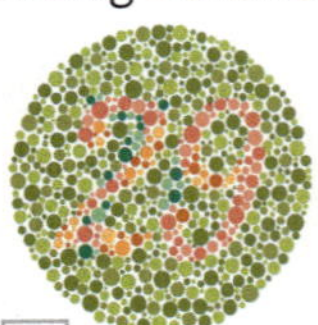

5

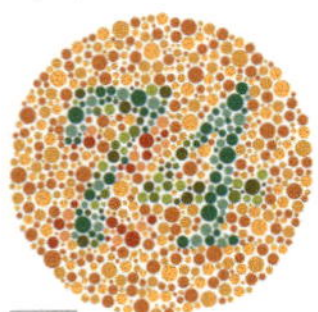

6

Auflösung:
Bild 8: normal 5, fehlsichtig 2
Bild 9: normal 29, fehlsichtig 70
Bild 10: normal 74, fehlsichtig 21

## Material C

### Sichelzellen-Anämie

Die Sichelzellen-Anämie ist Folge einer Gen-Mutation. Sie führt zu einer Veränderung des roten Blutfarbstoffs, des Hämoglobins. Das bewirkt, dass die roten Blutzellen, die Erythrozyten, in sauerstoffarmer Umgebung eine Sichelform annehmen. Diese verstopfen die kleinen Blutgefäße. Zudem werden sie schneller abgebaut, was zu einer Blutarmut, einer Anämie, führt. Das hat Folgen für wichtige Organe, da sie nicht ausreichend mit Sauerstoff versorgt werden.

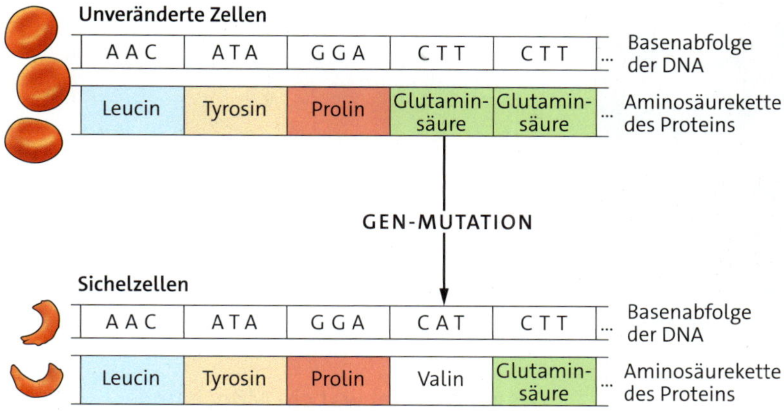


7 Gen-Mutation bei Sichelzellen-Anämie

1 Beschreibe die Veränderung in der Basenabfolge der DNA und in der Aminosäurekette des Blutfarbstoffs bei Sichelzellen. → 7

2 Erkläre den Zusammenhang zwischen der Basenabfolge der DNA und der Aminosäurekette des Blutfarbstoffs.

## Material D

### Mutagene

Bestimmte Wellenlängen der Sonnenstrahlen, die UV-Strahlen, dringen tief in die Haut ein und können Mutationen auslösen. → 8 Die Mutationen können dazu führen, dass sich Zellen unkontrolliert oft teilen, wodurch Hautkrebs entsteht. Äußere Einwirkungen, die Mutationen hervorrufen, nennt man Mutagene. Sie sind unter anderem auch in Tabakrauch, stark gegrilltem Fleisch und Chemikalien enthalten.

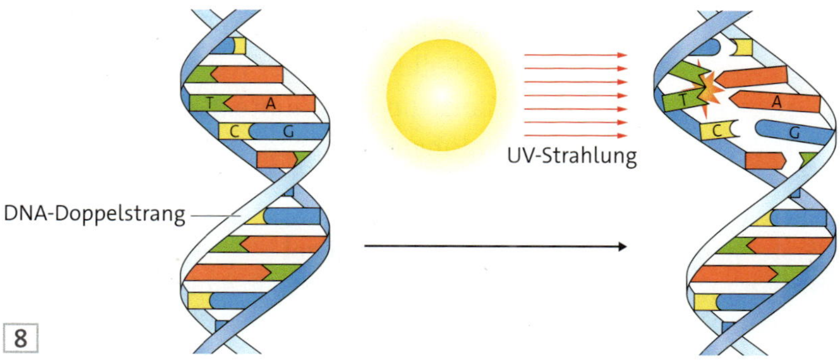


8

1 Erkläre, was man unter einem Mutagen versteht.

2 Beschreibe die Wirkung der UV-Strahlen auf die DNA der Hautzellen. → 8

3 Erkläre den Zusammenhang zwischen der Wirkung von UV-Strahlung auf die DNA der Hautzellen und dem Risiko zur Entstehung von Hautkrebs.

# Erste und zweite Mendel'sche Regel

1 Gregor Mendel

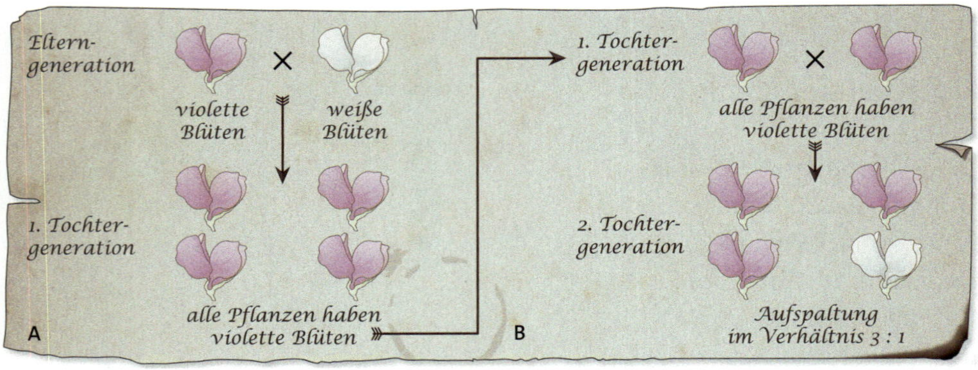


2 Ergebnisse von Mendels Kreuzungsversuchen mit Erbsenpflanzen

**Gregor Mendel war ein Mönch und Naturforscher. Ab 1856 führte er viele Versuche mit Erbsenpflanzen durch. Er fragte sich, wieso manche Pflanzen weiße Blüten haben, obwohl die Elternpflanzen violette Blüten haben. Was entdeckte er?**

**Erste Mendel'sche Regel** • Mendel wählte Erbsenpflanzen aus, die über mehrere Generationen die gleiche Blütenfarbe hatten. Er bezeichnete sie als reinerbig für das Merkmal. Mit einem Pinsel entnahm er Pollen von einer weiß blühenden Pflanze und bestäubte damit eine violett blühende Pflanze. → 2A

Aus den Samen der bestäubten Pflanze entwickelten sich die Nachkommen, die 1. Tochtergeneration. Sie hatten alle violette Blüten.

Mendel wiederholte diesen Versuch viele Male und machte dabei gleiche Beobachtungen. Daraus leitete er die Uniformitätsregel ab. → 3

**Zweite Mendel'sche Regel** • Mendel fragte sich, wo die weiße Blütenfarbe geblieben ist. Er kreuzte die Pflanzen der 1. Tochtergeneration miteinander. → 2B Obwohl sie violette Blüten hatten, entwickelten sich in der 2. Tochtergeneration auch Nachkommen mit weißen Blüten. Mendel wiederholte den Versuch, bis er 926 Nachkommen erzeugt hatte. Er zählte 702 Pflanzen mit violetten Blüten und 224 Pflanzen mit weißen Blüten. Daraus berechnete er, dass von vier Pflanzen im Durchschnitt drei violett blühten und eine Pflanze weiß blühte. Er stellte das Zahlenverhältnis von 3 : 1 auch in Versuchen fest, bei denen er andere Merkmale beobachtete. Aus der Beobachtung leitete er die Spaltungsregel ab. → 3

**Erste Mendel'sche Regel = Uniformitätsregel**
Kreuzt man zwei Individuen einer Art, die sich in einem Merkmal reinerbig unterscheiden, sind die Nachkommen in diesem Merkmal gleich (uniform).

**Zweite Mendel'sche Regel = Spaltungsregel**
Kreuzt man die Individuen der 1. Tochtergeneration miteinander, treten die Merkmalsausprägungen der Elterngeneration in der 2. Tochtergeneration im Zahlenverhältnis 3 : 1 auf.

3 Erste und zweite Mendel'sche Regel

die Uniformitätsregel
die Spaltungsregel
das Allel
reinerbig und mischerbig
dominant und rezessiv

**Heutige Kenntnisse** • Heute wissen wir mehr über Vererbung als Mendel. Die Blütenfarbe der Erbsenpflanze wird durch ein Gen codiert. In den diploiden Körperzellen liegt jedes Gen doppelt vor. Die beiden Versionen eines Gens nennt man Allele. Die Allele können gleich sein und zum Beispiel beide für die violette Blütenfarbe codieren. Dann ist das Individuum für dieses Merkmal reinerbig. Es kann aber auch ein Allel für die violette Blütenfarbe codieren und das andere für die weiße Blütenfarbe. Dann ist das Individuum für das Merkmal mischerbig. Ein Allel, das auf jeden Fall im Phänotyp ausgeprägt wird, ist dominant. Ein Allel, das nicht im Phänotyp ausgeprägt wird, wenn es zusammen mit einem dominanten Allel vorkommt, ist rezessiv.
Die haploiden Geschlechtszellen enthalten von jedem Gen nur ein Allel.

**Kreuzungsschema** • Einen dominant-rezessiven Erbgang kann man in einem Kreuzungsschema darstellen. → 4 Darin macht man dominante Allele durch Großbuchstaben und rezessive Allele durch Kleinbuchstaben kenntlich. Im Kreuzungsschema wird deutlich, wie die Allele an die Nachkommen vererbt werden. So kann man die Genotypen und Phänotypen der Individuen ableiten.

Mendel führte zahlreiche Kreuzungsversuche durch und leitete aus seinen Beobachtungen die Uniformitätsregel und die Spaltungsregel ab.

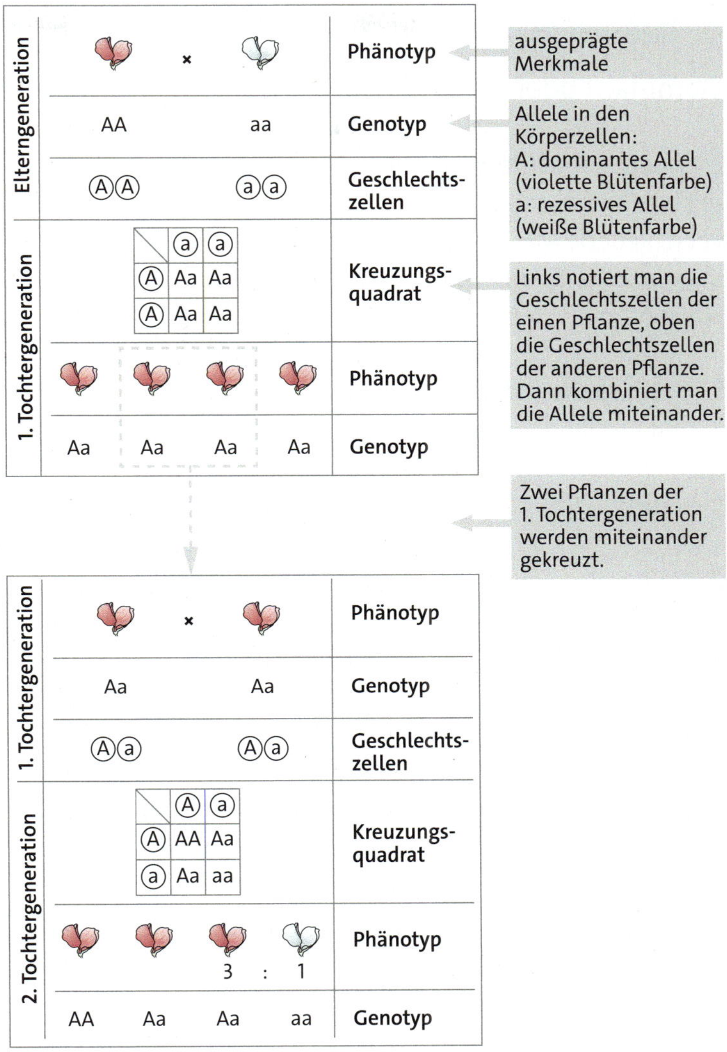


4 Kreuzungsschema: erste und zweite Mendel'sche Regel

## Aufgaben

**1** Beschreibe Mendels Versuche und die Regeln, die er daraus ableitete.

**2** Ergänze Mendels Regeln um Angaben zu den Genotypen. → 4 Nutze die Begriffe Allele, reinerbig, mischerbig, dominant und rezessiv.

# Erste und zweite Mendel'sche Regel

## Material A

### Dominant oder rezessiv?

Mendel beobachtete in zahlreichen Kreuzungsversuchen verschiedene Merkmale, wie Samenfarbe, Samenform oder Hülsenfarbe.

1 Begründe, welches Allel in den Erbgängen jeweils dominant und welches rezessiv vererbt wird.

2 Erstelle Legenden für die Erbgänge zur Samenform und zur Hülsenfarbe.

3 Erstelle für einen der Erbgänge ein Kreuzungsschema bis zur 2. Tochtergeneration.

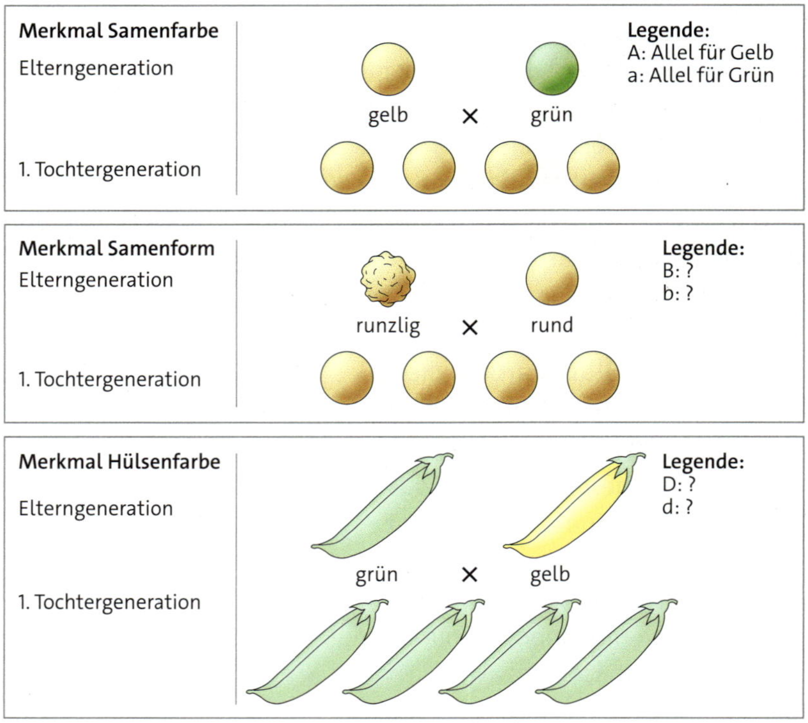


1 Dominant-rezessive Erbgänge bei Erbsenpflanzen

## Material B

### Fellfarbe bei Mäusen

Die Zuchtform der Hausmaus kann unter anderem ein schwarzes oder ein graues Fell haben. Der Erbgang ist dominant-rezessiv.

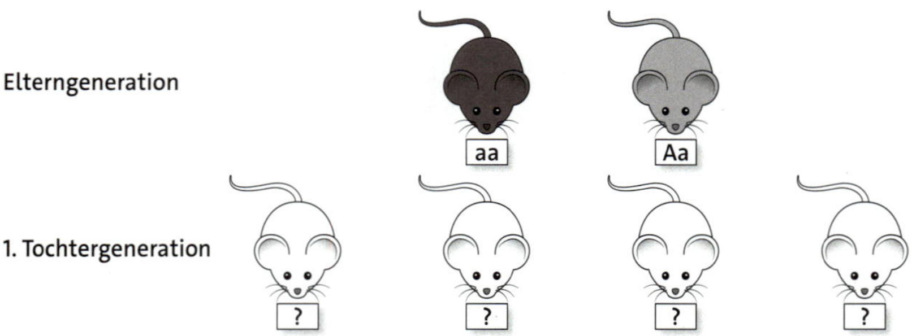


2 Vererbung der Fellfarbe

1 Übertrage das Schema in dein Heft. → 2 Notiere die Allele in den Geschlechtszellen der schwarzen und der grauen Maus.

2 Ergänze die Genotypen der Nachkommen. Male ihre Phänotypen passend aus.

3 Nenne die Anzahl der reinerbigen und mischerbigen Nachkommen. Erkläre das Ergebnis.

## Erweitern und Vertiefen

### Intermediärer Erbgang

3 Wunderblumen

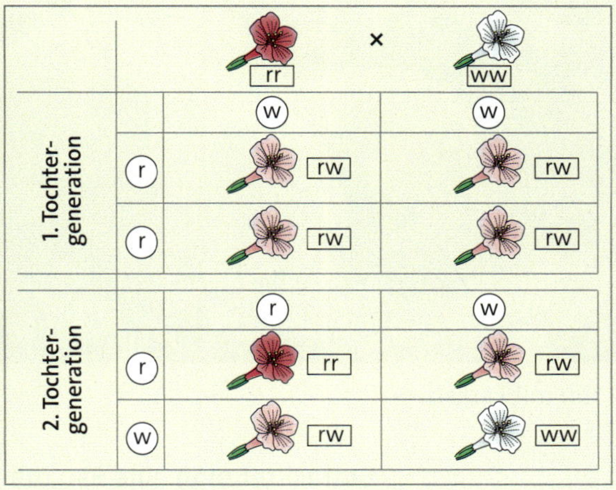


4 Kreuzungsschema des intermediären Erbgangs

**Intermediärer Erbgang** • Etwa 40 Jahre nach Mendel führte der deutsche Botaniker Karl Correns Kreuzungsversuche mit Wunderblumen durch. Er kreuzte reinerbig rot blühende mit reinerbig weiß blühenden Wunderblumen. Die Nachkommen hatten alle die gleiche Blütenfarbe. Sie waren also uniform und mischerbig. So war es nach der Uniformitätsregel auch zu erwarten. Jedoch waren sie nicht weiß oder rot, sondern rosa. Da sich keine Anlage vollständig durchsetzt, sondern das Merkmal im Phänotyp zwischen den beiden Eltern liegt, spricht man von einem zwischenelterlichen oder intermediären Erbgang.

**2. Kreuzung** • Correns kreuzte auch die mischerbigen rosa blühenden Wunderblumen der 1. Tochtergeneration untereinander. In der 2. Tochtergeneration traten alle drei Phänotypen aus der Elterngeneration und der 1. Tochtergeneration im Verhältnis 1 : 2 : 1 auf. Das heißt, es kommen sowohl rote, weiße als auch rosafarbene Blüten vor. Die beiden rosa blühenden Pflanzen sind mischerbig. Die weiß und rot blühenden Pflanzen sind reinerbig. Beide Anlagen des Genotyps werden also im Phänotyp ausgeprägt.

**Bei intermediären Erbgängen erkennt man im Phänotyp beide Anlagen des Genotyps.**

### Aufgaben

1 Beschreibe den Versuch von Correns.

2 Erkläre anhand der 1. Tochtergeneration den Widerspruch zu Mendels Ergebnissen beim dominant-rezessiven Erbgang.

3 Erkläre anhand der 2. Tochtergeneration, warum Mendels Erkenntnisse in intermediären Erbgängen dennoch bestätigt werden.

# Dritte Mendel'sche Regel

1 Sau mit Ferkeln

**Betrachtet man eine Sau mit ihrem Wurf, entdeckt man bei den Ferkeln Unterschiede: Manche haben braune Borsten und sind einfarbig wie ihre Mutter, einige haben weiße Borsten und schwarze Flecken, andere haben weiße Borsten und sind einfarbig. Wie lässt sich dies erklären?**

**Merkmale werden neu kombiniert •** Wird eine einfarbige Sau mit braunen Borsten mit einem Eber gepaart, der weiße Borsten und schwarze Flecken hat, findet man die Merkmale auch bei den Ferkeln. Dabei sehen manche Ferkel so aus wie ihre Eltern.

**Dritte Mendel'sche Regel = Unabhängigkeitsregel**
Kreuzt man zwei Individuen, die sich in mehreren Merkmalen reinerbig unterscheiden, dann werden die Merkmale unabhängig voneinander vererbt. In der 2. Tochtergeneration treten neben den Merkmalskombinationen der Elterngeneration neue Merkmalskombinationen auf.

2 Dritte Mendel'sche Regel

Doch bei manchen Ferkeln treten die Merkmale der Eltern in neuen Kombinationen auf. So gibt es Ferkel, die einfarbig sind und weiße Borsten haben, und auch welche, die braune Borsten und schwarze Flecken haben. Die Merkmale Borstenfarbe und Fleckung werden also unabhängig vererbt und in den Nachkommen neu kombiniert.

**Unabhängigkeitsregel •** Schon Mendel erkannte, dass Merkmale unabhängig voneinander vererbt werden können. Er untersuchte Erbsenpflanzen, die in zwei Merkmalen unterschiedlich und reinerbig waren, nämlich in der Samenfarbe und Samenform. Mendel kreuzte eine Pflanze mit gelben, glatten Samen mit einer Pflanze mit grünen, runzeligen Samen. → 3 Das Ergebnis: Alle Nachkommen der 1. Tochtergeneration hatten gelbe, glatte Samen.
In der 2. Tochtergeneration waren die Samenfarbe und Samenform bei

manchen Pflanzen so kombiniert wie in der Elterngeneration. Es gab aber auch Pflanzen mit gelben, runzeligen Samen und Pflanzen mit grünen, glatten Samen. Es gab also neue Merkmalskombinationen. Mendel schloss daraus, dass diese Merkmale unabhängig voneinander vererbt werden. Er wiederholte den Versuch viele Male und machte dabei gleiche Beobachtungen. Daraus leitete er die Unabhängigkeitsregel ab. → 2

**Heutige Kenntnisse** • Heute ist bekannt, dass sich die Allele für die Ausprägung von Merkmalen auf den Chromosomen befinden. In der Meiose werden die Chromosomen auf die Geschlechtszellen aufgeteilt. Die Allele für die Samenfarbe und die Samenform befinden sich auf verschiedenen Chromosomen und werden daher unabhängig vererbt.

**Mendel hatte Glück** • Als Mendel seine Regeln 1866 veröffentlichte, nannte er sie Gesetze. Heute sprechen wir von Regeln, denn: Mendel kreuzte viele Pflanzen und wertete die Phänotypen der Nachkommen aus. Dabei stellte er deutliche Regelmäßigkeiten fest, aber es gab auch Ausnahmen. Heute ist klar, dass er zufällig Merkmale auswählte, die in dominant-rezessiven Erbgängen vererbt werden und deren Allele sich auf verschiedenen Chromosomen befinden. Unter diesen Bedingungen treffen Mendels Regeln zu, aber es gibt auch andere Erbgänge.

**Mendel erkannte, dass Merkmale unabhängig vererbt werden können.**

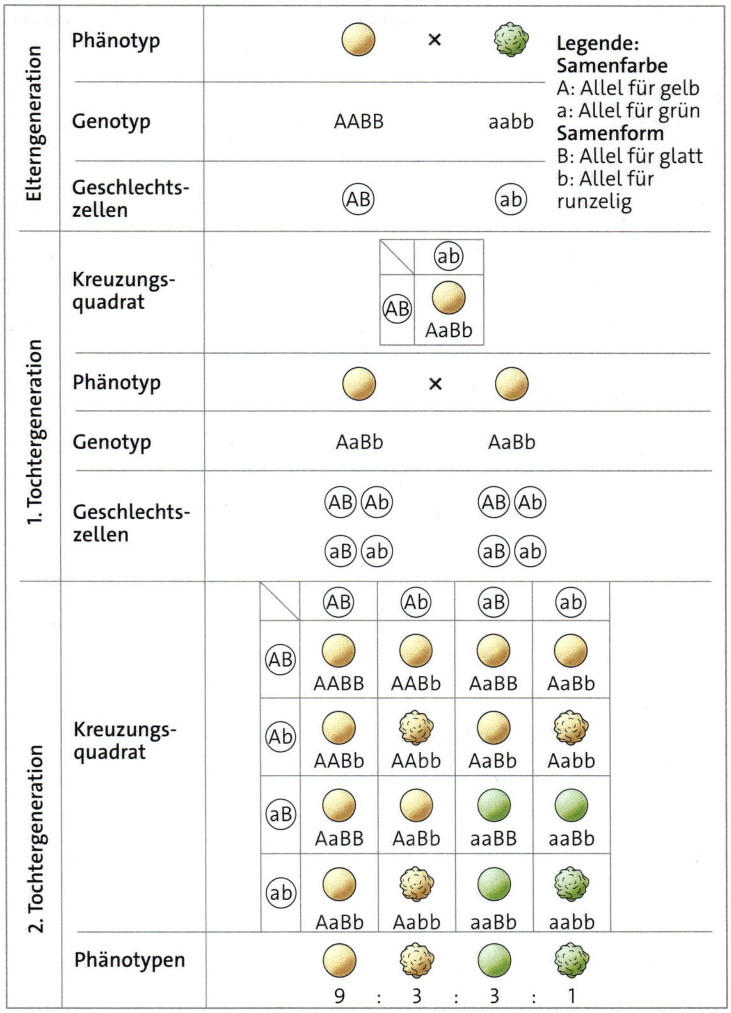


3 Kreuzungsschema zur dritten Mendel'schen Regel

## Aufgaben

**1** ☒ Beschreibe Mendels Versuch und die Regel, die er daraus ableitete.

**2** ☒ Ergänze die Regel um die heutigen Kenntnisse zur Vererbung der Allele.

**3** ☒ Erkläre, weshalb Mendels Erkenntnisse Regeln sind und keine Gesetze.

# Dritte Mendel'sche Regel

## Material A

### Fleckung und Fellfarbe

Ein schwarz-weiß geflecktes Rind wird mit einem einfarbig braunem Rind gekreuzt. → 1 Die beiden Tiere sind bezüglich der Fellfarbe und der Fleckung reinerbig. Die Nachkommen in der 1. Tochtergeneration sind alle einfarbig schwarz. Kreuzt man diese Tiere untereinander, können vier verschiedene Phänotypen entstehen.

1 Erstelle in deinem Heft eine Legende zu dem Erbgang. Nutze die Buchstaben A/a für die Fleckung und B/b für die Fellfarbe.

2 Ordne den Elterntieren und den Nachkommen der 1. Tochtergeneration die passenden Genotypen und Phänotypen zu. Fertige dazu ein Kreuzungsschema an.

3 Erstelle ein Kreuzungsquadrat für die Nachkommen der 2. Tochtergeneration. Notiere darin die Genotypen.

4 Ermittle anhand der Genotypen das Zahlenverhältnis, in dem die vier verschiedenen Phänotypen in der 2. Tochtergeneration vorkommen.

1 Elterntiere

5 Erläutere die dritte Mendel'sche Regel anhand dieses Beispiels.

## Material B

### Erbgang mit zwei Merkmalen bei Fruchtfliegen

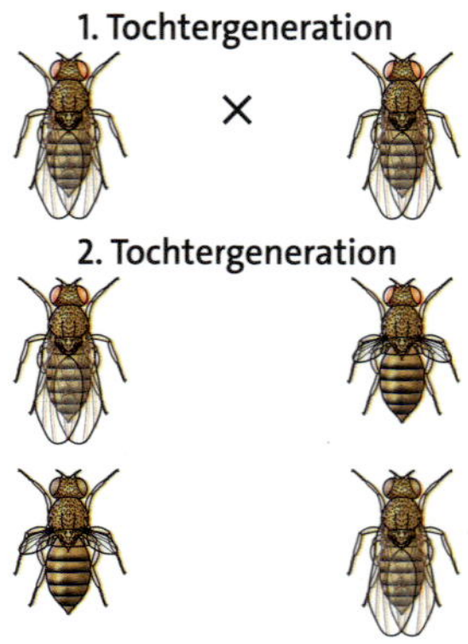


2 Erbgang bei Fruchtfliegen

Kreuzt man eine Fruchtfliege mit roten Augen und verkümmerten Flügeln mit einer Fruchtfliege, die braune Augen und eine normale Flügelform hat, entstehen verschiedene Phänotypen. → 2

1 Beschreibe die Phänotypen der Elterngeneration und der beiden Tochtergenerationen.

2 Erkläre, welche Anlagen dominant und welche rezessiv vererbt werden.

3 Erstelle eine Legende zum Erbgang. Verwende die Buchstaben A/a für die Augenfarbe und B/b für die Flügelform.

4 Erstelle ein Kreuzungsquadrat für die Nachkommen der 2. Tochtergeneration.

5 Ermittle anhand der Genotypen das Zahlenverhältnis, in dem die verschiedenen Phänotypen in der 2. Tochtergeneration vorkommen.

## Material C

### Hochleistungskühe

Die moderne Hochleistungskuh wurde aus alten Rinderrassen gezüchtet. → 4 Rassen sind Gruppen von Tieren, die zu derselben Art gehören, aber sich durch bestimmte Merkmale von anderen Rassen unterscheiden. Für die Kreuzung nutzte man eine Rinderrasse, die schnell wuchs, jedoch nur wenig Milch gab. Die andere eingekreuzte Rasse gab viel Milch. Sie wuchs aber nur langsam. Die Bauern wollten eine neue Rinderrasse, die schnell wächst und viel Milch gibt. Es handelt sich um einen dominant-rezessiven Erbgang. Hohe Milchleistung und schnelles Wachstum werden rezessiv vererbt.

1 ☒ Gib an, welchen Genotyp mit welchen Merkmalen die Bauern züchten möchten.

2 ☒ Zwei Individuen werden gekreuzt: Das eine wächst schnell und gibt wenig Milch, das andere wächst langsam und gibt viel Milch. Erstelle ein Kreuzungsschema bis zur 2. Tochtergeneration.

3 ☒ Diskutiere Vorteile und Nachteile der Züchtung von Hochleistungskühen. → 3 5

**Hochleistungskühe** Während eine Kuh 1960 noch durchschnittlich 4000 Liter Milch im Jahr gab, geben Hochleistungskühe wie die Holsteiner Schwarzbunte heute bis zu 10 000 Liter Milch. Dies wurde durch Züchtung erreicht. Die moderne Hochleistungskuh bringt aber nicht nur Vorteile mit sich. Während eine ältere Rinderrasse 20 Jahre alt werden konnte, stirbt eine Hochleistungskuh oft nach wenigen Jahren. Eine Kuh gibt nur ein Jahr lang Milch, nachdem sie ein Kalb geboren hat. Sie muss daher kontinuierlich Kälber gebären und wird bereits kurz nach dem Kalben erneut besamt. Für das Leben im Stall werden den Kühen die Hörner entfernt, damit sie sich nicht gegenseitig verletzen. Das schnelle Wachstum der Hochleistungskühe kann nur durch Fütterung mit großen Mengen an speziellem Kraftfutter erreicht werden. Der Pflanzenanbau für das Kraftfutter nimmt große landwirtschaftliche Flächen ein. Bei der Verdauung des Futters produzieren Kühe große Mengen an Treibhausgasen wie Kohlenstoffdioxid und Methan. Diese verstärken den Klimawandel. Zudem entsteht viel Gülle, die die Bauern auf ihre Felder ausbringen. Dies kann zur Überdüngung des Bodens und Verschmutzung des Grundwassers führen. Für den Verbraucher hat die Züchtung hingegen viele Vorteile. Durch die hohe Milchleistung der Kühe kann Milch zu sehr günstigen Preisen angeboten werden. Da die Kühe in Ställen gehalten werden und das Kraftfutter ständig verfügbar ist, kann außerdem das ganze Jahr unabhängig von Wetter und Jahreszeit Milch produziert werden.

3

4 Holsteiner Schwarzbunte

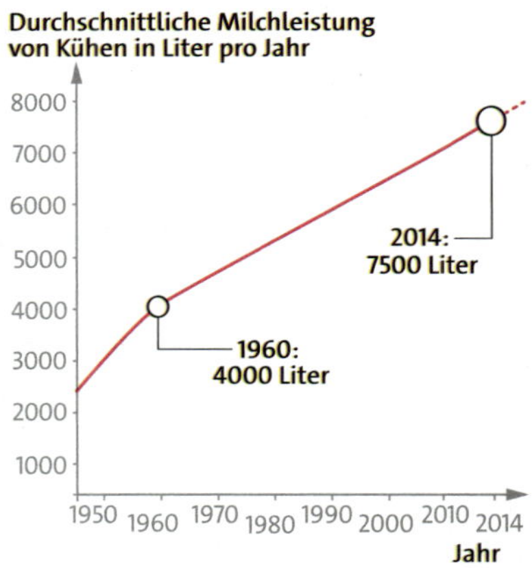


5 Milchleistung von Kühen

# Die Vererbung beim Menschen

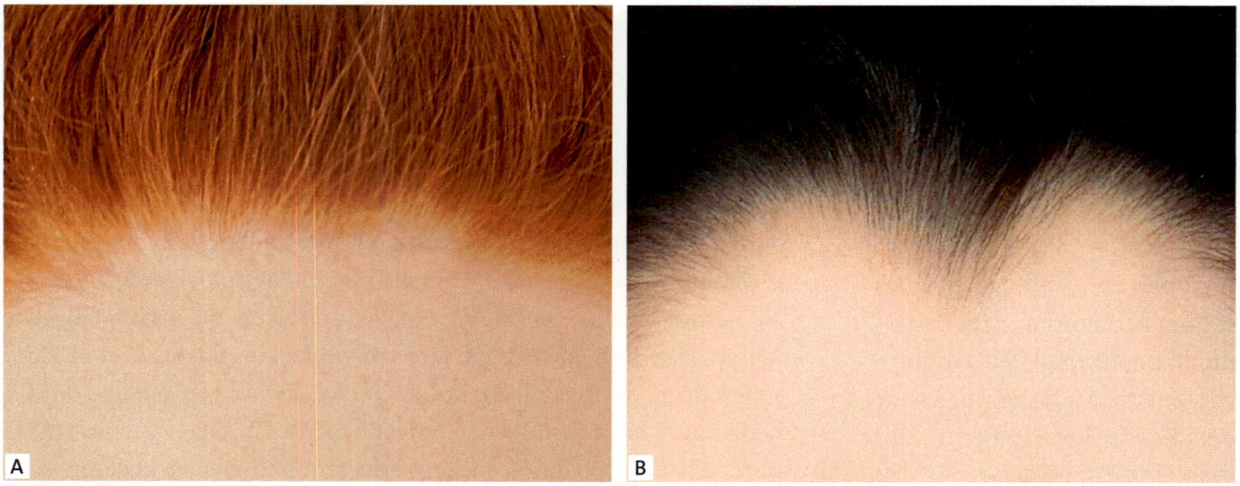

1 Haaransatz: **A** gerade, **B** spitz

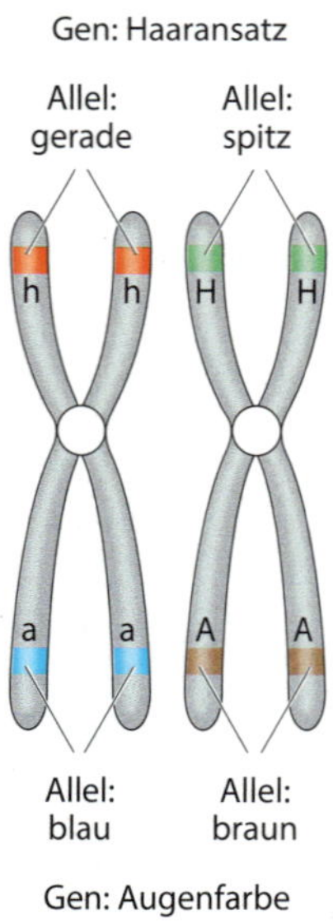


2 Allele

**Einige Menschen haben einen geraden Haaransatz, bei anderen läuft der Haaransatz in der Mitte der Stirn spitz zu. Das Merkmal ist genetisch bedingt. Wie wird es vererbt?**

**Erbgänge beim Menschen** • Wie bei Pflanzen und Tieren folgen die Erbgänge beim Menschen den Mendel'schen Regeln. Die Methoden zur Untersuchung von Erbgängen unterscheiden sich allerdings grundsätzlich, weil man mit Menschen aus ethischen Gründen keine Kreuzungsversuche durchführt. Deswegen nutzt man andere Methoden.

**Familienforschung** • Eine Methode zur Untersuchung menschlicher Erbgänge ist die Familienforschung. Hier werden einzelne Merkmale über mehrere Generationen betrachtet und in Form von Stammbäumen dargestellt. Mithilfe der Vererbungsregeln kann man herausfinden, wie das Merkmal vererbt wird. Bei dem Merkmal „Form des Haaransatzes" liegt ein dominant-rezessiver Erbgang vor. Alle Personen mit einem spitzen Haaransatz müssen mindestens ein dominantes Allel haben. Alle Personen mit einem geraden Haaransatz tragen reinerbig die beiden rezessiven Allele.

**Allgemeingültig** • Das Wissen über die Vererbung eines bestimmten Merkmals gilt für alle Familien. Zum Beispiel ist das Allel zur Ausprägung eines spitzen Haaransatzes immer dominant.

## Aufgaben

**1** ☑ Nenne die beiden möglichen Genotypen für eine Person mit einem spitzen Haaransatz. → 2

**2** ☒ Erkläre, was man unter Familienforschung versteht.

die Familienforschung
der Stammbaum

## Methode

### Stammbäume lesen und auswerten

**Stammbäume** • In einem Stammbaum werden die Beziehungen zwischen Familienmitgliedern und das Auftreten besonderer Merkmale dargestellt. Dabei werden Männer mit Quadraten und Frauen mit Kreisen symbolisiert. Merkmalsträger werden farbig markiert. Die Personen einer Generation werden auf gleicher Höhe angeordnet. Eltern werden durch eine waagerechte Linie zwischen den Symbolen verbunden. Von dieser Linie gehen deren Kinder, die nächste Generation, ab. → 3

**1. Dominant oder rezessiv?**
Suche Fälle, in denen beide Eltern andere Merkmale zeigen als mindestens eines ihrer Kinder. → 4 Entscheide, ob das Merkmal dominant oder rezessiv vererbt wird.

**2. Genotypen zuordnen**
Ordne allen Personen ihre möglichen Genotypen zu. Wenn es zwei Möglichkeiten gibt, notiere beide.

### Aufgabe

1 ☒ Ordne den Personen im Stammbaum die passenden Genotypen zu. → 5

**Symbole:**

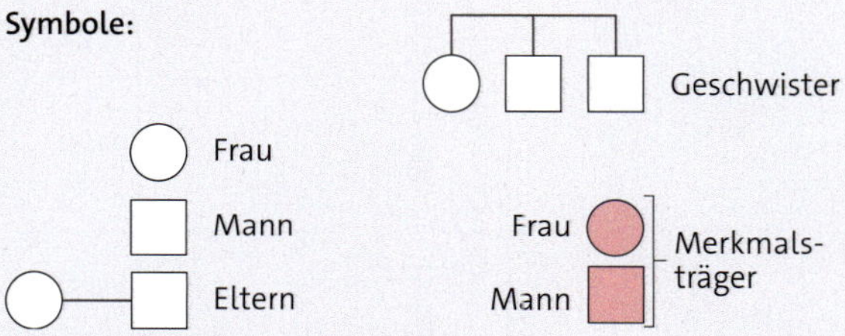


3 Symbole im Stammbaum

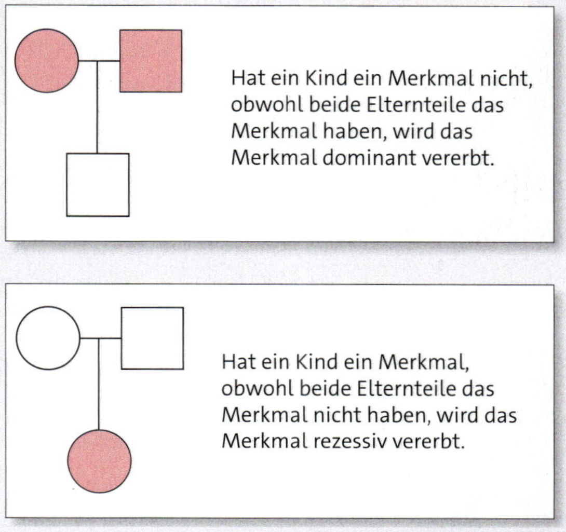


4 Kriterien zur Auswertung von Stammbäumen

5 Stammbaum zum Merkmal „Haaransatz“

# Die Vererbung beim Menschen

## Material A

### Ohrläppchen

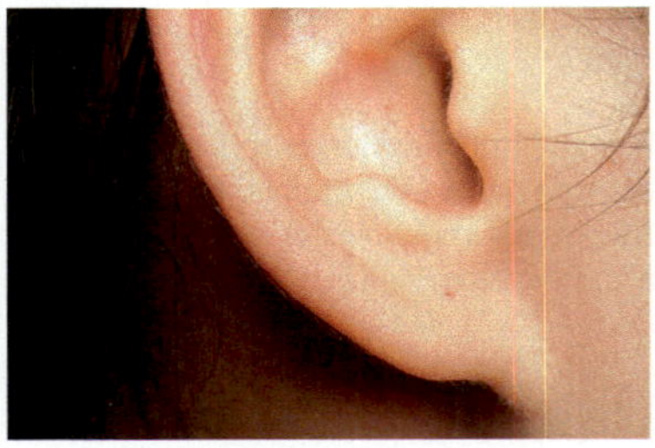

1 Ohrläppchen angewachsen

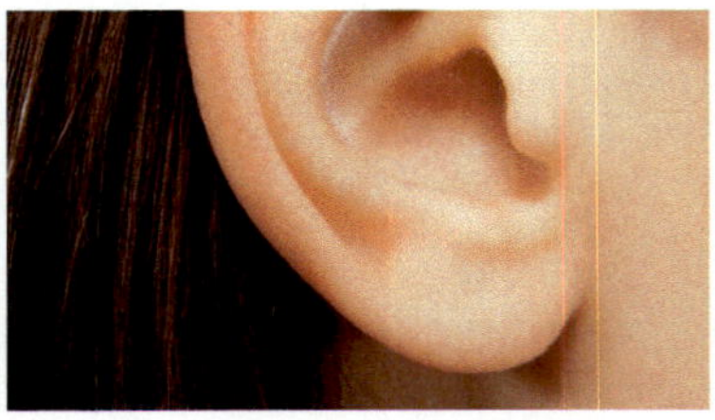

2 Ohrläppchen frei hängend

Die Ohrläppchen können am unteren Rand angewachsen oder frei hängend sein. → 1 2 Das Merkmal „Form der Ohrläppchen“ ist genetisch bedingt. Das Allel für angewachsene Ohrläppchen ist rezessiv.

1 Übertrage den Stammbaum in dein Heft. → 3

2 Nenne den Genotyp von Personen mit angewachsenen Ohrläppchen.

3 Erkläre, welche Personen im Stammbaum angewachsene Ohrläppchen haben.

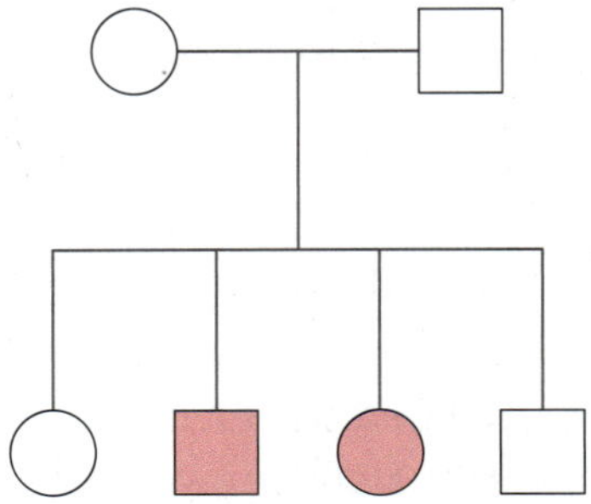

3 Stammbaum einer Familie zum Merkmal „Form der Ohrläppchen“

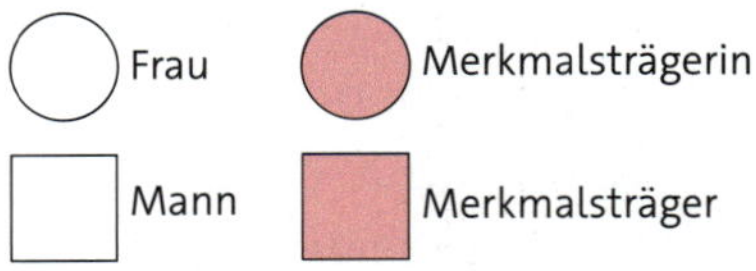


4 Symbole des Stammbaums

## Material B

### Dominant oder rezessiv?

Aus den Phänotypen von Eltern und ihren Kindern kann man oft ableiten, wie ein Merkmal vererbt wird. Eine eindeutige Entscheidung ist nur möglich, wenn man einen der Erbgänge ausschließen kann.

1 Überprüfe für jeden Erbgang, ob das Merkmal dominant oder rezessiv vererbt werden kann. → 6 Verfahre wie im Beispiel zum Erbgang A. → 5

**Hypothesen zum Erbgang A**

1. Möglichkeit: Allel zur Ausprägung des Merkmals ist **rezessiv**.

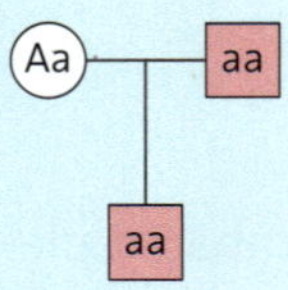


2. Möglichkeit: Allel zur Ausprägung des Merkmals ist **dominant**.

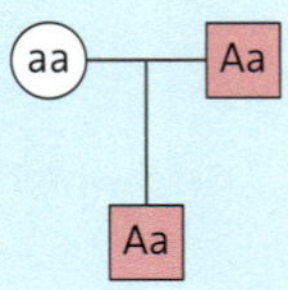


5

2 Übertrage die Tabelle in dein Heft. → 6 Trage deine Ergebnisse ein.

| Erbgang | rezessiv | dominant |
|---|---|---|
| 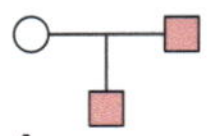 A | X | X |
| 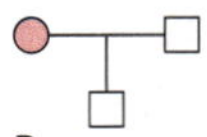 B | | |
| 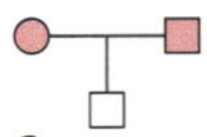 C | | |
| 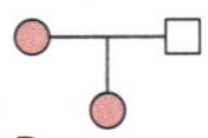 D | | |
| 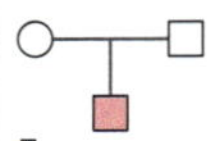 E | | |

6 Erbgänge

## Material C

### Rot-Grün-Blindheit

Menschen mit der Rot-Grün-Blindheit können die Farben Rot und Grün nicht wahrnehmen. Die Sehstörung wird rezessiv vererbt. Die Allele liegen auf dem X-Chromosom. Das Y-Chromosom enthält keine entsprechenden Allele. Weil Männer nur ein X-Chromosom besitzen, werden die darauf liegenden Allele ausgeprägt, auch wenn sie rezessiv sind. Bei Frauen werden rezessive Allele nur ausgeprägt, wenn sie auf beiden X-Chromosomen vorliegen. Frauen, die im Bezug auf das Merkmal mischerbig sind, können das rezessive Allel vererben, auch wenn das Merkmal bei ihnen nicht ausgeprägt wird. Sie sind dann Überträgerinnen.

**1** ☑ Beschreibe die Folgen der Rot-Grün-Blindheit.

**2** ☒ Nenne die Besonderheit des Erbgangs.

**3** ☒ Übertrage den Stammbaum aus Bild 7 in der Symbol-Schreibweise (siehe Methodenseite) in dein Heft.

**4** ☒ Ermittle, welche Personen rot-grün-blind sind. Begründe deine Antwort.

**5** ☒ Begründe, weshalb die Kinder von Vater 2 nicht rot-grün-blind sind.

**6** ☒ Gib die Genotypen aller Personen im Stammbaum an. Verwende die folgende Schreibweise:

$X_A$: X-Chromosom mit dominantem Allel
$X_a$: X-Chromosom mit rezessivem Allel
Y: Y-Chromosom ohne entsprechende Allele

**7** ☒ Ermittle mögliche Allelkombinationen der Eltern einer rot-grün-blinden Tochter.

**8** ☒ Gib die Wahrscheinlichkeiten an, mit denen die Söhne und Töchter rot-grün-blind, farbtüchtig oder Überträgerinnen sind:
- farbtüchtige Mutter und farbtüchtiger Vater
- rot-grün-blinder Vater und farbtüchtige Mutter

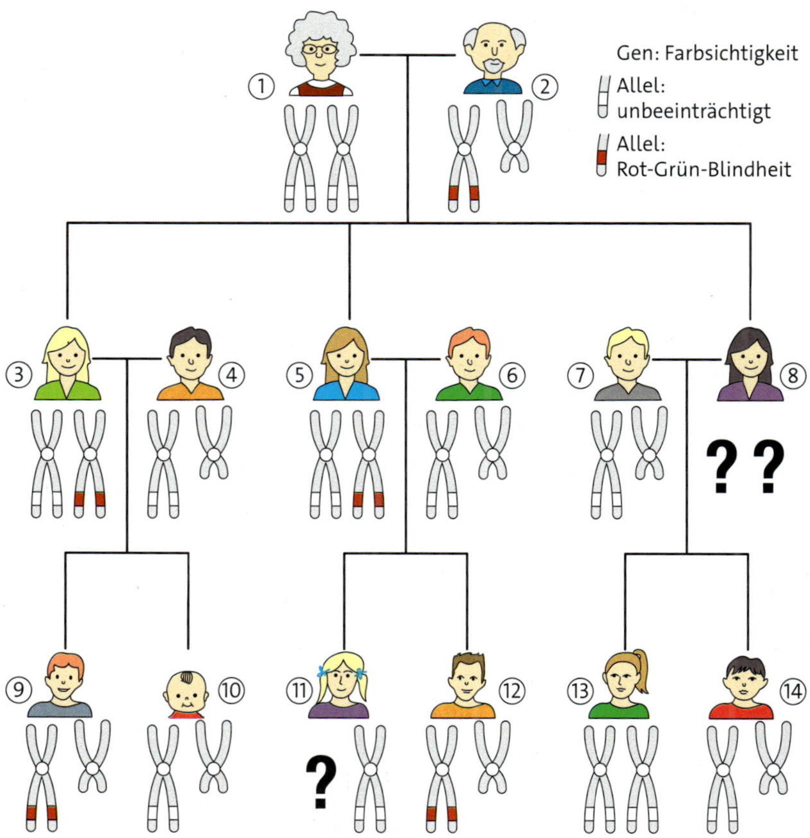


7 Stammbaum zur Rot-Grün-Blindheit

# Die Vererbung der Blutgruppen

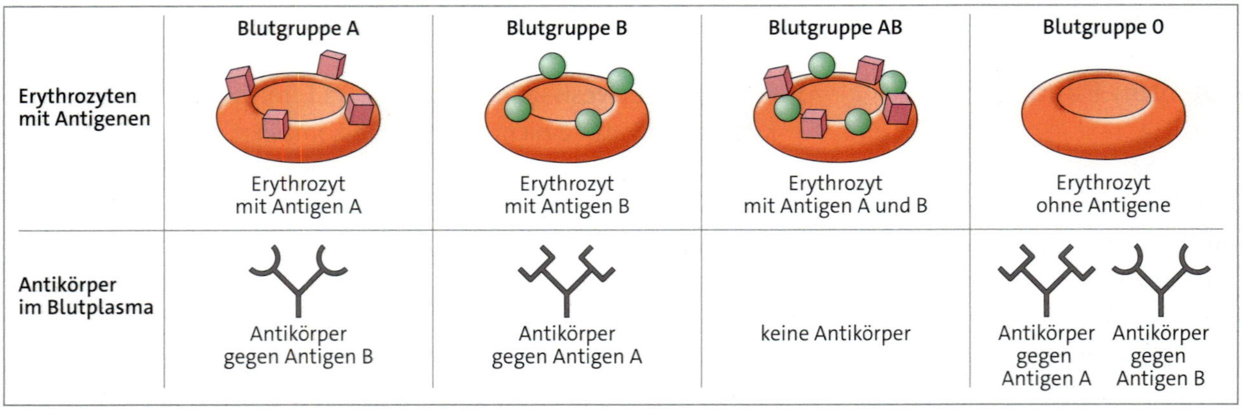


1 Eigenschaften der Blutgruppen

**Jeder Mensch hat eine genetisch festgelegte Blutgruppe. Wie werden die Blutgruppen vererbt?**

**Antikörper erkennen Antigene** • Die Erythrozyten tragen Strukturen auf ihrer Oberfläche, die Antigene. → 1 Diese legen die vier Blutgruppen A, B, AB und 0 fest. Bei Menschen mit der Blutgruppe A tragen die Erythrozyten Antigen A und das Blutplasma enthält Antikörper gegen Antigen B. Beim Kontakt mit Blut der Blutgruppe B käme es zu einer Verklumpung.

**Kodominante Vererbung** • Ein Antigen ist kein Gen, sondern ein Protein. Das Protein wird durch ein Gen codiert, von dem es drei Allele gibt: A, B und 0. Je nach Kombination der Allele wird die Blutgruppe A, B, AB oder 0 ausgebildet. Die Allele A und B sind dominant. Die Blutgruppe 0 wird also nur ausgeprägt, wenn die rezessiven Allele reinerbig vorliegen. Für die Blutgruppe A und B gibt es jeweils zwei Genotypen: AA oder A0 und BB oder B0. Die Blutgruppe AB wird beim Genotyp AB gebildet. Hier wirken die beiden Allele A und B gleichermaßen dominant und prägen die Antigene A und B aus. Erbgänge, die zu solch einem Ergebnis führen, sind kodominant. Sie folgen den Mendel'schen Regeln.

**Rhesusfaktor** • Neben den Antigenen kann es auf den Erythrozyten noch ein Protein geben, das als Rhesusfaktor bezeichnet wird. Das Gen dafür wird dominant vererbt, sodass die meisten Menschen Rhesus-positiv sind. Auch der Rhesusfaktor kann bei einer Bluttransfusion zur Verklumpung führen.

**Wirken sich zwei unterschiedliche Allele dominant auf den Phänotyp aus, handelt es sich um einen kodominanten Erbgang.**

## Aufgabe

1 ☒ Erläutere den kodominanten Erbgang am Beispiel der Blutgruppe AB.

die Blutgruppe
das Antigen
der kodominante Erbgang
der Rhesusfaktor

## Material A

### Vererbung der Blutgruppen

Die Blutgruppen werden nach den Mendel'schen Regeln vererbt. Die Allele A und B sind dominant, das Allel 0 ist rezessiv.

**1** Übertrage den Stammbaum A in dein Heft. → 2 Ergänze die möglichen Genotypen der Kinder.

**2** Übertrage den Stammbaum B in dein Heft. Ergänze die möglichen Genotypen und Phänotypen der Kinder. Erkläre den Unterschied zu Stammbaum A.

**3** Erstelle zwei Stammbäume, in denen die Eltern die Blutgruppen A und B haben. → 2C Ergänze die möglichen Genotypen der Eltern und die möglichen Blutgruppen der Kinder.

**4** Nenne den Genotyp einer Person mit der Blutgruppe A, deren Kind die Blutgruppe B hat.

**5** Erkläre anhand der möglichen Genotypen, ob eine Frau mit der Blutgruppe A und ein Mann mit der Blutgruppe B ein gemeinsames Kind haben können, das die Blutgruppe 0 hat.

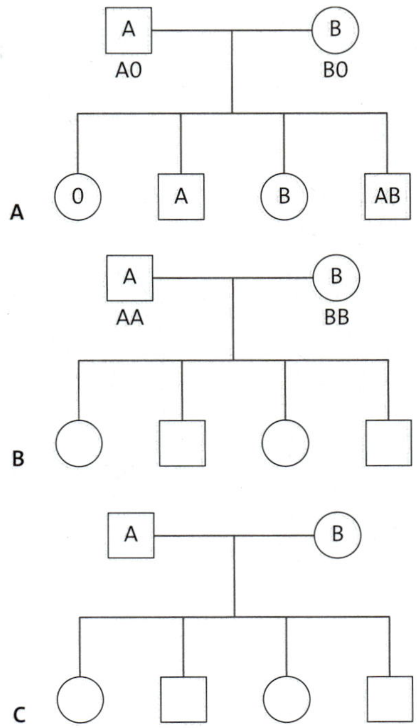

2 Stammbäume zur Vererbung des Merkmals Blutgruppe

## Material B

### Stammbaumanalyse

**1** Nenne die fehlenden Blutgruppen, die im Stammbaum mit Fragezeichen markiert wurden. → 3

**2** Begründe, mit welcher Wahrscheinlichkeit ein zweites Kind der Eltern 7 und 8 die Blutgruppe B erben kann. Erstelle dazu ein geeignetes Kreuzungsquadrat.

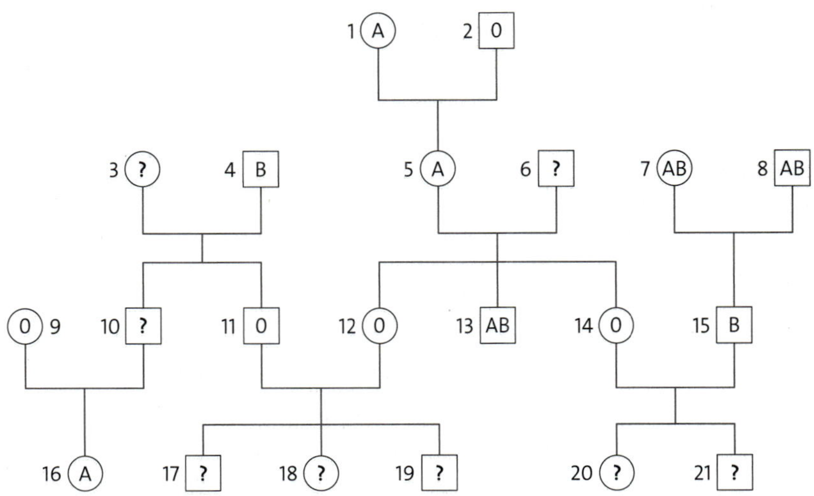

3 Stammbaum mit fehlenden Blutgruppen

# Gentechnik in der Medizin

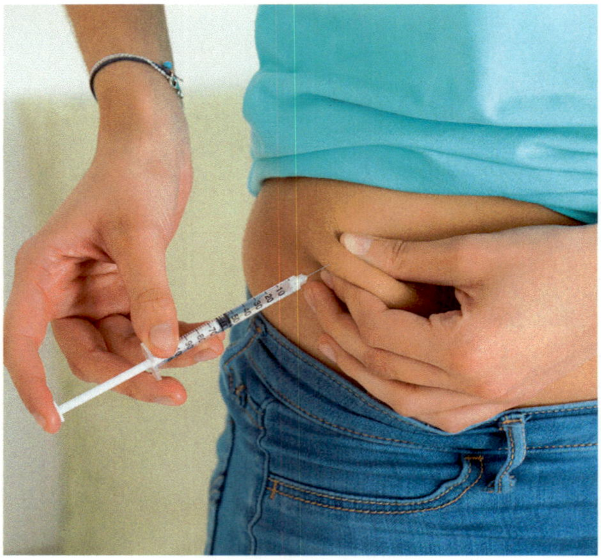

1 Eine Diabetikerin spritzt sich Insulin.

2 Herstellung von Insulin in einem Bioreaktor

**In der Gentechnik werden gezielt Eingriffe in die Erbinformation eines Organismus vorgenommen. Welchen Nutzen hat der Mensch davon?**

**Rote Gentechnik** • Ein Einsatzgebiet der Gentechnik ist die Medizin. Hier wird sie zur Erkennung und Behandlung von Krankheiten und zur Entwicklung von Medikamenten genutzt. Die medizinische Nutzung der Gentechnik wird als rote Gentechnik bezeichnet.

**Behandlung von Diabetes** • Die Bauchspeicheldrüse von Diabetikern bildet nicht genügend Insulin. Dadurch ist die Aufnahme von Zucker in die Zellen gestört. Zur Behandlung müssen sich Diabetiker Insulin spritzen. → 1 Früher hat man das Insulin aus der Bauchspeicheldrüse von Rindern und Schweinen gewonnen. Dies war möglich, weil das tierische Insulin dem menschlichen ähnlich ist. Es kam jedoch immer wieder zu Unverträglichkeiten. Heute wird Insulin mithilfe von Bakterien hergestellt. Dieses Insulin ist besser verträglich und kann in großen Mengen günstig hergestellt werden. → 2

**Universeller Code** • Die einzelligen Bakterien unterscheiden sich zwar von menschlichen Zellen, können aber ebenso Insulin herstellen. Dazu muss die Erbinformation für das menschliche Insulin in die Bakterien eingebaut und dort entschlüsselt werden. Dies ist möglich, weil eine Abfolge der Basen Adenin, Cytosin, Guanin und Thymin in einem Bakterium in die gleiche Aminosäurekette übersetzt wird wie in einer menschlichen Zelle. Der genetische Code ist für alle Lebewesen gültig. Man bezeichnet den genetischen Code daher auch als universell.

die rote Gentechnik
das Plasmid
der horizontale Gentransfer
transgen

**Gentransfer** • Bakterien enthalten ihre Erbinformation in zwei Formen: als Bakterien-Chromosom und zusätzlich als DNA-Ringe, die Plasmide. → 3 Man kann die Plasmide aus den Bakterien entnehmen und wieder in sie einfügen. Daher nutzt man die Plasmide, um das menschliche Gen für Insulin in die Bakterien zu bringen. So eine Übertragung von Genen zwischen verschiedenen Organismen wird als horizontaler Gentransfer bezeichnet.

**Transgene Bakterien** • Für den Gentransfer wird mit einem Schneide-Enzym das Insulin-Gen aus der DNA einer Zelle der menschlichen Bauchspeicheldrüse geschnitten. Zudem werden den Bakterien Plasmide entnommen und mit einem Schneide-Enzym aufgeschnitten. Hat ein Insulin-Gen dieselbe Schnittstelle wie ein Plasmid, fügt es sich in dieses ein. Die Schnittstellen werden durch ein Binde-Enzym verbunden. Nun enthält das Plasmid Erbinformation des Bakteriums und des Menschen. Es wird wieder in ein Bakterium eingesetzt. So entsteht ein genetisch veränderter Organismus. Organismen, denen ein Gen eines anderen Organismus eingesetzt wurde, bezeichnet man als transgen. Die Bakterien mit dem Insulin-Gen werden in einem Bioreaktor vermehrt und dann zerstört, um das Insulin zu gewinnen.

**Die rote Gentechnik wird in der Medizin genutzt, um Medikamente herzustellen. Durch Gentransfer erzeugt man transgene Organismen.**

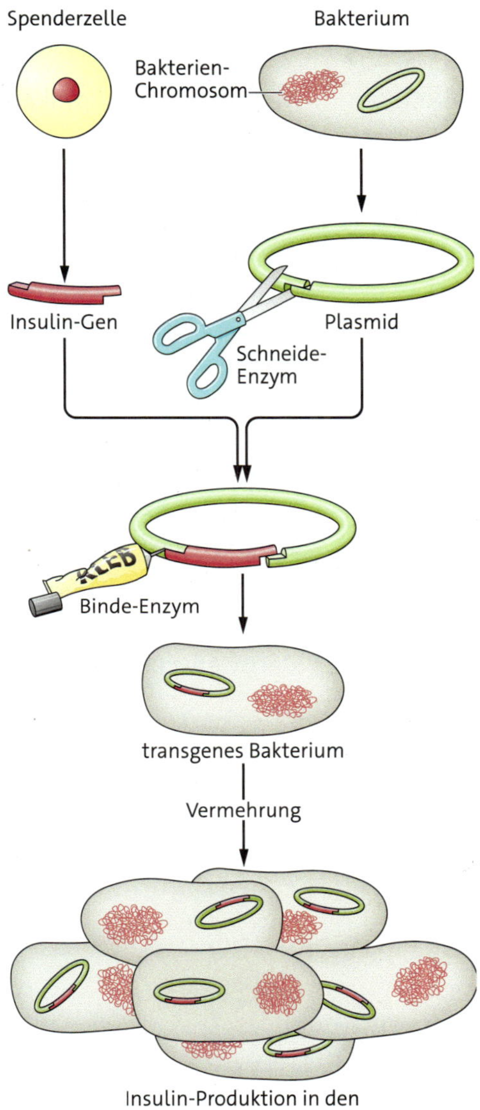


3 Gentechnische Herstellung von Insulin

## Aufgaben

1 Erkläre, was mit dem Begriff rote Gentechnik gemeint ist.

2 Beschreibe die gentechnische Herstellung von Insulin.

# Gentechnik in der Medizin

## Material A

### Medikamente aus Milch

Heute erzeugt man auch gentechnisch veränderte Tiere. Aus der Milch transgener Schafe, Ziegen, Kühe und Kaninchen lassen sich Wirkstoffe gewinnen, die medizinisch genutzt werden.
Seit 2006 gibt es den auf diese Weise hergestellten Wirkstoff Antithrombin. Antithrombin ist ein Protein, das die Blutgerinnung hemmt. Es verhindert damit die Verstopfung der Blutgefäße.

Verschiedene Erkrankungen können dazu führen, dass der Antithrombinwert eines Menschen zu niedrig ist. Daher ist der Wirkstoff ein wichtiges Medikament.
Für die Herstellung wird ein transgener Ziegen-Embryo erzeugt, der das menschliche Gen für Antithrombin im Erbgut trägt. Die transgene Ziege, die aus diesem Embryo entsteht, bildet den Wirkstoff in ihren Milchdrüsen. Er wird aus ihrer Milch gewonnen und ist für den Menschen gut verträglich.

1 Nenne transgene Tiere, die für die Herstellung von Medikamenten verwendet werden.

2 Erkläre, wie transgene Tiere entstehen. → 1

3 Beschreibe, welche Aufgabe Antithrombin im Körper des Menschen hat.

4 Erkläre, an welcher Stelle der Gewinnung von Antithrombin ein gentechnischer Eingriff stattfindet.

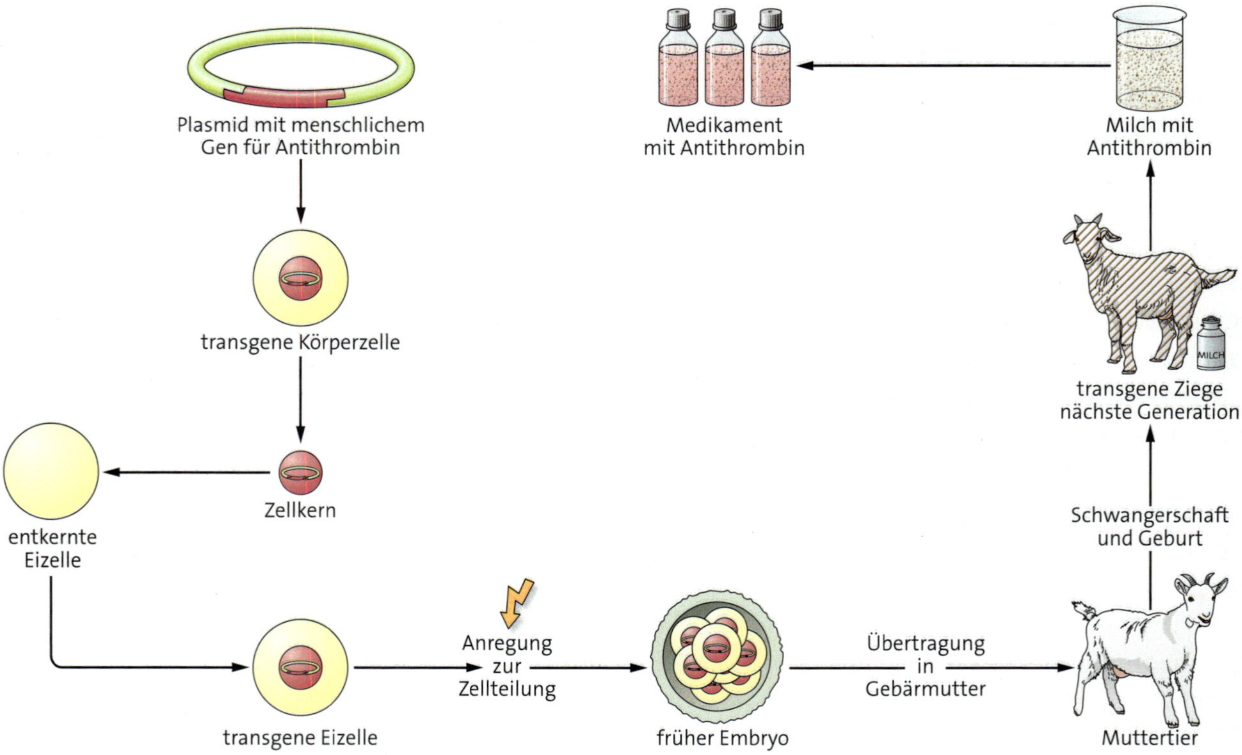


1 Gewinnung von Antithrombin

## Erweitern und Vertiefen

# Gentherapie – Hoffnung bei Mukoviszidose?

**Mukoviszidose** • Bei dieser Krankheit bildet sich in der Lunge, der Leber, der Bauchspeicheldrüse und dem Darm zäher Schleim, der die Organe verstopft. Zu den Folgen zählen Husten, Atemnot und Verdauungsstörungen. Mukoviszidose ist bislang unheilbar und führt zu einer verkürzten Lebenserwartung.

**Erbkrankheit** • Mukoviszidose ist eine Erbkrankheit. Sie wird rezessiv vererbt. Das veränderte Gen befindet sich auf Chromosom 7, also auf einem Autosom. Es codiert für ein Transportprotein in der Zellmembran von Schleimhautzellen. Bei dem Gen sind 2000 verschiedene Mutationen bekannt. Man weiß, dass mehr als 300 Mutationen die Krankheit auslösen. Die häufigste Ursache ist der Verlust von drei aufeinanderfolgenden Basen. → 2 Das hat zur Folge, dass in dem Protein eine Aminosäure fehlt. Dadurch wird die Funktion des Transportproteins so eingeschränkt, dass weniger Wasser aus den Schleimhautzellen austritt. Das führt zur Bildung von zähem Schleim, der sich zum Beispiel in den Bronchien der Lunge festsetzt. Er erschwert das Atmen und ist ein guter Nährboden für Bakterien. So kann es schneller zu Lungenentzündungen kommen, wodurch die Lungenfunktion weiter verschlechtert wird.

**Behandlung** • Bei Mukoviszidose werden vielfältige Behandlungsformen eingesetzt. Dazu gehören Medikamente ebenso wie zum Beispiel Ernährungstherapie und Sporttherapie. Alle diese Maßnahmen lindern die Symptome, können die Krankheit aber nicht heilen.

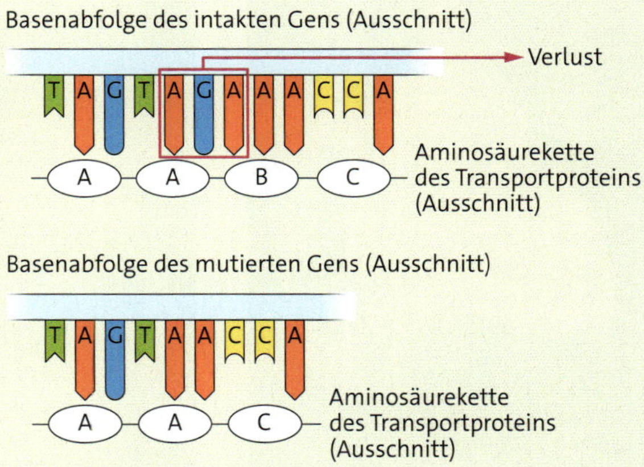


2 Mutation der Mukoviszidose

**Forschung** • Eine weitere Behandlungsform für Mukoviszidose, an der seit Jahren intensiv geforscht wird, ist die Gentherapie. Dabei soll das mutierte Gen durch ein intaktes Gen ersetzt werden, das dann die Produktion des Transportproteins übernimmt. Erste Erfolge wurden mit verschiedenen Verfahren erzielt, bei dem intakte Gene über unterschiedliche „Genfähren" in die Schleimhautzellen der Lunge geschleust werden. Dort werden die intakten Gene in die DNA eingebaut. Ein weiterer Forschungsansatz ist, Boten-RNA in die Schleimhautzellen einzuschleusen, die an den Ribosomen in intaktes Transportprotein übersetzt werden soll. Bislang ist die Wirksamkeit aller Verfahren noch begrenzt.

## Aufgabe

1 ☒ Erläutere den Begriff Gentherapie am Beispiel Mukoviszidose. Gehe auch auf die Ursachen der Krankheit ein.

# Gentechnik in der Landwirtschaft

1 Der Maiszünsler

2 Raupe des Maiszünslers

3 Geschädigte Maispflanze

**Mais ist eine wichtige Nutzpflanze für den Menschen. Ein gefürchteter Schädling der Pflanze ist die Raupe des Maiszünslers. Sie verursacht enorme wirtschaftliche Verluste. Wie kann man die Verluste mithilfe der Gentechnik verringern?**

**Schäden** • Der Maiszünsler ist ein Schmetterling. → 1 Seine Raupe bohrt sich in den Stängel der Maispflanze und frisst sich nach unten durch. → 2 Dadurch bricht dieser ab und die Maiskolben können nicht mehr geerntet werden. → 3 Die befallenen Pflanzen erbringen weniger Ertrag und sind anfälliger für Schimmelpilze.

**Bekämpfungsmöglichkeiten** • Neben vorbeugenden Maßnahmen wie dem frühzeitigen Ernten vor Befall können Schlupfwespen ausgebracht werden. Diese legen ihre Eier in die Eier des Maiszünslers und zerstören sie damit. Überwiegend werden aber chemische Pflanzenschutzmittel eingesetzt. Diese töten neben dem Maiszünsler jedoch auch andere Insekten.

**Bekämpfung mithilfe von Bakterien** • Eine biologische Maßnahme ist der Einsatz von Pflanzenschutzmitteln, die aus dem Bakterium *Bacillus thuringiensis* (Bt) gewonnen werden. Das Bakterium produziert ein Gift, das die Raupen des Maiszünslers tötet. Für Pflanzen, Wirbeltiere und den Menschen ist es unschädlich. Bei der Anwendung muss der Landwirt sehr genau auf den Zeitpunkt achten. Denn wenn sich die Raupen bereits im Inneren der Stängel befinden, erreicht sie das Gift nicht mehr. Da es vom Regen abgespült wird, muss häufig mehrfach gespritzt werden.

der **Bt-Mais**
die **grüne Gentechnik**

**Gentechnisch veränderter Mais** • Mithilfe der Gentechnik ist es bereits Ende der 1990er Jahre gelungen, das Gen von *Bacillus thuringiensis* (Bt), das für die Herstellung des Gifts codiert, auf den Mais zu übertragen. So ist eine transgene Maissorte entstanden, der Bt-Mais. Forschende haben im Labor zunächst das Gen mit dem Bauplan für das Gift aus dem Bodenbakterium isoliert. Anschließend wurde dieses Gen in eine Maiszelle eingefügt. Aus dieser Zelle hat man dann eine Pflanze herangezogen. → 4 Diese Pflanze stellt nun selbst das Gift in ihren Zellen her und ist dadurch vor den Raupen des Maiszünslers geschützt. Die Ernteverluste sind geringer und die Umwelt wird geschont, da der Landwirt auf den Einsatz von chemischem Insektengift verzichten kann. Dennoch ist das Vorgehen umstritten.

**Grüne Gentechnik** • Neben dem Bt-Mais hat man auch andere transgene Nutzpflanzen erzeugt. So gibt es Zuckerrüben, die unempfindlich gegen einen krankmachenden Pilz sind. Baumwolle oder Raps wurden unempfindlich gegen Unkrautvernichtungsmittel gemacht. Die Zahl gentechnisch veränderter Pflanzen ist weltweit stark angestiegen. Dennoch gibt es zahlreiche Kritiker dieser Entwicklung. Sie befürchten Risiken für die Gesundheit. Nutzt der Mensch die Gentechnik, um die Eigenschaften von Pflanzen zu optimieren und sie gegenüber Krankheiten weniger anfällig zu machen, spricht man von grüner Gentechnik.

4 Aus Zellkulturen entstehen ganze Pflanzen.

**Gentechnisch veränderter Mais kann selbst ein Gift gegen seinen Schädling herstellen. Mit der grünen Gentechnik versucht der Mensch, die Eigenschaften von Pflanzen zu optimieren.**

## Aufgaben

1. Beschreibe, wie der Maiszünsler die Pflanze schädigt.
2. Erkläre die Herkunft und die Wirkungsweise des Bt-Gifts.
3. Erkläre, welche gentechnischen Veränderungen am Mais vorgenommen wurden.
4. Nenne weitere Beispiele für transgene Pflanzen.
5. Erkläre den Begriff grüne Gentechnik.

# Gentechnik in der Landwirtschaft

## Material A

### Pro und kontra Bt-Mais

Der Anbau von Bt-Mais ist umstritten. In Deutschland ist er seit dem Jahr 2009 wegen möglicher Risiken verboten. In anderen Ländern der Welt, zum Beispiel in den USA, ist der Anbau hingegen üblich.

1 Erklärt in Partnerarbeit die Bedeutung der einzelnen Aussagen. → 3 Nutzt die Informationen der Basisseiten.

2 Ordne die Aussagen den Befürwortern und Gegnern des Bt-Mais zu. Begründe deine Zuordnungen.

3 Diskutiert die Vorteile und Nachteile des Bt-Mais in der Klasse.

4 MK Gestalte einen Blog-Eintrag, in dem du begründet für oder gegen die Aufrechterhaltung des Verbots argumentierst.

1 Demonstration gegen den Anbau von transgenem Mais in Deutschland

2 Anbau von transgenem Mais in den USA

A Beim Anbau von Bt-Mais kann man auf den Gebrauch von chemischen Pflanzenschutzmitteln verzichten.

B Bt-Mais-Saatgut ist teuer.

C Honig kann Pollen von Bt-Mais enthalten.

D In Europa gibt es keine Wildpflanzen, die sich mit Bt-Mais kreuzen lassen.

E Beim Anbau von Bt-Mais könnten die Maiszünsler mit der Zeit unempfindlich gegen das Gift werden. Die Schäden wären riesig.

F Der Anbau von Bt-Mais garantiert eine gute Ernte.

G Das Bt-Gift könnte auch auf andere Insekten wirken.

3 Aussagen zum Bt-Mais

## Material B

### Goldener Reis

Weltweit leiden 125 Millionen Menschen, vor allem in Entwicklungsländern, an Vitamin-A-Mangel. Der Mangel kann zur Erblindung und zu einer erhöhten Anfälligkeit für Infektionskrankheiten führen. Vitamin A entsteht im Körper aus Betacarotin, das mit der Nahrung aufgenommen wird. Gentechniker erfanden zur Lösung dieses Problems den Goldenen Reis. Dafür fügten sie je ein Gen vom Mais, von einem Bakterium und von der Osterglocke in das Genom der Reispflanze ein. Durch diese Veränderung produziert die Pflanze in den Reiskörnern Betacarotin. Daher sind die Reiskörner goldgelb gefärbt. → 4 In normalen Reispflanzen entsteht Betacarotin nur in den Blättern.

1 Nenne die Folgen eines Vitamin-A-Mangels.

2 Beschreibe, wie man den Goldenen Reis gentechnisch herstellt.

3 Beschreibe, wie der Gentransfer den Goldenen Reis verändert.

4 Nimm Stellung zu dem Vorgehen.

4 Goldener Reis (links) und normaler Reis (rechts)

## Material C

### Ist da Gentechnik drin?

Unter dem Begriff Genfood versteht man Lebensmittel, bei deren Herstellung gentechnische Verfahren angewendet wurden. Beispiele hierfür sind der Bt-Mais, der Goldene Reis oder auch Tomaten, die länger haltbar sind und nicht so schnell weich werden. In Deutschland werden keine gentechnisch veränderten Pflanzen angebaut. Es werden aber Lebensmittel aus anderen Ländern importiert, die gentechnisch veränderte Zutaten enthalten. Dies wird gekennzeichnet.

In Deutschland müssen Lebensmittel, die gentechnisch veränderte Pflanzen enthalten, gekennzeichnet werden. Auf der Verpackung steht dann „genetisch verändert“ oder „aus genetisch verändertem Mais/Soja hergestellt“. Bioprodukte müssen gentechnikfrei sein. Zu erkennen ist dies an der Aufschrift „Ohne Gentechnik“ oder an einem Biosiegel.

OHNE GENTECHNIK

5 Kennzeichnung von Lebensmitteln

1 Untersucht im Discounter, Supermarkt und Bioladen verschiedene Lebensmittel hinsichtlich der Kennzeichnung. Prüft hauptsächlich Produkte, die Soja oder Mais enthalten.

2 Haltet eure Ergebnisse in einer Tabelle fest.

3 Erklärt, welche Unterschiede es im Angebot zwischen den verschiedenen Läden gibt.

# Gentechnik in der Landwirtschaft

## Methode

### Konflikte lösen mit einem Planspiel

Zum Thema Gentechnik hat man meistens eine intuitive Einstellung. Ist man aber in einer Situation, die eine sachliche Entscheidung verlangt, kann ein Planspiel zu einer begründeten Entscheidung führen.
Ein Planspiel ist eine Methode, in der die Wirklichkeit simuliert wird. Die Spielerinnen und Spieler müssen in einer Konfliktsituation entsprechend ihrer zugewiesenen Rolle argumentieren und sich mit den Argumenten und Zielen der anderen Interessengruppen befassen.

**1. Eigene Einstellung erfassen** Bevor das Planspiel beginnt, notieren alle Personen ihre intuitive Einstellung zu gentechnisch veränderten Lebensmitteln mit Begründung auf Karteikarten. Die Karten werden mit Namen oder individuellen Symbolen beschriftet und eingesammelt.

**2. Konfliktsituation aufzeigen** Eine Konfliktsituation bildet die Grundlage für das Planspiel: *Die Schulmensa der Schule „Lerngut" wird von einem Biohof beliefert. Kürzlich hat die Firma „GenFood" der Schule ein Angebot gemacht. Ihre Lebensmittel basieren zum Teil auf gentechnisch veränderten Pflanzen.*
*Die Firma wirbt mit einem höheren Gehalt an Vitaminen und Mineralstoffen in den Pflanzen, die sich positiv auf die Leistungsfähigkeit der Schülerinnen und Schüler auswirken sollen.*

**3. Konfliktsituation und Handlungsmöglichkeiten erkennen** Die Konfliktsituation wird beschrieben und die vorhandenen Handlungsmöglichkeiten werden besprochen.
*Konfliktsituation: Die Schule muss entscheiden, ob sie in ihrer Schulmensa Gerichte mit gentechnisch veränderten Pflanzen anbieten möchte. Die Pflanzen sollen mehr Inhaltsstoffe enthalten, die den Lernerfolg steigern. Man befürchtet aber, dass gentechnisch veränderte Pflanzen unbekannte Risiken haben.*
*Handlungsmöglichkeiten: Die Schule kann das Angebot der Firma annehmen oder ablehnen.*

**4. Rollen verteilen** Das Planspiel soll mehrere Interessengruppen berücksichtigen. Dazu werden die Personen in Gruppen eingeteilt, die verschiedene Rollen vertreten. → 1

**Eltern**
Pro: Kinder erreichen einen besseren Schulabschluss. Mittagessen werden günstiger. Die Firma Genfood schafft Arbeitsplätze ...
Kontra: Eine Überdosierung könnte schädlich sein. Gesundheitliche Folgen können nach der Schulzeit auftreten ...

**Schulmensa**
Pro: Gesunde Mahlzeiten lassen sich günstiger herstellen. Gentechnisch veränderte Lebensmittel sind in Deutschland zugelassen ...
Kontra: Einsatz könnte den Ruf der Schulmensa schädigen. Der Biohof geht als Geschäftspartner verloren ...

**Lehrerinnen und Lehrer**
Pro: Schülerinnen und Schüler können besser lernen. Unterrichten wird einfacher. ...
Kontra: Gesundheitliche Langzeitfolgen sind nicht ausgeschlossen. Gentechnisch veränderte Pflanzen könnten sich ausbreiten und das ökologische Gleichgewicht stören ...

1 Rollenkarten mit Argumenten

**5. Positionen erarbeiten** Jede Gruppe bereitet eine kurze Vorstellung vor, die sie im Plenum vortragen soll. Zudem liest sich jede Gruppe ihre Argumente für die Diskussion durch und klärt mögliche Verständnisprobleme.
Die Argumente stehen in den Rollenkarten. Stehen andere Quellen zur Verfügung, können weitere Argumente ergänzt werden.

**6. Planspiel durchführen** Der Reihe nach stellen alle Gruppen ihre Gruppe und ihre Position im Hinblick auf die Konfliktsituation kurz vor. Dann werden die Argumente in einer Diskussion ausgetauscht. Die Karteikarten mit den Pro- und Kontra-Argumenten werden an einer Pinnwand gesammelt und Bereichen wie Gesundheit, Wirtschaft, Umwelt und Fortschritt zugeordnet:

| Pro | Kontra |
|---|---|
| **Gesundheit** | |
| mehr Vitamine und Mineralstoffe in den Lebensmitteln | Gefahr unbekannter Langzeitschäden |
| **Umwelt** | |
| ... | ... |

**7. Werte zuordnen** Den sachlichen Argumenten werden Werte zugeordnet. Diese können dem Wertepool entnommen werden.

**Wertepool:**
Umweltschutz, Gesundheit, Wohlstand, Sicherheit, Wahlfreiheit, Gerechtigkeit, Verantwortung, Nachhaltigkeit, Leistung, Artenschutz, Selbstbestimmung ...

**8. Folgen ermitteln** Die Folgen der Handlungsmöglichkeiten werden benannt und diskutiert.

**9. Eigene Entscheidung erfassen** Nachdem alle Argumente und möglichen Folgen diskutiert wurden, notiert jede Person ihre Entscheidung mit einer kurzen Begründung auf einer Karteikarte. Die Karten der ersten Kartenabfrage werden wieder ausgeteilt.

**10. Entscheidung reflektieren** Das Ergebnis der zweiten Kartenabfrage wird mit dem Ergebnis der ersten Kartenabfrage verglichen. Es wird untersucht, was sich durch das Planspiel verändert hat. Die intuitive Einstellung ist einer sachlich begründeten Entscheidung gewichen. Das Ergebnis kann aber dasselbe sein.

**Indem man sachliche Argumente und die Folgen der Handlungsmöglichkeiten abwägt, kommt man zu einer sachlich begründeten Entscheidung.**

## Aufgaben

1 ☒ Formuliere eine begründete Entscheidung zur Verwendung von gentechnisch veränderten Lebensmitteln in der Schulmensa aus deiner eigenen Sicht und aus der Sicht einer Person, die eine andere Meinung hat.

2 ☒ Tauscht euch in Kleingruppen darüber aus, wie ihr in Alltagssituationen Entscheidungen trefft. Überlegt, was ihr aus dem Planspiel übernehmen könntet.

# Tierzüchtung und Pflanzenzüchtung

1 Ferkel (Deutsche Landrasse)

**Die Deutsche Landrasse wurde besonders für einen hohen Fleischertrag gezüchtet. Sie hat sogar zwei Rippen mehr als ältere Schweinerassen.**

**Züchtung** • Seit Tausenden von Jahren halten Menschen Nutztiere und bauen Nutzpflanzen an. Ebenso lange beeinflussen sie die Fortpflanzung der Tiere und Pflanzen, um deren Merkmale zu verbessern. Wir sprechen von Züchtung. Als Ergebnis von Züchtungen entstanden im Lauf der Zeit unzählige Haustierrassen und Pflanzensorten. Bei Pflanzen spricht man nicht von Rassen, sondern von Sorten. Die Pflanzen einer Sorte haben typische Merkmale gemeinsam und unterscheiden sich in diesen von anderen Sorten. Durch ungeschlechtliche Vermehrung kann man bei Pflanzen identische Nachkommen erzeugen. Genetisch identische Nachkommen nennt man Klone. Durch sie kann man die typischen Merkmale einer Sorte leichter erhalten als durch das Vermehren von Pflanzen über geschlechtliche Fortpflanzung. Auch Tiere können geklont werden. → 2

**Züchtungsmethoden** • Die heutige Vielfalt bei den Nutztieren und Nutzpflanzen ist das Ergebnis verschiedener Methoden. Man unterscheidet traditionelle Züchtungsmethoden und gentechnische Verfahren. Häufig werden auch verschiedene Methoden miteinander kombiniert.

**Auslesezüchtung** • Bei der ältesten Methode der Züchtung werden für die Fortpflanzung beispielsweise nur die Schweine ausgewählt, die besonders viel Fleisch ansetzen, oder die Getreideähren mit einer größeren Zahl von Samenkörnern. Diese Methode nennt man Auslesezüchtung, weil die Züchtung durch Auslese erfolgt. Auslese ist ist ein anderes Wort für Auswahl.

2 Prometea ist ein geklontes Fohlen.

die Auslesezüchtung
die Mutationszüchtung
die Kombinationszüchtung

3 Verschiedene Mutationszüchtungen

4 Neue Apfelsorte durch Kreuzung

5 Nacktkatze

**Mutationszüchtung** • Wie du weißt, sind Mutationen zufällig auftretende Veränderungen der Erbinformation. Sie treten unter natürlichen Bedingungen mit großer Regelmäßigkeit auf. Bei der Mutationszüchtung „hilft man der Natur nach", um besonders viele Mutationen zu erzeugen. → 3 Dazu setzt man Nutzpflanzen energiereicher Strahlung aus, zum Beispiel UV-Licht oder Röntgenstrahlung. Auch eine ganze Reihe von Chemikalien können Mutationen auslösen.
In der Tierzüchtung wendet man diese Züchtungsmethode wegen der größeren Häufigkeit von tödlich verlaufenden Mutationen kaum an.

**Kombinationszüchtung** • Wenn man verschiedene Tierrassen oder Pflanzensorten miteinander vereint, können neue Rassen oder Sorten entstehen. Bei einer solchen Kreuzung kombiniert man zum Beispiel die Merkmale einer Pflanzensorte mit den Merkmalen einer anderen. Aus der schmackhaften Apfelsorte „Golden Delicious" und der lange lagerfähigen Sorte „Lady Williams" entstand auf die Art die neue Sorte „Cripps Pink", die beide Eigenschaften hat. → 4

**Züchtung hat Grenzen** • Bei manchen Züchtungen stehen nicht der Nutzen für den Menschen, sondern bestimmte Schönheitsvorstellungen im Vordergrund. In vielen Fällen leiden dann die Tiere unter den Eigenschaften, die ihnen „angezüchtet" wurden. Nacktkatzen fehlen beispielsweise die für die Orientierung wichtigen Tasthaare. Sie frieren schnell und bekommen rasch einen Sonnenbrand. → 5

**Die heutige Vielfalt an Rassen und Sorten bei Haustieren und Nutzpflanzen ist das Ergebnis verschiedener Züchtungsmethoden.**

## Aufgaben

**1** Beschreibe das Verfahren der Auslesezüchtung

**2** Begründe, warum sich die Mutationszüchtung nicht für die Tierzüchtung eignet.

# Tierzüchtung und Pflanzenzüchtung

## Material A

### Züchtung oder Gentechnik?

Es gibt viele verschiedene Möglichkeiten, Pflanzensorten mit neuen Merkmalskombinationen hervorzubringen. → 1 Das Ziel ist dabei immer das Gleiche: Günstige Merkmale sollen verstärkt werden und ungünstige abgeschwächt, im besten Fall sogar entfernt werden. Es ist nicht immer leicht, zwischen den Verfahren der Züchtung und denen der Gentechnik zu unterscheiden.

1 Die Bilder A–D zeigen Pflanzensorten, bei denen es gelungen ist, günstige Merkmale zu verstärken. Recherchiere im Internet, welche Merkmale verändert wurden und was das Ziel dabei war.

2 Recherchiere ein weiteres Verfahren und lege einen Steckbrief dazu an.

3 Triff eine Entscheidung, ob du die beschriebenen Verfahren eher den Methoden der Gentechnik oder den Methoden der Züchtung zuordnen würdest und begründe sie.

**Präzisionszüchtung**

Vorgehen: Überprüfen des Genoms der Elterngeneration auf gewünschte Eigenschaften und anschließende Kreuzung geeigneter Individuen. Das Genom der Tochtergeneration wird vor der Aufzucht und erneuter Kreuzung auf Vorhandensein der erwünschten Eigenschaften geprüft.

Vorteil: Man weiß schon bei den Keimlingen, ob die gewünschten Eigenschaften weitergegeben wurden. Keimlinge ohne diese können aussortiert werden. Das spart Zeit und Geld.

Nachteil: Die Überprüfung der Genome ist methodisch aufwendig.

A Apfelsorte „Redlove"

B WEMA-Mais

**Mutationszüchtung**

Vorgehen: Die Elterngeneration wird einer Strahlungsquelle oder anderen Mutagenen ausgesetzt. Dadurch werden in der Eltern-DNA unzählige Mutationen ausgelöst. Anhand der Phänotypen oder Genotypen können dann die Individuen zur Kreuzung ausgewählt werden, die vermutlich die günstigsten Eigenschaften an die nächste Generation vererben.

Vorteil: Man erhält schneller als unter natürlichen Bedingungen neue Merkmalskombinationen.

Nachteil: Die Ergebnisse sind oft zufällig. Es können unabsichtlich nachteilige Merkmale mitvererbt werden.

C Grapefruitsorte „Ruby Red"

D Hartweizen

1 Verfahren zur Erzeugung neuer Sorten mit neuen Eigenschaften

## Material B

**§11b**

Es ist verboten, Wirbeltiere zu züchten oder durch biotechnische Maßnahmen zu verändern, soweit ... Erkenntnisse ... erwarten lassen, dass als Folge der Züchtung oder Veränderung

1. bei der Nachzüchtung, den biotechnisch veränderten Tieren selbst oder deren Nachkommen erblich bedingt Körperteile oder Organe ... fehlen oder untauglich oder umgestaltet sind und hierdurch Schmerzen, Leiden oder Schäden auftreten oder
2. bei den Nachkommen
   a) mit Leiden verbundene erblich bedingte Verhaltensstörungen auftreten,
   b) jeder artgemäße Kontakt mit Artgenossen bei ihnen selbst oder einem Artgenossen zu Schmerzen oder vermeidbaren Leiden oder Schäden führt oder
   c) die Haltung nur unter Schmerzen oder vermeidbaren Leiden möglich ist oder zu Schäden führt.

2 Auszug aus dem Tierschutzgesetz, gekürzt

Der Rinderrasse „Weißblauer Belgier“ fehlt ein Gen, das das Muskelwachstum stoppt. Wegen dieser Mutation liefern diese Tiere viel Fleisch mit geringem Fettgehalt. Da die Knochen der Tiere nicht in gleichem Umfang mitwachsen, kommt es häufig zu schmerzhaften Verformungen der Knochen und Gelenke. Gelenkentzündungen sind nicht selten. Eine normale Geburt ist nicht möglich, weil die ungeborenen Kälber zu groß werden für das Becken der Kuh. Viele Kälber kommen zudem mit Missbildungen zur Welt und sterben früh.

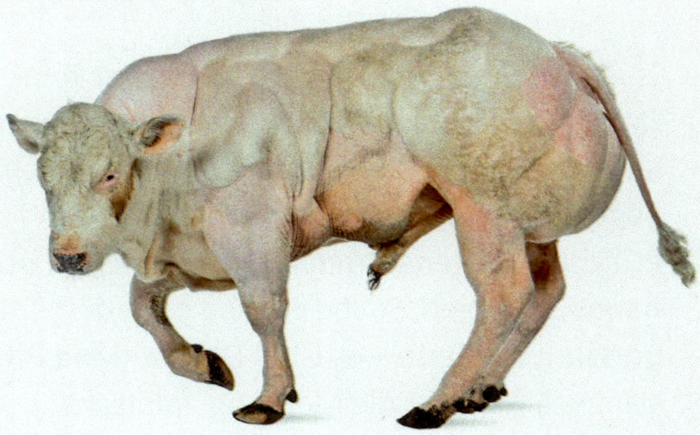

3 Über die Rinderrasse „Weißblaue Belgier“

### Grenzen der Züchtung

**1** Lies den Auszug aus dem Tierschutzgesetz. → 2 Fasse zusammen, unter welchen Bedingungen eine Züchtung von Wirbeltieren verboten ist.

**2** In Belgien sind „Weißblaue Belgier“ die führende Fleischrasse. → 3 In Deutschland verzichtet man auf eine Züchtung. Bewerte diese Haltung auch in Hinblick auf das deutsche Tierschutzgesetz. → 2

**3** Das Tierschutzgesetz hat das Ziel, den Tieren ein artgerechtes Leben zu ermöglichen. → 2 Beurteile unter diesem Aspekt die abgebildete Hunderasse. → 4

4 Die kurzköpfig gezüchteten Möpse leiden unter Atemnot und an Augen- und Ohrenproblemen.

Methode

## Fake News erkennen

Im Internet erscheinen täglich unzählige News, Posts, Videos und Tweets. Hier kommen einige Anhaltspunkte, um Fake News zu erkennen:

**1. Gestaltungsmerkmale** Achte auf den Schreibstil der Meldung. Ist sie reißerisch oder sehr emotional geschrieben? Wird mit vielen Frage- oder Ausrufezeichen gearbeitet? → 1 Dadurch wird versucht, Interessenten anzulocken und vom Inhalt abzulenken. Propaganda und Profit stehen hier meist im Vordergrund.

**2. Quellen** Sei misstrauisch, wenn gar keine Quelle genannt ist. Oft wird auch der Name von bekannten Quellen verwendet und nur leicht abgeändert, um Vertrauen zu schaffen. → 1 Prüfe, ob die genannten Internetadressen überhaupt existieren. Suche ebenso nach dem Impressum der Seite – es ist in Deutschland Pflicht. Wenn es fehlt, ist die Meldung gefälscht.

**3. Autor** Überprüfe, wie lange der Autor oder die Autorin der Meldung bereits registriert ist. Wie viele Follower und Followerinnen hat er oder sie? Wer und wie viele Leute haben die Beiträge der Person geteilt? Hat er oder sie einen Verifizierungshaken?
Wenn es zu der Person nur wenige Kommentare gibt, handelt es sich nicht selten um einen Social Bot – also um ein Programm, das selbst Nachrichten verfasst und weiterleitet.

**4. Quellenvergleich** Damit du die Faktenlage richtig einschätzen kannst, ist es hilfreich, dir zusätzliche Quellen zu suchen. Achte dabei darauf, in welchem Zusammenhang und Zeitraum die Texte und Bilder noch verwendet werden. Verwende dazu auch fremdsprachige Quellen, weil manchmal einfach nur Übersetzungsfehler zu Falschinformationen führen.
Tippe Schlagwörter der Meldung in deine Suchmaschine ein (Beispiel: Gentechnik, Fellfarbe, Züchtung). So kannst du zum einen sehen, ob diese Meldung noch in anderen, größeren Medien auftaucht. Zum anderen kannst du erkennen, ob es zu der Meldung bereits Warnhinweise gibt.

Durchbruch in der #Gentechnik!!! Wissenschaftler haben einen Weg gefunden, Tiere in jeder beliebigen Fellfarbe zu züchten. #lifeiscolourful

Sciennce Newws www.nachrichter.examplecom
11.55 AM · 06 August 2022

1 Echt oder Fake?

**5. Bildursprung** Oft verwenden Fake News Bilder, die zu ganz anderen Ereignissen gehören. In Suchmaschinen kann man ein Bild zur Überprüfung hochladen. Die Suchergebnisse geben dann Hinweise darauf, wo das Bild erstmals verwendet wurde.

**6. Erstelldatum** Prüfe, ob der Text, das Bild oder das Video ein Erstelldatum hat. Ist das Ereignis aktuell oder wurde die Meldung nur nochmals hochgeladen?

Zur Identifizierung von Fake News gibt es außerdem Portale und Apps, die Hilfe anbieten. Du kannst sie meist kostenfrei nutzen.

## Aufgaben

**1** Liste die Punkte auf, nach denen du eine Meldung im Internet überprüfen kannst.

**2** Finde im Internet Seiten, mit denen du einen Faktencheck vornehmen kannst:
a für Texte
b für Bilder
c Überprüfe das Bild des Pudels mit pinkfarbenem Fell. → 1
Welches Ereignis wird gezeigt?

**3** Einige Begriffe tauchen immer wieder beim Thema „Fake News" auf:
alternative Fakten, Hoax, Clickbaiting, Filterblase, Populismus, Meme, Satire.
Recherchiere für jeden Begriff, was er bedeutet und formuliere eine Definition.

**4** Ein Freund erzählt dir auf dem Schulhof:
„Hunderassen mit außergewöhnlichen Fellfarben haben gesundheitliche Vorteile. Parasiten meiden nachweislich Tiere mit diesem Merkmal."
Dazu zeigt er dir eine Meldung auf seinem Smartphone:
Pink Protection: #Buntehunde sind ein #rotesTuch für Zecken. – pets&gags.yu.
a Gib zwei Möglichkeiten an, wie du die Meldung überprüfen könntest.
b Bewerte die Aussage und die Meldung.

**5** Überprüfe die Nachricht im Kasten auf ihren Wahrheitsgehalt. → 2
Gib fünf Punkte an, wie du zu deiner Beurteilung gekommen bist.

**Gibt es bald Organbäume?**

Vor 25 Jahren schafften Wissenschaftlerinnen und Wissenschaftler das Unglaubliche:
Sie züchteten eine Maus, aus deren Rücken ein menschliches Ohr wuchs. Und nun hergehört: Das Ganze soll jetzt auch bei Pflanzen klappen. Einer Forschungsgruppe des Bundesministeriums für Risikobewertung ist es gelungen, einer tropischen Pflanze Teile des menschlichen Genoms einzusetzen. Sie soll innerhalb der nächsten zwei Jahre in der Lage sein, verschiedene menschliche Gewebe zu bilden. Was kommt als nächstes?. Wenn du mehr erfahren willst, dann klicke jetzt hier.

Von WissenIstNacht · www.know.plantz invalid

2

# Gene und Vererbung

## Zusammenfassung

**Vererbung** • Bei der Fortpflanzung vererben Eltern Anlagen an ihre Nachkommen. Diese Anlagen enthalten die Erbinformationen, die zur Ausbildung von Merkmalen führen.
Deshalb haben Kinder ähnliche Merkmale wie ihre Eltern und Geschwister.
Die Erbinformationen befinden sich im Zellkern der Zellen. Sie sind in den Chromatinfäden enthalten, die ungeordnet im Zellkern liegen.

**Chromosomen** • Bevor sich eine Zelle teilt, verdichten sich die Chromatinfäden im Zellkern zu Chromosomen. Jedes Chromosom besteht aus zwei Chromatiden. Diese sind am Zentromer miteinander verbunden. Körperzellen enthalten 46 Chromosomen. In ihnen liegen alle Chromosomen als homologe Chromosomenpaare vor. Körperzellen haben somit einen doppelten Chromosomensatz, sie sind diploid. Die Gonosomen bilden eines der Chromosomenpaare. Sie bestimmen das biologische Geschlecht. Die übrigen Chromosomen nennt man Autosomen. Die Geschlechtszellen, also die Eizellen und Spermienzellen, enthalten nur 23 Chromosomen. Sie haben den einfachen Chromosomensatz und sind damit haploid.

**Meiose** • In der Meiose werden die Geschlechtszellen gebildet. Dabei werden in zwei Teilungsschritten zuerst die homologen Chromosomen und dann die Chromatiden getrennt und auf die Tochterzellen verteilt. So entstehen haploide Geschlechtszellen mit jeweils 23 Ein-Chromatid-Chromosomen. In den Geschlechtszellen liegen die Chromosomen neu kombiniert vor. Das erhöht die genetische Vielfalt.

**Erbinformation** • Die Erbinformation liegt als DNA (desoxyribonucleic acid) vor. Diese besteht aus zwei Strängen, die jeweils aus aneinandergereihten Nukleotiden aufgebaut sind. Im DNA-Doppelstrang lagern sich die Basen Adenin und Thymin sowie Guanin und Cytosin immer gegenüber an. Die Erbinformation ist in der Reihenfolge der Basen verschlüsselt. Nur bestimmte DNA-Abschnitte verschlüsseln Erbinformation. Sie werden als Gene bezeichnet.

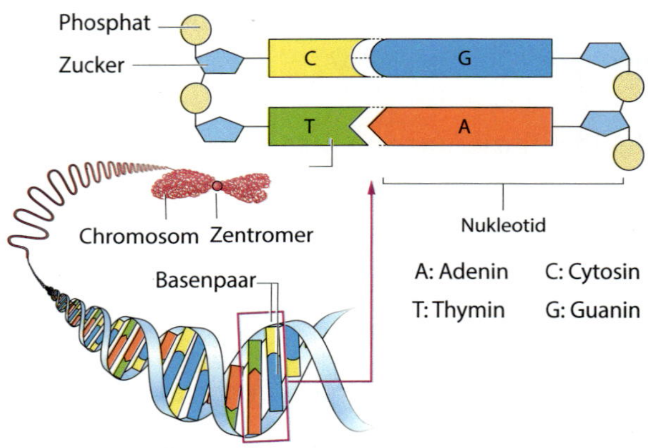


1 Watson und Crick mit ihrem DNA-Modell

**Vom Gen zum Merkmal** • Die Gene enthalten Bauanleitungen für Proteine. Die Reihenfolge der Basen in der DNA bestimmt die Reihenfolge der Aminosäuren im Protein. Bei der Proteinbiosynthese wird eine Abschrift von der DNA im Zellkern erstellt, die dann an den Ribosomen im Zellplasma in eine Aminosäurekette übersetzt wird. Diese faltet sich zu einem Protein.
Proteine erfüllen als Enzyme wichtige Aufgaben im Körper und sind an der Ausbildung der Merkmale beteiligt. Weil wir unterschiedliche Gene haben, unterscheiden wir Menschen uns in Merkmalen wie der Haarfarbe und Augenfarbe.

**Veränderung der Erbinformation** • Mutationen sind spontane und ungerichtete Veränderungen der Erbinformation. Man unterscheidet Gen-, Genom- und Chromosomen-Mutationen. Mutationen können zu genetisch bedingten Erkrankungen führen. Ein Beispiel dafür ist das Down-Syndrom, das durch eine Genom-Mutation verursacht wird.

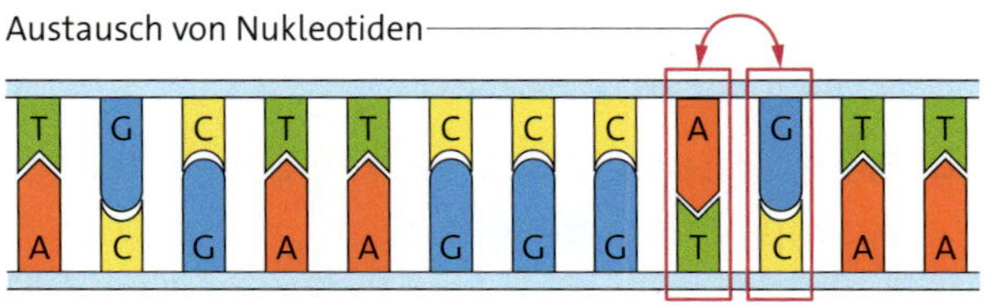


2 Beispiel für eine Gen-Mutation

**Vererbungsregeln** • Gregor Mendel formulierte nach vielen Kreuzungsversuchen die ersten Vererbungsregeln. Er stellte die Uniformitätsregel, die Spaltungsregel und die Unabhängigkeitsregel auf. Er erkannte, dass es für Merkmale dominante und rezessive Anlagen gibt. Seine Regeln werden noch heute für dominant-rezessive Erbgänge in Tieren, Pflanzen und Menschen als gültig erachtet.

**Vererbung beim Menschen** • Bei Menschen untersucht man Erbgänge anhand von Stammbäumen. In der Familienforschung betrachtet man bestimmte Merkmale über mehrere Generationen. So kann man herausfinden, ob die Allele dominant oder rezessiv vererbt werden. Es gibt auch Erbgänge, bei denen für ein Merkmal zwei unterschiedliche Allele dominant wirken. Solche Erbgänge bezeichnet man als kodominant. Ein Beispiel ist die Vererbung der Blutgruppe AB.

**Gentechnik in der Medizin** • In der Gentechnik werden gezielt Eingriffe in die Erbinformation eines Organismus vorgenommen. In der Medizin wird sie zur Herstellung von Medikamenten und zur Behandlung unheilbarer Krankheiten eingesetzt. Dies wird als rote Gentechnik bezeichnet. Ein gentechnisches Verfahren ist der horizontale Gentransfer. Dabei werden Gene von einem Organismus auf einen anderen übertragen. Für die Übertragung werden unter anderem die Plasmide von Bakterien genutzt. So entstehen transgene Organismen. Diese werden oft erzeugt, damit sie medizinische Wirkstoffe herstellen. Zum Beispiel wird mithilfe transgener Bakterien Insulin hergestellt, das für den Menschen gut verträglich ist.

**Gentechnik in der Landwirtschaft** • Werden gentechnische Verfahren in der Landwirtschaft eingesetzt, spricht man von der grünen Gentechnik. Hierbei versucht man, die Eigenschaften von Nutzpflanzen zu optimieren. Zum Beispiel enthält der transgene Bt-Mais ein Gen des Bodenbakteriums *Bacillus thuringiensis* (Bt). Dadurch stellt die Nutzpflanze ein Gift gegen den Maiszünsler her, mit dem sie den Schädling abwehrt. In vielen Ländern werden transgene Pflanzen großflächig angebaut und verarbeitet. In Deutschland ist der Anbau aufgrund möglicher Risiken verboten, der Import hingegen nicht.

3

# Gene und Vererbung

## Teste dich! (Lösungen auf Seite 332)

### Vererbung

**1** Begründe, warum Kinder ihren Eltern ähnlich sehen.

**2** Erkläre den Unterschied zwischen Anlage und Merkmal.

**3** Erkläre, wie die Anlagen der Eltern bei der Fortpflanzung neu kombiniert werden.

### Chromosomen

**4** Beschreibe den Aufbau eines Chromosoms.

**5** Beschreibe das Karyogramm eines gesunden Menschen.

**6** Erkläre die Bedeutung der Meiose.

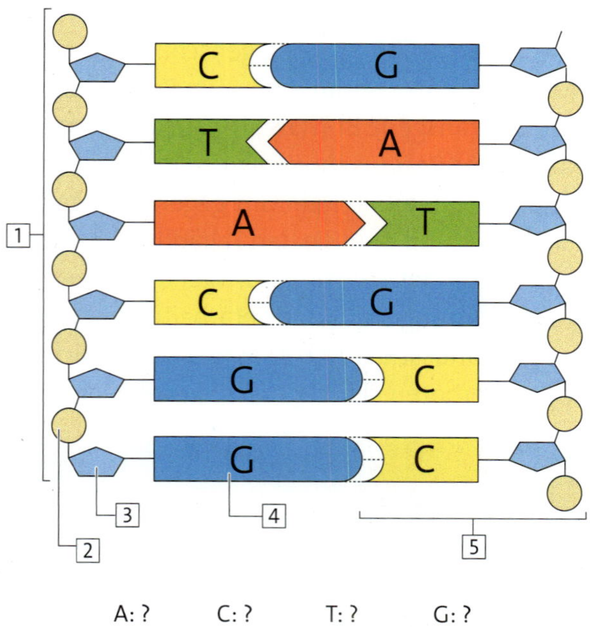


1 Bau der DNA

**7** Beschreibe den Ablauf der Meiose in Stichworten.

**8** Erkläre die Bedeutung der Rekombination für die genetische Vielfalt.

### DNA

**9** Benenne die in Bild 1 mit Zahlen gekennzeichneten Bausteine der DNA.

**10** Erkläre, was man unter komplementärer Basenpaarung versteht.

**11** Erkläre, wie die Erbinformation in der DNA verschlüsselt ist.

**12** Erkläre, was ein Gen ist.

### Vom Gen zum Merkmal

**13** Erkläre die Begriffe Genotyp und Phänotyp.

**14** Beschreibe, wie ein Gen in ein Protein übersetzt wird.

**15** Erkläre, wie Proteine bei der Ausbildung von Merkmalen mitwirken.

### Veränderungen der Erbinformation

**16** Beschreibe die Ursache für die Entstehung des Down-Syndroms.

**17** Erläutere, was eine Gen-Mutation ist.

**18** Beschreibe zwei weitere Mutationsformen.

## Regeln der Vererbung

19 ☒ Nenne die drei Mendel'schen Regeln und erkläre sie kurz in eigenen Worten.

20 ☒ Erkläre, was ein dominant-rezessiver Erbgang ist.

21 ☒ Erstelle ein Kreuzungsschema für einen dominant-rezessiven Erbgang mit zwei reinerbigen Mäusen, die sich im Merkmal Fellfarbe unterscheiden. Braun ist dabei dominant, weiß ist rezessiv.

## Gentechnik in der Medizin

22 ☒ Erkläre den Begriff Gentechnik.

23 ☒ Beschreibe den Aufgabenbereich der roten Gentechnik.

24 ☒ Erkläre, was beim horizontalen Gentransfer gemacht wird und warum sich Bakterien besonders gut dafür eignen.

25 ☒ Beschreibe die Herstellung eines transgenen Bakteriums. → 2

26 ☒ Erläutere den Einsatz von transgenen Bakterien bei der Insulinherstellung.

## Gentechnik in der Landwirtschaft

27 ☒ Erläutere die Ziele der grünen Gentechnik am Beispiel des Schädlingsbefalls bei Maispflanzen. → 3

28 ☒ Erkläre die Bezeichnung Bt-Mais.

29 ☒ Nenne weitere Beispiele für transgene Nutzpflanzen.

30 ☒ Beschreibe die Herstellung von Bt-Mais.

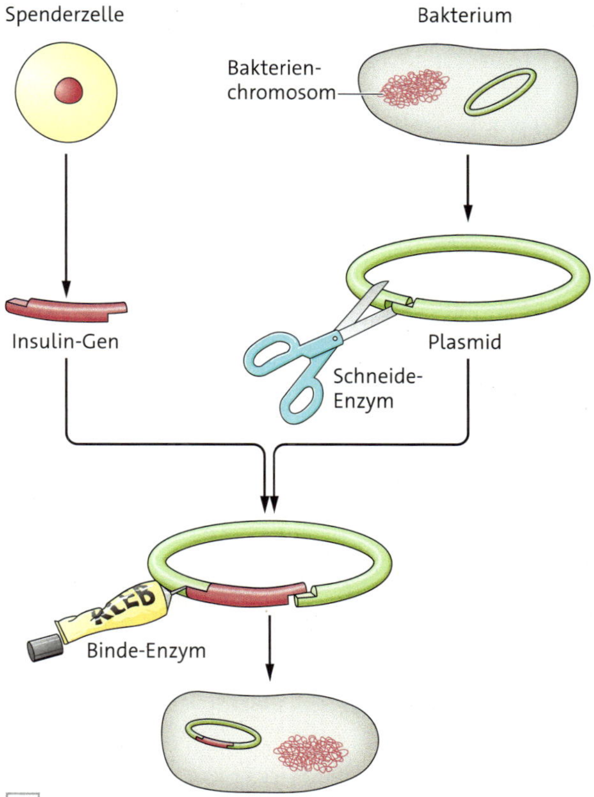


2

31 ☒ Vergleiche ein Verfahren der Gentechnik mit einem der klassischen Züchtung.

3 Maiszünsler – ein Schädling der Maispflanze

# Stationen eines Lebens

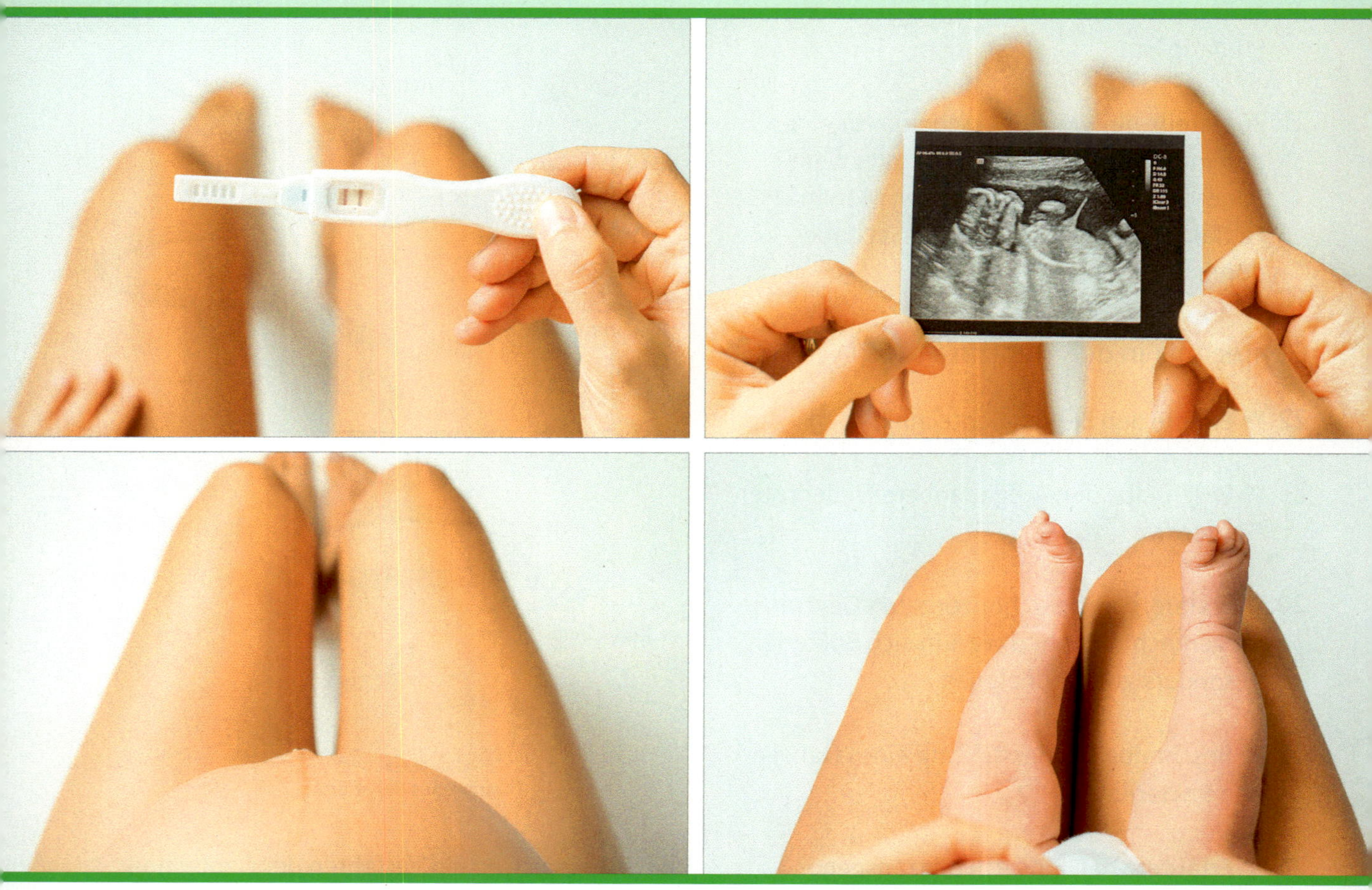

Eine Frage und viele verschiedene Meinungen: Wann beginnt ein menschliches Leben?

Manchmal lässt sich der Kinderwunsch auf natürlichem Weg nicht erfüllen. Was kann man tun, um der Natur unter die Arme zu greifen?

Altern und Sterben gehören zum Leben dazu. Was passiert dabei im Körper und was kann man tun, um gesund alt zu werden?

# Wann beginnt ein menschliches Leben?

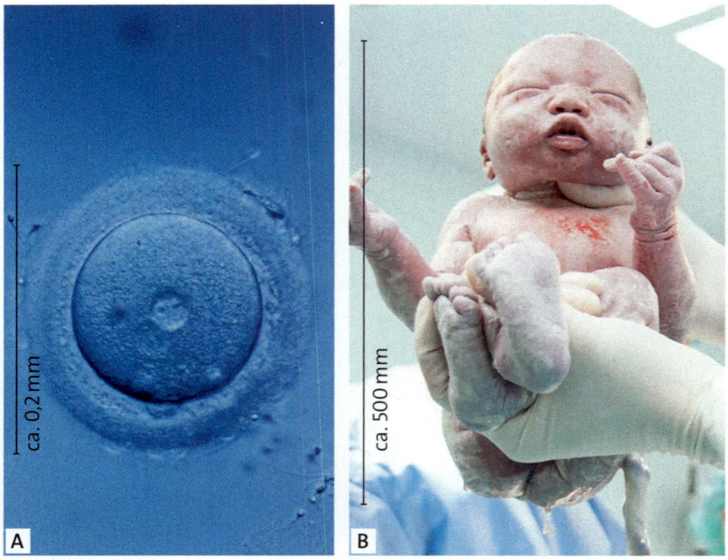


1 Wann beginnt das Leben? **A** Zygote, **B** neugeborenes Kind

**Die meisten Eltern freuen sich auf ihr Kind, sobald sie von der Schwangerschaft erfahren. Doch ab wann gilt das Kind als menschliches Wesen?**

**Von der Befruchtung bis zur Geburt •** Der Ursprung jedes Menschen ist eine Eizelle, die von einer Spermienzelle befruchtet wurde. → 1A Die Zygote entwickelt sich in der Gebärmutter zu einem Embryo. In den ersten zwölf Wochen der Schwangerschaft reifen die meisten inneren Organe heran. Ab dem zweiten Monat schlägt das Herz. Gehirn, Rückenmark, Muskeln, Blutgefäße und Lymphgefäße werden ausgebildet. Ab dem vierten Monat der Schwangerschaft spricht man vom Fetus. Erste Haare bilden sich und das Gehör entwickelt sich. Der Fetus reagiert auf Geräusche, zum Beispiel auf die Stimme der Mutter, und der Geschmackssinn bildet sich aus. Nun macht sich der Fetus erstmals durch Bewegungen bemerkbar. Nach sieben Monaten sind alle Organe ausgebildet. In den letzten Wochen der Schwangerschaft nimmt der Fetus vor allem an Gewicht und Größe zu und öffnet das erste Mal die Augen. Ab der 32. Woche ist die Lunge ausgebildet. Die meisten Kinder kommen ungefähr 38 Wochen nach der Befruchtung auf die Welt. → 1B

**Beginn des Lebens •** Zu der Frage, ab wann menschliches Leben beginnt, gibt es unterschiedliche Ansichten. Für die christlichen Kirchen und das deutsche Recht beginnt das Leben mit der Befruchtung. Nach jüdischer und islamischer Auffassung beginnt das Leben mit der „Beseelung" am 40. Tag nach der Befruchtung.
Manche Menschen vertreten aber auch andere Standpunkte. Sie meinen zum Beispiel, dass das Leben beginnt, wenn das Gehirn erste Aktivitäten zeigt oder wenn alle Organe angelegt sind. Oder sie sind der Auffassung, dass das Leben erst mit dem Zeitpunkt der Geburt beginnt.

**Es lässt sich nicht ganz nicht eindeutig bestimmen, wann ein menschliches Leben beginnt.**

## Aufgabe

1 ☒ Beschreibe drei Meinungen zu der Frage, wann ein menschliches Leben beginnt.

## Material A

### Ist ein Embryo bereits ein Mensch?

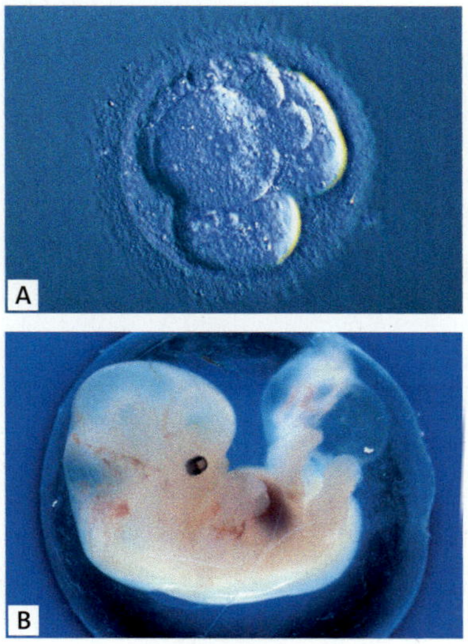


2 Embryo: **A** zwei Tage und **B** 40 Tage nach der Befruchtung

In Artikel 1 des deutschen Grundgesetzes steht: „Die Würde des Menschen ist unantastbar. Sie zu achten und zu schützen ist Verpflichtung aller staatlichen Gewalt." Doch ob ein Embryo bereits ein Mensch ist oder erst auf dem Weg ein Mensch zu werden, ist umstritten.

1 Fasse die Aussagen der Positionen 1–4 in jeweils einem Satz zusammen.

2 Wähle eine Position aus, der du am ehesten zustimmst, oder formuliere eine eigene Position.

3 Bildet Gruppen mit Personen, die die gleiche Position vertreten.

a Tauscht euch innerhalb der jeweiligen Gruppe über eure Meinungen aus.

b Sammelt Pro-Argumente und Kontra-Argumente zu eurer Position und zu mindestens einer anderen Position.

4 Diskutiert in der Klasse zu der Frage: „Wann beginnt das menschliche Leben?"

5 Beurteile, ob sich deine Position durch die Diskussion verändert hat oder nicht.

**Position 1:** Sobald eine Spermienzelle eine Eizelle befruchtet hat, ist ein Mensch entstanden. Ihm steht nach dem Grundgesetz die uneingeschränkte Menschenwürde zu.

**Position 2:** Man kann erst von einem Menschen sprechen, wenn das Kind auch außerhalb des mütterlichen Körpers überlebensfähig ist. Mit medizinscher Versorgung können Frühgeburten ab der 24. Schwangerschaftswoche überleben.

**Position 3:** Nicht jeder Bläschenkeim kann sich erfolgreich in der Gebärmutter einnisten. Erst wenn der Kontakt mit dem mütterlichen Körper vorhanden ist, kann sich ein Embryo weiterentwickeln. Damit beginnt das Leben eines Menschen.

**Position 4:** Bis zu dem Zeitpunkt, an dem noch nicht alle Organe ausgebildet sind, ist der Embryo nicht vollständig. Erst wenn ein Embryo etwas empfinden kann, ist er ein Mensch. Das ist frühestens nach der Ausbildung von Gehirn und Rückenmark der Fall.

**Andere Position:** ...

# Wann beginnt ein menschliches Leben?

## Erweitern und Vertiefen

### Schwangerschaftsabbruch

**Ungewollt schwanger** • Ist eine Frau ungewollt schwanger, kann sie sich für einen Schwangerschaftsabbruch entscheiden. In der Umgangssprache nennt man die vorzeitige Beendigung der Schwangerschaft auch Abtreibung. Der Abbruch verstößt in Deutschland gegen § 218 aus dem Strafgesetzbuch, bleibt unter bestimmten Bedingungen aber straffrei.

**Bedingungen** • Ein Schwangerschaftsabbruch bleibt nach dem Strafgesetzbuch straffrei, wenn der Zeitpunkt der Befruchtung nicht mehr als zwölf Wochen zurückliegt. Außerdem schreibt das Gesetz vor, dass die Frau vor einem Abbruch eine Beratung wahrnehmen muss, bei der ihr weitere Möglichkeiten und Unterstützungsangebote aufgezeigt werden. Anschließend muss eine Bescheinigung über die Beratung ausgestellt werden. Zwischen der Beratung und dem Eingriff müssen mindestens drei Tage liegen, damit die Frau noch einmal über die Entscheidung nachdenken kann. Der Abbruch muss von einer Ärztin oder einem Arzt durchgeführt werden. Die Person, die den Eingriff vornimmt, darf nicht auch die vorherige Beratung durchgeführt haben. Sie muss die Frau vor dem Eingriff über das Vorgehen und die Risiken aufklären.

**Gesundheitsrisiken oder Straftaten** • Ein Schwangerschaftsabbruch bleibt auch straffrei, wenn eine medizinische oder kriminologische Indikation vorliegt. → 2 Der Begriff Indikation gibt an, ob und warum eine medizinische Maßnahme angeraten ist.

1 Ungewollt schwanger – keine leichte Situation

**Medizinische Indikation** Wenn eine Gefahr für das Leben oder für die körperliche oder seelische Gesundheit der Schwangeren besteht, liegt eine medizinische Indikation für einen Abbruch vor. Dies kann zum Beispiel der Fall sein, wenn Untersuchungen erhebliche Gesundheitsschäden des Kindes zeigen und dadurch die körperliche oder seelische Gesundheit der Frau gefährdet ist. Ein Abbruch nach medizinischer Indikation darf auch später als zwölf Wochen nach der Befruchtung vorgenommen werden.

**Kriminologische Indikation** Wird ärztlich bestätigt, dass die Schwangerschaft durch eine Vergewaltigung entstanden ist, liegt eine kriminologische Indikation für einen Abbruch vor. Für Mädchen, die jünger als 14 Jahre alt sind, gilt die kriminologische Indikation immer, denn sexuelle Handlungen mit ihnen sind grundsätzlich verboten.

2 Indikationen

**Schwierige Entscheidung** • Eine ungewollte Schwangerschaft ist eine schwierige Situation. Entscheidet sich eine Frau für den Abbruch, sind trotzdem oft widersprüchliche Gefühle und Gedanken vorhanden, die sie verarbeiten muss. Dies trifft auch auf den Mann zu. → 3 Niemand darf eine Frau zu einem Abbruch drängen. Bei Mädchen unter 14 Jahren müssen die Eltern über eine Schwangerschaft und einen Abbruch informiert werden. Bis zum 16. Lebensjahr wird entschieden, ob die Eltern informiert werden. Ist die Schwangere über 16 Jahre alt, darf sie oft selbst entscheiden, ob sie ihre Eltern informieren möchte oder nicht.

**Abbruch durch Medikamente** • In einem frühen Stadium der Schwangerschaft wird der Abbruch meistens mit Medikamenten eingeleitet. Diese nimmt die Frau unter ärztlicher Aufsicht ein. Nach einigen Tagen kommt es zu einer Abbruchblutung. Dabei werden die Gebärmutterschleimhaut und der Embryo ausgeschieden. Dies ist nicht zu verwechseln mit der „Pille danach“, die nur kurz nach der Befruchtung wirkt.

**Abbruch durch Operation** • Der operative Schwangerschaftsabbruch wird in einer Praxis oder einer Klinik durchgeführt. Der Eingriff erfolgt unter örtlicher Betäubung oder einer kurzen Narkose. Bei dem am häufigsten angewendeten Verfahren wird ein Röhrchen durch die Scheide in die Gebärmutter eingeführt, das den Embryo und die Gebärmutterschleimhaut absaugt. Nach einer kurzen Ruhephase darf die Frau wieder gehen.

3 Mögliche Gedanken und Gefühle

**Mögliche Folgen** • Ein Schwangerschaftsabbruch ist heute ein sicheres Verfahren. Verläuft er ohne Komplikationen, hat er keine Auswirkungen auf die Fruchtbarkeit und spätere Schwangerschaften. Die mögliche seelische Belastung sollte nicht unterschätzt werden. Es ist gut, wenn man für Unterstützung aus dem Freundeskreis oder der Familie sorgt.

**Eine Schwangerschaft kann unter bestimmten Bedingungen abgebrochen werden.**

## Aufgaben

**1** Beschreibe die Schritte, die vom Feststellen der Schwangerschaft bis zu einem Schwangerschaftsabbruch nötig sind.

**2** Diskutiert die Gedanken und Gefühle, die im Zusammenhang mit einem Schwangerschaftsabbruch aufkommen können. → 3

# Künstliche Befruchtung

1 Beratungsgespräch bei unerfülltem Kinderwunsch

lateinisch *in vitro*: im Glas

**Manchmal bleiben Paare ungewollt kinderlos. Wie kann man helfen?**

**Unerfüllter Kinderwunsch** • Manche Paare bekommen keine Kinder, obwohl sie im fortpflanzungsfähigen Alter sind und ungeschützten Geschlechtsverkehr haben. Das hat häufig körperliche Ursachen, die mit den Spermien des Mannes oder den Eileitern der Frau zusammenhängen. Auch Stress oder Medikamente können zu Kinderlosigkeit führen. In manchen Fällen kann eine künstliche Befruchtung helfen. Die Chance, auf dem Weg ein Kind zu bekommen, liegt bei 20 bis 40 Prozent.

**Befruchtung im Reagenzglas** • Eine künstliche Befruchtung erfolgt außerhalb des Körpers der Frau. Nach einer Behandlung mit Hormonen wird eine Nadel durch die Scheide eingeführt, um mehrere reife Eizellen aus dem Eierstock zu entnehmen. Sie werden im Reagenzglas mit Spermienzellen des Mannes zusammengebracht. Die Befruchtung, die man auch als Fertilisation bezeichnet, wird künstlich im Reagenzglas angeregt. *In vitro* bedeutet im Glas. Man nennt diese Methode daher In-vitro-Fertilisation (IVF). Die ersten Zellteilungen der Zygote finden im Reagenzglas statt. Nach zwei bis drei Tagen werden die Embryos in die Gebärmutter der Frau übertragen. Dies nennt man Embryotransfer. Dann hofft man, dass sich wenigstens ein Embryo in die Gebärmutterschleimhaut einnistet.

**Spermien-Injektion** • Sind im Sperma des Mannes nur wenige oder zu langsame Spermienzellen enthalten, können sie auch im Reagenzglas keine Eizelle befruchten. In diesem Fall wird eine einzelne Spermienzelle mit einer feinen Injektionsnadel in die Eizelle gespritzt. Diese Methode nennt man intrazelluläre Spermien-Injektion (ICSI). Nach der Befruchtung wird der Embryo in die Gebärmutter der Frau übertragen.

**Ungewollt kinderlosen Paaren kann man durch Methoden der künstlichen Befruchtung helfen.**

## Aufgaben

1 Gib mögliche Ursachen für einen unerfüllten Kinderwunsch an.

2 Vergleiche IVF und ICSI im Hinblick auf die Gemeinsamkeiten und Unterschiede.

die **In-vitro-Fertilisation (IVF)**
der **Embryotransfer**
die **Spermien-Injektion (ICSI)**

## Material A

### In-vitro-Fertilisation (IVF)

Bei manchen Frauen sind die Eileiter undurchlässig. Wenn der Wunsch nach einem Kind besteht, können reife Eizellen der Frau im Reagenzglas mit Spermienzellen des Mannes zusammengebracht werden. → 2

1 ☒ Erkläre, in welchem Fall keine In-vitro-Fertilisation vorgenommen werden kann.

2 ☒ Erkläre den Vorgang der IVF. → 2 Verwende die Begriffe: Hormon-Behandlung, mehrere reife Eizellen, Reagenzglas, Spermienzellen, Zellteilungen, Embryo, Embryotransfer, Einnistung.

3 ☒ Erkläre, wieso es nach der IVF häufiger zur Geburt mehrerer Kinder kommt als nach einer natürlichen Befruchtung.

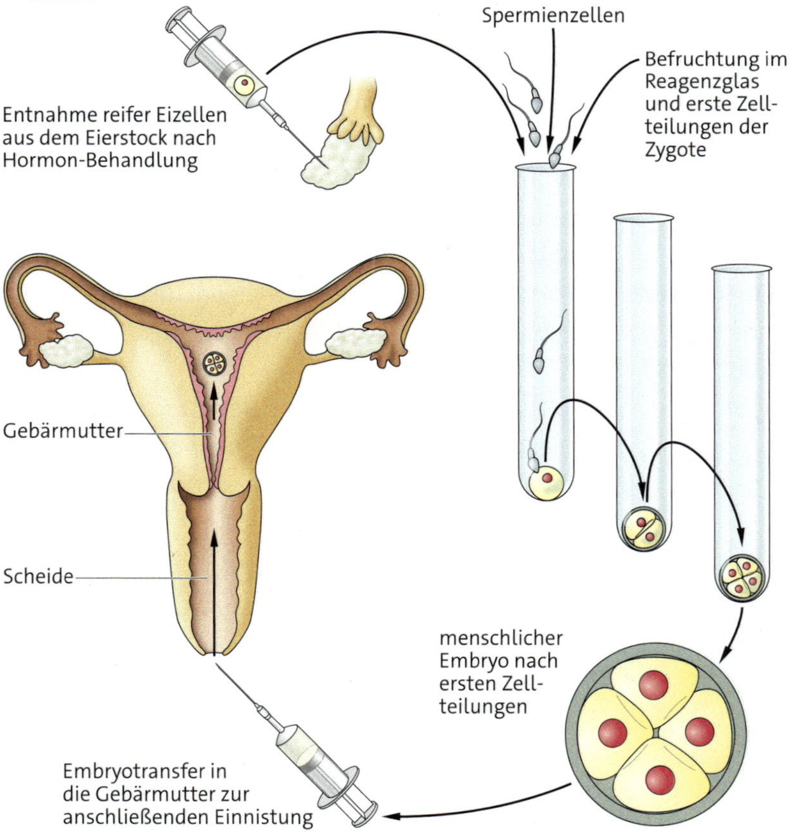


2 Ablauf der In-vitro-Fertilisation

## Material B

### Spermien-Injektion (ICSI)

Bei manchen Männern sind die Spermienzellen unbeweglich. Bei der ICSI wird mit einer feinen Injektionsnadel eine Spermienzelle aus dem Hoden entnommen und dann unter dem Mikroskop direkt in die Eizelle eingesetzt. → 3

1 ☒ Erkläre, in welchem Fall eine ICSI vorgenommen werden kann.

2 ☒ Beschreibe den Vorgang der Spermien-Injektion. → 3 4

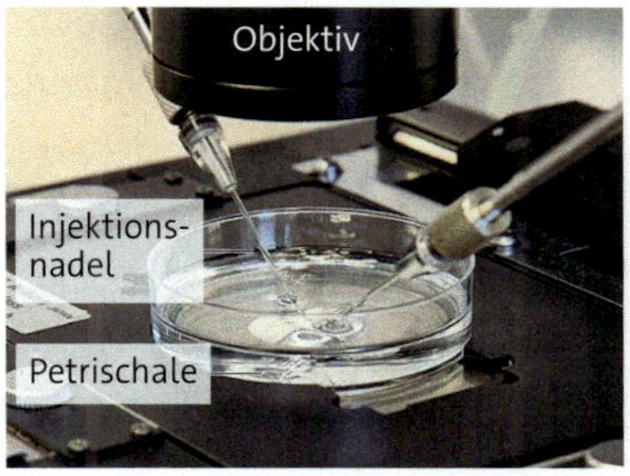


3 Arbeit unter dem Mikroskop

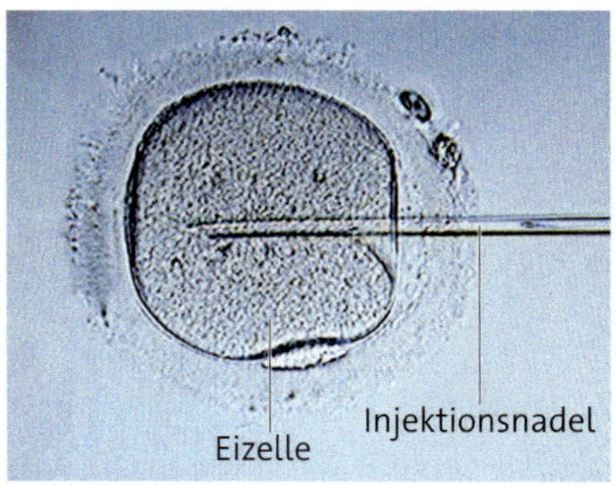


4 Mikroskopisches Bild der ICSI

# Künstliche Befruchtung

## Methode

### Sich eine begründete Meinung bilden

In vielen Situationen im Alltag stellen wir fest, dass Menschen eine andere Meinung vertreten als wir. Manchmal haben wir zu einer Sache ganz schnell eine Meinung, ohne lange darüber nachzudenken. Man spricht dabei von einer intuitiven Meinung. Doch oft haben wir es uns dann zu leicht gemacht. Erst wenn wir uns mit einem Thema intensiver beschäftigt haben, kommen wir zu einem begründeten Urteil. Aber wie kommt man zu einer begründeten Meinung?

**1. Frage oder Problem beschreiben** Stelle zunächst fest, zu welcher Frage oder welchem Problem du dir eine Meinung bilden willst. Hier geht es um den unerfüllten Kinderwunsch. → 1 Die Frage kann lauten: Würdest du dich für eine künstliche Befruchtung entscheiden, wenn du ungewollt kinderlos wärst?

**2. Möglichkeiten benennen** Wenn ein Konflikt vorliegt, gibt es zur Lösung mindestens zwei verschiedene Handlungsmöglichkeiten. → 2 Überlege, welche Möglichkeiten es gibt.

1 Wieder nicht geklappt ... und nun?

2 Handlungsmöglichkeiten

Zum Beispiel: Ich könnte mich für oder gegen eine künstliche Befruchtung entscheiden.

**3. Argumente sammeln** Überlege, welche Vorteile und Nachteile du bei den Handlungsmöglichkeiten jeweils siehst. Zum Beispiel: Würdest du dich für eine künstliche Befruchtung entscheiden, könntest du deinen Wunsch nach einem eigenen Kind erfüllen. Das ist ein Vorteil. Ein Nachteil ist dagegen, dass die Behandlung viel Geld kosten würde.

**4. Werte zuordnen** Ordne den Argumenten Werte zu. Werte sind wünschenswerte Eigenschaften, die wir Dingen, Ideen oder Handlungen zuschreiben. → 4

| Pro | Kontra |
|---|---|
| Kinderwunsch wird erfüllt. | hohe Kosten |
| Psychische Belastung wegen Kinderlosigkeit wird verhindert. | Hormonbehandlung bei der Frau könnte Nebenwirkungen haben. |
| ... | ... |

3 Argumente für und gegen künstliche Befruchtung

Zum Beispiel kann man die Möglichkeit, sich den Kinderwunsch zu erfüllen, mit Werten wie Selbstbestimmung und Glück verbinden. Wertvorstellungen sind verschieden. Was einer Person wichtig ist, kann für eine andere Person eine geringere Bedeutung haben.

Freiheit • Selbstbestimmung • Wohlstand • Bildung • Leidminderung • Freundschaft • Glück • Karriere • Liebe • Gleichberechtigung • Leben • Treue • Toleranz • Gesundheit • Verantwortung • Menschenwürde • wissenschaftlicher Fortschritt • Wahrheit • ...

4 Werte

**5. Positionen diskutieren** In einer Diskussion werden unterschiedliche Meinungen vertreten. Wenn du deine eigene Meinung überzeugend darstellen willst, musst du sie mit Argumenten begründen und auch die Werte einbeziehen, die den Argumenten zugrunde liegen.

Ich bin dafür / dagegen, weil ...

Ich bin der Meinung, dass ...

Ich stimme dir zu / nicht zu, weil ...

Ich verstehe dich, aber ...

Das sehe ich anders / auch so, weil ...

Auch wenn du ..., für mich gilt ...

5 Satzbausteine für eine Diskussion

**6. Folgen abschätzen** Nachdem du dir eine begründete Meinung gebildet hast, solltest du dir überlegen, welche Folgen sich daraus ergeben. Zum Beispiel betrifft deine Entscheidung für oder gegen eine künstliche Befruchtung auch deinen Partner oder deine Partnerin.

## Aufgaben

1 Ermittelt die Meinungen in der Klasse zu der Frage: Würdest du dich für eine künstliche Befruchtung entscheiden, wenn du ungewollt kinderlos wärst? Stellt euch dazu in einem Meinungsstrahl auf.

2 Ermittelt gemeinsam Argumente für und gegen eine künstliche Befruchtung.

3 Ordne den Argumenten Werte zu.

4 Formuliere deine begründete Meinung.

5 Diskutiert eure Positionen in der Klasse.

6 Normen sind gesellschaftliche Regeln. Sie können aus Werten abgeleitet werden. Zu dem Wert der Menschenwürde kann man folgende Norm formulieren: „Die Menschenwürde jeder und jedes einzelnen darf nicht gefährdet werden."
Formuliere zu den Werten aus Bild 4 weitere Normen.

# Vorgeburtliche Untersuchungen

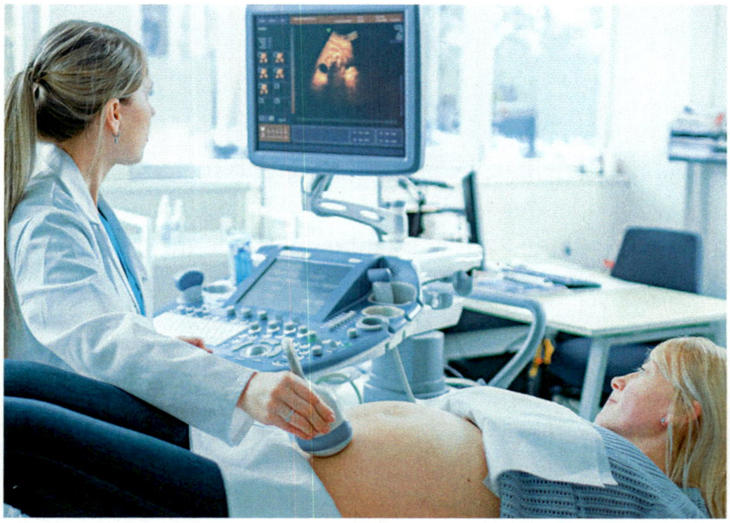

1 Ultraschall-Untersuchung

**Von werdenden Eltern hört man oft den Wunsch: „Hauptsache, unserem Kind geht es gut." Wie lässt sich der Zustand des Kindes schon vor der Geburt untersuchen?**

**Ultraschall** • Die erste Untersuchung in der Schwangerschaft ist die Ultraschall-Untersuchung. → 1 Weil dabei nicht in den Körper der Mutter oder des Kindes eingegriffen wird, gilt die Untersuchung als ungefährlich. Sie wird dreimal während der Schwangerschaft durchgeführt. Bei der ersten Ultraschall-Untersuchung prüft der Arzt oder die Ärztin, ob sich der Embryo in der Gebärmutter eingenistet hat. Die Körperlänge wird bestimmt und es wird kontrolliert, ob das Herz schlägt. Bei der zweiten und der dritten Untersuchung werden die körperliche Entwicklung, die Größe und die Lage des Kindes untersucht. Auch mögliche Fehlbildungen lassen sich feststellen.

**Fruchtwasser und Plazenta** • Es gibt vorgeburtliche Untersuchungen, bei denen eine dünne Hohlnadel durch die Bauchdecke der schwangeren Frau geführt wird, um Fruchtwasser oder etwas Gewebe der Plazenta zu entnehmen. Daraus werden Zellen des Kindes entnommen, die im Labor auf genetische Veränderungen untersucht werden. Der Eingriff in den Körper der Mutter ist nicht ohne Risiko. Er kann vorzeitige Wehen und im schlimmsten Fall eine Fehlgeburt auslösen.

**DNA-Bluttest** • Ob ein Kind genetische Veränderungen aufweist, kann auch nach einer Blutentnahme bei der schwangeren Frau untersucht werden. In ihrem Blut befinden sich winzige Bruchstücke der kindlichen DNA. Sie werden dem Blut entnommen und im Labor untersucht. So lassen sich beim Kind mögliche Abweichungen in der Anzahl der Chromosomen feststellen. Deuten die Ergebnisse auf genetische Veränderungen hin, werden weitere Untersuchungen empfohlen.

Mit vorgeburtlichen Untersuchungen kann man schon während der Schwangerschaft feststellen, ob das Kind wahrscheinlich gesund ist.

## Aufgabe

1 ☒ Erkläre an einem Beispiel, was man unter einer vorgeburtlichen Untersuchung versteht und welches Ziel damit verfolgt wird.

die vorgeburtliche Untersuchung

## Material A

### Mutterpass

Zu Beginn der Schwangerschaft erhält jede Frau einen Mutterpass. Darin werden alle Untersuchungsdaten zur Entwicklung des Kindes und zur Gesundheit der Mutter sowie der voraussichtliche Geburtstermin festgehalten.

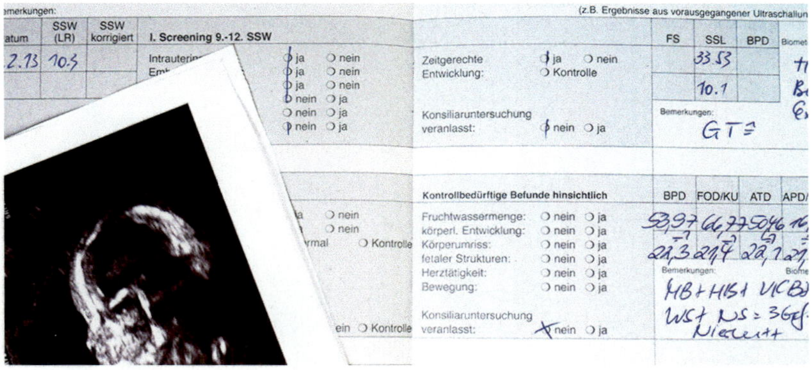


2 Auszug aus dem Mutterpass

1 Gib die Informationen an, die im Mutterpass stehen.

2 Beschreibe mögliche Vorteile des Mutterpasses.

3 Erläutere, warum eine schwangere Frau ihren Mutterpass immer bei sich tragen sollte.

4 Erkläre, wieso es sinnvoll ist, dass alle schwangeren Frauen den gleichen Mutterpass erhalten.

## Material B

### Der DNA-Bluttest

Mit dem DNA-Bluttest kann die Entwicklung des Kindes mithilfe einer Blutentnahme bei der Mutter untersucht werden. Das Verfahren hat Vorteile, führt aber auch zu Diskussionen.

1 Beschreibe das Verfahren und die möglichen Ergebnisse des DNA-Bluttests.

2 Erkläre, warum der DNA-Bluttest im Vergleich zur Entnahme von Plazenta-Gewebe weniger riskant ist.

3 Argumente für und gegen den DNA-Bluttest

a Diskutiert in der Klasse, welche Argumente für die Durchführung des DNA-Bluttests sprechen und welche dagegen. Notiert die Argumente auf Karten.

b Ordnet die Argumente zunächst nach Pro und Kontra und dann nach ihrer Wichtigkeit.

4 Stelle deine persönliche Meinung zum DNA-Bluttest überzeugend dar. Begründe sie mit mehreren Argumenten.

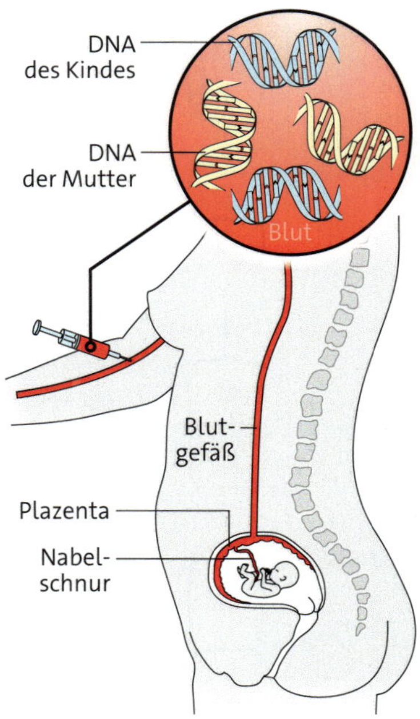


3 DNA im Blut der Mutter

# Wachstum durch Zellteilung

1 Beim Wachstum nimmt die Anzahl der Zellen zu.

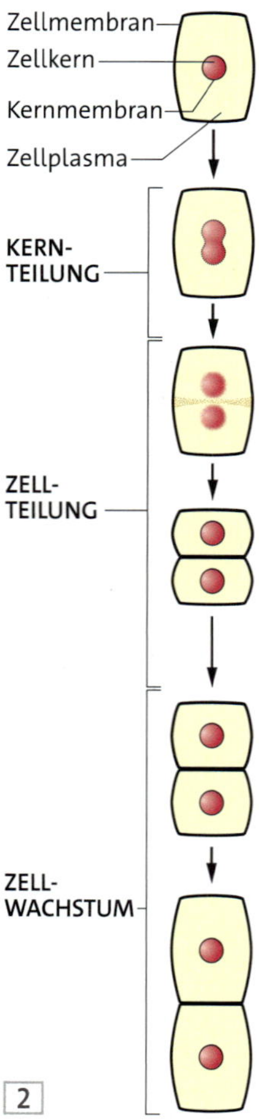


2

**Jeder Mensch entwickelt sich aus einer einzigen Zelle, der befruchteten Eizelle. Im Verlauf seines Lebens entstehen unvorstellbar viele neue Zellen. Wie entstehen neue Zellen?**

**Zellteilung und Wachstum** • Bei der Entwicklung vom Embryo bis zum erwachsenen Menschen nimmt die Anzahl der Zellen im Körper zu. Zellen vermehren sich durch Teilung. Bei dem Vorgang folgen immer Kernteilung, Zellteilung und Zellwachstum aufeinander. → 2 Auch beim erwachsenen Menschen finden noch Zellteilungen statt. Zum Beispiel werden ständig neue Hautzellen gebildet, Blutzellen werden ersetzt und bei Verletzungen verschließen neue Zellen die Wunde.

**Weitergabe der Erbinformationen** • Als erster Schritt wird der Zellkern einer Zelle geteilt. → 2 Den Vorgang nennt man Mitose. Der Zellkern enthält alle Erbinformationen des Menschen. Sie befinden sich auf Chromatinfäden. Bei der Teilung einer Zelle werden die vollständigen Erbinformationen gleichmäßig auf die beiden neu entstehenden Zellen verteilt. Dadurch entstehen identische Tochterzellen.

**Mitose** • Die Mitose verläuft in vier Phasen. → 3 In der ersten Phase der Mitose löst sich die Kernmembran auf und die Chromatinfäden verdichten sich zu Chromosomen. → 3A Jetzt erkennt man im Lichtmikroskop, dass die Zelle 46 Chromosomen enthält. Jedes Chromosom besteht aus zwei Untereinheiten, den Chromatiden, die am Zentromer verbunden sind. Man sagt auch Zwei-Chromatiden-Chromosom. Beide Chromatiden enthalten die gleichen, vollständigen Erbinformationen. In der zweiten Phase der Mitose ziehen die Spindelfasern die Chromosomen in die Zellmitte. → 3B Dabei setzen die Spindelfasern am Zentromer eines Chromosoms an.

die **Mitose**
die **Zellteilung**
das **Zellwachstum**

In der dritten Phase der Mitose werden die Chromatiden getrennt und von den Spindelfasern zu den beiden gegenüberliegenden Zellpolen gezogen. → 3C Jetzt befinden sich an jedem Zellpol 46 Ein-Chromatid-Chromosomen und damit die gesamten Erbinformationen in einfacher Ausführung. In der vierten Phase der Mitose lösen sich die Spindelfasern auf und zwei Kernmembranen bilden sich. → 3D

**Zellteilung** • Nachdem sich der Zellkern geteilt hat, teilt sich die Zelle. Das geschieht, indem die Zellmembran eingezogen wird. → 3D Das Zellplasma und die Zellbestandteile werden auf die beiden Tochterzellen aufgeteilt. Bis zu diesem Zeitpunkt haben sich die Zellen verdoppelt, doch das Zellmaterial in den Tochterzellen wurde halbiert.

**Zellwachstum** • Bevor die nächste Teilung stattfindet, wachsen die Zellen, indem sich das Zellplasma vermehrt. Außerdem verdoppeln sich im Zellkern die Chromatiden. Dann liegen wieder 46 Zwei-Chromatiden-Chromosomen vor. Bei der nächsten Mitose werden die Ein-Chromatid-Chromosomen dann wieder auf zwei Tochterzellen verteilt.

Zellen vermehren sich durch Teilung. Erst teilt sich der Zellkern und dann teilt sich die Zelle. Dabei werden die Erbinformationen gleichmäßig auf die beiden Tochterzellen verteilt. Vor der nächsten Teilung wachsen die Zellen und die Erbinformationen verdoppeln sich.

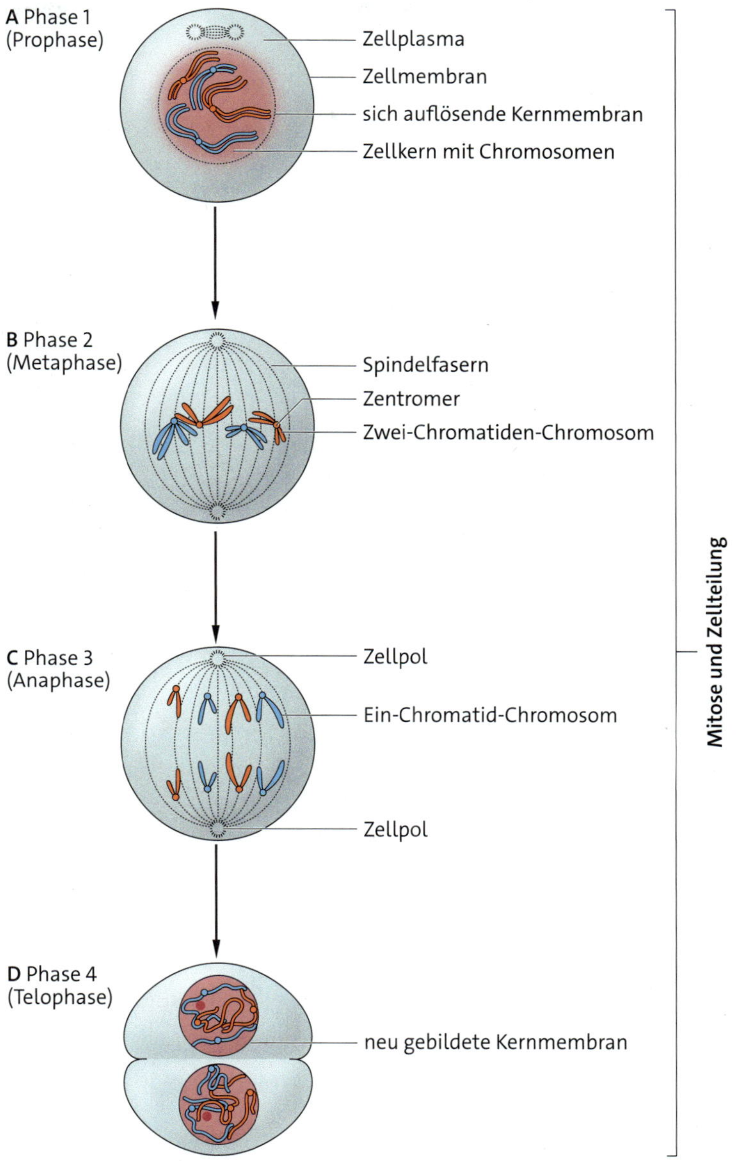


3 Mitose-Phasen (vereinfachte Abbildung mit vier Chromosomen)

## Aufgaben

**1** ☒ Beschreibe die vier Phasen der Mitose in einer Tabelle. → 3

**2** ☒ Erkläre die Bedeutung der Mitose.

# Wachstum durch Zellteilung

## Material A

### Teilungsstadien

Die Leber ist ein Organ mit verschiedenen Aufgaben. Da sich ihre Zellen oft teilen, kann man die Teilungsstadien hier mit dem Lichtmikroskop besonders gut beobachten.

1 Ordne den Buchstaben A–C folgende Begriffe zu: Zellkern, Zellplasma, Zellmembran.

2 Ordne den Bildern 1–3 folgende Stadien zu: Ausgangszustand, Zellteilung und Kernteilung. Bringe die Bilder in die richtige Reihenfolge.

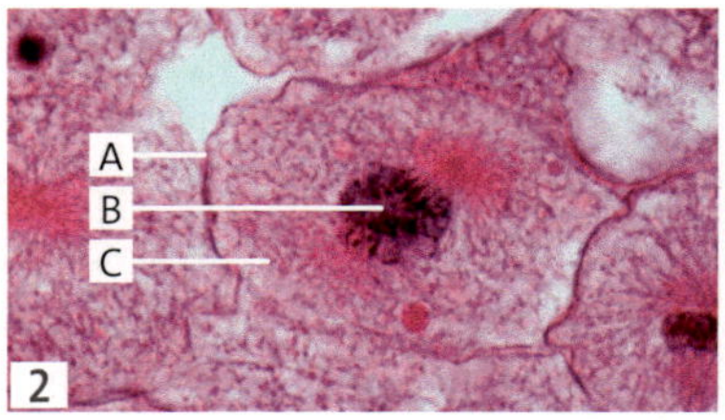

2

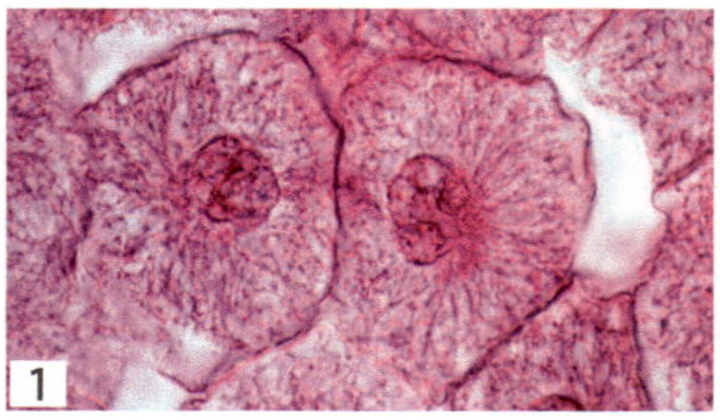
1

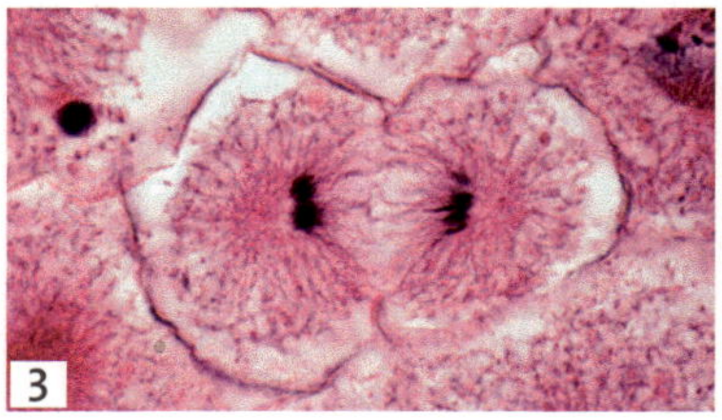
3

## Material B

### Modell zur Mitose

Die Mitose verläuft in vier Phasen. Daran schließen sich die Zellteilung und das Zellwachstum an. Die Vorgänge kannst du mit einem Modell veranschaulichen.

**Materialliste:** 4 rote Pfeifenputzer, 4 blaue Pfeifenputzer, 4 Druckknöpfe, Holzstab, DIN-A4-Blätter, Buntstifte

1 Erstelle aus den Pfeifenputzern und Druckknöpfen vier Chromosomen-Modelle. → 4 Wickel die Pfeifenputzer um den Holzstab, um die Verdichtung der Chromatinfäden nachzubilden. Entferne den Holzstab anschließend.

2 Zeichne ein Chromosomen-Modell ab und beschrifte die Zeichnung mit den Begriffen der genutzten Materialien.

3 Ordne in einer Tabelle den Teilen des Modells die Fachbegriffe des Originals zu.

4 Stelle die Mitose mit den vier Chromosomen-Modellen nach. Nutze die DIN-A4-Blätter und die Buntstifte, um die Kernmembran, die Zellmembran und die Spindelfasern darzustellen.

5 Modelle bilden die Wirklichkeit nicht ganz ab. Erkläre, was das Modell nicht zeigt.

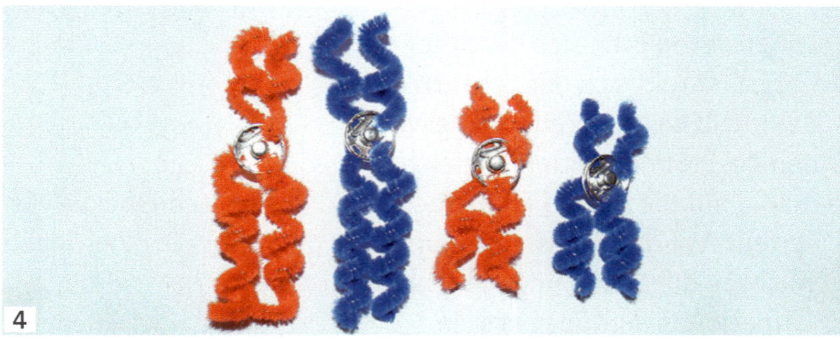
4

## Material C

### Finde den Fehler

1 Überprüft die Aussagen auf Ungenauigkeit und Fehler. → 5 Tauscht euch dazu zu zweit aus.

2 Schreibe die korrigierten Aussagen in dein Heft.

1 Wir wachsen, indem sich unsere Zellen vergrößern.

2 Zellen vermehren sich nicht.

3 Mitose bedeutet Zellteilung.

4 Das Ergebnis der Mitose und der Zellteilung sind zwei Tochterzellen, die unterschiedliche Erbinformationen enthalten.

5 Mitosen finden nur statt, während wir wachsen.

6 Durch die Zellteilung werden die Erbinformationen halbiert.

7 Zu Beginn der Mitose besteht jedes Chromosom aus einem Chromatid.

8 Die Reihenfolge ist immer: Zellteilung, Kernteilung, Zellwachstum.

5 Fehlerhafte Aussagen

## Material D

### Mitose und Meiose

Man unterscheidet zwei Formen der Kernteilung: die Mitose und die Meiose.

1 Ordne den Buchstaben A–G die Fachbegriffe zu.

2 Ordne die alternativen Aussagen jeweils dem richtigen Vorgang zu. Erstelle dazu eine Tabelle.

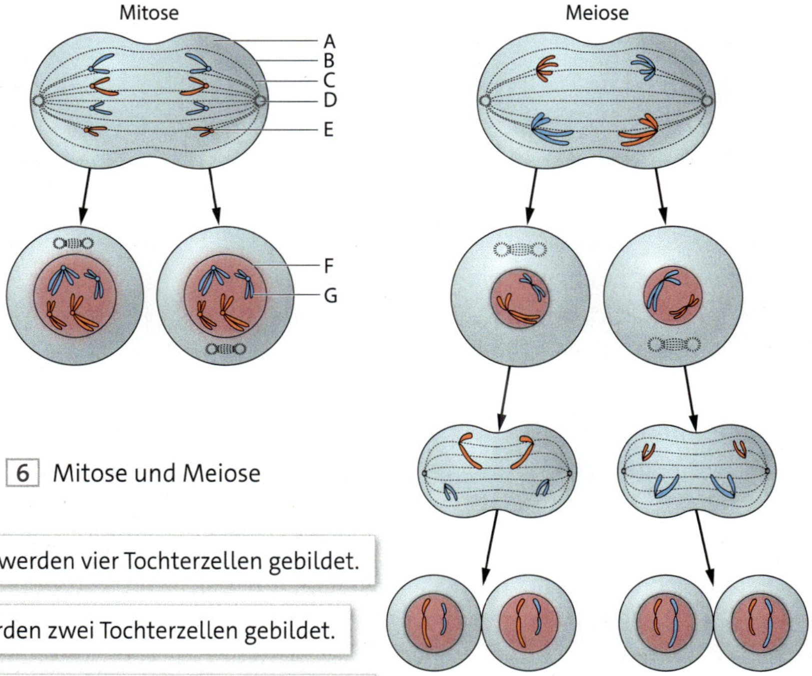


6 Mitose und Meiose

Es entstehen Geschlechtszellen.

Es werden vier Tochterzellen gebildet.

Es entstehen Körperzellen.

Es werden zwei Tochterzellen gebildet.

Es findet ein Teilungsschritt statt.

Es finden zwei Teilungsschritte statt.

Der Vorgang findet in fast allen Körperzellen statt.

Die Tochterzellen enthalten die gleichen Erbinformationen.

Die Tochterzellen erhalten unterschiedliche Erbinformationen.

Der Vorgang findet in den Hoden und Eierstöcken statt.

# Wachstum durch Zellteilung

## Erweitern und Vertiefen

### Krebs – Zellteilung außer Kontrolle

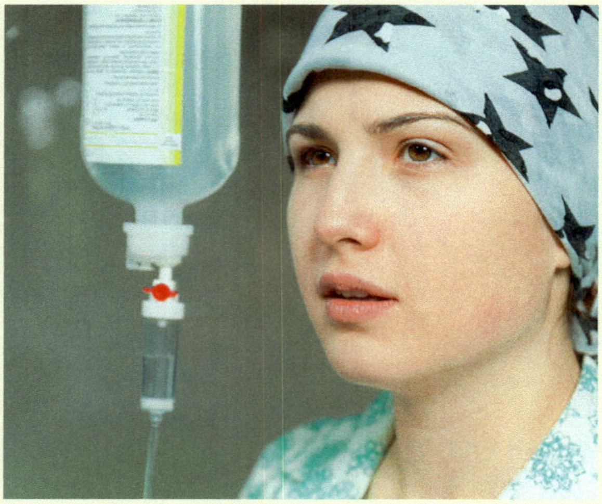

1 Jugendliche bei einer Krebsbehandlung

**Krebszellen** • Wie oft und wie schnell sich Zellen teilen, wird durch Kontrollvorgänge gesteuert. Es können sich jedoch auch Zellen entwickeln, die sich unkontrolliert teilen. Dann spricht man von Krebszellen. Normalerweise werden solche Fehler durch Reparaturvorgänge in der Zelle beseitigt. Funktionieren diese nicht mehr fehlerfrei, kann die Kontrolle über die Zellteilung verlorengehen. Die Zellen teilen sich dann immer weiter und bilden eine große Zellmasse. Man spricht von einem Tumor.

**Gutartig – bösartig** • Man unterscheidet zwei Typen von Tumoren. Bei einem gutartigen Tumor teilen sich die Zellen zwar auch unkontrolliert, der Tumor wächst aber nur langsam und bleibt an dem Ort im Gewebe, an dem er entstanden ist. Im engeren Sinne spricht man nur bei einem bösartigen Tumor von Krebs. Dieser zeichnet sich dadurch aus, dass er sehr schnell wächst. Außerdem dringen die Krebszellen in das umliegende Gewebe ein und breiten sich über die Blutgefäße aus. → 2 Sie bilden dann auch an anderen Stellen im Körper Tumore. Diese nennt man Metastasen.

**Ursachen** • Krebszellen entstehen durch die Veränderung der Erbinformation. Die Mutationen treten zufällig auf. Manche Umwelteinflüsse, wie Chemikalien oder Strahlung, erhöhen aber die Häufigkeit von Mutationen. Lungenkrebs tritt vor allem bei Rauchern auf und Hautkrebs kommt häufig bei Menschen vor, die sich oft zu stark der Sonnenstrahlung ausgesetzt haben. Darmkrebs wird mit einem übermäßigen Verzehr von Fleisch in Zusammenhang gebracht. Etwa 8 Prozent der Erkrankungen werden durch Infektionen mit Viren oder Bakterien ausgelöst.

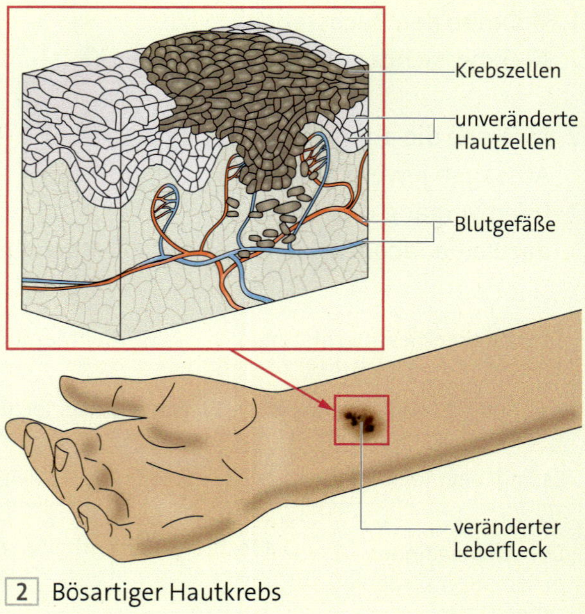


2 Bösartiger Hautkrebs

**Krebs – eine Volkskrankheit** • In Deutschland erkranken jährlich etwa 500 000 Menschen an Krebs, darunter 2000 Kinder und Jugendliche unter 18 Jahren. Ungefähr 225 000 Menschen sterben jedes Jahr daran. Damit ist Krebs nach den Herz-Kreislauf-Erkrankungen die zweithäufigste Todesursache. Die meisten Todesfälle sind auf Lungenkrebs zurückzuführen. Bei Männern ist Prostatakrebs die häufigste Krebserkrankung und bei Frauen Brustkrebs.

**Hautkrebs** • In den letzten Jahren hat die Zahl der Erkrankungen an Hautkrebs dramatisch zugenommen. Dabei ist eine übermäßige Sonnenbestrahlung der größte Risikofaktor. Das gilt auch für die Nutzung des Solariums. Besonders in jungen Jahren steigert dies das Risiko. Hautkrebs führt zu Hautveränderungen, die unter anderem an Leberflecken auftreten können. Daher soll man seine Haut regelmäßig prüfen und im Zweifel einen Hautarzt zur Überprüfung aufsuchen. → 3 Wird Hautkrebs frühzeitig behandelt, sind die Heilungschancen sehr gut.

**Behandlung** • Die medizinischen Maßnahmen unterscheiden sich je nach Krebsform. Mit einer Operation versucht man, das Tumorgewebe zu entfernen. Bei einer Chemotherapie werden Medikamente verabreicht, die die Krebszellen zerstören. → 1 Sie greifen aber auch andere Zellen an, zum Beispiel die Haarzellen. Deshalb führt die Behandlung oft zum Haarverlust. Bei einer Strahlentherapie werden die Krebszellen durch Strahlung zerstört. Oft werden die Maßnahmen auch miteinander kombiniert.

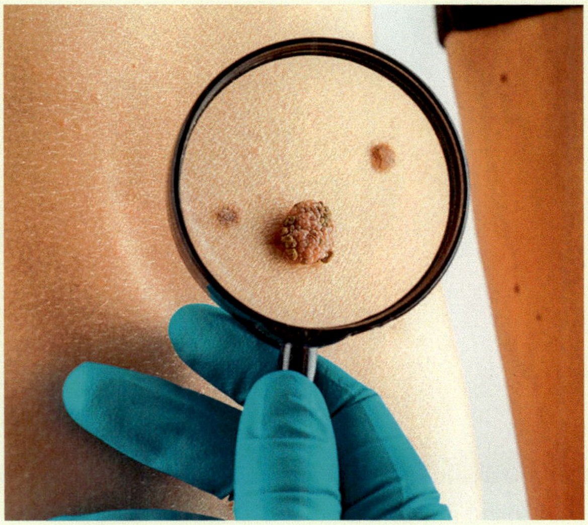

3 Hautkrebsvorsorge

**Vorbeugung** • Man kann sein Krebsrisiko durch eine gesunde Lebensweise verringern. Dazu gehört der Verzicht auf zu viel Alkohol und auf das Rauchen. Zur Vorbeugung von Hautkrebs muss man seine Haut vor zu starker Sonnenbestrahlung schützen, zum Beispiel mit Sonnencreme und Kleidung. Frauen können das Risiko von Gebärmutterhalskrebs durch eine Impfung verringern. An weiteren Impfstoffen gegen Krebs wird geforscht. Wird Krebs früh entdeckt, kann er oft gut behandelt werden. Deshalb sind regelmäßige Vorsorgeuntersuchungen sinnvoll.

## Aufgaben

**1** ☒ Beschreibe die Entstehung von Krebs. → 2

**2** ☒ Erkläre den Zusammenhang zwischen Chemotherapie und Haarausfall.

# Stammzellen

1 Aufruf zur Stammzellen-Spende

**Fast 14 000 Menschen erkranken in Deutschland jährlich an Blutkrebs. Um ihnen helfen zu können, werden wir zur Stammzellen-Spende aufgerufen. Was sind Stammzellen und wie können sie helfen?**

**Zelldifferenzierung** • Aus einer befruchteten Eizelle entstehen durch die ersten Zellteilungen völlig gleiche Tochterzellen. Aus diesen Zellen gehen alle verschiedenen Zelltypen unseres Körpers hervor, wie Blutzellen und Nervenzellen. Die Zelltypen sind entsprechend ihrer Aufgaben unterschiedlich aufgebaut. Diesen Vorgang nennt man Zelldifferenzierung. → 2

**Stammzellen** • Zellen, die sich zu unterschiedlichen Zelltypen entwickeln können, nennt man Stammzellen.

**Basiskonzept**

**Entwicklung**
→ Umschlag hinten
Die Stammzellen entwickeln sich zu verschiedenen Zelltypen.

**Embryonale Stammzellen** • Die Zellen eines Embryos nennt man embryonale Stammzellen. Bis zum fünften Tag nach der Befruchtung ist jede Stammzelle dazu fähig, einen vollständigen Menschen zu bilden. Solche Stammzellen bezeichnet man als totipotent. In späteren Entwicklungsstadien des Embryos können die Stammzellen noch alle Zelltypen bilden, aber keinen ganzen Menschen mehr. Diese Stammzellen nennt man pluripotent.

**Adulte Stammzellen** • Auch im Körper von Kindern, Jugendlichen und Erwachsenen befinden sich in einigen Geweben Stammzellen, vor allem im Knochenmark und in der Haut. Man nennt sie adulte Stammzellen (lat. *adultus:* erwachsen). Sie ersetzen beschädigte oder abgestorbene Zellen. Aus adulten Stammzellen können sich nur bestimmte Zelltypen entwickeln. Zum Beispiel können die Stammzellen der Haut nur Zellen der Haut bilden. Diese Stammzellen sind multipotent.

**Einsatz zur Behandlung** • Adulte Stammzellen werden zur Behandlung verschiedener Erkrankungen und Verletzungen eingesetzt. Das Ziel ist, dass die Stammzellen sich im betroffenen Gewebe teilen und die Zellen bilden, die zur Heilung nötig sind. Hierfür werden entweder körpereigene oder gespendete Stammzellen genutzt. Dieses Verfahren nennt man Stammzellen-Therapie. Es wird bislang bei Krebserkrankungen wie Blutkrebs sowie bei Verbrennungen und Schäden an der

die **Zelldifferenzierung**
die **Stammzelle**
totipotent
pluripotent
multipotent

Hornhaut der Augen eingesetzt. Weitere Einsatzmöglichkeiten werden intensiv erforscht.

**Spenden kann Leben retten** • Viele kranke Menschen setzen große Hoffnung in eine Stammzellen-Therapie. Ein Spender könnte ihr Leben retten. Damit eine Übertragung möglich ist, müssen die Stammzellen des Spenders in bestimmten Merkmalen mit den Zellen des Empfängers möglichst übereinstimmen. Das trifft zu, wenn der Spender dem Empfänger genetisch ähnlich ist. Dies ist so selten, dass nur für etwa jeden zehnten Menschen ein passender Spender gefunden wird. Deshalb ist es wichtig, dass sich viele Menschen als Spender registrieren lassen. Dazu werden mit einem Wattestäbchen einige Zellen aus dem Mund entnommen und im Labor untersucht. Kommt man als Spender für eine Person infrage, wird man kontaktiert.

**Stammzellen in der Forschung** • Es ist in Deutschland verboten, Stammzellen aus Embryonen zu gewinnen. Dagegen ist die Forschung an embryonalen Stammzellen, die in anderen Ländern gewonnen wurden, unter bestimmten Auflagen erlaubt. Zur Gewinnung der Stammzellen nutzt man Embryonen, die durch eine künstliche Befruchtung erzeugt wurden. Dies ist umstritten, denn die Embryonen werden dabei zerstört. Deshalb arbeiten Forschende an Methoden, mit denen auch adulte Stammzellen wieder dazu befähigt werden, alle Zelltypen zu bilden.

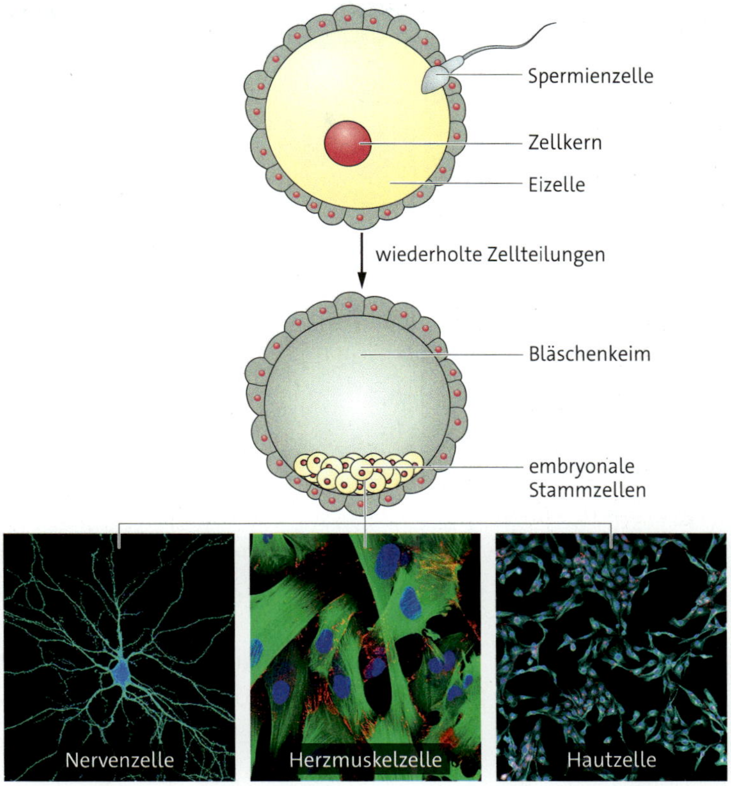


2 Differenzierung von embryonalen Stammzellen (Ausschnitt)

**Stammzellen können sich zu verschiedenen Zelltypen entwickeln. Sie werden in der Medizin und in der Forschung eingesetzt.**

## Aufgaben

**1** ◪ Erkläre den Begriff Zelldifferenzierung mithilfe von Bild 2.

**2** ☒ Erkläre den Unterschied zwischen totipotenten, pluripotenten und multipotenten Stammzellen.

**3** ☒ Erläutere die Bedeutung der Stammzellen-Therapie.

# Stammzellen

## Material A

### Erneuerung von Zellen

Fast alle Zellen des Körpers haben eine begrenzte Lebenszeit. Einen Beleg dafür sehen wir an der Haut: Sie erneuert sich etwa einmal im Monat, da aus Stammzellen ständig neue Hautzellen gebildet werden, während alte Hautzellen absterben und als Hautschuppen abgestoßen werden.

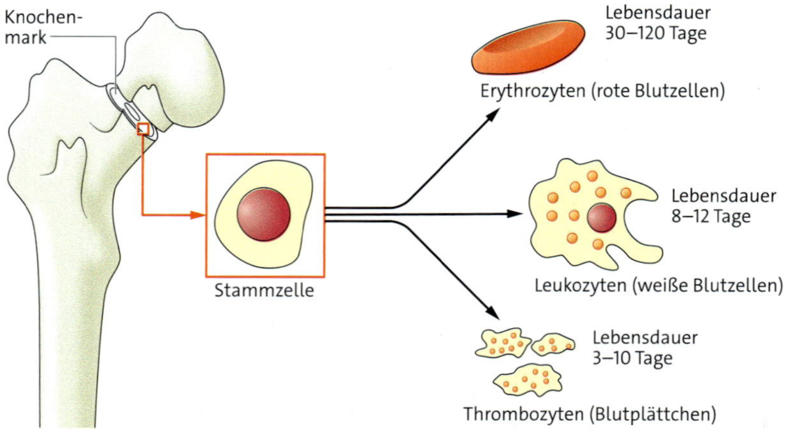


1 Differenzierung von Stammzellen zu Blutzellen

1 Nenne zwei Zelltypen, die aus Stammzellen entstehen.

2 Beschreibe die Neubildung von Blutzellen. → 1

3 Erläutere, weshalb es wichtig ist, dass sich im Körper ständig neue Blutzellen bilden.

4 Stelle Vermutungen an, welche Probleme entstehen, wenn sich im Körper keine neuen Zellen bilden würden.

## Material B

### Stammzellen

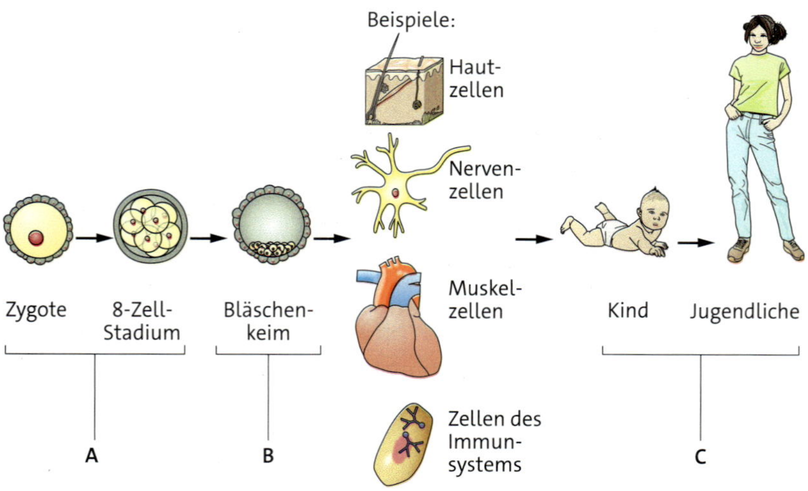


2 Stammzellen in verschiedenen Entwicklungsstadien

1 Betrachte Bild 2.

a Gib jeweils an, ob bei den Zellen und Menschen, die mit den Buchstaben A–C gekennzeichnet sind, embryonale oder adulte Stammzellen vorliegen.

b Ordne den jeweiligen Stammzellen die Begriffe pluripotent, multipotent und totipotent zu. Begründe die Zuordnung.

2 Entwickle eine Idee zur Gewinnung embryonaler Stammzellen.

## Material C

### Stammzellen spenden

Wenn man als Spender für eine kranke Person gebraucht wird, kann man sich zwischen zwei Verfahren der Stammzellen-Spende entscheiden.

1 ☒ Beschreibe die beiden Verfahren der Stammzellen-Spende. → 3 – 6

2 ☒ Vergleiche die Verfahren. Erstelle dazu eine Tabelle mit geeigneten Kriterien.

3 ☒ Gib jeweils die Vorteile und Nachteile der beiden Verfahren an.

4 ☒ Begründe, ob du zu einer Stammzellen-Spende bereit wärst oder nicht.

**Periphere Stammzellen-Spende** Bei dem Verfahren werden Stammzellen aus dem Blut entnommen. Damit sich die Anzahl der Stammzellen im Blut erhöht, muss man zuvor einige Tage lang ein Medikament einnehmen. Die Spende dauert vier bis acht Stunden. Sie wird an einem Tag durchgeführt oder auf zwei verteilt. Das Blut wird in einem Kreislauf aus einem Arm entnommen, durch ein Gerät geleitet, in dem die Blutbestandteile getrennt und die Stammzellen herausgefiltert werden, und in den anderen Arm zurückgeführt. → 5 Mögliche Nebenwirkungen sind grippeähnliche Symptome.

3

**Knochenmark-Entnahme** Bei dem Verfahren werden 0,5 bis 1,5 Liter Knochenmark-Blutgemisch aus dem Beckenknochen abgesaugt. Dafür werden zwei kleine Einstiche vorgenommen. → 6 Der Eingriff dauert etwa eine Stunde und erfolgt unter Narkose. Danach muss man zwei bis drei Tage im Krankenhaus bleiben. Die Wunde kann nach dem Eingriff etwas schmerzen. Innerhalb von 14 Tagen bildet sich das Knochenmark vollständig nach.

4

5 ☒ Diskutiert eure Positionen zur persönlichen Bereitschaft zu einer Stammzellen-Spende in der Klasse.

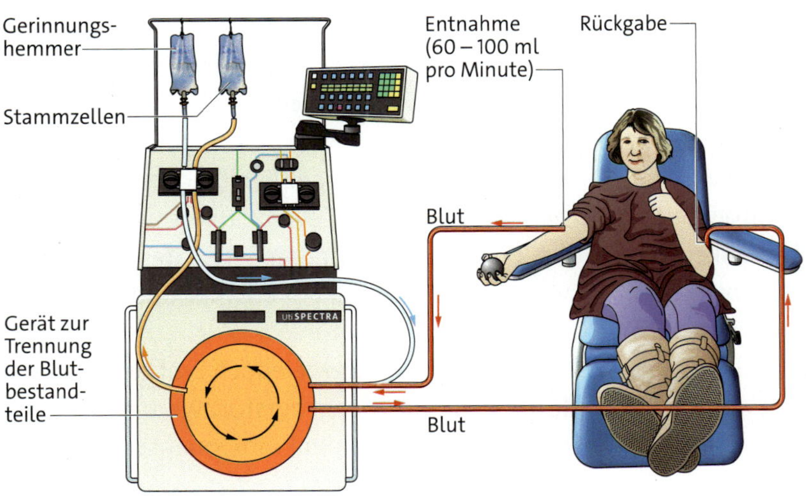


5 Periphere Stammzellen-Spende

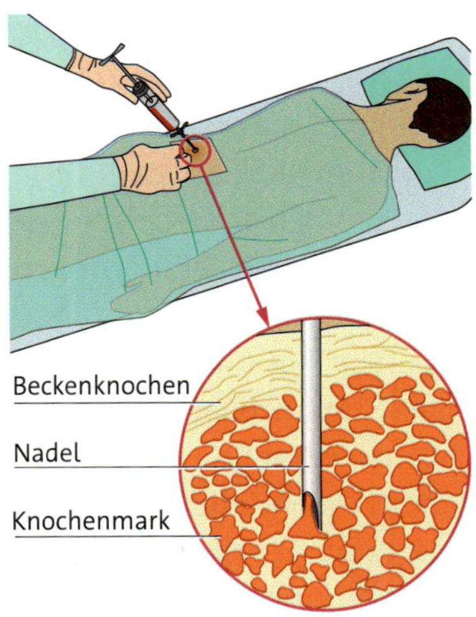


6 Knochenmark-Entnahme

# Stammzellen

## Erweitern und Vertiefen

### Die Stammzellen-Forschung

**Embryonenschutz** • Pluripotente Stammzellen haben für die Erforschung und Behandlung von Krankheiten einen Vorteil: Sie können sich zu allen Zelltypen differenzieren, die jeweils benötigt werden. Doch ihr Einsatz ist höchst umstritten, denn für ihre Gewinnung werden häufig menschliche Embryonen zerstört. In Deutschland ist dies nach dem Embryonenschutzgesetz verboten. → 2 Dagegen ist es in anderen Ländern erlaubt und wird intensiv angewandt. Die Forschung an embryonalen Stammzellen, die in anderen Ländern erzeugt wurden, ist in Deutschland unter bestimmten Auflagen erlaubt. → 2

**Pluripotente Stammzellen klonen** • Wenn sich Zellen durch Teilung vermehren, entstehen genetisch identische Tochterzellen. Dieser Mechanismus wird beim therapeutischen Klonen genutzt, um mithilfe embryonaler Stammzellen das Gewebe zu züchten, das eine Person benötigt. Hierfür wird der Person Hautgewebe entnommen, um daraus Körperzellen zu isolieren. → 1 Außerdem wird eine Eizell-Spenderin benötigt, der man eine reife Eizelle entnimmt. Der Zellkern der Eizelle wird entfernt und durch den Zellkern einer Körperzelle ersetzt. Dann wird die Eizelle zur Teilung angeregt. So entwickelt sich innerhalb einiger Tage der Bläschenkeim. Dessen Hülle wird zerstört, um die embryonalen Stammzellen zu entnehmen. Sie werden im Labor vermehrt und dazu angeregt, sich zu den benötigten Zellen zu entwickeln. Aus den Zellen wird Gewebe erzeugt, das der betroffenen Person eingesetzt wird. Weil die Stammzellen und die Körperzellen der Person genetisch identisch sind, kann das Gewebe übertragen werden, ohne dass es von den Zellen des Immunsystems als Fremdkörper erkannt und bekämpft wird.
Weil bei dem Verfahren jedoch Embryonen geklont und dann wieder zerstört werden, ist es in Deutschland nach dem Embryonenschutzgesetz verboten. → 2

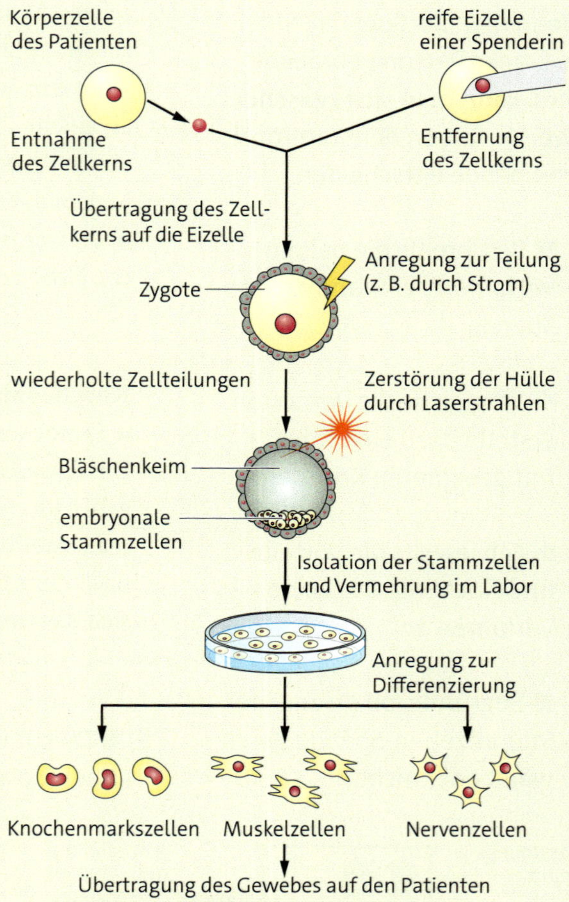


1 Therapeutisches Klonen

**§ 2 ESchG**
(1) Wer einen [...] menschlichen Embryo [...] zu einem nicht seiner Erhaltung dienenden Zweck [...] verwendet, wird [...] bestraft.

**§ 6 ESchG**
(1) Wer künstlich bewirkt, [dass] ein menschlicher Embryo mit der gleichen Erbinformation wie ein anderer Embryo, ein [Fetus], ein Mensch oder ein Verstorbener entsteht, wird [...] bestraft.

**§ 4 StZG**
(2) [Die] Einfuhr und die Verwendung embryonaler Stammzellen zu Forschungszwecken [sind] zulässig, wenn [...]
a) [sie] in Übereinstimmung mit der Rechtslage im Herkunftsland dort vor dem 1. Mai 2007 gewonnen wurden [...],
b) die Embryonen [...] zum Zwecke der Herbeiführung einer Schwangerschaft erzeugt worden sind [...],
c) für die Überlassung der Embryonen zur Stammzellgewinnung kein Entgelt [...] gewährt oder versprochen wurde.

2 Auszüge aus dem Embryonenschutzgesetz (EschG) und dem Stammzellgesetz (StZG)

**Körperzellen pluripotent machen** • Lange ging man davon aus, dass sich Körperzellen nicht mehr zu anderen Zelltypen entwickeln können, wenn sie erst einmal spezialisiert sind. Mittlerweile wurden jedoch Verfahren entwickelt, mit denen bereits differenzierte Körperzellen wieder in pluripotente Stammzellen umgewandelt werden. Man spricht dann von induzierten (ausgelösten) pluripotenten Stammzellen, kurz iPS-Zellen. Diese können sich unendlich oft teilen und alle Zelltypen bilden.
Die ersten iPS-Zellen wurden mit einem Verfahren erzeugt, bei dem bestimmte Gene in Körperzellen eingeschleust und in ihre DNA eingebaut wurden. Die Gene programmieren die Körperzellen um und machen sie wieder pluripotent. Der gentechnische Eingriff ist jedoch mit Risiken verbunden. Er kann beispielsweise zur Entstehung von Krebszellen führen. Deshalb werden weitere Verfahren erforscht, die weniger riskant sind. iPS-Zellen werden bislang hauptsächlich zur Erforschung von Krankheitsursachen und zur Entwicklung von Medikamenten eingesetzt. Weil sie nicht aus Embryonen gewonnen werden, gibt es keine moralischen Bedenken für ihren Einsatz in der Forschung und Medizin.

## Aufgaben

1 ◪ Nenne den Vorteil pluripotenter Stammzellen für die Forschung und Behandlung.

2 ◪ Beschreibe das Verfahren und das Ziel des therapeutischen Klonens. → 1

3 ◪ Erkläre, wieso der Einsatz embryonaler Stammzellen umstritten ist.

4 ◪ Erkläre, was iPS-Zellen sind.

5 ◪ Diskutiert eure Ansichten zur Forschung an embryonalen Stammzellen.

# Wann ist ein Mensch tot?

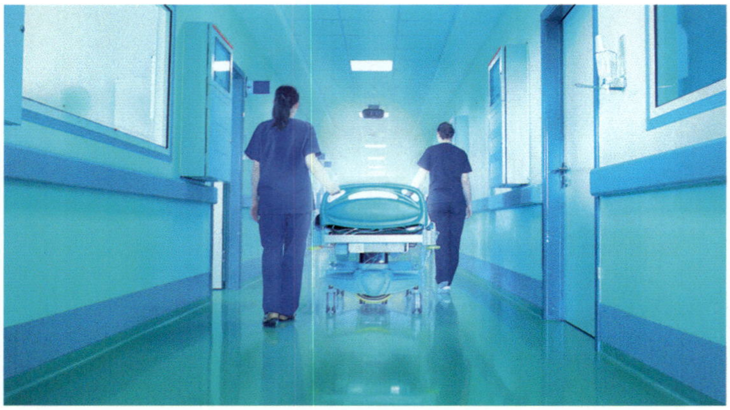

1 Ende des Lebenswegs

altgriechisch *kardia*: das Herz

altgriechisch *gramma*: das Geschriebene

**Wenn jemand stirbt, der uns nahestand, sind wir traurig. Aber Sterben gehört zum Leben dazu. Warum müssen wir eigentlich sterben und wann gilt ein Mensch als tot?**

**Warum wir sterben** • Neben Todesursachen wie Unfällen führen natürliche Vorgänge im Körper dazu, dass jeder Mensch irgendwann stirbt. Eine wesentliche Ursache ist, dass sich die Zellen nur noch langsam vermehren und Zellschäden seltener durch Reparaturvorgänge beseitigt werden. Das führt allmählich zu Funktionsverlusten bei den Organen, bis der Körper schließlich nicht mehr lebensfähig ist.

**Todeszeitpunkt** • Wenn ein Mensch nicht mehr atmet und das Herz nicht mehr schlägt, gilt er als klinisch tot. → 2 Manchmal kann er innerhalb weniger Minuten nach dem klinischen Tod mit medizinischen Maßnahmen wiederbelebt werden.
Wenn das Gehirn nicht mit Sauerstoff versorgt wird, beginnt es abzusterben. Nach etwa zehn Minuten kommt es zu Schäden, die nicht wieder behoben werden können. Ein Mensch gilt als hirntot, wenn das gesamte Gehirn nicht mehr funktioniert. Man kann dann keine Gehirnaktivitäten mehr messen. Der Ausfall des Gehirns kann nicht rückgängig gemacht werden.
Wenn die Funktionen aller Organe und Zellen endgültig verloren gegangen sind, liegt der biologische Tod eines Menschen vor.

**Ein Mensch gilt als klinisch tot, wenn Atmung und Herzschlag ausfallen. Beim Hirntod fällt die Funktion des gesamten Gehirns aus. Fallen die Funktionen aller Zellen und Organe aus, spricht man vom biologischen Tod.**

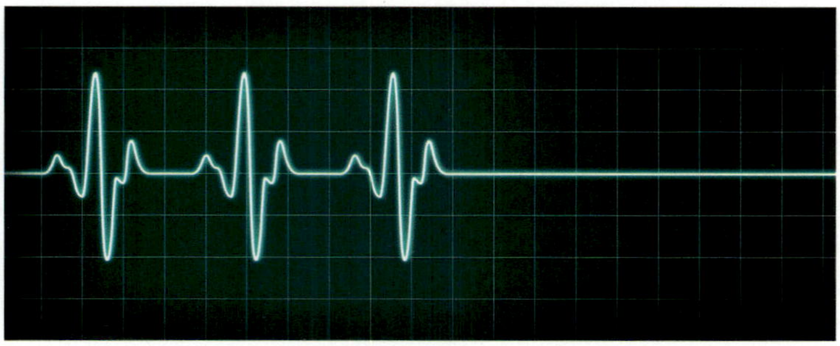

2 Herzstillstand – angezeigt durch eine Nulllinie im EKG

## Aufgaben

1 Nenne zwei Ursachen für den natürlichen Funktionsverlust von Organen bis zum Tod.

2 Beschreibe die Unterschiede zwischen klinischem Tod, Hirntod und biologischem Tod.

der klinische Tod
der Hirntod
der biologische Tod

## Material A

### Todeszeichen

1 ◩ Beschreibe, wie früher der Tod eines Menschen festgestellt wurde. → 3

2 ◩ Erkläre, warum man den Tod eines Menschen heute viel sicherer feststellen kann als früher.

3 Früher galt der Ausfall der Atmung als Todeszeichen. ◩ Erkläre, dass ein Mensch nicht endgültig tot sein muss, wenn er gerade aufgehört hat zu atmen.

4 ◩ Erkläre, warum eine Organspende nur nach einem Hirntod durchgeführt werden darf.

**Feststellung des Todes**
Früher gab es zur Feststellung des Todes keine technischen Hilfsmittel. Die Atmung wurde überprüft, indem man der bewusstlosen Person einen Spiegel vor den Mund hielt oder ein Wasserglas auf den Brustkorb stellte, um auch kleinste Bewegungen erkennen zu können. Außerdem wurden schmerzhafte Reize eingesetzt, um zu prüfen, ob der Mensch darauf reagiert. Oft wurden jedoch Menschen für tot erklärt, die eigentlich noch lebensfähig waren. So ein Irrtum wird heute durch vielfältige Untersuchungsmethoden verhindert.

3

4 Spiegel

5 Wasserglas

## Material B

### Todesursachen

Das Statistische Bundesamt erhebt jedes Jahr die Anteile verschiedener Krankheitsarten an den Todesursachen.

1 ◩ Ordne die Todesursachen nach ihrer Häufigkeit.

2 ◩ Ermittle Maßnahmen zur Vorbeugung der verschiedenen Todesursachen.

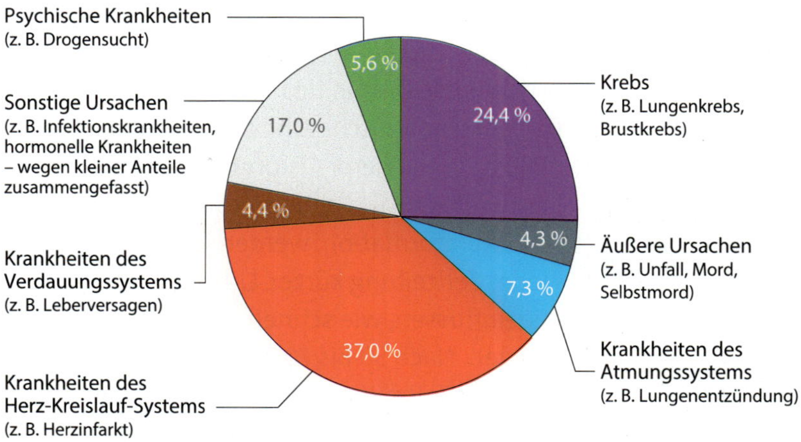


6 Todesursachen (Deutschland, 2017, Personenanzahl ≈ 932 500)

# Gesund alt werden

1 Gesund und glücklich bis ins hohe Alter

**Wir alle wünschen uns ein gesundes und langes Leben. Aber wieso altern wir überhaupt und können wir Einfluss darauf nehmen?**

**Altern** • Ab dem Tag der Geburt wird jeder Mensch älter. Vom Altern spricht man aber erst in der letzten Lebensphase. Wir verbinden damit eine Abnahme der körperlichen und geistigen Fähigkeiten. Der Prozess des Alterns wird von den Genen, der Lebensweise und von Umwelteinflüssen beeinflusst.

**Biologische Uhr** • Nach der Telomer-Hypothese tickt in uns von der Geburt an eine biologische Uhr. Dafür sind die Endstücke unserer Chromosomen verantwortlich, die Telomere. Sie schützen die Erbinformation, werden jedoch bei jeder Zellteilung kürzer. Unsere Gene beeinflussen, wie schnell sie sich verkürzen. Nach 50 bis 70 Zellteilungen sind die Telomere so kurz, dass sich die Zelle nicht mehr teilt. Sie stirbt oder bildet Stoffe, die Entzündungen fördern.

**Basiskonzept**

**Entwicklung**

→ Umschlag hinten

Menschen verändern sich körperlich und geistig von der Geburt an bis ins hohe Alter.

**Das Altern beeinflussen** • Das wirksamste Mittel, um gesund alt zu werden, ist ein Leben lang regelmäßig Sport zu treiben. Bewegung stärkt das Herz und verbessert die Konzentration. Wer bis ins hohe Alter neugierig bleibt, trainiert das Gehirn.
Wir können lebenslang lernen. Dafür braucht unser Gehirn aber Herausforderungen, zum Beispiel durch Reisen oder ein neues Hobby. Der Kontakt zu vertrauten Menschen ist wichtig für die psychische Gesundheit. Gemeinsame Erlebnisse vermindern Stress und haben einen ähnlich positiven Einfluss auf das Immunsystem wie guter Schlaf. Eine ausgewogene Ernährung senkt die Gefahr von Stoffwechselerkrankungen. Außerdem sollte man schon in jungen Jahren negative Einflüsse vermeiden. Dazu gehören Alkohol und Rauchen.

Der Prozess des Alterns wird durch die Gene, Umwelteinflüsse und die Lebensweise beeinflusst.

## Aufgaben

1 Nenne die Faktoren, die das Altern beeinflussen.

2 Erkläre die Telomer-Hypothese.

3 Erläutere an jeweils zwei Beispielen, wie man den Prozess des Alterns durch seine Lebensweise verlangsamen oder beschleunigen kann.

die Telomere
die Telomer-Hypothese

## Material A

### Lebenserwartung

**1** ☒ Gib die durchschnittliche Lebenserwartung von Personen mit deinem Geburtsjahr und Geschlecht an.

**2** ☒ Beschreibe anhand des Diagramms die Entwicklung der Lebenserwartung.

**3** ☒ Stelle Vermutungen zu den Gründen für die steigende Lebenserwartung an.

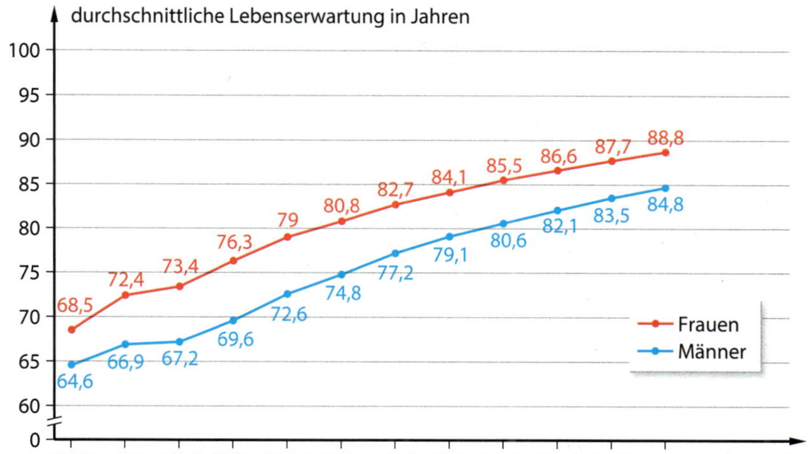


2 Durchschnittliche Lebenserwartung in Deutschland (Schätzwerte)

## Material B

### Sport hält gesund

**1** ☒ Beschreibe, wie sich Sport auf die Länge der Lebenszeit auswirkt. → 3

**2** ☒ Erläutere anhand des Versuchs, wie sich Sport auf die Zellalterung auswirkt. → 4

**3** ☒ Gib deine sportlichen Aktivitäten in Minuten pro Woche an und beurteile dies.

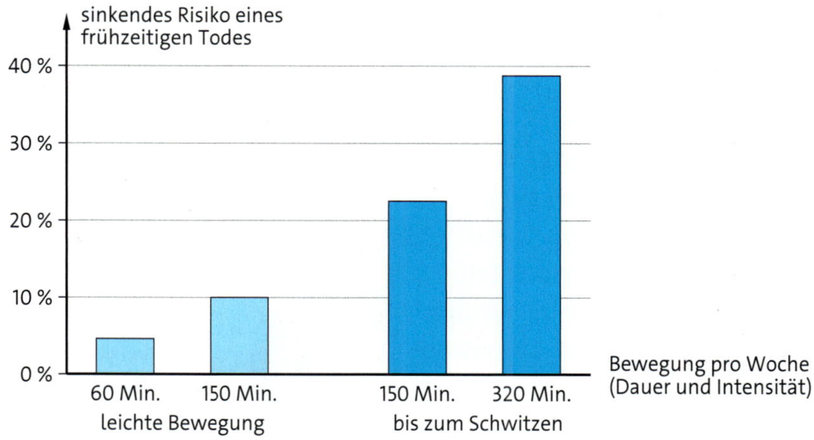


3 Sport schenkt Lebensjahre

Wissenschaftler untersuchten an drei Gruppen, wie sich Sport auf die Zellalterung auswirkt. Die erste Gruppe machte Ausdauersport, die zweite Gruppe machte Kraftsport, die dritte Gruppe machte keinen Sport. Das Ergebnis: Die Telomere der sportlichen Personen waren im Durchschnitt länger als die der unsportlichen. Bei den Ausdauersportlern war zudem ein Enzym aktiver, das die Telomere verlängert.

4

## Zusammenfassung

**Beginn des Lebens** • Es ist umstritten, ob das menschliche Leben mit der Befruchtung, im Verlauf der Entwicklung von Embryo und Fetus oder mit der Geburt beginnt.

**Künstliche Befruchtung** • Paaren, die ungewollt kinderlos sind, kann geholfen werden: Bei einer In-vitro-Fertilisation (IVF) wird eine reife Eizelle im Reagenzglas von einer Spermienzelle befruchtet. Bei der intrazellulären Spermien-Injektion (ICSI) wird eine Spermienzelle in die Eizelle gespritzt.

**Vorgeburtliche Untersuchungen** • Mithilfe von Ultraschall sowie Untersuchungen des Fruchtwassers, der Plazenta und der kindlichen DNA kann während der Schwangerschaft festgestellt werden, ob sich das Kind gesund entwickelt.

**Mitose und Zellteilung** • Wir wachsen, indem die Anzahl unserer Zellen zunimmt. Zellen vermehren sich durch Teilung. Diese beginnt mit der Teilung des Zellkerns, der Mitose. Dabei werden die 46 Ein-Chromatid-Chromosomen auf zwei Zellkerne verteilt. Im Anschluss werden das Zellplasma und die Zellbestandteile aufgeteilt. → 2 So entstehen aus einer Zelle zwei Tochterzellen mit identischen Erbinformationen.

1 Wachstum im Verlauf des Lebens

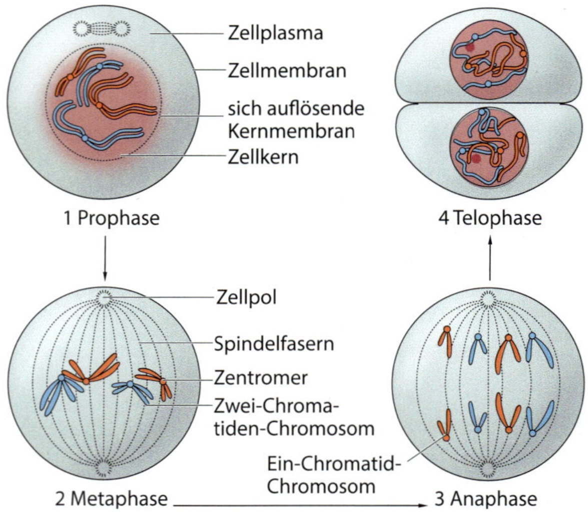


2 Schema zur Mitose

**Stammzellen** • Stammzellen können sich in verschiedene Zelltypen differenzieren. Embryonale Stammzellen sind je nach Entwicklungsstadium pluripotent oder totipotent. Adulte Stammzellen sind multipotent. Sie werden in der Medizin und in der Forschung eingesetzt.

**Todeszeitpunkt** • Ein Mensch gilt als klinisch tot, wenn Atmung und Herzschlag ausfallen. Beim Hirntod fällt die Funktion des Gehirns aus. Wenn alle Zellen und Organe ihre Funktion einstellen, spricht man vom biologischen Tod.

**Altern** • Im Alter nehmen unsere geistigen und körperlichen Fähigkeiten ab. Das liegt nach der Telomer-Hypothese daran, dass die Endstücke unserer Chromosomen bei jeder Zellteilung kürzer werden. Werden sie zu kurz, stirbt die Zelle.

## Teste dich! (Lösungen auf Seite 334)

### Beginn des Lebens

1 ☑ Beschreibe den Vorgang der Befruchtung.

2 ☒ Begründe, weshalb es unterschiedliche Meinungen zum Zeitpunkt des Beginns eines menschlichen Lebens gibt.

3 ☑ Nenne Faktoren, die zu einem unerfüllten Kinderwunsch führen können.

4 ☒ Begründe, welches Verfahren der künstlichen Befruchtung in welchem Fall zur Anwendung kommen kann:
a beeinträchtigte Eileiter
b beeinträchtigte Spermienzellen

5 Vorgeburtliche Untersuchungen
a ☑ Nenne Erkenntnisse, die bei Ultraschall-Untersuchungen gewonnen werden.
b ☒ Beschreibe zwei weitere Verfahren der vorgeburtlichen Untersuchung.

### Zellteilung und Zelldifferenzierung

6 ☑ Erkläre die Bedeutung der Zellteilung für das Wachstum des Körpers.

7 ☒ Beschreibe das Ergebnis der Mitose und anschließenden Zellteilung mithilfe von Bild 3.

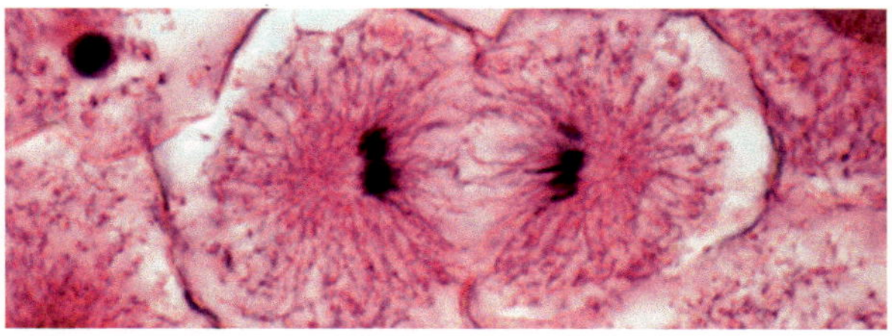

3 Mitose bei einer Leberzelle

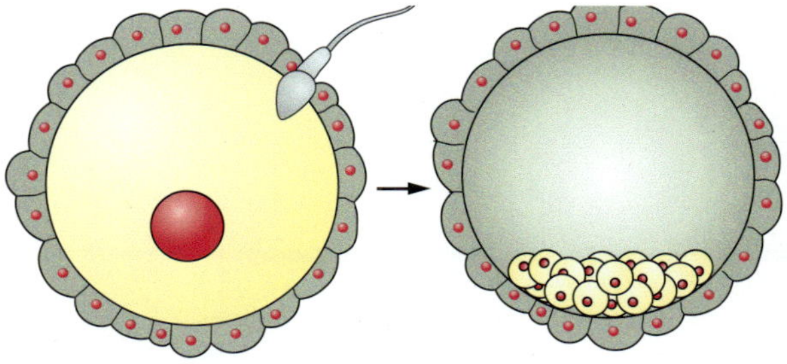

4 Von der Zygote zum Bläschenkeim

8 ☑ Nenne zwei Gewebe deines Körpers, in denen sich Stammzellen befinden.

9 ☒ Beschreibe die Aufgabe von Stammzellen.

10 ☒ Beschreibe die Entwicklung embryonaler Stammzellen mithilfe von Bild 4.

11 ☒ Erläutere die Bedeutung von adulten Stammzellen für die Medizin.

12 ☒ Erkläre den Unterschied zwischen Stammzellen und differenzierten Körperzellen.

13 Die Forschung an embryonalen Stammzellen ist umstritten.
a ☒ Begründe, weshalb das so ist.
b ☒ Beziehe selbst Position und begründe sie.

### Todeszeitpunkt

14 ☒ Nenne Anzeichen für den klinischen Tod und den Hirntod eines Menschen.

15 ☒ Begründe anhand von zwei Beispielen, warum die früheren Methoden zur Feststellung des Todes problematisch waren.

# Evolution

Ein Schnabeltier ist ein Säugetier, besitzt aber auch Merkmale der Reptilien. Warum ist das wichtig für die Evolutionsforschung?

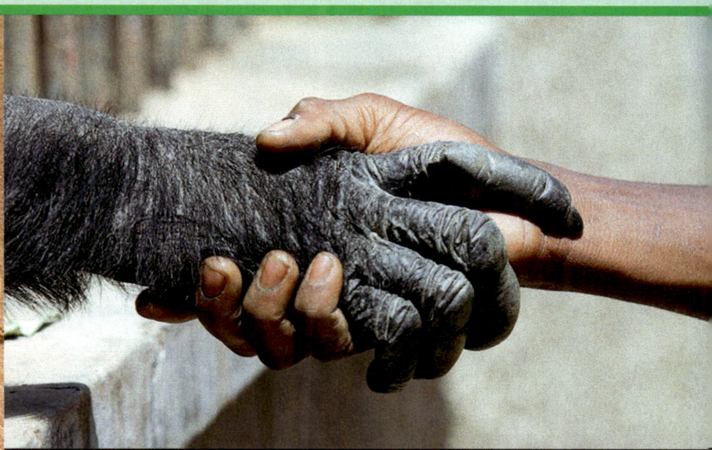

Von manchen Lebewesen aus längst vergangener Zeit sind Überreste erhalten geblieben. Wie kam es dazu und welche Bedeutung haben diese Überreste für die Wissenschaft?

Die Geschichte der Menschheit begann vor 5 bis 7 Millionen Jahren. Seitdem haben sich verschiedene Menschenarten entwickelt. Was weiß man über die Evolution des Menschen?

# Die Erdzeitalter

1 Überblick über die Entwicklung der Lebewesen im Laufe der Erdgeschichte

**Mit dem Urknall vor etwa 14 Milliarden Jahren entstand das Universum. Unsere Erde ist etwa 4,6 Milliarden Jahre alt. Wann und wie entwickelten sich die Lebewesen auf der Erde?**

**Entstehung der Erde und des Lebens •** Unser Sonnensystem und damit auch die Erde entstanden aus Gas und Staub. Die Erde bestand zunächst aus heißem Gestein. Dieses kühlte ab und bildete die feste Erdkruste. Aus dem Weltall schlugen Eisbrocken in die Erde ein. Aus dem Schmelzwasser entstanden die ersten Meere. Auch Gesteine schlugen ein, wodurch die Erde wuchs. Erst als sie eine bestimmte Größe hatte, der Abstand zur Sonne und die chemische Zusammensetzung der Atmosphäre stimmten, entwickelte sich das Leben auf der Erde. Die Entstehung und Veränderung von Lebewesen bezeichnet man als Evolution.
Wir unterscheiden vier Erdzeitalter, die jeweils wichtige Abschnitte in der Entwicklung der Erde markieren.

2 So könnte das erste Reptil ausgesehen haben.

**Erdfrühzeit •** Forschende nehmen an, dass sich die ersten Lebewesen vor etwa 3,5 Milliarden Jahren im Meer entwickelten. Dort entstanden einfach gebaute pflanzliche und tierische Einzeller. Einige Einzeller hatten die Fähigkeit zur Fotosynthese. Dadurch reicherte sich Sauerstoff im Meer und in der Atmosphäre an. Später entwickelten sich die ersten vielzelligen Pflanzen und Tiere.

**Erdaltertum •** Im Meer entwickelten sich verschiedene Tiere mit Skeletten, Panzern, Stacheln und Zähnen. → 3 Dazu zählen Stachelhäuter, Muscheln und Schnecken. Später entwickelten sich die Fische und damit die ersten Wirbeltiere. Mehr als 100 Millionen Jahre später besiedelten die ersten Pflanzen das Land. Zu der Zeit lebten im Meer auch die Vorfahren der ersten Landwirbeltiere. Aus ihnen entwickelten sich die ersten Amphibien, die das Land besiedelten. Später entwickelten sich die ersten Reptilien. → 2

die Evolution
die Erdfrühzeit
das Erdaltertum
das Erdmittelalter
die Erdneuzeit

Das Ende des Erdaltertums markiert ein Massensterben, bei dem 90 Prozent der Pflanzen- und Tierarten ausstarben.

**Erdmittelalter** • Die Reptilien waren im Erdmittelalter sehr verbreitet. Zu ihnen gehörten die Saurier. → 3 Sie eroberten schwimmend, laufend und fliegend viele Lebensräume. Zudem entwickelten sich die ersten Säugetiere, Vögel und Blütenpflanzen. Am Ende des Erdmittelalters schlug ein Meteorit aus dem Weltall in die Erde ein. Danach starben viele Pflanzenarten und Tierarten aus, auch die meisten Saurier.

**Erdneuzeit** • Die Erdneuzeit ist das Zeitalter der Säugetiere und Vögel. → 3 Nach dem Aussterben der Saurier übernahmen sie die nun freien ökologischen Nischen und entwickelten eine große Artenvielfalt. Vor ungefähr 6 Millionen Jahren entwickelten sich die Vorfahren des Menschen.

**Die Erdzeitalter markieren wichtige Abschnitte in der Entwicklungsgeschichte der Erde. Sie sind durch das Vorhandensein von Tierarten und Pflanzenarten gekennzeichnet.**

## Aufgaben

1 Nenne Voraussetzungen für die Entstehung von Leben auf der Erde.

2 Fasse die Entwicklungsschritte in den Erdzeitaltern in Stichpunkten in einer Tabelle zusammen.

3 Veränderungen im Verlauf der Erdzeitalter

# Die Erdzeitalter

## Material A

### Evolution in einem Jahr

| Erdzeitalter | Zeitraum | Vertreter |
|---|---|---|
| Erdneuzeit | 31. Dezember, gegen 19:30 Uhr | Mensch |
| | 17. Dezember | Vögel |
| | 11. Dezember | Säugetiere |
| Erdmittelalter | 8. – 25. Dezember | Saurier |
| Erdaltertum | 19. November | Fische, Amphibien |
| Erdfrühzeit | 1. Januar – 19. November | erste Einzeller, Fotosynthese, erste Vielzeller |

Zum besseren Verständnis kann man den Verlauf der Evolution auf ein Jahr übertragen.

1 Gestalte einen Kalender mit 12 Monaten.

2 Trage die Angaben der Tabelle in den Kalender ein.

3 Berechne, vor wie vielen Jahren die ersten Fische, Amphibien, Saurier, Säugetiere, Vögel und Menschen auftraten. Tipp: Ein Tag entspricht 10 Millionen Jahren.

## Material B

### Artenvielfalt

Im Verlauf der Erdzeitalter sind immer wieder neue Arten entstanden. Viele dieser Arten sind nach einiger Zeit wieder ausgestorben. Die Grenzen der Erdzeitalter sind durch Naturereignisse markiert, bei denen viele Arten auf einmal ausstarben. Bild 1 zeigt, wie sich die Artenvielfalt der Wirbeltiere im Verlauf der Erdzeitalter vermutlich verändert hat.

1 Gib an, was im Diagramm dargestellt ist. → 1

2 Beschreibe, wie sich die Artenvielfalt der Fische vom Erdaltertum bis zur Erdneuzeit verändert hat.

3 Vergleiche die Artenvielfalt der Wirbeltiergruppen in den verschiedenen Erdzeitaltern miteinander.

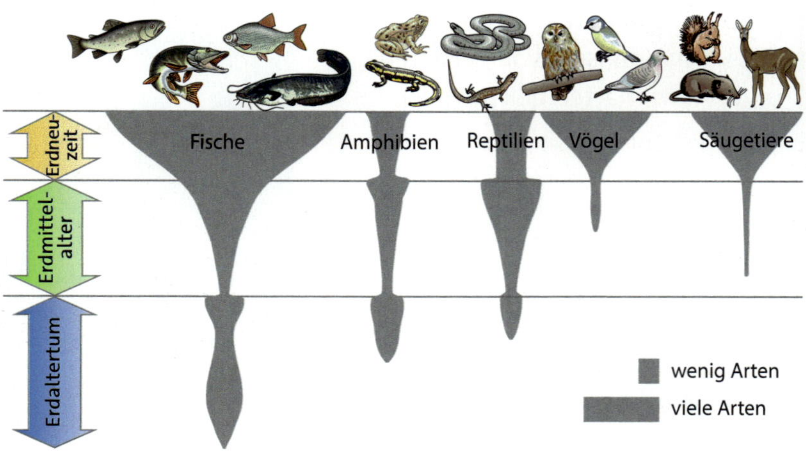


1 Artenvielfalt der Wirbeltiergruppen im Verlauf der Erdzeitalter

## Material C

### Vielfalt der Saurier

Heute weiß man, wie manche Saurier ausgesehen haben. Dabei sind sie schon vor 65 Millionen Jahren ausgestorben, nachdem ein riesiger Meteorit aus dem Weltall auf der Erde einschlug. Er löste Überschwemmungen und Waldbrände aus. Große Mengen Ruß und Wasserdampf verdunkelten für Jahrzehnte die Sonne. Es wurde kalt und dunkel. Die Pflanzen konnten keine Fotosynthese mehr betreiben und starben. Damit gab es keine Nahrung mehr und die meisten Tiere starben aus, auch die Saurier. Aus ihren Spuren können wir auf ihr Aussehen und ihre Lebensweise schließen.

1 Ordne den Sauriern A–E die Beschreibungen 1–5 zu.

2 Beurteile anhand des Aussehens der Saurier, in welchen Lebensräumen sie vorkamen. → 2

3 Erkläre, wieso die Saurier ausgestorben sind.

4 Erkläre, wieso nach dem Aussterben der Saurier eine große Artenvielfalt bei den Säugetieren entstand.

**1** Der Velociraptor war etwa 1 m hoch und bis zu 2 m lang. Er jagte im Rudel. Auf zwei Beinen konnte er sich vermutlich über 50 $\frac{km}{h}$ schnell fortbewegen. Seine spitzen Zähne und scharfen Krallen an den Fingern und Zehen halfen beim Fangen und Erlegen der Beute.

**2** Der Stegosaurus hatte eine Länge von etwa 9 m. Er war ein Pflanzenfresser. Mit Stacheln am Schwanzende konnte er sich verteidigen. Auf seinem Rücken befanden sich zwei Reihen von Knochenplatten, die vermutlich die Körpertemperatur regelten.

**3** Die Vordergliedmaßen des Pterodactylus waren mit einem stark verlängerten Finger und Flughäuten zu Flügeln mit einer Spannweite von bis zu 75 cm umgewandelt. Er jagte im Flachmeer nach Fischen.

**4** Der Plesiosaurier lebte im Meer. Sein Körper war spindelförmig und 3–15 m lang. Den kurzen Schwanz nutzte er vermutlich zur Steuerung im Wasser. Die Beine waren zu Flossen umgebildet. Seine Nahrung reichte von kleinen Fischen bis hin zu Haien oder Tintenfischen.

**5** Der Tyrannosaurus galt wegen seiner scharfen Zähne lange als größtes Raubtier aller Zeiten. Vermutlich ernährte er sich aber vor allem von Aas. Mit seinen relativ kurzen Beinen konnte er nicht schnell laufen.

2

# Das Leben entsteht

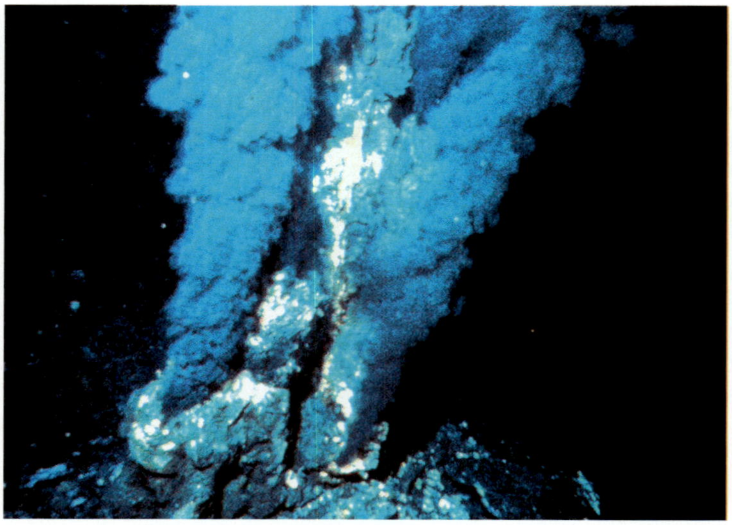

1 Schwarzer Raucher in der Tiefsee

**In der Erdfrühzeit herrschten auf der Erde extreme Bedingungen. In der Tiefsee findet man heute noch ähnliche Bedingungen. Kann hier das erste Leben auf der Erde entstanden sein?**

**Extreme Bedingungen** • Als die Erde entstand, bestand die Atmosphäre vor allem aus Kohlenstoffdioxid, Stickstoff und Wasserdampf sowie kleinen Anteilen anderer Gase wie Ammoniak, Methan und Wasserstoff. Sauerstoff war nicht vorhanden. Die Oberfläche der Erde bestand aus heißem Gestein. Durch die Hitze und die Zusammensetzung der Gase in der Atmosphäre entstanden elektrische Spannungen, die sich durch Blitze entluden.

**Chemische Evolution** • 1953 prüfte der Biochemiker Stanley Miller mit einem Experiment, ob unter den damaligen Bedingungen Leben entstehen konnte. Er stellte die frühere Atmosphäre nach und setzte sie Blitzen aus. Innerhalb weniger Tage konnte er verschiedene organische Verbindungen nachweisen, die zu den Bausteinen von Lebewesen zählen. Man spricht bei der Entstehung dieser ersten Moleküle auf der Erde von der chemischen Evolution. Miller schloss daraus, dass das Meerwasser mit diesen organischen Verbindungen angereichert war und sich hier das erste Leben entwickeln konnte.

**Schwarze Raucher** • Heute geht man davon aus, dass heiße Quellen am Boden der Tiefsee eine Rolle bei der Entstehung des Lebens spielten. Dort dringt Wasser durch Risse in die Erdkruste ein, wo es erhitzt und mit Mineralstoffen angereichert wird. Dann wird das heiße Wasser durch Schlote wieder abgegeben und kühlt schnell ab. Dadurch fallen die Mineralstoffe aus, was wie Rauchwolken aussieht. → 1
Daher nennt man die heißen Quellen auch Schwarze Raucher. Man vermutet, dass sich die ersten organischen Verbindungen oder auch erste einfache Lebensformen unter diesen Bedingungen gebildet haben könnten. Einen Hinweis darauf liefern Bakterien, die heute noch an den heißen Quellen leben.

**Das erste Leben ist wahrscheinlich in der Tiefsee entstanden.**

## Aufgabe

1 ☒ Erkläre die mögliche Bedeutung der heißen Quellen für die Evolution.

die chemische Evolution
der Schwarze Raucher

## Material A

### Das Miller-Experiment

1 Nenne die Frage, die Miller mit seinem Versuch klären wollte.

2 Beschreibe den Versuchsaufbau und die Versuchsdurchführung mithilfe von Bild 2.

3 Vergleiche die Bedingungen, die damals auf der Erde herrschten, mit den Bedingungen im Versuchsaufbau.

4 Erkläre anhand der Versuchsergebnisse die Bedeutung von Millers Versuch.

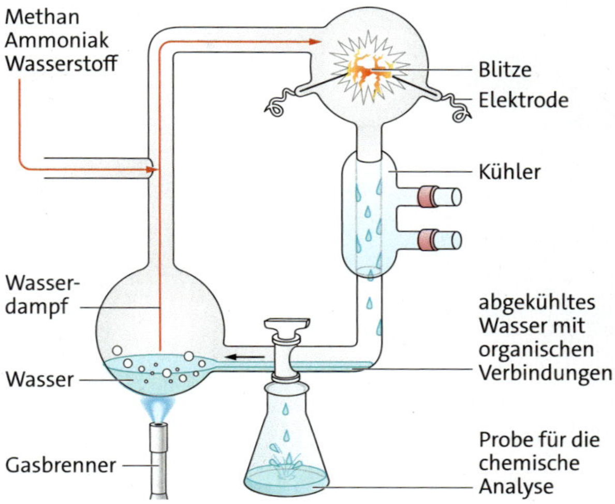


2 Versuchsaufbau des Miller-Experiments

## Material B

### Vorläufer der ersten Zellen

Die Vorläufer der ersten Zellen waren vermutlich einfache Strukturen aus Erbinformation, die von einer Hülle umschlossen waren. Bild 3 zeigt ein Labormodell zur Entstehung der Vorläufer-Zellen. Dabei spielen Fettsäuren eine Rolle, die nach Millers Experiment im Meerwasser vorhanden gewesen sein können.

1 Beschreibe den Aufbau eines Fettsäure-Moleküls und seine Eigenschaften im Wasser. → 3A

2 Erkläre, wie laut Labormodell die ersten Vorläufer-Zellen aus Fettsäuren im Meerwasser entstanden sein könnten. → 3B

3 Stelle eine Vermutung dazu an, wie Erbinformation in die Vorläufer-Zellen gelangte.

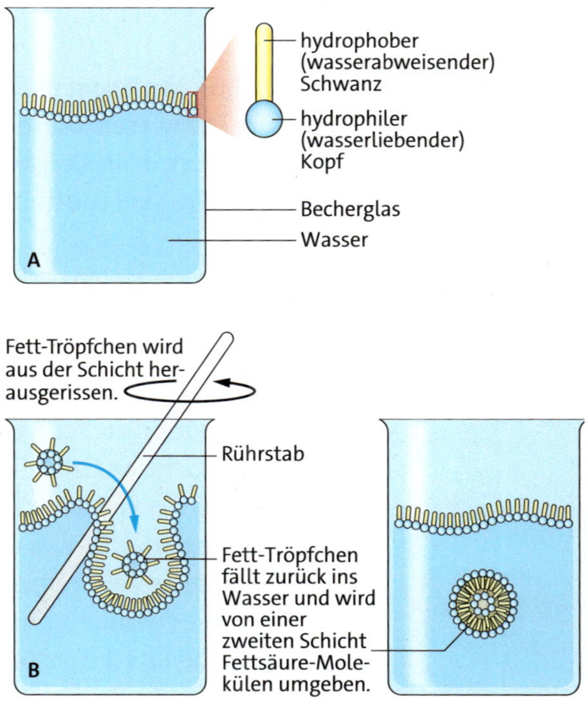


3 Modell zur Entstehung erster Vorläufer-Zellen

# Fossilien – Spuren der Vergangenheit

1 Freilegung eines Fossils

lateinisch *fossilis*: ausgraben

**In Steinbrüchen findet man Spuren früherer Lebewesen. Diese geben uns einen Einblick in die Vergangenheit der Erde. Was sind das für Spuren?**

**Fossilien** • Überreste von Pflanzen und Tieren, die nach ihrem Tod erhalten geblieben sind, werden Fossilien genannt. Man untersucht Fossilien, um die Entwicklung der Erde und der Lebewesen nachzuvollziehen. Forschende erkennen, in welchem Erdzeitalter die Lebewesen vorkamen und wie sie sich über lange Zeiträume verändert haben. Viele Fossilien stammen von Arten, die bereits ausgestorben sind. Fossilien sind Beweise dafür, dass die Evolution stattgefunden hat.

**Entstehung von Fossilien** • Wenn ein Lebewesen stirbt, wird es von Mikroorganismen abgebaut, die Sauerstoff verbrauchen. Wenn der tote Körper jedoch von Sand, Schlamm oder Lava eingeschlossen wird, sodass er vor Sauerstoff geschützt ist, wird er nicht abgebaut, sondern bleibt erhalten. Weil auf dem Meeresgrund oft sauerstofffreie Bedingungen herrschen, stammen die meisten Fossilien von früheren Meereslebewesen, zum Beispiel von Trilobiten. → 2 Den Vorgang der Entstehung von Fossilien bezeichnet man als Fossilisation. Da hierfür ganz bestimmte Bedingungen herrschen müssen, ist die Fossilisation ein sehr seltenes Ereignis. Nur wenige Arten, die früher gelebt haben, sind als Fossilien überliefert.

**Fossilformen** • Je nach Vorgang der Fossilisation unterscheidet man verschiedene Fossilformen. Nachdem ein totes Lebewesen von Sand, Schlamm oder Lava überdeckt wurde, zerfallen zunächst die Weichteile. Harte Teile wie Knochen oder Zähne können hingegen erhalten bleiben. Sie werden unter dem Druck in ihrer Struktur verändert und zu Stein umgewandelt. Solche Fossilien bezeichnet man als Versteinerung. → 2 Wenn der Körper eines Lebewesens vollständig abgebaut wurde, kann der Abdruck im Schlamm erhalten bleiben. Abdrücke können aber auch von Lebewesen stammen, die zu dem Zeitpunkt noch lebendig waren. Ein Beispiel sind die Fußspuren von Sauriern. → 3

das Fossil
die Fossilisation
die Versteinerung
der Abdruck
das Leitfossil

**Gesteinsschichten aus früheren Zeiten** • Auf unserer Erdoberfläche lagern sich stetig lockere Materialien wie Sand oder Schlamm ab und verfestigen sich anschließend zu Gestein. Auf diese Weise sind über lange Zeiträume der Erdgeschichte verschiedene Gesteinsschichten entstanden. → 4 Schichten, die weiter unten liegen, sind älter als Schichten, die weiter oben liegen.

**Leitfossilien** • In manchen Gesteinsschichten findet man Fossilien von Pflanzen und Tieren, die nur kurze Zeit gelebt haben, aber in großer Zahl vorkamen und weit verbreitet waren. Man nennt sie Leitfossilien. Trilobiten sind zum Beispiel Leitfossilien des Erdaltertums. → 2 Ammoniten sind Leitfossilien des Erdmittelalters und Erdaltertums. → 4 In Gesteinsschichten, die in anderen Erdzeitaltern gebildet wurden, findet man diese Lebewesen nicht.

**Altersbestimmung** • Forschende ziehen Leitfossilien heran, um das Alter des Gesteins zu bestimmen. Gesteinsschichten von verschiedenen Orten auf der ganzen Welt mit den gleichen Leitfossilien haben ungefähr das gleiche Alter. Außerdem stammen alle Fossilien, die in derselben Gesteinsschicht gefunden werden, aus dem gleichen Erdzeitalter. Mit weiteren Verfahren werden Gesteinen und Fossilien die genauen Zeitangaben zugeordnet.

**Fossilien sind Überreste von Tieren und Pflanzen, die vor langer Zeit gestorben sind.**

2 Versteinerung eines Trilobiten

3 Fußspur eines Sauriers

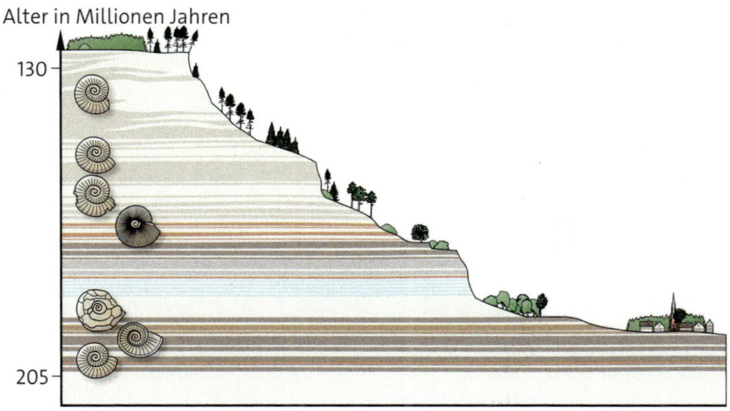


4 Ammoniten in verschiedenen Gesteinsschichten

## Aufgaben

1 Erkläre, was Fossilien sind.

2 Erkläre die Bedeutung von Fossilien für die Wissenschaft.

3 Beschreibe die Bedingungen, die Fossilien erfüllen müssen, um als Leitfossilien eingestuft zu werden.

4 Erkläre die Bedeutung von Leitfossilien für die Altersbestimmung von Gesteinen und Fossilien aus derselben Schicht.

# Fossilien – Spuren der Vergangenheit

## Material A

### Entstehung von Fossilien

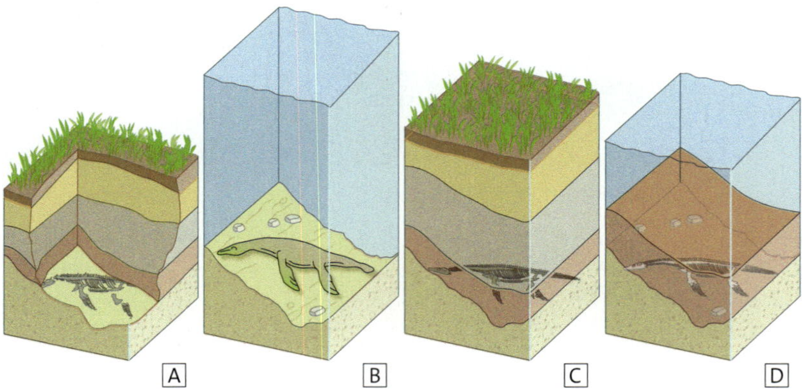


1 Entstehung von Fossilien

1 Ordne die Bilder A–D in der richtigen Reihenfolge.

2 Beschreibe die Entstehung des Fossils in Bild 1.

3 Begründe, warum es sich nicht um einen Abdruck handelt, sondern um eine Versteinerung.

4 Begründe, wieso Fossilien aus den tieferen Gesteinsschichten älter sind.

## Material B

### Leitfossilien

1 Gib Leitfossilien für die Zeitabschnitte Tertiär und Ordovizium an.

2 Stelle in einer Tabelle dar, in welchem Zeitabschnitt die Lebewesen jeweils als Leitfossilien gelten.

3 Erläutere an einem Beispiel, inwiefern Leitfossilien zur Altersbestimmung herangezogen werden.

4 Erkläre, wieso Trilobiten im Karbon vorkommen, aber keine Bedeutung als Leitfossilien haben.

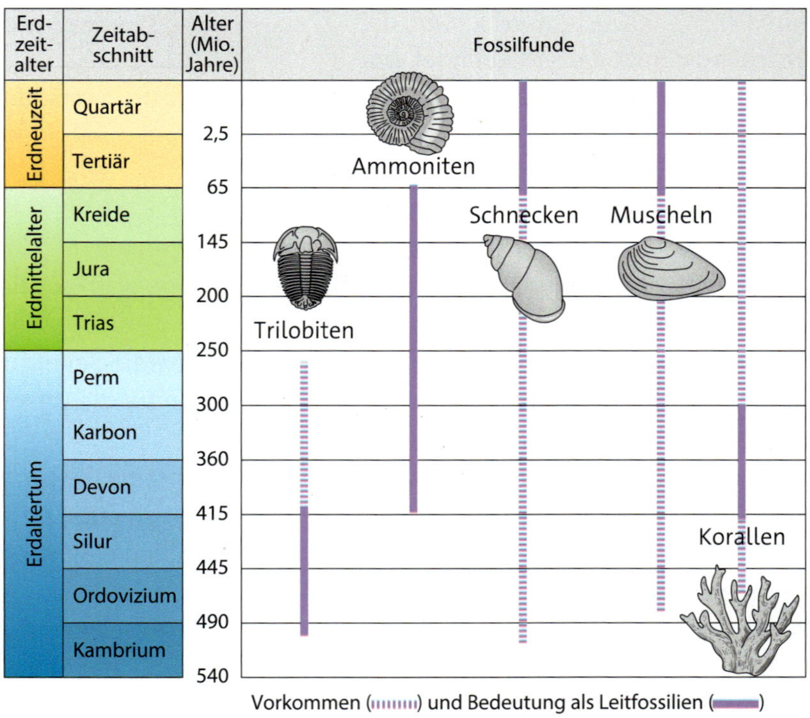


2 Vorkommen von Fossilien in unterschiedlich alten Gesteinsschichten

## Material C

### Fossilien sammeln und einordnen

Es gibt einige Orte in Deutschland, an denen man selbst nach Fossilien suchen kann. Dazu gehören zum Beispiel Steinbrüche. → 3
In vielen werden Exkursionen für Lernende angeboten. Dort kannst du deine Kenntnisse über Fossilien praktisch anwenden. Meist wirst du dort auch mit allem ausgestattet, was du für die Fossiliensuche brauchst. → 4

**Materialliste:**
feste Schuhe, Arbeitshandschuhe, Hammer, Meißel, Sammelbehälter, Lupe, Schreibmaterialien, Bestimmungsbücher, Schutzbrille, Helm

3 Aus Solnhofen stammen einige der weltweit berühmtesten Fossilien. Hier gibt es auch einen Hobbysteinbruch.

4 Auf Exkursionen kannst auch du Fossilien bergen: **A** Spalten eines Steins, **B** verborgenes Fossil, **C** Abbürsten eines Fossils

1 Setze die Schutzbrille auf und suche im Schutt des Steinbruchs. Schlage größere Steine mit dem Hammer auf. → 4A
Bewahre jedes Fundstück in dem Sammelbehälter auf.

**Achtung** • Halte dich unbedingt an die Anweisungen, die dir von den betreuenden Personen vor Ort gegeben werden.

2 Wertet eure Funde gemeinsam in der Klasse aus.
a ⊠ Bestimmt eure Fossilien mithilfe von Bestimmungsbüchern.
b ⊠ Erstellt zu jedem Fundstück eine Beschriftungskarte. Nennt jeweils den Namen, den Ort und das Datum des Fundes sowie den Namen der Person, die das Fossil gefunden hat.

3 ⊠ Bereitet gemeinsam eine Ausstellung vor, in der ihr alle eure Fundstücke präsentiert. Versucht dabei, die Fossilien entsprechend der Zeiten anzuordnen, in denen sie vorgekommen sind. Bild 2 aus Material B kann euch dabei helfen.

4 ◩ Stimmt begründet ab, welches das beste Fundstück ist.

# Vom Wasser ans Land

1 Wirbeltiere: **A** Karpfen, **B** Kröte, **C** Schlange, **D** Wolf, **E** Amsel

**Die Vorfahren der Wirbeltiere lebten im Wasser. Heute leben Wirbeltiere auch an Land. Wie erfolgte der Übergang vom Wasser ans Land?**

**Wirbeltiere** • Alle Fische, Amphibien, Reptilien, Vögel und Säugetiere sind miteinander verwandt, denn sie haben einen gemeinsamen Vorfahren. Das erkennt man unter anderem an gemeinsamen Merkmalen wie der Wirbelsäule und den zwei Paar Gliedmaßen.

**Vom Wasser ans Land** • Die Vorfahren der Landwirbeltiere lebten vor mehr als 400 Millionen Jahren. Ihre Fossilien weisen fischtypische Merkmale auf. Das zeigt, dass sie im Wasser lebten. Durch Fossilfunde kann man nachvollziehen, dass aus ihnen später Wirbeltiere mit Angepasstheiten hervorgingen, die es möglich machten, das Wasser zeitweise zu verlassen. Noch später entwickelten sich Wirbeltiere, die dauerhaft an Land lebten. Den Übergang vom Leben im Wasser zum Leben an Land bezeichnet man als Landgang. Ein Grund für den Landgang war vermutlich das große Angebot an Nahrung durch die Pflanzen und wirbellosen Tiere, die sich schon früher an Land ausgebreitet haben.

**Fische mit Lungen und starken Flossen** • Zu den nahen Verwandten der ersten Landwirbeltiere zählen Fische, die an das Flachwasser angepasst waren. Sie besaßen nicht nur Kiemen, sondern auch einfach gebaute Lungen. → 2A 2B 2D 2E Über diese konnten sie atmen, indem sie an der Wasseroberfläche Luft schluckten. Zudem hatten sie muskulöse Flossen, mit denen sie sich über den Boden des Gewässers bewegen konnten. Forschende gehen davon aus, dass es über 100 Fischarten gab, die zeitweise an Land gingen. Daraus haben sie abgeleitet, dass die Landwirbeltiere nicht aus einem einzigen Vorfahren hervorgegangen sind, sondern dass der Landgang wahrscheinlich durch unterschiedliche Vertreter erfolgt ist.

**Ur-Amphibien** • Die Fossilien der ersten Amphibien weisen vier kurze, kräftige Gliedmaßen auf. → 2C Das zeigt, dass sie sich an Land fortbewegen konnten. Sie blieben aber zum Schutz der Haut und für die Eiablage auf das Wasser angewiesen, wie die heutigen Amphibien.

der Landgang

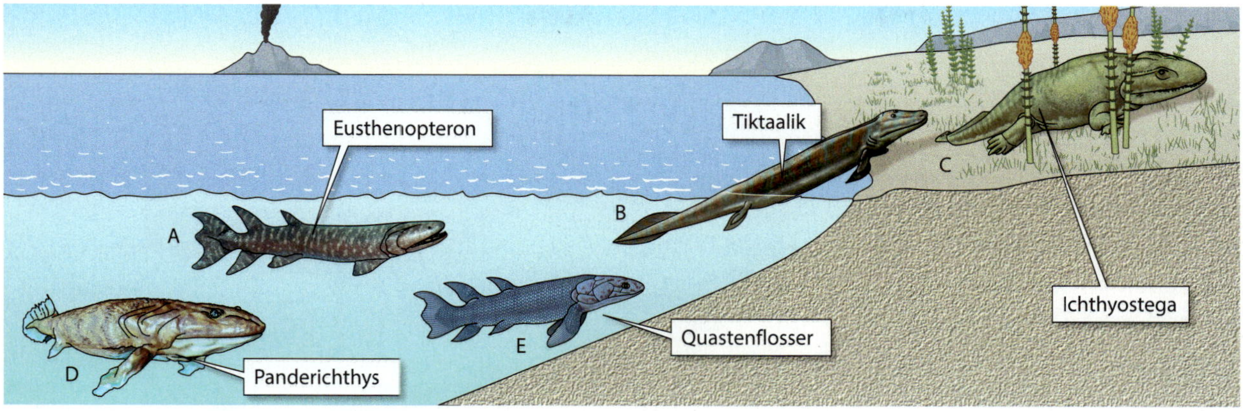


2 Verschiedene Vertreter der Wirbeltiere mit Angepasstheiten an Wasser und Land

**Ur-Reptilien** • Vor 370 Millionen Jahren traten die ersten Wirbeltiere auf, die dauerhaft an Land leben konnten. Ihre Haut war durch Hornschuppen vor dem Austrocknen geschützt. Sie legten Eier mit Schale, in denen sich ihre Nachkommen entwickelten. Dies ermöglichte die Fortpflanzung an Land. Diese Merkmale weisen die heutigen Reptilien auch auf.

**Ur-Säugetiere** • Die Fossilien der ersten Säugetiere sind ungefähr 275 Millionen Jahre alt. Die Säugetiere entwickelten sich aus einer Gruppe von Reptilien, die ausgestorben ist. Sie waren die ersten gleichwarmen Tiere mit einem Fell, das sie vor den wechselnden Temperaturen schützte. Außerdem wiesen sie eine neue Form der Fortpflanzung auf: Ihre Nachkommen entwickelten sich im Körper der Mutter und wurden nach der Geburt mit Milch gesäugt.

**Ur-Vögel** • Die Vorfahren der ersten Vögel waren wahrscheinlich kleine flugfähige Raubsaurier mit Federn. Die ältesten vogelähnlichen Fossilien sind ungefähr 180 Millionen Jahre alt. Sie zeigen mit den Flügeln und Federn sowie dem leichten Körperbau Angepasstheiten an den Lebensraum Luft, so wie die heutigen Vögel auch.

Die Evolution der Landwirbeltiere begann im Wasser. Verschiedene Angepasstheiten in der Atmung, Fortbewegung und Fortpflanzung ermöglichten den Landgang.

## Aufgaben

1 Nenne die Wirbeltiergruppen in der Reihenfolge ihrer Entstehung.

2 Beschreibe die Entwicklung der Wirbeltiere vom Leben im Wasser zum Leben an Land.

3 Erläutere die verschiedenen Angepasstheiten, die für den Landgang der Wirbeltiere notwendig waren.

# Vom Wasser ans Land

## Material A

### Landgang

Vor 360 Millionen Jahren gab es in den Meeren eine große Vielfalt an Fischarten, die an das Leben im Flachwasser angepasst waren. Sie besaßen Lungen und die Skelette ihrer Flossen waren den Skeletten der Gliedmaßen späterer Landwirbeltiere mehr oder weniger ähnlich. Wer die Vorfahren der ersten Landwirbeltiere waren, kann man nicht mit Sicherheit sagen. Das liegt daran, dass aus dem Übergangszeitraum kaum Fossilien vorhanden sind.

1 Nenne Angepasstheiten der drei Vertreter an das Leben im Wasser und an Land. → 2 – 4

2 Beschreibe den Aufbau und die wahrscheinlichen Funktionen der Vordergliedmaßen der drei Vertreter. → 1

3 Begründe anhand der Merkmale der drei Vertreter, ob die folgende Aussage stimmt oder nicht: Erste Angepasstheiten an das Leben an Land entwickelten sich, als die Wirbeltiere noch im Wasser lebten.

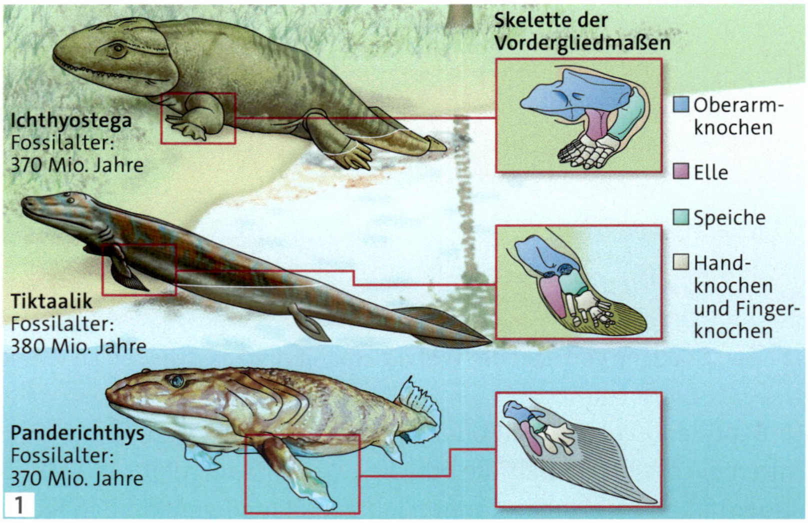

1

**Ichthyostega** Er verfügte über Merkmale der Fische, wie den stromlinienförmigen Körper, Schuppen und die Schwanzflosse, aber auch über Merkmale der heutigen Amphibien. Er hatte eine Lunge, aber keine Kiemen. Seine seitlich abgespreizten Gliedmaßen waren an einem Schulter- und Beckengürtel aufgehängt. Die Hintergliedmaßen waren paddelförmig. Die Vordergliedmaßen waren deutlich größer und kräftiger. Damit konnte er sich zeitweise an Land fortbewegen.

2

**Tiktaalik** Er besaß Flossen, Schuppen, Kiemen und eine einfache Lunge. Sein Hals, die Rippen und die Vordergliedmaßen sahen aber aus wie bei einem Landtier. Er konnte sich wahrscheinlich aufrichten, um den Kopf aus dem Wasser zu heben.

3

**Panderichthys** Das Skelett seiner Brustflossen ähnelte dem Skelett von Gliedmaßen. Auch Vorläufer von Fingerknochen und Zehenknochen waren vorhanden. Die Bauchflossen waren dagegen fischähnlich. Er hatte eine einfache Lunge und Kiemen sowie Schuppen.

4

## Material B

5 Fossil eines Ur-Farns

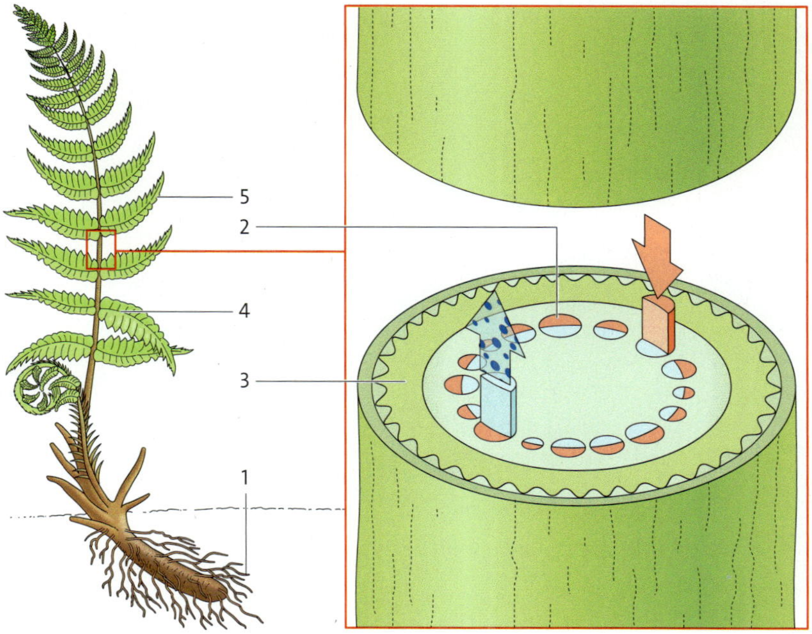


6 Bau einer Farn Pflanze

### Pflanzen erobern das Land

Die ersten Pflanzen besiedelten das Land lange vor den Wirbeltieren. Die ältesten Fossilien sind über 470 Millionen Jahre alt. Die Landpflanzen stammen wahrscheinlich von Algen ab, die im Flachwasser lebten. Ihr Landgang setzte verschiedene Angepasstheiten voraus.

**Angepasstheiten** Mit ihren Wurzeln sind die Pflanzen im Boden verankert und nehmen Wasser und Mineralstoffe auf. Durch Leitgewebe werden Wasser und Mineralstoffe in der Pflanze verteilt. Stützgewebe halten die Pflanze aufrecht. Eine feine Wachsschicht auf den Laubblättern, die Kutikula, schützt die Pflanze vor Wasserverlust. Auf der Unterseite der Laubblätter befinden sich kleine Öffnungen, die Spaltöffnungen. Durch sie nimmt die Pflanze Kohlenstoffdioxid aus der Luft auf. Dieses benötigt sie für die Fotosynthese.

7 Angepasstheiten der Farne

1 Nenne Angepasstheiten von Pflanzen wie Farnen an das Leben an Land. → 7

2 Ordne den Nummern in Bild 6 die Angepasstheiten aus dem Text zu.

3 Wähle zwei Angepasstheiten aus und begründe, wieso sie bei den Umweltbedingungen an Land für die Pflanzen nützlich sind.

4 Erkläre, inwiefern der Landgang der Pflanzen eine wichtige Voraussetzung für den späteren Landgang der Wirbeltiere war. Bedenke, welche wichtige Bedeutung Pflanzen für Tiere haben.

# Stammbäume zeigen die Verwandtschaft

1 Krokodil und Vogel – zwei nah verwandte Tiere

**Krokodile und Vögel sehen völlig unterschiedlich aus. Trotzdem haben sie einige gemeinsame Merkmale. Was kann man daraus schließen?**

**Alle Wirbeltiere sind verwandt** • Einige gemeinsame Merkmale aller Wirbeltiere sind ein Skelett aus Knochen mit Wirbelsäule und Rückenmark, zwei Paar Gliedmaßen, ein vom Schädelknochen umschlossenes Gehirn, ein in Kopf und Rumpf gegliederter Körper sowie ein geschlossenes Blutgefäßsystem. Diese Kombination von Merkmalen findet man nur bei den Wirbeltieren. Daraus schließt man, dass es einen Vorfahren gegeben hat, aus dem sich über viele Millionen Jahre alle Wirbeltiergruppen entwickelt haben. Weil es einen gemeinsamen Vorfahren gibt, sagt man, die Wirbeltiere sind miteinander verwandt.

**Stammbaum** • Wenn man die genauen verwandtschaftlichen Beziehungen von Lebewesen darstellen möchte, stellt man einen Stammbaum auf. → 2 Hierzu werden verschiedene Informationen benötigt. Zum einen vergleichen Forschende die Merkmale heute lebender Arten. Gemeinsame Merkmale können auf eine Verwandtschaft hinweisen. Zum anderen gelingt es oft mithilfe von Fossilien die Entwicklung nachzuvollziehen. Heute nutzt man zusätzlich Methoden wie die Analyse der Erbinformationen. Je mehr Übereinstimmungen gefunden werden, desto näher sind Lebewesen miteinander verwandt.

**Abzweigungen** • Lebewesen zeichnen sich durch bestimmte Merkmale aus, die sich im Verlauf der Evolution entwickelt haben. Wenn ein neues Merkmal aufgetreten ist, wird dies im Stammbaum durch eine Abzweigung dargestellt. → 2 Alle nachfolgenden Lebewesen, die auch dieses Merkmal tragen, werden einer neuen Gruppe zugeordnet. Die Vertreter der Gruppe grenzen sich klar durch dieses neue Merkmal von ihrem Vorfahren ab. Sie haben aber auch noch ursprüngliche Merkmale mit ihm gemeinsam. Zum Beispiel haben Krokodile und Vögel zwei Paar Gliedmaßen, doch bei den Vögeln wurde ein Paar zu Flügeln umgebildet. Im Verlauf der Evolution entwickelten sich immer wieder neue Tiergruppen, sodass die Vielfalt größer wurde. Das erkennt man an neuen Abzweigungen im Stammbaum.

der Stammbaum
der letzte gemeinsame Vorfahre

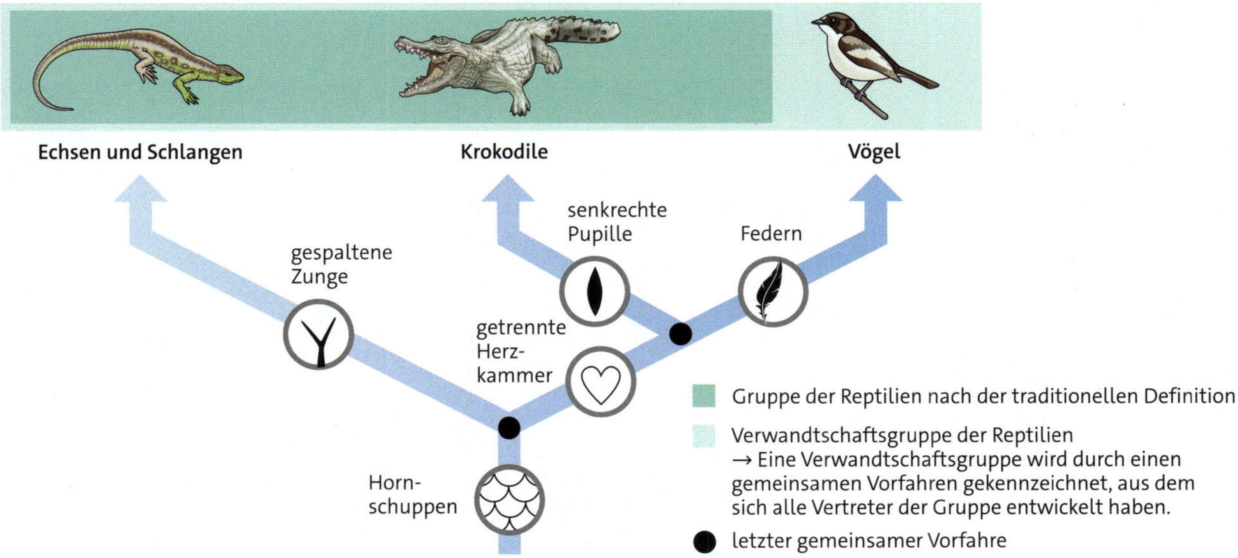


2 Ausschnitt aus dem Stammbaum der Landwirbeltiere

**Letzter gemeinsamer Vorfahre** • Wenn wir von Reptilien sprechen, meinen wir üblicherweise Krokodile, Echsen und Schlangen. Werden aber die verwandtschaftlichen Beziehungen im Stammbaum dargestellt, würden die Vögel theoretisch auch in diese Gruppe gehören. → 2 Alle Vertreter der Gruppe haben neu entwickelte Merkmale gemeinsam, sie weisen zum Beispiel alle Hornschuppen auf. Der Begriff Reptilien ist daher problematisch. Die Untergruppen zu benennen, ist unproblematisch. Wie nah diese miteinander verwandt sind, erkennt man daran, wie lange die Existenz des letzten gemeinsamen Vorfahren zurückliegt. Bei den Vögeln und Krokodilen liegt der letzte gemeinsame Vorfahre nicht so lange zurück wie bei den Krokodilen, Echsen und Schlangen. Die Verwandtschaft zwischen Vögeln und Krokodilen ist daher enger als die Verwandtschaft zwischen Krokodilen, Echsen und Schlangen.

**Lebewesen sind durch gemeinsame Vorfahren verbunden. Wie nah oder entfernt verschiedene Gruppen miteinander verwandt sind, wird in Stammbäumen gezeigt. Je kürzer die Existenz des letzten gemeinsamen Vorfahren zurückliegt, desto näher sind zwei Gruppen verwandt.**

## Aufgaben

1 Erkläre, was in Stammbäumen dargestellt wird.

2 Erkläre, woran man erkennt, dass die Vögel mit den Krokodilen verwandt sind. Dabei hilft dir der Stammbaum in Bild 2.

# Stammbäume zeigen die Verwandtschaft

## Material A

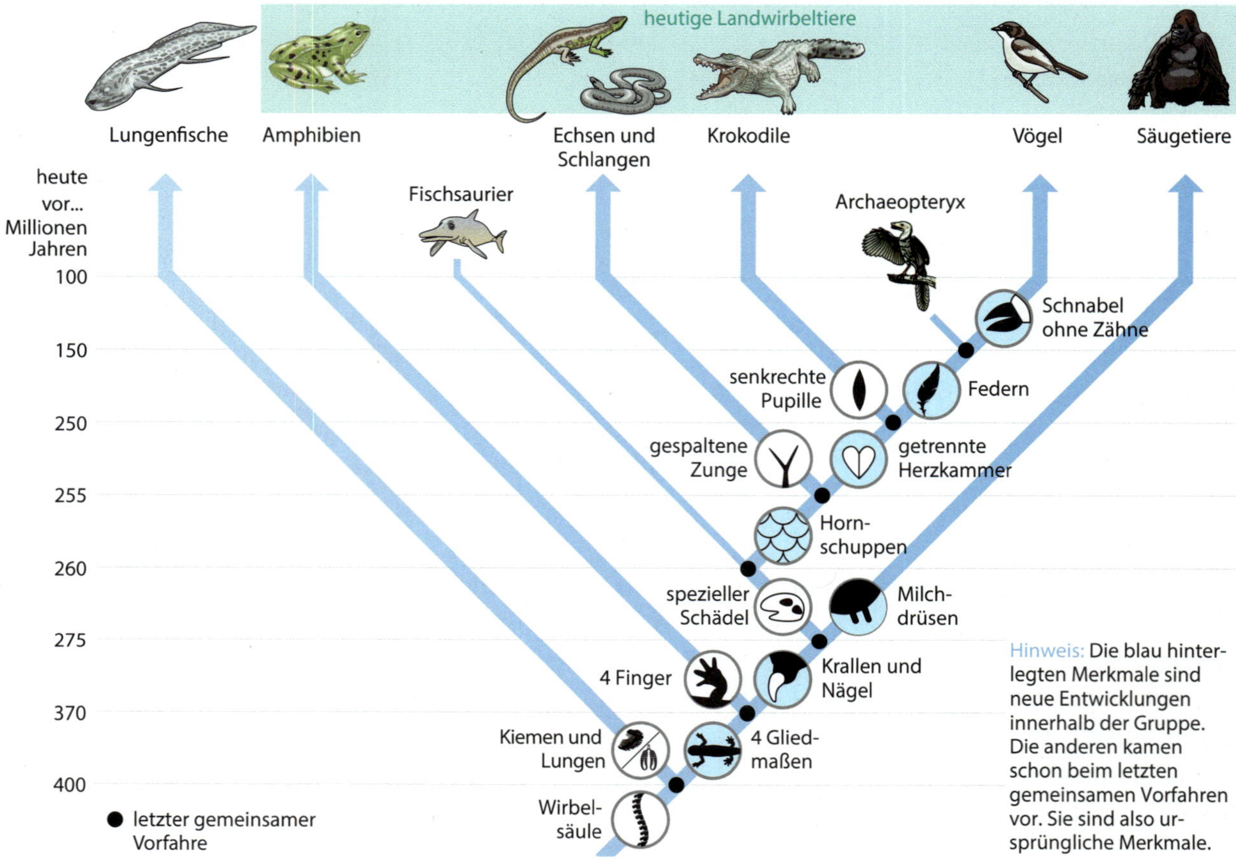


1 Vereinfachte Darstellung des Stammbaums der Landwirbeltiere

### Landwirbeltiere

**1** Landwirbeltiere → 1

a Gib die im Stammbaum angezeigten Tiergruppen in der Reihenfolge ihrer Entwicklung an.

b Ordne das Vorkommen der jeweils ersten Vertreter ungefähr zeitlich ein.

c Gib die neuen Merkmale an, durch die sich die Gruppen jeweils auszeichnen.

**2** Erkläre, was es bedeutet, dass die Krokodile und die Vögel im Stammbaum näher zusammenstehen als die Vögel und Amphibien.

**3** Beschreibe die Evolution der Landwirbeltiere anhand des Stammbaums. Beginne bei den Amphibien und gib an, welche Tiergruppen sich jeweils aus gemeinsamen Vorfahren entwickelten.

**4** Begründe, weshalb die Abzweigungen zu den Landwirbeltiergruppen als Pfeile dargestellt sind und die Abzweigungen der Fischsaurier und des Archaeopteryx nicht.

**5** Erkläre, welche allgemeingültigen Aussagen man auf der Grundlage eines Stammbaums über die Evolution von Lebewesen machen kann.

## Material B

### Stammbäume sind Hypothesen

Kinder ordnen Tiere oft nach ihren Lebensräumen. Für sie sind Tiere im Wasser Fische und Tiere in der Luft Vögel. Forschende ordnen Tiere unter anderem nach gemeinsamen körperlichen Merkmalen in Gruppen ein. Wenn diese auf einen gemeinsamen Vorfahren zurückgeführt werden können, ist das ein Beleg für die Verwandtschaft. Diese wird in Stammbäumen dargestellt. Jeder Stammbaum ist eine Hypothese. Häufig gibt es mehrere Möglichkeiten, die Gruppen im Stammbaum zu ordnen. Dann gilt: Die einfachste Hypothese ist die wahrscheinlichste. Das besagt das Sparsamkeitsprinzip. → 4

1 ◩ Gib an, anhand welcher Informationen Stammbäume aufgestellt werden.

2 ⊠ Erkläre, welche Tiere gemäß Stammbaum A und B jeweils näher miteinander verwandt sind. → 2

3 ⊠ Ordne die Vorstellung der Kinder einem der Stammbäume zu. Begründe deine Zuordnung.

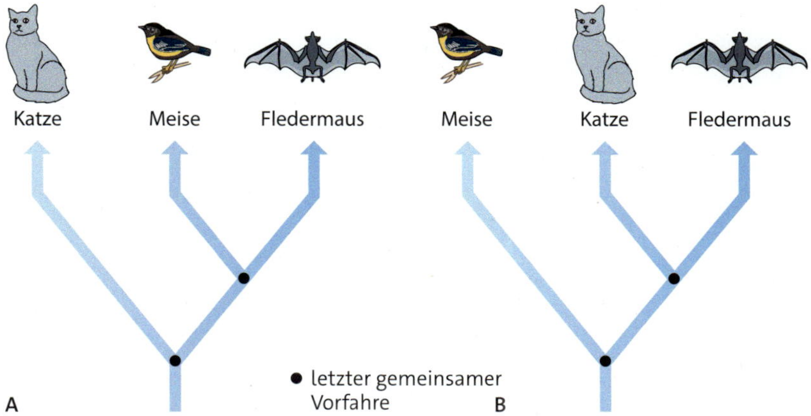


2 Stammbaum-Hypothesen

| | | | | |
|---|---|---|---|---|
| **Katze** | – | Plazenta | Milchdrüsen | echte Haare |
| **Meise** | Flügel | – | – | – |
| **Fledermaus** | Flügel | Plazenta | Milchdrüsen | echte Haare |

3 Merkmale von Katze, Meise und Fledermaus

4 ◩ Übertrage die beiden Stammbäume in dein Heft.

5 ⊠ Trage die Merkmale aus der Tabelle an den jeweils passenden Abzweigungen im Stammbaum ein. → 3

6 ⊠ Bestimme die Anzahl der Merkmalsänderungen, die für die Entwicklung der Tiere in den beiden Stammbäumen erfolgt sein muss.

7 ⊠ Beurteile, welcher der Stammbäume der wahrscheinlichere ist. Begründe dies anhand des Sparsamkeitsprinzips. → 4

Das **Sparsamkeitsprinzip** besagt, dass der Stammbaum die Entwicklung der betrachteten Gruppen am wahrscheinlichsten abbildet, der die wenigsten Merkmalsänderungen voraussetzt. Es gilt als wahrscheinlicher, dass sich neue Merkmale einmal entwickelten, als dass sie mehrfach bei verschiedenen Gruppen auftraten.

4

8 ⊠ Halte eine 10 Minuten lange Präsentation zu dem Thema „Die Evolution rekonstruieren mithilfe von Stammbäumen".

# Belege für die Evolution

1 Was haben Arme und Flügel gemeinsam?

**Der Arm des Menschen und der Flügel der Taube unterscheiden sich im Aussehen und auch in der Funktion: Wir können nicht fliegen und die Taube kann mit ihren Flügeln nicht greifen. Gibt es trotzdem Ähnlichkeiten?**

**Gemeinsame Merkmale** • Miteinander verwandte Gruppen von Lebewesen gehen stets auf einen gemeinsamen Vorfahren zurück. Sie unterscheiden sich von ihrem Vorfahren durch Merkmale, die sich bei ihnen neu entwickelt haben.
Der Mensch und die Taube haben auch einen gemeinsamen Vorfahren. Dieser besaß schon vier Gliedmaßen. Dieses Merkmal haben alle an Land lebenden Wirbeltiere gemeinsam.
In der Gruppe der Vögel hat sich das vordere Paar jedoch zu Flügeln entwickelt. Dieses neu gebildete Merkmal haben alle Vögel gemeinsam.

**Homologien** • Die Gliedmaßen aller Landwirbeltiere gehen auf einen letzten gemeinsamen Vorfahren zurück. Dieser hatte schon Gliedmaßen, die einen grundsätzlich ähnlichen Aufbau hatten wie die der Nachfahren. Man sagt, die Gliedmaßen haben den gleichen Grundbauplan. Solche Merkmale nennt man Homologien. Sie sind ein Beleg für die Verwandtschaft von Lebewesen. Die Vordergliedmaßen des Menschen, des Hundes, des Vogels und des Wals sind also homolog, obwohl sie sich in ihren Funktionen unterscheiden. → 2

**Analogien** • Die Grabhände des Maulwurfs und die Grabbeine der Maulwurfsgrille sehen sich ähnlich. → 3 Zudem haben sie eine ähnliche Funktion. Beide Arten nutzen ihre Gliedmaßen zum Graben. Die Grundbaupläne sind aber verschieden.

**Basiskonzept**

**Struktur und Funktion**
→ Umschlag hinten
Die Gliedmaßen der Wirbeltiere sind an ihre Funktion angepasst.

der Grundbauplan
die Homologie
die Analogie

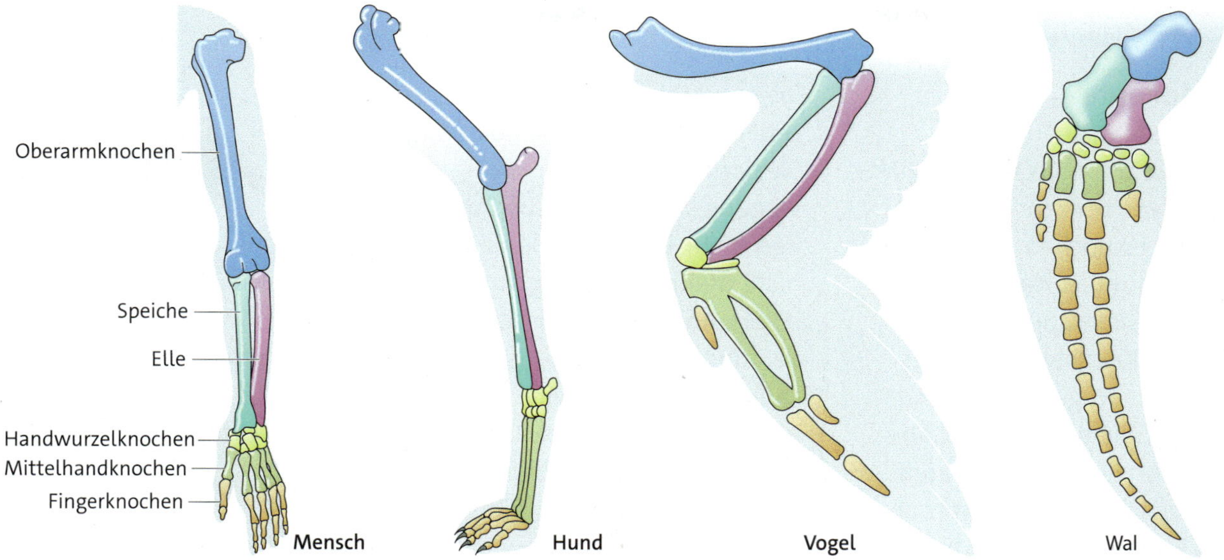


2 Vordergliedmaßen von Wirbeltieren

Die Grabhände des Maulwurfs sind aus Knochen aufgebaut, die Grabbeine der Maulwurfsgrille hingegen nicht. Die Körperteile sehen sich ähnlich und haben die gleiche Funktion, aber ihre Grundbaupläne sind verschieden. Solche Körperteile nennt man Analogien. Sie sind keine Belege für Verwandtschaft von Lebewesen.
Analogien lassen sich darauf zurückführen, dass verschiedene Arten an ähnliche Umweltbedingungen ähnlich angepasst sind.

3 Maulwurf und Maulwurfsgrille

Homologe Körperteile weisen einen gleichen Grundbauplan auf, unterscheiden sich aber in ihrer Gestalt und Funktion. Sie sind ein Beleg für Verwandtschaft. Analoge Körperteile ähneln sich in der Gestalt und Funktion, haben aber verschiedene Grundbaupläne. Sie entstehen durch die Angepasstheit von Arten.

## Aufgaben

1 Nenne einen Beleg für die Verwandtschaft von Lebewesen.

2 Erläutere den Unterschied zwischen Homologien und Analogien.

# Belege für die Evolution

## Material A

### Rudimente

Das Skelett eines Wals enthält Reste von Becken- und Oberschenkelknochen. → 1 Das ist erstaunlich, da Wale keine Hintergliedmaßen besitzen. Bei den Knochen handelt es sich um rückgebildete Gliedmaßen, die bei ihren Vorfahren noch ausgebildet waren. Solche Überreste nennt man Rudimente. Die Körperteile haben ihre Funktion im Laufe der Evolution teilweise oder völlig verloren. Die Vorfahren der Wale lebten an Land.

Sie haben sich später den Lebensraum Meer erschlossen. Sie brauchten dort zur Fortbewegung keine Hintergliedmaßen mehr. Daher wurden diese nicht mehr vollständig ausgebildet. Anhand von Fossilfunden und genetischen Analysen kann man mittlerweile nachvollziehen, wie die Vorfahren wohl ausgesehen haben. Sie ähnelten dem Indohyus. → 3 Er ist nahe verwandt mit den heute lebenden Walen. Das Huftier lebte an Land. Es ging aber häufig auch ins Wasser.

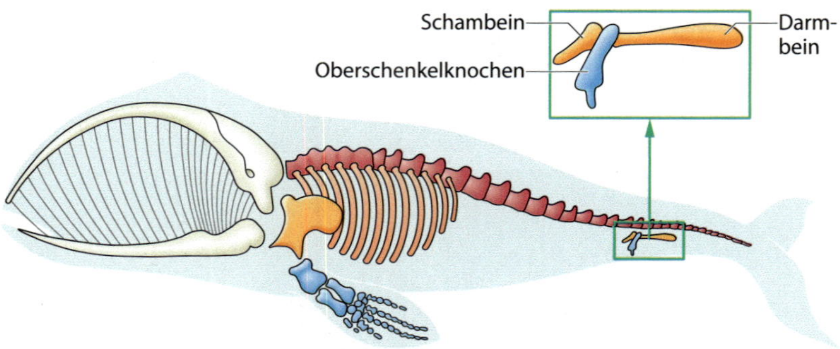


1 Skelett eines Wals

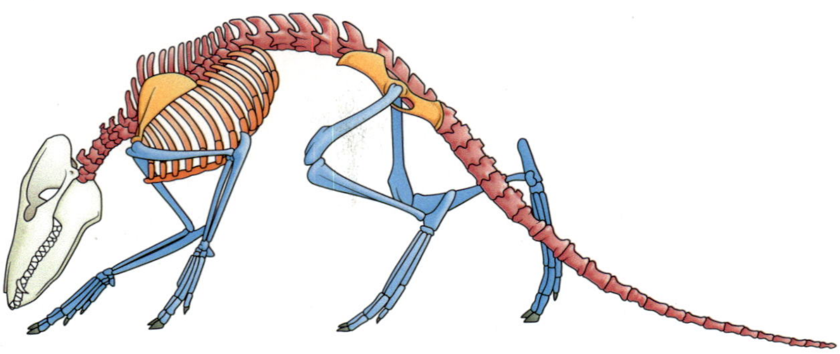

2 Skelett von Indohyus

3 So sah Indohyus wohl aus.

1 ☒ Vergleiche den Körperbau von Indohyus mit dem des Wals. Nutze dafür die Bilder 1 und 2.

2 ☒ Ziehe vom Körperbau des Indohyus und des Wals Rückschlüsse auf die unterschiedliche Lebensweise der beiden.

3 ☒ Erkläre, warum man anhand der rudimentären Knochen der Wale erkennen kann, dass sie eng mit Indohyus verwandt sind.

4 ☒ Der Wal ist nicht direkt aus dem Indohyus entstanden. Im Laufe der Evolution traten Zwischenformen auf, die wieder ausgestorben sind. Stelle Vermutungen an, wie sich die Hintergliedmaßen bei ihnen verändert haben.

5 ☒ Beschreibe, wie die Evolution der Wale verlaufen ist. Nutze dafür die Begriffe: Vorfahren, Lebensraum, Fortbewegung, Funktion und veränderte Merkmale.

## Material B

### Wirbeltiergliedmaßen

**1** In Bild 5 sind verschiedene Vordergliedmaßen von Wirbeltieren dargestellt.

a Benenne die mit 1–6 gekennzeichneten Teile des Grundbauplans.

b Ordne die Gliedmaßen A–D einem Delfin, einem Schimpansen, einer Fledermaus und einem Pferd zu.

c Begründe anhand zweier Beispiele die Aussage: Die Vordergliedmaßen veränderten sich als Angepasstheit an den Lebensraum.

**2** Bild 4 zeigt die Brustflosse einer Forelle.

a Vergleiche die Brustflosse der Forelle mit einem Tier, das eine ähnliche Angepasstheit zeigt. → 5

b Entscheide, ob es sich dabei um eine Homologie oder eine Analogie handelt. Begründe deine Entscheidung.

4

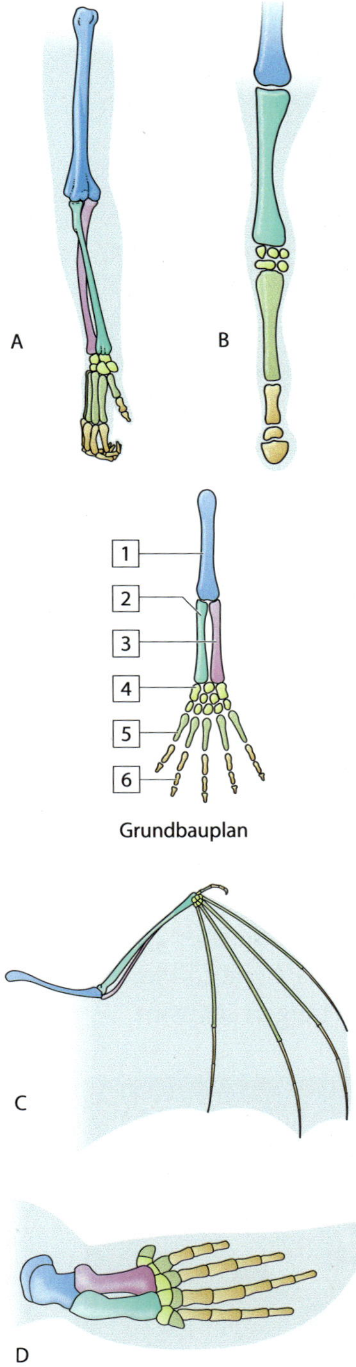


5 Vordergliedmaßen

## Material C

### Atavismus

Manchmal treten bei Individuen Merkmale auf, die eigentlich nur bei ihren Vorfahren vorkamen. So einen Rückfall bezeichnet man als Atavismus. Dieser zeigt, dass die Gene für die ursprünglichen Merkmale heute noch vorhanden sind. Bei Delfinen und Walen kommt es in sehr seltenen Fällen noch zur Ausbildung der hinteren Gliedmaßen. → 6

**1** Delfine haben an Land lebende Vorfahren. Sie sind nach ihnen wieder in den Lebensraum Meer zurückgekehrt.
Begründe diese Aussagen.

6

# Der Archaeopteryx

1 Fossil von Archaeopteryx

altgriechisch *archaios:* uralt

altgriechisch *pteryx:* der Flügel

**Archaeopteryx lebte vor 150 Millionen Jahren. Sein versteinertes Skelett fasziniert Forschende bis heute. Worin liegt die Bedeutung dieses Fossils?**

**Archaeopteryx** • Den ersten Abdruck einer Feder entdeckte man 1860 in Bayern. Dies war der erdgeschichtlich älteste Nachweis von Federn. Später fand man ein versteinertes Skelett. → 1 Es wies vogelhafte Merkmale wie Federn und Flügel auf, aber auch saurierhafte Merkmale wie Zähne, Krallen und einen langen Schwanz. Dies belegt eine enge Verwandtschaft mit den heute lebenden Vögeln und den längst ausgestorbenen Sauriern. Man nannte das Tier Archaeopteryx.

**Mosaikformen** • Tiere, die sowohl Merkmale einer älteren Tiergruppe aufweisen als auch Merkmale, die erstmals in der neuen Tiergruppe auftreten, sind ein Beleg für die Evolution. Sie sind Bindeglieder zwischen den Tiergruppen und bezeugen, dass die jüngere Tiergruppe aus der älteren Tiergruppe hervorgegangen ist. Man bezeichnet die Tiere als Mosaikformen.

**Lebende Mosaikformen** • Auch das in Australien vorkommende Schnabeltier gilt als Mosaikform. Es legt Eier und hat eine Kloake. Diese Merkmale besaß schon sein Vorfahre, der zu den Reptilien gehörte. Wie die später entstandenen Säugetiere ist es aber gleichwarm, besitzt ein Fell und ernährt seine Jungtiere mit Milch.

2 Schnabeltier

**Mosaikformen besitzen Merkmale älterer und jüngerer Tiergruppen und belegen somit die enge Verwandtschaft dieser Gruppen.**

## Aufgaben

1 Erkläre, was man unter Mosaikformen versteht.

2 Erläutere an einem Beispiel, weshalb Mosaikformen als Belege für die Evolution gelten.

der **Archaeopteryx**
die **Mosaikform**

## Material A

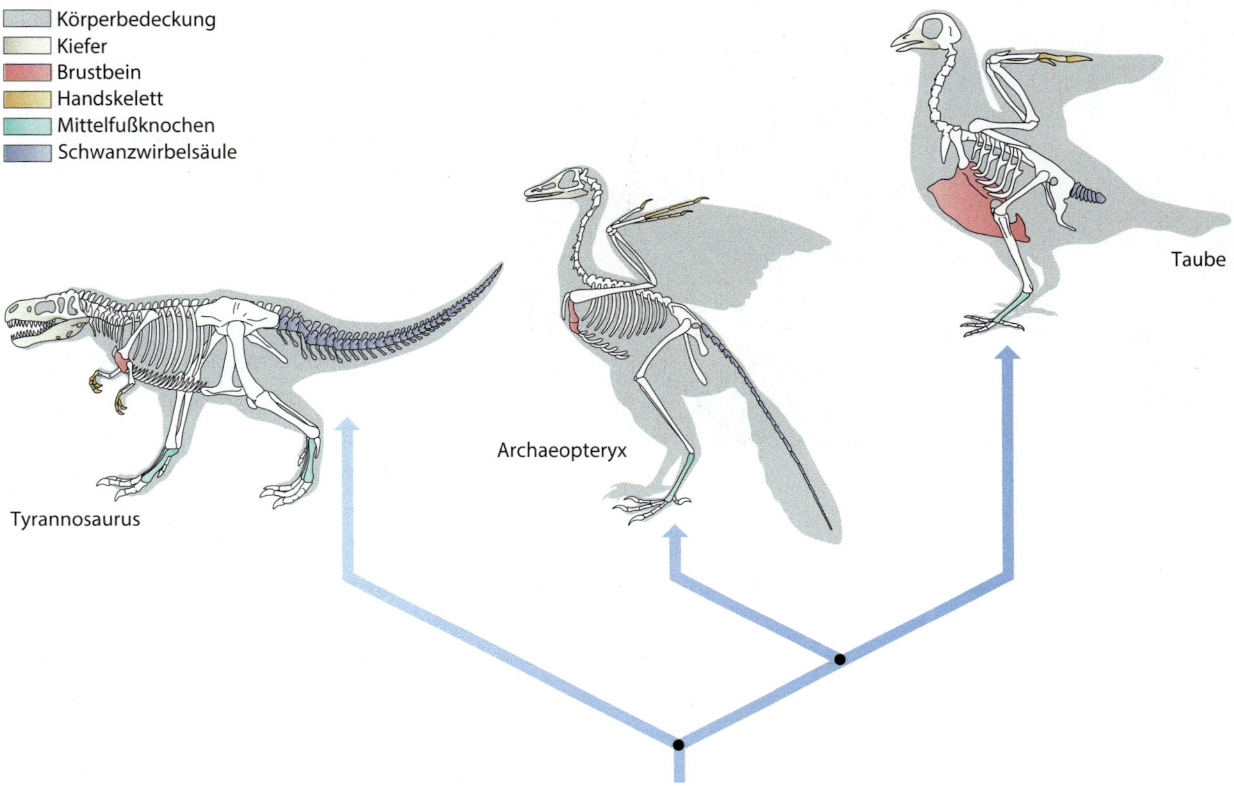


3 Stammbaum und Skelette von Tyrannosaurus, Taube und Archaeopteryx

### Saurier oder Vogel?

Die heute lebenden Vögel, der Archaeopteryx und die ausgestorbenen Saurier haben gemeinsame Vorfahren. Diese besaßen eine lange Schwanzwirbelsäule, massive Knochen, ein kleines Brustbein und einen massiven Kiefer mit vielen Zähne. Ihre Körper waren mit Hornschuppen bedeckt. In der Evolution der Vögel haben sich diese Merkmale deutlich verändert.

1 Beschreibe die Vorfahren der Vögel und Saurier.

2 Beschreibe die verwandtschaftliche Beziehung von Tyrannosaurus, Archaeopteryx und Taube anhand des Stammbaums. → 3

3 Vergleiche die Skelette des Tyrannosaurus, des Archaeopteryx und der Taube im Hinblick auf die farbig markierten Merkmale. → 3 Erstelle dazu eine Tabelle.

4 Nenne die Merkmale von Archaeopteryx, die typisch für Saurier oder Vögel sind.

5 Erläutere anhand der Merkmale, weshalb man den Archaeopteryx als Mosaikform bezeichnet.

6 Zähle die Merkmale auf, die sich erstmals bei dem gemeinsamen Vorfahren des Archaeopteryx und der heute lebenden Vögel entwickelt haben.

# Vererbung schafft Vielfalt

1 Marienkäfer einer Art

**Marienkäfer können unterschiedlich aussehen, obwohl sie zur gleichen Art gehören. Wie entstehen die Unterschiede und welche Bedeutung haben sie für die Evolution der Marienkäfer?**

> **Basiskonzept**
> **Entwicklung**
> → Umschlag hinten
> Die Lebewesen einer Art verändern sich über lange Zeiträume.

**Variabilität** • Die Nachkommen einer Generation Marienkäfer sehen unterschiedlich aus. Das Vorhandensein von Unterschieden zwischen Individuen der gleichen Art bezeichnet man als Variabilität. Es gibt dafür zwei verschiedene Ursachen: die Vererbung und Einflüsse aus der Umwelt.

2 Eichhörnchen: **A** normale Färbung, **B** Albino

Die Flügelfarbe von Marienkäfern wird durch die Erbinformation festgelegt und durch die Temperatur während der Eireifung sowie die Nahrung beeinflusst. Nur Merkmale, die auf der Vererbung von Genen beruhen, haben eine Bedeutung für die Evolution von Lebewesen. Die erblich bedingte Variabilität beruht auf der Rekombination und auf Mutationen.

**Rekombination** • Bei der Bildung der Eizellen und Spermienzellen sowie bei der Befruchtung werden die Gene der beiden Elternteile neu kombiniert. Den Vorgang nennt man Rekombination. So kommt es, dass die Marienkäfer-Nachkommen eines Elternpaars unterschiedliche Farben und Muster der Flügeldecken aufweisen. Die Nachkommen sehen den Eltern zwar ähnlich, sie sind aber nicht identisch mit ihnen. Somit trägt die Rekombination zur genetischen Vielfalt bei.

**Mutationen** • Zufällige Veränderungen der Erbinformation heißen Mutationen. Wenn sie in den Geschlechtszellen auftreten, können sie vererbt werden und bei den Nachkommen zur Ausprägung neuer Merkmale führen. Die neuen Merkmale sind für ein Lebewesen nachteilig, wenn es dadurch schlechter an die Bedingungen seiner Umwelt angepasst ist. Ein weißes Eichhörnchen ist in seinem Lebensraum zum Beispiel schlechter getarnt. → 2 Mutationen können aber auch zufällig zur besseren Angepasstheit führen. In jedem Fall erhöhen sie die genetische Vielfalt.

die **Variabilität**
die **Rekombination**
die **Mutation**
die **Selektion**
die **Fitness**

**Selektion** • Es hängt von den Umweltbedingungen ab, ob ein neues Merkmal vorteilhaft für ein Lebewesen ist. Auf einem dunklen Untergrund sind dunkel gefärbte Käfer besser getarnt und haben daher größere Überlebenschancen. → 3 Auf einem hellen Untergrund haben dagegen hell gefärbte Käfer größere Überlebenschancen. Diese Auslese durch die Umwelt bezeichnet man als natürliche Selektion. Lebewesen, die aufgrund ihrer Merkmale weniger lange überleben, bringen weniger Nachkommen hervor. Besser angepasste Lebewesen überleben dagegen länger und können sich in dieser Zeit fortpflanzen. Dabei vererben sie ihre Gene an ihre Nachkommen. Deshalb gibt es in der nächsten Generation mehr Lebewesen mit vorteilhaften Merkmalen und weniger Lebewesen mit nachteiligen Merkmalen. So führt die Selektion zur Angepasstheit an die jeweiligen Umweltbedingungen.

**Fitness** • Man sagt, ein Lebewesen, das mehr Nachkommen zeugt und damit seine Gene häufiger an die nächste Generation vererbt, hat eine höhere Fitness. Der Begriff Fitness bezieht sich in diesem Zusammenhang auf den Fortpflanzungserfolg und hat nichts mit Sportlichkeit zu tun.
Zu den Umweltfaktoren, die einen Einfluss auf die Fitness eines Lebewesens haben, zählen die Gefahr durch Fressfeinde, Konkurrenz um Nahrung oder Paarungspartner sowie klimatische Verhältnisse. Man fasst sie unter dem Begriff Selektionsfaktoren zusammen.

3 Selektion bei unterschiedlich gefärbten Käfern

**Rekombination und Mutationen führen zu Variabilität. Besser angepasste Lebewesen überleben länger und bringen daher mehr Nachkommen hervor.**

## Aufgaben

**1** Gib an, was man unter dem Begriff Variabilität versteht.

**2** Beschreibe, wie Rekombination und Mutation die genetische Vielfalt erhöhen.

**3** Erläutere mithilfe von Bild 3, was man unter Selektion versteht.

**4** Nimm Stellung zu der Aussage: „Nur die stärksten Lebewesen überleben und pflanzen sich fort. Sie haben eine höhere Fitness."

# Vererbung schafft Vielfalt

## Material A

### Variabilität

Stare sind Vögel, die Schwärme aus tausenden Tieren bilden. Aus der Ferne sehen sie sich sehr ähnlich, doch es gibt Unterschiede, zum Beispiel in der Körpergröße und Färbung.

1 ◪ Gib Unterschiede bei den Staren eines Schwarms an.

2 ⊠ Erläutere den Begriff Variabilität an diesem Beispiel.

3 ⊠ Beschreibe die beiden Ursachen der Variabilität.

1

## Material B

### Auslese durch die Umwelt

Viele Raubtiere erbeuten Mäuse. Wie wirkt sich dies über mehrere Generationen auf die Merkmale in einer Gruppe von Mäusen aus?

1 ◪ Beschreibe die in Bild 2 dargestellte Beziehung zwischen dem Greifvogel und den Mäusen.

2 ◪ Beschreibe, welche Veränderung in der Gruppe der Mäuse erkennbar ist.

3 ⊠ Erkläre, wodurch die Veränderung in der Gruppe der Mäuse bewirkt wird.

4 ⊠ Erläutere die Fachbegriffe Selektion und Selektionsfaktor am vorliegenden Beispiel.

5 ⊠ Begründe anhand des Beispiels, dass die Selektion zur Angepasstheit führt.

6 ⊠ Stelle eine Hypothese zur weiteren Entwicklung der Mäusegruppe auf.

7 ⊠ Erkläre, inwiefern das dargestellte Beispiel nur ein stark vereinfachter Ausschnitt der Wirklichkeit ist.

2 Selektion führt zu Veränderungen.

## Material C

### Selektion im Spiel

3 Spielaufbau

In einem Modellversuch kann man die Wirkung der Selektion nachstellen. Spielt das Spiel in Gruppen zu fünft. Eine Person leitet das Spiel, die anderen vier Personen spielen.

**Materialliste:**
bunte Tapete oder bunter Stoff (ca. 50cm × 50cm), 100 Spielsteine in fünf verschiedenen Farben (20 Spielsteine pro Farbe) (Alternative: Fäden in 10 cm Länge geschnitten)

1 Breitet die Tapete oder den Stoff auf einem Tisch aus. Die vier Spieler stellen sich mit dem Rücken zum Tisch, sodass sie die Fläche nicht sehen. Der Spielleiter verteilt die 100 Spielsteine auf der Fläche.

2 Auf das Kommando des Spielleiters drehen sich alle um und sammeln so schnell wie möglich 20 Spielsteine auf. → 3 Steht dabei aufrecht, nehmt jeden Spielstein einzeln auf, nutzt die ganze Fläche und stört euch nicht gegenseitig. Sortiert die gesammelten Spielsteine nach Farbe und legt sie weg.

3 Nehmt die verbliebenen Spielsteine von der Fläche. Ordnet sie nach Farben und notiert das Ergebnis in einer Tabelle. → 4

| Farbe der Spielsteine | Anzahl der Spielsteine zu Beginn | Anzahl der Spielsteine nach 1. Durchgang | Anzahl der Spielsteine nach 2. Durchgang |
|---|---|---|---|
| ... | 20 | ? | ? |

4 Beispieltabelle

4 Fügt zu jedem verbliebenen Spielstein vier Spielsteine der gleichen Farbe hinzu. Der Spielleiter mischt die 100 Spielsteine und verteilt sie erneut auf der Fläche.

5 Wiederholt das Spiel. Notiert das Ergebnis in der Tabelle.

6 ☒ Beschreibt das Ergebnis.

7 ☒ Vergleicht das Spiel mit den Vorgängen in der Natur. Legt eine Tabelle mit den folgenden Aspekten an: Spielsteine, verschiedene Farben der Spielsteine, Tapete bzw. Stoff, Spieler, Einsammeln der Spielsteine, Zugabe neuer Spielsteine. Ordnet die dazu passenden Aspekte der Natur zu.

8 ☒ Beurteilt, wie das Spiel die Wirklichkeit abbildet.

9 ☒ Stellt eine Hypothese zum Ergebnis des Spiels auf, wenn der Untergrund ein anderes Muster hätte.

# Umwelteinflüsse schaffen Vielfalt

1 **A** Die Bergform und **B** die Talform des Löwenzahns.

2 Die Haut ist nicht immer gleich.

**Du kannst Löwenzahnpflanzen finden, die völlig verschieden aussehen. Sind diese Unterschiede genetisch bedingt?**

**Modifikationen** • Die Umweltfaktoren in einem Ökosystem beeinflussen den Phänotyp der Lebewesen, die darin leben. Pflanzen werden zum Beispiel von der Menge an Wasser und Mineralstoffen im Boden beeinflusst. Auch der Lichteinfall und die Windstärke sind entscheidende Umwelteinflüsse. Sie sind der Grund dafür, dass es zwei verschiedene Formen des Löwenzahns gibt. → 1
Die Bergform ist viel Licht und starkem Wind ausgesetzt. Sie hat kleine Blätter und kurze Stängel. → 1A
An schattigen, windgeschützten Orten wächst der Löwenzahn höher und bekommt größere Blätter. Das ist die Talform. → 1B Diese Merkmale der beiden Formen beruhen nicht auf ihren Genen und sind deshalb nicht vererbbar. Solche Veränderungen der Merkmale, die ausschließlich aufgrund der Umweltfaktoren zustande kommen, nennt man Modifikationen.
Sie erhöhen die Variabilität.

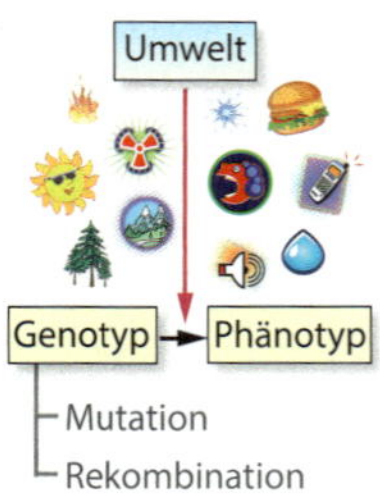


3 Einflüsse auf den Phänotyp

**Die Vererbung und die Umwelt wirken zusammen** • Menschen haben viele verschiedene Hautfarben. Das Merkmal Hautfarbe ist – wie auch die Augenfarbe und die Körpergröße – durch den Genotyp festgelegt. Der Genotyp wird durch die Rekombination und Mutationen bestimmt. → 3
Aber auch wie lange und wie oft man sich in der Sonne aufhält, hat Einfluss darauf, wie hell oder wie dunkel die Haut ist. Dieselbe Person hat im Winter eine andere Hautfarbe als im Sommer. → 2 Der Phänotyp der Lebewesen wird also sowohl vom Genotyp als auch von der Umwelt beeinflusst. → 3

**Modifikationen sind umweltbedingte Unterschiede zwischen Individuen der gleichen Art. Sie können nicht vererbt werden.**

## Aufgabe

1 ☒ Nenne zwei Unterschiede und die Gemeinsamkeit von Mutationen und Modifikationen.

## Material A

### Russenkaninchen

Das Russenkaninchen ist eine kleine Kaninchenart.
Diese Kaninchen tragen ein besonderes Enzym in sich, das dunkle Farbstoffe bildet. Es ist nur bei niedrigen Hauttemperaturen aktiv. Deshalb sind ausschließlich die Teile des Kaninchenkörpers, die am schnellsten auskühlen, schwarz gefärbt. → 4 Das sind die Ohren, die Schnauze, die Pfoten und der Schwanz. Bei niedrigen Temperaturen wird die typische Fellzeichnung undeutlicher, weil auch der Rest des Körpers kälter wird. → 5

4 Die typische Fellzeichnung des Russenkaninchens

5 Ein Jungtier, das eine Nacht außerhalb des Nestes lag.

1 ◩ Erläutere am Beispiel des Russenkaninchens, was eine Modifikation ist.

2 Wildkaninchen sind die Urform der Kaninchen. Ihr Fell ist grau bis braun gefärbt.
☒ Stelle eine Vermutung an, ob das hauptsächlich weiße Fell des Russenkaninchens eine Angepasstheit an seinen natürlichen Lebensraum ist.

3 ☒ Erkläre, weshalb es schwierig ist, in wärmeren Regionen Kaninchen mit typischer Färbung zu züchten.

## Material B

### Gleich und gleich?

Eineiige Zwillinge entwickeln sich aus derselben Zygote.
15 Prozent der eineiigen Zwillinge unterscheiden sich trotzdem genetisch. Grund dafür sind Mutationen, die nach der Befruchtung auftreten. Man geht von durchschnittlich 5,2 Mutationen pro Zwillingspaar aus. Diese Zwillinge eignen sich besonders gut, um zu untersuchen, welche Merkmale durch Mutation und welche durch Modifikation entstanden sind.

6 Svenja und Kasja

1 Svenja und Kasja sind eineiige Zwillinge. Sie haben verschiedene Interessen und Talente. Sie unterscheiden sich aber auch in anderen Merkmalen. → 6
a ☒ Nenne die Unterschiede zwischen den beiden.
b ☒ Stelle für jedes Merkmal eine Vermutung an, ob es sich um eine Mutation oder eine Modifikation handeln könnte und begründe sie.
c ☒ Stelle Vermutungen an, welche Ursachen Modifikationen bei Menschen haben.

# Wie neue Arten entstehen

1 Grünspecht

2 Grauspecht

**Grünspecht und Grauspecht sind zwei heimische Spechtarten. Sie haben viele Gemeinsamkeiten. Warum sind sie sich so ähnlich und wie sind ihre wenigen Unterschiede zu erklären?**

**Art und Population** • In der Biologie werden zu einer Art alle Individuen gezählt, die sich anhand ihrer Merkmale gegenüber anderen Individuengruppen abgrenzen lassen, sich unter natürlichen Bedingungen miteinander paaren können und fruchtbare Nachkommen hervorbringen. Die Individuen einer Art, die gleichzeitig im selben Gebiet leben und sich somit untereinander fortpflanzen können, gehören zu einer Fortpflanzungsgemeinschaft oder auch Population. Die Gesamtheit der Gene innerhalb einer Population nennt man Genpool.

**Isolation** • Der Grünspecht und der Grauspecht haben einen gemeinsamen Vorfahren. In der Eiszeit wurde eine Population der Ursprungsart durch Eismassen räumlich getrennt, sodass zwei Teilpopulationen entstanden. → 3
Die Individuen konnten sich über einen langen Zeitraum nur innerhalb der Teilpopulationen fortpflanzen. Man nennt dies Isolation. Somit sind zwei getrennte Genpools entstanden.
In den beiden Teilpopulationen traten durch Rekombination und Mutationen neue Merkmale auf, die sich durch die Selektion je nach Umweltbedingungen über mehrere Generationen immer weiter ausbreiteten oder wieder verschwanden. Dadurch veränderten sich die Genpools der Teilpopulationen unterschiedlich, ihre Evolution verlief also unterschiedlich.

**Basiskonzept**

**Entwicklung**
→ Umschlag hinten
Die Lebewesen einer Art verändern sich über lange Zeiträume und die Selektion führt zur Bildung neuer Arten.

die **Art**
die **Population**
der **Genpool**
die **Isolation**

Als Individuen der Teilpopulationen nach mehreren 10 000 Jahren wieder aufeinander trafen, waren die Unterschiede zwischen ihnen so groß, dass sie sich nicht mehr miteinander fortpflanzten. Damit haben sich aus einer Ursprungsart die beiden Arten Grauspecht und Grünspecht entwickelt. Der Vorgang der Artbildung als Folge der räumlichen Trennung von Teilpopulationen ist auf andere Beispiele übertragbar. Er führt dazu, dass sich die Vielfalt der Arten erhöht.

**Formen der Isolation** • Zur Artbildung müssen Populationen nicht unbedingt räumlich getrennt sein. Es kommt auch vor, dass sich Individuen nicht mehr miteinander fortpflanzen, weil sie unterschiedliche Verhaltensweisen entwickelt haben. Das können zum Beispiel Unterschiede bei Balzritualen sein. Auch unterschiedliche Aktivitätszeiten können eine Vermischung der Genpools von Individuen innerhalb einer Population verhindern.

**Teilpopulationen können sich zu neuen Arten entwickeln, wenn ihre Genpools für einen langen Zeitraum voneinander getrennt waren.**

## Aufgaben

**1** Erkläre die Fachbegriffe Art, Population und Genpool.

**2** Erläutere den Vorgang der Artbildung anhand der Spechte. → 3

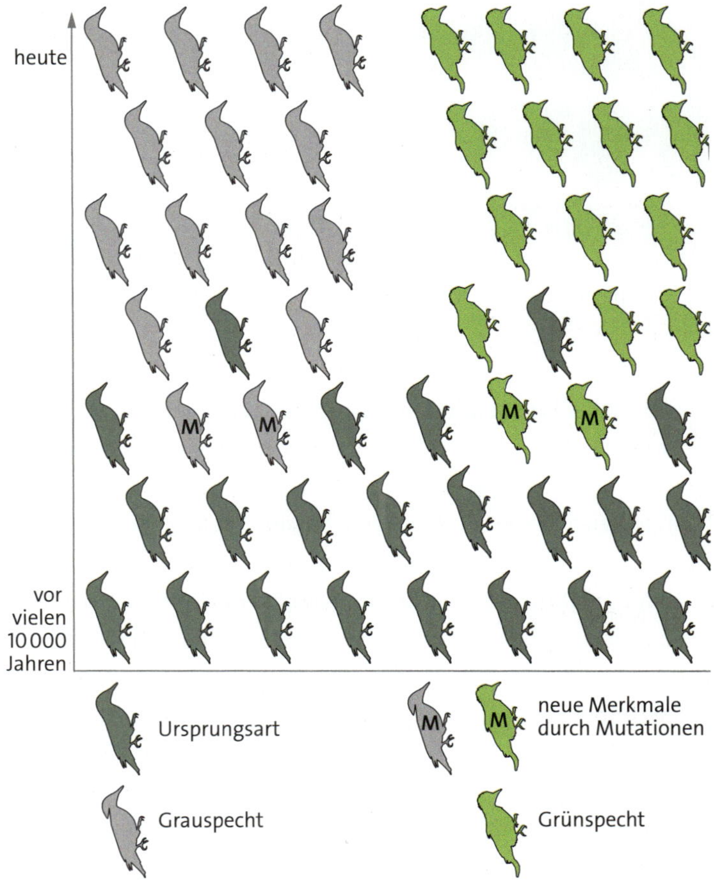


3 Artbildung bei Grauspecht und Grünspecht

# Wie neue Arten entstehen

## Material A

### Zwei Unkenarten

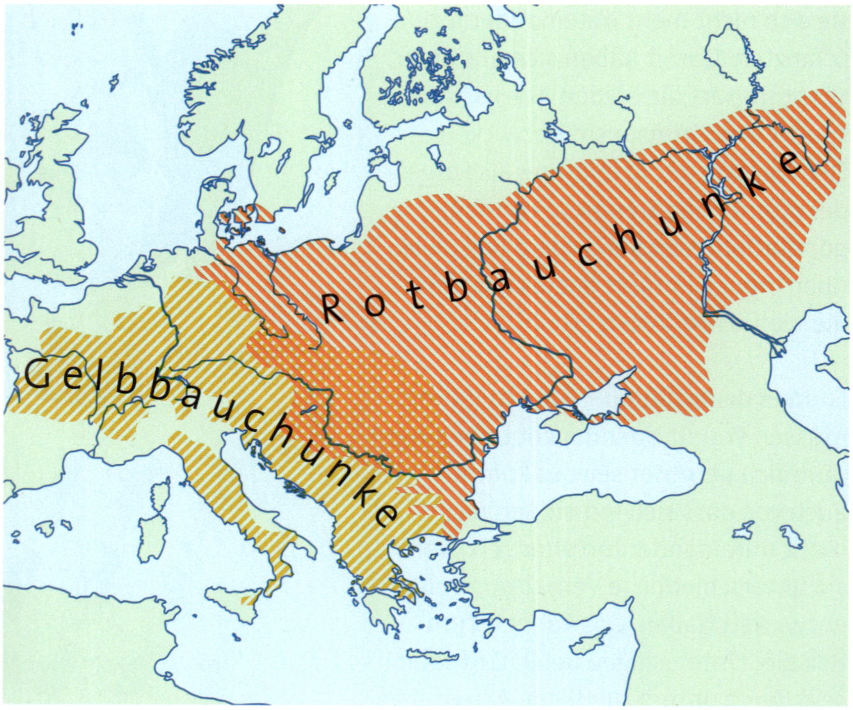


1 Verbreitungsgebiete der Rotbauchunke und der Gelbbauchunke

Die letzte Eiszeit endete vor ungefähr 12 000 Jahren. Währenddessen waren große Teile Mitteleuropas von Eismassen bedeckt. Dies hatte zur Folge, dass viele Tier- und Pflanzenarten in den etwas wärmeren Süden zurückgedrängt wurden. So kam es, dass sich eine Tierart wie die Unke bei ihren Wanderungen in eine westliche und eine östliche Teilpopulation aufteilte. Diese hatten keinen Kontakt mehr miteinander. Als das Eis langsam zurückging, breiteten sich beide Teilpopulationen wieder aus: die Gelbbauchunke in Richtung Westeuropa und die Rotbauchunke in Richtung Osteuropa. Dabei bildeten sich Überlappungsgebiete, in denen bis heute beide Arten vorkommen.
Diese liegen zwischen den Verbreitungsgebieten der beiden Unken. Die Tiere der beiden Unkenarten können sich miteinander paaren und Nachkommen zeugen. Diese sind jedoch vermindert lebensfähig.

2

1 Beschreibe mithilfe der Karte die Verbreitungsgebiete der Unkenarten.

2 Nenne den Vorgang, der bei dem beschriebenen Beispiel deutlich wird.

3 Beschreibe, wie sich aus einer Unkenart zwei Arten entwickelt haben. → 2

4 Begründe, dass es sich bei den beiden Unken um zwei getrennte Arten handelt.

## Material B

### Zebras

Es gibt heute drei Arten von Zebras, die alle in Afrika leben. → 3 – 5 Ihre Vorfahren haben sich auf dem Kontinent von Norden in Richtung Süden ausgebreitet. → 6 Dabei wurden Teilpopulationen durch große Distanzen und unwegsames Gelände voneinander getrennt.

**1** Vergleiche die Zebras im Hinblick auf Gemeinsamkeiten und Unterschiede in den äußerlich sichtbaren Merkmalen. → 3 – 5

**2** Beschreibe, wie es zur räumlichen Trennung von Teilpopulationen bei den Vorfahren der Zebras kam.

**3** Ermittle aus der Karte die heutigen Verbreitungsgebiete der Zebraarten. → 6

**4** Erläutere die Vorgänge, die zur Bildung der Zebraarten geführt haben.
Nutze die Begriffe Isolation, Genpool, Fortpflanzung, Mutation, Rekombination, Selektion und Unterschiede.

**5** Artbildung im Modell

a Skizziere die zu Aufgabe 4 beschriebenen Vorgänge. Du kannst die Symbole aus Bild 7 nutzen oder dir selbst eine Darstellung überlegen. Beschrifte deine Zeichnung.

b Beurteile, inwiefern dein Modell zur Artbildung die Wirklichkeit abbildet und wie es davon abweicht.

3 Grevy-Zebra

4 Steppen-Zebra

5 Berg-Zebra

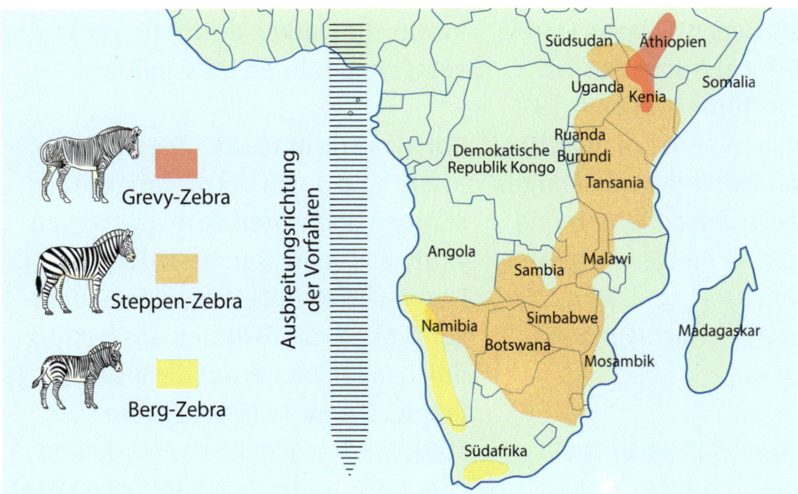


6 Verbreitung der Zebraarten in Afrika südlich der Sahara

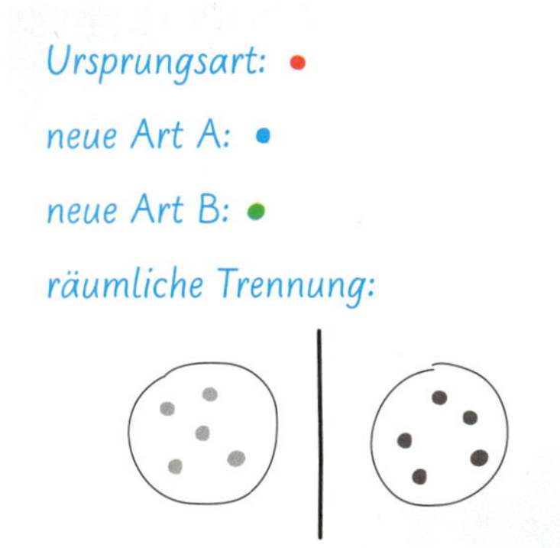


7 Symbole (Beispiele)

# Charles Darwin – Evolutionstheorie

1 Auf bahnbrechender Reise: **A** Charles Darwin (1809–1882) im Alter von 31 Jahren, **B** Forschungsschiff Beagle

**Im Jahr 1831 ging Charles Darwin an Bord des Forschungsschiffs Beagle. Auf einer fünf Jahre dauernden Reise erforschte er die Tier- und Pflanzenwelt. Anhand seiner Erkenntnisse entwickelte er eine Theorie über die Veränderung von Arten. Sie war bahnbrechend, löste damals aber auch Empörung aus. Was besagt seine Theorie?**

**Galapagosinseln** • Eine Station von Darwins Reise waren die Galapagosinseln, die etwa 1000 km westlich der südamerikanischen Küste liegen. Die aus 13 Inseln bestehende Inselgruppe besitzt vielseitige Lebensräume: Neben trockenen Wüstenregionen findet man auch ausgedehnte Waldgebiete und Gebirge. Hier leben viele verschiedene Tier- und Pflanzenarten, die an ihre jeweiligen Lebensräume angepasst sind. Einige Arten kommen ausschließlich auf den Galapagosinseln vor.

**Darwinfinken** • Nach der Ankunft auf den Galapagosinseln führte Darwin umfangreiche Naturstudien durch. Dabei fielen ihm die zahlreichen Finkenarten auf. Sie ähnelten den Finken des Festlands, sahen aber nicht genauso aus. Zu seiner Verwunderung zeigten die Finkenarten auf den verschiedenen Inseln große Unterschiede, besonders in der Form und Größe ihrer Schnäbel sowie in ihrer Ernährung. Vögel mit kurzen, kräftigen Schnäbeln ernährten sich von Samen mit harten Schalen. Dagegen fraßen Vögel mit schmalen, spitzen Schnäbeln vor allem Insekten und Nektar. Die Finken der Galapagosinseln, die Darwin erforschte, bekamen später den Namen Darwinfinken.

**Darwins Erkenntnisse** • Die Galapagosinseln sind durch Vulkantätigkeit entstanden und waren deshalb erst von wenigen Lebewesen besiedelt. Darwin vermutete, dass eine Gruppe von Finken vom Festland aus zufällig durch einen Sturm auf die Inseln gelangte. Die Finken vermehrten sich stark, denn es gab keine Fressfeinde oder Konkurrenz durch ähnliche Vögel. Je mehr Finken auf den Inseln lebten,

desto größer wurde die Konkurrenz um Nahrung. Die Finken, die mit ihren Schnäbeln gut an das Nahrungsangebot angepasst waren, konnten genug fressen. Sie überlebten länger und pflanzten sich häufiger fort als schlechter angepasste Finken.
Aus der ursprünglichen Gruppe von Finken entwickelten sich allmählich mehrere Finkenarten, die mit ihren Merkmalen an ihre jeweiligen Umweltbedingungen angepasst sind. → 2

**Veränderlichkeit von Arten** • Darwin erkannte an den umfassenden Befunden seiner Reise, dass die Individuen einer Population angeborene Unterschiede in ihren Merkmalen aufweisen und um lebenswichtige Ressourcen wie Nahrung konkurrieren. Er schloss daraus, dass besser angepasste Individuen im Vorteil sind und mehr Nachkommen hervorbringen. Daher gibt es in der nächsten Generation mehr Individuen mit den vorteilhaften Merkmalen. Mit dieser Erkenntnis prägte Darwin die Begriffe natürliche Selektion und Fitness. Er urteilte, dass sich Arten über Generationen hinweg verändern, und zwar in Richtung bessere Angepasstheit. Er folgerte daraus, dass sich neue Arten durch eine allmähliche Veränderung aus anderen Arten entwickeln.

**Andere Sichtweisen** • Darwins Theorie von der Veränderlichkeit der Arten löste bei vielen Menschen große Empörung aus, unter anderem weil sie dem Schöpfungsbericht der Bibel widerspricht. Nach dessen wörtlicher Beschreibung

2 Verschiedene Darwinfinken (Auswahl)

wurden die Arten bei der Schöpfung einmalig erschaffen und blieben von da an unverändert. Wenn man beide Positionen zur Entwicklung von Lebewesen betrachtet, kann man feststellen: Die Evolutionstheorie ist eine naturwissenschaftliche Theorie, weil sie auf Hypothesenbildung, umfassenden Beobachtungen, Dokumentationen, Messungen und Auswertungen beruht und zudem durch neue Entdeckungen weiterentwickelt wurde.
Auf die Schöpfungslehre treffen diese Merkmale einer naturwissenschaftlichen Theorie nicht zu. Die Schöpfungstexte basieren auf Glaubensbekenntnissen.

Darwins Evolutionstheorie besagt, dass sich Arten verändern und von anderen Arten abstammen.

## Aufgaben

1 ☒ Erläutere die Evolutionstheorie Darwins am Beispiel der Finken.

2 ☒ Stelle die naturwissenschaftliche Position der Evolutionstheorie nicht naturwissenschaftlichen Sichtweisen gegenüber.

# Charles Darwin – Evolutionstheorie

## Material A

### Evolutionstheorien

**Jean-Baptiste de Lamarck** (1744–1829) • Auch Lamarck bezweifelte, dass Arten unveränderlich sind. Er stellte vor Darwin eine Evolutionstheorie vor. Lamarck war der Ansicht, dass veränderte Umweltbedingungen ein inneres Bedürfnis zur Anpassung auslösen. Dies führt dazu, dass Lebewesen ihr Verhalten ändern. Dadurch verändern sich ihre Merkmale, sodass sie besser an ihren Lebensraum angepasst sind. Die veränderten Merkmale geben sie an ihre Nachkommen weiter. Diese Theorie gilt als falsch. Merkmale werden durch die Erbinformation bestimmt und können nicht willentlich verändert werden. Zudem werden im Leben erworbene Merkmale nicht vererbt.

1

Lamarck | Darwin

| Lamarck betrachtet einzelne Individuen einer Art. | Die Umwelt wird trockener. Saftige Blätter wachsen nur noch an hohen Bäumen. | Darwin betrachtet ganze Populationen einer Art. |
|---|---|---|

Eine Giraffe will an die Blätter hoher Bäume kommen und streckt sich.

Durch das ständige Strecken wird der Hals der Giraffe länger.

Die Giraffe gibt das erworbene Merkmal des längeren Halses an ihre Nachkommen weiter. Ihre Nachkommen haben auch längere Hälse, doch auch sie müssen sich zu den Blättern hoher Bäume strecken.

Durch das ständige Strecken werden die Hälse der Nachkommen noch länger. Auch sie geben dieses Merkmal an die nächste Generation weiter.

Die Individuen einer Population weisen angeborene Unterschiede auf: Es gibt Giraffen mit kürzeren Hälsen und Giraffen mit längeren Hälsen.

Giraffen mit einem längeren Hals können die Blätter der hohen Bäume fressen. Sie überleben und zeugen Nachkommen, die auch längere Hälse haben. Giraffen mit einem kürzeren Hals verhungern.

In der nächsten Generation gibt es Giraffen mit noch längeren Hälsen. Sie haben einen Vorteil und zeugen mehr Nachkommen als Giraffen mit einem kürzeren Hals.

Im Verlauf der Generationen weisen die Giraffen immer längere Hälse auf, solange dies ein Vorteil für das Überleben und die Fortpflanzung ist.

2 Evolutionstheorien im Vergleich

**1** Erkläre, wie sich Lamarck die Entstehung der langen Hälse bei den Giraffen vorstellte. → 1 2

**2** Erkläre, wie sich Darwin die Entstehung der langen Hälse bei den Giraffen vorstellte. → 2

**3** Beschreibe Unterschiede zwischen den Evolutionstheorien von Lamarck und Darwin.

**4** Begründe, dass Lamarck mit seiner Theorie falsch lag. Nutze deine Kenntnisse zur Vererbungslehre.

## Erweitern und Vertiefen

### Sozialdarwinismus – Darwins Evolutionstheorie wird missbraucht

**Sozialdarwinismus** • Bereits bevor Darwin mit seiner Evolutionstheorie berühmt wurde, war die Idee verbreitet, dass die Gesellschaft von einem „Kampf ums Dasein“ geprägt sei, in dem sich die „besten Menschen“ durchsetzen. Menschen wurden nach körperlichen Merkmalen in „Rassen“ eingeteilt und es wurde behauptet, dass sich die „Rassen“ in ihren Fähigkeiten unterscheiden und die „weiße Rasse“ überlegen sei. Als Darwin seine Evolutionstheorie 1859 veröffentlichte, wurde sie als angeblicher Beleg für diese gesellschaftliche Idee missbraucht. So verbreitete sich eine Ideologie, die Sozialdarwinismus genannt wird.

**Unzulässige Übertragung** • Im Sozialdarwinismus wird Darwins naturwissenschaftliche Erkenntnis, dass besser angepasste Individuen im Vorteil sind, zur Unterscheidung von „guten und schlechten Genen“ bei Menschen genutzt. Aus biologischer Sicht lassen sich Gene aber nicht als gut oder schlecht bewerten. Außerdem wird Darwins naturwissenschaftliche Erkenntnis, dass die Evolution von Arten zur Angepasstheit an die jeweiligen Umweltbedingungen führt, wie folgt umgedeutet: Es wird behauptet, dass die Evolution des Menschen zu dessen Höherentwicklung geführt habe, dabei seien Menschen der „weißen Rasse“ am höchsten entwickelt. Die „Rassen“ dürften sich nicht vermischen, nur dann könne eine „perfekte Gesellschaft“ entstehen. Das ist falsch, denn die Evolution verfolgt kein Ziel. Es finden zwar Veränderungen statt, aber es gibt keine zielgerichtete Höherentwicklung.

**Missbrauch mit Folgen** • Der Sozialdarwinismus dient immer wieder als Rechtfertigung dafür, dass Menschen benachteiligt, unterdrückt, verfolgt oder ermordet werden. In der Zeit des Kolonialismus wurden mit der angeblichen Überlegenheit der „weißen Rasse“ Ansprüche auf die Herrschaft über Kolonien und die dort lebenden Menschen, die als „minderwertig“ angesehen wurden, begründet. In der Zeit des Nationalsozialismus wurden viele jüdische Menschen und Menschen mit Behinderung ermordet, um ihre „Gene auszulöschen“. Auch heute noch werden Menschen wegen ihrer Herkunft benachteiligt.

**Wir sind eine Menschheit** • Darwins naturwissenschaftliche Erkenntnisse sind nicht auf die Gesellschaft übertragbar. Unser gesellschaftliches Zusammenleben in Deutschland fußt auf dem Grundgesetz, das in Artikel 1 die Würde aller Menschen unter Schutz stellt. Nach Artikel 3 des Grundgesetzes darf kein Mensch wegen seines Geschlechts, seiner Sprache, seiner Herkunft, seiner religiösen oder politischen Anschauungen oder seiner Behinderung benachteiligt werden. Eine Einteilung der Menschen in „Rassen“ ist nicht zulässig. Es ist wissenschaftlich nachgewiesen, dass sich Menschen verschiedener Herkunft genetisch kaum unterscheiden, und dass man vom Aussehen nicht auf die Intelligenz und Fähigkeiten schließen kann.

**Darwins Evolutionstheorie ist nicht auf die Gesellschaft übertragbar.**

# Charles Darwin – Evolutionstheorie

## Methode

### Eine Concept-Map erstellen

In der Fachsprache der Biologie gibt es viele Begriffe, die man aus dem Alltag nicht kennt. Da fällt es manchmal schwer, sich die richtigen Begriffe zu merken und Zusammenhänge zu verstehen. Das ist aber notwendig, damit man selbst biologische Sachverhalte beschreiben und erklären kann.
Um sich einen Überblick über ein Thema zu verschaffen, kann man die wichtigen Begriffe aufschreiben. Richtig verständlich wird es aber erst, wenn man die Begriffe sinnvoll ordnet und miteinander verknüpft. Das kann man in Form einer Concept-Map machen. Diese eignet sich gut, um ein Thema zu verstehen und für eine Klassenarbeit zu lernen.

**Struktur der Concept-Map**
Die Concept-Map hat eine festgelegte Struktur. Es gibt einen Oberbegriff, dem weitere Begriffe zugeordnet werden können. → 1
Vom Oberbegriff verlaufen Pfeile zu den untergeordneten Begriffen. Diese Pfeile werden so beschriftet, dass der Zusammenhang zwischen den Begriffen deutlich wird. Die Beschriftungen sollten möglichst kurz und klar sein, damit die Concept-Map übersichtlich bleibt.
Auch die untergeordneten Begriffe werden miteinander verknüpft, wenn zwischen ihnen Zusammenhänge bestehen. Dafür nutzt man ebenfalls beschriftete Pfeile.
Achte bei der Erstellung der Concept-Map darauf, dass du die Begriffe sinnvoll ordnest und sauber schreibst. Nur so kannst du dir einen Überblick über das Thema verschaffen, der dir beim Lernen hilft.

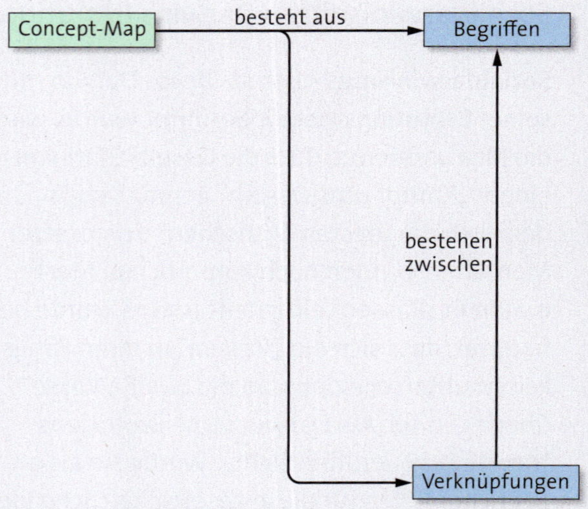


1 Struktur der Concept-Map

**Erstellung der Concept-Map**
Bei der Erstellung einer Concept-Map geht man schrittweise vor:

**1. Begriffe sammeln** Notiere zunächst alle Begriffe, die du zum Thema gelernt hast. Nutze dazu dein Buch sowie Arbeitsblätter und Hausaufgaben, die zu dem Thema gehören.

*Vielfalt, Rekombination, Variabilität, Mutation, ...*

**2. Oberbegriff wählen** Wähle aus deiner Sammlung einen Begriff aus, der sich als Oberbegriff eignet. Das sollte ein Begriff sein, dem du die anderen Begriffe zuordnen kannst.

*Vielfalt, Rekombination, Variabilität, Mutation, ...*

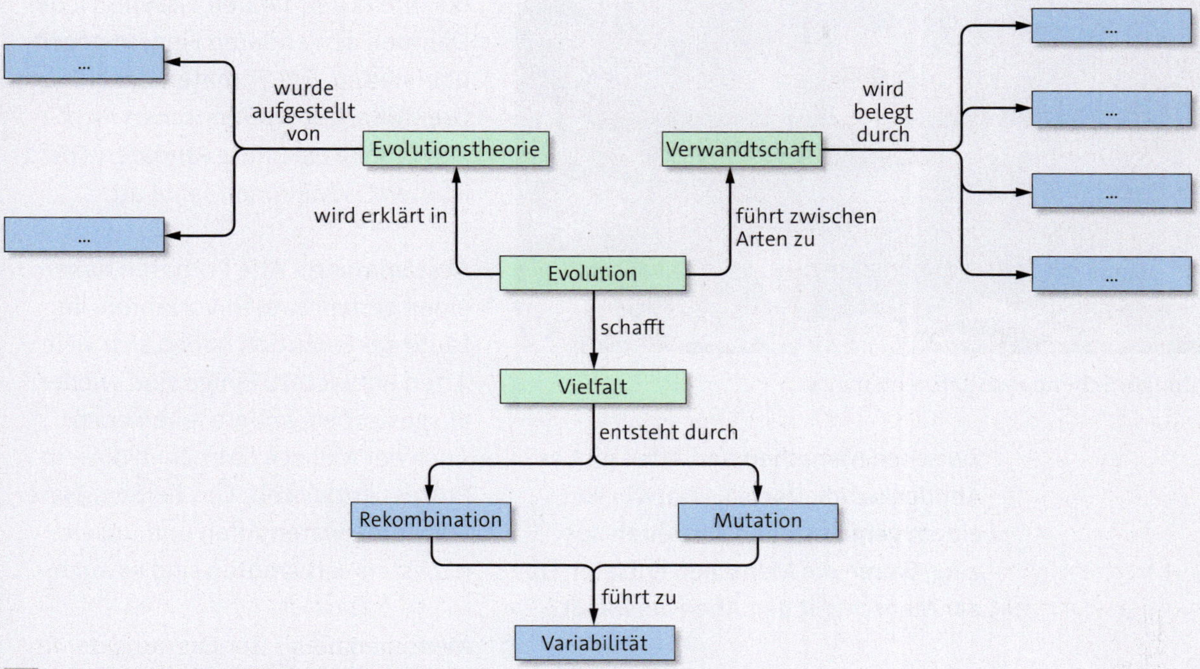


2 Concept-Map zum Thema Evolution

**3. Concept-Map anlegen** Hast du Begriffe gesammelt und einen Oberbegriff gewählt, kannst du deine Concept-Map anlegen. Nimm ein DIN-A4-Blatt und notiere deinen Oberbegriff in der Mitte. → 2 Markiere den Obergriff farbig, damit du ihn von den anderen Begriffen unterscheiden kannst. Ordne die untergeordneten Begriffe um den Oberbegriff an und verbinde sie mit Pfeilen. Beschrifte jeden Pfeil so, dass du auch später noch verstehst, in welchem Zusammenhang die Begriffe mit dem Oberbegriff stehen. Auch die einzelnen Begriffe sind oft thematisch miteinander verknüpft. Wenn das der Fall ist, kannst du diese auch durch Pfeile verbinden. Beschrifte auch hier die Pfeile, damit du den Zusammenhang nachvollziehen kannst.

**4. Concept-Map erweitern** Du kannst deine Concept-Map beliebig mit Oberbegriffen ergänzen, die zum selben Thema gehören. Ordne dann auch jedem weiteren Oberbegriff untergeordnete Begriffe zu. So kannst du dir einen Überblick über ein Thema verschaffen.

**In einer Concept-Map sammelt man alle wichtigen Begriffe zu einem Thema und verknüpft sie miteinander. Dadurch stellt man die Zusammenhänge dar. Eine Concept-Map eignet sich, um den Überblick zu bekommen.**

## Aufgabe

1 Übertrage die Concept-Map in dein Heft und ergänze sie mit weiteren Begriffen.

# Ist der Mensch ein Affe?

1 Junger Schimpanse ganz entspannt

**Zwischen Menschen und Affen gibt es Ähnlichkeiten. Doch als Darwin von einem gemeinsamen Vorfahren ausging, waren die Menschen entsetzt. Ist der Mensch mit den Affen verwandt?**

**Primaten** • Wir Menschen gehören in der Klasse der Säugetiere zur Ordnung der Primaten, genauer gesagt zu den Menschenaffen. → 2 4 Die meisten Primaten leben in Gruppen und haben ein ausgeprägtes Sozialverhalten. Ihre Augen sind nach vorne gerichtet. Dadurch können sie räumlich sehen. Bei ihren Greifhänden lassen sich die Daumen den anderen Fingern gegenüberstellen. Die Primaten haben auch Greiffüße, nur wir Menschen nicht. Das älteste bekannte Primaten-Fossil ist etwa 55 Millionen Jahre alt.

**Abstammung** • Alle Primaten haben einen gemeinsamen Vorfahren. Im Laufe der Evolution haben sich viele Arten entwickelt. Einige sind wieder ausgestorben, andere leben noch. Auch der Mensch hat sich in diesem Prozess entwickelt. Das heißt, unsere Vorfahren waren Affen und unsere nächsten Verwandten sind es auch.

**Menschenaffen** • Zur Ordnung der Primaten zählen mehrere Familien. Eine Familie bilden die Menschenaffen. Dazu zählen acht heute lebende Arten: zwei Gorillaarten, drei Orang-Utan-Arten, zwei Schimpansenarten und wir Menschen: *Homo sapiens*. → 2 4

2 Ordnung der Primaten

die Primaten
die Menschenaffen
die Hominiden

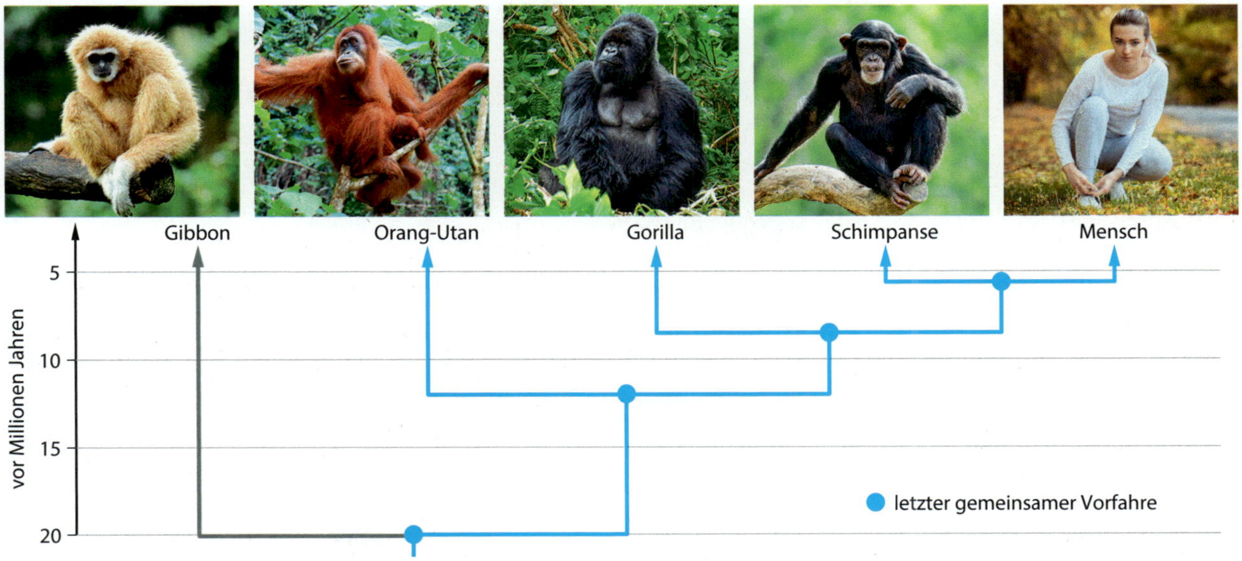


3 Auszug aus dem Stammbaum der Primaten mit der Familie der Menschenaffen (blaue Linien)

Man bezeichnet die Menschenaffen auch als Hominiden. Sie haben sich aus verschiedenen gemeinsamen Vorfahren entwickelt. Je weniger lang die Trennung zurückliegt, desto näher sind die Vertreter miteinander verwandt. Somit sind die Schimpansen unsere nächsten Verwandten.

**Mensch und Schimpanse** • Der letzte gemeinsame Vorfahre der Menschen und Schimpansen lebte vor ungefähr sechs Millionen Jahren. → 3 Zu dem Zeitpunkt wurde eine Population des Vorfahrens in zwei Gruppen getrennt. In den isolierten Teilpopulationen entwickelten sich durch die natürliche Selektion unterschiedliche Angepasstheiten an die jeweiligen Umweltbedingungen. Die Unterschiede in den Merkmalen wurden über lange Zeiträume immer größer, bis sich zwei verschiedene Arten gebildet haben. Aus dem Grund sehen die Menschen und Schimpansen nicht gleich aus. Auch der letzte gemeinsame Vorfahre sah weder aus wie der heute lebende Mensch noch wie die Schimpansen.

**Der Mensch gehört innerhalb der Ordnung der Primaten zur Familie der Menschenaffen. Alle Menschenaffen haben gemeinsame Vorfahren. Unsere nächsten Verwandten sind die Schimpansen.**

## Aufgaben

1 Nenne die Merkmale der Primaten.

2 Beschreibe den Stammbaum der Menschenaffen. → 3

3 Begründe, dass die Schimpansen unsere nächsten Verwandten sind.

**Klasse:**
Säugetiere
**Ordnung:**
Primaten
**Familie:**
Menschenaffen
**Gattungen:**
Pongo, Gorilla, Pan, Homo
**Arten:**
*Pongo abelii, Pongo tapanuliensis, Pongo pygmaeus, Gorilla gorilla, Gorilla beringei, Pan troglodytes, Pan paniscus, Homo sapiens*

4 Eine Einordnung der heutigen Menschenaffen

# Ist der Mensch ein Affe?

## Material A

### Orang-Utan – ein Primat

Orang-Utans kommen nur im tropischen Regenwald in Asien vor. Ihr Körperbau ist an das Leben auf Bäumen angepasst. Der Orang-Utan gehört, wie wir Menschen, zur Gruppe der Menschenaffen innerhalb der Gruppe der Primaten.

1 ◪ Beschreibe den Orang-Utan im Hinblick auf die Lebensweise und Merkmale.

2 ⊠ Beschreibe Gemeinsamkeiten und Unterschiede zwischen Orang-Utan und Mensch.

1 Merkmale und Lebensweise des Orang-Utans

## Material B

### Abstammung des Menschen

1871 veröffentlichte Charles Darwin ein Buch, in dem er erklärte, dass der Mensch von Lebewesen abstammen muss, die den Affen ähnlich sind. Er war damit der Erste, der diese Ansicht öffentlich äußerte. Da die Meinung vorherrschte, dass der Mensch eine Sonderstellung unter den Lebewesen einnimmt, löste Darwin große Empörung aus.

*Wir sollen von Affen abstammen? Was für eine Frechheit! Darwin muss falsch liegen. Wir sehen ja ganz anders aus. Schaut euch doch mal einen Schimpansen an – von dem sollen wir abstammen? Blödsinn!*

2 Mögliche damalige Reaktion

1 ⊠ Formuliere eine Antwort auf die Aussage in Bild 2. Begründe darin anhand der heute belegten Fakten, dass Darwin richtig lag.

3 Darwin in einer Karikatur (1871)

## Material C

4 Lemur

**Lemuren** Zu den Lemuren gehören etwa 100 Arten, die nur auf Madagaskar vor der Ostküste Afrikas vorkommen. Viele Arten sind nachtaktiv und haben große Augen. Lemuren findet man fast ausschließlich in Wäldern. Sie haben lange, kräftige Arme und Beine, mit denen sie gut in den Bäumen klettern können. Sie ernähren sich unter anderem von Blättern, Früchten, Insekten, Nektar und Pollen.

5 Schimpanse

**Schimpansen** Die zu den Menschenaffen zählenden Schimpansen leben in Afrika. Dort findet man sie in den Regenwäldern und auch im offenen Grasland. Sie bewegen sich meistens auf allen vier Gliedmaßen fort. Selten gehen sie für kurze Zeit aufrecht.
Schimpansen fressen Früchte und Blätter, aber auch Insekten und kleine Wirbeltiere. Gelegentlich jagen sie auch kleinere Affenarten.

### Primaten im Vergleich

**1** Vergleiche Lemur und Schimpanse im Hinblick auf Verbreitung, Lebensraum und Ernährung.

**2** Beschreibe die Verwandtschaft des Menschen mit Lemur und Schimpanse.

**3** Lemur, Schimpanse und Mensch → 6

a Vergleiche die Merkmale in einer Tabelle.

b Leite Rückschlüsse auf die Fortbewegung und die Lebensweise ab.

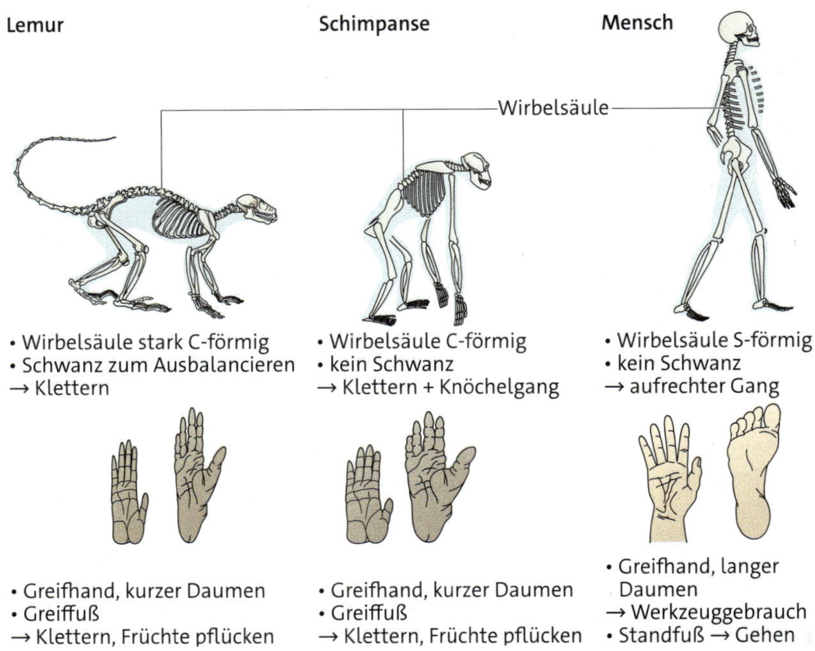


6 Vergleich von Lemur, Schimpanse und Mensch

# Der aufrechte Gang

1 Unterwegs: **A** Gorilla auf vier Beinen, **B** Mensch auf zwei Beinen

**Ein Merkmal, durch das wir uns von den anderen Menschenaffen unterscheiden, ist der aufrechte Gang auf zwei Beinen. Was weiß man über die Entwicklung des Merkmals?**

**Klasse:**
Säugetiere
**Ordnung:**
Primaten
**Familie:**
Menschenaffen
**Stamm:**
Homininen
**Gattungen:**
Ardipithecus,
Homo
**Arten:**
*Ardipithecus ramidus*,
*Homo sapiens*

2 Eine mögliche Einordnung zweier Homininen

**Homininen** • Schon vor 30 Millionen Jahren lebten Menschenaffen in den Regenwäldern Afrikas. Vor ungefähr 5 bis 7 Millionen Jahren trennten sich die Entwicklungslinien von Mensch und Schimpanse und die ersten menschenähnlichen Vorfahren entwickelten sich. Der heute lebende Mensch und seine direkten Vorfahren werden unter dem Begriff Homininen zusammengefasst. Es gibt viele Fossilien verschiedener Homininen, die zeigen, dass die Entwicklung nicht geradlinig verlief. Zeitweise gab es mehrere Arten. Heute gibt es nur noch eine Art, den modernen Menschen *Homo sapiens*. Alle anderen Homininen sind längst ausgestorben.

**Älteste Funde** • Eines der ältesten bekannten Skelette eines Homininen zählt zu der Art *Ardipithecus ramidus*. Er lebte vor etwa 4,4 Millionen Jahren in einer vielfältigen Landschaft mit Wäldern, Feuchtgebieten und Grasland. Die Merkmale des Skeletts zeigen, dass er aufrecht gehen konnte. Er legte vermutlich Strecken zwischen Bäumen am Boden zurück und bewegte sich auf den Bäumen aufrecht, um Früchte am Ende der Zweige zu erreichen.

**Aufrechter Gang** • Zur Ursache für die Entstehung des aufrechten Gangs gibt es unterschiedliche Hypothesen. Lange dachte man, dass die Ursache der Übergang zum Leben in der Savanne war. Klimaveränderungen führten damals dazu, dass die flächigen Wälder durch die offene Graslandschaft verdrängt wurden. In der Savanne hatten aufrecht gehende Primaten Vorteile: Sie hatten eine bessere Übersicht und die Hände waren frei. Heute gibt es jedoch Nachweise, dass Homininen aufrecht gingen, als sie noch in den Wäldern lebten. Man vermutet, dass er sich durchsetzte, weil er weniger Energie verbraucht als der Gang auf vier Beinen. Das ist vor allem bei längeren Strecken ein Vorteil.

Der aufrechte Gang hat sich bei Homininen im Wald entwickelt.

## Aufgabe

1 ☒ Begründe, dass sich der aufrechte Gang im Wald entwickelte.

die Homininen
der *Homo sapiens*
der aufrechte Gang

## Material A

### Skelettvergleich

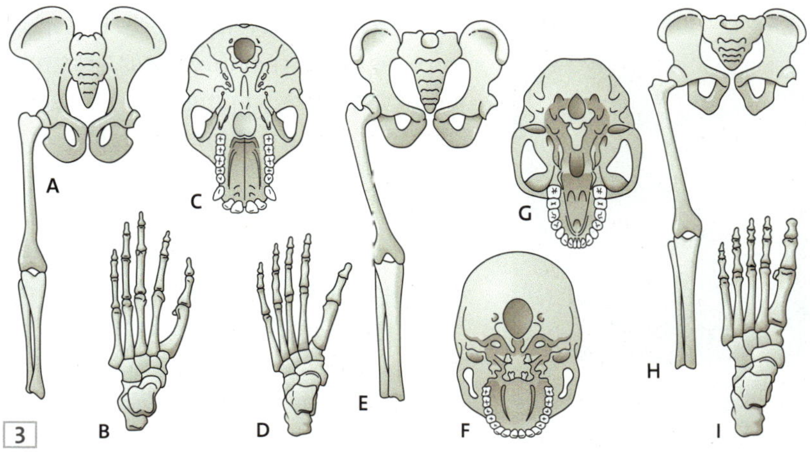

3

In Bild 3 sind Skelettteile eines Schimpansen, eines frühen Homininen und des heutigen Menschen dargestellt. Sie sind nicht geordnet.

1 Beschreibe die jeweilige Fortbewegung der Vertreter.

2 Ordne die Skelettteile begründet zu. → 3 4

Die folgenden Merkmale ermöglichten den aufrechten Gang: (1) Durch die Doppel-S-Form der Wirbelsäule wird der Oberkörper gestützt. (2) Das breite, schaufelförmige Becken stützt die Organe im Bauch. (3) Verkürzte Zehen und eine verlängerte Ferse erleichtern das Stehen. (4) Die Verbindung zwischen Kopf und Wirbelsäule, das Hinterhauptsloch, ist so verschoben, dass der Kopf mittiger auf der Wirbelsäule sitzt. (5) Die leichte X-Form der Beine entlastet die Knie und hilft, das Gleichgewicht zu halten.

4

## Material B

### Energiesparender Gang?

Forscher ließen Menschen und Schimpansen auf einem Laufband gehen. Die Menschen gingen auf zwei Beinen, die Schimpansen mal auf vier und mal auf zwei Beinen. → 5 Dabei wurden der Sauerstoffverbrauch und die Aktivität der Muskeln gemessen. Die Menschen verbrauchten beim Gehen viel weniger Energie als die Schimpansen. Bei den Schimpansen gab es Unterschiede. Im Durchschnitt war der Gang auf vier Beinen sparsamer. Ein Schimpanse, der größere Schritte machte, verbrauchte aber auf zwei Beinen weniger Energie als auf vieren.

1 Beschreibe den Versuch.

2 Deute das Ergebnis im Hinblick auf die Frage, warum sich der aufrechte Gang bei Homininen durchsetzte.

3 Nimm Stellung zu der Aussage: Solange es keine Fossilien gibt, die diese Hypothese belegen, bleibt es eine Hypothese.

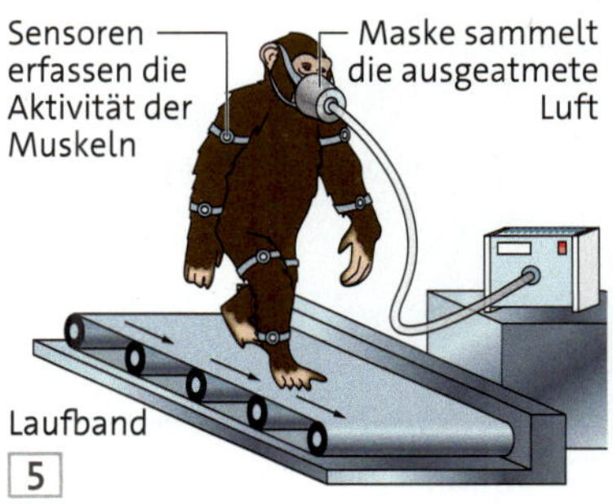

5

# Entwicklung bis zum heutigen Menschen

1 So sah der Lebensraum der frühen Menschen aus.

2 Versteinerte Fußspuren

**Die Entwicklung des Menschen kann man durch zahlreiche Fossilfunde nachvollziehen. Von den ersten Vorfahren bis zum modernen Menschen vergingen 5 bis 7 Millionen Jahre. Was ist in dieser Zeit passiert?**

**Veränderte Umweltbedingungen** • Ein wesentlicher Antrieb für die Evolution der Homininen waren die veränderten Umweltbedingungen. Weil das Klima in Afrika trockener und kühler wurde, veränderte sich der Lebensraum: Die großflächigen Wälder verschwanden und eine Savanne breitete sich aus. → 1 Homininen, die aufrecht gehen konnten, waren an den neuen Lebensraum gut angepasst. Sie überlebten und entwickelten sich weiter.
Ein sehr bekanntes Fossil eines frühen Homininen stammt von einer Frau der Art *Australopithecus afarensis*. → 1 Man gab ihr den Namen Lucy. Die Fossilien sind etwa 3,2 Millionen Jahre alt und zeigen Merkmale des aufrechten Gangs. Weitere Fossilien sowie 3,6 Millionen Jahre alte versteinerte Fußspuren sind Beweise dafür, dass Vertreter dieser Art aufrecht gingen. → 2 Sie konnten aber auch gut klettern.

**Ernährung** • Mit dem Klima veränderte sich auch die Tier- und Pflanzenwelt und damit das Nahrungsangebot. Lucy hatte große Backenzähne und einen kräftigen Kiefer. Dies deutet auf harte pflanzliche Nahrung hin, die lange und gründlich gekaut werden musste. Bei den päteren Homininen erkennt man an kleineren Backenzähnen, dass sie zunehmend tierische Nahrung aßen. Dabei handelte es sich wahrscheinlich um Aas, bis sie lernten, Tiere zu jagen. Die tierische Nahrung hatte einen großen Vorteil: Sie lieferte mehr Energie als pflanzliche Nahrung. Die Homininen, die sich mehr von Fleisch ernährten, hatten somit bessere Überlebens- und Fortpflanzungschancen. Außerdem trug der Energiegehalt zur Vergrößerung des Gehirns bei.

**Werkzeuge** • Die ältesten gefundenen Werkzeuge sind 3,3 Millionen Jahre alt und aus Stein. Wahrscheinlich nutzten Vertreter der Gattung *Australopithecus* sie zur Verarbeitung von Nahrung, zum Beispiel, um Fleisch von Knochen zu schaben. Etwas neuere Erkenntnisse deuten darauf hin, dass sie schon intelligent und geschickt genug waren, um Steinwerkzeuge mit scharfen

der *Australopithecus afarensis*
der *Homo habilis*
der *Homo erectus*
der *Homo sapiens*

Bruchkanten herzustellen. Bisher ging man davon aus, dass dieser Entwicklungsschritt später erfolgte. Darauf wiesen 2,5 Millionen Jahre alte Steinwerkzeuge hin, die man Fossilien der Art *Homo habilis* zuordnete. → 1 Aus dem Gebiss ließ sich ein höherer Anteil an tierischer Nahrung ableiten, was ebenfalls auf die Nutzung von Steinwerkzeugen hindeutet.

**Umgang mit Feuer** • Vor mindestens 2,5 Millionen Jahren entwickelten sich in Afrika Homininen mit vergrößertem Gehirn. Fossilien zeigen, dass die Gehirngröße zunahm, je jünger die Arten waren. → 3 Ein Vertreter war *Homo erectus*. → 1 Nahe seiner Fossilien fand man Spuren von Feuerstellen. Er gilt daher als erster Hominine, der den Umgang mit Feuer erlernte. Damit war es ihm möglich, Nahrung zu kochen. So wird sie besser verdaulich und liefert mehr Energie, wodurch sich das Gehirn weiter vergrößerte. Bei *Homo erectus* verdoppelte sich die Größe des Gehirns innerhalb von zwei Millionen Jahren. Man geht davon aus, dass er sich durch eine Form von Sprache verständigen konnte und so die Jagd mit selbst gebauten Waffen in Gruppen organisierte.

**Moderner Mensch** • Die ältesten Belege für Vertreter der Art *Homo sapiens* sind 300 000 Jahre alte Fossilien, die man im Norden Afrikas fand. Auch in Ost- und Südafrika fand man Fossilien. Vor über 60 000 Jahren breitete er sich auf anderen Kontinenten aus. Er lebte dort eine Zeit lang mit anderen Homininen.

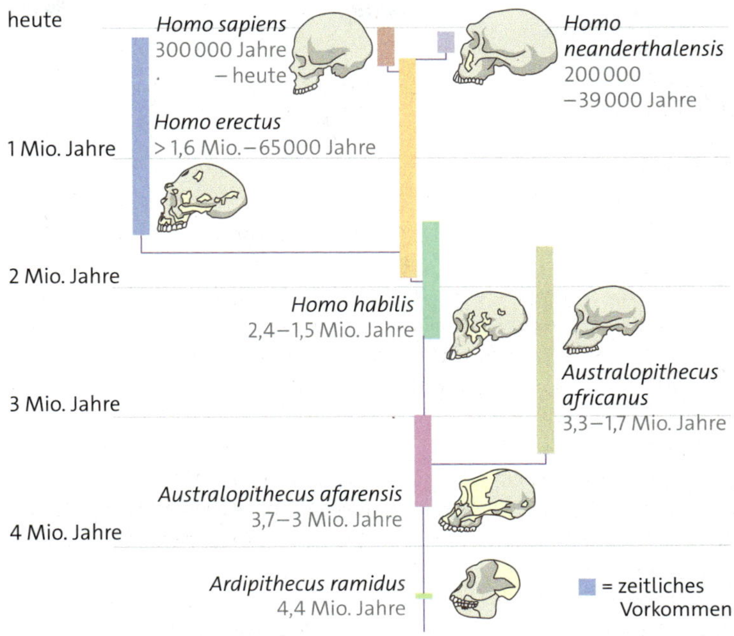


3 Vorkommen verschiedener Homininen (Auswahl)

**Fossilien belegen, dass der Ursprung des Menschen in Afrika liegt. Hier entwickelten sich unterschiedliche Menschenarten. *Homo sapiens* ist die einzige Art, die heute noch lebt.**

## Aufgaben

1 Fasse die wesentlichen Merkmale von *Australopithecus afarensis*, *Homo erectus* und *Homo habilis* in einer Tabelle zusammen.

2 Begründe, warum man Afrika als Wiege der Menschheit bezeichnet.

3 Erkläre, wie die Umstellung der Ernährung und die Nutzung des Feuers mit der Entwicklung des Gehirns zusammenhängen.

**Klasse:**
Säugetiere
**Ordnung:**
Primaten
**Familie:**
Menschenaffen
**Stamm:**
Homininen
**Gattungen:**
Ardipithecus, Australopithecus, Homo
**Arten:**
*Ardipithecus ramidus*, *Australopithecus afarensis*, *Homo habilis*, *Homo erectus*, *Homo sapiens*

4 Eine mögliche Einordnung einiger Homininen

# Entwicklung bis zum heutigen Menschen

## Material A

### Wichtige Schritte in der Evolution des Menschen

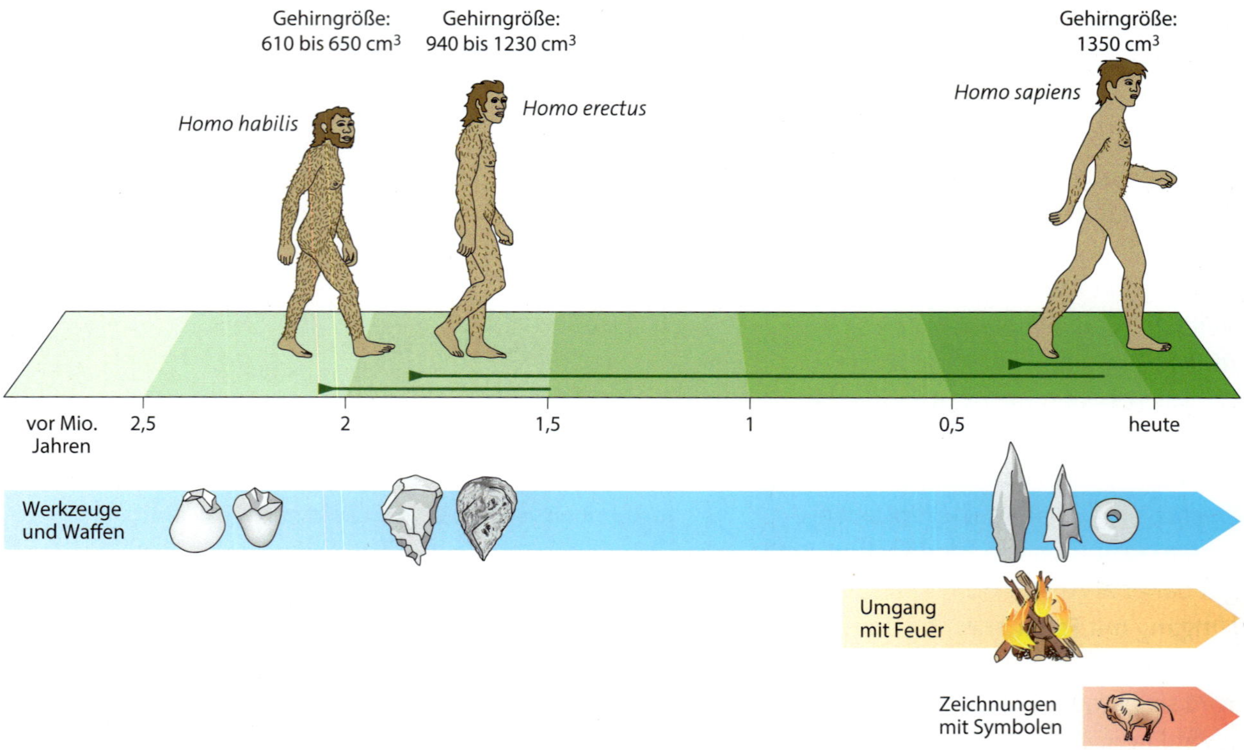


1 Entwicklungsschritte in der Gruppe Homo

Der moderne Mensch *Homo sapiens* und seine nächsten ausgestorbenen Verwandten werden in der Gattung Homo zusammengefasst. Die ersten Arten dieser Gruppe traten vor über zwei Millionen Jahren auf, wie man durch Fossilfunde belegen kann.

**1** Nenne verschiedene Arten, die du anhand ihres Namens der Gattung Homo zuordnen kannst.

**2** Beschreibe die in Bild 1 dargestellten Entwicklungsschritte von Vertretern der Gattung Homo in ihrem zeitlichen Verlauf.

**3** Stelle einen möglichen Zusammenhang zwischen der zunehmenden Gehirngröße, dem Gebrauch von Werkzeugen, dem Umgang mit dem Feuer und der Verständigung über Symbole und Schriftzeichen her.

**4** Stelle anhand der Aussage in Bild 2 Hypothesen dazu auf, wieso die Trennung von Populationen die Evolution des Menschen vorantrieb.

Populationen der Homininen wurden durch Klimaereignisse immer wieder getrennt. In kleinen, isolierten Populationen festigen sich genetische und kulturelle Neuerungen schneller als in größeren.

2

## Material B

### Der Neandertaler in uns

1 ☒ Beschreibe, was untersucht und nachgewiesen wurde. → 3

2 ☒ Erkläre das Ergebnis anhand des Vorkommens der beiden Homininen.

3 ☒ Stelle Vermutungen an, welche Informationen die entschlüsselte Neandertaler-DNA noch bringen könnte.

**Gemeinsame Gene** *Mai 2010*

Nach jahrelanger Arbeit ist es Forschenden gelungen, aus fossilen Knochen die DNA des Neandertalers zu entschlüsseln. Sie verglichen sie mit der DNA heutiger Menschen und machten eine erstaunliche Entdeckung: Heute lebende Europäer tragen 1,5 bis 2,1 Prozent der DNA des Neandertalers in sich. Das belegt, dass Neandertaler und *Homo sapiens* vor langer Zeit gemeinsame Nachkommen zeugten. Man kann davon ausgehen, dass sich noch mehr Neandertaler-DNA finden ließe, wenn man die gesamte Bevölkerung und nicht nur eine Stichprobe untersuchen würde.

3

## Material C

### Mögliche Ursachen des Aussterbens

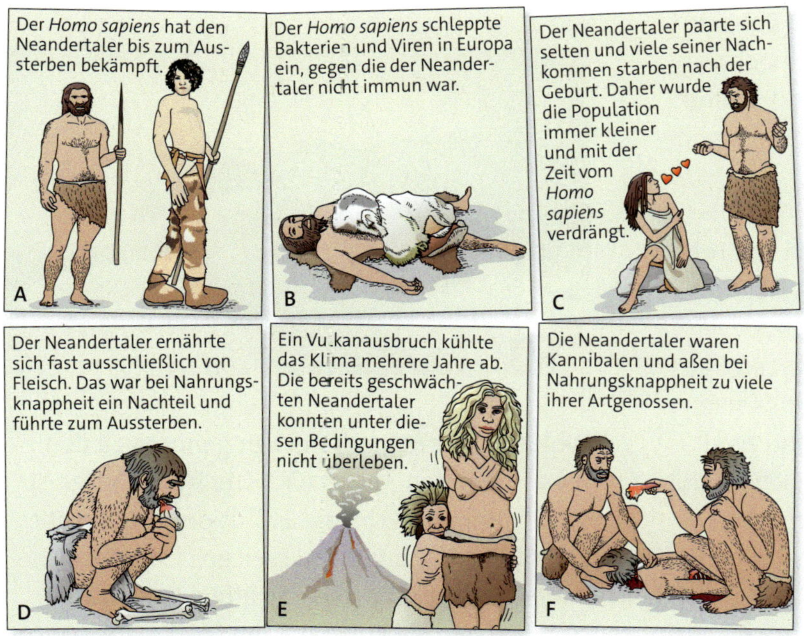


4 Hypothesen zum Aussterben des Neandertalers

*Homo sapiens* und Neandertaler lebten lange gemeinsam in Europa. Wieso der Neandertaler dann ausstarb, ist nicht geklärt.

1 ☒ Leite aus den sechs Hypothesen die Merkmale des Neandertalers ab, die zum Aussterben geführt haben könnten. → 4

2 MK ☒ Diskutiert, welche Hypothese eurer Meinung nach am wahrscheinlichsten ist. Um euch auf die Diskussion vorzubereiten, könnt ihr noch weitere Informationen zu den Hypothesen recherchieren.

# Evolution

## Zusammenfassung

**Evolution** • Das Leben auf der Erde entstand vor etwa 3,5 Milliarden Jahren. Seitdem haben sich über lange Zeiträume Lebewesen neu entwickelt und verändert. Dies nennt man Evolution.

**Fossilien** • Überreste von Pflanzen und Tieren, die nach ihrem Tod erhalten geblieben sind, nennt man Fossilien. Sie zeigen, in welchen Zeiträumen Lebewesen vorkamen und wie sie sich verändert haben. In manchen Gesteinsschichten findet man Fossilien von Lebewesen, die nur kurz, aber in großer Zahl vorkamen und weit verbreitet waren. Forschende nutzen diese Leitfossilien zur Altersbestimmung der Gesteine.

**Evolution der Landwirbeltiere** • Die Vorfahren der ersten Landwirbeltiere waren Fische, die mit einfach gebauten Lungen und muskulösen Flossen an das Flachwasser angepasst waren. Zunächst entwickelten sich die Amphibien, die noch auf feuchte Lebensräume angewiesen sind. Später entwickelten sich die Reptilien, Säugetiere und Vögel, die dauerhaft an Land leben.

**Verwandtschaft** • Verwandte Gruppen von Lebewesen stammen von gemeinsamen Vorfahren ab. Wie nah oder entfernt sie miteinander verwandt sind, wird in Stammbäumen gezeigt. Je kürzer die Existenz des letzten gemeinsamen Vorfahren zurückliegt, desto näher sind zwei Gruppen verwandt. Für die Verwandtschaft gibt es Belege: Mosaikformen wie Archaeopteryx weisen Merkmale verschiedener Tiergruppen auf. Homologe Organe unterschiedlicher Tiere haben einen gemeinsamen Grundbauplan, der auf gleichen Erbinformationen beruht.

**Evolution schafft Vielfalt** • Rekombination und Mutationen erhöhen die Variabilität in einer Gruppe von Lebewesen und können zu neuen Merkmalen führen. Wenn die Merkmale in ihrer Umwelt vorteilhaft sind, haben die Lebewesen eine größere Chance sich fortzupflanzen. Daher werden Gene für vorteilhafte Merkmale öfter an die nächste Generation vererbt. Diese Auslese durch die Umwelt heißt natürliche Selektion. Dauerhaft getrennte Teilpopulationen einer Art können sich so unterschiedlich entwickeln, dass aus ihnen zwei neue Arten entstehen.

**Evolutionstheorie** • Charles Darwin erkannte, dass Lebewesen unterschiedlich gut an ihre Umwelt angepasst sind und sich besser angepasste Lebewesen mehr fortpflanzen. Er schloss daraus, dass sich Arten im Verlauf der Zeit in Richtung bessere Angepasstheit verändern.

1

**Evolution des Menschen** • Wir gehören zu den Menschenaffen. Unser nächster Verwandter ist der Schimpanse. Unsere Evolution verlief nicht geradlinig: Vor uns entwickelten sich zahlreiche andere Menschenarten, die alle wieder ausgestorben sind. Sie entwickelten Merkmale wie den aufrechten Gang und das große Gehirn.

## Teste dich! (Lösungen auf Seite 335)

### Erdgeschichte

1 Nenne ein Ereignis aus jedem Erdzeitalter.

2 Erkläre den Begriff Evolution.

### Fossilien

3 Beschreibe die Entstehung von Fossilien.

4 Begründe, inwiefern Fossilien Belege für die Evolution sind.

5 Erkläre den Nutzen von Leitfossilien.

### Vom Wasser ans Land

6 Beschreibe die Vorfahren der ersten Landwirbeltiere mit ihren Angepasstheiten.

7 Beschreibe die Evolution der Landwirbeltiere und die jeweiligen Angepasstheiten.

### Verwandtschaft

8 Erkläre den Zusammenhang zwischen dem letzten gemeinsamen Vorfahren von Lebewesen und deren Verwandtschaft.

9 Beschreibe den Zweck und den Aufbau von Stammbäumen.

10 Erläutere am Beispiel des Schnabeltiers die Bedeutung von Mosaikformen als Belege für die Verwandtschaft.

11 Erkläre, wie homologe Organe die Verwandtschaft von Lebewesen anzeigen.

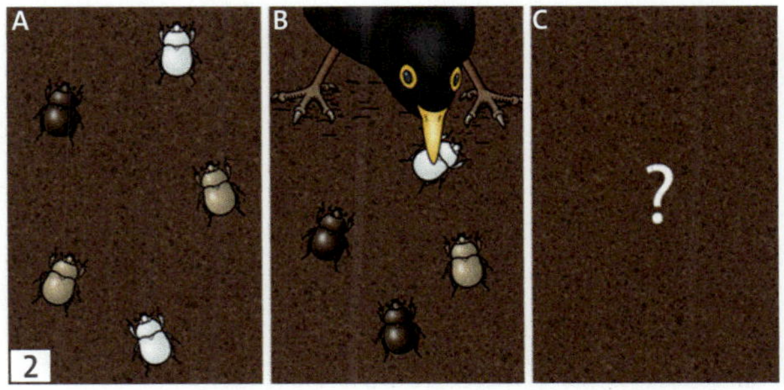


### Evolution und Vielfalt

12 Erkläre den Begriff Variabilität.

13 Beschreibe die Ursachen für Variabilität innerhalb einer Gruppe von Lebewesen.

14 Erkläre den Begriff natürliche Selektion mithilfe von Bild 2. Überlege dazu, wie die Käfer der nächsten Generation aussehen.

15 Erkläre, wieso Isolation zur Bildung neuer Arten führen kann.

16 Begründe, dass Darwins Evolutionstheorie einen Widerspruch zu religiösen Schöpfungslehren darstellt.

### Evolution des Menschen

17 Begründe, dass wir mit den Schimpansen verwandt sind, aber nicht davon abstammen.

18 Erkläre die Aussage: Die Evolution des Menschen verlief nicht geradlinig.

19 Erkläre, warum die Ernährung und die Nutzung des Feuers eine große Bedeutung für die Entwicklung des Menschen hatten.

# Zum Nachschlagen

## Operatoren

### Keine Missverständnisse bei Aufgaben

Die Aufgaben beginnen mit einem Verb:
- **Nenne** die fünf ...
- **Beschreibe** die Bedeutung von ...
- **Begründe,** weshalb die ...
- **Erläutere** an einem Beispiel ...

Diese Verben heißen Operatoren und geben an, was du tun sollst.

**Beschreibe**

Gib einen Sachverhalt genau (mit Fachwörtern) und strukturiert wieder.

Aufgabe: Beschreibe die Vermehrung eines Virus.

*Lösung: Zur Vermehrung haftet sich ein Virus an eine Wirtszelle und gibt seine Erbinformation ab. Dadurch wird der Stoffwechsel der Wirtszelle so umgestellt, dass sie Virusbausteine bildet. Diese setzen sich zu neuen Viren zusammen. Dann platzt die Wirtszelle und setzt die Viren frei.*

**Ermittle**

Leite aus einem Sachverhalt einen Zusammenhang oder Ergebnisse her.

Aufgabe: Ermittle für ein Allergen Maßnahmen zum Schutz von allergischen Personen.

*Lösung: Personen, die gegen Erdnüsse allergisch sind, dürfen keine Erdnüsse essen. Sie müssen auf die Inhaltsstoffe von Lebensmitteln achten und im Restaurant nachfragen, ob ein Gericht Erdnüsse enthält.*

**Ordne**

Teile in Gruppen ein. Lege z. B. Listen an.

Aufgabe: Ordne den Teilen des vegetativen Nervensystems die Begriffe Wettkampf und Entspannung zu.

*Lösung:*
*Sympathikus – Wettkampf*
*Parasympathikus – Entspannung*

**Erläutere**

Erkläre ausführlich, anschaulich und verdeutliche mit Beispielen.

Aufgabe: Erläutere das Schlüssel-Schloss-Prinzip.

*Lösung: Ein Antikörper kann seine Aufgabe, zum Beispiel die Bindung an einen bestimmten Krankheitserrger, nur erfüllen, wenn seine Struktur zu der Struktur des Erregers wie ein Schlüssel zu einem bestimmten Schloss passt. Nur dann kann sich ein Antigen-Antikörper-Komplex bilden und der Erreger durch die Fresszellen vernichtet werden.*

## Nenne

Notiere Namen oder Begriffe.

Aufgabe: Nenne die Merkmale von Primaten.

*Lösung: stark ausgeprägtes Sozialverhalten, nach vorne gerichtete Augen, Greifhände und Greiffüße, der Daumen lässt sich den andern Fingern gegenüber stellen*

## Erkläre – Begründe

Notiere eine oder mehrere Ursachen.

Aufgabe: Erkläre, warum Kinder ihren Eltern ähnlich sehen.

*Lösung: Bei der Fortpflanzung vererben Eltern ihren Kindern Anlagen für Merkmale wie die Augenfarbe und Gesichtsform. Daher sehen Kinder ihren Eltern ähnlich.*

## Stelle Vermutungen an

Überlege mögliche Gründe oder Auswirkungen. Begründe deine Antwort.

Aufgabe: Stelle Vermutungen an, weshalb der Neandertaler ausstarb.

*Lösung: Der Neandertaler und der Homo sapiens lebten lange gemeinsam in Europa. Es wäre möglich, dass der Homo sapiens den Neandertaler ausgerottet hat. Andere mögliche Ursachen sind durch den Homo sapiens eingeschleppte Krankheitserreger und Klimaveränderungen.*

## Vergleiche

Stelle Gemeinsamkeiten und Unterschiede dar.

Aufgabe: Vergleiche die Chromosomensätze in den Körperzellen von Frauen und Männern. Lege dazu eine Tabelle mit geeigneten Kriterien an.

*Lösung:*

| | Frauen | Männer |
|---|---|---|
| Chromosomenzahl | 46 | 46 |
| Autosomen | 44 (22 Paare) | 44 (22 Paare) |
| Gonosomen | XX (1 Paar) | XY (1 Paar) |
| Chromosomensatz | diploid | diploid |

## Zeichne

Fertige eine möglichst exakte grafische Darstellung an, die du beschriftest.

Aufgabe: Zeichne ein Nukleotid der DNA mit der Base Adenin und beschrifte deine Zeichnung.

*Lösung:*

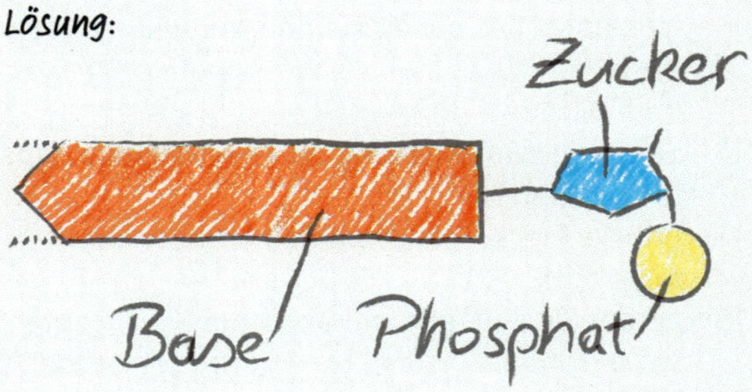

## Informationssysteme des Körpers – S. 88/89

1 Sinne des Menschen: Sehsinn, Geruchssinn, Geschmackssinn, Tastsinn, Gehörsinn, Gleichgewichtssinn

2 Sinneszellen nehmen Reize auf und wandeln sie in elektrische Signale um, die zum Gehirn weitergeleitet werden.

3 Die Sinneszellen der Sinnesorgane sind auf bestimmte Reize spezialisiert. Zum Beispiel verarbeiten die Sinneszellen der Augen Licht und die Sinneszellen der Ohren verarbeiten Schall. Die Wärmepunkte und Kältepunkte der Haut verarbeiten Temperaturänderungen und Tastkörperchen verarbeiten Druckveränderungen.

4 Reize wie das Licht treffen auf das Sinnesorgan Auge. Die Sinneszellen im Sinnesorgan wandeln die Reize in elektrische Signale um. Dann werden die elektrischen Signale über Nervenbahnen zum Gehirn weitergeleitet. Im Gehirn werden sie verarbeitet. Diese Aufnahme und Verarbeitung von Reizen bezeichnet man als Wahrnehmung. In dem Moment, wo der Lichtreiz verarbeitet wurde, sehen wir.

5 1 – Muskel: Bewegung des Auges
2 – Aderhaut: Versorgung mit Nährstoffen
3 – Lederhaut: Festigkeit des Auges
4 – Ringmuskel: Verformung der Linse
5 – Linsenband: Verbindung zwischen Linse und Ringmuskel
6 – Pupille: Öffnung für Lichteinfall
7 – Hornhaut: Lichtbrechung
8 – Augenkammer: Versorgung mit Nährstoffen
9 – Iris: regelt den Durchmesser der Pupille und damit den Lichteinfall ins Auge
10 – Linse: Lichtbrechung
11 – Glaskörper: Stabilität des Auges
12 – Pigmentschicht: bewirkt bessere Aufnahme des Lichts
13 – Netzhaut: Ort der Lichtsinneszellen, in denen die Lichtreize in elektrische Signale umgewandelt werden
14 – Sehnerv: Weiterleitung der elektrischen Signale zum Gehirn
15 – blinder Fleck: Stelle, wo der Sehnerv aus dem Auge tritt
16 – gelber Fleck: Stelle mit ausschließlich Zapfen, wo besonders viele Reize verarbeitet werden

6 Die Lichtsinneszellen der Augen werden durch Licht angeregt. Ohne Licht werden sie nicht angeregt und senden keine elektrischen Signale an das Gehirn. Daher sehen wir im Dunkeln nichts.

7 Beim Sehvorgang arbeiten die Augen und das Gehirn eng zusammen. Wenn bei einer Kopfverletzung das Gehirn geschädigt wurde, kann die Verarbeitung von elektrischen Signalen beeinträchtigt sein. Wenn die elektrischen Signale der Lichtsinneszellen im Gehirn nicht verarbeitet werden, ist das Sehen nur eingeschränkt oder gar nicht möglich.

8 Das Ohr besteht aus Außenohr, Mittelohr und Innenohr.

9 Die Schallwellen werden von der Ohrmuschel aufgefangen und über den Gehörgang zum Trommelfell geleitet. Dadurch wird das Trommelfell in Schwingungen versetzt. Die Gehörknöchelchen im Mittelohr nehmen die Schwingungen auf, verstärken sie und leiten sie zum ovalen Fenster im Innenohr weiter.

10 Im Innenohr werden die Schwingungen vom ovalen Fenster auf die Flüssigkeit in der Hörschnecke übertragen. In der Hörschnecke reichen die Hörsinneszellen mit feinen Härchen in die Flüssigkeit hinein. Wenn die Härchen durch die Druckwellen in der Flüssigkeit gebogen werden, lösen sie elektrische Signale aus. Diese werden über den Hörnerv zum Gehirn weitergeleitet.

11 Das Ohrenschmalz befeuchtet die Haut im Gehörgang und bewirkt, dass Schmutz und abgestorbene Hautzellen gebunden und entfernt werden. Außerdem verhindert es, dass Schädlinge in das Innenohr eindringen.

12 Der Weltraum ist ein luftleerer Raum. Schall breitet sich aber über die Luft aus. Deshalb kann der Schall sich im Weltraum nicht ausbreiten. Man kann also keine Geräusche hören.

13 Wärmepunkte, Kältepunkte, Tastkörperchen

14 Schmerz ist ein Reiz, der von Schmerzsinneszellen der Haut aufgenommen und in elektrische Signale umgewandelt wird. Die Fingerspitzen sind besonders empfindlich, denn hier befinden sich besonders viele Schmerzsinneszellen. Die elektrischen Signale werden über die Nervenbahnen zum Gehirn weitergeleitet und dort verarbeitet. Dies führt dazu, dass man eine Verletzung am Finger spürt.

15

| Sinnesorgan | Gefahren | Schutz |
|---|---|---|
| Auge | angespanntes Starren, Lichtmangel, kalte Luft, Chlorwasser, Zigarettenrauch, Fremdkörper | natürlich: Augenlid, Wimpern, Tränenflüssigkeit<br>künstlich: Sonnenbrille (mit CE-Siegel), Visier, Schutzbrille |
| Ohr | anhaltender Lärm, laute Geräusche | natürlich: Ohrenschmalz<br>künstlich: Gehörschutz, verminderte Lautstärke |
| Haut | UV-Strahlung, mechanische und chemische Einflüsse | natürlich: Farbstoffe in der Oberhaut<br>künstlich: Sonnenschutzmittel, sonnendichte Kleidung, Schutzkleidung, Schutzhandschuhe |

16 Ein Reiz, zum Beispiel der Geruch einer Pizza, geht von einer Reizquelle, der Pizza, aus. Er trifft auf unsere Nase. Die Sinneszellen der Nase wandeln den Reiz in elektrische Signale um. Diese werden über Nervenbahnen zum Gehirn weitergeleitet und dort verarbeitet. Das Zusammenspiel von Reizaufnahme und Reizverarbeitung nennt man Wahrnehmung. Anschließend sendet das Gehirn elektrische Signale über Nervenbahnen an Erfolgsorgane, zum Beispiel an Muskeln. Dann erfolgt eine Reaktion, wie das Greifen nach der Pizza.

17 1 – Dendrit, 2 – Zellkörper, 3 – Zellkern, 4 – Axon, 5 – Hüllzelle, 6 – Schnürring, 7 – Endknöpfchen, 8 – Synapse

18 Das zentrale Nervensystem verarbeitet alle Informationen, die als Reize aus der Umwelt auf uns einwirken. Es steuert alle wichtigen Vorgänge im Körper wie die Körperbewegung und die Organtätigkeit. Das periphere Nervensystem leitet alle elektrischen Signale von den Sinneszellen der Sinnesorgane zum zentralen Nervensystem sowie vom zentralen Nervensystem zu den Erfolgsorganen. Dazu zählen unter anderem die Zellen in Muskeln, Organen und Drüsen.

19 Wenn die Sinneszellen durch Reize angeregt werden, geben sie elektrische Signale an Nervenzellen weiter. Die Nervenzellen nehmen die elektrischen Signale über die Dendriten auf. Dies bezeichnet man als Erregung der Nervenzellen. Dann erfolgt die Weiterleitung der elektrischen Signale vom Zellkörper über das Axon bis zum Endknöpfchen einer Nervenzelle. Dabei springen die elektrischen Signale von Schnürring zu Schnürring, wodurch sie schneller weitergeleitet werden. Die Übertragung der Signale von einer Nervenzelle auf die nächste Nervenzelle erfolgt über chemische Botenstoffe, die Transmitter. Diese werden aus dem Endknöpfchen in den synaptischen Spalt freigesetzt und lagern sich an den Rezeptoren der Zielzelle an. Dadurch werden in der Zielzelle elektrische Signale ausgelöst.

20 Das vegetative Nervensystem steuert alle Vorgänge im Körper, die wir nicht willentlich beeinflussen. Dazu zählen alle Vorgänge, die die inneren Organe, die Blutgefäße und die Drüsen betreffen. Auch der Herzschlag und die Atmung werden von ihm gesteuert. Das ist bei einem Wettkampf wichtig. Der Sympathikus sorgt dafür, dass das Herz schneller schlägt und wir schneller atmen. So gelangt mehr Sauerstoff zu den Muskelzellen, wo Energie gewonnen wird. Nach dem Wettkampf sorgt der Parasympathikus für die Entspannung des Körpers, zum Beispiel indem er den Herzschlag und die Atmung verlangsamt.

21 Informationen werden im Langzeitgedächtnis abgespeichert, wenn wir uns tiefgründiger mit ihnen beschäftigen oder sie an unser vorhandenes Wissen, unsere Erinnerungen oder unsere Vorlieben anknüpfen.

22 Lernen bedeutet Informationen aus der Umwelt aufzunehmen, zu verarbeiten und abrufbar im Gedächtnis zu speichern. Informationen, die ins Langzeitgedächtnis gelangen, kann man über Wochen oder Jahre abrufen. Man hat sie gelernt. Der Lernvorgang beruht darauf, dass im Gehirn neue Synapsen gebildet und die Flächen der Synapsen vergrößert werden. So werden die Verbindungen zwischen den Nervenzellen gestärkt, sodass sich die Signalweiterleitung verbessert.

23 Hormone sind chemische Botenstoffe. Sie lagern sich jeweils an bestimmte Zielzellen an. Diese tragen Rezeptoren, an die nur das jeweilige Hormon binden kann. Das Hormon und der Rezeptor der Zielzelle passen zusammen wie ein Schlüssel und ein Schloss.

24 Das Hormon Insulin bindet an die Rezeptoren der Körperzellen. Dadurch wird die Zellmembran durchlässiger für Glukose. Die Glukose aus dem Blut wird von den Zellen aufgenommen und als Glykogen gespeichert. Dadurch sinkt der Blutzuckerspiegel.
Das Hormon Glukagon bewirkt den Abbau des Glykogens, das in der Leber gespeichert ist. Dabei entsteht Glukose, die dann ins Blut abgegeben wird.
Der Blutzuckerspiegel steigt.

25 In Stresssituationen sendet der Hypothalamus Signale, die bewirken, dass das Herz schneller schlägt und Hormondrüsen angeregt werden. Die Nebennieren geben die Hormone Adrenalin und Noradrenalin in das Blut ab. Diese beschleunigen den Herzschlag, fördern den Abbau von Glykogen und erweitern die Bronchien. So werden die Zellen besser mit Glukose und Sauerstoff versorgt und können mehr Energie produzieren. Man ist leistungsfähiger, aufmerksamer und reagiert schneller. Das ist zum Beispiel in Prüfungssituationen nützlich und kann bei Gefahr das Überleben sichern. Langzeitstress ist dagegen schädlich. Er führt dazu, dass die Nebennieren zu viel Cortisol ausschütten. Das Hormon schwächt die körpereigene Abwehr, sodass man öfter krank wird.

26 Eine Achterbahn setzt den Körper extremen Reizen aus. Hohe Geschwindigkeiten, große Beschleunigungen und Kräfte bewirken, dass der Körper die Fahrt als Gefahrensituation wahrnimmt. Der Hypothalamus sendet daher Signale aus, die die Produktion von Adrenalin in den Nebennieren anregen.

27 Wir erkennen an verbalen und nonverbalen Signalen zum Beispiel, ob uns eine lustige Geschichte erzählt wird. Verbale Signale sind die Worte, die verwendet werden. Diese nehmen wir als Schallwellen auf. Die Reize werden in den Sinneszellen zu elektrischen Signalen umgewandelt, die an das Gehirn weitergeleitet und dort verarbeitet werden. Mithilfe unserer Erfahrungen bewerten wir die Situation und erkennen, dass die Geschichte lustig gemeint ist. Um zu der Erkenntnis zu gelangen, helfen uns auch nonverbale Signale, die wir zum Beispiel über die Augen aufnehmen. Dass uns jemand eine lustige Geschichte erzählt, können wir zum Beispiel an einer entspannten Körperhaltung und einem Lächeln erkennen.

28 Schlüsselreize lösen bei uns ganz bestimmte Reaktionen aus. Das wird in der Werbung genutzt. Dort werden gezielt Schlüsselreize eingesetzt, die bei uns positive Gefühle auslösen und deshalb unsere Kaufbereitschaft wecken.

29 Pheromone sind Botenstoffe, die in vielen Duftspuren enthalten sind. Sie sind chemische Signale, die Tiere zur Kommunikation nutzen.

## Sucht – S. 115

1 stoffgebundene Süchte: Alkoholsucht, Nikotinsucht, Heroinsucht
stoffungebundende Süchte: Magersucht, Spielsucht, Kaufsucht oder Computersucht

2 Hilfestellung zur Bewertung:
Jugendliche werden besonders leicht süchtig. Aus Erfahrungen mit Suchtmitteln entsteht ein Suchtgedächtnis. Je früher und je mehr ein Mensch Suchtmittel zu sich nimmt, desto abhängiger wird sein Belohnungssystem im Gehirn. Besonders synthetische Drogen führen sehr schnell zur einer schweren psychischen Abhängigkeit. Oft reichen nur geringe Mengen aus.

3 Schädigung der Nervenzellen, Leberschäden, Entzündungen im Magen-Darm-Bereich und der Bauchspeicheldrüse, verengte Blutgefäße, die zu Bluthochdruck, Herzerkrankungen und sexueller Impotenz führen.

4 Der Genuss von Alkohol führt zu Störungen der Sprache, der Wahrnehmung und der Aufmerksamkeit. Dies kann im Straßenverkehr zu schweren Unfällen führen.

5 Nikotin verengt die Blutgefäße. Dies kann dazu führen, dass der Körper nicht mehr ausreichend mit Sauerstoff versorgt wird. Ein Schlaganfall oder ein Herzinfarkt mit tödlichem Ausgang können die Folgen sein. Der im Rauch enthaltende Teer kann tödliche Krebserkrankungen auslösen.

6 Bei einem Zigarettenkonsum von einer Schachtel am Tag zu je 7 € gibt ein Raucher im Jahr (365 Tage) 2555 € für Zigaretten aus.

7 a Bild 3: Raucherlunge, Bild 4: gesunde Lunge
b Die schwarzen Stellen im Lungengewebe (Bild 3) stammen von Teerablagerungen. Zigarettenrauch enthält Teer. Der Teer wird beim Rauchen eingeatmet und lagert sich in den Bronchien und im Lungengewebe ab.

8 Heroin und Crystal Meth gelten als besonders gefährliche Drogen, weil bereits bei einem ersten Konsum schon geringe Mengen ausreichen, um abhängig zu werden.

9 Bild 5: Magersucht, Bild 6: Ess-Brech-Sucht

Magersucht: Magersüchtige versuchen mit allen Mitteln schlanker zu werden – selbst wenn sie Normalgewicht haben. Sie magern ab und wird zusehends schwächer. Es besteht Lebensgefahr.

Ess-Brech-Sucht: Betroffene nehmen unmäßig viel Nahrung auf. Wenn der Magen voll ist, erbrechen sich die Süchtigen. Dann kommt der Heißhunger zurück. Ess-Brech-Süchtige versuchen alles, um ihre Sucht zu verbergen.

10 a In einem Sportverein lernt man, seine Fähigkeiten und Grenzen auszutesten, Einsatzbereitschaft zu zeigen und mit Erfolg und Misserfolg umzugehen. Man muss respektvoll miteinander umgehen, um gemeinsam als Team ein Ziel zu erreichen. Dies sind wichtige Schritte zu einer starken und selbstbewussten Persönlichkeit.
b Nur mit einem gesunden Selbstbewusstsein können Misserfolge, Kritik und Konflikte auch ohne Suchtmittel besser bewältigt werden. Selbstbewusste Menschen werden daher deutlich weniger häufig süchtig als andere.

## Gesundheit und Krankheit – S. 177

1 Eine Infektionskrankheit ist eine Krankheit, die durch Erreger wie Bakterien, Pilze oder Viren hervorgerufen wird.

2 Von einer Infektion spricht man, wenn Erreger in den Körper gelangt sind. In der Inkubationszeit vermehren sich die Erreger im Körper. Die Erkrankung ist die Phase, in der Symptome wie der Anstieg der Körpertemperatur auftreten. Bei der Gesundung klingen die Symptome ab und der Körper erholt sich.

3 Bei einem grippalen Infekt steigt die Körpertemperatur auf über 38 °Celsius. Dadurch kann das Immunsystem tem des Körpers die Erreger schneller bekämpfen.

4 Bakterien vermehren sich durch Zellteilung. Unter günstigen Bedingungen wie Feuchtigkeit und Wärme verläuft sie explosionsartig. Ihre Anzahl verdoppelt sich dann alle 20 bis 30 Minuten.

5 Antibiotika zerstören die Zellwand oder die Zellmembran der Bakterien, stören wichtige Stoffwechselvorgänge, hemmen die Vermehrung oder schädigen die Erbinformation. Breitband-Antibiotika wirken gegen mehrere Arten von Bakterien. Andere Antibiotika wirken nur gegen eine bestimmte Art von Bakterien.

6 Viren sind nicht in der Lage, sich eigenständig zu vermehren. Sie müssen zur Vermehrung den Stoffwechsel von Wirtszellen nutzen.

7 Unterschiedliche Lösungen, zum Beispiel:
- Begrüßungsumarmungen
- Reisen mit vielen Personen in einem geschlossenen Zugabteil
- Chorprobe in einem geschlossenen Raum
- Filmabend mit mehreren Freunden und Freundinnen in einem geschlossenen Raum
- Training im unbelüfteten Fitnessstudio

8 Lebewesen, die in anderen Lebewesen leben und sich von ihnen ernähren, nennt man Innenparasiten. Außenparasiten leben auf anderen Lebewesen.

9 In der Magensäure werden Erreger abgetötet. Die Haut ist mit einem Säureschutzmantel überzogen, der die Ansiedlung und Vermehrung von Erregern verhindert. Die Schleimhäute im Mund, in der Nase und in den Geschlechtsorganen bilden eine feuchte Schutzschicht mit Abwehrstoffen.

10 Bei der unspezifischen Abwehr übernehmen die Leukozyten verschiedene Aufgaben. Fresszellen machen die Erreger unschädlich, indem sie diese ins Zellinnere aufnehmen. Dabei werden alle Arten von Erregern bekämpft.

11 T-Helferzellen aktivieren die Plasmazellen und die T-Killerzellen. Riesenfresszellen nehmen Erreger und zerstörte Körperzellen auf. Gedächtniszellen speichern Informationen über einen Erreger, sodass dieser bei einer erneuten Infektion schneller abgewehrt wird. T-Killerzellen erkennen und zerstören Körperzellen, die vom Erreger befallen sind.

12 Personen, die auf Nüsse allergisch sind, sollten den Kontakt zu dem Allergen vermeiden. Für sie ist der Hinweis wichtig.

13 a Das Sperma oder die Scheidenflüssigkeit einer infizierten Person kann HI-Viren in großen Mengen enthalten. Wenn diese Körperflüssigkeiten mit Schleimhäuten oder Verletzungen einer gesunden Person in Kontakt kommen, können HI-Viren übertragen werden. Davor schützt ein Kondom.
b Von Aids spricht man, wenn die Krankheit ausgebrochen ist und die dafür typischen Beschwerden auftreten.

14 Dafür müssen zwei Ärzte unabhängig voneinander den Hirntod der Person feststellen. Die Ärzte dürfen nicht an der Organentnahme und auch nicht an der Transplantation beteiligt sein. Es muss geprüft werden, ob medizinische Gründe oder eine fehlende Bereitschaft gegen eine Organspende sprechen. Die Person muss einer Organspende zu Lebzeiten schriftlich zugestimmt haben. Auch Angehörige können stellvertretend zustimmen. Spender und Empfänger müssen sich genetisch möglichst ähnlich sein. Die Blutversorgung des Organs darf nur für kurze Zeit unterbrochen werden.

15 a Niere
b Menschen verfügen über zwei Nieren, benötigen jedoch nur eine, um die Reinigung des Blutes zu gewährleisten.

16 Ein Erhalt des Blutkreislaufs und der Atmung nach dem Hirntod ist wichtig, damit die Zellen der Organe mit Sauerstoff versorgt werden und nicht absterben.

## Gene und Vererbung – S. 240/241

1 Bei der Fortpflanzung vererben Eltern ihren Kindern Anlagen für Merkmale wie die Augenfarbe und Gesichtsform. Daher sind Kinder ihren Eltern ähnlich.

2 Die Anlagen werden von den Eltern an ihre Kinder vererbt. Sie enthalten die Erbinformation, die zur Ausprägung von Merkmalen führen. Die Anlagen liegen auf den Chromosomen. Sie führen zur Ausprägung der Merkmale. Merkmale sind die ausgebildeten Eigenschaften. Doch nicht alle Merkmale werden vererbt. Es gibt auch umweltbedingte Merkmale, die im Laufe des Lebens entstehen.

3 Bei der Befruchtung verschmelzen eine Eizelle und eine Spermienzelle. Die Eizelle enthält die Anlagen der Mutter und die Spermienzelle die Anlagen des Vaters. Die befruchtete Eizelle, die Zygote, enthält deshalb die Anlagen von der Mutter und vom Vater. So werden die Anlagen der Eltern bei der Fortpflanzung neu kombiniert.

4 Jedes Chromosom besteht aus zwei identischen Chromatiden, die am Zentromer miteinander verbunden sind. Ein Chromatid besteht aus einem Chromatinfaden, der zu einer geordneten Struktur verdichtet ist. Der Chromatinfaden besteht aus Proteinen und dem DNA-Strang.

5 Das Karyogramm besteht aus 46 Chromosomen, die 23 Chromosomenpaare bilden. Zwei Chromosomen sind die Gonosomen. Die restlichen 44 Chromosomen werden Autosomen genannt.

6 Bei der Meiose werden die Geschlechtszellen gebildet. Dabei entstehen durch zwei Teilungsschritte aus einer Zelle mit einem doppelten Chromosomensatz vier Tochterzellen mit einem einfachen Chromosomensatz. Das ist wichtig, damit bei der Befruchtung eine Zygote mit 46 Chromosomen entsteht, aus der sich ein neues Lebewesen entwickeln kann.

7 Erste Reifeteilung:
Prophase I: Chromatinfäden verdichten sich zu Chromosomen.
Metaphase I: Chromosomen ordnen sich in der Zellmitte an.
Anaphase I: Chromosomenpaare werden voneinander getrennt und von den Spindelfasern zu den Zellpolen gezogen.
Telophase I: Neue Kernmembranen und Zellmembranen werden gebildet.
Ergebnis: Zwei Tochterzellen mit jeweils 23 Zwei-Chromatiden-Chromosomen im Zellkern.

Zweite Reifeteilung:
Prophase II: Chromatinfäden verdichten sich zu Chromosomen.
Metaphase II: Chromosomen ordnen sich in der Zellmitte an.
Anaphase II: Chromatiden werden getrennt und von den Spindelfasern zu den Zellpolen gezogen
Telophase II: Neue Kernmembranen und Zellmembranen werden gebildet.
Ergebnis: Vier Tochterzellen mit jeweils 23 Ein-Chromatid-Chromosomen im Zellkern.

8 Bei der Meiose werden die Chromosomen auf die Geschlechtszellen verteilt. Dabei ist es Zufall, welche Chromosomen in dieselbe Zelle gelangen. Dadurch entstehen Geschlechtszellen, in denen die Chromosomen neu kombiniert sind. Das erhöht die genetische Vielfalt. Bei der Fortpflanzung werden die neu kombinierten Chromosomen an die Nachkommen vererbt.

9 1 – DNA-Strang, 2 – Phosphat, 3 – Zucker, 4 – Base, 5 – Nukleotid; A – Adenin, C – Cytosin, T – Thymin, G – Guanin

**10** Die DNA besteht aus zwei Strängen, die über die Basen miteinander verbunden sind. Dabei lagern sich immer die Basen Adenin und Thymin sowie Guanin und Cytosin gegenüber an. Das nennt man komplementäre Basenpaarung.

**11** Der DNA-Strang ist aus Nukleotiden aufgebaut. Ein Nukleotid besteht aus Zucker, Phosphat und einer der Basen Adenin, Thymin, Guanin und Cytosin. Die Erbinformation ist durch die Reihenfolge der vier Basen verschlüsselt. Immer drei aufeinanderfolgende Basen codieren für eine Aminosäure. Je nachdem, wie diese Tripletts aneinandergereiht sind, entstehen unterschiedliche Aminosäureketten und damit unterschiedliche Proteine und Merkmale.

**12** Ein Gen ist ein Abschnitt auf der DNA, der Informationen über den Bau eines Proteins enthält.

**13** Als Genotyp bezeichnet man die Gesamtheit der Gene eines Menschen. Die Gesamtheit der Merkmale, die aus dem Genotyp entstehen, nennt man Phänotyp.

**14** Von der DNA im Zellkern wird eine Abschrift erstellt. Diese verlässt den Zellkern und wird zu einem Ribosom im Zellplasma transportiert. Dort wird die Abschrift der DNA in eine Aminosäurekette übersetzt. Die Aminosäurekette faltet sich zu einem Protein.

**15** Die Proteine haben als Enzyme bestimmte Funktionen im Stoffwechsel und wirken auch bei der Ausprägung der Merkmale mit. Einige Proteine wandeln zum Beispiel Ausgangsstoffe in Melanine um und beeinflussen so Merkmale wie die Augenfarbe.

**16** Die Ursache für das Down-Syndrom ist eine Genom-Mutation, die der Vater oder die Mutter an das Kind vererbt. Bei der Bildung der Geschlechtszellen in der Meiose wurden die Chromosomen falsch aufgeteilt. Dadurch entstehen Geschlechtszellen, die das Chromosom 21 doppelt enthalten. Das führt bei der Befruchtung dazu, dass die Zygote das Chromosom 21 dreifach enthält. Alle Körperzellen des Kindes tragen diese Mutation in sich. Die Symptome, die dadurch verursacht werden, fasst man unter der Bezeichnung Down-Syndrom zusammen.

**17** Eine Gen-Mutation ist eine zufällige Veränderung der Erbinformation, die ein einzelnes Gen betrifft. Dabei werden zum Beispiel Nukleotide im Gen vertauscht.

**18** Bei einer Chromosomen-Mutation wird ein Chromosom verändert. Dabei geht ein Stück des Chromosoms verloren, kommt hinzu oder wird falsch eingefügt. Eine Genom-Mutation betrifft den gesamten Chromosomensatz. Hierbei befinden sich im Zellkern zu wenige oder zu viele Chromosomen.

**19** 1. Uniformitätsregel: Kreuzt man zwei Individuen, die sich in einem Merkmal reinerbig unterscheiden, so sind die Nachkommen in der 1. Tochtergeneration in Bezug auf dieses Merkmal gleich.
2. Spaltungsregel: Kreuzt man die mischerbigen Nachkommen der 1. Tochtergeneration untereinander, treten bei einem dominant-rezessiven Erbgang die Merkmale der Elterngeneration bei den Nachkommen der 2. Tochtergeneration im Verhältnis 3:1 im Phänotyp auf.
3. Unabhängigkeitsregel: Kreuzt man zwei Individuen, die sich in mehreren Merkmalen reinerbig unterscheiden, treten in der 2. Tochtergeneration neue Merkmalskombinationen auf.

**20** In einem dominant-rezessiven Erbgang wird bei einem Merkmal nur ein Allel im Phänotyp ausgeprägt. Dieses Allel ist dominant. Das andere Allel für dieses Merkmal wird im Phänotyp hingegen nicht ausgeprägt. Dieses Allel ist rezessiv.

**21**

| | | | |
|---|---|---|---|
| Elterngeneration | Phänotyp |  | |
| | Genotyp | AA | aa |
| | Geschlechtszellen | Ⓐ Ⓐ | ⓐ ⓐ |
| 1. Tochtergeneration | Kreuzungsquadrat | siehe Kreuzungsquadrat unten | |
| | Phänotyp |  | |
| | Genotyp | Aa Aa Aa Aa | |

Kreuzungsquadrat:

| ♀ \ ♂ | ⓐ | ⓐ |
|---|---|---|
| Ⓐ | Aa | Aa |
| Ⓐ | Aa | Aa |

22 In der Gentechnik wird die Erbinformation eines Organismus gezielt verändert, um ihn den Bedürfnissen des Menschen anzupassen.

23 Die rote Gentechnik umfasst den Einsatz von gentechnischen Verfahren in der Medizin. Dabei wird zum Beispiel die Erbinformation von Organismen so verändert, dass in ihrem Stoffwechsel Wirkstoffe für Medikamente hergestellt werden.

24 Beim horizontalen Gentransfer werden Gene von einem Organismus auf einen anderen übertragen. Für die Übertragung werden die Gene unter anderem in die Plasmide von Bakterien eingebaut. Die Plasmide mit den Genen werden dann in den fremden Organismus eingebaut.

25 Aus der DNA einer Spenderzelle wird ein Gen herausgeschnitten. Zudem wird ein Plasmid aus einer Bakterienzelle entnommen und mit einem Schneide-Enzym aufgeschnitten. Das Gen fügt sich in die Schnittstelle des Plasmids ein. Ein Binde-Enzym verbindet das Gen mit dem Plasmid. Das Plasmid wird wieder in ein Bakterium eingefügt. So entsteht ein transgenes Bakterium, das fremde DNA enthält.

26 In der Medizin werden transgene Bakterien erzeugt, damit sie medizinische Wirkstoffe herstellen. So wird zum Beispiel auch Insulin hergestellt, ein Medikament für Menschen mit Diabetes. Den Bakterien wird ein Plasmid eingebaut, das ein menschliches Insulin-Gen enthält. Die Bakterien stellen dann Insulin in ihrem Stoffwechsel her.

27 Die grüne Gentechnik umfasst den Einsatz von gentechnischen Verfahren in der Landwirtschaft. Dabei werden die Eigenschaften von Pflanzen so verändert, dass sie besser wachsen können. Ein Beispiel ist der gentechnisch veränderte Bt-Mais. Dieser enthält ein Gen eines Bodenbakteriums und stellt deshalb ein Gift her. Dieses wirkt gegen seinen Schädling, den Maiszünsler.

28 Die Bezeichnung Bt-Mais sagt aus, dass es sich um eine transgene Pflanze handelt. Der Mais enthält ein Gen des Bakteriums *Bacillus thuringiensis* (Bt). Dieses Gen bewirkt, dass im Mais ein Gift gegen die Raupe des Maiszünslers hergestellt wird. Dadurch ist der Bt-Mais vor dem Schädling geschützt und der Ertrag bei der Ernte ist höher.

29 Unterschiedliche Lösungen, zum Beispiel:
gegen einen Pilz unempfindliche Zuckerrüben,
gegen Unkrautvernichtungsmittel unempfindliche Raps- und Baumwollpflanzen

30 Dem Bakterium *Bacillus thuringiensis* wird das Gen entnommen, das für die Herstellung des Gifts codiert. Das Gen wird auf eine Maiszelle übertragen. Aus dieser transgenen Zelle wird dann eine Pflanze herangezogen. Diese stellt das Gift dann selbst her.

31 Unterschiedliche Lösungen, zum Beispiel:
Sowohl Züchtung als auch Gentechnik haben das Ziel, erwünschte Merkmale zu verstärken und unerwünschte zu entfernen. Bei der klassischen Züchtung werden Tiere oder Pflanzen mit erwünschten Merkmalen ausgewählt und miteinander gekreuzt. Individuen mit unerwünschten Merkmalen werden entfernt. In der Mutationszüchtung wird die Elterngeneration zusätzlich Mutagenen ausgesetzt, um schneller neue Merkmalskombinationen zu erhalten. Die Ergebnisse der Mutationszüchtung sind allerdings oft zufällig.

## Stationen eines Lebens – S. 271

1 Die Befruchtung findet im Eileiter statt. Die reife Eizelle verschmilzt mit der Spermienzelle. Bei dieser Verschmelzung entsteht die Zygote.

2 Es lässt sich nicht eindeutig bestimmen, wann ein menschliches Leben beginnt. Die Meinungen können auf der Zugehörigkeit zu verschiedenen Religionen, auf der Gesetzgebung eines Landes oder auf anderen Maßstäben beruhen. So kommt es, dass manche Menschen die Befruchtung als Beginn eines Lebens sehen, andere Menschen die ersten Aktivitäten des Gehirns, die Anlage aller Organe oder den Zeitpunkt der Geburt.

3 beeinträchtige Spermienzellen oder Eileiter, Stress, Medikamente

4 Bei beeinträchtigten Eileitern kann die In-vitro-Fertilisation (IVF) angewendet werden. Wenn die Eileiter nicht durchlässig sind, kann die reife Eizelle nicht vom Eierstock in die Gebärmutter gelangen. Dann muss die Befruchtung außerhalb des Körpers erfolgen.
Wenn die Spermienzellen beeinträchtigt oder in geringer Anzahl vorhanden sind, wird die intrazelluläre Spermien-Injektion (ICSI) angewendet, weil die Befruchtung weder im Körper noch im Reagenzglas stattfinden kann.

5 a In der ersten Ultraschall-Untersuchung wird geprüft, ob sich der Embryo erfolgreich in der Gebärmutter eingenistet hat. Auch die Körperlänge und der Herzschlag werden geprüft. Bei der zweiten und dritten Untersuchung werden die Größe und Lage des Kindes sowie die körperliche Entwicklung und das Auftreten möglicher Fehlbildungen untersucht.
b Man kann, der schwangeren Frau mit einer Hohlnadel Fruchtwasser oder etwas Gewebe aus der Plazenta entnehmen. Daraus werden Zellen des Kindes entnommen, die im Labor auf genetische Veränderungen untersucht werden.
Man kann auch einen DNA-Bluttest bei der Schwangeren durchführen. In ihrem Blut befinden sich Bruchstücke der kindlichen DNA. Sie werden entnommen und im Labor untersucht. So lassen sich beim Kind mögliche Abweichungen in der Anzahl der Chromosomen feststellen.

6 Jeder Mensch entwickelt sich aus einer Zelle und besteht später aus Billionen von Zellen. Durch die Mitose und Zellteilung vermehren sich unsere Zellen. Dadurch wachsen wir.

7 Das Ergebnis der Mitose ist eine Zelle mit zwei genetisch identischen Zellkernen, die jeweils 46 Ein-Chromatid-Chromosomen enthalten. Nachdem sich der Zellkern geteilt hat, teilt sich die Zelle. Das geschieht, indem die Zellmembran eingezogen wird. Das Zellplasma und die Zellbestandteile werden auf die beiden Tochterzellen aufgeteilt. Auf diese Weise entstehen zwei genetisch identische Tochterzellen.

8 Knochenmark und Haut

9 Stammzellen sind Zellen, aus denen sich unterschiedliche Zelltypen entwickeln können. Das ist wichtig, da fast alle Zellen unseres Körpers eine begrenzte Lebensdauer haben.

10 Bei der Verschmelzung von Eizelle und Spermienzelle entsteht die Zygote. Diese teilt sich mehrfach und entwickelt sich zu einer hohlen Zellkugel, dem Bläschenkeim. Bis zum fünften Tag nach der Befruchtung sind die Zellen des Bläschenkeims totipotent. Das sind die embryonalen Stammzellen.

11 Adulte Stammzellen werden zur Behandlung verschiedener Erkrankungen und Verletzungen eingesetzt. Bislang ist das zum Beispiel bei Blutkrebs und bei Schäden an der Hornhaut der Augen der Fall. Ziel ist es, dass die Stammzellen sich im betroffenen Gewebe teilen und die Zellen bilden, die zur Heilung nötig sind. Hierfür werden körpereigene oder gespendete Stammzellen genutzt. Man nennt das Stammzellen-Therapie.

12 Stammzellen sind in der Lage, sich zu verschiedenen Zelltypen zu entwickeln. Bei ausdifferenzierten Körperzellen ist diese Entwicklung bereits abgeschlossen. Nach der Differenzierung können die Zellen nicht wieder zu Stammzellen werden.

13 a Für die Gewinnung von Stammzellen müssen häufig menschliche Embryonen zerstört werden. Dies ist in Deutschland nach dem Embryonenschutzgesetz verboten.
b unterschiedliche Lösungen

14 Ein Mensch gilt als klinisch tot, wenn Atmung und Herzschlag ausfallen. In diesem Fall ist für eine gewisse Zeit noch eine Wiederbelebung möglich. Beim Hirntod fällt die Funktion des gesamten Gehirns aus. Dieser Zustand ist nicht umkehrbar.

15 Die Überprüfung der Atmung mit einem vor den Mund gehaltenen Spiegel oder einem Glas Wasser auf der Brust ist nicht zuverlässig. Es wurden häufig noch lebensfähige Menschen für tot erklärt.

## Evolution – S. 325

1 Erdfrühzeit: Pflanzliche und tierische Einzeller entwickeln sich in der Tiefsee. Sauerstoff reichert sich in den Meeren an. Erste Vielzeller entwickeln sich.Erdaltertum: Erste Wirbeltiere entwickeln sich im Meer. Erste Pflanzen und Tiere besiedeln Lebensräume an Land. Die ersten Amphibien und Reptilien entwickeln sich.
Erdmittelalter: Die Saurier breiten sich extrem stark aus und sterben schließlich aus. Es kommt zum Aussterben vieler Tierarten und Pflanzenarten nach dem Einschlagen eines Asteroiden aus dem Weltall.
Erdneuzeit: Bei den Säugetieren und Vögeln entwickelt sich eine große Artenvielfalt. Der Mensch entwickelt sich.

2 Als Evolution bezeichnet man die Entstehung und Veränderung der Lebewesen.

3 Fossilien entstehen, wenn ein toter Körper von Sand, Schlamm oder Lava eingeschlossen wird, sodass er vor Sauerstoff geschützt ist. So wird er nicht abgebaut, sondern bleibt erhalten. Je nach Art der Entstehung unterscheidet man unterschiedliche Fossilformen. Bei einer Versteinerung

zerfallen die Weichteile und die Struktur der Knochen wird unter hohem Druck so verändert, dass sie zu Stein werden. Auch Abdrücke von ehemals lebendigen oder toten Lebewesen sind Fossilien.

4 Anhand von Fossilien lässt sich nachvollziehen, in welchem Erdzeitalter welche Lebewesen gelebt haben, welche ausgestorben sind und wie sie sich über sehr lange Zeiträume hinweg verändert haben. Daher sind Fossilien ein Beleg für die Entwicklung der Lebewesen.

5 Leitfossilien werden genutzt, um das Alter von Gesteinsschichten zu bestimmen. Das ist möglich, weil diese Fossilien von Tieren oder Pflanzen stammen, die nur für eine kurze Zeit in großer Anzahl vorkamen und weit verbreitet waren. Deswegen kommen ihre Fossilien nur in bestimmten Gesteinsschichten vor und fehlen in Gesteinsschichten, die früher oder später entstanden sind. Gesteinsschichten von verschiedenen Orten auf der Welt mit den gleichen Leitfossilien haben ungefähr das gleiche Alter.

6 Die Vorfahren der Landwirbeltiere hatten fischtypische Merkmale und waren an das Leben im Flachwasser angepasst. Zu ihren Angepasstheiten zählten einfach gebaute Lungen, mit denen sie atmeten, indem sie an der Wasseroberfläche Luft schluckten. Zudem hatten sie muskulöse Flossen, mit denen sie sich über den Boden des Gewässers bewegen konnten.

7 Man geht davon aus, dass es über 100 Fischarten gab, die zeitweise an Land gegangen sind. Wichtige Angepasstheiten der Ur-Amphibien an das Landleben waren das kräftige Skelett und die vier Gliedmaßen. Damit waren ihre Körper außerhalb des tragenden Wassers stabil und sie konnten an Land laufen. Zudem hatten sie Lungen, mit denen sie Sauerstoff aus der Luft aufnehmen konnten. Wie auch die heutigen Amphibien blieben die Ur-Amphibien zum Schutz ihrer Haut und für ihre Eiablage auf das Wasser angewiesen. Die ersten Ur-Reptilien besaßen Hornschuppen und Eier mit einer Schale zum Schutz gegen Austrocknung. Sie konnten sich dadurch an Land fortpflanzen. Aus ihnen gingen die ersten Ur-Säugetiere hervor. Sie waren gleichwarm und hatten ein Fell, das sie vor den wechselnden Temperaturen schützte. Ihre Nachkommen entwickelten sich im Körper der Mutter und wurden nach der Geburt mit Milch gesäugt. Dadurch wurde die Fortpflanzung unabhängiger von den Umwelteinflüssen. Aus einer anderen Gruppe der Ur-Reptilien gingen die ersten Ur-Vögel hervor. Das waren kleine flugfähige Raubsaurier mit Federn. Ihr leichter Körperbau ermöglichte die Eroberung eines neuen Lebensraums, der Luft.

8 Wie nah zwei Gruppen von Lebewesen verwandt sind, erkennt man daran, wie lange die Existenz des letzten gemeinsamen Vorfahren zurückliegt, aus dem sich diese Gruppen entwickelten. Je kürzer die Existenz des letzten gemeinsamen Vorfahren zurückliegt, desto näher sind zwei Gruppen miteinander verwandt.

9 Stammbäume stellen Hypothesen zu den verwandtschaftlichen Beziehungen verschiedener Lebewesen dar. Wenn sich neue Merkmale entwickelt haben, die eine Gruppe von ihrem Vorfahren unterscheidet, wird das durch eine Abzweigung im Stammbaum dargestellt. Der letzte gemeinsame Vorfahre zweier Gruppen bildet den Knotenpunkt einer Aufspaltung.

10 Das Schnabeltier legt Eier und hat eine Kloake, wie sein Vorfahre, der zu den Reptilien zählte. Wie die Säugetiere, die später entstanden sind, ist es gleichwarm, besitzt ein Fell und ernährt seine Jungtiere mit Milch. Die Merkmale des Schnabeltiers sind somit ein Mosaik aus Merkmalen einer älteren Tiergruppe und Merkmalen, die erstmals in einer Tiergruppe zu finden sind, die später neu aufgetreten ist. Das Schnabeltier ist deshalb ein Beleg dafür, dass die Säugetiere und die Reptilien einen gemeinsamen Vorfahren haben.

11 Homologe Organe sind Körperteile, die den gleichen Grundbauplan haben. Daraus kann man ableiten, dass diese Merkmale auf der gleichen Erbinformation und damit auf einem gemeinsamen Vorfahren beruhen.

12 Variabilität bedeutet, dass sich die Individuen einer Art in ihren Merkmalen unterscheiden.

13 Die Variabilität beruht auf Umwelteinflüssen und auf der Vererbung. Manche Merkmale werden durch Umwelteinflüsse beeinflusst, zum Beispiel durch die Nahrung. Die erblich bedingte Variabilität hat zwei Ursachen: Zum einen werden bei der Bildung der Eizellen und Spermienzellen sowie bei der Befruchtung die Erbinformationen beider Elternteile neu kombiniert. Das nennt man Rekombination. Zum anderen können sich die Erbinformationen in Eizellen und Spermienzellen zufällig verändern. Das nennt man Mutation. Beides kann zur Ausprägung neuer Merkmale bei den Nachkommen führen.

**14** In der Population gibt es hellere und dunklere Käfer. Die hellen Käfer sind nicht so gut getarnt, sie sind also an ihre Umwelt schlechter angepasst. Sie werden von Fressfeinden öfter gefressen. Daher pflanzen sich die hellen Käfer seltener fort. Das führt dazu, dass in der nächsten Generation weniger helle und mehr dunkle Käfer auftreten. Bei der Auslese durch die Umwelt bleiben langfristig nur vorteilhafte Merkmale bestehen. So wirkt die Selektion.

**15** Wenn die Individuen einer Population räumlich getrennt werden, können sie sich nur noch innerhalb ihrer Teilpopulationen fortpflanzen. Mutationen, die zu veränderten Merkmalen führen können, werden dann nur innerhalb der Teilpopulationen vererbt. Die getrennten Teilpopulationen können zudem unterschiedlichen Umweltbedingungen unterliegen. Das führt dazu, dass sich durch die Selektion verschiedene Merkmale durchsetzen können. Im Laufe der Zeit können sich die Teilpopulationen so unter-schiedlich entwickeln, dass sie zu verschiedenen Arten werden.

**16** Darwins Theorie besagt, dass Arten sich verändern und von anderen Arten abstammen. Nach dem Schöpfungsbericht der Bibel wurden alle Arten einmalig bei der Schöpfung erschaffen. Von diesem Zeitpunkt an seien sie unverändert geblieben.

**17** Menschen und Schimpansen haben einen gemeinsamen Vorfahren. Der Mensch ist daher mit dem Schimpansen verwandt und stammt nicht von ihm ab.

**18** Es wurden viele Fossilien gefunden, die zeigen, dass verschiedene Arten von Homininen gleichzeitig existierten. Der heute lebende Mensch hatte also mehrere Vorfahren, die ausgestorben sind.

**19** Durch die Nutzung des Feuers konnte der Mensch erstmals Nahrung kochen. Gekochte Nahrung ist besser verdaulich und liefert dem Körper mehr Energie. Dadurch entwickelte sich das Gehirn weiter. Das trug dazu bei, dass der Mensch im Laufe seiner Evolution klüger und geschickter wurde. Somit hatte das Feuer eine sehr große Bedeutung für die Entwicklung des Menschen.

## Bildquellenverzeichnis

**Cover:** dpa Picture-Alliance/Anup Shah, Sofarobotn k GbR, Science Photo Library / SCIENCE PICTURE CO

**Illustrationen:**
Cornelsen/Atelier G: S. 191/r.o. | Cornelsen/Bernhard A. Peter, newVision! GmbH: S. 11/3, S. 44/1, S. 50/2, S. 52/1, S. 53/2–3, S. 68/1, S. 75/5, S. 126/1, S. 129/4, S. 130/1, S. 131/3, S. 135/3, S. 143/3+5, S. 148/7, S. 149/8+9, S. 152/2+3 (Versuche), S. 158/1, S. 171/3, S. 192/1, S. 197/6, S. 207/8, S. 257/6, S. 258/2, S. 261/2o., S. 263/6, S. 264/1 | Cornelsen/Detlef Seidensticker: S. 30/1+2, S. 57/2–4, S. 80/3, S. 85/8, S. 174/2, S. 175/3, S. 219/7, S. 253/3, S. 267/6, S. 269/2–3, S. 279/3, S. 282/2, S. 291/2, S. 300/2, S. 307/6–7, S. 315/3u., S. 319/4, S. 322/1 | Cornelsen/Esther Welzel: S. 42/2.r., S. 68/2–3, S. 126/2, S. 161/3 S. 215/5, S. 217/4, S. 240/1, S. 254/2, S. 275/3, (und Tom Menzel): S. 276/1, S. 282/1, (bearbeitet durch Bernhard A. Peter, newVision! GmbH): S. 289/2, S. 290/1, S. 297/3, S. 319/3 | Cornelsen/ Gregor Mecklenburg: S. 157/3 | Cornelsen/Jörg Mair, bearbeitet durch Bernhard A. Peter, newVision! GmbH: S. 321/3 | Cornelsen/Karin Mall: S. 42/2.l., (bearbeitet durch Tom Menzel): S. 279/2 | Cornelsen/Laura Carleton: S. 22/3 | Cornelsen/Maryse Forget & Robert Fontner-Forget: S. 326/o.r. | Cornelsen/Matthias Pflügner: S. 55/2, S. 75/6, S. 79/2, S. 80/2, S. 81/4–6, S. 81/7, S. 92/1, S. 94/1–2, S. 95/3–4, S. 109/6, S. 247/3, S. 250/2, S. 251/m.r., S. 301/3 | Cornelsen/Rainer Götze: S. 20/1–2, S. 23/6, S. 36/2, S. 60/3, S. 99/2–5, S. 103/5–6, S. 110/3, S. 114/1 | Cornelsen/Sven Theis: S. 23/5 | Cornelsen/Tom Menzel: S. 10/2, S. 13/9, S. 15/2–3, S. 16/2, S. 17/4, S. 18/1+3, S. 21/3, S. 25/2–3, S. 26/2, S. 27/3+5, S 29/2, S. 32/2, S. 33/4, S. 34/2, S. 35/3, S. 37/4, S. 43/3, (bearbeitet durch newVision! GmbH, Bernhard A. Peter, Pattensen): S. 45/2–3, S. 46/2, S. 47/3, S. 48/1, (bearbeitet durch Bernhard A. Peter, newVision! GmbH): S. 48/2, S. 49/3, S. 51/3, S. 59/2, S. 61/10, S. 62/2, S. 63/3, S. 64/1–2, S. 65/3–4, S. 66/2, S. 67/3, S. 73/2, S. 76/1, S. 77/2, S. 88/1, (bearbeitet durch Bernhard A. Peter, newVision! GmbH): S. 89/3, S. 105/2–3, S. 107/3–4, S. 115/5–6, S. 121/4, S. 125/2r., S. 127/3, S. 129/3, S. 132/2, S. 133/3, S. 134/1, (bearbeitet durch Bernhard A. Peter, newVision! GmbH: S. 134/2, (bearbeitet durch Bernhard A. Peter, newVision! GmbH: S. 135/5, S. 137/4, (bearbeitet durch Bernhard A. Peter, newVision! GmbH): S. 139/7, S. 140/2, S. 141/3, S. 142/1–2, S. 144/1, S. 145/2–3, S. 146/2, S. 147/3, S. 151/2, S. 155/5, S. 160/2, S. 163/4, S. 165/2, S. 166/2, S. 167/3, (bearbeitet durch Bernhard A. Peter, newVision! GmbH): S. 168/1, S. 168/2, S. 169/4, S. 181/2, S. 182/3–4, S. 183/6, S. 184/3, S. 185/4, S. 187/2, S. 188/2, S. 189/3, S. 190/2, S. 191/4, S. 192/2, S. 193/3, S. 195/2, S. 196/2+4, S. 197/5, S. 198/1, S. 199/2, S. 201/2, S. 202/1, S. 203/2, S. 207/7, S. 208/2, S. 209/4, S. 210/1+2, S. 210/2, S. 211/4, S. 213/3, S. 214/2, S. 216/2, S. 217/3,(bearbeitet durch Bernhard A. Peter, newVision! GmbH): S. 217/5, S. 218/3–6, S. 220/1, S. 221/2–3, S. 223/3, S. 224/1, S. 225/2, S. 230/1, S. 238/1, S. 239/2, S. 241/2, S. 249/2, S. 255/3, S. 262/1–2, S. 263/5, S. 270/2, (bearbeitet durch Bernhard A. Peter, newVision! GmbH): S. 271/4, S. 274/1, S. 277/2, S. 281/4, (bearbeitet durch Sandra Penack): S. 285/2, S. 286/1, S. 287/6, S. 293/2, S. 294/1–2, S. 295/4–5, S. 299/3, (bearbeitet durch Sandra Penack): S. 302/3, S. 305/3, S. 306/1r., S. 310/2, S. 312/1, S. 313/2, S. 314/2, S. 317/6, S. 323/4, S. 325/2, S. 327/u.r., S. 334/21 | Cornelsen/Volker Minkus: S. 18/2, S. 19/4, S. 103/7 | Cornelsen/Werner Krüper: S. 17/4A+4B,

# Bildquellenverzeichnis

**Fotos:**

akg-images: S. 208/1, E. DAYNES/S. ENTRESSANGLE/SCIENCE PHOTO LIBRARY: S. 320/1m., E. DAYNES/S. ENTRESSANGLE/SCIENCE PHOTO LIBRARY: S. 320/1r., ELISABETH DAYNES/SCIENCE PHOTO LIBRARY: S. 320/1l., MSF/JAVIER TRUEBA/SCIENCE PHOTO LIBRARY: S. 320/2, Heritage-Images/CM Dixon: S. 273/u.m., Science Photo Library: S. 310/1, Science Photo Library: S. 316/3 | ClipDealer GmbH: Markus Mainka: S. 61/9, Prill Mediendesign & Fotografie: S. 34/1, Tiplyashina: S. 118/1l. | Cornelsen/Markus Gaa Fotodesign: S. 36/1 | dpa Picture-Alliance: AAP/Giovanna_Lazzari: S. 232/2, blickwinkel/A. Laule: S. V7/u.r., blickwinkel/M: S. 284/1C, blickwinkel/A. Laule: S. 302/1B, dpaweb/Horst Ossinger: S. 82/1C, imageBROKER: S. 228/2, Minden Pictures: S. 234/D, Minden Pictures/Hiroya Minakuchi: S. 295/6, Minden Pictures/Tui De Roy: S. 309/2r., Photoshot: S. 82/1D, picture-alliance/dpa: S. 152/2 | interfoto e.k.: ARDEA/Jean Michel Labat: S. 303/4, ARDEA/M. Watson: S. 324/1, ARDEA/M. Watson: S. 273/o.r., Chr. Lederer: S. 179/r., Chr. Lederer: S. 234/B, FLPA/Neil Bowman: S. 226/1, FLPA/Nigel Cattlin: S. 241/3, FLPA/Nigel Cattlin: S. 226/2, FLPA/Nigel Cattlin: S. 226/3, Robert Harding/Gabrielle & Michel Therin-Weise: S. 309/2m.r., FLPA/Terry Whittaker: S. 82/1B | Imago Stock & People: blickwinkel: S. 120/3, epd: S. 249/3, imagebroker: S. 283/3, Nature Picture Library: S. 309/2m.l., Panthermedia: S. 9/r., Ralph Peters: S. 122/G, Ralph Peters: S. 138/C, Westend61: S. 164/1, ZUMA Wire/Robin Rayne: S. 206/2 | Marit Kastaun: S. 71/2 | mauritius images: Alamy: S. 41/11, Alamy: S. 138/2, Alamy: S. 185/5A, Alamy/BEEPstock/Robin Beckham: S. 106/1, Alamy/incamerastock: S. 183/5, Alamy/Janice Carr: S. 125/3 (Bazillen), Alamy /Jochen Tack: S. 154/1, Alamy/Michele Burgess: S. 317/4, alamy stock photo/Albert Shakirov: S. 205/3, alamy stock photo/Custom Life Science Images: S. 303/5, alamy stock photo/Gado Images: S. 136/2, alamy stock photo/Dave Watts: S. 6/m.l., alamy stock photo/Dave Watts: S. 272, alamy stock photo/Dave Watts: S. 296/2, alamy stock photo/Frank Hecker: S. 298/1, alamy stock photo/Hympi: S. 72/1, alamy stock photo/Only Horses Tbk: S. 84/5, alamy stock photo/Peter Atkinson: S. V7/u.l., alamy stock photo/Peter Atkinson: S. 302/1A, alamy stock photo/Prostock-studio: S. 78/1B, alamy stock photo/Radu Bighian: S. 61/8, alamy stock photo/Robert Kawka: S. 273/u.r., alamy stock photo/Scott Camazine: S. 177/2, age: S. 122/2, imageBROKER/Alfred & Annaliese Trunk: S. 284/1B, imageBROKER/Jurgen & Christine Sohns/FLPA: S. 317/5, imageBROKER/Marko König: S. 306/1o.l., Memento: S. 308/1A+1B, Minden Pictures: S. 309/2l., nature picture library: S. 82/1A, Peter Weimann: S. 232/1, Phototake: S. 63/4, Phototake: S. 128/2, Science Source: S. 123/7, Science Source: S. 132/1B, Science Faction: S. 97/4B, Science Source: S. 181/3, Science Source: S. 182/1–2, Science Source: S. 184/2, Science Source: S. 185/5B, Science Source: S. 206/1, Science Photos Library/All mauritius images: S. 69/5, SuperStock: S. 123/8, Stefan Ziese/imageBROKER: S. 40/6, Stella/Nikky: S. 38/2, Tierfotoagentur: S. 307/4, Westend61: S. 32/1 | Panther Media GmbH: Arne Trautmann: S. 148/4, Karen Karakhanian: S. 266/1, Serhii Kucher: S. 233/5 | PEFC Deutschland e.V.: S. 2 | Picture-Alliance: dpa/Frank May: S. 212/1, dpa/photononstop: S. 5/o.l., dpa/photononstop: S. 178, dpa-Zentralbild/Patrick Pleul: S. 228/1, dpa/dpaweb/Universität_Freiburg/Albert-Ludwigs: S. 229/4, WILDLIFE: S. 97/4A | Science Photo Library: A. BARRINGTON BROWN, GONVILLE AND CAIUS COLLEGE: S. 190/1, A. DOWSETT, PUBLIC HEALTH ENGLAND: S. 132/1A, A. DOWSETT, PUBLIC HEALTH ENGLAND: S. 155/4, Abbey, Michael: S. V6/u., Abbey, Michael: S. 256/1–3, Abbey, Michael: S. 271/3, AMI IMAGES: S. 125/3 (Spirochät), ALFRED PASIEKA: S. 115/4, AJ PHOTO: S. 249/4, Biophoto Associates: S. 205/2l.+2r., CLAUDE NURIDSANY & MARIE PERENNOU: S. 293/3u., CLOUDS HILL IMAGING LTD: S. 29/3, CLOUDS HILL IMAGING LTD: S. 86/2, COLIN CUTHBERT: S. 206/3l.+3r., CORDELIA MOLLOY: S. 91/l., CRISTINA PEDRAZZINI: S. 108/3, DAVID MCCARTHY: S. 46/1, DENNIS KUNKEL MICROSCOPY: S. V7/m.o., DENNIS KUNKEL MICROSCOPY: S. 186/1, DR. CHRIS HENSTRIDGE: S. 261/2 (Nervenzelle), DR CLIVE KOCHER: S. 102/4, Eye Of Science: S. 117/r., Eye Of Science: S. 125/2l., GREGORY G. DIMIJIAN, M.D.: S. 320/1 (Hintergrund), Haupt, Aaron: S. 216/1B, JOHN SIBBICK: S. 274/2, NOAA/NATIONAL UNDERSEA RESEARCH PROGRAM/OAR/: S. 278/1, PASCAL GOETGHELUCK: S. 245/2A, Phanie/Voisin: S. 96/1A, RAMON ANDRADE 3DCIENCIA: S. 200/1, RICHARD G. RAWLINS, CUSTOM MEDICAL STOCK PHOTO: S. 244/1A, SCIENCE PHOTO LIBRARY: S. 102/2–3, SCIENCE PHOTO LIBRARY: S. 125/3 (Kokken), SCIENCE PHOTO LIBRARY: S. 181/4, VISUALS UNLIMITED/CAROLINA BIOLOGICAL SUPPLY CO: S. 115/3, VISUALS UNLIMITED, INC./CAROLINA BIOLOGICAL SUPPLY CO: S. 245/2B | Shutterstock.com: Abeselom Zerit: S. 315/3 (Schimpanse), Abi Warner: S. 298/2A, Africa Studio: S. 4/m.l., Africa Studio: S. 90, Africa Studio: S. 108/4, Africa Studio: S. 127/4, akf ffm: S. 12/6, AlessandroBiascioli: S. 78/1A, AlessandroBiascioli: S. 156/1, Alessio Cola: S. 233/4 (Cripps), Alexis C: S. 124/1l., alexandre zveiger: S. 41/9.1, alexei_tm: S. V7/o., alexei_tm: S. 138/A, Anatoly Menzhiliy: S. 39/3, Anatoliy Karlyuk: S. 169/3, Andrey_Popov: S. 222/1, Anton Vakhlachev: S. 27/4, Aoi190: S. 211/3, Benevolente82: S. 303/6, bergamont: S. 233/4 (Golden), Blackzheep: S. 122/3, Blackzheep: S. 124/1m.r., Bobkov Evgeniy: S. 162/2, bokan: S. 109/5, bonchan: S. 196/3, Brent Hofacker: S. 234/C, Claire Lucia: S. 160/1, Christian Zuppinger: S. 261/2 (Herzmuskelzelle), CokaPoka: S. 12/1, Couperfield: S. 97/3, Corona Borealis Studio: S. 154/3, D. Kucharski K. Kucharska: S. 136/1A, Daisy Daisy: S. 74/2, David Pereiras: S. 124/1m.l., Deborah Kolb: S. 12/4, Denis Kuvaev: S. 58/1, Denis Kuvaev: S. 204/1, devil79sd: S. 136/3B, Dionisvera: S. 233/3 (Pfirsich), Dmitry Lobanov: S. 69/6, Dudarev Mikhail: S. 284/1A, Dream79: S. 124/1r., EcoPrint: S. 307/5, Edelwipix: S. 287/5, Edyta Pawlowska: S. 254/1r., Ehrman Photographic: S. 84/2, Elizaveta Galitckaia: S. 83/3, Elsa Hoffmann: S. 31/4, Eric Isselee: S. 235/3, eveleen: S. 26/1, Ezzolo: S. 267/4, fantom_rd: S. 315/3 (Mensch), fizkes: S. 119/6, fizkes: S. 159/D, Fotos593: S. 13/10, fizkes: S. 246/1, Gang Liu: S. 218/1, gaikova: S. 92/4, Ging o_o: S. 281/3, Giuseppe_R: S. 41/9.4, Glayan: S. 119/2, Gorodenkoff: S. 252/1, Guillermo Guerao Serra: S. 281/2, GUDKOV ANDREY: S. 318/1A, Halfpoint: S. 205/4, Hamza CHEGGOUR: S. 156/2, hans engbers: S. 214/1u., I Believe I Can Fly: S. 112/1, insta_photos: S. V6/o., insta_photos: S. 24/1, Iryna Dobrovynska: S. 138/B, James Douglas Stewart: S. V7/m.u., James Douglas Stewart: S. 56/1, Jet Cat Studio: S. 55/3, Julija Ogrodowski: S. 57/5, Jiri Prochazka: S. 136/3A, Kalcutta: S. 138/E, Kateryna Kon: S. 140/1, Kletr: S. 138/3, Kletr: S. 146/1, Kseniya Lanzarote: S. 83/2B, life-literacy: S. 22/4, LightField Studios: S. 91/r., Lisa-S: S. 123/5, Luca Lorenzelli: S. 323/3, LuFeeTheBear: S. 280/1, Manfred Ruckszio: S. 83/2A, Maridav: S. 138/D, Markus Mainka: S. 110/2, Martin Allinger: S. 41/9.6, Martin Wheeler III: S. 236/1, Master1305: S. 108/1, Matej Hudovernik: S. 315/3 (Orang-Utan), Maxim Safronov: S. 38/1, Mike_shots: S. 93/5, MikhailSh: S. 273/l., MikhailSh: S. 296/1, MR.RAWIN TANPIN: S. 292/1, My Good Images: S. 270/1l., My Good Images: S. 254/1l., Myibean: S. 41/10, Nejron Photo: S. 113/5, Nicolas Primola: S. 294/3, Nik Merkulov: S. 233/3 (Brokkoli), Nikolay Kurzenko: S. 233/4 (Lady), Noam Armonn: S. 119/5, Nomad_Soul: S. 108/2, nuraam: S. 235/4, ohanna Goodyear: S. 16/1B, Oleg Elkov: S. 128/1, Onyx9: S. 315/3 (Gorilla), panda3800: S. 315/3 (Gibbon), paula french: S. 288/1, Pazargic Liviu: S. 6/o.l., Pazargic Liviu: S. 242, Petr Jilek: S. 136/1B, phichet chaiyabin: S. 123/6, Photobank gallery: S. 122/C, Photographee.eu: S. 61/7, Photographee.eu: S. 248/1, Photographee.eu: S. 258/1, picoStudio: S. 229/5, pikselstock: S. 41/9.3, pikselstock: S. 102/1, Pinkcandy: S. 119/3, Piotr Krzeslak: S. 16/1A, Piotr Marcinski: S. 41/9.2, PKpix: S. 119/7, Prostock-studio: S. 74/3, Prostock-studio: S. 184/1, Prostock-studio: S. 243/l., Prostock-studio: S. 184/1,Protasov AN: S. 138/1, Rawpixel.com: S. 174/1, reptiles4all: S. 84/1, Ricardo Romero: S. 55/3 emoji, Richard Peterson: S. 233/3 (Himbeere), Rob Hyrons: S. 60/1, Roman Samokhin: S. 233/3 (Blutorange), Sabari Girivasan: S. 314/1, Sabphoto: S. 119/4, Sabphoto: S. 120/1, Samuel Borges Photography: S. 41/9.5, Sebastian Kaulitzki: S. V6/m., Sebastian Kaulitzki: S. 9/l., Sergey Uryadnikov: S. 316/1, siamionau pavel: S. 66/1, Siberia – Video and Photo: S. 254/1 2.v.r., Siberia – Video and Photo: S. 270/1r., smereka: S. 215/4, stephane106: S. 122/A, Sergii Chepulskyi: S. 135/4, stephane106: S. 138/F, StockImageFactory.com: S. 10/1, Strahil Dimitrov: S. 92/2, Studio Romantic: S. 159/A, Studio Romantic: S. 176/1, Suzanne Tucker: S. 40/4, SweetLeMontea: S. 244/1B, Syda Productions: S. 62/1, Syda Productions: S. 92/3, Syda Productions: S. 117/l., Taiga: S. 179/l., Tatchai Mongkolthong: S. 302/2, Timur Laykov: S. 118/1r., Tomasz Kowalski: S. 284/1E, tommaso79: S. 250/1, Tony Campbell: S. 298/2B, tony mills: S. 300/1, Troyan: S. 122/1, Tyler Olson: S. 166/1, Vera Larina: S. 138/4, VIKTORIUS-73: S. 234/A, violetkaipa: S. 267/5, Vladimir_Sotnichenko: S. 150/1, Waitandshoot Production: S. 284/1D, wavebreakmedia: S. 100/1, wavebreakmedia: S. 147/4, WAYHOME studio: S. 216/1A, welcomia: S. 109/7, WoodysPhotos: S. 74/1, YAKOBCHUK VIACHESLAV: S. 243/r., YAKOBCHUK VIACHESLAV: S. 268/1, Yein Jeon: S. 227/4, Yein Jeon: S. 239/3, 8th.creator: S. 259/3 |Sofarobotnik GbR: S. V2+1 | stock.adobe.com: A© 2009 Ryan B. Stevenson/AZP Worldwide: S. 154/2, A.KaZaK: S. 110/1, Anna Om: S. 3/o.l., Anna Om: S. 8, Africa Studio: S. 122/F, Africa Studio: S. 163/B, Alexander Kaludov: S. 206/4–6, Alexander Raths: S. 122/B, Alexander Raths: S. 170/2, alexei_tm: S. 148/5, Andrea Tosi: S. 158/3, Astrid Gast: S. 40/2, BENIS/.shock: S. 42/1, benjaminnolte: S. 40/3, berkut_34: S. 148/3, CUTWORLD: S. 214/1o., Dan Race: S. 28/1, DWP: S. 12/2, DWP: S. 40/7, dr322: S. 261/2 (Hautzelle), fabianaponzi: S. 80/1, farbkombinat: S. 133/G, Firefighter Montreal: S. 14/1, Franz Pfluegl: S. 194/1, Gennadiy Guchek/geniuskp: S. 96/2A, Gina Sanders: S. 163/C, Horst: S. 163/F, goro20: S. 283/4A, Grispb: S. 222/2, Henrik Dolle: S. 260/1, henk: S. 307/3, hfox: S. 306/1u.l., Jan: S. 84/3, jarun011: S. 130/2, javy: S. 40/5, John Anderson: S. 84/4, jozsitoeroe: S. 162/1, JPC-PROD: S. 138/H, Jürgen Fälchle: S. 122/4, Kaesler Media: S. 96/2B, Kaesler Media: S. 254/1m.r., karepa: S. 148/2, Knopp-Pictures: S. 113/8, Kruglov Oleg/Krugloff: S. 283/4C, Kunstzeug: S. 131/4, Kunstzeug: S. 163/E, lagom: S. 61/5, lassedesignen: S. 98/1, Laz'e-Pete: S. 266/2, lcrms: S. 283/4B, lenetsnikolai: S. 122/H, lev dolgachov/Syda Productions: S. 113/6, LIGHTFIELD STUDIOS: S. 61/6, luckybusiness: S. 113/7, luuuusa: S. 170/1, Manuel Tennert: S. 254/1m.l., master1305: S. 120/2, mimagephotos: S. 180/1, Monika Wisniewska: S. 31/5, Moritz Wussow: S. 50/1, Moritz Wussow: S. 87/3, motorradcbr: S. 40/1, ninell: S. 218/2, OceanProd: S. 158/2, Oleksii Sergieiev: S. 37/6, Ottmar Kittel: S. 163/D, Pakhnyushchyy: S. 196/1, perfectmatch: S. 122/E, Peter Atkins: S. 12/3, Photographee.eu: S. 54/1, Photographee.eu: S. 122/D PhotographyByMK: S. 253/2, photophonie: S. 163/A, Pixel-Shot: S. 4/o.l., Pixel-Shot: S. 116, pixfly: S. 13/8, psdesign1: S. 148/6, Ralf Kalytta: S. 152/1, Ramona Heim: S. 86/1, sanneberg: S. 30/3, santia3: S. 293/3o., Schlierner: S. 49/5, Sergey Ryzhkov: S. 304/1–2, Shane Cotee: S. 104/1, soft light/soft_light: S. 318/1B, StefanieB.: S. 254/1 2.v.l., Stephen: S. 12/7, Syda Productions: S. 172/1, yvdavid: S. 96/1B, WavebreakMediaMicro: S. 165/3, Westwind: S. 148/1 | Ulrike Austenfeld: S. 188/1, S. 191/3, S. 256/4,

## Glossar

**abiotischer Umweltfaktor, der** • Abiotische Umweltfaktoren sind nicht lebende Größen, die das Überleben einer Art beeinflussen.

**adäquater Reiz, der** • Ein adäquater Reiz ist eine bestimmte Art von Umwelteinfluss, der jeweils nur von den auf ihn spezialisierten Sinneszellen wahrgenommen werden kann.

**Adaptation, die** • Die Adaptation ist die Anpassung der Pupille an die Lichtverhältnisse.

**Adrenalin, das** • Adrenalin ist ein Hormon, das den Herzschlag erhöht, die Blutgefäße und die Bronchien erweitert und den Abbau von Glykogen in den Muskeln fördert. So werden die Zellen besser mit Glukose und Sauerstoff versorgt.

**Aids** • Aids heißt die Krankheit, die von dem HI-Virus verursacht wird. Sie schwächt das Immunsystem.

**aktive Immunisierung, die** • Die aktive Immunisierung heißt auch Schutzimpfung. Sie ist eine Form der Impfung, bei der abgeschwächte Erreger oder Teile davon verabreicht werden.

**Allel, das** • Ein Allel ist eine Version eines Gens. In diploiden Zellen gibt es immer zwei Allele desselben Gens. In haploiden Zellen gibt es nur eins.

**Allergen, das** • Ein Allergen ist ein Stoff, der eine Überreaktion des Immunsystems auslöst.

**Allergie, die** • Eine Allergie ist die Überreaktion des Immunsystems auf einen harmlosen Stoff.

**Aminosäure, die** • Aminosäuren sind die Grundbausteine aller Proteine.

**Analogie, die** • Analogien sind Merkmale, die sich ähneln, obwohl sie nicht den gleichen Grundbauplan haben und nicht auf einer engen Verwandtschaft beruhen. Sie ähneln sich, weil sie ähnliche Funktionen erfüllen.

**Anlage, die** • Eine Anlage ist eine Erbinformation, die zur Ausprägung eines Merkmals führt.

**Antibiotikum, das** • Antibiotika sind Medikamente, die Bakterien bekämpfen können.

**Antigen, das** • Antigene sind Strukturen auf der Oberfläche von Zellen.

**Antikörper, der** • Antikörper sind Abwehrstoffe des Körpers.

**Art, die** • Eine Art ist eine Gruppe von Individuen, die sich anhand ihrer Merkmale von anderen Gruppen abgrenzen lassen und unter natürlichen Bedingungen miteinander fruchtbare Nachkommen zeugen können.

**Auslesezüchtung, die** • Die Auslesezüchtung ist eine Züchtungsmethode, bei der die Individuen mit den günstigsten Merkmalen zur Fortpflanzung ausgewählt werden.

**Bakterium, das** • Bakterien sind einzellige Lebewesen, die keinen Zellkern haben.

**Bakterientoxin, das** • Bakterientoxine sind Giftstoffe, die von Bakterien abgegeben werden oder dann freigesetzt werden, wenn die Bakterien zerstört werden.

**Befruchtung, die** • Die Befruchtung ist die Verschmelzung der weiblichen Geschlechtszelle und der männlichen Geschlechtszelle.

**Biologie, die** • Die Biologie ist die Wissenschaft von den Lebewesen.

**biologischer Tod, der** • Der biologische Tod ist eingetreten, wenn die Funktionen aller Organe und Zellen endgültig verloren gegangen sind.

**biotischer Umweltfaktor, der** • Biotische Umweltfaktoren sind lebende Größen, die das Überleben einer Art beeinflussen.

**Blutgruppe, die** • Die Blutgruppe beschreibt unterschiedliche Arten von Blut. Sie unterscheiden sich durch die Antigene auf der Oberfläche der Erythrozyten. Es gibt A, B, AB und 0.

## Glossar

**Bulimie, die** • Die Bulimie heißt auch Ess-Brech-Sucht. Sie ist eine Essstörung. Betroffene Personen essen übermäßig viel und erbrechen dann absichtlich.

**Charles Darwin** • Charles Darwin war ein bedeutender Naturforscher. Er begründete die Evolutionstheorie.

**chemische Evolution, die** • Die chemische Evolution ist die Entwicklung der ersten Moleküle auf der Erde.

**Chromatid, das** • Das Chromatid ist eine Hälfte eines Chromosoms.

**Chromatinfaden, der** • Ein Chromatinfaden ist eine lange Kette aus DNA und Proteinen. Er befindet sich im Zellkern.

**Chromosom, das** • Ein Chromosom entsteht, wenn sich ein Chromatinfaden verdichtet. Es trägt die Erbinformationen. Chromosomen liegen immer paarig vor.

**Chromosomen-Mutation, die** • Eine Chromosomen-Mutation ist der Verlust oder das Hinzufügen eines Chromosomenabschnitts. Ein Chromosom ist verändert.

**Coronaviren, die** • Die Coronaviren sind eine Gruppe von Viren, die kranzartig angeordnete Fortsätze auf ihrer Eiweißhülle tragen.

**Cortisol, das** • Cortisol ist ein Hormon, das bei Langzeitstress ausgeschüttet wird. Es schwächt unter anderem die körpereigene Abwehr.

**Covid-19** • Covid-19 heißt die Atemwegserkrankung, die durch SARS-CoV-2 verursacht wird.

**Diabetes, der** • Der Diabetes ist eine Krankheit, die sich darin äußert, dass der Blutzuckerspiegel dauerhaft erhöht ist. Das hat eine Vielzahl weiterer Symptome zur Folge.

**Dialyse, die** • Die Dialyse ist eine medizinische Behandlung, bei der das Blut durch ein Gerät gefiltert wird.

**diploid** • Eine Zelle wird als diploid bezeichnet, wenn sie alle Chromosomen als Paar enthält. Alle Körperzellen sind diploid.

**DNA, die** • Die DNA ist ein langer Faden, der mit Proteinen zusammen den Chromatinfaden bildet. Sie besteht aus Bausteinen, die durch ihre Reihenfolge die Erbinformationen verschlüsseln. Die Bausteine nennt man Nukleotide.

**dominant** • Ein Allel ist dominant, wenn es in jedem Fall im Phänotyp ausgeprägt wird.

**Droge, die** • Drogen sind Stoffe, die auf das Nervensystem wirken und wegen ihrer Wirkung abhängig machen können.

**Drüse, die** • Eine Drüse ist ein Organ, das Stoffe herstellt und abgibt.

**Epidemie, die** • Eine Epidemie ist eine schlagartige, extreme Zunahme von Krankheitsfällen in einer Region in kurzer Zeit.

**Embryo, der** • Der Embryo ist ein ungeborenes Lebewesen in einer frühen Phase der Entwicklung. Beim Menschen spricht man von der 0. bis zur 8. Woche vom Embryo.

**Embryotransfer, der** • Der Embryotransfer ist die Übertragung eines Embryos von einem Reagenzglas in die Gebärmutter der Frau.

**Erbgang, der** • Ein Erbgang ist der Vererbungsvorgang eines Merkmals. Er wird mithilfe eines Stammbaums untersucht.

**Erregung, die** • Die Erregung ist ein Zustand, den Nervenzellen erreichen, wenn sie elektrische Signale aufgenommen haben.

**Evolution, die** • Die Evolution ist die Entstehung und Veränderung von Lebewesen.

**Evolutionstheorie, die** • Die Evolutionstheorie ist ein Erklärungsansatz für die Entwicklung der Arten über die Zeit. Sie besagt, dass sich Arten aufgrund der natürlichen Selektion verändern und von anderen Arten abstammen.

**Fieber, das** • Das Fieber ist der Anstieg der Körpertemperatur über 38°Celsius.
**Filtration, die** • Die Filtration ist ein Vorgang, bei dem bestimmte Stoffe aus einem Stoffgemisch herausgetrennt werden. Das passiert zum Beispiel in den Nieren. Dort werden Wasser, Harnstoff, Glukose, Vitamine und Mineralstoffe aus dem Blut gefiltert.
**Fitness, die** • Die Fitness ist ein Maß dafür, wie erfolgreich ein Lebewesen überleben und sich fortpflanzen kann.
**Fortpflanzung, die** • Die Fortpflanzung ist die Erzeugung von Nachkommen.
**Fossil, das** • Fossilien sind Überreste von Lebewesen, die vor langer Zeit gestorben sind.
**Fossilisation, die** • Die Fossilisation ist der Vorgang der Entstehung von Fossilien.
**Gen, das** • Ein Gen ist ein DNA-Abschnitt, der Erbinformationen verschlüsselt.
**Generationswechsel, der** • Der Generationswechsel ist der Wechsel der Fortpflanzungsarten bei Parasiten. Dazu kommt es im Zuge des Wirtswechsels.
**genetischer Code, der** • Der genetische Code ist die Reihenfolge der Basen in der DNA.
**Gen-Mutation, die** • Eine Gen-Mutation ist eine Veränderung der Erbinformation in einem einzelnen Gen. Ein Gen ist verändert.
**Genom-Mutation, die** • Eine Genom-Mutation ist der Verlust oder das Hinzufügen eines oder mehrerer Chromosomen. Der gesamte Chromosomensatz ist verändert.
**Genotyp, der** • Der Genotyp ist die Gesamtheit der Gene eines Menschen.
**Genpool, der** • Der Genpool ist die Gesamtheit aller Gene innerhalb einer Population.
**Gesundheit, die** • Die Gesundheit ist das körperliche, seelische und soziale Wohlbefinden.
**Geschlechtszelle, die** • Die Geschlechtszellen sind die Spermienzellen des Mannes und die Eizellen der Frau. Sie sind haploid.
**Gleichgewichtsorgan, das** • Das Gleichgewichtsorgan nimmt unsere Körperhaltung und Bewegungen auf. Es enthält Sinneszellen für den Lagesinn und den Drehsinn.
**Glukagon, das** • Glukagon ist ein Hormon, das den Blutzuckerspiegel erhöht.
**Großhirn, das** • Das Großhirn ist der größte Bestandteil des Gehirns. Es steuert den sprachlichen Ausdruck, das logische Denken und das räumliche Vorstellungsvermögen.
**Grundbauplan, der** • Der Grundbauplan beschreibt den wesentlichen Aufbau einer Sache oder eines Lebewesens.
**haploid** • Eine Zelle wird als haploid bezeichnet, wenn sie die Chromosomen einzeln und nicht als Chromosomenpaar enthält. Alle Geschlechtszellen sind haploid.
**Heilimpfung, die** • Die Heilimpfung heißt auch passive Immunisierung. Sie ist eine Form der Impfung, bei der Antikörper verabreicht werden.
**Hepatitis, die** • Die Hepatitis ist eine Leberentzündung.
**Hirntod, der** • Der Hirntod ist eingetreten, wenn die Funktion des gesamten Gehirns ausgefallen ist.
**Histamin, das** • Histamin ist ein Hormon, das eine allergische Reaktion auslöst. Die Symptome sind zum Beispiel eine laufende Nase und tränende Augen.
**HIV** • HIV heißt humanes Immunschwäche-Virus. Das Virus verursacht die Krankheit Aids.
**Hominiden, die** • Die Hominiden heißen auch Menschenaffen. Sie sind eine Familie innerhalb der Primaten.

# Zum Nachschlagen

## Glossar

**Homininen, die** • Die Homininen sind ein Stamm innerhalb der Menschenaffen. Innerhalb der Homininen hat sich der aufrechte Gang entwickelt.

**homologes Chromosom, das** • Ein Chromosom ist homolog, wenn es Teil eines Chromosomenpaars ist. Die Chromosomen eines Paars sind gleich gebaut.

**Homologie, die** • Homologien sind Merkmale, die sich ähneln, weil sie den gleichen Grundbauplan haben und auf einer engen Verwandtschaft beruhen.

**horizontaler Gentransfer, der** • Der horizontale Gentranfer ist die Übertragung von Genen zwischen verschiedenen Organismen.

**Hormon, das** • Hormone sind Botenstoffe des Körpers. Sie werden in Drüsen gebildet.

**Hörsinneszelle, die** • Die Hörsinneszellen wandeln Schall in elektrische Signale um.

**Hypophyse, die** • Die Hypophyse heißt auch Hirnanhangsdrüse. Sie reguliert zusammen mit dem Zwischenhirn Vorgänge im Hormonsystem.

**Immunität, die** • Die Immunität ist die Unempfindlichkeit gegenüber bestimmten Erregern.

**Immunsystem, das** • Das Immunsystem ist der Teil des Körpers, der Krankheitserreger abwehrt, wenn sie in den Körper eindringen. Es wird von verschiedenen Arten von Zellen betrieben.

**Impfung, die** • Impfungen sind medizinische Maßnahmen, die vor Infektionskrankheiten schützen. Es gibt zwei Formen von Impfungen, die aktive und die passive Immunisierung.

**Infektion, die** • Die Infektion heißt auch Ansteckung. Eine Infektion liegt vor, wenn Krankheitserreger in den Körper eingedrungen sind.

**Infektionskrankheit, die** • Eine Infektionskrankheit ist eine Krankheit, die durch Erreger hervorgerufen wird.

**Inkubationszeit, die** • Die Inkubationszeit ist die Zeitspanne von der Infektion bis zum Ausbruch der Krankheit. Sie kann wenige Stunden bis zu mehreren Jahren lang sein.

**Insulin, das** • Insulin ist ein Hormon, das den Blutzuckerspiegel senkt.

**In-vitro-Fertilisation (IVF), die** • Die In-vitro-Fertilisation ist eine Methode zur künstlichen Befruchtung. Dabei findet die Befruchtung außerhalb des Körpers statt.

**Isolation, die** • Die Isolation ist ein Vorgang, bei dem eine Population in Teilpopulationen gespalten wird.

**klinischer Tod, der** • Der klinische Tod ist eingetreten, wenn ein Mensch nicht mehr atmet und das Herz nicht mehr schlägt.

**kodominanter Erbgang, der** • Kodominante Erbgänge sind Vererbungsvorgänge, bei denen beide Allele eines Merkmals ausgeprägt werden.

**Kohlenstoffmonoxid, das** • Kohlenstoffmonoxid ist ein giftiges Gas, das zum Beispiel bei der Verbrennung fossiler Brennstoffe entsteht. Es ist auch in Zigarettenrauch enthalten.

**Kombinationszüchtung, die** • Die Kombinationszüchtung ist eine Züchtungsmethode, bei der man Individuen verschiedener Sorten oder Rassen miteinander kreuzt, damit neue Individuen mit neuen Merkmalskombinationen entstehen.

**Kommunikation, die** • Die Kommunikation ist die Verständigung mit Worten oder Körpersprache.

**komplementär** • Strukturen werden komplementär genannt, wenn sie sich ergänzen.

**Konkurrenz, die** • Die Konkurrenz ist eine Beziehung, die zwischen Lebewesen entsteht, wenn sie auf denselben biotischen oder abiotischen Umweltfaktor angewiesen sind.

**Krankheit, die** • Eine Krankheit ist das körperliche, seelische oder soziale Unwohlsein. Oft sind auch mehr als einer dieser Aspekte betroffen.
**Krankheitserreger, der** • Krankheitserreger sind Mikroorganismen und Viren, die gesundheitliche Beschwerden hervorrufen.
**Kreuzungsschema, das** • Ein Kreuzungsschema ist eine grafische Darstellung eines Erbgangs.
**Kurzzeitgedächtnis, das** • Das Kurzzeitgedächtnis ist der Teil des Gedächtnisses, in dem Informationen für wenige Sekunden bis Minuten abrufbar sind, bevor sie in das Langzeitgedächtnis weitergeleitet oder vergessen werden.
**Landgang, der** • Der Landgang ist der Übergang vom Leben im Wasser zum Leben an Land.
**Langzeitgedächtnis, das** • Das Langzeitgedächtnis ist der Teil des Gedächtnisses, in dem Informationen so tief gespeichert werden, dass sie über Wochen bis Jahre abrufbar sind.
**Leben, das** • Das Leben ist der Zustand des Vorhandenseins eines Lebewesens. Es endet mit dem Tod. Zu welchem Zeitpunkt ein Leben beginnt, ist umstritten.
**Leitfossil, das** • Leitfossilien sind Fossilien von Lebewesen, die nur kurze Zeit gelebt haben, aber in großer Zahl vorkamen und weit verbreitet waren. Die Fossilien sind deshalb typisch für eine bestimmte Gesteinsschicht.
**Lernen, das** • Das Lernen ist der Prozess, bei dem man Informationen aus seiner Umwelt aufnimmt, verarbeitet und im Gedächtnis speichert, sodass man sie später wieder abrufen kann.
**Lichtsinneszelle, die** • Die Lichtsinneszellen wandeln Lichtreize in elektrische Signale um. Es gibt zwei Arten von Lichtsinneszellen. Man nennt sie Stäbchen und Zapfen.
**Linse, die** • Die Linse ist der Bestandteil des Auges, der regelt, wie das Licht durch das Auge gelenkt wird.
**Mastzelle, die** • Mastzellen sind eine Art von weißen Blutzellen. Sie schütten das Hormon Histamin aus.
**Meiose, die** • Die Meiose ist der Vorgang, bei dem die Geschlechtszellen gebildet werden.
**Menschenaffen, die** • Die Menschenaffen heißen auch Hominiden. Sie sind eine Familie innerhalb der Primaten.
**Merkmal, das** • Ein Merkmal ist eine Eigenschaft.
**Mikroorganismus, der** • Mikroorganismen sind sehr kleine Lebewesen, die man nur unter dem Mikroskop erkennen kann.
**Mimikry, die** • Mit Mimikry signalisieren Tiere ihren möglichen Fressfeinden, dass sie wehrhaft oder giftig sind, obwohl das nicht stimmt.
**Mitose, die** • Die Mitose ist der Vorgang der Kernteilung. Sie ist der erste Schritt jeder Zellteilung.
**mischerbig** • Ein Individuum ist für ein Merkmal mischerbig, wenn es zwei verschiedene Allele für dieses Merkmal in sich trägt.
**Modifikation, die** • Eine Modifikation sind Unterschiede zwischen Individuen derselben Art, die nicht genetisch bedingt, sondern umweltbedingt sind.
**Mosaikform, die** • Eine Mosaikform sind Tiere, die Merkmale älterer und jüngerer Tiergruppen besitzen und somit die enge Verwandtschaft dieser Gruppen belegen.
**multiresistent** • Ein Bakterium ist multiresistent, wenn es gegen eine Vielzahl von Antibiotika unempfindlich ist.
**multipotent** • Adulte Stammzellen sind multipotent. Aus ihnen können sich bestimmte, aber nicht alle Zelltypen entwickeln.

## Glossar

**Mutation, die** • Mutationen sind zufällige Veränderungen der Erbinformationen.

**Mutationszüchtung, die** • Die Mutationszüchtung ist eine Züchtungsmethode, bei der künstlich Mutationen hervorgerufen werden, damit man Individuen mit möglichst vielen verschiedenen Merkmalskombinationen erhält.

**Nephron, das** • Ein Nephron ist eine der Millionen Filtereinheiten, aus denen eine Niere besteht.

**Nervenzelle, die** • Nervenzellen leiten elektrische Signale von den Sinneszellen zum Gehirn und vom Gehirn zu den Erfolgsorganen.

**Netzhaut, die** • Die Netzhaut ist der Bestandteil des Auges, in dem sich die Lichtsinneszellen befinden.

**Niere, die** • Die Niere ist ein paariges Organ, das das Blut von Abfallstoffen reinigt.

**Nikotin, das** • Nikotin ist ein Suchtmittel, das zum Beispiel in Zigaretten enthalten ist. Es führt sehr schnell zur körperlichen und psychischen Abhängigkeit und wirkt als Nervengift.

**nonverbale Kommunikation, die** • Die nonverbale Kommunikation ist die wortlose Verständigung durch Körpersprache.

**Nukleotid, das** • Die Nukleotide sind die Bausteine, aus denen die DNA besteht. Sie bestehen aus Zucker, Phosphat und einer Base. Die Basen heißen Adenin, Thymin, Guanin und Cytosin.

**Organ, das** • Ein Organ ist ein abgrenzbarer Teil des Körpers, der bestimmte Aufgaben erfüllt. Es besteht aus verschiedenen Geweben.

**Organismus, der** • Ein Organismus besteht aus verschiedenen Organsystemen, die zusammenarbeiten.

**paarig** • Paarig wird etwas genannt, das zweifach vorhanden ist.

**Pandemie, die** • Eine Pandemie ist eine örtlich nicht begrenzte Epidemie.

**Parasit, der** • Ein Parasit ist ein Lebewesen, das auf oder in anderen Lebewesen lebt und sich von diesen ernährt.

**Parasympathikus, der** • Der Parasympathikus ist ein Teil des vegetativen Nervensystems. Er senkt die Atem- sowie die Herzschlagfrequenz und erhöht die Aktivität des Magens und des Darms. Er ist der Gegenspieler des Sympathikus.

**passive Immunisierung, die** • Die passive Immunisierung heißt auch Heilimpfung. Sie ist eine Form der Impfung, bei der Antikörper verabreicht werden.

**peripheres Nervensystem, das** • Das periphere Nervensystem besteht aus allen Nervenbahnen, die nicht zum Rückenmark und Gehirn gehören.

**Phänotyp, der** • Der Phänotyp ist die Gesamtheit der Merkmale eines Menschen.

**Pheromon, das** • Pheromone sind Botenstoffe, die in Duftspuren enthalten sind. Sie dienen der Kommunikation.

**Plasmid, das** • Das Plasmid ist ein DNA-Ring, der in Bakterien zusätzlich zu einem Chromosom enthalten ist.

**pluripotent** • Eine embryonale Stammzelle ist ab dem 5. Tag nach der Befruchtung pluripotent. Das heißt, sie besitzt die Fähigkeit, sich zu allen Arten von Zelltypen entwickeln zu können.

**Population, die** • Eine Population heißt auch Fortpflanzungsgemeinschaft. Das sind die Individuen einer Art, die zur selben Zeit im selben Gebiet leben.

**Prägung, die** • Die Prägung ist der Vorgang, bei dem in einem kurzen Zeitraum der Entwicklung bestimmte Reaktionen auf Reize unveränderbar festgelegt werden.

**Primaten, die** • Die Primaten sind eine Ordnung innerhalb der Gruppe der Säugetiere.

**Pupille, die** • Die Pupille ist die Öffnung der Iris, durch die das Licht gelangt.
**Reflex, der** • Ein Reflex ist eine schnelle, unbewusste Schutzreaktion des Körpers.
**Reflexbogen, der** • Der Reflexbogen ist der Weg, den das elektrische Signal im Körper von der Empfindung bis zur Reaktion zurücklegt.
**reinerbig** • Ein Individuum ist für ein Merkmal reinerbig, wenn es zwei gleiche Allele für dieses Merkmal in sich trägt.
**Reiz, der** • Ein Reiz ist ein Einfluss, den wir aus der Umwelt aufnehmen.
**Reiz-Reaktions-Schema, das** • Ein Reiz-Reaktions-Schema ist eine grafische Darstellung der Vorgänge von der Reizaufnahme bis zur Reaktion.
**Rekombination, die** • Die Rekombination ist die Neuanordnung von Erbinformationen. Bei der Bildung der Eizellen und Spermienzellen sowie bei der Befruchtung werden die Gene der beiden Elternteile neu kombiniert.
**Rezeptor, der** • Ein Rezeptor ist ein Bindungsort an einem Erfolgsorgan. Seine Struktur passt jeweils nur zu einem bestimmten Teilchen, das an ihn bindet.
**rezessiv** • Ein Allel ist rezessiv, wenn es nicht im Phänotyp ausgeprägt wird, sobald es zusammen mit einem dominanten Allel vorkommt.
**Rhesusfaktor, der** • Der Rhesusfaktor ist ein Protein auf der Oberfläche der Erythrozyten.
**Ribosom, das** • Ribosomen sind die Zellbestandteile, an denen Aminosäuren zu Aminosäureketten verknüpft werden.
**Rückresorption, die** • Die Rückresorption ist ein Vorgang, der in den Nieren stattfindet. Dabei werden aus dem Primärharn ein Großteil des Wassers, der Mineralstoffe und der Vitamine wieder ins Blut aufgenommen.
**SARS-CoV-2** • SARS-CoV-2 heißt das Coronavirus, das beim Menschen die Krankheit Covid-19 verursacht.
**Schall, der** • Der Schall umfasst die Verdichtungen und Verdünnungen der Luft, die wahrgenommen werden können.
**Schilddrüse, die** • Die Schilddrüse ist eine Drüse, die Thyroxin und Triiodthyronin produziert.
**Schlüssel-Schloss-Prinzip, das** • Das Schlüssel-Schloss-Prinzip beschreibt die Passgenauigkeit von Enzymen zu ihrem entsprechenden Baustein. Das Prinzip gilt zum Beispiel auch bei Hormonen und Transmittern, die jeweils zu ganz bestimmten Rezeptoren passen.
**Schlüsselreiz, der** • Ein Schlüsselreiz ist ein ganz bestimmter Reiz, der immer dieselbe spezifische Reaktion auslöst.
**Schutzimpfung, die** • Die Schutzimpfung heißt auch aktive Immunisierung. Sie ist eine Form der Impfung, bei der abgeschwächte Erreger oder Teile davon verabreicht werden.
**Selektion, die** • Die Selektion ist die Auslese von Lebewesen durch die Umwelt.
**Sinneszelle, die** • Sinneszellen sind Zellen, die Reize aufnehmen.
**Spaltungsregel, die** • Die Spaltungsregel heißt auch Zweite Mendel'sche Regel. Sie besagt, dass die Kreuzung der Individuen der 1. Tochtergeneration eine 2. Tochtergeneration hervorbringt, bei der die Merkmalsausprägungen der Elterngeneration im Zahlenverhältnis 3 : 1 auftreten.
**Sperma, das** • Das Sperma besteht aus den Spermienzellen und den Flüssigkeiten der Prostata und der Bläschendrüsen.
**Spermien-Injektion (ICSI), die** • Die Spermien-Injektion ist eine Methode zur künstlichen Befruchtung. Dabei wird eine einzelne Spermienzelle in die Eizelle gespritzt.

## Glossar

**spezifische Abwehr, die** • Die spezifische Abwehr ist die Form der Immunabwehr, bei der verschiedene Zellen zusammenarbeiten. Hier sind Riesenfresszellen, Plasmazellen, T-Helferzellen und T-Killerzellen beteiligt. Sie können gezielt bestimmte Arten von Erregern bekämpfen.

**Stäbchen, das** • Ein Stäbchen ist eine Lichtsinneszelle, die das Hell-Dunkel-Sehen ermöglicht.

**Stammbaum, der** • Ein Stammbaum ist eine grafische Darstellung von Verwandtschaftsverhältnissen.

**Stammzelle, die** • Eine Stammzelle ist eine Zelle, die sich zu verschiedenen Zelltypen entwickeln kann.

**stoffgebundene Sucht, die** • Eine stoffgebundene Sucht ist ein zwanghaftes Verlangen nach einem Stoff, das zunehmend die Kontrolle über die betroffene Person gewinnt.

**stoffungebundene Sucht, die** • Eine stoffungebundene Sucht ist ein zwanghaftes Verhalten, das zunehmend die Kontrolle über die betroffene Person gewinnt.

**Stress, der** • Stress beschreibt körperliche und seelische Veränderungen, die durch bestimmte Reize ausgelöst werden.

**Stressoren, die** • Stressoren sind Reize, die Stress auslösen.

**Sucht, die** • Eine Sucht ist ein zwanghaftes Verlangen nach einem Stoff oder ein zwanghaftes Verhalten, das zunehmend die Kontrolle über die betroffene Person gewinnt.

**Sympathikus, der** • Der Sympathikus ist ein Teil des vegetativen Nervensystems. Er erhöht die Atem- sowie die Herzschlagfrequenz und senkt die Aktivität des Magens und des Darms. Er ist der Gegenspieler des Parasympathikus.

**Symptom, das** • Ein Symptom ist das Anzeichen einer Krankheit.

**Synapse, die** • Die Synapse ist die Kontaktstelle zwischen zwei Nervenzellen.

**Syndrom, das** • Ein Syndrom ist eine Erkrankung, bei der verschiedene Symptome gleichzeitig auftreten.

**Tastkörperchen, das** • Die Tastkörperchen sind die Sinneszellen der Haut, die auf Druckveränderungen spezialisiert sind.

**Telomere, die** • Die Telomere sind die Enden der Chromosomen. Sie enthalten keine Erbinformationen.

**Telomer-Hypothese, die** • Die Telomer-Hypothese ist ein Erklärungsansatz für die Sterblichkeit. Sie besagt, dass die Telomere einer Zelle bei jeder Teilung kürzer werden und die Zelle stirbt, wenn eine weitere Kürzung nicht mehr möglich ist.

**THC, das** • THC heißt auch Tetrahydrocannbinol. Es ist der Wirkstoff der Cannabispflanze und ein Suchtmittel.

**totipotent** • Eine totipotente embryonale Stammzelle besitzt die Eigenschaft, dass sich aus ihr ein vollständiger Mensch entwickeln kann.

**transgen** • Transgene Organismen sind Lebewesen, die durch horizontalen Gentransfer erzeugt werden.

**Transmitter, der** • Ein Transmitter ist ein chemischer Überträgerstoff, der elektrische Signale von einer Nervenzelle zur anderen transportiert.

**Transplantation, die** • Eine Transplantation ist die Übertragung eines Organs von einem Menschen auf einen anderen.

**Trisomie 21, die** • Die Trisomie 21 heißt auch Down-Syndrom. Es ist eine Erkrankung, bei der das Chromosom 21 dreifach vorhanden ist.

**Unabhängigkeitsregel, die** • Die Unabhängigkeitsregel heißt auch Dritte Mendel'sche Regel. Sie besagt, dass die Kreuzung zweier Individuen, die sich in mehreren Merkmalen reinerbig unterscheiden, Nachkommen mit völlig neuen Merkmalskombinationen hervorbringt. Die Merkmale werden voneinander unabhängig vererbt.

**Uniformitätsregel, die** • Die Uniformitätsregel heißt auch Erste Mendel'sche Regel. Sie besagt, dass die Kreuzung zweier Individuen einer Art, die sich in einem Merkmal reinerbig unterscheiden, Nachkommen hervorbringt, die in diesem Merkmal gleich sind.

**unspezifische Abwehr, die** • Die unspezifische Abwehr ist die Immunabwehr der Fresszellen. Sie bekämpfen alle Arten von Erregern.

**Variabilität, die** • Die Variabilität ist das Vorhandensein von Unterschieden zwischen Individuen der gleichen Art.

**verbale Kommunikation, die** • Die verbale Kommunikation ist die Verständigung durch Worte mithilfe von Schrift oder Sprache.

**vegetatives Nervensystem, das** • Das vegetative steuert Vorgänge im Körper, die wir nicht mit dem Willen beeinflussen können. Das betrifft alle inneren Organe, die Blutgefäße und die Drüsen.

**Versteinerung, die** • Eine Versteinerung ist eine Form der Fossilisation, bei der Knochen und Zähne eines toten Lebewesens zu Stein umgewandelt werden.

**Vielfalt, die** • Die Vielfalt ist die Gesamtheit unterschiedlicher Arten von Lebewesen und Ökosystemen.

**Virus, das** • Viren sind Krankheitserreger, die nicht zu den Lebewesen gehören.

**vorgeburtliche Untersuchung, die** • Eine vorgeburtliche Untersuchung ist eine Methode, um den gesundheitlichen Zustand eines ungeborenen Kindes zu überprüfen.

**Wahrnehmung, die** • Die Wahrnehmung ist das Zusammenspiel aus Aufnahme und Verarbeitung von Reizen.

**Warnfarbe, die** • Mit Warnfarben signalisieren Tiere ihren möglichen Fressfeinden, dass sie wehrhaft oder giftig sind.

**Wirt, der** • Ein Wirt ist ein Lebewesen, das von einem Parasiten befallen ist.

**Wirtszelle, die** • Eine Wirtszelle ist eine Zelle, die von einem Virus befallen ist.

**Zapfen, der** • Ein Zapfen ist eine Lichtsinneszelle, die das Farbsehen ermöglicht.

**Zelle, die** • Die Zelle ist die kleinste biologische Einheit, aus der alle Lebewesen bestehen.

**Zellkern, der** • Der Zellkern ist der Bestandteil von eukaryotischen Zellen, der die Erbinformation enthält.

**Zelldifferenzierung, die** • Die Zelldifferenzierung ist der Vorgang, bei dem sich aus Stammzellen verschiedene Zelltypen entwickeln.

**Zellteilung, die** • Die Zellteilung ist der Vorgang, bei dem aus einer Zelle zwei Tochterzellen werden.

**zentrales Nervensystem, das** • Das zentrale Nervensystem besteht aus dem Gehirn und dem Rückenmark.

**Zivilisationskrankheit, die** • Eine Zivilisationskrankheit ist eine Krankheit, die man hauptsächlich auf mangelnde Bewegung, ungesunde Ernährung und Stress zurückführen kann.

**Zygote, die** • Die Zygote ist eine befruchtete Eizelle.

## Sachregister

*Hinweise:*
*Fett gedruckte Begriffe sind Lernwörter.*
*Fett gedruckte Zahlen markieren die Seiten mit besonderem Schwerpunkt auf einen Begriff.*
*Die Abkürzung „f." bedeutet, dass ein Begriff auch auf der folgenden Seite vorkommt.*
*„ff." bedeutet, dass ein Begriff auf mehreren folgenden Seiten vorkommt.*

### A



### B



### C



### D



### E

## K



## L



## M



## N



## O



## P

# Biologie verstehen: Die Basiskonzepte

In vielen Bereichen der Biologie sind ähnliche Regeln und Prinzipien erkennbar. Sie werden von den Basiskonzepten beschrieben. Mithilfe der Basiskonzepte kann man viele Themen der Biologie im Zusammenhang betrachten und so besser verstehen.

## System

**Ein System ist eine Einheit aus verschiedenen Teilen, die sich beeinflussen und voneinander abhängig sind. Wenn Teile verlorengehen, wird das System gestört. Beispiele in diesem Buch:**

Unsere Sinnesorgane bestehen aus vielen einzelnen Bestandteilen. Sie haben jeweils eine ganz bestimmte Funktion. Nur durch die Zusammenarbeit dieser Bestandteile kann das Sinnesorgan seine übergeordnete Funktion erfüllen. Die Bestandteile unserer Sinnesorgane bilden also ein System. Zusammen mit dem Nervensystem bilden sie wiederum ein größeres System.
Seiten: 24–25, 28–29

Im Nervensystem arbeiten Nervenbahnen im gesamten Körper zusammen. Nur so sind die Weiterleitung und Verarbeitung von Informationen möglich.
Seiten: 42–43, 46–47, 58, 50–51

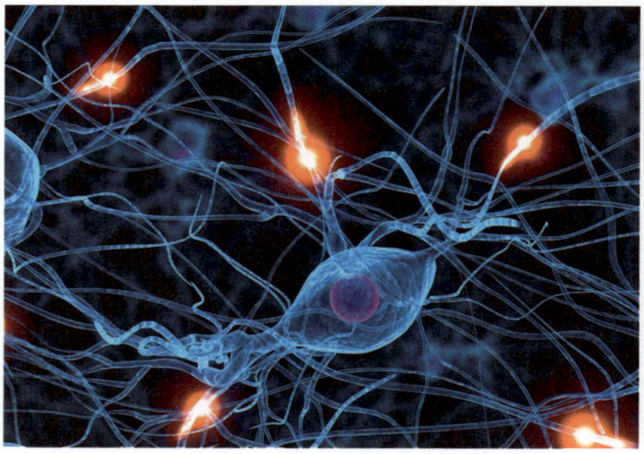

Vorgänge im Körper werden gesteuert und geregelt. Dafür sorgen unter anderem chemische Botenstoffe, die Hormone. Durch das enge Zusammenspiel verschiedener Hormone werden unter anderem der Blutzuckerspiegel, die Stressreaktionen, die Körpertemperatur, das Körperwachstum sowie der Schlaf-Wach-Rhythmus geregelt.
Seiten: 62–63, 66–67, 72–73

Zellen mit verschiedenen Funktionen arbeiten bei der Abwehr von Krankheitserregern zusammen. Sie bilden gemeinsam das Immunsystem. Bei einer Allergie gerät das Immunsystem aus dem Gleichgewicht. Impfungen bewirken Veränderungen im Immunsystem.
Seiten: 140–141, 146–147, 150–151

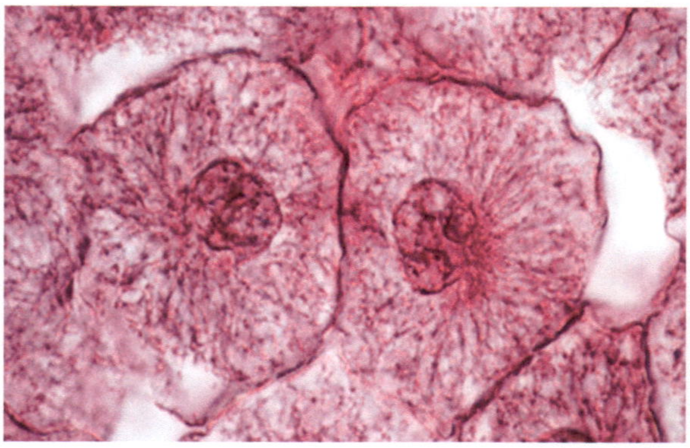

Zellen sind Systeme. Durch die Zusammenarbeit von Zellbestandteilen wird die Erbinformation aufgeteilt, wenn sich eine Zelle teilt.
Seiten: 186–187, 254–255